Reprint Publishing

FÜR MENSCHEN, DIE AUF ORIGINALE STEHEN.

www.reprintpublishing.com

WÖRTER UND IHRE SCHICKSALE

WÖRTER
UND IHRE
SCHICKSALE

VON

A. J. STORFER

ATLANTIS-VERLAG · BERLIN · ZÜRICH

Alle Rechte vorbehalten
Copyright by Atlantis-Verlag G. m. b. H., Berlin 1935
Druck: Bibliographisches Institut AG., Leipzig
Printed in Germany

Man muß nicht die Buchstaben in der lateinischen Sprache fragen, wie man soll deutsch reden, sondern man muß die Mutter im Hause, die Kinder auf der Gassen, den gemeinen Mann auf dem Markte darum fragen und denselbigen aufs Maul sehen. Luther.

Die Pflicht des Schriftstellers ist es, auf die Abstammung der Worte zu merken. Die Ableitung führt ihn auf das Bedeutende des Wortes, und er stellt manches Gehaltvolle wieder her und führt ein Mißbrauchtes in den vorigen Stand.
Goethe.

*Denn daß ein Wort nicht einfach gelte,
Das müßte sich wohl von selbst verstehen.* Goethe.

Sprachforschung, der ich anhänge und von der ich ausgehe, hat mich noch nie in der Weise befriedigen können, daß ich nicht immer gern von den Wörtern zu den Sachen gelangt wäre. Jacob Grimm.

Was wir eine Etymologie nennen, ist nichts als eine mehr oder weniger abgekürzte Wortgeschichte und eine Wortgeschichte wiederum bildet keinen festen Ausschnitt aus der gesamten Sprachgeschichte, sondern verfließt ohne Grenzen in andere Wortgeschichten. Hugo Schuchardt.

Denken Sie daran, daß die Etymologien, die Ihnen Ihre Professoren darbieten, jeweilen nur den Ausgangspunkt eines Wortes angeben, daß das Wort, wenn es sich einmal von seinem Ursprung entfernt hat, ein Vogel ist, der seinen Flug angetreten hat und nunmehr Wegen folgt, die ihm die atmosphärischen Bedingungen und seine Begegnungen diktieren. Begnügen Sie sich nicht damit, die Geschichte eines Wortes in der Weise darzustellen, wie etwa ein Literaturhistoriker, der das Leben eines berühmten Mannes in folgende Worte faßte: Balzac trug in den Armen seiner Amme ein blaues Kleid mit roten Streifen; er schrieb die „Menschliche Komödie". Jules Gilliéron.

Wir können vielleicht sagen, daß von den wissenschaftlichen Worterklärungen einige dauerhaft und fest wie Felsen dastehen, andere hingegen flüssig sind und wie die Meereswellen hin und her schwanken; endlich befinden sich nicht wenige in gasförmigem Zustande und werden dahin und dorthin geweht, wie es dem Wind gerade einfällt. Manche darunter sind nicht besser als Giftgase, wovor der Himmel uns bewahren möge. Otto Jespersen.

*

Man laß ein Wörterbuch nur den Verdammten schreiben.
Kaspar Stieler der Spate, 1691.

Es war Absicht des Verfassers und Wunsch des Verlags, dieses Buch, das einen weiteren Leserkreis über Herkunft und Wandel von Wörtern und Redensarten unterrichten will, und zwar hauptsächlich von deutschen Wörtern und Redensarten, in Frakturschrift setzen zu lassen, wie es gegeben schien. Aber auch in diesem Falle hätte entsprechend dem allgemeinen Brauch vergleichsweise herangezogener fremder Sprachstoff in Antiqua gesetzt werden müssen, und zwar nicht nur etwa Stoff aus dem Lateinischen oder aus lebenden Fremdsprachen, sondern auch aus dem Altindischen, das eine so große Bedeutung in der indogermanischen Sprachvergleichung hat, auch aus dem Gotischen, sogar aus dem Alt- und Mittelhochdeutschen. Das hätte ein außerordentlich unruhiges Satzbild ergeben und ein derartiges Durcheinander des Mischsatzes wäre nicht nur unschön, sondern würde auch die Lesbarkeit erheblich beeinträchtigen. Es blieb daher nichts übrig, als den Wunsch nach Fraktursatz in diesem Falle der Einheitlichkeit halber zurückzustellen.

INHALT

	Seite		Seite
Aar, Adler, Sperber	11	Bonze	71
Neubelebung veralteter Wörter	11	*Wörter chinesischer oder japanischer Herkunft*	72
Untergegangene Wörter	13		
abgebrannt, Brandbrief	16	borniert	75
abgefeimt, abgebrüht	20	*Anspielung durch Ortsnamen*	76
Almosen	22	brennen, Brunnen, Born	80
Anger, Angel, Anker, verankern	23	*Metathesis (Umstellung)*	81
Mißverständnisse bei Gasthausnamen	25	Butter, Butter auf dem Kopf, buttern	82
Apachen	28	Chateaubriand	87
Arbeit, Robot	30	unter einer Decke stecken	87
Arsenal, Zechine	31	derb	88
Arzt	33	Domino	89
Verdunkelte Zusammensetzungen	36	Dumdum	91
Attentat	38	Eisbein	92
Witzige Verschmelzungswörter	39	Eisvogel, halkyonische Tage	94
aufdröseln	47	Element	97
Aufhebens machen	48	Ente, Seeschlange, Grubenhund, Tatarennachricht, Latrinenparole	99
Redensarten vom Fechten	49		
ausbaden, etwas	50		
ausgemergelt	51	Errungenschaft	108
authentisch, Effendi	52	*Die Nachsilbe -schaft*	110
Bagage, Plunder, Pack, Troß, Bagatelle	53	Erz	112
		fanatisch	114
Bastard, Bankert	57	faul, Faulpelz, faulenzen	115
Beisl	60	*Die Endung -enzen*	119
bescheiden, diskret	62	fechten	120
im Bilde	65	Federlesens machen	121
Blick, Blitz, abblitzen	66	Fersengeld geben	122
Bluse	69	Flammeri	124
Politische Bewegungen nach Kleidungsstücken benannt	70	flöten gehen	125
		Fugger, fuggern, so wie Fuggers Hund	127

	Seite		Seite
auf großem Fuße leben	129	knorke	215
Gabel	131	Korb geben	218
Galgen	133	Krawatte	222
Gas	140	Kretin, Idiot	225
Gauner	142	Kutsche	228
Gazette	145	*Wagenbezeichnungen*	230
ins Gebet nehmen, kurz angebunden, zu Paaren treiben	147	Laune	238
Gemüt, Gemütlichkeit	150	löcken, wider den Stachel	239
Gesicht wahren	154	Löffel	240
Ghetto	157	loyal, legal	243
Grisette, Lorette	158	*Das Fremdwort in zwei Formen*	244
Guillotine	160	Mandarin, Mandarine	247
Hagestolz, Kadett	163	marod	248
Halali, Ole	166	Mayonnaise, Majolika	252
Hängematte	168	Mazagran	253
Volksetymologien	170	miekrig	254
Hep, hep	175	Musselin, Mussolini	254
Hochstapler	177	naiv	255
Hoffart	178	Neunundneunziger	259
Assimilation	179	niederträchtig	261
Dissimilation	181	*Pejorativer Bedeutungswandel*	262
Lambdazismus	182	O. K. (okej)	266
Rhotazismus	184	Omnibus	269
Hunger	184	Pappe, Pappenstiel	272
Husar	190	*Elliptische Zusammensetzungen*	273
Janhagel	193	Pathos, pathetisch	274
Jingo	198	perfid, perfides Albion	276
Kaffer, Tölpel usw.	199	Pfui	279
um des Kaisers Bart streiten	202	Pfuscher, Stümper, Patzer, Sudler usw.	282
Kanaille	204	Pilatus	287
keck, quick, frech	205	Polka, Polonäse, Mazurka	292
Keks, Biskuit	210	Porzellan	294
keusch	212	Pyjama	296
Kluft	214		

	Seite		Seite
Wörter neuindischer Herkunft	297	*Formveränderungen bei Straßennamen*	330
Rabe, Rappe, berappen	298	Strolch	336
Rasse	300	Syphilis	337
Römer	301	Tank	348
Sandwich	303	taub, toben, doof, dufte	350
sardonisches Lachen	305	Tausendgüldenkraut	353
Sarg, Sarkophag, Sarkasmus	308	Teller, Tisch, Scheibe	355
sein Schäfchen ins Trockene bringen	309	Teufel	357
		Tiger	368
Schiboleth	311	Ulrich rufen	374
Schimmel, Amtsschimmel	312	Vauxhall, wagsal	376
Schimpf	313	Wand, Gewand, Wanze	378
Schmetterling	314	Weste, Gilet, weiße Weste	379
schofel	319	Woche, Wochenbett	383
Schwan, Schwanengesang, mir schwant etwas	320	Wolke, welken, Wolga, aus den Wolken gefallen	384
steil	323	Zapfenstreich, Retraite, Retirade, Redoute	386
im Stich lassen	324		
Straße, Gasse, Gassenhauer, gassatim	326	Zenith	391
		Zoll	392

Register 395

AAR, ADLER, SPERBER

Aar (althochdeutsch aro, gotisch ara) ist vielleicht mit griechisch ornis (Vogel) verwandt. In der Zeit der mittelalterlichen Falknerei, als man die zur Jagd verwendeten Raubvögel in edle und unedle einteilte, kam die Form adel-are (edler Aar) auf, woraus Adler wurde, welches Wort dann das ältere Aar zunächst — wenn man von seinem Fortleben in Zusammensetzungen, wie Fischaar, Hühneraar usw., absieht — ganz verdrängte. Bei Luther kommt Aar überhaupt nicht vor. Erst in der zweiten Hälfte des 18. Jahrhunderts tauchte Aar als altertümliches, daher dichterisch wirkendes Wort wieder auf, zuerst wahrscheinlich 1756 bei Gleim. Einzelne Dichter, die das neubelebte Wort aufgriffen, fanden es nötig, in erklärender Fußnote hinzuzufügen, daß das Wort gleichbedeutend sei mit Adler. So vollzog sich ein vollständiger Rollentausch: das ursprünglich „adel"-lose Wort Aar war nunmehr als Wort der Dichtersprache geadelt und über das mittlerweile gewöhnlich gewordene Adel-Are = Adler erhoben[1].

Das Wort Aar ist auch enthalten im Vogelnamen **Sperber**, althochdeutsch sparwari = Sperlingsaar, d. h. von Sperlingen lebender Adler. Ferner ist das Wort Aar auch enthalten im Vornamen **Arnold**, althochdeutsch aranwalt = wie ein Aar Waltender, Herrschender.

Das Beispiel des alten Wortes Aar — zuerst ganz aus dem Gebrauch geraten und dann wieder aus der Vergessenheit hervorgeholt — steht in der Wortgeschichte nicht vereinzelt da. Die Bereicherung der Sprache vollzieht sich nicht nur im Wege von Neuschöpfungen, sondern auch durch

Neubelebung veralteter Wörter.

Schon Leibniz empfahl in den „Unvorgreiflichen Gedanken" „die Aufsuchung guter Wörter, die schon vorhanden, aber itzo vergessen". Besonders die Dichter des 18. Jahrhunderts waren bewußt um die Reaktivierung längst in den Ruhestand versetzter Wörter

---

[1] Durch Voransetzung des Wortes „Adel" ist übrigens nicht nur der Aar nobilitiert worden, sondern auch mehrere deutsche Vornamen verdanken dieser Voransetzung ihre jetzige Form. So ist z. B. Adalbert (verkürzt Albert und Albrecht) der durch Adel (ursprünglich Landbesitz) Prächtige; Adolf (Atha-ulf, Namen des ersten Königs der Westgoten) der Edelwolf; Alois (Adelweis, Alwis) der Edle und Weise; Adelheid (verkürzt Adele) die edle Gestalt, das edle Wesen.

bemüht. Man müsse, führte Herder aus, die Klangwörter der alten Sprache wieder erobern, damit aus ihnen die ermattende Schreibart Kraft und Stärke trinke. Die Neuausgabe der Sinngedichte Logaus durch Lessing hat u. a. folgenden, damals bereits welken Wörtern zur neuen Blüte verholfen: Besonnenheit, entjungfern, erkunden, torkeln, herzlich, Städte, Wegelagerer, Unzahl. Durch die Wiedereinführung alter Wörter, schreibt Lessing in der Einführung der Logau-Ausgabe, könne der Sprache ,,ein weit größerer Dienst erwiesen werden als durch Prägung ganz neuer Wörter, von denen es ungewiß ist, ob ihr Stempel ihnen den rechten Lauf so bald geben möchte". In den deutschen Shakespeare-Übersetzungen am Ende des 18. Jahrhunderts sind z. B. Wörter wie Halle und Heim nach fast dreihundertjährigem Dornröschenschlaf zu neuem Leben erwacht. Bei Klopstock auferstehen: Barde, Hain, hehr; in der Voßschen Homer-Übersetzung: gastlich und Gastfreund. Dieses Streben, verschollene Wörter wieder in Umlauf zu bringen, dauerte auch im 19. Jahrhundert an. Uhland wollte vor allem alte Wörter, an denen sich ein Bedeutungswandel vollzogen hatte, im ursprünglichen Sinn verwendet wissen, z. B. fromm im Sinne von tüchtig, gesund im Sinne von unversehrt, Elend im Sinne von Fremde. Übrigens war auch die schon im 18. Jahrhundert besonders von Wieland vertretene Forderung, schweizerischen Autoren ihre mundartlichen Ausdrücke (wie abschätzig, Augenschein, bildsam, verzetteln, Vorspiegelung) abzulauschen, mittelbar nichts anderes als ein Streben zur Neubelebung alter Wörter, da es sich bei diesen schweizerischen Wörtern, die sich durch eine sinnlich-anschauliche Art auszeichneten, in der Hauptsache um regional erhalten gebliebenes altes deutsches Allgemeingut handelte.

Um zu ermessen, wie viele heute lebensfrisch erscheinende Wörter der deutschen Sprache erst von den Dichtern des 18. und 19. Jahrhunderts neu belebt worden sind, lese man nach, was einzelne Wörterbücher des 18. Jahrhunderts noch als veraltet oder ausgestorben bezeichnet haben. So verzeichnet z. B. Steinbach in seinem deutschen Wörterbuch 1734 u. a. folgende Wörter als veraltet: bieder, Dirne, Fehde, Forst, Gaul, und Adelung verwirft 1784 als Provenzialismen, da nur niederdeutsch, die Wörter: Ärger, beschwichtigen, Bucht, dicht, düster, flau, flink, hastig, vergeblich; als nur oberdeutsch: abhanden, behelligen, dumpf, kosen, unbefangen, Unbill, weitschichtig; er dekretiert, daß man folgende

Wörter als veraltet und lächerlich nicht gebrauche: abhold, Abenteuer, Absage, beginnen, behaglich, Drang, Gau, Hader, Knappe, Wonne, zierlich. Er könnte sich heute wundern, wie lebendig und unlächerlich all diese Wörter seither wieder geworden sind. Einige weitere Wörter, denen man es nicht ansieht, daß sie schon einmal zu Grabe getragen worden sind: Ansicht, bangen, Feme, Gastfreundschaft, Gebilde, Inschrift, sühnen, Tafelrunde, Vaterschaft, Wagnis.

Viele veraltete Wörter hat Richard Wagner zu neuem Leben erweckt, allerdings ohne daß sie den altertümlichen Charakter verloren hätten: z. B. Maid, Minne, Tarnkappe, Walküre, und den Namen jener Wurfwaffe von drei Buchstaben, ohne welche heute Kreuzworträtsel ihr Auslangen nicht finden könnten: Ger. Viele Neubelebungen Wagners sind allerdings nicht durchgedrungen, wie freislich, sehren (= beschädigen, z. B. sehrende Not, enthalten in unversehrt), Glast, gehren, hellen usw. Überhaupt war den Neubelebungsversuchen in der zweiten Hälfte des 19. Jahrhunderts nicht mehr so leicht Erfolg beschieden wie den früheren. So gingen aus den „Ahnen" von Gustav Freytag zwar die wiederbelebten Wörter Gelahrtheit, Wittib, sintemal in den allgemeinen Sprachgebrauch über, d. h. sie sind allgemein bekannt, sie anders als scherzhaft zu gebrauchen, gilt aber doch als Manieriertheit.

Neben den einigen Hunderten einmal bereits abgestorbener und dann neu belebter Wörter gibt es natürlich auch eine unvergleichlich größere Anzahl solcher, die ganz (oder jedenfalls vorläufig) verschollen sind. Solche

untergegangene Wörter

sind z. B. barn (Kind), enke (Knecht), schelch (Kahn), gadem (Haus), beiten (warten), dagen (schweigen), nenden (wagen), tougen (heimlich). Durch Wörter fremden Ursprungs wurden u. a. verdrängt sinewel, lauch, ritten: nämlich durch rund, Flamme, Fieber, die alle drei lateinischen Ursprungs sind. So ersetzte z. B. auch das griechische Wort Evangelium das althochdeutsche gotspel (Erzählung von Gott, englisch gospel), Priester (aus griechisch presbyteros = Älterer) das germanische Ewart (Wart, d. h. Hüter der Ehe, d. h. des Gesetzes), Sarg (aus griechisch sarkophagos) die in Mundarten noch erhaltenen Ausdrücke Leichkar, Totenbaum. Tisch (von griechisch diskos) verdrängte das Wort Beute, Zwiebel (italienisch cibola) das Wort Bolle. Fest (aus dem Lateinischen) tritt an die Stelle von Dult (in Bayern heute noch gebräuchlich im Sinne von Jahrmarkt); Puppe (ebenfalls lateinisch) gelangt an Stelle von Docke (bei Luther kommt Toche noch vor); Anker (aus griechisch-lateinisch ankyra, ancora) an Stelle von Senkel (noch erhalten in Schnürsenkel); Mühle (von lateinisch mola, spätlateinisch molina) verdrängte das germanische Quern, Kürne (erhalten noch in Ortsnamen wie Querfurt, Quirrenbach, Quarnebeck). Über die Verdrängung von keltisch-germanisch lachi durch das Lehnwort Arzt (griechisch archiatros) und der deutschen Wörter Anke und Schmer durch Butter (skythisch-griechisch-lateinisch butyron) siehe die Stichwörter „Arzt" und „Butter"[1].

In der Lutherbibel mußten neuere Ausgaben viele alte Ausdrücke der ursprünglichen Übersetzung, weil schon unverstanden, bald durch jüngere ersetzen, z. B.: glum durch schwammig, Kolter durch Bettdecke, Sponde durch Bettgestell, Kreuel durch Gabel, Pfeben durch Kürbis, treufen durch schelten. Von vielen untergegangenen Wörtern lebt der Stamm in anderen Wörtern, Zusammensetzungen, Weiterbildungen noch fort, z. B. ande = Kränkung in ahnden, belgen = schwellen in Balg; blichen = schimmern in bleich; boln = werfen in Böller; bolt = kühn in Witzbold, Raufbold, Trunkenbold und auch in Kobold (der im Koben, d. h. im Hause Waltende); bozen = schlagen in Amboß, Putsch und Butzen (= Klumpen); burian = aufheben und bor = Erhebung, Trotz in empor und empören; deo = Knecht in Demut; feim = Schaum in abgefeimt; galen = singen in Nachtigall; gelimpfen = angemessen sein in glimpflich; hurt = Stoß in hurtig; kara = Klage in Karfreitag; varn = leben in Hoffart und Wohlfahrt; leichen = tanzen, hüpfen in Wetterleuchten, frohlocken und löcken (gegen den Stachel); malm = Staub in zermalmen; mein = falsch in Meineid; munt = Schutz in Mündel und Vormund; vam = Ziel, Streben in anberaumen; ruoche = Sorge, Überlegung in ruchlos; schmer

---

[1] Daneben sind auch die Fälle zu erwähnen, in denen das ältere germanische Wort noch nicht ganz untergegangen ist, sondern in der Schriftsprache nur weniger gebräuchlich ist als das allgemein vorherrschende Wort fremden Ursprungs; so erhielt sich neben Onkel und Tante (von lateinisch avunculus, französisch oncle und lateinisch amita, altfranzösisch ante) Oheim und Muhme; neben Insel (lateinisch) Aue, Werder, Eiland; neben Peitsche (im 16. Jahrhundert aus dem Tschechischen und dem Polnischen entlehnt) Geißel.

= Fett in Schmerbauch; sehr = Schmerz in unversehrt; sin = immer, allgemein in Sintflut und Singrün; spanen = locken in Gespenst und abspenstig; spel = reden in Beispiel (englisch spell = reden, gospel, godspel = Evangelium), spen = Muttermilch in Spanferkel; vlat = Sauberkeit in Unflat; vro = Herr in frönen, Frondienst, Fronleichnam und in der weiblichen Form Frau; zafen = putzen in Zofe; zwerch = quer in Zwerchfell.

Viele untergegangene Wörter leben noch in Eigennamen fort, z. B. stauf = hochragender Felsen in Hohenstaufen, gadem = Haus in Berchtesgaden (Berchtholdes gadem), ram = Bock in Ramsau, klinge = Bach in Klingental, lachenære = Arzt in Lachner, Lachmann, storf = Strunk, Klotz, Baumstumpf in Storfer. Besonders in jenen Familiennamen, die als alte Gewerbebezeichnungen gedeutet werden, erhält sich noch viel sonst ausgestorbenes Sprachgut. Um nur einige Beispiele zu nennen: Bleuler = Besitzer einer Stampfmühle (mittelhochdeutsch bliuwel), Hodler = Fuhrmann (Hodel ist die über den Wagen gespannte große Decke), Kieser = amtlich bestellter Prüfer von Getränken, auch von Geld (kiesen = prüfen, wählen), Pagenstecher = Roßschlächter (mittelhochdeutsch page = Pferd), Bardenhewer = Waffenschmied (der die Barten, d. h. Beile haut), Pfotenhauer = Zimmermann, der die Pfetten (Dach- und Querbalken) zuhaut, Pfeitler = Hemdenmacher (pfeit = Hemd), Spener = Nadelmacher (in Österreich heißt die Stecknadel auch jetzt noch Spennadel), Gelzer = Schweineverschneider (gelze = verschnittenes Schwein), Auler = Töpfer (althochdeutsch ula, lateinisch olla = Topf), Schwegler = Verfertiger von Flöten (mittelhochdeutsch swegel), Fechner = Kürschner (Feh = Pelzwerk), Lersner = Verfertiger von ledernen Hosen (Lersen) usw. Manches veraltete Wort lebt in Straßennamen fort: so z. B. das Wort Hülbe = Wasserloch im Wiener Straßennamen An der Hülben; Kumpf = Walktrog der Wollweber in Kumpfgasse (in der Nähe der Wollzeile in Wien).

Von anderen ausgestorbenen Wörtern sind nur in einzelnen Mundarten Reste vorhanden. Zu diesen alten Wörtern, die nur noch ein mundartliches Dasein fristen, gehören z. B. Baude = Gebirgshütte, Brake = Hund, Bruch = Hose (englisch breeches), Farre = junger Stier, Hechse = Kniebug, lützel = klein (englisch little), Nehrung = Landzunge, Maut = Zoll, Schaff = Gefäß, Spint = Schrank, Schrein, strählen = kämmen.

Schließlich sei noch erwähnt, daß manches ausgestorbene deutsche Wort in einer fremden Sprache, von der es einmal entlehnt worden ist, noch weiterlebt. Wir nennen zwei Beispiele aus dem Ungarischen, also aus einer nicht indogermanischen Sprache: im Worte málha = Bündel, Gepäck lebt althochdeutsch malaha, mittelhochdeutsch malhe noch fort, und das ungarische zsákmány = Beute ist nichts anderes als unser verschollenes Wort „Sackmann". („Die sackman werden rouben und nemen unser hab", heißt es bei Meister Altswert, dem Elsässer Dichter im 14. Jahrhundert; im älteren Neuhochdeutsch bedeutete „den Sackmann machen" plündern, und die Plünderung hieß auch kurz „der Sackmann"; übrigens bildete sich daraus auch der Italiener — offenbar durch Vermittlung deutscher Landsknechte und Reisläufer — die Ausdrücke mettere a saccomanno und saccomannare; die große Verwüstung und Plünderung der „ewigen Stadt" durch die Söldner Karls V. lebt in der Geschichte als „sacco die Roma" fort.)

ABGEBRANNT, BRANDBRIEF

Als abgebrannt bezeichnet man nicht nur ein Haus oder ein Gehöft, das Raub der Flammen geworden ist, sondern schon seit dem 16. Jahrhundert auch den Menschen selbst, dessen Habe abgebrannt ist. Verallgemeinert, d. h. losgelöst von der Vorstellung des Feuerschadens und nicht ohne scherzhaften Beigeschmack, finden wir das Wort auch bei Goethe; im 8. Bande von „Dichtung und Wahrheit" ist zu lesen: „Er lehnte das Darlehen ab und gab mit einer Schalkheit zu verstehen, daß er nicht so abgebrannt sei, als er aussehen möchte." Das Abgebranntsein als Musterfall der Geldnot zeigt auch das Sprichwort: dreimal umgezogen ist einmal abgebrannt. (Das berlinische abjeäschert ist nicht ganz ein Synonym von abgebrannt; es bedeutet: abgehetzt[1].)

Daß das Wort abgebrannt im allgemeineren Sinne jemanden bezeichnet, der kein Geld hat (der „blank", „potz", „stier", „parterre", „schwarz", „neger" ist), geht wohl hauptsächlich auf die Verhältnisse während des Dreißigjährigen Krieges zurück, als Feuers-

---

[1] In Ostpreußen gibt es (nach Frischbier) auch die Redensart er ist kalt abgebrannt mit der Bedeutung: er hat seinen Hof kurz vor der Versteigerung mit Hilfe gefälliger Nachbarn bei Nacht niedergerissen. Bei solchen kalten Bränden wird das Material sowie sämtliches Inventar und Mobiliar weggeschafft und dadurch den Gläubigern jedes Objekt zu ihrer Befriedigung entzogen.

brünste die häufigsten Ursachen der Verarmung stellten. Moscherosch schrieb 1640:,, Underwegs stieße uns auff ein gut Gesell, den ich wol kante, der beklagte sich, daß er abgebrant war, das ist nach Feldsprach soviel, als daß er umb alles kommen und erarmet war, daß er alles zugesetzt und verlohren hatte."

Mit dem deutschen „abgebrannt sein" ist das französische être brûlé in Parallele zu stellen, z. B. il est brûlé chez ses fournisseurs, er hat den Kredit verloren („ist verbrannt") bei seinen Lieferanten; un politicien brûlé ist ein Politiker, der jeden Einfluß verloren hat.

In dem Ausdruck Brandbrief kreuzen sich verschiedene Vorstellungen:

a) Leuten, die durch einen Brand mittellos geworden waren, wurde dies in früheren Zeiten, mindestens seit dem 17. Jahrhundert, oft durch ein behördliches Schreiben bestätigt. Da es noch keine Feuerversicherung gab, war es Brauch, daß man dem „abgebrannten" Nachbar durch Arbeit, Material oder Geld zu Hilfe kam. Der Brandbrief sollte es eben ermöglichen, auch bei entfernter Lebenden, die über den Brand nicht verläßliche Kunde hatten, um Unterstützung vorzusprechen. In der Schweiz[1] sagte man auch „Brunstbrief". „Wo's no kei Führassekeranz g'ha häd, häd-mer öppen eso en ab'brännte Ma g'seh mit-eme Schriebe ume ga und Geld iezieh." In österreichischen Landgemeinden kommt es auch heute vor, daß der „Abbrandler" auf Grund einer schriftlichen Bestätigung des Bürgermeisters nähere und fernere Nachbaren um Hilfe beim Wiederaufbau seines Gehöftes bittet. Die auf dem Lande häufigen Familiennamen Brandstetter, Prantner und Prantl, Brandl gehen vermutlich auf solche Feuersbrünste und gemeinschaftliche Schadengutmachungen zurück. (Beim Familiennamen Prantner könnte allerdings auch an das bayrisch-österreichische mundartliche Wort „Pranter" gedacht werden; es bezeichnet einen Dachfutterraum, den für Getreide bestimmten Boden über der Tenne und kommt nach Lessiak wahrscheinlich von slowenisch prentro.)

b) In den bewegten Zeitläuften des 17. Jahrhunderts sind Brandbriefe, die man durch Feuer arm gewordenen Personen in Deutschland manchenorts ausstellte, oft auch zum dauernden und gewerbsmäßigen Betteln mißbraucht worden. Mancher Bauer verlor die

---

1) Abgebrannt im Sinne „kein Geld habend" gebraucht der Schweizer zwar nicht, aber dafür z. B. beim Kartenspiel „i der Brandi si (sein)", wenn er kein Spiel hat, z. B. beim Jassen weniger als 21 Augen hat.

Lust, zu seinem Grund heimzukehren, da Kriegshorden ihn immer wieder um die Früchte seiner harten Arbeit bringen konnten, und wurde zum Landstürzer, der sich — wenn nicht gar in schlimmerer Weise — bettelnd durchs Leben schlug. Da wurden behördliche Bettelbriefe weiterverschachert und nicht selten überhaupt gefälscht. Bei den vielen Belegen, die z. B. das Schweizerische Idiotikon aus Dokumenten der Zeit von 1618 bis 1795 zum Ausdruck Brandbrief beibringt, handelt es sich überwiegend um „falsche, von anderen erkaufte oder mit falschen Siegeln besiegelte Brandbriefe". Kein Wunder, daß das Wort Brandbrief einen üblen Beigeschmack bekam.

c) Im 17. Jahrhundert waren außerdem aber auch gewisse „Brandbriefe" (oder „Feuerbriefe") im Umlauf, die von einem sagenhaften christlichen Zigeunerkönig stammen sollten und Zauberformeln, Besprechungen gegen Feuer, Gespenster, Seuchen u. dgl. enthielten. Mit den vorher behandelten hatten diese Brandbriefe gemein, daß sie herumziehenden Leuten gelegentlich Geld einbrachten.

d) Daneben gab es noch eine ältere Bedeutung des Wortes Brandbrief: so nannte man (nach Schmeller) die Verordnungen, die am Anfang des 15. Jahrhunderts von den Fürsten Bayerns und ihren Landschaften gemeinsam gegen Brandbrenner, Diebe und Räuber erlassen wurden.

e) Wieder eine andere Bedeutung von Brandbrief ist: Drohbrief, in dem man eine Brandlegung ankündigt. Auch diese Bedeutung ist älter als jene des Brandbestätigungsbriefes: brantbrief mit der Bedeutung Fehdebrief, der Schädigung durch Feuer androht, ist schon für 1402 belegt. Solche Drohung, die schließlich jeden kriegerischen Charakter verloren hatte, diente später gelegentlich auch zur Stützung erpresserischer Forderungen, in anderen Fällen kündigte sie einen Racheakt an. Oft waren es von Bauern unglimpflich behandelte Vaganten, Gaukler, Zigeuner oder sogar Handwerksburschen, die sich ihr Mütchen durch solche schriftliche Drohungen kühlten; um die Rachegelüste auch durch die Tat zu stillen, dazu langte es nicht in allen Fällen an Gelegenheit, es wird aber den davongejagten Ahasveren schon gewisse Befriedigung bereitet haben, die gehaßten Widersacher in aufgeregter Angst und banger Erwartung zu wissen. Die Sitte solcher Drohbriefe — sie sind die Vorläufer der Erpresserbriefe der Gangster und Kidnapper — hat sich lange erhalten. So wurde z. B. 1790, einige Tage bevor das Augustinerkloster zu Lauingen an der Donau niederbrannte, auf der Straße in der Nähe des Stiftes ein Brieflein gefunden, an den Prior gerichtet, das mit den Worten begann: „Aus allen den ist sicher glauben und nachricht, das nicht ruhen ist bis alles wird dem boden gleich sein und soll es auch wieder fehlschlagen, diesesmal gut noch Augustiner." Sogar aus dem 19. Jahrhundert wird noch vielfach berichtet, daß Landstreicher, Bettler oder Walzbrüder auf einem Bauernhof, wo sie sich schlecht behandelt dünkten, einen Zettel zurückgelassen haben, auf dem ein Hahn (der „rote Hahn") gezeichnet und eine Branddrohung ausgesprochen war. In so einem Brandbriefe aus dem Marchfelde (Niederösterreich) heißt es: „In dera Wocha brint den Prottengayer sein ganzes Gerschtl und Glampfweri (ganzes Hab und Gut) nieder; hiats eng das ans leschen hilfft, denn sunst zint i eng dammisch undar." Es ist einleuchtend, daß solche anonyme Brandbriefe nicht nur „ortsfremde Elemente", sondern mitunter auch Ortseingesessene zum Verfasser haben konnten. Ein gereimter Brandbrief aus Bayern aus der zweiten Hälfte des 19. Jahrhunderts beginnt mit den Zeilen: „Wir sind halt unser dreißig, — im Anzünden sind wir fleißig."

f) Schließlich gelangen wir zum neuesten Gebrauch des Wortes Brandbrief, besonders in der Redensart **jemandem einen Brandbrief schicken.** In diesem sprachlichen Zusammenhang haftet dem Ausdruck aus verschiedenen früheren Bedeutungen etwas an: es ist sowohl das Bettelnde als das Drohende darin vertreten; daher bedient sich auch mit Vorliebe die Studentensprache des Wortes Brandbrief zur Bezeichnung eines dringlichen und energischen Pumpbriefes. Daneben schwingen bei solcher Verwendung des Wortes auch andere Vorstellungen noch mit: Brandbrief = dringender Brief und Brandbrief = entflammender Brief (so wie Brandrede = hetzende, entflammende, hinreißende, überzeugende Rede). Wenn man also in Geldnöten an einen Nahestehenden einen Brandbrief schickt, so ist das erstens der Brief eines Abgebrannten, zweitens ein Brief, der das Herz des Empfängers in milden Brand zu versetzen sucht, drittens ein Brief, der die Hilfe als sehr dringend bezeichnet, da „es bereits brennt", viertens ein Brief, der für den Fall versagter Hilfe üble Folgen für den Schreiber (daher mittelbar auch für den Empfänger) in Aussicht stellt. Mehr kann man von einem einzigen schlichten Wort nicht verlangen.

ABGEFEIMT, ABGEBRÜHT

Zwischen einem abgefeimten Kerl und einem abgebrühten ist kein großer Unterschied. Verschieden ist aber die sprachliche Herkunft der beiden Eigenschaftswörter.

Feim (althochdeutsch veim, englisch foam, wahrscheinlich urverwandt mit altindisch fena) bedeutet Schaum. Träume sind Fäume, heißt es im Schwäbischen. Alte Wiener sprechen noch heute vom Faam beim Bier, beim Kaffee usw.; „vor lauter Zurn steht eahm der Faam beim Maul." Auch „'s Roß faamt". Abfaamen heißt wienerisch auch: im Kartenspiel das Geld abnehmen; offenbar die gleiche Metapher, wie bei der übertragenen Bedeutung von „den Rahm abschöpfen"; man vergleiche auch steirisch abfeimen, abfaumen = Geld absammeln im Wirtshaus (von „fahrenden Künstlern"). Abschaum ist die von der Flüssigkeit entfernte Unreinigkeit, abgefeimt also = abgeschäumt. Auf dem Eichsfeld (südlich vom Harz) wird „abgefeimt" noch im konkreten Sinne gebraucht: „häst dann d'Soppn alle (= schon) obgefiemet?"

„Abgefeimt" als Scheltwort erscheint schon Mitte des 15. Jahrhunderts beim vielgereisten Meistersinger Michael Behaim; in seinem Buch von den Wienern ist wiederholt von „gefampten, abgeschaimpten" Menschen, von „gevaimpt Schelken" (Schalken) die Rede. Luther spricht dann von abgefeimten Christen und meint den Abschaum der Christenheit. Abraham a Santa Clara (der übrigens auch Meerfaumb für Meerschaum sagt) schreibt: „Etliche tun nicht allein die Suppen abfeimen, sondern sind selbst der Abfeim aller Bosheit." Ohne üblen Beigeschmack verwendet Leibniz das Wort etwa in dem Sinne von abstrakt: „bei denen noch mehr abgezogenen und abgefeimten Erkänntnissen." Im allgemeinen hat das Wort abgefeimt aber nur noch die Bedeutung übertrieben, erzschlau. In der ersten Hälfte des 18. Jahrhunderts hat man gelegentlich auch die Roués (Wüstlinge) die Abgefeimten genannt. Auf den Vergleich mit dem Abschäumen beruht auch das sinnverwandte raffiniert (französisch raffiné aus re = wieder, ad = zu, fin = fein), verfeinert in industriellem Sinne (Zucker, Petroleum usw.) und im übertragenen (z. B. raffinierter Luxus, raffinierter Betrug, raffinierte Grausamkeit). Der den Eigenschaftswörtern abgefeimt, raffiniert zugrunde liegende Vergleich zwischen einer künstlich verfeinerten Materie und einem besonders schlauen Menschen erklärt wohl auch die Ausdrücke durchtrieben, gerieben, mit allen Wässern gewaschen.

Abgebrüht wäre man leicht geneigt zu erklären wie gebrannt = gewitzigt, vorsichtig, jemand, der wie das gebrannte Kind den Ofen scheut; oder in Verbindung zu bringen mit „hartgesottener Sünder"; auch das Berlinische „ausjekochter Junge" = gefährlicher Kerl kann einem einfallen. Aber „abgebrüht" im Sinne von schlau kommt gar nicht von brühen = mit heißer Flüssigkeit begießen, auch nicht etwa von brüten = erhitzend auf etwas sitzen, sondern von niederdeutsch und niederländisch brüen und brüden = necken, narren, plagen („brühst du mi, brüh ik di weder"), aber vor allem auch: coire. Dieses Zeitwort brüten hängt zusammen mit niederdeutsch brüd = Braut, was ursprünglich nicht Verlobte, sondern (ebenso wie englisch bride, schwedisch brud) junge Frau bedeutet; brüen, brüden bedeutet demnach: ein Mädchen zur Frau machen. In Grimmelshausens „Simplizissimus" steht das mecklenburgische Schimpfwort „brüd' dyne möme", brühe deine Mutter, und so scheint der verbreitete russische, rumänische, südslawische, ungarische Fluch auch ein vereinzeltes deutsches Gegenstück zu haben, allerdings aus einem besonders derben Jahrhundert. Daß brüden als Bezeichnung des Geschlechtsverkehrs nicht auf das niederdeutsche Sprachgebiet beschränkt war, zeigt das Schweizerische Idiotikon, das den Ausdruck aus Akten von Beleidigungsprozessen im 14. und 15. Jahrhundert reichlich belegt: 1386 wurde z. B. eine Frau geklagt, weil sie einer anderen durch Unzucht erworbene Geschenke vorgeworfen hatte: „ich han nöt rot röck brutend gewonnen als du"; im Jahre 1398 war der Spitzname Brutenfuchs = brüte den Fuchs, in dem also der Vorwurf der Sodomie lag, Gegenstand eines Prozesses; 1453 stand ein Mädchen vor Gericht, das ihrer Nachbarin zugerufen hatte: Ittly Rüsegger, der Hensly Billiter hät dich brutet. Wie die den Geschlechtsverkehr bezeichnenden Zeitwörter dazu kommen, auch andere Tätigkeiten ausdrücken zu können, hat Hans Sperber in seiner Studie in der „Imago" über die Entstehung der Sprache auseinandergesetzt. Der vorherrschende Sinn von abgebrüht ist jetzt: schamlos, vor keiner Schandtat zurückschreckend. Durch den Anklang an brühen = mit heißer Flüssigkeit begießen ist allerdings auch die Möglichkeit zu mancher weniger drastischen Sinnesnuance gegeben; Platen spricht z. B. von „Schillers zehnmal abgebrühten Phrase".

ALMOSEN

Das griechische Wort eleemosyne ist als Übersetzung des biblisch-hebräischen rachmanoen = Mitleid entstanden und enthält das Zeitwort eleein, bemitleiden (wie in Kyrie-eleison, Herr, erbarme Dich). Es gelangte bei Vordringen des Christentums schon früh, wahrscheinlich durch Vermittlung der Romanen Galliens (alimosna), in die germanischen Sprachen. So kam es zu angelsächsisch älmesse, altnordisch olmusa, althochdeutsch alamuosan mit der Bedeutung: Armengabe.

Der Übergang vom Abstraktum „Erbarmen" zum Konkretum „Armengabe" stellt einen bemerkenswerten Typus der Bedeutungsverschiebung dar: das Wort, das zuerst eine bestimmte seelische Einstellung (eleemosyne = Erbarmen) bezeichnet, wird zur Bezeichnung des Gegenstandes von Handlungen (Almosen), deren Beweggrund jene Einstellung ist; man vergleiche damit englisch bounty, was sowohl Freigebigkeit als Geschenk, Prämie bedeutet; ähnlicherweise hat douceur im Französischen früher nicht nur Süßigkeit, Freundlichkeit, sondern — wie unser Fremdwort — auch Trinkgeld bedeutet.

Aus mittelhochdeutsch almuosen wurde im 16. Jahrhundert Almusen oder gelegentlich (anscheinend in Anlehnung an arm = pauper) Armusen. Bei Luther jedoch schon: Almosen. Die germanisch anmutende Form gab öfters Anlaß zu volksetymologischen Wortspielen. Abraham a Santa Clara predigt einmal: Ihr wißt gar wohl, daß das Wörtel Almosen so viel heißt, als: alle mussen; dann ein jeder schuldig ist, den Armen ... usw. Der sprachgewaltige Pater konnte in seiner Wiener Predigt um so leichter zu dieser Ideenverknüpfung gelangen, als das Wort in der Volkssprache seiner schwäbischen Heimat die Form Allmuossen hatte. In einer Augsburger Chronik heißt es z. B. „ain Stock, das Allenmussen einzulegen". Übrigens sagt man im Schwäbischen (an „arm" und „muos" = Mus denkend) auch Armmusen.

Im Französischen wurde das griechische Wort über altfranzösisch almosne zu aumône, daraus aumônier, was Almosenpfleger oder Feldprediger bedeutet, womit man früher aber auch den Almosenempfänger, d. h. den Bettler, bezeichnete. Aus dieser früheren Doppelbedeutung erklärt sich wohl, daß aumônier in der heutigen Pariser Unterweltssprache einen Dieb bedeutet, der einen Bettler zum Helfershelfer hat. Im Englischen verdichtet sich das griechische eleemosyne zu alms (das Englische hat eine besondere Neigung zur Vereinsilbigung), woraus auch viele bemerkenswerte Zusammensetzungen, wie alms-bag = Klingenbeutel, alms-fee = Peterspfennig, alms-land = Kirchengut.

Die oft durchdringende Abneigung gegen das Beginnen eines Wortes mit einem Vokal verwandelte das griechische eleemosyne im Italienischen zu limosina, im Spanischen zu limosna und im Polnischen zu jalmuzna. Im Altslawischen hieß es noch almuzino. Durch slawische Vermittlung kam es wohl zum ungarischen alamizsna = Armengabe; daneben gibt es im Ungarischen merkwürdigerweise aber auch eine zweite, dem griechischen eleemosyne ähnlichere Form elemózsia, welches volkstümliche Wort jedoch nur Verpflegung (z. B. auf einen Weg mitgenommenen Mundvorrat) bedeutet; vielleicht ist diese Nebenform unter Bettelmönchen oder Bettelstudenten entstanden, auf deren Wanderungen die Begriffe milde Gabe und Proviant vielfach zusammenfielen.

„Almosen geben" hat im Volke auch eine sonderbare übertragene Bedeutung. Schmellers Bayrisches Wörterbuch verzeichnet es als scherzhafte Redensart mit der Bedeutung: „die physische Liebe pflegen (vom Manne gemeint)." Auch im Niedersächsischen (Bremen) wird von einem, der zitternde Hände hat, scherzhaft gesagt: He het to veel um Gottes willen geven.

ANGER, ANGEL, ANKER, VERANKERN

Es wird eine indogermanische Wurzel onk vorausgesetzt mit der Bedeutung krumm, gekrümmt. Von dieser stammt wohl (über griechisch ankyra, lateinisch uncus = Gekrümmtes, Haken und ancora = Anker) das deutsche **Anker** (zweiarmig gekrümmtes Eisen zum Festmachen von Schiffen[1]) als auch **Angel**[2] (Stachel[3], Spitze, Widerhaken, Türangel, Fischangel). Weniger sicher erscheint,

---

[1] Die Germanen gebrauchten ursprünglich nur schwere Steine (senkilstein oder senkil) zum Festmachen der Schiffe; den eisernen Anker übernahmen sie von den Römern.

[2] Bezeichnenderweise sind auch im Ungarischen die Benennung von Angel und Anker aus der gleichen Wurzel gebildet: horog, horgony. Dazu gehört im Ungarischen ferner auch das Zeitwort horgol = stricken (mit einer gekrümmten Nadel).

[3] Auch der Stachel der Biene ist als Angel bezeichnet worden (z. B. bei Fischart).

daß auch Anger von derselben Urwurzel abstammt. Verläßlich ist der Stammbaum von Anger nur bis griechisch ankos = Tal, Niederung. Der Zusammenhang in der Urbedeutung „gekrümmt" soll darin bestehen, daß ein Tal eine Krümmung der Erdoberfläche darstellt[1]. Im Althochdeutschen hat das Wort angar jedenfalls nur den Sinn Grasland, Grasplatz. Das Wort ist enthalten im germanischen Völkernamen Angrivarii, Leute aus Engern, dem Angerland, d. h. Grasland in den Niederungen an der Weser. Im Mittelalter bedeutet Anger einfach Wiese, insbesondere eine Wiese in der Niederung, im Tal. Heute ist das Wort schon veraltet und wird höchstens in der Zusammensetzung Schindanger (Wiese, wo das gefallene Vieh abgedeckt wird) gebraucht. Auch ist das Wort in manchen Städten in Straßennamen noch erhalten. Im Innern Münchens heißen zwei Straßen: Oberer Anger und Unterer Anger. In der Altstadt Wiens gibt es eine Grünangergasse, deren Namen für 1342 in der Form „Am grünen Anger" belegt ist.

Obschon die große Mehrheit der Menschen nie etwas mit dem Ding zu tun hat, das mit dem Worte Anker bezeichnet wird, und auch nur selten einen Anker zu Gesicht bekommt, gehört das Wort nicht zu den seltenen in der Umgangssprache, was wohl damit zusammenhängt, daß der Anker als altes Symbol der Hoffnung häufig in den Vordergrund der Vorstellungen tritt. Beliebt ist neuerdings, eine verbale Weiterbildung des Wortes in übertragenem Sinne zu gebrauchen. Etwas verankern (z. B. in einem Gesetz), verankert sein (z. B. in den Vorurteilen seiner Klasse) sind Wendungen, die ungefähr seit Kriegsende bevorzugt werden. Das an sich gewiß schöne und ausdrucksvolle Bild ist eine Zeitlang so häufig verwendet worden, daß es bei strengen Stilkritikern als Modewort in Verruf geraten ist. Es ist jedoch ein Unrecht, ein „Modewort" unter allen Umständen verächtlich zu finden. Es ist mit der Sprache ebenso wie mit allen Dingen, in deren Bereich es „Moden" gibt: Es kann etwas Nettes und Nützliches in Mode kommen, und es gibt Modetorheiten. Im übrigen entledigen sich Erscheinungen, die anfangs als Torheiten galten, meistens dieser Leumundsnote, wenn sie dank irgendwelcher ersichtlichen oder nichtersichtlichen Gründe dauer-

---

[1] Man beachte zu dieser Vorstellungsverknüpfung zwischen den Begriffen „Tal" und „Gekrümmtes, Gebogenes" die mit dem deutschen Worte „Tal" urverwandten Wörter griechisch tholos = Kuppelbau, oph-thalmos = Auge, ursprünglich Augenwölbung, altnordisch dalr = Bogen.

haft geworden sind. Wenn wir einen Ausdruck als Modewort bezeichnen, so meinen wir damit ein neues Wort oder ein in einer neuen Anwendung erscheinendes Wort, das in verhältnismäßig kurzer Zeit zur allgemeinen Verbreitung und besonders häufigen Verwendung gelangt ist. Man sehe sich die von Ferdinand Herrmann angeführten Beispiele dieses „unerträglichen Ausdrucks verankern" an. Es sind zwei Stellen von Hasenclever: „Es galt die Revolution geistig zu verankern" – „tief im Ewigen verankert liegen" –, und eine aus einer Tageszeitung: „Das jeweilige aktuelle Thema wird durch die Kleinarbeit vorbereitet und wissenschaftlich verankert." Da muß man sich wirklich der Verfemung dieses Zeitwortes durch Herrmann, Wasserzieher, Schaukal, Engel („ein verspottetes, nur noch in anprangenden Gänsefüßchen geschriebenes, schon vermufftes Modewort") nicht anschließen. Daß das Bild mißbraucht werden kann (z. B. wenn man von der „budgetarischen Verankerung der hochfliegenden Pläne eines Geologen" spräche), gilt wohl für jeden bildlichen Ausdruck, besonders bevor das Metaphorische in ihm ganz verblaßt ist.

In der bereits erwähnten Wiener Grünangergasse gibt es ein altes, beliebtes italienisch-wienerisches Restaurant „Zum grünen Anker" (ancora verde). Man kann nicht annehmen, daß der Gründer dieses Gasthauses, vermutlich ein Italiener, von dem Bestreben der Etymologen, Anger und Anker auf eine gemeinsame indogermanische Wurzel zu bringen, gewußt bzw. es vorausgeahnt hätte. Vielmehr ist wahrscheinlich, daß er im Namen der Straße das veraltete Wort Anger nicht verstanden und es fälschlich als Anker aufgefaßt hat. Solche sprachliche

Mißverständnisse bei Gasthausnamen

kommen nicht selten vor. Die Sitte, den Häusern in den Städten Namen zu geben, geht im deutschen Sprachgebiet im 12. Jahrhundert aus Südwestdeutschland, von den alten Bischofsstädten am Rhein zwischen Basel und Köln aus. Im Zeitalter der Aufklärung begann der Untergang der Hausnamen mit der Einführung der Hausnummern. Nur Wirtshäuser, Restaurants und Hotels, mitunter Apotheken und Drogerien tragen noch Hausnamen und Hauszeichen. (Vor kurzem hat in der Schweiz, im klassischen Lande des Herbergswesens, Bernhard Schmid interessantes Material über Aushängeschilder bekanntgemacht; sie spielten früher eine große

Rolle, und selbst Künstler wie Holbein, Caravaggio, Rubens, Watteau, Greuze verschmähten nicht, solche zu malen.)

Bei den Gasthausnamen, die aus Mißverständnissen entstanden sind, handelt es sich manchmal um Hörfehler, das andere Mal um die Verkennung eines mundartlichen Ausdrucks oder eines fremdsprachigen Wortes. So geht z. B. der Namen eines vor den Toren Kölns liegenden Gasthauses „Zum Totenjuden" auf das niederdeutsche „to (= zu) den Juden" zurück. Ein Gasthaus in der Pfalz führte in der napoleonischen Zeit einen goldenen Apfel im Schild und hieß à la pomme d'or. Die Wirtin verblieb auch nach Abzug der Franzosen die Bummwirtin, dann hieß sogar das ganze Haus „die Bums", und so heißt es vielleicht heute noch; jedenfalls hieß es vor dem Weltkrieg noch so. 1870, beim Einmarsch ins Elsaß, tauften deutsche Landwehrleute ein Wirtshaus bei Straßburg, das à cheval blanc hieß, also ein welsches „Weißes Rößl", zur „blanken Schwalbe" um. Im gleichen Kriege wurde ein Wirtshaus „Au sauvage" (Zum wilden Mann) im Munde der deutschen Soldaten ein „Wirtshaus zur Sau-Waage".

Ob jener Berliner Wirt, der in der Fichtestraße (Ecke Hasenheide) ein Schild „zur Fichte" aushängte, sich nur einen Scherz leisten wollte oder vom Philosophen Fichte wirklich keine Kenntnis hatte, bleibt eine offene Frage. Offenbar beabsichtigt ist in der nach dem Heerführer Eichhorn benannten Eichhornstraße in Berlin ein Gasthausschild „zum Eichhorn".

In England findet man noch öfters alte Wirtshäuser, die den Namen bag of nails (Sack mit Nägeln) führen; das ist frei verenglischt aus bachanals (wo der Weingott Bacchus verehrt wird). Andere merkwürdige Namen auf Schildern alter Gasthäuser in England: Bull and Mouth = Stier und Mund (ursprünglich Boulogne mouth, zum Hafen von Boulogne), Pig and carrot = Schwein und Mohrrüben (ursprünglich Pique et Carreau, Farben der französischen Spielkarten).

In Brüssel gibt es in der Nähe des Rathauses ein kleines Wirtshaus, das französisch à la pie boiteuse, flämisch in de manke elster, zur hinkenden Elster heißt. Im Fenster des Wirtshauses sieht man eine ausgestopfte Elster, den Kopf verbunden mit einem weißgetupften Bauerntuch, und unter dem einen abgespreizten Flügel steckt eine kleine Krücke. Der Kunsthistoriker Wilhelm Hausenstein, der in einem Feuilleton auf düstere und grauenhafte Züge im sonst so lebensfrohen Brüssel hinweist, erörtert eingehend das traurige Motiv der hinkenden Elster. Überraschenderweise hat dann aber der Romanist Spitzer den hinkenden Vogel als den Wechselbalg eines sprachlichen Mißverständnisses entlarvt. Nicht um ein hinkendes Tier handelt es sich eigentlich, sondern um ein trinkendes. Das Brüßler Wirtshaus muß einmal à la pie qui boit, zur trinkenden Elster, geheißen haben. Die Elster galt nämlich als besonders trinksüchtig[1]. Aber vielleicht liegt außer der Verwechslung von boire = trinken mit boiter = hinken noch ein zweites sprachliches Mißverständnis vor: französisch pie = Elster bedeutet in übertragenem Sinne auch ein schwarzweißes Pferd (auch das schwarze Pferd, der Rappe, ist nach einem Vogel, dem Raben, benannt), und möglicherweise war der ursprüngliche Sinn jenes Schildes „zum trinkenden Schecken", was für ein Wirtshaus, bei dem Reiter und Fuhrwerke rasten, nicht verwunderlich wäre.

Übrigens muß man bei der Verwandlung des trinkenden Pferdes zur hinkenden Elster nicht unbedingt das Walten unwillkürlicher sprachlicher Mißverständnisse voraussetzen. In vielen Fällen haben sich Wirt und Schildermaler bewußt der Freude am Wortwitz hingegeben und auf den Schildern einen sprachlichen Mummenschanz entstehen lassen. Besonders das Französische machte mit seinem Reichtum an ähnlich klingenden und nur orthographisch unterschiedenen Wörtern und Silben es leicht, solche Scherzschilder und Scherznamen zu ersinnen. In Paris trug z. B. ein Gasthaus „zum goldenen Löwen" (au Lion d'or) ein Schild, auf dem ein Bett und ein darin schlafender Mann abgebildet war (au lit on dort, man schläft im Bett). Das Schild eines Gasthauses „zu Johannes dem Täufer" (au Saint-Jean-Baptiste) zeigte ein mit einem Batiströckchen bekleidetes Äffchen (au singe en battiste). Als um die Mitte des 18. Jahrhunderts der Genfer Vorort Carouge zur selbständigen Stadt wurde, soll sich ein Gasthaus ein „rotes K" („Ka rouge") zum Schild erwählt haben. Man nennt solche Schilder enseignes rébus, Bilderrätselschilder; sie erinnern an die „redenden Wappen", z. B. an den etymologisch unbegründeten Bären der Berliner und der Berner, an Ratte und Schwan (rat, cygne) im Wappen Racines.

---

[1] Damit hängt wohl zusammen, daß im französischen Argot la pie (Elster) auch die Bezeichnung für (alkoholisches) Getränk ist; croquer la pie (die Elster knacken) = saufen.

APACHEN

Die Angehörigen des Indianerstammes, die man Apachen nennt, bezeichnen sich selbst nicht so. In ihrer eigenen Sprache heißen sie nte (Männer) oder schis-inte (Männer des Waldes, weil sie im Winter geschützte Quartiere in den Wäldern haben). Die besonders wilden und kriegerischen Nte wurden in der Sprache der Yuma-Indianer apa-agwa-tsche, Leute des Krieges, genannt. Aus der Zusammenziehung dieser Bezeichnung entstand spanisch los apaches. Aus dem Spanischen gelangte das Wort in die anderen europäischen Sprachen; Fenimore Coopers Indianerromane machten breite Bevölkerungskreise mit dem Namen Apachen vertraut.

Jetzt bezeichnet das Wort außer jenem Indianerstamm auch zynische und gewalttätige, zu Verbrechen neigende, in Dirnenkreisen verkehrende junge Männer niederen Standes in Paris. Ein Apache liegt vor, sagt der bekannte Argotforscher Sainéan, wenn ein Dieb in gleicher Person auch Zuhälter und Totschläger ist. Zu dieser Anwendung des Indianernamens soll es so gekommen sein, daß im Pariser Stadtteil La Villette eine Messerstecherbande, deren Mitglieder offenbar Freunde abenteuerlicher Indianerromane waren, sich selber den Namen Les Apaches de Villette beigelegt hatte. Vielleicht ist für die Entstehung des Ausdruckes auch maßgebend gewesen, daß Aristide Bruant, der bekannte Dichter von Verbrecher- und Dirnenliedern, in den 90er Jahren in einem Gedicht die Grausamkeit seiner Helden mit jener der Apachen verglichen hatte. Aber erst Victor Morris verschaffte durch eine Unterweltreportage im „Matin", 1902, dem Ausdruck weitere Beachtung. International wurde das Wort Apachen in seinem europäischen Sinne einige Jahre vor dem Weltkrieg, als sich eine schwer bewaffnete Verbrecherbande an der Peripherie von Paris tagelang gegen ein großes Polizeiaufgebot zur Wehr setzte und sich erst nach einer regelrechten, vom Polizeipräfekten persönlich geleiteten Belagerung ergab. Als im Jahre 1913 in Mitteleuropa die sommerliche Herrenmode auf weitoffene weiche Hemdkragen zurückgriff, nannte man diese in Deutschland, eine alte Bezeichnung neu aufleben lassend, Schillerkragen, in Österreich (angesichts der damaligen Adriaausstellung in Wien) Adriakragen, in Ungarn — apacsgallér (Apachenkragen). Auch die Damenmode hatte vor einigen Jahren einen Fachausdruck, der auf die Pariser Apachentracht hinwies: die farbigen Halstücher hießen Apachentücher.

Nicht nur die Apachen, auch andere Indianerstämme haben europäische Namen bekommen, die wesentlich abweichen von jenen, die sie sich selbst geben. Wie die Apachen, nennen auch die Delawaren sich selbst einfach „Leute" (lenape); den Namen Delawaren bekamen sie nach dem 1610 gestorbenen Lord de la Ware, einem der ersten Siedler in Virginia, nach dem auch der Delawarefluß benannt ist. Die Sioux wurden von ihren feindlichen Nachbaren nodowässiug = Vipern[1], d. h. in übertragenem Sinne Feinde genannt, daraus wurde deutsch Nadowessier (Schillers „Nadowessische Totenklage"), französisch nadovessioux, daraus gestutzt zu sioux, und so verpflanzte sich ein winziger Brocken des ursprünglichen indianischen Namens mit der französischen Mehrzahlendung ins Deutsche. Ziemlich gut erhalten ist der indianische Namen des ausgestorbenen Stammes der Mohikaner (mo-hi-konnius = gute Bootsleute), allgemein bekannt geworden durch den Titel von Coopers Roman „Der letzte Mohikaner" (1826), der zum geflügelten Wort geworden ist[2] und vielerlei in übertragenem Sinne gebraucht wird (z. B. auf das letzte Geldstück, das man ausgeben muß). Nicht indianisch, sondern portugiesisch ist der Namen der südamerikanischen Botokuden, die in ihrer Unterlippe große Holzscheiben oder Pflöcke tragen; ihr Namen kommt von portugiesisch botoque = Lippenpflock, das nach Lokotsch über arabisch bunduq auf griechisch pontikon zurückgeht. Botokude wurde im Deutschen früher nicht selten als eine Schelte für unzivilisierte, geistig tiefstehende Menschen gebraucht. Die Franzosen bedient sich besonders des Namens der Irokesen, die im Norden der heutigen Union und in Kanada leben, zur Bildung von Gattungsbezeichnungen. So bedeutet in der französischen Umgangssprache iroquois einen verdrehten Kerl. Auch bezeichnet dieses französische Wort nicht nur die Sprache dieses Indianervolkes, sondern hat auch die allgemeine Bedeutung: Kauderwelsch. In der Bretagne bezeichnet man eine bestimmte, scheinbar verworrene und unsinnige Art, in der Lotterie zu setzen: marquer à l'iroquoise. In Frankreich

---

[1] Nach anderer Deutung bedeutet nodowässing in einer Indianersprache: Halsabschneider.

[2] Die Engländer gebrauchten mohawk oder mohock schon im 18. Jahrhundert im Sinne nächtlicher Ruhestörer, aristokratischer Raufbold.

standen früher nämlich gerade diese Indianer in dem Ruf einer „unzugänglichen Bizarrerie" (Esnault). Alle Apotheker sind Irokesen, schreibt ein französischer Autor, und meint: verschrobene Käuze. Tête d'iroquois! ist ein üblicher französischer Ausruf. C'est de l'iroquois = das ist unverständlich, ist Quatsch. Dieser Gebrauch des Völkernamens im Französischen geht offenbar auf die vielen, zum Teil blutigen Konflikte zurück, die die französischen Kolonisten im ehemaligen „Neufrankreich" mit den Irokesen hatten.

ARBEIT, ROBOT

Nach der Überlieferung des Tacitus arbeiteten die freigeborenen Germanen nicht, sie überließen die Arbeit den Unfreien. Dieser Umstand spiegelt sich auch in der Geschichte des Wortes Arbeit wider. Im Althochdeutschen war die Bedeutung von arbeit oder arabeit noch: Mühsal, Plage, Beschwerde, Leid. Aus dem Gotischen kennen wir arbaiths = Bedrängnis, Not. Auf weitere indogermanische Zusammenhänge läßt schließen altslawisch rabu = Knecht, Leibeigener (woraus ungarisch rab = Sklave, Gefangene) und armenisch arbaneak = Diener, Gehilfe. Vom altslawischen rabu gelangen wir zu tschechisch und polnisch rabota = Zwangsdienst, Fronarbeit, welches Wort bereits im 14. Jahrhundert ins Deutsche gelangt und das spätmittelhochdeutsche robot und robolt ergibt. Der Familiennamen Rowohlt ist eine Nebenform davon (in einem alten bayrischen Dokument heißt es: „es sollen auch mesner, hüttenknecht und pfisster" frei sein von „Steuer, Wacht und Rowolt"). Von Robot kommt vermutlich auch das berlinische sich abrabatten = sich mit einer Arbeit plagen.

Unser heutiges Wort Robot (woraus nach des tschechischen Schriftstellers Karel Čapeks sozialutopischem Drama „R. U. R." seit 1922 auch der Ausdruck Roboter für eine Menschenarbeit verrichtende Maschine von menschenähnlichem Äußeren) ist demnach eigentlich eine Doublette von „Arbeit". Während aber der Begriff der Arbeit sich der Kriterien des Zwanges, der Plage im Laufe der Jahrhunderte entledigt hat und gleichsam eine Standeserhöhung durchgemacht hat, zu einem Begriff geworden ist, den Ethik, Religion und Dichtung verherrlichen[1], ist im Begriff des Robot

---

[1] Zur Bedeutungsänderung von „Arbeit" schreibt Dornseiff in der Einleitung seines Synonymenwörterbuchs: „Griechisch ponos, lateinisch labor, mittelhochdeutsch arebeit bedeuten zunächst Mühsal, Schmerz, später auf

das Beschwerliche, Zwangsmäßige um so stärker in den Vordergrund getreten.

Nur noch einzelne mundartliche Spuren weisen auf den ursprünglichen Kern des Arbeitsbegriffes (Arbeit = Plage, Schmerz) hin. In Schwaben versteht man unter Arbeit auch die sonst Fraisen (convulsiones) genannte Kinderkrankheit. Im Niederländischen versteht man unter arbeydt (wie es auch im Mittelhochdeutschen der Fall war) auch die Geburtswehen. Oft finden wir in älteren schwäbischen Dokumenten das Wort Arbeit im Sinne von Mühe, Schwierigkeit gebraucht; wir führen zwei Stellen aus Augsburger Chroniken an: ,,sie entrunen mit arbeit" (d. h. mit Schwierigkeiten); ,,darauss vil Unrat, Müe, Arbeit und Spot und grosse Schad kommen ist"[1].

ARSENAL, ZECHINE

Arabisch ist dar = Haus, sina-a = Betriebsamkeit, Erzeugung, Industrie. Die arabische Zusammensetzung dar-sina-a, Haus der Betriebsamkeit, Fabrik, wird im Italienischen zu arsenale; so hießen die berühmten Schiffswerften der Venezianer. Da die Venezianer im 13. Jahrhundert die Herren Konstantinopels waren, darf eine

---

einen Zweck gerichtete Bemühung. Für gewöhnlich wird der Semasiologe hier eine Bedeutungsverbesserung feststellen und womöglich einen ethischen Fortschritt buchen in dem Sinne: Aha, der wehleidige Wilde hat sich zum Arbeiter emporentwickelt. Wer diesen Schluß zieht, sagt sich damit zugleich, daß der gute Mensch auch die Wörter besser macht. Es ist aber doch vielmehr so, daß die Menschen die Wörter dann sprechen, wenn sie etwas Bestimmtes sagen wollen, und daß sie dabei darauf angewiesen sind, was diese Wörter bedeuten. Wenn also der Mensch zum ersten Male aussprechen und mitteilen wollte, daß er sich mit einer zielbewußten Tätigkeit angestrengt habe, so griff er zu einer der üblichen Bezeichnungen für Schmerz. Der Terminus ,Schmerz mit Index' (= Arbeit) wurde verstanden, bürgerte sich ein. Er zeigt aber den Menschen zu der Zeit des sprachschöpferischen Aktes in flagranti auf einer bedauerlich niedrigen Stufe der Arbeitsethik. Wer den Bezeichnungsmodus erwägt, stellt fest, daß überall die Menschen zunächst die Arbeit als Schmerz beschimpft haben. Die Frage: Wann haben die Menschen die Arbeit als wertvoll gelobt, muß, fürchte ich, von der Literaturgeschichte und nicht von der Sprachgeschichte aus beantwortet werden."

1) Ähnlich wie ,,Arbeit" hat auch das jetzt gleichbedeutende französische travail eine Bedeutungsveredlung mitgemacht: das französische Wort bedeutete ursprünglich Folter. Auch muka, das in fast allen slawischen Sprachen Folter, Pein bedeutet, kann im Serbischen auch im Sinne von Arbeit verwendet werden (auch im Ungarischen ist munka = Arbeit).

byzantinische Vermittlung bei dieser Entlehnung aus dem Arabischen angenommen werden.

Im Französischen taucht das Wort archenal 1395 zuerst auf. Nach Deutschland gelangt das Wort erst im 16. Jahrhundert. 1556 schreibt Bruder Felix in der „Fahrt in das heilige Land": „schlugen wir hinten an der Stadt (Venedig) hinumb an den Arschanal". In Venedig selbst ist übrigens auch die alte arabische Wortform fast zur Gänze noch erhalten, der Stadtteil, in dem sich die zum alten Arsenal gehörigen Werfte und Schiffsdocks befinden, heißt dort heute noch Darsena. In der Form „darsena" übernahmen übrigens auch die Genueser das arabische Wort. Abgekürzt erscheint es im Französischen als „darse", als Bezeichnung der Schiffswerft von Genua im Französisch des 15. Jahrhunderts. Im Altdalmatinischen entstand das Wort orsan = Aufbewahrungsort für Barken.

Die Verdeutschung Zeughaus für Arsenal stammt von Philipp von Zesen (1619—1689)[1].

Neben Arsenal gibt es noch ein zweites internationales Wort, das auf den arabischen Namen einer venezianischen Werkstätte zurückgeht. Zu arabisch sikka = Münze, Prägestock gehört dar assikka = Haus der Prägung, Münzstätte. So hieß auch die berühmte Münzstätte von Venedig und daraus wurde verkürzt la zecca. Die dort geprägte Goldmünze wurde seit Ende des 13. Jahrhunderts zecchino genannt; die Zechinen, bald auch von anderen italienischen Staaten und auch von der Türkei geprägt, blieben jahrhundertelang die Handelsmünze des Mittelmeergebietes[2].

---

1) Zesen verdankt die deutsche Sprache auch die Wörter Mundart, Losung, Vertrag, Verfasser, Umgang, Trauerspiel, Gesichtskreis, Augenblick, Blutgerüst, Gegenfüßler (für Dialekt, Parole, Kontrakt, Autor, Prozession, Tragödie, Horizont, Moment, Schafott, Antipode). Von ihm stammen aber auch die Vorschläge Entgliederer für Anatom, Krautbeschreiber für Botaniker, Schimpfdichter für Satiriker, Reimband für Vers, Gipfeltüpfel für Zenit, Meuchelpuffer für Pistole, Schnauber für Nase, Dachschnauber für Schornstein, Mannszwinger oder Jungfernzwinger für Kloster, Zeugemutter für Natur, Talmund für Echo, Hauptstürze für Hut, Schlachtgabe für Opfer, Pflanzherr für Vater. Er taufte sogar die antiken Gottheiten Apollo, Juno, Pallas Athene, Venus, Vulkan, Priapus auf Wahrsagegötze, Himmeline, Klugine, Lustine, Schmiedegötze, Gartengötze um.

2) Über zwei andere venezianische Münzen, die Weltwörter wurden (Gazette, Marzipan), vgl. das Stichwort Gazette. Übrigens hat nicht nur die Schiffswerft Venedigs zum Weltwort Arsenal und seine Münzstätte zum Wort Zechine geführt, auch eine dritte venezianische Werkstätte, die Gießerei, hat sich in einem anderen Gattungsnamen erhalten: siehe das Stichwort Ghetto.

ARZT

kommt vom griechischen zusammengesetzten Wort arch-iatros. Iatros bedeutet den „Heilenden" (daher Pädiatrie, Psychiatrie = Kinderheilkunde, Seelenheilkunde) und die Vorsilbe archi etwa Führer (wie in Archiepiskopos = Erzbischof, vgl. das Stichwort „Erz"). Archiatros, archiater bedeutet also Oberarzt und war der Titel der griechischen Leibärzte am Hofe der römischen Kaiser. Den Übergang von der griechischen Form zum heutigen „Arzt" zeigt die althochdeutsche Form arzat. Arzenei (mittelhochdeutsch arzenie, Ableitung Wackernagels vom berühmten Arzt Archigenes von Kralles durchaus unglaubhaft) bedeutet ursprünglich nicht das Heilmittel allein, sondern die gesamte ärztliche Tätigkeit. („Medizin" gebrauchen wir auch noch in beiderlei Bedeutung.)

Das Althochdeutsche hatte aber auch noch ein anderes Wort für Arzt: lachi (und lachinon = heilen), es kommt über gotisch lekeis, Arzt von keltisch liaig, der Besprecher. Im Mittelhochdeutschen gab es noch das Zeitwort lachenen = besprechen und lachenere = Beschwörer. Im Neuhochdeutschen ist diese Wurzel nur noch in Eigennamen enthalten: Lachner, Lachmann. Im Schweizerischen finden sich allerdings auch heute noch Abkömmlinge jener keltischen Lehnworte: lachsnen = hexen, Lachsner = Besprecher. Im Regierungsbezirk Düsseldorf an der holländischen Grenze, hauptsächlich im Orte Breyell, lebt noch eine alte Krämersprache, die früher besonders von Hausierern und Schmugglern gebraucht worden ist, die sich selbst Hennese-Flick („schöne Sprache") nennt und die man auch als Krämerlatein bezeichnet. In dieser sonderbaren Sprache, die heute mehr den Charakter einer künstlich gepflegten Geheimsprache hat, bedeutet „Läpper" Arzt (auch in Zusammensetzungen wie Trappertsläpper, Pferdearzt), was vielleicht auf die angeführte keltisch-gotische Wurzel weist. Von jener keltischen Wurzel leitet sich übrigens auch das englische leech, veraltete Bezeichnung für Wundarzt, übrigens auch für Blutegel ab. In Blüte ist noch die Nachkommenschaft der keltischen Wurzel in den skandinavischen Sprachen (im Dänischen heißt der Arzt læge, im Schwedischen läkare) und in den slawischen Sprachen, in denen (sprachweise mit kleinen lautlichen Abweichungen) lekar, lekars Arzt bedeutet, lekati, lekovati heilen, lek, leko Arznei, lekarnia Apotheke. Die slawischen Völker sind offenbar viel mit gotischen

Ärzten in Berührung gekommen, aus welchem Umstand vielleicht auch zu erklären ist, daß manche Heilpflanzennamen der Slawen germanischen Ursprunges zu sein scheinen (z. B. libtschek aus Liebstöckel, hambuss aus Hahnenfuß, brst aus Bärwurz).

Im frühen Mittelalter, als im Althochdeutschen noch beide Bezeichnungen für Arzt nebeneinander bestanden, das griechische arzat und das keltische lachi, wurde insofern ein Unterschied gemacht, als das erste Wort die vielfach aus der Fremde zugereisten wissenschaftlich gebildeten Ärzte, z. B. die Hofärzte der merowingischen Könige, bezeichnete, indes das Wort lachi Beschwörern und Heilkundigen galt[1]. Später hat allerdings an manchen Orten gerade das Wort Arzt einen üblen Beigeschmack bekommen. So wird um 1750 aus Österreich berichtet, daß „Arzt" — im Gegensatz zu Medicus, Physicus oder Doctor — etwas Verächtliches bedeutete, etwa wie Marktschreier. „Es müssen also die Sachsen und andere Herren, die gut Teutsch schreiben, gegenwärtig sich hüten, daß sie keinen österreichischen Medicum einen Arzt nennen; sie würden ihm dadurch eine schlechte Ehre erweisen." Noch 1827 schreibt Schmellers Bayrisches Wörterbuch zum Worte Arzt: „beim gemeinen Volk zunächst einer von der Art derjenigen, die früher auf Jahrmärkten ihre Apotheke aufschlugen und mit einem Hanswurst, wenn nicht in einer Person, doch in Compagnie ordinierten." Auch im schwäbischen Sprachbereich entwickelt sich der Unterschied zwischen dem gelehrten „Doktor" und dem ungelehrten „Arzt"; so heißt es z. B. in Dreytweins Chronik von Eßlingen: „Der Kranck was durch die grosenn Docktter verderbtt und sollt im ein schlechter (= schlichter) Arzt helffenn."

Keine gelehrten Titel konnten aber verhüten, daß die Sprache des Volkes eine üppige Blütenmenge von Schimpf- und Spottnamen für den ärztlichen Stand hervorbrachte. Die sogenannten Scheltenwörterbücher verzeichnen eine stattliche Anzahl. Wir erwähnen z. B. plattdeutsch Bloodaftapper (Blutabzapfer) oder Swärensteker oder Dokter Hütentüt (der de Kranken dat Lok besüht). Flicker (nämlich Menschenflicker) heißt der Arzt schon in Luthers Tischreden. Feldscher (Feldscherer) hieß der niedere Chirurg im Kriege.

---

[1] Auch im alten Rom wurde das griechische archiater nur für die besonders am kaiserlichen Hofe wirkenden gelehrten Ärzte gebraucht, im Gegensatz zum einheimischen medicus im Volke. Später wurde unterschieden: archiater palatinus und archiater popularis.

In der Gaunersprache finden sich Bezeichnungen wie Heimschicker, Fürwitz, Bundermann (wohl von verbinden), ferner einige, die aus hebräisch-jüdischen Wörtern entstanden sind: Pökerer (von peigern = sterben), Parachschaber (von parach = Krätze, Grind), Rauf (von rof = der Heilende, enthalten in dem aus Spanien kommenden Judennamen Rappaport = Arzt aus dem Hafen, aus Porto). Schimpf- und Spottnamen mehr gelehrten Charakters sind Dr. Eisenbart, Hippopokratztes, Urinprophet, Pillificus, Purgantius, Stolpertus, Tinkturian. Besonders reich war stets (auch zuletzt im Weltkrieg) die Soldatensprache an Scherznamen für die Militärärzte und ihr Hilfspersonal. Einige von diesen älteren und neueren Bezeichnungen: Beinsäger, Gregorius (aus Chirurgus?), Knochenschuster, Lakritzen- fähnrich, Schlangenmensch oder Bandwurmleutnant (Anspielung auf die Schlange an Äskulapstab), Pflasterschmierer, Tippeldrücker[1], Pillenulan, Aspirinhengst, Leichenheinrich, Pipenzieher, Klistier- dragoner, Pißpottschwenker, Leibschüsselhusar, Bettpfannenhusar, Karbolstratege. Der Zahnarzt hieß bei den Soldaten Schnauzen- maurer, Maulschneider, Gebißklempner. Die Krankenschwestern figurieren im feldgrauen Wörterbuch je nach Statur als Karbol- mäuschen oder als Karbolwalküren, bzw. je nach Alter als Lysol- mäuschen, Lazarettpflaumen oder Spitalwachteln; die Pflegerinnen vom Nachtdienst bildeten die Schleichpatrouille. Die Schweizer Soldaten haben zu gleicher Zeit, auch ohne aktive Teilnahme am Weltkrieg, mancherlei Beiträge zur Soldatensprache geliefert; für die Angehörigen des Sanitätsdienstes z. B.: Jenseitsagent, Jodbaron, Latrineningenieur, Seelelöter, Himmelfahrtsportier, Fußpulver- artillerie.

Von den gegen den ärztlichen Stand gerichteten Schimpfwörtern haben zwei ein selbständiges Dasein in der Sprache erlangt: Scharlatan und Quacksalber. Scharlatan (nicht vom scharlachroten Doktor- mantel, sondern von französisch charlatan, was auf italienisch ciarlare = schwatzen zurückgeht) war ein Schimpfwort für Ärzte in einer Zeit, als sie noch buchstäblich auf dem Markte schreien mußten, da es standesmäßigere Arten der Werbetüchtigkeit, z. B. in der Form wissenschaftlicher Betätigung, noch nicht gab. Heute

---

[1] Man vgl. damit aus der französischen Schweiz den imperativischen Spott- namen: le percefuroncle (der Stech-den-Furunkel). Andere Spottnamen für Chirurgen aus der Westschweiz: écorcheur (Schinder), chaplebras (Schab-den- Arm), boucher froid (Kalter Metzger).

wird das Wort nicht mehr auf einen Stand beschränkt. Auf das Marktschreierische bezieht sich auch das Wort Quacksalber (holländisch kwakzalver). Quacken (lautmalend) ist der sinnlose Lärm der Frösche: Quacksalber ist also ein Arzt, der mit sinnlosem Geschwätz seine Salben, seine Kunst überhaupt anpreist.

Das Zusammenschrumpfen des dreisilbigen zusammengesetzten griechischen Wortes archiatros zum einsilbigen deutschen Arzt ist ein typisches Beispiel jenes Vorganges, den man als

verdunkelte Zusammensetzung

bezeichnet. Es gibt viele Beispiele dafür im Deutschen, sowohl unter den Wörtern, die zum germanischen Erbgut gehören, als unter den Lehn- und Fremdwörtern. Solchen Wörtern ist es meistens schwer anzusehen, daß sie Zusammenwachsungen darstellen. Einige Beispiele:

Adler lautet im Mittelalter noch adel-are, der edle Aar und Sperber ist ursprünglich Sperling-Aar, von Sperlingen lebender Adler.

Wimper kommt aus mittelhochdeutsch wintbra, althochdeutsch wintbrawa, die (nämlich um das Auge) sich windende Braue; ähnlicherweise wahrscheinlich Wimpel: das sich windende Tuch (angelsächsisch paell = Tuch).

Zwar lautete mittelhochdeutsch noch ze ware = in Wahrheit.

Nest weist anscheinend auf zwei altindische Wörter: ni-sad, mit der Bedeutung Nieder-Setzung, Niederlassung.

Neutral von lateinisch ne uter, keiner von beiden.

Nein, nie, nicht sind ebenfalls verdunkelte Zusammensetzungen. In allen drei Fällen ist das Verneinungsadverb ni der erste Teil der Zusammensetzung, wobei wir im n-Laut, d. h. im Andrücken der Zunge an die Zähne, eine reflexartige Abwehr des Mundes gegen unerwünschte Speisen sehen dürfen. Der zweite Teil der Zusammensetzung ist bei nie (althochdeutsch nio, neo) „je", nie ist also „n'je". Bei nein wächst das Negativ-n mit dem unbestimmten Artikel „ein" zusammen. „Nicht" lautet althochdeutsch noch niwiht, neowiht und ist dort zusammengezogen aus ni eo wiht je, = nie je ein Ding, nie je etwas. (Das alt- und mittelhochdeutsche Hauptwort wiht = Wesen, Ding hat die Bedeutungsänderung zu unserem „Wicht" durchgemacht und lebt auch im Worte „Wichtelmännchen" fort.)

Pilger, althochdeutsch piligrim, kommt von lateinisch peregrinus (Fremder, Wallfahrer), was eine Zusammensetzung ist: jemand, der über (per) Land (ager) geht[1]. (Pélerine bedeutet französisch Pilgerin, und da die Pilgerinnen große bequeme Schulterkragen trugen, im Deutschen auch dieses Kleidungsstück.)

Schuster ist noch im Mittelhochdeutschen als zusammengesetztes Wort erkennbar: schuo-sutaere. Der erste Teil ist ein gemeingermanisches Wort (althochdeutsch scuoh, gotisch skohs, verwandt mit gotisch skewjan, einherschreiten); der zweite Teil ist eine Entlehnung aus dem Lateinischen: sutor = Schuhmacher (von diesem lateinischen Wort rühren die schwäbischen und schweizerischen Familiennamen Sutter, Sauter, Sütterlin ab). In der verdunkelten Zusammensetzung Schuster ist also die Bedeutung Schuh zweimal enthalten; wörtlich Schuh-Schuhmacher.

Einen Rekord in der Verdunkelung der Zusammensetzung stellt das Wort Pferd dar. Dieses Wort ist die Verdichtung eines fünfsilbigen Wortes zu einem einsilbigen. Veredus[2] ist ein spätlateinisches Wort mit der Bedeutung Kurierpferd, mit der griechischen Vorsilbe para verbunden bedeutete paraveredus Beipferd, Postbeipferd. Aus diesem griechisch-lateinischen Mischwort wurde im 6. Jahrhundert das althochdeutsche pfarifrid, pferfrit, das sich dann weiter zu Pferd verdichtete. Pferd wurde ursprünglich im Sinne von Pferd für den Reiseverkehr verwendet, im Gegensatz zu Roß = Streitpferd, Kampfpferd. Mit weniger Entstellung wurde aus paraveredus französisch palefroi, italienisch palafreno, englisch palfrey = Zelter, geschmücktes Paradepferd.

---

1) In Wien bezeichnet man als Pilger, mundartlich Pülcher, Pücher, eine Volkstype, eine wienerisch gemilderte Abart des „Apachen". Übrigens hat das Wort, das den Pilger bezeichnet, auch in anderen Sprachen neben dem Hauptsinn auch eine geringschätzige Nebenbedeutung; italienisch pellegrino bedeutet auch die Laus, französisch pèlerin auch einen verschmitzten Menschen (H. Hatzfeld: scheint an Gaunereien von Pilgern anzuknüpfen).

2) Vielleicht ist veredus selbst auch eine verdunkelte Zusammensetzung: aus vehere = fahren und irgendeiner Urform von „Rad" (z. B. altindisch ratha = Wagen); oder aus keltisch ve = bei und ralda = Reisewagen; nach anderer Deutung kommt veredus aber aus dem Persischen, von berd = tragendes Pferd (bar = tragen, urverwandt mit lateinisch ferre); für diese letzte Deutung spricht immerhin der Umstand, daß die Römer bei der Einführung der Pferdepost im Abendland ein persisches Vorbild hatten. Zimmern sieht in veredus ein semitisches Wort: das akkadische (babylonisch-assyrische) puridu = Eilbote.

Besonders häufig sind verdunkelte Zusammensetzungen in der englischen Sprache, wo die Tendenz zur Verdichtung der Wörter stärker ist als in jeder anderen. Wir erwähnen bloß die beiden allgemein bekannten – als Simplizia wirkenden – Wörter L o r d und L a d y (aus hlaif-weard, Brotbewahrer und hlaif-dige, Brotkneterin). Als Beispiel der verdunkelten Zusammensetzung im Französischen nennen wir m a l a d e = krank aus vulgärlateinisch male habitum = sich übel gehabend.

Das Gegenstück der verdunkelten Zusammensetzung bieten jene Wörter, die den Eindruck machen, zusammengesetzt zu sein, ohne daß sie – wortgeschichtlich gesehen – es wirklich wären, wie z. B. Hängematte (nicht von hängen und Matte, sondern vom indianischen hamaca), Felleisen (nicht von Fell und Eisen, sondern von französisch valise), Hebamme (nicht Amme enthaltend, sondern von althochdeutsch hevianna = die Hebende). Über solche Volksetymologien s. Eingehenderes beim Stichwort „Hängematte".

ATTENTAT

kommt von lateinisch tentare (versuchen, prüfen, angreifen) und der Vorsilbe ad (zu, an) und bedeutet wörtlich Anspannung, Versuch. Unmittelbar gelangt das Wort Attentat aus dem Französischen ins Deutsche, wo es zuerst in den Zeitungen des Dreißigjährigen Krieges häufiger vorzufinden ist, ursprünglich nur in rechtlichem Sinne (Antastung, strafbarer Eingriff), seit den dreißiger Jahren des vorigen Jahrhunderts jedoch vornehmlich in dem Sinne Anschlag, Überfall, Gewaltanwendung, Mordversuch (und im übertragenen Sinne: Attentat auf die Ehre, auf die Verfassung usw.). Da Attentat selbst Versuch bedeutet, ist die nicht selten anzutreffende Bildung „Attentatsversuch" nicht sehr glücklich und dem beim Volke gelegentlich vorkommenden Tautologien Jardingarten, Pläsiervergnügen, egalgleich u. dgl. gleichzusetzen. Allerdings wird die Bedeutung Attentat = Mordversuch immer mehr abgeschliffen, und man verwendet das Wort jetzt auch für den vollzogenen Mord. Man liest z. B. oft, jemand sei einem Attentat zum Opfer gefallen. Ein wortgeschichtlich ähnlicher Fall, wo die ursprüngliche Bedeutung des V e r s u c h e s dem allgemeinen Sinne Angriff, Rechtsbruch, Gewaltakt gewichen ist, liegt beim Worte P i r a t = Seeräuber vor; es kommt von griechisch peiran = versuchen, peirates = Versucher.

Als der ehemalige Bürgermeister Tschech in Berlin im Jahre 1844 ein Attentat auf Friedrich Wilhelm IV. verübte, wobei er übrigens nur das Kleid der Königin traf, entstand in Berlin ein Drehorgellied, das mit den Worten begann: „Sagt, wer war wohl je so frech, wie der Bürgermeister Tschech ... Er schoß unsrer Landesmutter durch das gnädge Unterfutter." In diesem „Schlager" hieß es auch u. a.: „Duncker (so hieß der Polizeirat) hat es jleich erraten, daß er wollte attentaten". Der Kehrreim des Liedes lautete: „So'n verfluchter Hochverräter, — Königsmörder, Attentäter — Hätt' uns ja bei einem Haar — Erschossen 's janze Königspaar." Und so war das Wort „Attentäter" entstanden. Es wurde vom unbekannten Dichter offenbar „um des Reimes willen" erfunden, wohl auch unter scherzhafter Anlehnung an „Tat", „Täter", hat sich aber seither richtig eingebürgert und des komischen Beigeschmacks entledigt. Einzelne Zeitungen gebrauchen übrigens, wie der Allgemeine Deutsche Sprachverein rühmend feststellt, schon seit Jahren „Anschläger" statt Attentäter.

Daß wir den, der ein Attentat begeht, einen Attentäter nennen — obschon die Endung -at vom Partizip eines lateinischen Zeitworts herrührt, wie in den Fällen Diktat, Traktat, Testat, wo keine Weiterbildung zu Diktäter, Traktäter, Testäter stattfindet —, geht, wie wir sahen, auf den Wortwitz eines Drehorgeldichters zurück, der die letzte Silbe von Attentäter in das Wort Täter hinüberführte. Hier ist also die Sprache mit einem legal gewordenen Worte bereichert worden durch einen Vorfall, der in unzähligen anderen Fällen bloß einen vergänglichen Wortwitz erzeugt. Solche

witzige Verschmelzungswörter

erweisen sich als besonders geeignet, eine kurzschlußartige Verbindung herzustellen zwischen zwei einander zunächst fernstehenden Vorstellungen, und die Untersuchung dieses sprachlichen Vorgangs hat sich im besonderen auch nützlich erwiesen für die psychologische Erforschung des Witzes. Das Wort, das Heine in den „Bädern von Lucca" seinem Hirsch-Hyacinth in den Mund legt, Rothschild habe sich ihm gegenüber ganz familionär benommen, ist von Heymans, Lipps und Freud zum Ausgangspunkt von Betrachtungen über den Witz gewählt worden. Freud vergleicht solche Wortmischbildungen mit den Mischgebilden der Mythologien (Kentauren, Drachen) und der Traumes und erklärt die Technik des Wortwitzes aus dem lustentbindenden Mechanismus der Ersparung von Vorstellungsaufwand[1]. Vom Problem des tendenziösen Witzes führt ein kurzer Weg zu dem der sprachlichen Fehlleistung, des Versprechens („mein Fräulein, ich möchte Sie gern begleitigen" — „da sind Sachen zum Vorschwein gekommen").

Ein besonders deutlicher Typus der Wortverschmelzung ist jener, wo ein Wort derart in ein anderes übergeht, daß das Ende des ersten Wortes gleichzeitig (d. h. ohne wiederholt zu werden) den gleichlautenden Anfang des zweiten Wortes bildet, wo also z. B. Filigran und Granit zu Filigranit, spinat und natürlich zu spinatürlich wird. Diese Fälle ähneln jenem wortgeschichtlichen phonetischen Vorgang, den man als Haplologie (von griechisch haplos, einfach) bezeichnet: ein Laut oder eine Lautgruppe wird anstatt zweimal nur einmal ausgesprochen, indem der Hörer durch eine Art akustischer Täuschung den Laut (die Lautgruppe) nicht nur als zu dem vorangehenden, sondern auch zu dem folgenden gehörig auffaßt (Jespersen). Wir schreiben zwar „feststellen", sprechen und hören aber gewöhnlich -st- nur einmal. So entstanden auch gewisse Eigenheiten der englischen Aussprache: z. B. Glou(ce)ster, Lei(ce)ster. In anderen Fällen greift die Haplologie auch auf das schriftliche Wortbild über, und aus contre-rôle, vice-comte, Neuve-ville entstehen die Wörter contrôle, vicomte, Neuville; im Lateinischen nutrix, stipendium aus nutritrix, stipipendium. Aus Bequemlichkeits- und Wohllautsgründen bedienen sich besonders moderne Fremdwortprägungen der Haplologie. Wir sagen und schreiben Mineralogie, Pazifist, Narzißmus, obschon es eigentlich Mineralologie, Pazifizist (oder Pazist), Narzissismus heißen müßte.

In der Literatur begegnet uns die individuell willkürliche Wortverschmelzung besonders als satirisches Stilmittel[2]. Johannes

---

1) Übrigens ist der Traum nicht nur mit visuellen Mischgebilden bevölkert (z. B. mit Gestalten, die Züge verschiedener uns bekannter Personen in sich vereinigen), sondern auch mit akustischen, mit Mischwörtern. Freud selbst träumte z. B. einmal den Satz „das ist ein norekdaler Stil" — mit Anspielung auf Nora und Ekdal, zwei Ibsensche Gestalten. Andere Traumanalysen finden in den Traumwörtern Maistollmütz, Autodidasker die Elemente Mais—mannstoll—Olmütz bzw. Autodidakt—Lasker.

2) Wir beschränken uns hier in der Hauptsache auf die akzidentelle Verschmelzung zweier Wörter zu einem besonderen stilistisch-rhetorischen Zwecke und weichen dem allgemeinen Problem aus, das man — nach H. Paul — als Kontamination bezeichnet. „Unter Kontamination verstehe ich den Vor-

Scherr bezeichnet z. B. das Habsburgerreich, von der Wiedereröffnung der von Kaiser Joseph II. abgeschafften Klöster schreibend, als Klösterreich. Eugen Dühring spricht einmal von Hinteressen. Aufkläricht (Aufklärung + Kehricht) ist ein geflügeltes Wort, das zuerst 1840 vom konservativen Historiker H. Leo gebraucht wurde. Bei Christian Morgenstern lesen wir u. a. Gymnaseweis, wesentiell, Dilettalent. Bei Hermann Löns: demokrätzig, millionärrisch, angeautobt kommen. Das Schriftstellerpseudonym Klabund war aus dem Anfang von Klabautermann und dem Ende von Vagabund gebildet. Börries von Münchhausen gebraucht einmal das Wort Kaniballadiker. Franz Blei charakterisierte den Stil in Alfred Polgars kleinen Skizzen als Filigranit. Karl Kraus sprach im Weltkrieg von Patridioten und (anläßlich eines Gasangriffes) von einer chlorreichen Offensive. Bei Kraus finden sich auch die Verschmelzungswörter Psycholozzelech, Desperanto (vom umständlichen Stil Maximilian Hardens), Emeretrix (von einer alten Kokotte, einer emeritierten Meretrix), Wissenschaftlhuber (verschmelzend das bayrisch-österreichische Gschaftlhuber), Analphabetyaren (auf ungarische Revolverjournalisten von geringer Bildung), und von einem in einen Balkanstaat entsandten Wiener Journalisten schrieb er, er sei mit dem Orienterpreßzug abgereist. Vor dem Kriege bezeichnete jemand — die Industrieherren morgenländisch selbstherrlicher „Paschawirtschaft" bezichtigend — das Saargebiet als Saarabien. In den

---

gang, daß zwei synonyme oder irgendwie verwandte Ausdrucksformen sich gleichzeitig ins Bewußtsein drängen, so daß keine von beiden recht zur Geltung kommt, sondern eine neue Form entsteht, in der sich Elemente der einen mit Elementen der anderen mischen." Eine exzessive Überschätzung der Kontamination, der Häufigkeit und Wichtigkeit dieser Erscheinung, legt Christian Rogge an den Tag, für den z. B. das Wort Fibel nicht eine Dissimilation von Bibel ist, sondern das Ergebnis von „Fabel" + „Bibel"; für ihn ist brausen = brummen + sausen, klimpern = klingen + klappern, wimmern = weinen + jammern, Striemen = Streifen + Riemen, Kringel = Kranz (oder Kreis) + Ringel und Kranz selbst = Krone + Schwanz (in seiner Bedeutung: Schleppe). Daß manches Wort von einem anderen, etymologisch nicht verwandten Wort in Form und Inhalt beeinflußt worden ist (Quereinfluß), berechtigt noch nicht, zu behaupten, dieses zweite habe sich ganz oder teilweise dem ersten zugesellt. Nur auf die Verschmelzung zweier Worte in eines paßt es, schreibt Mauthner, daß synonyme Ausdrücke zusammenschmelzen; in weitaus zahlreicheren Fällen lasse sich beobachten, daß die Verunreinigung oder Ansteckung durch das Ineinanderfließen zweier Sprachbilder erfolgt. Über einen Sonderfall des Quereinflusses, die Volksetymologie, siehe das Stichwort Hängematte.

ersten Tagen des Jahres 1935, vor der Saarabstimmung, wurden im Berliner Rundfunk die Statusquo-Anhänger als Statusquatschisten bezeichnet. Im Weltkrieg prägten die deutschen Feldgrauen die Ausdrücke Zirkus Salvarsani = Lazarett für Geschlechtskranke (Zirkus Sarasani + Salvarsan), Schubkartillerist = Armierungssoldat, Lausoleum. Den Spottnamen Gonorrhöe de Balzac gab man in den Nachkriegsjahren einem fruchtbaren Wiener Romanschriftsteller, dessen außerordentliche Begabtheit in der Schilderung zeitgenössischer Gesellschaftszustände den Vergleich mit dem Schöpfer der „Menschlichen Komödie" nahelegte, obschon der die Grenzen der Pornographie oft streifende Hang dieses „neuen Balzacs" zu erotischen Schilderungen sich für solche Bewertung hinderlich erwies. Bekannt war um die Jahrhundertwende der Spottnamen Cleopold für König Leopold II. von Belgien, dem man eine Beziehung zur Tänzerin Cléo de Mérode nachsagte[1]. Im Berlin der Vorkriegszeit bezeichnete der Volksmund die Sodawasserverkäuferinnen als Sodalisken. Autririchelieu und Millimetternich waren Scherzwörter für zwei österreichische Kanzler, von denen der eine Priester, der andere von kleinem Wuchse war. Ein boshafter Autor, der das Theatralische, Effekthascherische in Mahatma Gandhis Gebaren früher erkannte als andere, nannte den indischen Tribun Mahatma Propagandhi. Die Psychoanalyse ist einmal von einem Prager Literaten als Genitalmud verhöhnt worden. Der Romanist Spitzer, der – unter dem Eindruck der Psychoanalyse – aus dem Stil einzelner Autoren gewisse geheim wuchernde Vorstellungskomplexe zu erkennen versuchte (z. B. sadistische bei Barbusse, Interesse für Gebären und Entleeren bei Jules Romains), bekam von einem philologischen Fachgenossen den Vorwurf des Medizynischen zu hören. Der Rang eines poeta kalaureatus ist schon mehreren zum Wortwitz neigenden Autoren angetragen worden. Als vor einigen Jahren in Wien die Deutschösterreichische Tageszeitung, kurz Dötz genannt, im „Briefkasten" einer „neugierigen Braut" eine anatomische Auskunft erteilte, die ziemlich obszön wirkte und jedenfalls stark übertrieben war, entstand das Witzwort von dem neuen Längenmaß,

---

[1] Staatssekretär von Kühlmann, der als Anhänger eines Verständigungsfriedens 1918 unter dem Druck der Obersten Heeresleitung zurücktreten mußte, galt in militärischen Kreisen als Ridikühlmann. In der Inflationszeit provozierte der kurzlebige Wiener Rikola-Verlag, die etwas lächerliche Gründung des Bankiers Ri-chard Ko-la, das Spottwort Ridikola.

dem Dötzimeter. Für einen Wiener Romanschriftsteller, dessen politische Gesinnung im Gegensatz steht zu seiner tschechelnden Aussprache und seinem slawischen Namen, ist der Spitznamen Horst-Wessely aufgekommen. Der Wiener Kritiker Liebstöckl bezeichnete einen stark bejahrten Opernsänger unzart als Sklerosenkavalier. Ein derber Frauenhasser gelangte aus der Verschmelzung der Wörter Frauenzimmer und Ungeziefer zum Ausdruck Frauenziefer[1]. In Feuilletons findet man oft Gelegenheitsprägungen, wie spinatürliche Ernährung, jaguartiges Lauern, mozärtliche Töne, provisionäre Begabung. Es mag Zusammenhänge geben, innerhalb welcher auch Wörter wie Krokodilemma, Dilettantalus, Papageizkragen, Hallunkination, Destillirium, kabeljauchzend einen witzigen Sinn haben können. Der Witzbold aus Überlegung wird zum vorbereiteten Verschmelzungswort die Situation, in die es einigermaßen hineinpassen mag, suchen oder willkürlich herbeiführen.

Zum Typus der Verschmelzungswörter gehören auch gewisse, immer wiederkehrende **stilistische Nachlässigkeiten oder grammatikalische Verstöße**. 1904 hat ein Dresdner Schulmann in einer wissenschaftlichen Zeitschrift die Feststellung gemacht, daß einem preußischen Minister im Abgeordnetenhaus dreimal die Wendung „meines Erachtens nach" entschlüpft ist. Man hört heute besonders in der Berliner Umgangssprache so häufig „nichtdestotrotz" sagen (eine ursprünglich wohl scherzhafte Verschmelzung von nichtdestoweniger und trotz alledem), daß man — eingeschüchtert durch die Erfahrung, daß die Fehler von heute nicht selten Vorboten der Regeln von morgen sind — sich des Gedankens nicht erwehren kann, daß die Wörterbücher demnächst auch diesem üblen Bankert ihre Spalten werden öffnen müssen.

Bei manchen Verschmelzungswörtern könnte man sagen, daß einfach eine **analoge Verwendung von bestimmten Nachsilben** vorliegt. Gewiß ist bei Journaille (geprägt von Alfred v. Berger, in Umlauf gesetzt von Karl Kraus) oder bei Schnorreros zum Grundwort nicht ein Stück eines anderen Wortstammes hinzugefügt, sondern nur die französische Endung -aille bzw. die spanische -eros. Aber da die Wurzel journ- auf -n endet, schnorr- auf -r, ist für den

---

[1] Das Motorrad, das einen zweiten Sitz (in Berlin den Soziussitz, in Wien die Pupperlhutschen) hat (auf dem man die zitternde Liebe oder Zitterliebste mitnimmt, auch Klammeräffchen oder mit zynischer Derbheit Sexualproviant genannt), wird manchmal scherzweise als Brautomobil bezeichnet.

Deutschen, dem doch diese beiden fremden Endungen nicht lebende Suffixe sind, in diesem Falle -aille (-naille) die Vertretung des bekannten Fremdwortes Canaille, -eros (-orreros) die Vertretung des bekannten toreros, und man kann also auch in solchen Fällen (statt von einer Analogiebildung, einer Nachsilbenübertragung) von der Verschmelzung zweier Vorstellungen sprechen.

Das Verschmelzungsprinzip kann auch in einer Weise auf zusammengesetzte Wörter angewendet werden, daß die Einzelwörter unversehrt bleiben: die Vorstellung, die mit dem zusammengesetzten Worte AB bezeichnet wird und mit der Vorstellung BC zunächst nichts zu schaffen hat, vereinigt sich mit dieser zu einer überraschenden neuen Vorstellung ABC. So bezeichneten die deutschen Feldgrauen im Weltkrieg den Gasangriff als Gasmaskenball, Karl Kraus schrieb von Freudenhausbackenheit und von Unterleibeigenschaft und Alfred Polgar nannte einmal eine hübsche, etwas dicke, sehr wienerische Schauspielerin die Oberschaumgeborene[1].

Manche Redensart verdankt ihre gegenwärtige Form einer **Verschmelzung von zwei verschiedenen Redensarten**. Wir hatten einen Schwanimus davon = einen Animus haben + es schwante uns[2]; am Hungertuch nagen ist vermutlich das Ergebnis von: am Hungertuch nähen + (an den Hungerpfoten oder an leeren Knochen, trockner Brotrinde) nagen. Ich hörte vor kurzem, wie ein Gastwirt sich am Telephon bei seinem Fleischhauer beschwerte, das frühere Kalbfleisch und das jetzt gelieferte sei „Tausendundeine Nacht" (offenbar verschmolzen aus zwei verschiedenen Antithesen: „Das verhält sich wie Tausend zu Eins" — „Das unterscheidet sich wie Tag und Nacht").

Die Möglichkeit witziger Wortverschmelzungen besteht nicht nur im Deutschen. In der französischen Literatur findet man, wie zu erwarten, besonders bei Rabelais oft Beispiele dieser Wortschöpfungsart: wir erwähnen z. B. seine Prägung sorbonagre aus Sorbonne und onagre (wilder Esel). Saint-Beuve verspottete die kleinmalerische Schilderung des alten Karthagos in Flauberts Salambbô als carthaginoiserie, wozu man wissen muß, daß man als

---

1) Auch mancher der bekannten boshaften Aussprüche Nietzsches streift das Gebiet der Wortverschmelzung, z. B.: „Liszt oder die Schule der Geläufigkeit — nach Weibern"; „Schiller oder der Moraltrompeter von Säckingen".

2) Wobei — nach Rogge — auch „uns schwant" selbst eine Verschmelzung aus „uns schwebt vor" und „wir ahnen" sein soll.

chinoiserie im Französischen nicht nur kleine chinesische Kunstgegenstände bezeichnet, sondern auch die Pedanterie und (wohl zufolge des Anklangs an niaiserie) auch die Albernheit. Edmond Rostand gebraucht im Chantecler das Wort animalitarisme (animal + militarisme). Unter dem Stichwort Kanaille behandeln wir auch die politischen Schlagwörter vaticanaille und radicanaille. Im Pariser Argot der Jahrhundertswende bezeichnete man mit hommelette (aus homme und omelette) einen schlappen, energielosen Menschen. Nach Sainéan gehören auch folgende Pariser Ausdrücke zu den Verschmelzungswörtern: alboche (aus allemand und boche), viscope = Kappe mit langem Schild (aus visière und telescope), foultitude = Menge (aus foule und multitude). Esnault gebraucht für diesen Typus der Verschmelzungswörter die Bezeichnung chevauchement („unregelmäßiges Auf- oder Übereinanderliegen").

In der englischen Sprachwissenschaft werden solche Verschmelzungswörter als blends (Mischlinge) bezeichnet. Thomas de Quincey machte einmal eine Bemerkung über die Neigung alter Menschen zur anectodage (anecdote + dotage = kindisches Gefasel); seither hat das Wort anecdotage mit den Doppelbedeutungen: 1. Anekdotensammlung, 2. schwatzhafte Geistesschwäche im hohen Alter, ständigen Fuß in den englischen Wörterbüchern gefaßt. Der englische Mathematiker Dodgson hat in seinen humoristischen Kindertraumgeschichten (Alice in Wonderland), die er unter dem Decknamen Lewis Carroll schrieb, sich oft solcher Wortverschmelzungen bedient. Im englischen Studentenslang gibt es folgende Ausdrücke für Mahlzeiten gemischten Charakters: brunch (breakfast + lunch), tunch (tea + lunch), tupper (tea + supper), brupper (breakfast + supper). Nach Jespersen ist das englische (Kartenspielern auch in Deutschland bekannte) Wort flush = Aufwallung, plötzliche Errötung, eine Verschmelzung von flash = Blitz, Auflodern und blush = Schamröte, Verwirrung. Das Zeitwort squash = zerquetschen entstand wahrscheinlich aus der Verschmelzung der beiden sinnverwandten Zeitwörter squeeze und crash; ebenso grumble = knurren, brummen aus growl und rumble[1].

---

[1] Die Untergrundbahnverbindung zwischen den Stationen Baker Street und Waterloo heißt im Londoner Volksmund Bakerloo. Der Name des Märchenlandes Mesopoloniki, von dem die englischen Frontsoldaten in Frankreich träumten (wegen des langen Transportes und weil sie dort weniger Gefahren vermuteten), weist auf Mesopotamien (und Polen?) und Saloniki.

Eine nicht geringere Neigung zur Wortverschmelzung zeigt auch der amerikanische Zweig des Englischen. Was wir Wahlkreisgeometrie nennen, die mißbräuchlich willkürliche Abgrenzung der Wahlkreise zugunsten einer Partei, bezeichnet der Amerikaner mit dem Worte gerrymander: dem Namen von Elbridge Gerry, dem Gouverneur von Massachussets zu Anfang des vorigen Jahrhunderts, ist die zweite Hälfte des Wortes salamander angehängt[1]. In der amerikanischen Negerpresse, die bemüht ist, die afrikanische Herkunft der amerikanischen Schwarzen in Ehren zu halten, ist die Bezeichnung Aframerican beliebt. Das amerikanische Wort doggery = Gesindel, gemeines Betragen ist wohl eine Verschmelzung aus dog = Hund und groggery = Schnapsladen. Für die elektrische Hinrichtung ist (aus electricity und to execute) das Zeitwort to electrocute gebildet worden. Mencken bezeichnet solche amerikanische Verschmelzungen als portmanteau-words (Kofferwörter).

Das Prinzip der Verschmelzungswörter war in den Vereinigten Staaten für die Benennung mancher neugegründeten Stadt maßgebend. Man hat Städte, die an der Grenze zweier Staaten entstanden waren, in der Weise benannt, daß man dem Namen des einen Staates den Anfang, dem des anderen das Ende entlieh. So gibt es eine Stadt Calexico an der Grenze von California und Mexiko, eine Stadt Calada an der Grenze von California und Nevada, ein Kensee (Kentucky-Tennessee), Uvada (Utah-Nevada), Vershire (Vermont-New Hampshire), Virgilina (Virginia-North Carolina), Dakoming (Dakota-Wyoming), Tennelina (Tennessee-North Carolina) usw. Der Staat Colorado hat aus Gründen des Wohllautes in der Regel das Ende seines Namens für solche Verschmelzungsnamen an seinen Peripherien abgegeben, und der Bürger von Colorado, wenn er es nur weiß, wo die Nachbarn Utah, Kansas, Oklahoma an seinen Heimatsstaat grenzen, kann leicht wissen, daß er die Stadt Urado an der Westgrenze, Kanorado an der Ostgrenze, Oklarado am Ostende der Südgrenze zu suchen hat[2].

---

1) Aber warum gerade Salamander? Sollte dabei eine Rolle spielen, daß salamander im Englischen — wegen des alten Glaubens, daß dieser Molch im Feuer leben kann — auch den (feuerfesten) Geldschrank bedeutet?

2) In anderen Fällen befolgen solche „Mosaiknamen" — so bezeichnet sie O. Springer in einer Studie über amerikanische Ortsnamen — nicht genau das Schema: Anfang des einen Staatennamens + Ende des anderen Staatennamens, sondern die amtlichen Abkürzungen der Staatennamen bilden die Stücke, die zusammengeschweißt werden. An der Grenze von Ala. (Alabama) und

Auch die Industrie bedient sich bei der Wahl von Markennamen oft des Prinzips der Verschmelzungswörter. Hämokolade ist eine Verschmelzung von Hämoglobin und Schokolade. Die Wotanlampen sind zum Namen des germanischen Hauptgottes darum gelangt, weil für ihre Fäden eine Legierung der metallischen Elemente Wolfram und Tantal verwendet wird. Ähnliches gilt von einem anderen Glühlampennamen: Osram = Osmium + Wolfram. Das Präparat Tannismut besteht aus Tannin und Wismut. Nicht selten sind solche Fälle, wo der Erzeuger seinen eigenen Namen zum Verschmelzungswort beisteuert; so erklärt sich der Namen des Haarwaschmittels Pixavon = Pick + savon (= Seife) oder in den Likörstuben der Berliner Firma Mampe der „Mampediktiner", der sich allerdings vom Benediktiner nicht „das bessere Teil" (das „bene-") erwählt hat.

AUFDRÖSELN

Tröseln, drieseln = herumdrehen ist ein ostmitteldeutsches, besonders in Schlesien heimisches Wort, vielleicht verwandt mit dem ebenfalls mundartlichen trösen = langsam sein, woher Tröser oder Trösler = gedankenloser, traumverlorener (österreichisch: traamhapeter) Mensch. Der Faden wird auf- und abgedröselt. Aufdröseln = fadenweise auflösen kommt auch in westlicher gelegenen mitteldeutschen Gebieten, z. B. in Thüringen, vor. Dort dürfte sich Goethe das Wort angeeignet haben. Er gebraucht es häufig in der bildlichen Bedeutung von auflösen in Bestandteile, mühsam

---

Ga. (Georgia) liegt z. B. die Stadt Alaga, an der Grenze von Ill. (Illinois) und Mo. (Missouri) liegt Illmo, an der Grenze von Mississippi und Alabama Missala, an der Grenze von Texas und Louisiana (La.) Texla. Wieder in anderen Fällen vereinigt sich die amtliche Abkürzung des einen Staatennamens mit den ersten Buchstaben des anderen; z. B. in den Fällen Wycolo (Wyoming—Colorado), Kennvir (Kenntucky—Virginia). Es gibt sogar auf drei Staatennamen zurückgehende Städtenamen; so weist z. B. der Namen der Stadt Kenova auf die Dreistaatenecke Kentucky, Ohio (O.) und West Virginia (W. Va.). Diese künstlichen Kombinationswörter gehören aber kaum noch in die Gruppe der Verschmelzungswörter, sondern eher in das Gebiet der sogenannten Akü- (Abkürzungs-) Sprache, deren unzählige Beispiele aus Krieg und Frieden — wie Koflak (Kommandeur der Flugzeugabwehrkanonen), Bogohl und Kagohl (Bomben- bzw. Kampfgeschwader der Obersten Heeresleitung), Orgesch (Organisation Escherich), Schupo (Schutzpolizei), Gestapo (Geheime Staatspolizei), Gesolei (Ausstellung für Ge-sundheitswesen, So-ziale Fürsorge und Lei-besübungen) — allgemein bekannt sind.

zergliedern, auch tüfteln und es ist – wie Forscher am Goetheschen Wortschatz (Boucke, R. M. Meyer, P. Fischer) gezeigt haben – zu einem charakteristischen Goetheausdruck geworden. Es ist wohl kein Zweifel, meint Boucke, daß der synthetische Denker durch dieses wegwerfende Dialektwort seine Geringschätzung der auflösenden Analysis ausdrückte. („Trennen und Auflösen lag nicht in meiner Natur.") Mit Anspielung auf die Newtonsche Farbenzergliederung: „aufgedröselt, bei meiner Ehr, siehst ihn (den Sonnenschein), als ob's ein Strichlein wär, siebenfärbig statt weiß." Auch spricht der Dichter von siebenfärbigen Dröseleien. 1804 schrieb er an Wilhelm von Humboldt in bezug auf die Bühnenbearbeitung des Götz: „auch habe ich wie ‚Penelope' nun ein Jahr daran gewoben und aufgedröselt." Im Sinne von analysieren gebrauchte Goethe das Zeitwort aufdröseln 1823 in einem Briefe an Ulrike von Levetzow: „so werden Sie jeden Tag von meiner Dankbarkeit durchwoben finden, die ich jetzt einzeln weder aufdröseln möchte, noch könnte." Bei anderer Gelegenheit gebrauchte er aufdröseln vom „Erhöhen des Genusses durch immer wiederholte Erinnerung an voraufgegangene Liebesbeweise" (Fischer), und in einem Gedicht an Suleika im Westöstlichen Diwan heißt es: Tage währts, Jahre dauerts, daß ich neu erschaffen tausendfältig deiner Verschwendungen Fülle, aufdrösle die bunte Schnur meines Glückes.

Von Goethe dürften sich das Wort aufdröseln zwei jüngere Klassiker angeeignet haben: es kommt gelegentlich in Rückerts chinesischer Liedersammlung „Schi-king" (Wir waren zwei verschiedenfarbge Fäden – wer hat uns aufgedröselt nur?) und bei Hebbel vor.

AUFHEBENS MACHEN
oder viel Aufhebens machen von etwas oder mit etwas kommt von den Gebräuchen der Fechtkunst und bezieht sich auf das – mitunter wichtigtuerisch wirkende – Zeremoniell bei Beginn des Kampfes, auf die gegenseitige Begrüßung und die Begrüßung der Zuschauer durch Aufheben der Waffen. In einem Drama Jakob Ayrers (um 1600 herum) heißt es: „nimmt eins (ein Schwert), macht ein Aufhebens, gibt dem Jungen eins, tun ein Gang zusammen." Lessing war sich der seither ganz verblaßten Herkunft der Redensart noch bewußt, als er in einer seiner berühmten Polemiken schrieb:

„Endlich scheint der Hauptpastor Göze nach so langem, ärgerlichem Aufheben, welches nur bei der schlechtesten Art von Klopffechtern in Gebrauch ist, zur Klinge zu kommen." Auch viele andere

Redensarten beziehen sich auf das Fechten

und die Turniersitten. Zu diesen gehört auch: es mit jemand aufnehmen. „Es" ist „das Waffen". (Waffe war noch bei Luther — wie auch das parallele und verwandte Wappen — sächlichen Geschlechts, und noch Uhland sagt im Klein-Roland bewußt altertümelnd: „Herrn Milons starkes Waffen".) Die Waffen lagen vor dem Zweikampf auf dem Fußboden; sie „aufnehmen" hieß: zum Kampf antreten. Auf den Beginn des Zweikampfes bezieht sich auch die Redensart mit jemand anbinden. Die Klingen wurden nämlich vor Beginn „gebunden", d. h. kreuzweise aneinandergelegt.

Jemandem die Stange halten („jeder hält doch nur seiner Religion die Stange", sagt der Tempelherr in Lessings Nathan) geht auf den gerichtlichen Zweikampf zurück. Im schwäbischen Landrecht heißt es: ir ietwedern sol der richter einen man geben, der eine stange trage, die sol der über den haben, der da gevellet (zu Falle kommt). Wie beim Gericht hielt dann auch beim Turnier der Sekundant, der Stanger oder Stängler (später Grießwart) die Stange, stets bereit, zum Schutze des bedrohten Freundes mit ihr einzugreifen. Allerdings galt der auch schon als besiegt, zu dessen Schutz von weiterem Schaden die Stange bereits eingreifen mußte, und die Stange für sich begehren hieß, sich als besiegt bekennen. An die Tätigkeit der Sekundanten und Knappen erinnern auch die Ausdrücke beispringen, beistehen, Beistand leisten, unter die Arme greifen, auf die Beine helfen.

Auf das Turnierwesen der Ritterzeit weisen ferner hin die Redensarten: mit offenem Visier kämpfen, für etwas in die Schranken treten, jemand in die Schranken fordern, in die Schranken weisen, Schranken setzen, ziehen, den (Fehde-)Handschuh hinwerfen, das Feld räumen, festen Fuß fassen, über den Haufen rennen, jemand übers Ohr hauen, eine Scharte auswetzen, sich eine Blöße geben, das Heft ergreifen, es fest in der Hand haben, aus der Hand geben, den (dem Angreifer entrissenen) Spieß umdrehen, mit jemand eine Lanze brechen, für jemand eine Lanze einlegen, jemandem die Spitze bieten (d. h. ihm die Spitze des Schwertes entgegenhalten), ihn vor die Spitze fordern, etwas auf die Spitze treiben

(d. h. es zum Äußersten, zum offenen Kampf kommen lassen), die Spitze abbrechen (z. B. einem Vorwurf), etwas (ursprünglich den Wahlspruch) im Schilde führen, den Schild blank erhalten, in Harnisch geraten (es gibt geharnischte Reden, Proteste, Rückert schrieb sogar „Geharnischte Sonette"), vom Leder ziehen, in die Parade fahren, jemandem auf den Leib rücken, gerüstet sein, entrüstet sein (ursprünglich: entwaffnet, und daher aus der Fassung gebracht) usw. Hierher gehören nicht nur Redensarten, sondern auch übertragen gebrauchte Einzelwörter, wie rüstig, rüsten (z. B. zu einer Reise, einem Fest), sich wappnen (z. B. mit Geduld), ausfallen, ausfällig sein, schlagfertig, verfechten (z. B. eine Ansicht), sattelfest, ausstechen (nämlich: mit der Lanze aus den Sattel), stichhaltig. Mit den Bräuchen in der altrömischen Arena hängt die Redensart „jemandem Sand in die Augen streuen" zusammen. Pulverem ad oculos aspergere war ein Kniff der Gladiatoren, um den Gegner zu blenden und kampfunfähig zu machen.

Die Redensart „im Stich lassen" und den Ausdruck „fechten" (= betteln), von denen es fraglich ist, ob sie mit dem Fechtwesen zusammenhängen, behandeln wir unter eigenen Stichwörtern.

AUSBADEN ETWAS,

das Bad austragen, das Bad ausgießen bedeutet: für andere büßen müssen, die Folgen statt anderer auf sich nehmen müssen. I muaß allarweil für die anderen 's Bad ausgiaß'n, raunzt der Wiener. Es ist ganz einerlei — ist bei Goethe zu lesen —, vornehm oder gering zu sein, das Menschliche muß man immer ausbaden. In Burkhard Zinks Augsburger Chronik heißt es: ich glaub warlich, die von Augssburg müessen das Pad ausbaden oder doch zahlen. Und in Fischarts Gargantua: Dann der einmal einsteigt, der muß das Bad ausbaden oder doch bezahlen. Ein altes Sprichwort lautet: wer zuerst einsteigt, badet zuerst aus. Bei Hans Sachs: du bist wohl auch so arm als ich, wer hat dich so gebadet aus. Hans Sachs ist es auch, der uns jene mittelalterliche Baderegel überliefert, auf der die Redensarten vom Ausbaden, Bad austragen, Bad ausgießen offensichtlich beruhen: es badeten in der Regel hintereinander mehrere Personen im selben Wasser, und wer zuletzt badete, hatte „das Bad auszutragen", d. h. die Wanne zu entleeren.

Eine andere Erklärung für „etwas ausbaden", die nicht mit der Pflicht des zuletzt Badenden, sondern mit einem Hochzeitsbrauch zusammenhängt, gibt Oppermann: Die Hochzeitsfestlichkeiten schlossen mit einer Nachfeier der Gäste; einige Gäste durften die junge Frau ins Bad begleiten, und diese mußten dann als Dank für diese Ehre den gesamten Gästen einen Schlußschmaus geben, den man „Ausbad" nannte; „da das für sie kostspielig war, so kann man den Sinn unserer Wendung etwas ausbaden müssen wohl begreifen".

Eine dritte Erklärung gibt Weigand: ein unfreiwilliges Bad bis ans Ende erleiden. Für diese, sonst durchaus unbelegte Deutung aus dem Gedanken an die Unfreiwilligkeit eines Bades kann einzig ein Abenteuer Eulenspiegels ins Treffen geführt werden: „Da fiel Ulnspiegel in das Wasser mit großem spot, und badet redlichen in der Sal (Saale). Da wurden die bauren gar sehr lachen, und die jungen rufften im fast nach, he he bad nur wol uss."

AUSGEMERGELT

Mergel (von lateinisch marga, margila, woher auch französisch marne) bedeutet: fette Düngererde. Die Mergeldüngung übernahmen die Germanen von den Galliern. Schon Plinius spricht von einer Erdart, quod genus terrae Galli et Britanni vocant margam. „Mergel macht den Vater reich und arm den Sohn", lautet ein Bauernsprichwort und soll heißen, daß übermäßig gedüngter Acker zunächst wohl mehr trägt, nach gewisser Zeit aber dann unergiebig wird; er ist dann eben — ausgemergelt. In erweitertem Sinne bedeutet ausgemergelt: erschöpft, ausgedörrt. Bürger: „Unter ihm schwankten die ausgemergelten Schenkel." In Wien bedeutet ausgemergelt: abgemagert; drastischer sagt man auch: ausgerinnet, ausgezuzelt. Eben weil ausgemergelt seiner Herkunft nach etwas bedeutet, was erst ausgemergelt worden ist, ist es einigermaßen ungewöhnlich, wenn auch nicht unzulässig, wenn ein Kritiker der „Neuen Zürcher Zeitung" von der zwölfjährigen Darstellerin des kleinen, armen, kranken, verhungerten und verprügelten Hannele (im Film „Hanneles Himmelfahrt" nach Gerhart Hauptmann) schreibt: „Es gelingt dem hübschen Mädchen das Ausgemergelte und Fieberheiße nicht."

Nach anderer Erklärung kommt ausmergeln nicht von Mergel, sondern von lateinisch medula, althochdeutsch marag, mittelhochdeutsch marc: das Mark aus den Knochen ziehen, die letzte Kraft aus einem Lebewesen nehmen. Als Argument für diese Ableitung führt A. Götze an, daß — wie er mit unzähligen Beispielen aus der Literatur belegt — ausgemergelt in der überwiegenden Mehrzahl von Fällen von Menschen gesagt wird, nur gelegentlich von Tieren und ganz ausnahmsweise vom Ackerboden. Bemerkenswert ist dabei auch, daß vorzugsweise erschöpft durch Laster, Trunksucht, Unkeuschheit u. dgl. gemeint ist. Bei Magister Laukhart, 1799, ist z. B. wiederholt zu lesen: ausgemärkelte Straßennymphe, ausgemärkelter Onanist, ausgemärkelter Wollüstling. Demgegenüber hält Hans Sperber an der Ableitung aus Mergel fest; daß ausgemergelt dennoch in der Literatur hauptsächlich von Menschen gesagt wird, sei darin begründet, daß die Sphäre des Ackerbaues in der Literatur überhaupt wenig berücksichtigt wird.

Von Mark kommt übrigens der leipzigische Ausdruck sich abmarachen = sich bis zur Erschöpfung abarbeiten (z. B. ich bin ganz abmaracht). Ein anderer sächsischer mundartlicher Ausdruck „mergeln" hängt hingegen weder mit Mark noch mit ausgemergelt zusammen. Mergeln bedeutet im Sächsischen betasten und zermergeln = zerreiben (z. B. ein Rosenblatt), zerknüllen (z. B. eine Eintrittskarte), sinn- und vielleicht auch sprachverwandt mit dem ebenfalls sächsischen Zeitwort welgern, walchern = kneten, rollen (in Wien: walken und wuzeln, aus letzterem zerwuzelt).

Neben den Ableitungen aus „Mergel" und aus „Mark" gibt es noch eine dritte, die im Worte ausgemergelt die Einwirkung von lateinisch marcor = Schlaffheit, mercidus = welk erkennen will; diese Herkunft könnte nur dann als möglich gelten, wenn der volkstümliche Ausdruck ausgemergelt nachweislich aus gelehrten, medizinischen Kreisen in die allgemeine Sprache geflossen wäre, was aber keineswegs vermutet wird.

AUTHENTISCH, EFFENDI

Das griechische auto-s (selbst) weisen verschiedene Fremdwörter auf, z. B. Automat, von selbst handelnd; Autopsie, selbst Gesehenes, Augenschein; Automobil, von selbst Bewegliches; autonom, sich nach eigenen Gesetzen richtend; Autarkie, Selbstversorgung. Dasselbe was Autokrat = Selbstherrscher, bedeutet auch das griechische authentes; hievon die Fremdwörter authentisch, echt, zuverlässig und Authentizität. Bei der Umwandlung der griechischen Doppelvokale taucht im Neugriechischen an Stelle des u das f auf, entsprechend der allgemeinen lautlichen Verwandtschaft zwischen u und v. So wird z. B. aus eleutheria (Freiheit) neugriechisch eleftheria. Das klassische authentes lautet im Neugriechischen (in der Ansprache, im Vokativ) Aftendi, und daraus wurde die bekannte türkische Ansprache Effendi, im Sinne „mein Gebieter", aber auch als Standesbezeichnung.

Das Beispiel authentisch — Effendi zeigt uns, welch große Sinn- und Formverschiedenheit sich bei gleicher Wurzel schon beim kleinsten sprachgeschichtlichen Umweg ergeben kann. Ähnliche Beispiele: Balken und Balkon, Beryll, Brillant und Brille, Bezirk und Zirkus, Bollwerk und Boulevard, Börse und Bursche, Büttel und Pedell, Christ und Kretin (s. das Stichwort „Kretin"), Eidgenossen und Hugenotten, Email und Schmelz, Etappe, Stapel und Staffel, Flegel und Flagellant, Ionier und Gauner (s. „Gauner"), Muskel und Muschel (beides = Mäuschen, s. das Stichwort Musselin—Mussolini), Pferch und Park, Pfründe und Proviant, pirschen und Bersaglieri, Punkt und Spund, Schatz und Schachtel, Schinken und Schenkel, Strolch und Astrolog (s. „Strolch"), tauchen und taufen[1]; Wolke und Wolga (s. „Wolke"), wuchern und wachsen. Vgl. ferner die beim Stichwort „loyal, legal" angeführten Beispiele.

BAGAGE, PLUNDER, PACK, TROSS, BAGATELLE

Bagage = Gepäck, ursprünglich nur Heeresgepäck, gelangt Ende des 16. Jahrhunderts aus dem Französischen (vermutlich durch niederländische Vermittlung) ins Deutsche. Das französische bagage selbst geht auf das ältere bagues, Gepäck, zurück, dem das mittellateinische baga = Kasten, Sack vorangeht. Man hat versucht, das Wort noch weiter zurückzuverfolgen: auf altnordisch baggi = Bündel.

Bis zum 16. Jahrhundert war das deutsche Wort für Heeresgepäck: Plunder, ursprünglich vielleicht ein nur niederdeutsches Wort, mit der Bedeutung Kleidung, Bettzeug, Hausgerät. Daher die alte Bedeutung von plündern, Hausgerät wegtragen, sei es vom Feind in unerwünschter Weise, sei es vom Eigentümer selbst beim Übersiedeln. In der Schweiz wird in einzelnen Gegenden plündere noch heute im Sinne von Umziehen gebraucht; umenand plündere = von einer Wohnung in die andere ziehen. Zum Bedeutungsübergang von plündern = herumziehen zu Plunder = Beute

---

[1] Dem Zürcher Reformator Zwingli wird ein derber Ausspruch gegen die Wiedertäufer in den Mund gelegt: qui iterum mergit, iterum mergitur, wer wieder taucht (= tauft), wird wieder getaucht (= ertränkt).

verweise ich auf das Stichwort „marod", wo die Entwicklung von der Vorstellung des lärmend und wüstend herumziehenden Katers zu der des Soldaten, der von seiner Truppe wegbleibt und marodisiert (auch Beute macht) behandelt wird. Übrigens war Plunder auch die Bezeichnung der ordnungsgemäß von der Truppe als solcher nach Kriegsrecht gemachten Beute. 1393 heißt es im Sempacherbrief: nach dem Sieg „mag menlich plündern und der Plunder sol ieklicher antwurten dien houptlüten und die sullent in under si nach marchzal gelich teilen".

Sowohl das ältere Wort Plunder als das Fremdwort Bagage haben Bedeutungsverschlechterungen mitgemacht. (Über pejorativen Bedeutungswandel s. das Stichwort niederträchtig.) Mit Plunder bezeichnet man jetzt wertloses Zeug, Trödelkram. Schwätz ken Plunder und ken Mist, sagt man in Appenzell. Schweizerisch ist auch die Wendung: het si Plünderli z'sämma g'no und isch g'gange. Besonders auch Bettzeug, Schmutzwäsche, zum Trocknen aufgehängte Wäsche bezeichnet man in der Schweiz als Plunder („kei Wunder, schißt d'Chatz ins Plunder"). Bagage hat neben seiner ursprünglichen Bedeutung Gepäck, Heeresgepäck jetzt auch die Bedeutung Gesindel. Im Französischen hat bagage diese zweite, verächtliche Bedeutung nicht angenommen, während im Deutschen das Wort immer seltener in seiner neutralen Bedeutung Gepäck verwendet wird, so daß sein Schimpfwortcharakter immer deutlicher im Vordergrund steht. Als Schimpfwort gehört es zu jenen Fremdwörtern, die in einem Teil des deutschen Sprachgebiets zu wahren Volkswörtern geworden sind. Dies gilt im Falle von Bagage besonders für die schweizerischen und die bayrisch-österreichischen Mundarten. I jag's ganz Bagoaschi zum Gugger (Kuckuck), wenn's Wüeschtdue (Wüst-Tun) nipald ufhört, sagt der Basler. In Luzern bedeutet Bagauschi: nachlässige, dumme, nichtsnutzige Person[1]. In Bayern und Österreich ist Ös Pagaschi! eine beliebte Schelte. Die i-Endung läßt vermuten, daß das Wort aus dem Schweizerischen ins Bayrisch-Österreichische gelangt ist. Auch soweit die Verwendung im ursprünglichen Sinne, also für Heeresgepäck, in Frage kommt, hat die schweizerische Form öfters, auch im Schrifttum sich durchgesetzt. Eine Quelle aus 1620 belegt:

---

[1] Aus Luzern verzeichnet das Schweizerische Idiotikon auch: Bagabaunschi = alte Hexe. Sollte hier eine „Streckform" von Bagaschi vorliegen? Oder Einfluß von rätoromanisch (und slawisch) baba = Großmutter, Hexe?

Pakaschi packen sie. Eine aus 1630: soll keines Officiers oder Soldat en Bagagi wegen Schuld arretiert mögen werden.

Verhältnisse im Heere, also innerhalb der ursprünglichen Sphäre des Wortes Bagage, sind es, aus denen die Wandlung des Wortes zu einem Schimpfwort zu erklären ist. Der aktive Krieger hatte eine Verachtung für die Leute, die den Truppen das Kriegsgepäck nachzuführen hatten. Sie bildeten gleichsam das niedere Gesinde des Heeres (man beachte den Schimpfwortcharakter der Verkleinerungsform Gesindel von Gesinde). Auch im Weltkrieg, wo der Train schließlich nicht jener undisziplinierte „faule Haufen" war, wie etwa im Dreißigjährigen Krieg, wurde er mit mehr oder minder kränkenden Necknamen bedacht. Die deutschen Feldgrauen sprachen von Kolonne Prr, von Speckfahrern, bei den k. u. k. Truppen spottete man der Peitscherlhusaren. In einem Soldatenlied heißt es: „Der Train, der Train, der trägt den Säbel nur zum Schein; damit er niemand damit tötet, ist in der Scheid er festgelötet." Während diese moderne Verspottung des Trains sich nur auf die nicht unmittelbar kriegerische Betätigung seiner Angehörigen stützt, hatten frühere Jahrhunderte gute Gründe, mit dem Namen der Heeresbagage einen herabsetzenden Sinn zu verknüpfen. Beim Gepäck hielt sich ein wahres Gesindel auf: Marketender, Sudelköche (vgl. das Stichwort Pfuscher), Kommißmetzger, zusammengetriebene Schanzgräber, Quacksalber, Astrologen (vgl. das Stichwort Strolch), Dirnen usw., die alle unter der Aufsicht des Hurenweibels standen. Auch Marodeure, soweit sie die Verbindung zu ihrer Truppe noch nicht ganz aufgegeben hatten, hielten sich hinten an den Troß. Das Wort Troß (es kommt von französisch trousse = Bündel, woher auch unser Fremdwort trousseau = Wäscheausstattung, besonders der Braut), das im 15. Jahrhundert nur erst die Bedeutung Gepäck hatte, erklärt Simon Roths Fremdwörterbuch 1571: „Hauffen von losen bösen Huren und Buben, so ohn alle Besoldung dem Krieg nachlauffen." Auch in Fronspergers Kriegsbuch vom Jahre 1596 wird das Troßgesinde auch mit der verächtlichen Bezeichnung „Huren und Buben" belegt, und Wallhausens Corpus militare, ein Jahr vor Ausbruch des Dreißigjährigen Krieges erschienen, stellt lapidarisch fest: die Bagage schadet einer Armee sehr viel.

Die gleiche Bedeutungsverschlechterung wie Bagage hat auch das Wort Pack mitgemacht. Pack, Packen bedeutet ursprünglich nur Bündel, Ballen und dürfte aus den Niederlanden (mittelniederländisch pac) als ein Wort des flandrischen Wollhandels ins Deutsche gelangt sein. Das Wort ist verwandt mit englisch pack, französisch paquet, italienisch pacco, vielleicht besteht auch eine entfernte etymologische Beziehung zu mittellateinisch baga, zu welcher Sippe ja auch englisch bag = Tasche und unser oben behandeltes Bagage gehören. Als Schimpfwort (besonders gebräuchlich in Verbindungen wie gemeines Pack, Lumpenpack) hat das Lehnwort Pack nunmehr die gleiche Bedeutung wie das degradierte Fremdwort Bagage, so daß es als seine Verdeutschung gelten kann. Allerdings ist zu bemerken, daß das Scheltwort Bagage auch verträgt, scherzhaft oder sogar mit zärtlichem Beigeschmack angewendet zu werden (z. B. von Eltern auf ihre Kinder), was für Pack nicht zutrifft. Offenbar ist das scharfkantig ausgehende Wort Pack aus lautlichen Gründen das weniger milderbare Schimpfwort (man spricht von einem männlich-energischen Charakter einsilbiger Wörter). Schmeller führt auch das bayrische Schimpfwort Packlmensch = Bettelfrau, Hur an[1].

Mit dem Stammwort von Bagage, dem mittellateinischen baga = Kasten, Sack hängt wohl auch das Wort Bagatelle = Kleinigkeit zusammen, es dürfte seine französische Verkleinerungsform sein. Neben der Bedeutung kleiner, geringwertiger Päckchen bekam das italienische bagatella auch die Bedeutung Gaukelei. (Vielleicht liegt hier ein analoger Bedeutungswandel vor, wie jener, der — siehe die Fußnote — möglicherweise vom Paket Karten zum Ausdruck packeln, Packelei führt.) Im deutschen Schrifttum erscheint das Wort zuerst 1611, und zwar in der Form Pagadelle. Wenn dieses Fremdwort auch nicht so volksmäßig geworden ist wie Bagage, ist es doch ebenfalls über die Kreise der Gebildeten hinausgedrungen; in Berlin hört man oft Wendungen wie: mich kannste nischt ang packedell behandeln. Beachtenswert ist der Gebrauch von Bagatelle, den Rudolf

---

1) Ob und wie das österreichische packeln, päckeln = heimlich tun (was habts den alleweil z'packeln), aber auch schärfer: intrigieren, schwindeln, in betrügerischem Einvernehmen handeln, mit Pack zusammenhängt, ist mir unklar. Es könnte einfach aus dem Sinn Pack = Gesindel abgeleitet sein, aber auch mit der Tätigkeit der Schmuggler zusammenhängen, die die Waren auf mehrere kleinere Pakete aufteilen (elsässisch päckle = kleine Pakete machen); ebenso könnte man an den Schwarzkünstler oder den Falschspieler denken, an deren unbemerkten Manipulationen am Kartenpaket. Vielleicht liegt auch eine Beeinflussung der Bedeutungsentwicklung durch paktieren = verhandeln, Vertrag abschließen, vor.

Fröhlich 1851 in seinem anonym veröffentlichten Buch „Die gefährlichen Klassen Wiens" verzeichnet: Pakkedell = Kleinigkeit wird in der Wiener Unterwelt auch als kräftig bestätigende Antwort (wie etwa heute berlinisch: na klar) gebraucht. Fröhlich gibt folgendes Beispiel. Fragt jemand in bezug auf eine sehr reiche Person: ist der Mann sehr reich? so lautet die bejahende Antwort: Na, pakkedell. Im heutigen Wiener Slang würde die Antwort lauten: Na, Kleinigkeit.

Im Französischen hat das Wort bagatelle noch einen Sondersinn auf erotischem Gebiete: Tändelei, Liebschaft. Der niedere Pariser Argot gebraucht sogar den Ausdruck faire la bagatelle für den Geschlechtsverkehr.

BASTARD, BANKERT

Bei den synonymen Hauptwörtern Bastard und Bankert = uneheliches Kind ist die Endung etymologisch identisch. Es ist eine germanische Endung (mittelhochdeutsch herte, althochdeutsch harti, gotisch hardus), die sich im Französischen allgemein und im Deutschen oft (z. B. in Familiennamen Lenard, Burkard aus Lienhart, Burckhart) zu -ard reduziert. Die Endung -hart, -ard bedeutet hart, stark, kühn und ist in vielen alten germanischen Namen enthalten, z. B. in Erhard (aus Herihart, der im Heere Starke), Klinkhart (der in der Klinge Harte), Reinhart (aus Reginhart, der in Ratschlägen Starke), Gerhard (der Speer-Kühne). Die Bedeutung „stark" hat sich aber in dieser Endung zum Teil abgeschliffen und dient — ähnlich der Nachsilbe -ling — vielfach nur mehr zur Bezeichnung einer Person, die irgendwas mit dem Wurzelwort zu tun hat, z. B. Neidhard = neidiger Mensch, französisch bavard, Schwätzer, criard, Schreier, lignard, Zeilenschinder, soulard, Säufer, communard, Anhänger der Kommün. Das Schimpfwort capitulard datiert seit 1870, seit der Kapitulation der Besatzung von Metz unter Marschall Bazaine. Wie aus den angeführten Beispielen hervorgeht, wird mit der Nachsilbe -ard vorzugsweise ein herabsetzender Sinn verknüpft[1]. Im allgemeineren Sinn wird durch die Zufügung der Silbe -ard, ebenso wie mit der Endung -ling

---

[1] Mit der Nachsilbe -ling hat -hart auch gemeinsam, daß es von der deutschen Gaunersprache als Wortbildungsendung bevorzugt wird. Wir nennen aus dem Rotwelsch z. B. die Hauptwörter Fluckart = Vogel, Huhn, Funkart = Feuer, Glatthart = Tisch, Grünhart = Feld, Foppart = Narr, Ruschart = Strohsack.

auch ein Abkömmling bezeichnet. Dementsprechend ist Bankert soviel wie Bänkling, Sohn der Bank, und Bastard etwa Sohn vom Sattel, vom ,,basto".

Bast (vielleicht auf eine indogermanische Wurzel bhos = flechten zurückzuführen) bedeutet die zum Binden oder Flechten geeignete innere Rinde. In romanischen Sprachen bedeutet das Wort außerdem den Packsattel oder Saumsattel[1], d. h. den Sattel mit zwei geflochtenen Körben, die beiderseits vom Tragtier herunterhängen: mittellateinisch bastum, italienisch und spanisch basto, französisch bât. Auch in der schweizerischen und der oberelsässischen Mundart ist Bast = Sattel; man beachte z. B. die Redensarten aus dem Wallis: d'Hand am Bast ha (mit starker Hand regieren), er ist vam Sattel uf's Bast cho (Bedeutung: vom Regen in die Traufe? oder: vom feinen Reitsattel auf den Packsattel, vom Pferd auf das Maultier, also ,,heruntergekommen", auf den Hund gekommen?). Das Packpferd heißt italienisch cavallo da basto, französisch cheval de bât.

Fils de bast, Sohn des Saumsattels ist schon ein altfranzösischer Ausdruck für unehelicher Sohn. Daraus wurde bastard und bâtard. Das Wort hatte nicht immer einen schimpflichen Klang und mitunter wurde auch zu Ehren und Würden gelangten unehelichen Söhnen von Monarchen und Prinzen der Name Bastard zuteil. Viele alte Familien tragen in ihrem Namen die Erinnerung an die Abstammung von einem Bastarden. Die in England noch heute vertretenen altnormannischen Namen Fitzmaurice, Fitzjames, Fitzgerald bedeuten wörtlich: Sohn (von lateinisch filius, französisch fils) des Maurice, des James, des Gerard; solche Namen legten sich besonders uneheliche Söhne von Königen und Prinzen zu; Fitzroy ist der natürliche Sohn des Königs.

Einzelne Sprachforscher haben sich mit der Ableitung des Bastarden vom Sattel nicht abfinden können. Schon Grimm versuchte eine germanische Zusammensetzung zu konstruieren: aus Bast und hart, mit dem Gedankengange, da Bast weich sei, bedeute

---

[1] Im deutschen Worte Saumsattel (sowie in Saumtier = Tragtier) ist nicht Saum = genähter Rand eines Gewandes (von einer indogermanischen Wurzel su = nähen) enthalten, sondern ein zweites, gleichlautendes Saum (althochdeutsch soum), das von vulgärlateinisch sauma = Packsattel (neugriechisch samari) kommt. Saumsattel ist also eigentlich eine Tautologie wie Femgericht, Grenzmark, Sturmwind usw.

bast-hart etwas Widerspruchvolles, Widernatürliches, Unechtes, wie es eben ein unehelicher („natürlicher") Sohn sei. Einem Berliner Romanisten verursachte der Sattel als Ort der Zeugung Kopfzerbrechen; so was sei technisch gar nicht möglich. Dieser rationalistischen Phantasielosigkeit ist entgegenzuhalten, daß das Wort selbst nichts über einen wirklichen Zeugungsvorgang auszusagen hat, sondern nur darüber, wie sich die Volksseele ihn vorstellt bzw. wie sie ihn, im Gegensatz zur Loyalität des Ehebettes, anschaulich charakterisieren will. Das Schimpfwort „dich hat der Esel wohl im Galopp verloren" läßt sich schließlich auch nicht wörtlich-technisch belegen. Im übrigen verhält es sich aber mit dem Saumsattel so, daß er wirklich ein Bett ersetzen konnte; wenn auch nicht auf dem Rücken des Tieres verbleibend. Die Mägde der Herbergen, in denen die Maultiertreiber rasteten, mußten gar nicht auf den Saumsattel gehoben werden. Es ist reichlich belegt, daß die Maultiertreiber sich den Sattel nachts in die Herberge mitnahmen und ihn auf dem Boden als Kopfkissen benutzten. Wenn man sich an die derberotischen Abenteuer des Sancho Pansa bei Cervantes erinnert, weiß man, wie es in den Herbergen auf dem „basto" zugehen konnte. Und wie in Spanien, hielten es die Maultiertreiber auch in der Provence mit den Mägden.

Übrigens hat man für bastard = fils de bast auch die Vermutung ausgesprochen, der Ausdruck bedeute nicht ein im Sattel gezeugtes, sondern ein im Sattel geborenes Kind. Man vgl. damit einen polnischen Ausdruck für uneheliches Kind: „im Mais geboren."

Daß Bankert das „auf der Bank gezeugte Kind" ist — „mein Vater macht mich auf eine Penk", heißt es in einem Fastenspiel des Hans Sachs —, wird auch durch die Nebenformen Bankkind, Banksohn, Bankeltochter, Bankbein, Bänkling bestätigt. Es gibt auch die Redensart „von der Bank gefallen" = unehelich geboren. Im übrigen ist die Bank, ebenso wie der basto, der Packsattel nicht nur wörtlich, sondern vor allem als Symbol des außerehelichen Geschlechtsverkehrs aufzufassen. (Man denke z. B. an den berühmten russischen Gesellschaftsfilm „Bett und Sofa", der das Zusammenleben einer Frau und zweier Männer in einer Stube schildert, wobei Bett und das Sofa bestimmte ethisch-rechtliche Konstellationen versinnbildlichen.)

Schließlich noch einige kleine Feststellungen: Bastardfenster nannte man früher ein Fenster, das weniger hoch als breit war (gewissermaßen ein unechtes Fenster); Batarde (von französisch bâtard) war ein halbgedeckter Wagen (also gleichsam eine Kreuzung zwischen einem offenen und einem gedeckten Wagen); in einem Marchfelder Schriftstück aus dem Jahre 1788 ist von einer besonderen Karrengattung die Rede, die Bastardelwagen heißt; in Graubünden hieß früher ein halbfetter Käse Bastardkäse; als Bankert bezeichnet der Schweizer die Frucht (z. B. Korn, Kartoffel), die sich aus nur zufällig in die Erde gefallenen Samen entwickelt; in der Schweiz ist Bankert auch der Namen der letzten Garbe, sofern sie größer oder kleiner ausgefallen ist als alle anderen. In diesem Zusammenhang sei auch der Ausdruck Hurenkind aus der Buchdruckersprache erwähnt: so heißt die letzte Zeile eines Absatzes, wenn sie allein auf eine neue Seite gelangt (was als unschön gilt und durchaus vermieden wird).

Neben Bankert und Bastard erwähnen wir von deutschen Ausdrücken für das uneheliche Kind noch: schweizerisch Hübschkind, elsässisch Liebkind, bei Fischart in niederdeutscher Form Liffkindeken.

BEISL

heißt in Wien ein kleines, unansehnliches Gasthaus. Noch 1922 erklärt der Wiener Polizeibeamte Petrikovits in einer für den Amtsgebrauch zusammengestellten Liste der Ausdrücke der Wiener Gauner-, Dirnen- und Zuhältersprache Beisl als „verrufene Schenke". Mittlerweile hat sich jedoch der zärtliche Beigeschmack des Wortes stärker erwiesen als der schimpfliche, sonst würde nicht manche Gaststätte, die zunächst im Volksmund Beisl hieß, sich nun selbst offiziell als Beisl bezeichnen. Den Ruhm des Wiener „Griechenbeisl" (so, weil neben der griechisch-orthodoxen Kirche) haben in den letzten Jahren drei deutsche Filme in die Welt hinausgetragen. Willi Forst muß, bevor er auf der „Atlantic" (Titanic) untergeht, seinen reichsdeutschen Reisegenossen gerührt von jenem Beisl in der Wiener Altstadt erzählen; Emil Jannings ist als „Liebling der Götter vom hohen C" auf der Leinwand ebenso treuer Stammgast im Griechenbeisl, wie er es, wenn er in Wien weilt, im Leben ist; und jüngstens ist in dem Film nach Schnitzlers „Liebelei" ebenfalls das Griechenbeisl zum Zusammenkunftsort der beiden Liebespaare erkoren worden. Dieserart weiß man nun neuerdings nicht nur in Wien, was ein Beisl ist. Aber woher das Wort kommt, wissen selbst in Wien nicht viele.

Beisl kommt von hebräisch bajis = Haus (arabisch bait, babylonisch-akkadisch bitn). Das Rotwelsch, die deutsche Gaunersprache, der sich zum Teil auch die Handwerksburschen auf der Walz bedienten, war stets durchtränkt mit Wörtern hebräischen Ursprungs, zu diesen gehört auch Bais: das Haus, das Quartier, das Wirtshaus. Auch im Wörterverzeichnis, das der Konstanzer Hans, ein berüchtigter Mordgeselle, 1791 vor seiner Hinrichtung für die Polizei niedergeschrieben hatte, kommt Bais vor. Der Rotwelschsatz „zwei Kochem schefte e'me Bais, wo grandige Sochter z'leili schefte" bedeutet: zwei Kluge (d. h. Betrüger, Diebe) befinden sich in einem Wirtshaus, wo große Kaufleute sich zur Nacht aufhalten. Auch verschiedene Zusammensetzungen mit Bais weist das Rotwelsch auf: Balbais, Balbos heißt der Herr (Gott Baal!) des Hauses (mit dem Eigenschaftswort balbatisch, herrschaftlich), Bajeswinde = Haustür, Ezebais = Rathaus, Schornbais = Diebesherberge, Schofelbais = Zuchthaus, Kontrafusbais = Theater.

Aus dem Rotwelsch ist das Wort Bais in die Sprache der Hausierer auf dem Lande übergegangen (z. B. in die der Pfälzer Hausierer und in die der Killerthäler im Hohenzollernlande), aber auch in verschiedene süddeutsche Mundarten. Man hört in Baden und in der Schweiz noch oft das Wort Beize für Kneipe (Beizer für Wirt) und auch in Bayern nennt man eine kleine Dorfwirtschaft Beisel. In Wien ist das Wort fast schriftdeutsch, jedenfalls allgemein bekannt geworden. Wenn auch der Ausdruck Beisl in ähnlichen Formen an verschiedenen Stellen des oberdeutschen Sprachgebietes gelegentlich vorkommt, so ist doch Wien der Ort, wo das Wort zur allgemeinen Verbreitung gelangt ist. „Worauf sich freilich die Stadt an der blauen Donau nicht viel einbilden darf", schrieb 1898 Prof. Valentin Hintner, dem das Wort Beisl auch folgende Beschwerde entlockt: „Baisl ist ein recht sprechendes Beispiel, wie auch Wörter gleich falschen Münzen in unheimlichen, lichtscheuen Räumen geprägt werden, wie sie sich anfangs schüchtern in die Öffentlichkeit wagen, dann, wenn das gemeine Volk die lauchduftende Prägestätte nicht wittert, als gute Münze ausgegeben werden und dann von Hand zu Hand wandern. Kommen sie dann auf der Wanderung in bessere Kreise, so werden sie mit etwas Kulturseife gewaschen und mit Duft durchräuchert, so daß auch der Anstand keinen Anstand nimmt, diese Münzen als allgemein gangbar zuzulassen."

Wie das Beisl zum Restaurant, verhält sich in Wien das Tschecherl zum Kaffeehaus. Das Wort hat nichts mit den Tschechen zu tun, sondern kommt — ebenfalls durch Vermittlung des Rotwelsch — vom hebräischen Zeitwort schachar = berauschen (wovon auch schiker = berauscht und deutsch und englisch Cider, französisch cidre, italienisch und spanisch cidro = Obstwein, besonders Apfelwein). Statt Tschecherl gebraucht man in Wien neuerdings die Rückbildung Tschoch. Die gleiche Rotwelschvergangenheit hat auch der ungarische Ausdruck ceherli in der Sprache der Budapester Falschspieler zur Bezeichnung kleiner Kaffeehäuser, in denen sie zusammenkommen, und die Erklärung von V. Zolnay aus deutsch zechen, Zeche, Zecher („ceherli ist der Ort, wo man eine Zeche machen kann"), beruht auf einem Mißverständnis.

BESCHEIDEN, DISKRET

Scheiden kommt von gotisch skaidan = spalten, trennen, woher auch Scheit, Scheitel, Scheide, und ist verwandt mit griechisch schizo (enthalten z. B. in Schisma = Kirchenspaltung, oder in Bleulers moderner Prägung Schizophrenie = Seelenspaltung).

Das Zeitwort bescheiden bedeutet in verstärktem Sinne: völlig spalten, ausschlaggebend scheiden, entscheiden. Das als Partizip selbständig gewordene Eigenschaftswort bescheiden bedeutet ursprünglich: klar, bestimmt. Vor etwa 700 Jahren hat ein unbekannter fahrender Dichter unter dem Pseudonym Freidank (mittelhochdeutsch Vridanc = Freidenker) ein Lehrgedicht geschrieben, das er „Bescheidenheit" nannte. Man hat also darunter „Einsicht, Lebenserfahrung" zu verstehen. Auch bei Luther bedeutet Bescheidenheit noch ganz allgemein: richtiges Urteil, verständige Einsicht. Vor ihm hatte Meister Eckhart, der Mystiker, in seinen deutschen Schriften Bescheidenheit schlechthin gleichbedeutend mit griechisch krites = lateinisch judicium = Urteil gebraucht. Vermutlich ist es gerade Meister Eckhart, dessen große Bedeutung für die Entwicklung des deutschen Wortgebrauchs im Sinnbezirk des Seelischen nachgewiesen ist, zuzuschreiben, daß neben dem ursprünglich vorherrschenden intellektuellen Bedeutungsstrang im Begriffskomplex Bescheidenheit der auf die Charaktersphäre absehende Bedeutungsanteil immer mehr an Raum gewann. Es ist kein Zufall, meint Fritz Mauthner, daß gerade dieses Wort so demütig geworden ist.

Jedenfalls waren die Wörter bescheiden und Bescheidenheit gelehrte Wörter, zu deren Einführung und Durchsetzung das lateinische Wort discretio kirchlicher und philosophischer Texte Anlaß und Vorbild lieferte. Der mittelalterlichen Gelehrsamkeit ist die discretio die handelnd sich ausweisende ratio, sie unterscheidet, was vorzuziehen und was abzulehnen ist (Friedrich Neumann). Der althochdeutsche Vorläufer der Bescheidenheit ist die „untersceidunga", so z. B. angeführt in der Tugendliste der „Bamberger Beichte". „Diu unterscidunge" — heißt es im St. Trudperter Hohelied (frühes Mittelhochdeutsch) — „ist muter allir tugende." Und in der Kaiserchronik des Pfaffen Konrad (1150): ain waiser man der di underscidunge wol kunne verstan. In derselben Kaiserchronik begegnen wir aber auch schon der jüngeren Verdeutschung der lateinischen discretio; es heißt dort einmal: der herre was dannoh haiden iedoh was er vil bescaiden. Die Verstandestugend der Bescheidenheit wird also hier — gleichsam als Ausnahme — einem Heiden zuerkannt. Derselbe Pfaffe Konrad ist auch der Übersetzer des Rolandsliedes aus dem Französischen und sagt dort einmal ebenfalls von einem Heiden: Marsilies ist vil bescaiden, er is der allerwisiste haiden. In der Übersetzung des Erec des Chrestien de Troyes nennt Hartmann von Aue den Tod unbescheiden, weil er nicht versteht, die Richtigen auszusuchen. In den Ritterepen bedeutet bescheiden gewöhnlich: urteilsfähig, maßvoll, gebührend, züchtig, höfisch; das Adverb bescheiden (früher bescheindlich) etwa: im einzelnen, jedes Stück für sich in richtiger Ordnung, wie sich's gebührt. Im Tristan ist Bescheidenheit der intellektuelle Kern jener Tugend, die das deutsche Mittelalter die „maze" (das Maß, das Maßvolle, das Maßhalten) nennt, „jenes Vermögen, in innerer Haltung und daraus fließend im äußeren Sichgeben eine bewußt gelenkte Vereinigung und Ausgewogenheit der Kräfte herzustellen" (Jost Trier).

Festzuhalten ist jedenfalls, daß Bescheidenheit im älteren Sinne vorherrschend eine Verstandesbezeichnung ist, und man kann grobverallgemeinernd sagen, das ursprüngliche be-scheiden ist ungefähr gleichbedeutend mit dem sprachlich eng verwandten ge-scheidt. Wie schon erwähnt, kommt Bescheidenheit im Sinne richtiges Urteil, Unterscheidungsfähigkeit noch bei Luther vor.

Aber sogar noch in Schillers Tell ist, wenn Baumgartner von Walter Fürst als bescheiden bezeichnet wird, oder „die bescheidenen Männer von Uri" gerühmt werden, darunter gescheit, vernünftig zu verstehen. Übrigens wurde bescheiden um das Jahr 1600 herum, also zu jener Zeit, auf die sich die Tellsage bezieht, in Oberdeutschland auch als Attribut gebraucht (etwa wie jetzt „wohlgeboren") für Personen, die weder Freiherren, noch Ritter, aber doch nicht ganz gemeine Leute waren, z. B. für städtische Magistratspersonen[1].

In einer Predigt des Abraham a Santa Clara heißt es, der Mann solle sich sein Weib erwählen, „mit einer gewissen Bescheidenheit, nicht geschwind und blind" — gemeint ist: mit reifer Überlegung. Im § 162 der österreichischen Gerichtsordnung aus dem Jahre 1781 heißt es, daß „die Meineidserinnerung der Bescheidenheit des Richters überlassen wird" und es ist offenbar das „Ermessen" des Richters gemeint („da sol ez hintz der Burger Bescheidenheit stan", heißt es in alten schwäbischen Stadtrechten). In der Gegend von Nürnberg hört man von älteren Leuten auch heute noch sagen, „er ist bescheiden", in dem Sinne: er weiß Bescheid, er ist erfahren. Unter einem „bescheidenen Tag" versteht die ältere schwäbische Amtssprache einen festgesetzten Tag („Termin").

Für Bescheidenheit im modernen Sinne des Wortes hat Rückert in der „Weisheit des Brahmanen" eine Definition gegeben, die sich wie ein Wortspiel liest, aber — wie es bei Wortspielen oft der Fall ist — auf die wirkliche sprachliche Entstehungsgeschichte hinweist: „Bescheiden ist, wer sich bescheidet, wer bescheiden sich läßt und Grenzen ehrt, die ihn von andern scheiden." (Eine derartige gehäufte Anwendung von Ableitungen aus derselben Wurzel bezeichnet man in der Stilistik als Annomination.) Nach Kants Definition ist Bescheidenheit die freiwillige Einschränkung der Selbstliebe eines Menschen durch die Selbstliebe anderer. Der krasse Widerspruch zwischen Lessings Satz „alle großen Männer sind bescheiden" und jenem Goethes „nur die Lumpe sind bescheiden" klärt sich dadurch auf, daß Goethe wohl die falsche, geheuchelte Bescheidenheit meint, jene Übereitelkeit, der es schon der geistvolle La Rochefoucauld angesehen hatte, daß sie das Lob zurückweist, weil sie wünscht, nochmals gelobt zu werden. Goethe gebraucht übrigens bescheiden gelegentlich auch im Sinne von artig,

[1] Von „Bescheid" kommt wohl auch die Bezeichnung Bschiderich für Beamte in der Gauner- und Handwerksburschensprache.

rücksichtsvoll, behutsam, vorsichtig, was bereits eine Annäherung an die Bedeutung des deutschen Fremdwortes diskret darstellt.

In französisch modéré und englisch moderate, mit welchen Eigenschaftswörtern diese Sprachen unser bescheiden oft wiedergeben, kommt vor allem das Maßhalten, die Mäßigung als Qualität der Bescheidenheit zum Ausdruck. Daneben haben aber sowohl die Franzosen als die Engländer auch das teilweise sinnverwandte Wort discret, und dieses ist sinngeschichtlich ähnlich wie bescheiden gebildet: in dis-cret ist das griechische krinein[1] = sichten, scheiden enthalten und dis-cret bedeutet wörtlich ent-schieden, unterschieden, auseinandergehalten. Im Mittelalter bedeutet homo discretus, wie das ältere deutsche „bescheiden", einen Menschen, der alles richtig „unterscheidet". Im Deutschen beschränkt sich die Bedeutung der Fremdwörter diskret, Diskretion auf taktvolle Verschwiegenheit und auf einige daraus entwickelte Sonderbedeutungen, wie diskretes Stoffmuster (d. h. nicht schreiend, unauffällig), diskrete Begleitmusik u. dgl.

IM BILDE

In den meisten Wörterbüchern oder Sammlungen von Redensarten wird man die Wendung „im Bilde sein" vergeblich suchen. Dies erklärt sich daraus, daß diese Redensart verhältnismäßig noch sehr jung ist. Sie entstand erst anfangs unseres Jahrhunderts in deutschen Generalstabskreisen und fand dann bald aus der Berliner Kriegsakademie Eingang in weitere Offizierskreise, um schließlich in den allgemeinen Sprachgebrauch überzugehen. Auf der Kriegsakademie kam die Redensart folgendermaßen zustande: Bei taktischen und strategischen Aufgaben wurde zuerst die „Kriegslage" angegeben (im k. u. k. Heere bildeten diese Angaben die „Annahme"); aus all diesen Angaben hatte man sich eine zutreffende Vorstellung von der Lage zu machen, in der man seine Verfügung treffen sollte. Bei unrichtiger Beurteilung der vorausgesetzten Lage, z. B. bei

---

[1] Das griechische Zeitwort krinein gehört zu der Sanskritwurzel kri = sieben, sichten, scheiden, von der heute eine große Nachkommenschaft lebt: Krise, Kritik, Kriterium, lateinisch certus = geschieden, sicher, gewiß, mit seiner ganzen Sippe, wie Zertamen (Ausscheidungswettbewerb), Zertifikat, Konzert usw., cretus = gesiebt (dazu auch der deutsche Namen der „gesiebten Erde": Kreide), De-kret (Entscheidung, Verordnung), Sekret, Sekretär, Ex-kre-ment (Ausscheidung, Auswurf) usw. und das von uns oben behandelte diskret. Fraglich ist, ob auch die Sippe crimen, Kriminal usw. dazugehört.

Unterschätzung irgendeines Umstandes, hieß es dann, man sei nicht im richtigen Bilde, d. h. man habe einen falschen Entschluß gefaßt, weil man sich aus den einzelnen Angaben kein richtiges Gesamtbild gemacht hatte. Daraus wurde abgekürzt: nicht im Bilde sein. Später entwickelte sich daraus auch die positive Fassung der Redensart: im Bilde sein. Zur allgemeinen Verbreitung dieser militärischen Wendung hat besonders auch F. A. Beyerleins 1903 zuerst aufgeführtes Kasernenstück „Zapfenstreich" beigetragen, in dem sie mehrmals vorkommt.

Heute ist die ursprünglich nur militärische Redensart in allen Kreisen heimisch. „Mach dir 'n Bild", sagt der Berliner im Sinne: stell dir nur vor. „Ich bin im Bilde", versichert man, wenn man die überflüssigen Erläuterungen des anderen unterbinden will. „Ich bin über die dortigen Absatzverhältnisse bestens im Bilde", betont der Geschäftsreisende, der sich um eine Stellung bewirbt. F. Herrmann behandelt die Redensart unter den „modischen Erscheinungen des heutigen Deutsch", billigt ihr aber zu, noch nicht in modischen Verruf geraten zu sein und zu den besseren Modeausdrücken zu gehören, die bereits in die gehobene Schriftsprache eingegangen sind. Thomas Mann schreibt z. B. in seiner „Pariser Rechenschaft": „Dieser Ankunftschauffeur blieb der einzige, der uns übervorteilte, er forderte 15 Franken, keineswegs zuviel für unsere Begriffe, bevor wir im Bilde waren."

Aus der Redensart „im Bilde sein" wird gelegentlich auch umgebaut: sich ins Bild setzen; z. B. „der Minister will sich über diese Frage zunächst eingehend ins Bild setzen". Vermutlich ist hier auch ein Quereinfluß wirksam, ausgehend von anderen Ausdrücken, wie in Kenntnis setzen, sich oder jemandem etwas in den Kopf setzen. Ein heiterer Illustrator von Redensarten hat jedenfalls Gelegenheit, zu zeichnen, wie jemand sich ins Bild setzt, im Bilde ist und wie er schließlich — aus dem Rahmen fällt.

BLICK, BLITZ, ABBLITZEN

Blick bedeutet noch im Mittelhochdeutschen: heller Strahl, Glanz. Blitz lautete im Mittelhochdeutschen neben blitze auch blikz; vom k-Laut — allerdings umgestellt — ist auch jetzt noch eine Spur erhalten in der schweizerischen Form Blitzg. Dichter mit offenem Gefühl für den archaischen, sagen wir unbewußten Hintergrund des aktuellen Wortschatzes, verraten wiederholt ihr Verständnis für den engen Zusammenhang zwischen den Begriffen und Bezeichnungen Blick und Blitz. So schreibt Goethe im Werther: „Ein Nachbar sah den Blick vom Pulver und hörte den Schuß fallen." Blick steht hier statt Aufblitzen. Im Geldstag von Jeremias Gotthelf wird Kindern die Erscheinung eines Meteors erklärt: „Es wird ech der lieb Gott blickt ha."

Die genauen sprachgeschichtlichen Beziehungen zwischen den beiden Formen Blick und Blitz (die mehr oder minder weitläufig mit bleich, blank, blinken und blecken verwandt sind und auf eine indogermanische Urwurzel bhlig = glänzen rückschließen lassen) stehen aber nicht eindeutig fest. Möglicherweise ist die Form Blick die primäre, und die Bedeutung Strahl wurde in übertragenem Sinne sowohl auf das Auge als auf die Gewittererscheinung bezogen. Das Wort Blitz ist aber wohl richtiger aufzufassen als Rückbildung aus dem Zeitwort blitzen (mittelhochdeutsch blikzen) und dieses wieder im Sinne von wiederholt, beziehungsweise intensiv blicken (strahlen). Die Beziehung blicken-blitzen entspräche also jener zwischen blinken und blinzeln (blinkezen), schlucken und schluchzen, saufen (bedeutet ursprünglich schlürfen) und seufzen. Dieselbe, wiederholtes oder intensiviertes Tun kennzeichnende Nachsibe -zen kann nicht nur Zeitwörtern angehängt werden, wie es die Beispiele duzen, siezen, erzen (von du, sie, er) und ächzen, jauchzen, juchezen (von ach, juh, juchhe) bestätigen.

Zum Worte Blitz bemerkt Fritz Mauthner: „Wir empfinden den Ausdruck als eine richtige metaphorische Schallnachahmung, obschon die Linguisten uns erzählen, das Wort hänge mit blaken und dem indischen bharg (Glanz) zusammen." Der Eindruck Mauthners von einer Schallnachahmung ist mit der Ableitung der Wurzel durchaus vereinbar, denn die akustische Metapher, die Lautgebärde, liegt gar nicht in der Wurzel, sondern im Auslaut des Wortes Blitz. Besonders in den Mundarten zeigt es sich deutlich, daß die das wiederholte oder intensivierte Tun ausdrückende Endungen -zen, -etzen hauptsächlich — wie in obigen Beispielen ächzen, schluchzen usw. — hörbare Vorgänge bezeichnen. Den Reichtum der Volkssprache an solchen Bildungen kann man sich z. B. durch das Unger-Khullsche Steirische Wörterbuch bestätigen lassen[1].

---

1) Es verzeichnet u. a. auwetzen und wewetzen (d. h. wiederholt au bzw. weh rufen) = jammern; schmaungetzen = schmatzen; schnacketzen = mit der Zunge oder mit den Fingern schnalzen; schurgetzen oder grametzen = mit den

Augenblick hatte ursprünglich nur die wörtliche Bedeutung: das Blicken der Augen. Erst im 14. Jahrhundert beginnt das Wort auch als Bezeichnung für einen kurzen Zeitraum Verwendung zu finden; in einer Predigt wird noch erläutert: in eime ougenblicke, also schiere so ein ouge uf unde zuo ist getan.

Abblitzen, in der übertragenen Bedeutung jemand etwas versagen, eine schroffe Abfuhr erteilen, ist seit 1838 belegt. Abblitzen bedeutete ursprünglich, daß das angezündete Schießpulver auf der Pfanne abbrennt, ohne daß der Schuß losginge. (Tieck 1834: das Schießpulver war nur von der Pfanne abgeblitzt). Vom Schießpulver wurde übrigens in der gleichen Bedeutung auch abpfuschen gesagt, und in diesem Zeitwort ist offenbar mehr der akustische Vorgang zum Ausdruck gelangt. Während früher abblitzen in übertragenem Sinne fast nur in der Redensart jemand abblitzen lassen gebraucht wurde, kommt neuerdings das Zeitwort häufig auch selbständig vor („da bin ich aber schön abgeblitzt")[1].

Aus der ursprünglichen Bedeutung von abblitzen, die sich auf das erfolglos verglimmende Schießpulver bezieht, entwickelte sich

---

Zähnen knirschen; stigetzen, giketzen, gaketzen, meketzen = stottern; schnaufetzen, pfenechetzen = schnaufen, keuchen; raunketzen = brummen (und übertragen: unablässig sich beschweren, drängend bitten, vgl. das wienerische raunzen); gnautzen = keifen; grölletzen = heulen, grunzen, rülpsen; schlerketzen = mit der Zunge anstoßen; hüffelzen = weinen; zwirgetzen = leise pfeifen, zwitschern; scharretzen, karetzen, raketzen = knarren; halletzen, lulletzen, wülletzen = almerisch singen; riegletzen = röcheln; rebelletzen = poltern; maungetzen, mucketzen = unterdrückte Töne von sich geben; kwegetzen, quenketzen = quietschen usw. Groß ist allerdings die Zahl auch solcher steirischer Zeitwörter auf -etzen, die sich nicht auf akustische Vorgänge beziehen, sondern die z. B. eine wiederholte Bewegung bezeichnen, wie schnepletzen = zappeln, zucken; schwapetzen = hin und her schwanken; wegetzen = beim Sitzen unruhig hin und her wetzen; lebletzen = Speisen rasch verschlingen; fledertzen = flatternd schweben; himmletzen = wetterleuchten; hoketzen = hüpfen; nachetzen = das Vieh nachts auf fremde Weide treiben; gaungetzen = taumeln; heilitzen = ausgleiten; helleratzen, schweimetzen = sich planlos herumtreiben. — Während die Zeitwörter auf -etzen in der Volkssprache im allgemeinen Vorgänge bezeichnen, die durch das Gehör oder das Gesicht wahrgenommen werden, deutet die Endung -enzen (die wir im Anschluß an das Stichwort faul, faulenzen behandeln) auf Erscheinungen hin, die den Geruch und den Geschmack angehen.

1) Fernzuhalten von abblitzen ist das schweizerische Hauptwort „die Ablitzi". Es bedeutet: nichtdurchsonntes Land, Schattenseite eines Berges und enthält (nach Greyerz) das Wort Litzi = Schattenseite (zu lätz = verkehrt und litzen = falten, umbiegen).

vielleicht der wienerische Ausdruck blitzen für Zeche prellen oder sich sonstwo von der Bezahlung drücken. Möglicherweise war es früher ein Kellnerausdruck; der Gast ist abgeblitzt wäre demnach ein Synonym des Wiener Kellnerausdrucks vom „abpaschenden" Gast[1]. Aus abblitzen = sich ohne Zahlung davonmachen wäre dann vereinfacht das auch transitiv verwendbare Zeitwort blitzen. Dabei kann das Objekt sowohl die Person sein, der man zahlen hätte sollen („zum ersten mal hat einer die Mizzl geblitzt"), als auch die Sache, für die man zahlen soll („eine von den drei Semmeln hat er blitzen wollen"), als auch den Betrag, den man zahlen sollte („die restlichen zwei Schilling hat er geblitzt"). Aus dem Wienerischen gelangte der Ausdruck auch in das ungarische Slang: bliccelni.

Es ist aber auch möglich, daß blitzen = Zeche prellen oder allgemeiner sich einer Verpflichtung entziehen, nicht eine Abkürzung der von der Pulverpfanne gewonnenen Redensart ist, sondern daß blitzen irgendwann auch allgemein betrügen bedeutet und vielleicht dem Rotwelsch angehört hat. Bemerkenswert ist jedenfalls folgende Stelle aus einem steirischen Steckbrief (1777): „Blitzer d. i. solche, die in Städt- und Märkten mit dem Rock ohne Hemat herumgehen, sich allerley Krankheiten andichten und dadurch die Leute zum Mitleiden bewegen." Übrigens wird in der steirischen Mundart blitzen auch im Sinne von übermäßig trinken gebraucht.

BLUSE

Von den mit Indigoblau gefärbten Kitteln, die die Kreuzfahrer über ihre Rüstungen zogen, nahm man an, daß sie in der ägyptischen Stadt Pelusium hergestellt wurden; mittellateinisch pelusia wäre daher wörtlich pelusisches Gewand. Daraus kommt in verschiedenen europäischen Sprachen der Namen des Kleidungsstückes. Nach Deutschland kam das Wort 1827 aus Frankreich als Namen eines weiblichen Kleidungsstückes[2]. Später diente das Wort aber auch im deutschen Sprachgebrauch, wie schon in anderen Sprachen, auch zur Bezeichnung eines einfachen Militär- oder Fuhrmanns- oder Arbeiterrockes. Im Pariser Argot bedeutet la blouse das gemeine

---

1) Ein anderer etymologischer Fall, der auch das Gebiet der Zechprellerei streift, wird unter dem Stichwort Fersengeld behandelt.

2) In der Berliner Redensart „et wird ihn eklich in de Blusen rejen" soll nicht das Kleidungsstück, sondern Blüten (englisch blossoms) gemeint sein; also: die Blüten werden ihm verregnet werden, d. h. er wird Schaden erleiden.

Volk; im zweiten Kaiserreich la blouse blanche einen als Arbeiter verkleideten Geheimpolizisten. In der Mitte des vorigen Jahrhunderts galt die Bluse als das typische Arbeitergewand, so daß 1848 Blusenmänner eine Bezeichnung für Revolutionäre war. Heine schrieb 1848 („Februarrevolution"): „Die Franzosen sind der Livree des Royalismus entwachsen und sie vertauschten dieselbe mit der republikanischen Blouse."

Dies ist übrigens nicht das einzige Mal, daß man

politische Bewegungen nach Kleidungsstücken

benannte. Der Bauernaufstand in der Mitte des 14. Jahrhunderts in der Gegend von Beauvais hieß wahrscheinlich darum Jacquerie, weil die dortigen Bauern den kurzen Rock, jaque[1] genannt (daraus Jacke) trugen[2]. Im Jahre 1502 war die mit Riemen versehene grobe bäuerliche Fußbekleidung, der Bundschuh, das Kriegs- und Wahrzeichen der aufständischen schwäbischen Bauern, und so entstand der Ausdruck „einen Puntschu machen" = sich verschwören, einen Aufstand machen. In der zweiten Hälfte des 18. Jahrhunderts unter Gustav III. standen sich in Schweden die Partei der Mützen und die Partei der Hüte gegenüber; die Mützen waren jene, die mit Rußland sympathisierten, die Hüte hielten es mit Frankreich. Sansculottes, Ohnehosen, hießen die Anhänger der großen französischen Revolution, weil die Leute des Volkes keine culottes, Kniehosen (sondern pantalons, lange Hosen) trugen. Übrigens war auch Carmagnole nicht nur der Namen eines Tanzes, sondern auch die Bezeichnung für den Revolutionär selbst, und zwar darum, weil die Jacke mit Schößen, mehreren Knopfreihen und Umlegkragen, wie sie von den in Paris lebenden Piemontesen aus Carmagnola getragen und die französisch carmagnole genannt wurde, gerade zur Zeit der Revolution in breiteren Bevölkerungskreisen beliebt wurde. Nach der Niederwerfung der achtundvierziger Bewegung standen in Wien die „Angströhren" im Gegensatz zu den breitkrempigen Calabreserhüten; Angströhren, d. h. Zylinder, trugen

---

1) Die ursprüngliche Bedeutung von jaque war Panzerhemd, Kriegswams, und das Wort geht vermutlich auf spanisch jaco zurück, das sich aus arabisch sakk entwickelt haben soll, woraus jedenfalls das Wort „Sack" kommt.

2) Nach anderer Deutung bezieht sich allerdings die Bezeichnung Jacquerie auf den Führer des Aufstandes Guillaume Caillet, der bei den Edelleuten den bäuerlichen Spottnamen Jacques Bonhomme hatte.

diejenigen, die besorgt waren, ihre politische Wohlgesinntheit zu betonen und den Verdacht demokratischer Verseuchtheit deutlich von sich zu weisen. Im Vorkriegsdeutschland hörte man oft die Sozialdemokraten Ballonmützen nennen. Allgemein bekannt sind die heutigen Bezeichnungen Schwarzhemden für italienische und englische Faschisten, Blauhemden für die Anhänger des Generals O'Duffy in Irland, Braunhemden für deutsche Nationalsozialisten usw. Das sprachliche Vorbild für diese Bezeichnung ist der Name Rothemden für die Freischärler Garibaldis. Übrigens ist gelegentlich dieser metonymische Vorgang der Bedeutungsübertragung (das Kleidungsstück nennen und seinen Namen meinen) auch umgekehrt worden: so nannte man in manchen Orten der Schweiz noch bis ins 20. Jahrhundert eine rote Bluse eine „Garibaldi".

Beispiele für die Übertragung von Kleidungsstückbezeichnungen auf Menschen außerhalb des politischen Gebietes (wie Blaustrumpf usw.) siehe beim Stichwort Domino.

BONZE

Bonzo ist ein japanisches Wort und bedeutet: Priester des Buddha. Das japanische Wort ist entweder verderbt aus busso = Frommer oder kommt von chinesisch fan-seng = religiöse Person. Nach Europa verpflanzten die Portugiesen das Wort, die — als Entdecker des Seeweges nach Ostindien und Gründer der ersten europäischen Niederlassung in China — im 16. Jahrhundert die wichtigsten Mittler zwischen dem Abendland und dem fernen Asien waren, wovon auch mehrere Spuren in der Wortgeschichte noch zeugen (Mandarin, Bajadere, Veranda usw.).

Im deutschen Schrifttum kommt das Wort Bonze seit Mitte des 17. Jahrhunderts vor, wobei man vier Phasen unterscheiden kann.

1. In der zweiten Hälfte des 17. Jahrhunderts lautet es im Deutschen Bonzier (Mehrzahl Bonzy) und bedeutet schlechthin einen buddhistischen Priester.

2. Im Jahre 1732 definiert Hübners Lexikon: „Bonziers heißen in China die Pfaffen, welche sich selbst auf allerhand Art martern, um die Sünden derer zu büßen, die ihnen dafür Geld geben." Diese Definition deckt zwar nicht genau den Sinn, den das Wort im 18. Jahrhundert bekommen hatte, wesentlich ist jedenfalls, daß in der Aufklärungszeit der Akzent auf das Abergläubische, auf das übertrieben Religiöse gelegt wurde. Immer mehr wurde das Wort

zum Spottwort gegen bigotte Priester jedes Glaubensbekenntnisses. Wieland — durch den anscheinend die Form Bonze eingeführt war — unterschied 1782 „einen echten christlichen Pfarrherrn von den Pfaffen, Bonzen usw." Die Aufklärungszeit brachte auch Weiterbildungen wie Bonzerei, Bonzenwesen, Bonzengift. (Ein Jahrhundert später schrieb Johannes Scherr, der kirchlichen Intrigen gegen Joseph II. gedenkend, von einem Bonzengegrunze.)

3. Im 19. Jahrhundert wurde der Bonzenbegriff aus dem Religiösen und Kirchlichen mehr in das Gebiet des Staats- und Gesellschaftswesens verschoben. Als Bonzen galten nun in respektloser Sprache die Vorgesetzten, Würdenträger (ungefähr das, was man bayrisch-österreichisch die Großkopfeten nennt).

4. Neben diesem jetzt noch gültigen allgemeinen Sinn tritt im letzten Jahrzehnt noch ein engerer Sinn in die Erscheinung. Bonze ist im besondern ein mehr oder minder unfreundliches Spottwort geworden, mit dem Angehörige der Arbeiterbewegung ihre eigenen, in staatlichen und kommunalen Ämtern oder in der Gewerkschaftsbureaukratie tätigen Führer bezeichnen. Dieser Bezeichnung liegt gleichsam der Vorwurf zugrunde, die Führer seien verbürgerlicht, der Masse und ihren revolutionären Neigungen entfremdet. Die Bezeichnung Bonze ist schließlich auch von den Gegnern des Sozialismus als Schlagwort gegen dessen Führer aufgegriffen worden. Auch in dem bekannten Roman von Hans Fallada, „Bauern, Bomben, Bonzen" sind mit Bonzen sozialdemokratische Verwaltungsbeamte gemeint. Auch Weiterbildungen hat das Schlagwort Bonze erfahren. So ist z. B. das Zeitwort „umbonzen" aufgekommen, in dem Sinne: die Bonzen einer Richtung durch solche einer andern ersetzen. Neu ist auch die Bildung „Bonzokratie".

Der von einem englischen Zeichner eingeführte Name Bonzo für ein drolliges junges Hündchen, den Helden vieler gezeichneter Hundeabenteuer, ist vom Künstler willkürlich erfunden worden und hängt mit unserm Worte Bonze nicht zusammen.

Das chinesisch-japanische Bonze hat, was die Herkunft anbelangt, nicht viel seinesgleichen im Deutschen. Es gibt nur wenige

Wörter chinesischer oder japanischer Herkunft

in den europäischen Sprachen. Selbst für Begriffe, die sich unmittelbar auf die beiden ostasiatischen Reiche beziehen, haben wir oft Bezeichnungen, die die europäischen Sprachen sich aus dem eigenen Sprachstoff oder aus gewissen durch Reisende aus anderen Teilen Asiens nach dem Fernen Osten verschleppten Wörtern gebildet haben. Unter einem eigenen Stichwort behandeln wir das Wort Mandarin, das ein von den Portugiesen aufgegriffenes altindisches Wort ist. Auch Kuli — wer assoziiert dieses Wort nicht sofort mit China? — ist kein chinesisches, sondern ein indisches Wort. Die Kulis sind ein entarteter Stamm der Radschputi in Gudscherat, deren Angehörige meistens Lastträger sind; nach anderer Ableitung soll Kuli im Tamulischen „mieten" oder „Lohn" bedeuten, jedenfalls haben die Portugiesen das Wort aus Indien nach China gebracht. Indisch but-kadah, Haus des Götzenbildes, sollen die Portugiesen zu pagoda, Pagode geformt haben, der Bezeichnung für die charakteristischen mehrstöckigen Tempelbauten in China. Es gibt aber auch andere Ableitungen für Pagode: aus portugiesisch pagão (heidnisch, paganus) oder aus chinesisch pai-ku-t'a = Turm der weißen Knochen. Umstritten ist ferner die chinesische Herkunft von Taifun, dem Namen des berüchtigten ostasiatischen Wirbelwindes. Manche sehen darin bloß eine Abwandlung von griechisch typhon = Ungeheuer, und man hat auch eine Etymologie aus dem Arabischen (tufan, aramäisch tufana, daraus portugiesisch tufão = große Flut) versucht. Die chinesische Herkunft ist aber wahrscheinlicher: entweder, nach F. Hirth, aus tai-fung (Wind von Tai, d. h. von der Insel Formosa) oder aus kantonesisch tai-fung = großer Wind.

Nur bei wenigen Wörtern ist die Ableitung aus dem Chinesischen ganz unbestritten. Eines von ihnen ist Satin. Arabische Händler sollen Seidenstoffe aus der Stadt Tschen-tung (jetzt Tschwantschan) in der Provinz Fokien nach Europa (vor allem nach Spanien) gebracht haben, und da die Araber jene Stadt Zaitun nannten, das Gewebe zaituni, entstand spanisch aceituni, setuni, italienisch zetanino, französisch zatony, satin. Aber es ist wahrscheinlicher, daß Satin auf ein kantonesisches Wort sse-tün = Seidenatlas zurückgeht und daß die Araber dieses Wort mit dem Namen der genannten Stadt vermengten. Übrigens kommt nicht nur das Wort Satin, sondern auch der allgemeine Namen der Seide in vielen europäischen Sprachen aus mongolisch-chinesischen Quellen. Mit chinesisch ssi, sse, mongolisch serke, mandschurisch sirghe, koreanisch sir hängen zusammen: altrussisch schelku, russisch scholk, litauisch schilkai, englisch silk = Seide, aber auch griechisch serikon und lateinisch sericum, woraus mittellateinisch seta sericum, wörtlicher „serisches" Tierhaar, was zu althochdeutsch sida und zu Seide führt. Auch das Wort Sersche oder Serge (für verschiedene Futterstoffe in Wolle, Halbwolle, Seide usw.) weist über französisch serge auf denselben mongolisch-chinesischen Ursprung. Man darf nicht irre werden, wenn man mitunter liest, französisch serge, ebenso mittellateinisch seta sericum (der Vorgänger des deutschen „Seide") gehe auf den Völkernamen der Seres zurück; wohl nannten die Griechen und die Römer die Chinesen Seres, aber dieser Namen war eben aus der chinesischen Bezeichnung der Seide gebildet, bedeutete etwa Seidenvolk, Seidenerzeuger.

Unzweifelhaft chinesischer Herkunft ist auch das Wort Tee. Zwei Formen sind nach Europa gedrungen. In der hochchinesischen Mundart, der sogenannten Mandarinensprache, heißt der Tee tschha (das Teeblatt tscha-je), und daraus entwickelte sich der Namen des Getränks in Indien, Persien, bei den Arabern, Portugiesen und Russen und den anderen slawischen Völkern (tschaj). Zu allen anderen Europäern und zu den Malayen gelangte das Wort in der Lautform „tee", wie es in der südchinesischen Mundart der Provinz Fokien gesprochen wird. Im Italienischen kommen beide Formen vor: tè und cià. Ebenso hat das Neugriechische sowohl tsai als teion. Die Engländer schrieben zuerst tay, gingen dann zu tea über und zur Aussprache „ti"; daß sie früher selbst bei der Schreibweise tea noch „te" gesprochen haben, geht auch daraus hervor, daß in Popes „Lockenraub" tea sich auf away reimt.

Aus dem Chinesischen kommt auch das deutsche Wort Kotau (besonders in der Redensart „vor jemand einen Kotau machen" = sich überaus höflich oder unterwürfig benehmen). Zur Kaiserzeit mußte man in China vor dem Kaiser und seinen Vertretern Kotau machen, d. h. sich auf den Boden werfen und mit der Stirne den Boden berühren. Im Chinesischen bedeutet k'o-t'u wörtlich: Abschlag des Kopfes. Es handelt sich bei dieser Begrüßungsart um eine alte Sitte im Morgenland (von Herodot unter der Bezeichnung proskynesis beschrieben) mit der symbolischen Bedeutung: unterwürfig sein, bereit sein, sich den Kopf abhauen zu lassen. Die Engländer gebrauchten schon seit Mitte des 19. Jahrhunderts das Hauptwort the kotow (zuerst kow-tow) und das Zeitwort to kotow. In Deutschland faßte das Wort erst Fuß, als wegen der 1899 erfolgten Ermordung des deutschen Gesandten in Peking ein chinesischer Prinz einen Sühnebesuch in Deutschland machte. Mit dem Boxeraufstand hängt auch zusammen das Allgemeinwerden einer Lehnübersetzung aus dem Chinesischen: „das Gesicht wahren, das Gesicht verlieren" (s. das eigene Stichwort darüber).

Aus dem Japanischen stammen: Kimono (bedeutet im Japanischen allgemein Kleid, Rock), Harakiri (bedeutet nicht, wie man früher deutete, „glückliche Reise" — nämlich ins Jenseits, sondern wörtlich aus hara = Bauch, kiri = schneiden), Dschiu-Dschitsu, das nach der einen Deutung „zehn Kunstgriffe" (ju jutsu), nach der anderen „sanfte Kunst" bedeutet. Mikado (wörtlich „hohe Pforte") gebrauchen die Japaner selbst gar nicht als Titel für ihren Kaiser. Zur Verbreitung des Wortes Geisha hat entscheidend die Operette von Sidney Jones (1896) beigetragen. (Da die in Japan zu Tanz, Gesang, Musik und gesellschaftliche Formen sorgfältig ausgebildeten Geishas, die in Teehäusern auftreten oder bedienen, zum Teil auch der Prostitution dienen, schreibt Eitzen in seinem gedankenreichen Buche über Unzukömmlichkeiten mit Fremdwörtern: „Auf Maskenfesten treten bei uns junge Damen der Gesellschaft gern als Geishas auf; würden sie gern als — Freudenmädchen erscheinen?" Ja, möchte man auf diese Frage antworten; es gehört zum tieferen Sinn des alten Maskenbrauchs, daß man auch sonst Verpöntes zur Schau tragen, darstellen kann; man erscheint doch auch als Teufel oder Pirat, als Apachin oder Zigeunerin. Ferner liegt auch gerade darin eine der Kräfte, die Fremdwörter in der Sprache festhalten, daß unter einem fremden Namen manches geht, was unter dem einheimischen Schwierigkeit bereiten würde. Wer bestimmten Fremdwörtern den Garaus machen will, muß sich vorerst gegen jene Lebensverhältnisse richten, innerhalb deren jene Wörter dem Bedürfnis nach Mitteilung und Ausdruck offenbar in geeigneter Weise dienen.)

BORNIERT

In Thomas Manns klassisch gewordenen „Buddenbrooks" heißt es von dem Latein unterrichtenden Pastor Hirte: „Seine Lieblingsredensart lautete grenzenlos borniert, und es ist niemals aufgeklärt worden, ob dies ein bewußter Scherz war."

Grenzenlos borniert heißt wörtlich „grenzenlos begrenzt", grenzenlos beschränkt. Borniert kommt von französisch borne, Markzeichen, Grenzstein, borner, Grenzen setzen, beschränken.

Dem Wort borne selbst dürfte ein verschollenes romanisches Wort bortina oder vortina — von vertere (wenden) — zugrunde liegen mit der Bedeutung: Ende der Ackerfurche, wo der Pflug gewendet wird. Im Deutschen hat borniert nur die Bedeutung „geistig beschränkt", und wenn man die Erinnerung an den ursprünglichen französischen Sinn vernachlässigt, mag man ungeniert von „grenzenloser Borniertheit" sprechen, denn „grün" ist schließlich der lebendigen Sprache „goldener" Baum, und wir dürfen ja auch vom blinden Seher Teiresias sprechen, von alten Junggesellen und alten Jungfrauen, von trockenem Humor, wenngleich lateinisch humor Feuchtigkeit bedeutet, von schwarzgekleideten Kandidaten, obschon für die römischen Amtsbewerber das weiße Gewand (toga candida) Vorschrift war, von eingefleischten Vegetariern (denn schließlich wird auch Kraut und Rüben einigermaßen zu Fleisch und Blut), von Messingbügeleisen, silbernen Hufeisen (Eisen!), von Silbergulden (gülden!), von Goldplomben (plumbum = Blei) usw.; gar nicht zu sprechen von jenen Fällen, wo ein beabsichtigter rhetorischer Kniff, das sogenannte Oxymoron, vorliegt, wie z. B. beim öffentlichen Geheimnis (nach Horaz), beim beredten Schweigen, beim geschäftigen Müßiggang.

Eine volkstümliche Art, jemanden als borniert zu bezeichnen, zeigt die Wendung: er ist aus Borneo, oder: Borneo ist sein Vaterland. Einer derartigen

Anspielung durch Ortsnamen

begegnen wir häufig in der Sprache. Sie entspricht der allgemeinen euphemistischen Neigung, Unangenehmes oder Anstößiges durch Andeutung zu mildern, aber auch einer zweiten Neigung, der zur Weitschweifigkeit und Ausschmückung, so daß man sagen kann: die aggressive Neigung hält sich, wenn ihr versagt ist, sich durch direktes Aussprechen des Schimpfwortes ganz „auszuleben", dadurch schadlos, daß sie eine solche mildernde Umschreibung wählt, bei welcher sie wenigstens länger verweilen kann. Der abschwächende Charakter solcher Euphemismen durch geographische Anspielung ist daher auch sehr fraglich, und man müßte sie eigentlich — eben wegen des, aus der sich breit machenden Umschreibung gezogenen Lustgewinns des Sprechenden — als Pseudoeuphemismen bezeichnen und zu den aggressiven Wortwitzarten zählen.

Beispiele für Anspielung durch Ortsnamen finden wir schon im Altertum. So gibt es z. B. in den „Rittern" des Aristophanes Diebe aus Klopida (Anspielung auf das Zeitwort kleptein, stehlen, das in der modernen Prägung Kleptomanie enthalten ist) und einen Habgierigen aus Aitolia (aitein, Geld eintreiben); in Ludwig Seegers Übersetzung werden die Ortsnamen Stehlenau und Habsburg herangezogen. Im deutschen Schrifttum ist es vornehmlich Luther, der gerne mit Ortsnamen operiert; so heißt es z. B. bei ihm, Gott sei nicht ein Fürst von Eilenberg, sondern ein Fürst von Weilenberg, und wir sollen sein Fürsten von Anhalt. Von Luther wieder sagt sein Gegner, der Jesuit Weißlinger, er sei Advokat in Sauheim, Richter in Schweinfurt, er gehöre nach Mistingen, Scheißau oder Dreckberg. Auch andere Zeitgenossen Luthers charakterisieren oft mit Hilfe erfundener geographischer Bezeichnungen, z. B. das Schiff von Narragonien bei Sebastian Brant, die Mühle von Schwindelsheim bei Thomas Murner. Aus jener bilderfreudigen Zeit stammt wohl auch der Spruch von den vier Festungstürmen dieser Welt: Goldberg, Neideck, Hohenzorn und Haderwick. Auch zur Zeit der Gegenreformation blühte noch die starke Vorliebe für derartige Umschreibungen. Beim Pater Abraham a Santa Clara, der den Bilderschmuck des Schwäbischen auf seiner Wiener Kanzel voll entfalten konnte, wimmelt es geradezu von Anspielungen durch Ortsnamen. Der verlorene Sohn ist bei ihm ein Irrländer, wer auf milde Gaben angewiesen ist, muß nach Betlehem reiten, der reiche Prasser heißt bei ihm Zacharias von Freßburg oder Samuel von Wampenau oder Daniel von Schlemmerhofen. Geradezu an die morgenländische Begeisterung des Hohenliedes für die detaillierten Reize der Braut erinnert die Stelle, wo Pater Abraham die Schönheit einer Frau mit Hilfe von geographischen Eigennamen schildert: die Wangen hat sie geerbt von Rosenheim, die Stirn hat sie geerbt von Glattau aus Schlesien, die Augen von Sternberg, die Lefzen (Lippen) von Rottenburg am Neckar, den Hals hat sie geerbt von Weißenau. Wenn uns auch die Vorsehung, predigt er ein anderes Mal, über Kreuznach, Bitterfeld und Dornburg führt, müssen wir unseren Blick doch auf Seligenstadt richten, wohin wir aber nicht gelangen, wenn wir uns unterwegs in Weinheim und Spielberg aufhalten oder zu lange in Magdeburg verweilen.

Anfangs des 18. Jahrhunderts war ein Spruch im Umlauf über drei berühmte niederländische Friedensschlüsse: Nimwegen (1678) nimmt weg, Riswyk (1697) reißt weg und Utrecht (1713) ist außer Recht. 1791 erschien eine Münchhauseniade „Mr. Bockshorns Reise nach Lügenfeld", und diese Reise führte u. a. über Plauderfeld, Klatschhausen, Fraubasenberg, Hechlingen, Prahlhausen, Versprechungsfeld, Rezensentental, Halunkendorf.

In der Volkssprache hat sich die Sitte solcher Umschreibung mit Hilfe von Ortsnamen lange noch erhalten. Man sagt z. B. die Suppe ist in Brandenburg gewesen (ist angebrannt), aus Anhalt sein (kein Geld hergeben), aus Eylau oder Eilenberg sein (es immer eilig haben), nach Speyer appellieren (erbrechen, seekrank sein, in Berlin, im gleichen Sinne, einen Ortsnamen lautmalerisch heranziehend: Up-sala ist eine Stadt), nach Laufenburg appellieren (die Flucht ergreifen), aus Taubach sein (schwerhörig), aus Stummsdorf (schweigsam); das ledige Mädchen sitzt noch auf der Wartburg, der Streitsüchtige ist aus Hadersleben, der Geizige aus Haltfest oder aus Habsburg (habgierig), er stammt nicht aus Schenkendorf, sondern aus Greifswald, er ist von Nimwegen und nicht aus Gebersdorf, er ist nicht von Gibigen, sondern aus Nehmigen (bei den polnischen Juden heißt es: wer es is fün Nemerow, der is nit fün Geberow; Niemerow ist ein polnisches Städtchen, Geberow ist fingiert). In Wien ist gebucht worden für zahlen müssen, in die Tasche greifen müssen: nach Taschlowitz gehen müssen (ähnlich im Jüdischen: nach Kischinew fahren, von Keschene = Tasche). Von einem Mönche, der seinem Orden untreu geworden ist, sagt man: er ist von München nach Frauenhof gegangen. „Sie ist aus Flandern" wird verständlich, wenn man weiß, daß das Zeitwort flandern im Bayrischen die Bedeutung hat: flatterhaft sein. He is von Ulm = er ist ein Schwächling (von olm, olmig = morsch). Es ist aus Kostnitz = es ist wertlos; du bist ein rechter Windischgrätz = ein windiger Geselle; er ist von Drangfurt = er drängt sich durch die Menge vor. Daß es in Gegenden, wo es Orte wie Dumnau (in Schlesien) oder Dummsdorf (in Sachsen) gibt, landläufig ist, von jemand zu sagen, er sei aus diesen Orten, ist leicht begreiflich.

Auch die Spruchweisheit des Volkes bedient sich gerne solcher Verkleidung. Wir erwähnen nur die Sprichwörter: von Friesland (fressen!) geht der gerade Weg nach Ungarn (hungern!), von Sparenberg kommt man leicht nach Reichenbach. Mitunter bedient sich der Volksmund solcher Anspielung durch Ortsnamen auch in obszöner Absicht. So gibt es z. B. im Schwarzwald — unter Zerlegung des Namens des Dorfes Kniebis (auf der dortigen gleichnamigen Hochebene) in „Knie" und „bis" — einen Spruch: „von Kniebis nach Freudenstadt ist's nicht mehr weit"[1]. Auch volkstümlichen Scherzfragen kommen Ortsnamen oft zugute. (Wohin gehören die Fallenden? Nach Anhalt. Wohin die Traurigen? Nach Freudenstadt.) Daß die Neigung zu solcher volkssprachlichen Verwendung von Ortsnamen auch heute nicht ausgestorben ist, zeigt z. B. der Umstand, daß in Wien im Jahre 1932 aus dem Namen des Vorortes Hacking die volkstümliche Bezeichnung Hakinger für Nationalsozialisten geprägt wurde; was vorne an Hakenkreuz anklingt und an hacken (mundartlich: fest dreinhauen), hinten an Wikinger.

Nicht nur im Deutschen sind solche Anspielungen der Volkssprache durch Ortsnamen üblich. Im Holländischen ist z. B. gebräuchlich: van Dornberg zijn = dumm sein, van Kleef zijn = geizig sein, am Gelde kleben (kleven), in Hongarije wonen = hungrig sein, te Melleghem geboren zijn = närrisch sein (mal = närrisch). Aus dem Dänischen erwähnen wir: nach Ferholm gehen = schlafen gehen (fjer = Feder), in Fjollerup geboren und in Tosserup getauft sein (fjol = Gewäsch, Unsinn, tosse = Tor, Narr). Der Engländer sagt: I am for Bedforshire, ich geh jetzt zu Bett, to come by Spillsbury, Unglück haben (to spill, verlieren). Im Italienischen heißt nach Legnano gehen Prügel (legnata) bekommen, andare in Piccardia = gehängt werden (impiccato), andare a Piacenza = gefallen (piacere). Sehr üppig ist die Ausbeute aus dem Französischen. Nach Versailles gehen sagt man für umwerfen verser) mit dem Wagen, einen Ehemann nach Cornuailles schicken ist gleichbedeutend mit betrügen, Hörner (cornes) aufsetzen, nach Argenton gehen müssen bedeutet: Geld (argent) benötigen. Von einem Kinde, das im Begriffe ist, zu weinen, sagt man, es sei sur le pont de Sainte Larme (larme, Träne). Aller à Rouen, nach Rouen gehen = sich ruinieren, zugrunde gehen, nach Cachan (Dorf bei Paris) = sich vor der Polizei verstecken (cacher), nach Krakau (Cracovie) = lügen (von craque = Lüge, Aufschneiderei). Vom Lügner heißt es auch prendre le chemin de Niort, den Weg nach Niort nehmen (nier = lügen). Wenn jemand in einer Gesellschaft

---

1) Man vergleiche dazu eine Stelle bei Johann Christian Günther, wo der schlesische Lyriker einem Ehemann in der anzüglichen Art der sogenannten galanten Zeit zuruft: Du lenkst nach Liebenthal, läßt Berg und Hügel liegen, und darfst bei Haarburg auch dem offnen Passe traun.

eingeschlafen ist, so ist er parti à Dormillon. In Asnières aufgewachsen sein = ein Esel (âne) sein. Envoyer à Mortaigne, jemand nach Mortaigne schicken = in den Tod (morte) schicken; gleichbedeutend ist nach Patras schicken (von lateinisch ad patres, zu den Vätern). Aller à Turin, nach Turin gehen = auf die Jagd gehen, wird spöttisch von einem erfolglosen Jäger gesagt (von tuer rien = nichts töten). Im Pariser Argot sagt man auch nach Waterloo gehen (Anspielung auf englisch water closet), und daraus wird auch der Euphemismus Waterloo für das Gesäß. In der französischen Buchdruckersprache bedeutet aller en Galilée, nach Galiläa gehen: den Satz auf das „Schiff" legen (was die deutschen Setzer Schiff nennen, heißt im Argot ihrer französischen Berufsgenossen galée, was eine Nebenform ist von galère = Galeere). Die alte, aus dem 17. Jahrhundert gebuchte französische Redensart l'envoyer faire un petit voyage à Jérusalem (jemand auf eine kleine Reise nach Jerusalem schicken) = ins Gefängnis sperren, hat nicht mit dem Lautbild des Ortsnamens zu tun, sondern gründet sich auf den Umstand, daß es in Paris in der Nähe des Polizeigebäudes eine Rue de Jérusalem gab.

BRENNEN, BRUNNEN, BORN

Wie das englische Zeitwort burn kann auch das deutsche brennen sowohl transitiv als auch intransitiv gebraucht werden. Das Mittelhochdeutsche unterscheidet noch brinnen = glühen, leuchten, brennen von brennen = brinnen lassen, d. h. anzünden. Ebenso unterschied das Gotische brinnen und brannjan. Es handelt sich um denselben Unterschied wie bei den neuhochdeutschen Zeitwortpaaren biegen und beugen, dringen und drängen, haften und heften, lauten und läuten, liegen und legen, reißen und reizen, saugen und säugen, sitzen und setzen, trinken und tränken, winden und wenden.

Über die übertragene Bedeutung von „abgebrannt" ist unter eigenem Stichworte die Rede. Nach Verbranntem riechen oder schmecken heißt brenzeln (vgl. die beim Stichwort faulenzen angeführten Zeitwörter fassenzen, hundenzen usw.), im Oberdeutschen brandeln. („Es brandelt", sagt man in Österreich in übertragenem Sinne, wenn jemand etwas erraten will und sich mit seiner Vermutung dem Geheimnis nähert; nach einem Gesellschaftsspiel, in dem etwas Verstecktes gesucht werden muß und die Zuschauer dem Suchenden durch den Zuruf Feuer oder Wasser angeben, ob er sich dem Versteck nähert oder sich von ihm entfernt.) Zur Sippe von brennen gehören auch die Wörter branden, Brandung, Brunst und auch Bernstein (eigentlich brennender Stein). Mit altirisch berbeim = ich koche, mittelirisch brennim = ich sprudle dürfte brennen auch verwandt sein.

Zur deutschen Verwandtschaft von brennen gehören ferner auch die Hauptwörter Brunnen und Born. Das althochdeutsche brunno bedeutet Quelle, Quellwasser. Der Bedeutungszusammenhang zwischen brennen und Brunnen (welche Begriffe sich doch zueinander „wie Feuer und Wasser" verhalten sollten) erscheint zunächst sonderbar, wird aber durchaus verständlich, wenn wir eine keltische Wurzel bren = wallen, sprudeln, siedeln voraussetzen. Der Begriff Brunnen würde sich demnach ursprünglich auf eine heiße Quelle bezogen haben. Gestützt kann dieser Bedeutungszusammenhang nach dem Hinweis von Ödön Beke auch durch eine Analogie werden, die eine nichtindogermanische Sprache, die ungarische bietet. Im Ungarischen bedeutet nämlich das Zeitwort forr: sieden, kochen, gären, wallen, das Eigenschaftswort forró: heiß (altungarisch auch wallend, wogend) und das Hauptwort forrás: das Sieden, das Gesprudel, die Wallung und — die Quelle.

Born ist eine mittel- und niederdeutsche Nebenform von Brunnen, die jetzt meist nur in gehobener Sprache verwendet wird („ein köstlicher Born edlen Humors", „der Born der Weisheit"; vgl. auch über „Quickborn" das Stichwort keck).

Nicht nur bei der Doppelform Brunnen—Born (und den Eigennamen Heilbronn und Heilborn), sondern auch bei dem Zusammenhang von brennen mit englisch burn und bei der Deutung von Bernstein als Brennstein muß die schwankende Stellung des r in dieser Wortwurzel auffallen; es steht bald vor, bald nach dem Vokal. Es ist ein Beispiel jener wortgeschichtlichen Erscheinung, die man als

Metathesis (Umstellung)

oder gelegentlich auch als Schüttelform bezeichnet. Ein Konsonant, meistens das r, wechselt, gleichsam zufolge einer Schüttelung, seinen Platz in der Silbe und erscheint das eine Mal vor, das andere Mal nach dem Selbstlaut. Solche Metathesen zeigen die die gleiche Herkunft aufweisenden Synonyme Brett und Bord und die in der Bedeutung bereits ziemlich auseinandergeratenen Korb und Krippe. Durch Metathesis klärt sich auch die Verwandtschaft zwischen fragen und forschen, zwischen dem slawischen kral = König und dem Namen Karls des Großen. Arabisch kermes, italienisch carmesino (woher auch unser Karmin und Karmesin) wird im Französischen zu cramoisi, im Englischen zu crimson[1].

In einer Reihe von metathetischen Personennamen erscheint die mittelhochdeutsche Wurzel berht (althochdeutsch beraht, englisch bright, verwandt mit neuhochdeutsch Pracht) = glänzend: Albert und Albrecht (der im Adel glänzende), Engelbert und Engelbrecht (engelgleich Glänzender), Gumpert und Gumprecht (der im Kampf Glänzende), Robert und Ruprecht (Ruhmglänzender), Lambert und Lamprecht (der im Lande Glänzende). Im Namen des Dichters Bert Brecht geben sich die beiden metathetischen Formen des altgermanisch Glänzenden ein Stelldichein.

Auf metathetischer Grundlage ist auch die Verwandtschaft zwischen deutsch Roß und englisch horse, zwischen Kolben und club, fürchten und fright zu verstehen. Aus lateinisch formaticum = das Geformte (nämlich durch das Gefäß, in dem man die Milch gerinnen läßt) wurde zunächst französisch formage = Käse, was erst im 13. Jahrhundert zu fromage umgestaltet wurde. Ähnlicherweise wird das altfranzösische tourble (aus lateinisch turbula) erst in der Neuzeit zu trouble; im Deutschen ist diese Metathesis durch Trubel und turbulent vertreten. Aus dem lateinischen granum ergeben sich die deutschen Schüttelformen Korn und Kern.

Die Neigung zur Metathesis ist besonders auch in der Kindersprache festzustellen. So verzeichnete z. B. Meringer bei einem dreijährigen Kinde die Schüttelformen: Spuktabn für Buchstaben, Pischnat für Spinat.

BUTTER, BUTTER AUF DEM KOPF, BUTTERN
Boutyron, von wo das deutsche Butter kommt, ist ein griechisches Wort für eine skythische Erfindung. Die Skythen — wir wissen es vom berühmten Arzte Hippokrates — schüttelten Stutenmilch in hölzernen Gefäßen, bis oben Fett entstand. Von ihnen lernten es die Griechen. Sie verwendeten dazu Kuhmilch und bekamen ,,Kuh-

---

[1] Eine sonderbare Schüttelform stellt der Fischnamen Kabeljau dar. Die ursprüngliche Form zeigt niederländisch bakeljauw und spanisch bacallao. Sie geht auf lateinisch baculum = Stock (dazu deutsch Bakel = Prügelstock des Lehrers) zurück. Man beachte, daß der auf Stangen (Stöcken) getrocknete Kabeljau auch im Deutschen Stockfisch heißt.

quark", griechisch boutyron. Es ist aber auch möglich, daß schon das skythische Wort irgendwie ähnlich wie butiron gelautet hatte und daß die Griechen die griechischen Wörter bous = Rind und tyros = Käse nur hineindeuteten. (Vgl. über „Volksetymologien" den Exkurs nach dem Stichwort „Hängematte".) Von den Griechen übernahmen auch die Römer das Wort. Plinius berichtet: e lacte fit et butyrum, barbararum gentium laudatissimus cibus, aus Milch wird auch Butter gemacht, der barbarischen Völker überaus herrliche Speise. Unter Barbaren meinte Plinius wohl die Germanen, die das Geheimnis der Butterbereitung ebenfalls kannten; sie benutzten aber die Butter hauptsächlich zum Schmieren der Haare und des Leibes. Die alten Juden kannten die Butter nicht; wohl gebraucht Luthers Bibelübersetzung das Wort Butter für Abrahams und für Davids Zeiten, aber im Urtext ist wohl Sahne gemeint.

Der alte germanische Name für Butter ist anko. Das Wort ist wahrscheinlich urverwandt mit altindisch anj = schmieren und lateinisch unguere = salben, unguentum = Salbe. Im Althochdeutschen kommt statt anko auch kuo-smero und anc-smero vor. Ancsmero war eigentlich eine Bezeichnungsdoppelung, denn Schmer (althochdeutsch smero) bedeutete ebenso wie Anke: Fett, Butter (gehört zum Zeitwort schmieren; vgl. englisch smear = Schmier, Salbe; schwedisch, dänisch smör = Butter). In alemannischen Mundarten kommt das Wort Anke heute noch vor, Schmer hat die Schriftsprache in der Zusammensetzung Schmerbauch noch erhalten. Die germanischen Wörter Anke und Schmer traten gegenüber dem griechisch-römischen Fremdwort Butter zurück, als die Germanen von Mönchen gallischer Klöster eine von den Römern mittlerweile verfeinerte Art der Butterbereitung lernten. Während bis dahin die Anke ein halbflüssiger Brei war, hauptsächlich zum Einschmieren des Körpers verwendet, lernten die Germanen im 7. Jahrhundert, wie man durch Waschen und Kneten feste Butter bekommt. Früher noch als im Gebiete des heutigen Deutschlands hatte die römische Art, Butter (französisch beurre) zu bereiten, in Gallien Eingang gefunden. Auch die Kelten Kleinasiens (Galater) kannten nach Plutarchs Zeugnis die Butter.

Die Redensart Butter auf dem Kopf haben bedeutet: schlechtes Gewissen haben, etwas auf dem Kerbholz haben (etwa wie man in manchen Gegenden Bayerns und Sachsens sagt: Dreck am Stecken haben). Der Vorläufer dieser Redensart ist die Luthersche Wendung

„steht da wie Butter in der Sonne", in dem Sinne: nicht bestehen können, vergehen müssen, z. B. aus Scham, aus Verlegenheit; der Schweizer kennt noch heute den Ausdruck: sta (stehen) oder hocke oder sitze, wie der Butter an der Sunne. Der Redensart „Butter auf dem Kopf haben" liegt auch ein Sprichwort zugrunde: „wer Butter auf dem Kopf hat, soll nicht in die Sonne gehen". Das Sprichwort und seine redensartliche Abkürzung „Butter auf dem Kopf" sind erst in den letzten Jahrzehnten in die allgemeine Schriftsprache eingedrungen; die Redensart scheint besonders von süddeutschen, hauptsächlich österreichischen Autoren häufig verwendet zu werden. Die Wörterbücher von Grimm, Heyne, Sanders, Paul und viele Sammlungen von Redensarten kennen die „Butter auf dem Kopfe" noch nicht[1]. Das der Redensart zugrunde liegende Sprichwort findet sich in verschiedenen Sprachgebieten. In Mecklenburg heißt es: wecker Botter uppen Kopp hätt, mött nich in de Sün goan. Im Rheinland: wer Butter em Kopp hätt, moß us de Sonn blieve. Holländisch: die een hooft van boter heeft, moet bij geen' oven komen, wer ein Haupt aus Butter hat, soll nicht zum Ofen gehen. Ähnlichen Sinnes französisch: si tu as la tête de beurre, ne te fais pas boulanger. In der Pariser Verbrechersprache bedeutet avoir du beurre sur la tête, Butter auf dem Kopfe haben: sich vor der Polizei verbergen müssen. Vidocq, der vom Verbrecher und Galeerensträfling zum Polizeipräfekten avancierte, und nach ihm Le Roux de Lincy äußerten die Meinung, die Redensart sei hebräischen Ursprungs und durch die Verbrecherwelt vermittelt worden. Der Warnung des Volkssprichwortes, mit Butter auf dem Kopfe nicht in die Sonne zu gehen, liegt aber wohl eher der ländliche Brauch zugrunde, Lasten auf dem Kopf zu tragen. In einem Korb, den sie auf dem Kopfe trägt, bringt die Bäuerin ihre Erzeugnisse auf den Markt. Auf die Butter muß sie dabei besonders achten. Scheint die Sonne darauf, so kann ihr die zerfließende Butter leicht über das Gesicht laufen[2]. Man sagt daher im Rheinland, wenn man

---

[1] Max Mayr erwähnt zwar die „Butter auf dem Kopf" in seinem Buch „Wiener Redensarten", 1929, fügt aber hinzu: „Man kann sich kaum denken, welcher Gedankengang zu einer solchen Redensart geführt haben mag."

[2] Es sei hier an eine Szene aus dem Don Quichote erinnert: Sancho Pansa bewahrt im Helme seines Herrn Käse und dieser beginnt „im pathetischesten Augenblick" (Thomas Mann) auf dem Kopf zu schmelzen und Augen und Bart mit Sauermilch zu begießen.

ausdrücken will, jetzt sei es warm: nau geht de Butter dor de Körf — nun geht die Butter durch den Korb.

Übrigens hat man zur Erklärung der Redensart von der Butter auf dem Kopf auch einen Brauch herangezogen, der im 15. Jahrhundert in französischen Städten galt. Verkäuferinnen, die der Butter zur Gewichtserhöhung Rüben o. dgl. beigemengt hatten, wurde die Butter auf die Haare gepreßt, und sie mußten nun solange auf dem Pranger stehen, bis die ganze Butter geschmolzen und auf sie herabgeflossen war.

Das Zeitwort **buttern** bedeutet, transitiv gebraucht, Butter bereiten, intransitiv zu Butter werden, auch übertragen verwendet, z. B. in der Redensart „das will nicht buttern" für ergebnislose Arbeit. Wo's nicht bottert, da bottert's nicht, kannst reinschieten, lautet ein ostpreußisches Sprichwort. Sonderbarerweise bedeutet buttern in Berlin auch schlecht arbeiten („butter man so weiter, dann wirste schon zu wat kommen"), verbuttern bedeutet vergeuden, und rinbuttern: etwas in ein Geschäft (meist aussichtslos) hineinstecken. Aus Berlin dürfte auch die junge Redensart **alles in Butter** (etwa im Sinne: alles ist sehr fein, alles geht sehr glatt, alle Schwierigkeiten oder Zwistigkeiten sind beseitigt) ihre Laufbahn angetreten haben; die Herkunft der Redensart ist wohl in der Sphäre der Küche zu suchen: alles mit feiner Butter (nicht mit Margarine oder Schmalz) zubereitet.

Das berlinische buttern = schlecht arbeiten läßt an pariserisch mains de beurre = ungeschickte Hände denken; offenbar entscheidet hier die Anschauung Butter = weich, haltlos, kraftlos. Im übrigen herrscht in der französischen Umgangssprache die Gedankenverknüpfung zwischen Butter und Bequemlichkeit, Leichtigkeit, Vorteil vor. (Man vgl. damit in der deutschen Buchdruckersprache „Speck" = Arbeitsersparnis, Gewinn.) Faire son beurre gebraucht man in dem Sinne: sein Glück machen. C'est un buerre = das ist sehr leicht. Für die Vermehrung des Einkommens gibt es den Ausdruck: avoir du beurre dans les épinards (Butter im Spinat haben). Beurre wird im Pariser Argot auch für Geld gebraucht. Anfangs des 19. Jahrhunderts hieß der Bankier im Argot auch beurrier. Avoir l'assiette au beurre, die Butterschüssel haben = Glück haben. Auch accaparer l'assiette au beurre, die Butterschüssel an sich reißen, wird in übertragenem Sinne gebraucht. Aristide Bruant, der berühmte Montmartre-Sänger, buchte 1901 in seinem Argotwörterbuch als

Bezeichnung des Zuhälters: le baigne-dans-le-beurre (der Bad-in-Butter), offenbar eine Anspielung auf leicht erworbenes Geld, behagliches Leben.

Das Bild der Butterbereitung im Stoßbutterfaß blieb nicht ohne Einfluß auf den Wortschatz. Buttern bedeutet nicht nur Butter machen, Butter schlagen, sondern hat — bei leicht erkennbarer Vergleichsgrundlage — auch sexuale Bedeutung. Der alte Volksbrauch, daß jener, der einem jungen Mädchen die Ehre geraubt hatte, zur Strafe dafür buttern mußte, ist wohl als eine symbolische Vergeltungsstrafe aufzufassen. In Abschwächung der derbsexuellen Symbolik bedeutet buttern auch schäkern, flirten.

Auf den symbolischen Zusammenhang zwischen der primitiven Art der Butterbereitung und der Vorstellung des Geschlechtsverkehrs beruht wohl auch der volkstümliche Wiener Ausdruck pudern = coire. Allerdings notiert Victor Borde in seiner Sammlung argentinischer Volksausdrücke el polvo (wörtlich Pulver) = Geschlechtsakt und echar un polvo (ein Pulver ausschütten) = coire und vermutet darin eine Analogie zum wienerischen pudern. Angesichts der Häufigkeit der symbolischen Zusammenhänge zwischen den Bezeichnungen des Geschlechtsverkehrs und denen sonstiger primitiver Tätigkeiten und Werkzeuge[1] möchte ich aber an meiner Deutung pudern = buttern festhalten[2]. Als Analogie führe ich aus dem Italienischen an: sburrare, wörtlich „ausbuttern", Butter aus sich lassen, gebräuchlich in dem Sinne: den Samen ergießen, woraus das Postverbale, das rückgebildete Hauptwort sburro = männlicher Same. Dazu stellt der römische Sprachforscher Vittore Pisani in Parallele das lateinische Zeitwort inrumare = den Samen hineingießen (so z. B. in erotischen Texten des Catullus und des Martialis), das er mit einer indogermanischen Wurzel ruma = „Rahm" in Verbindung bringt.

---

1) Es sei auch darauf verwiesen, daß einzelne Forscher das lateinische Diminutivum mentula = männliches Glied mit dem Namen des Feuerbringers Prometheus (Pramanthas) in Verbindung bringen, der die indogermanische Wurzel manth = sich hin- und herbewegen enthält; dieses Zeitwort bezieht sich wohl nicht nur auf das Hin- und Herbewegen des männlichen Holzteiles auf dem weiblichen bei der Feuerbereitung, sondern auch auf die quirlende Bewegung des Butterstempels im Butterfaß.

2) Man beachte auch einen Ausdruck des Pariser Argots für den homosexuellen Verkehr: battre le beurre dans un étron (in einem Kothaufen Butter schlagen).

CHATEAUBRIAND
als Namen einer Beefsteakart hat sich aus der Sprache der französischen Speisekarte über den ganzen Erdball verbreitet und ist jedenfalls heute auch in Kreisen bekannt, in die der sonstige Ruhm des 1848 gestorbenen Dichters der in Rührung schwelgenden Geschichten „Atala" und „René" nicht mehr gedrungen ist. „Diesem großen Schriftsteller und schlechtgelaunten Denker", schreibt Lepelletier, „verbleibt wahrhaftig eine ungeheuere, dauernde Volkstümlichkeit, verbleibt der in Scheidemünzen von Gasthaus zu Gasthaus wandernde Ruhm, einem berühmten Beefsteak Taufpate gestanden zu haben. Ihm ist dieser Ruhm beschieden, ihm, der sich selbst nur von Milchspeisen, Weihrauch und Reminiszenzen nährte. O Ironie, o Dank der Völker! Ein Beefsteak mit Kartoffeln ist vielleicht alles, was eines Tages übrigbleibt von einem Atlas an Gedanken, einem Archimedes der Philosophie. Eine Welt trug er in seinem gewaltigen Gehirn, und er träumte davon, mit Hilfe seiner Feder eine zweite erstehen zu lassen, und das ganze Ergebnis: ein Name auf der Speisekarte. C'est la gloire."

Aber man muß hinzufügen: es liegt nicht nur eine Ungehörigkeit gegen den Vicomte de Chateaubriand, den erhabenen Schwärmer, vor, der, ohne selbst jemals viel von den Freuden der Tafel gehalten und verstanden zu haben, unter die lukullischen Namen der Speisekarte gezerrt wurde, wie ein Asket in einen ausgelassenen Maskentrubel, sondern es ist auch eine Ungerechtigkeit gegen den wirklichen Erfinder jener Beefsteak-Zubereitungsart, daß sein Name der Nachwelt unterschlagen wird. In Wirklichkeit gebührt nämlich der kulinarische Ruhm einem Herrn Châbrillon, der ein berühmter Koch war, aber offenbar in weiteren Kreisen doch nicht so berühmt, daß die Pariser Restaurateure nicht vorgezogen hätten, seinen Namen bei der Benennung des von ihm eingeführten Bratens so zu verunstalten, daß er sich zu Chateaubriand verwandelte.

UNTER EINER DECKE STECKEN
Wenn heute zwei unter einer Decke stecken, so wollen sie dies geheim halten, denn die Redensart zielt ja gerade auf geheimes Einverständnis hin: der Gedankenleser auf der Bühne steckt unter einer Decke mit seinem Helfer im Publikum, der Einbrecher mit dem treulosen Wächter. Ursprünglich aber war es, gerade in entgegengesetzter Weise, für die, die unter einer Decke steckten,

wichtig, daß Zeugen dies bestätigen konnten. Die öffentliche „Beschreitung des Ehebettes", der sogenannte „Bettsprung", war ein alter germanischer Brauch, der sich durch das ganze Mittelalter erhielt. Eltern und Verwandte geleiteten das neue Ehepaar ins Brautgemach, und erst wenn sie sahen, daß eine Decke das Paar beschlug, galt der Rechtsakt als erfüllt, war es eine vollkommene Ehe und die güterrechtliche Einigung vollzogen: „ist das Bett beschritten, so ist das Recht erstritten." Kaiser Friedrich III. zog bei seiner Vermählung vor dem ganzen versammelten Hofe die Decke über sich und Lenore, zum großen Staunen der spanischen Hofdamen, die dieses Brauches unkundig waren. Aber der Bettsprung entwickelte sich dann immer mehr zu einer bloß symbolischen Förmlichkeit, und seit dem 16. Jahrhundert begab sich das junge Ehepaar nicht mehr entkleidet, sondern völlig angezogen unter die gemeinsame Decke, um das öffentliche Zeremoniell des Bedeckens zu erfüllen.

DERB

im heutigen Sinne geht auf zwei voneinander unabhängige germanische Wortstämme zurück. Althochdeutsch derp, angelsächsisch theorf, altnordisch thjarfr bedeutet ungesäuert, nicht aufgegangen, vom Brot nämlich, und in weiterem Sinne hart, trocken, nicht locker; auf Menschen übertragen bedeuten diese Formen: gemein, niedrig. Entscheidend beeinflußt ist jedoch die Bedeutungsentwicklung von einem anderen germanischen Worte: altfriesisch und mittelniederdeutsch derve bedeutet „geradezu", altsächsisch derbi „kräftig, feindlich, ruchlos", altnordisch djarfr „kühn".

Nicht verwandt ist das Wort derb mit biderb und darben. Diese beiden Wörter gehören zur Sippe von „dürfen": biderb und bieder (mittelhochdeutsch bi-derbi) bedeutet eigentlich brauchbar, d. h. „be-darf"-entsprechend und darben heißt bedürfend sein.

Von unserem derb kommt hingegen das Zeitwort verderben, das als „derb werden lassen", d. h. unbrauchbar machen, aufzufassen ist. Das Bayrische kennt auch die Form abderben = dürr werden (de Baam dirwt ab). In dieser Mundart hat dementsprechend das Eigenschaftswort derb auch die Bedeutung dürr, mager (si is so derb, daß d'nix als Haut und Ban sigst). Der Österreicher Castelli verzeichnet auch das Hauptwort Derbling als Bezeichnung für etwas, das nicht emporkommen will, eine Pflanze, die nicht wächst, einen Teig, der nicht aufgeht.

Derb gehört nach Bouckes Nachweis zu den von Goethe bevorzugten Eigenschaftswörtern. Es bedeutet bei ihm nicht so sehr roh, grob, als tüchtig, kräftig. So spricht z. B. der Dichter vom „derben, tüchtigen Halten auf einer verständigen Gegenwart". In Dichtung und Wahrheit stellt er der zarten Naivität des Neuen Testaments die „derbe Natürlichkeit" des Alten gegenüber, und im gleichen Werke ist von den „tüchtigen, derben, von Naturfülle glänzenden Bildern" der Niederländer die Rede. Winckelmann wird in einem Briefe Goethes neben Redlichkeit und Rechtlichkeit auch Derbheit nachgerühmt. In der „Schweizerreise" 1797 bezeichnet der Dichter die auf Glasmalereien von Bülach dargestellten Männer des 16. Jahrhunderts als derbständig, was wohl eine Verdichtung ist aus derb und beständig oder bodenständig.

DOMINO

Domino, sowohl im Sinne des Maskenmantels als in dem des bekannten Spieles, kommt von lateinisch dominus = Herr, Gebieter. Die Bedeutungsübergänge klären sich wie folgt auf: Domino war in Italien beim niederen Volke die Bezeichnung für den Geistlichen. Das Wort wurde dann auf ein Kleidungsstück der Priester übertragen und bezeichnete den ihnen zur Winterstraßentracht gestatteten Oberkörperkragen mit Kapuze. Eine weitere Übertragung führte Ende des 16. Jahrhunderts zur Bedeutung: die ganze Figur einhüllender weitarmiger Seidenmantel, den eine maskierte, aber nicht kostümierte Person über ihrem ordentlichen Gewand trug, um an diesem nicht erkannt zu werden. Vom großen Schalk Rabelais erzählt eine Anekdote, er habe sich auf seinem Sterbebett so einen Maskenmantel anziehen lassen, denn es stehe in der Heiligen Schrift: „beati qui moriuntur in Domino." (Auch ein drittes Kleidungsstück heißt übrigens Domino: der Schleier, den die Frauen in der Gegend von Arras, im Nordwesten Frankreichs, beim Kirchenbesuch zu Ehren des Herrn, des Dominus, tragen.)

Die Übernahme des Namens des Priesters zur Bezeichnung eines zunächst priesterlichen Kleidungsstückes stellt einen Typus der Bedeutungsübertragung dar, der in der Wortgeschichte selten vertreten ist. Ein ähnliches Beispiel zeigt das Wort Pelerine von französisch pèlerin = Pilger (aus lateinisch peregrinus). Häufiger ist der umgekehrte Vorgang, jener, wo nicht ein Kleidungsstück nach seinem Träger, sondern ein Mensch nach einem Kleidungsstück benannt wird; man denke nur an die allbekannten Beispiele nach Art von Blaustrumpf, Rotkäppchen, Stadtfrack, Blaujacken, Kandidat (nach der weißen Toga, der toga candida, der römischen Amtsbewerber), Caligula (wörtlich Soldatenstiefelchen, so nannte man den späteren Kaiser, der als Kind in großen Stiefeln unter den Soldaten herumstapfte) usw.[1]

Nicht ganz einfach ist die Erklärung, wie es zum Namen des Dominospieles kam. Nach einer alten Anekdote haben die Benediktiner vom Monte Cassino an diesem alten orientalischen Spiel Gefallen gefunden und es im geheimen in den Zellen gespielt. Um den wachsamen Prior zu täuschen, mußte jeweilen der Verlierer während der ganzen nächsten Partie Gebete murmeln, beginnend mit Dixit Dominus oder Domino meo. Daher blieb, selbst als bereits auch der Prior an diesem Spiele Freude fand und ganz Italien dem Spiele huldigte, als Bezeichnung des Spieles der Namen Domino. Ernst zu nehmen ist diese Erklärung nicht. Auch Prof. Harder, sonst sehr vorsichtig, führt eine unwahrscheinliche Deutung an: man habe das Spiel Domino genannt, weil die Rückseite der Steine schwarz sei wie die Wintermäntel der Geistlichen. Tausende von Dingen, die schwarz sind, und bei denen es zu ihrem Wesen gehört, daß sie schwarz sind (während dies für die an sich unwichtige Rückseite der Dominosteine nicht zutrifft), wurden nicht Domino genannt, — warum gerade dieses Spiel? Wahrscheinlich bekam das Spiel diesen Namen, weil der, der sich zuerst aller Steine entledigt hatte, ,,Herr'', ,,dominus'' geworden war. (Es gibt in der Geschichte der ,,ernsten'' und der Kinderspiele mehrere Beispiele dafür, daß der Namen des Spieles selbst identisch ist mit jenem Namen, den der Gewinner oder der Verlierer bekommt.) Für die Erklärung des Namens des Dominospieles aus dem des Gewinners spricht auch der Umstand, daß das Wort Domino noch heute im Spielverlauf selbst das ,,Auswerden'' bedeutet: ,,ich bin domino'', sagt jener, der als erster seinen letzten Stein auslegt. Man vergleiche damit, was ältere englische Slangwörterverzeichnisse berichten: als es in Heer und Flotte Englands noch eine Prügelstrafe gab, pflegte der Delinquent beim letzten Schlag ,,domino'' zu sagen.

---

[1] Weitere Beispiele für die Übertragung von Kleidungsstückbezeichnungen auf Personen und Bewegungen (auf politischem Gebiete) s. im Anschluß an das Stichwort Bluse.

Aus dem englischen Slang ist auch der Ausdruck the dominoes für die Zähne. Offenbar gibt das weiße Elfenbein auf der Vorderseite der Dominosteine und ihre parallele Anordnung bei der Aufbewahrung die Vergleichsgrundlage ab. Auch in der Pariser Volkssprache wird domino für Zähne gebraucht. (Ungalant bemerkt dazu Hector France, ein Lexikograph des Pariserischen, daß besonders die Zähne alter Engländerinnen durch ihre Länge an Dominosteine erinnern[1].) Aus der Gleichung domino = Zahn gehen weitere Pariser Argotausdrücke hervor: jeu de domino (Dominospiel) = Gebiß, jouer des dominos (Domino spielen) = essen. Ein Zahnlückiger ist einer, qui boude aux dominos, einer, der beim Dominospiel „schmollt", paßt, d. h. den passenden Stein nicht hat. Schließlich sei noch erwähnt, daß der Sarg im Pariser Argot wegen der länglichen Form auch Dominoschachtel, boîte aux dominos, heißt.

DUMDUM

Dämdäm bedeutet persisch und hindostanisch: Hügel, Erdwall, erhöhter Batteriestand und ist auch der Namen eines militärischen Lagers unweit von Kalkutta, das 1783—1853 Hauptquartier des berühmten bengalischen Artilleriekorps der Engländer war. Dort wurden zuerst Geschosse mit stumpfem Vorderende hergestellt. Solche Geschosse reißen stärkere Wunden als die spitzauslaufenden. Die Engländer benannten derartige Infanteriegeschosse nach jenem Artillerielager und schrieben dumdum, damit englisch richtig dämdäm gelesen werde. Zufolge der englischen Schreibweise gelangte das Wort mit unrichtiger Aussprache ins Deutsche. Allgemein bekannt wurde es während des Burenkrieges, in dem immer wieder Anklagen auftauchten, die englischen Soldaten verwendeten mit dem Taschenmesser abgestumpfte Infanteriegeschosse.

Der bei „Dumdum" beobachtbare Vorgang, daß ein Wort in der Schreibweise mit dem Vokal -u- international wird, weil einfach die Schreibweise übernommen wird, mit der die Engländer die originalindische Aussprache festhalten wollen, liegt noch bei drei anderen internationalen Wörtern vor. Die Inder nennen eine gewisse Ichneumonart mangus, die Engländer übernehmen die

---

[1] Lange vorstehende Zähne heißen übrigens im Pariser Argot auch dents à l'anglaise, englische Zähne (oder touches de piano, Klaviertasten); man pflegt für die (angebliche) Häufigkeit langer Zähne in England die Aussprache des englischen Zahnlautes th verantwortlich zu machen.

Bezeichnung und schreiben zur Erzielung der indischen Aussprache mungoose, woraus deutsch Mungo wird. Aus persisch-indisch päng = fünf wird durch englische Vermittlung Punsch, welches Getränk nach seinen ursprünglichen fünf Zutaten benannt ist. Mull als Bezeichnung eines musselinartigen feinen Baumwollgewebes, das besonders als Verbandstoff allgemein bekannt ist, kommt von indisch malmal, und auch in diesem Falle läßt sich die ganze Welt durch die Engländer das indische a als u vormachen. Außerdem haben die stets auf Kürze bedachten Engländer, die bis zum Ende des 18. Jahrhunderts noch mulmull schrieben, das Wort zum Einsilber mull gekürzt. Auch der oben behandelten Geschoßbezeichnung hätte diese typische englische Kürzung leicht widerfahren können, so daß wir dann heute von Dum-Geschossen sprechen würden.

Die Festhaltung der Aussprache des Vokals beim Übergang des indischen a zum englischen u und andererseits die Festhaltung des Buchstabenbildes u beim Übergang der indischen Wörter aus dem Englischen in eine andere europäische Sprache zeigt, daß der Übergang aus dem Indischen ins Englische sich in Indien hauptsächlich auf akustischem Wege vollzog, d. h. durch Vermittlung des mündlichen Verkehrs im alltäglichen Wirtschaftsleben, im Soldatenleben usw., indes die Wortübernahme aus dem Englischen ins Deutsche und in andere europäische Sprachen sich im wesentlichen visueller Wege bediente, d. h. durch Vermittlung der Literatur, der Tagespresse, der Geschäftskorrespondenz erfolgte. Nur neuerdings ist im Rundfunk und im Tonfilm den akustischen Vermittlungsmöglichkeiten ein Zuwachs an Wirksamkeit erstanden. Es bleibt abzuwarten, ob diesen neuen Faktoren dem überhandnehmenden Einfluß des geschriebenen Wortes gegenüber eine derartige Bedeutung zukommt, daß sie auch durch wortgeschichtliche Tatsachen bezeugt werden wird.

EISBEIN
Mag auch an der Zubereitung von ,,Eisbein mit Sauerkohl und Erbsenpüree" (scherzhaft: mit Lehm und Stroh) etwas spezifisch Norddeutsches sein, das dabei verwendete Fleisch ist doch nichts anderes als jenes, das im Südwesten Schweinsfüße, in Sachsen Schweinsknochen, in Württemberg Knöchle, in Bayern und in Österreich Schweinshaxen oder Schweinsstelze heißt. Das unmittel-

bar an Knochen haftende Fleisch erfreut sich einer besonderen Wertschätzung; so sagt z. B. ein allgäuisches Sprichwort: Gras vom Stein, Fleisch vom Bein ist das Beste. Wie kommt es aber zum merkwürdigen Namen „Eisbein"?

Eis kommt von altfriesisch und angelsächsisch is, altnordisch iss (verwandt mit afghanisch asai = Frost).

Bein geht vermutlich auf eine indogermanische Wurzel bhei = schlagen zurück (daraus auch armenisch bir = Knüppel). In den germanischen Sprachen war die ältere Bedeutung des Wortes „Bein": Knochen. Wenn Tristan im Gedichte Gottfrieds von Straßburg einen so heftigen Schlag bekommt, „daz ime daz fleisch und daz bein durch hosen und durch halsperc (= Panzerhemd) schein", so ist nicht von der Extremität, sondern von den Knochen die Rede. Im Faust bedeutet „Tiergeripp und Totenbein" tierisches und menschliches Skelett. Stein und Bein schwören heißt, auf Altar und Reliquien (Heiligenknochen) schwören. Bein ist gleich Knochen in Zusammensetzungen wie Nasenbein, Schlüsselbein, Fischbein (= Walfischknochen) usw., auch in mundartlichen Redewendungen: „Geh, riach zu dem Baan", sagt man z. B. im Wienerischen drohend, indem man einem die Faust vor die Nase hält; ähnlich, aber mit dem Worte Knochen, in Berlin: „Dia wer 'k mal 'n Bündel Knochen unter die Neese halten." Die neuere Bedeutung von Bein ist besonders der Fuß (die ganze Extremität) bzw. der Unterschenkel. (Jedenfalls meint man, wenn man einer Frau schöne Beine nachrühmt, nicht ihr Skelett.)

Der deutschen Zusammensetzung Eis-Bein entspricht das englischmundartliche icebone und das dänische isben; beide Bezeichnungen werden hauptsächlich für den Hüftknochen verwendet. Diese spät entstandene Bedeutung hat die vergleichende Sprachforschung zu einer gekünstelten Ableitung verführt; ischion heißt griechisch Hüftgelenk (daraus der bekannte Namen des Hüftwehs, Ischias), und Eisbein sei eine verderbte Form von ischion. Diese phantasievolle Deutung des Eisbeins fand aber doch nicht allgemeine Zustimmung.

Die Lösung der lange offengebliebenen Frage, wie die Silbe Bein zum Eis kommt, wurde schließlich vom Germanisten Hans Sperber gefunden. Auf dem ganzen nordgermanischen Gebiet wurden einst die Röhrenknochen größerer Tiere, besonders die Fußknochen der Pferde, gespalten, glattgeschliffen und als Schlittschuhe verwendet. Schon in der Edda werden „Eisknochen" erwähnt. Ausgrabungen in Skandinavien haben derart hergerichtete Knochen in großer Anzahl zutage gefördert, und selbst aus neuerer Zeit sind sie nachweisbar. In Schweden waren auf dem Lande solche Schlittschuhe vor gar nicht langer Zeit noch in Gebrauch. Sie hießen dort isläggar, wörtlich Eisschenkel. Übrigens fand man auch in der Schweiz Schlittschuhe aus Pferdeknochen; in Bern wird ein solches Exemplar, annähernd 30 cm lang, aufbewahrt. Nebenbei sei auch erwähnt, daß in Theodor Storms Novelle „Auf der Universität" davon die Rede ist, man könne Schlittschuhlaufen auf Kalbsknöchelchen erlernen.

Eisbein bedeutet also ursprünglich den zum Eislaufen verwendbaren Knochen, d. h. Röhrenknochen, Schenkelknochen, und übertragen das an solchem Knochen sitzende Fleisch. Den Freunden des Berliner Leibgerichtes kann der Nachweis, daß das Eisbein nicht mehr mit dem Ischias zusammenhängt, sondern mit dem Eislaufsport, jedenfalls willkommen sein.

EISVOGEL, HALKYONISCHE TAGE

Eisvögel sind eine aus etwa 200 Arten bestehende Vogelfamilie. Der europäische Eisvogel oder Königsfischer (alcedo[1] ispida) ist ein gnomartiges, kurzbeiniges, kleinschwänziges, buntgefiedertes Tier, das sich von Wasserinsekten und kleinen Fischen nährt. Oft muß der Eisvogel stundenlang auf Beute spähen, erblickt er sie, taucht er plötzlich kopfüber ins Wasser und verfehlt mit seinem langen Schnabel kaum sein Ziel. Der Eisvogel heißt beim Volke auch Wasserhienche (Luxemburg), Waterheinchen (Westfalen), Wasseramstel (Elsaß), Blauamseli (Schweiz), Wasserspecht (Steiermark) und vielerorts Martinsvogel, angeblich weil er um Martini herum (11. November) auftaucht. In Frankreich wird er martin-pêcheur, Martin der Fischer, genannt.

Was die Silbe Eis im deutschen Namen Eisvogel bedeutet, ist nicht einwandfrei geklärt. Es stehen mehrere Deutungen zur Wahl. Vielleicht bezieht sich der Name auf das winterliche Leben dieses Vogels (Suolahti). Oder: es erinnert sein bläulich-grünliches Gefieder an die Farbe des stehenden Eises. Oder nach Kluge: an die

---

[1] Von lateinisch alcedo, griechisch halkyon kommt wohl auch elcovan, der rumänische Namen dieses Vogels. Aber manche deuten ihn türkisch: aus jel = Wind und kowan = jagen, verfolgen.

Farben des Eisens[1], demnach althochdeutsch isarno-vogel, also eigentlich Eisenvogel, und nur unter dem Eindruck der Sage, der Vogel hecke im Winter, auf is-aro = Eis-Aar umgedeutet. Wieder eine andere Auffassung (z. B. in Konrad von Megenbergs Buch der Natur) hört aus dem Rufe des Vogels isi-isi heraus; nach Brehm schreit der Eisvogel aber tit tit oder si si. Vielleicht aber ist im Worte Eisvogel „Eis" entstellt aus dem lateinischen Namen ispida oder hispida = rauh.

Viele abergläubische Volksüberlieferungen knüpfen sich an den Eisvogel. Er schützt, er ist Regenkünder, Eisprophet, man hielt sich in manchen Gegenden Böhmens Eisvögel als Glücksbringer in Käfigen, tote Eisvögel mit goldenen Ringen um den Hals werden in seidene Tücher gehüllt im Hause bewahrt, das Herz des Eisvogels wird gegen Epilepsie gegessen. In schwäbischen Gegenden gebraucht man gelegentlich das Wort Eisvogel auch als Bezeichnung eines halben Regenbogens; offenbar weil man aus solchem halben Regenbogen auf ein gewisses Wetter schließt, dessen Künder auch der Eisvogel selbst ist.

Der Eisvogel gehört zu jenen Vögeln, die einst in der Symbolik eine große Rolle spielten, wie der scharfblickende Adler, die weise Eule, der prophetische Rabe, der sich für seine Jungen die Brust aufschlitzende Pelikan und der aus der Asche wiedererstehende sagenumwobene Phönix. Zur Zeit, als die Bürgerhäuser noch Hausschilder aufwiesen, gehörte auch der Eisvogel zu den bürgerlichen symbolischen Wappentieren. Nach so einem Haus, das im Schild einen Eisvogel zeigte, heißt noch heute eine Wiener Straße Eisvogelgasse. Übrigens gibt es im Prater in Wien auch ein altes Gasthaus „Zum Eisvogel", dem eine gewisse volkskundliche Bedeutung zukommt: es ist eine alte Sitte, daß die Firmlinge nach der kirchlichen Zeremonie vom „Göden", dem Taufpaten, zu einer „Jause" beim „Eisvogel" geführt werden.

Die Zugehörigkeit des Eisvogels zu den typischen Symboltieren geht auf eine Sage zurück, die aus dem Altertum stammt. Keyx, der Sohn des Phosphor, des Morgensterns (Heosphoros), Königs von Trachin in Thessalien, hatte Halkyone, die Tochter des Windgottes Äolus, zur Frau. Die Ehegatten, glücklich in ihrer grenzenlosen Liebe zueinander, nannten sich in übermütigem Stolz Hera

---

[1] Übrigens soll (Grimm) Eisen und Eis auf eine gemeinsame Urbedeutung (gotisch eisan = glänzen) zurückgehen.

und Zeus. Dies erregte der Götter Mißfallen, und sie ließen Keyx bei einem Schiffbruch umkommen. Verzweifelt stand Halkyone auf einer hohen Klippe am Meeresufer, die Wiederkehr des Gatten erhoffend. Als sie plötzlich seine Leiche heranschwimmen sah, stürzte sie sich ins Meer hinunter[1]. Die Götter, die die Szene verfolgten, wurden von diesem Beweis der Gattenliebe gerührt und verwandelten Halkyone noch während ihres Sturzes zum Vogel. Und in dem Augenblicke, da Halkyone den Gatten erreichte, war auch er zum Leben erwacht und zum Vogel verwandelt, so daß sie beide sofort davonflattern konnten. Sie bauten sich ein Nest an einer Stelle, die über das Meer hing, und nach der Paarung brütete Halkyone sieben Tage. Äolus aber zog, während seine Tochter brütete, im Interesse der erwarteten Enkel alle Winde ein. Daher heißen windstille, in übertragenem Sinne ruhige, ungestörte Tage „halkyonische Tage". Als die ursprünglichen halkyonischen Tage der Sage galten nach einzelnen alten Berichten die kürzesten Tage des Jahres, also die Woche um Weihnachten herum; nach anderer Überlieferung sind es ungefähr die Tage der dritten Februarwoche. In Lukians Dialog „Der Eisvogel und die Verwandlung" heißt es: „Während seiner Heckzeit genießt die ganze Welt die den Seefahrern so angenehmen halkyonischen Tage, die sich mitten im Winter durch das heiterste Wetter auszeichnen." Die Übersetzung ist von Wieland, und er war es auch, durch den sich das Schlagwort von den halkyonischen Tagen in der deutschen Literatur durchsetzte. Den Theologen galt allerdings schon vorher „der Wintervogel Halkyon" als das Sinnbild der Kirche in den Stürmen der Welt. So erbittet z. B. 1622 Jakob Herrenschmid von Gott für die Kirche „die erwünschte Halcyonia oder Eyssvögelins Tag". (Ähnlicherweise verdeutschte sich später

---

[1] Dieses mythologische Element, das plötzliche Hinunterstürzen scheint mit der Art dieses Vogels, nach geduldigem Warten plötzlich auf die im Wasser erspähte Beute loszustürzen, im Zusammenhang zu stehen. So verstehe ich auch die Bemerkung des großen Buffon, die mythologische Geschichte des Vogels Halkyon sei ein Enblem seiner Naturgeschichte. Hier möchte ich auch erwähnen, daß, während das ausgehende 19. Jahrhundert die angeblich windstillen Tage während der Heckzeit des Vogels zur schlagwortartigen Redensart über halkyonische Tage heranzieht, im Altertum der Vogel auch als Symbol des Schmerzerduldens und des Klagens Verwendung fand. Lukianos legt in seinem Dialog „Der Eisvogel" dem Sokrates folgende Worte in den Mund: „Ich für meinen Teil, du melodische Dulderin Halkyone, werde die Geschichte deines zärtlichen Klagens meinen Kindern so überliefern, wie ich sie von meinen Voreltern empfangen habe."

auch Turnvater Jahn das Wort von den halkyonischen Tagen: er spricht in seinen „Denknissen" von „Eisvogeltagen, wo der Geist in ruhiger Pflege der Zeit sich am Leben erwärmt".)

Im Französischen findet man nur selten, heute fast gar nicht den Ausdruck les jours alcyoniens; in anderer Zusammenstellung war das Eigenschaftswort halkyonisch in Frankreich kaum gebraucht worden. Hingegen wird im Englischen halcyone auch allein im Sinne von still, ruhig verwendet; der Gebrauch geht wohl auf Chaucer zurück, der die Ehegeschichte von Halkyone und Keyx dem Ovid nacherzählt. In Shakespeares Heinrich VI. wird Saint Martin's summer und halcyon days als gleichbedeutend verwendet: „Erwartet Martins-Sommer, Halkyon-Tage, nun ich in diese Kriege mich begebe", sagt dort die Jungfrau dem Dauphin.

Bei keinem Autor war das Schlagwort von den halkyonischen Tagen so bevorzugt wie bei Friedrich Nietzsche, dem Lärmmeider, dessen Gedanken in der Windstille reiften, der sich am besten in des Engadins erhabener Luft fühlte. Was „wir Halkyonier", schreibt Nietzsche in der „Fröhlichen Wissenschaft", „bei Wagnern vermissen: la gaya scïenza". Von halkyonischer Selbstgenügsamkeit spricht Nietzsche, von halkyonischem Lächeln, vom halkyonischen Himmel Nizzas, vom halkyonischen Element, aus dem Zarathustra geboren ist. Das erhabene Idyll von dem in klarer Winterluft brütenden Vogel, um dessen willen die Meere in Ehrfurcht still daliegen, hat auch auf den Dichter Otto Erich Hartleben tiefen Eindruck gemacht. Ein 1904 erschienener Gedichtband Otto Erichs führt den Titel „Der Halkyonier" und enthält auch ein Gedicht „Halkyonische Tage", — „das sind die Tage dann, da Menschen auf der Erde dastehen mit frischem Trost und stolzer Gebärde..." Auch seiner Villa am Gardasee gab der Dichter den Namen Halkyone.

In den letzten zwei Jahrzehnten ist das Schlagwort von den halkyonischen Tagen aus dem Schrifttum fast ganz verschwunden. Für Windstille hat unsere Zeit nicht mehr viel übrig. Nur in der Himmelskunde bewahrt noch der Namen des Sternes Alkyone, des hellsten der Pleiaden, das Andenken an die treue Gattin der Sage.

ELEMENT
In der Naturphilosophie des Altertums galten — wie bei Empedokles zuerst angeführt — Feuer, Wasser, Luft und Erde als die vier Grundstoffe. Die Griechen nannten sie stoicheia. Bei Lucretius taucht das

Wort elementa auf, das dann, von Cicero übernommen, allgemein wurde. Man liest oft die Erklärung (u. a. von Heindorf vertreten), elementum sei zu deuten als l-m-n-tum; l, m, n bilden im alten lateinischen Alphabet mit zwanzig Buchstaben den Anfang der zweiten Reihe, und mit diesen Buchstaben soll der Unterricht begonnen haben. An dieser Ableitung aus l-m-n hält das Klugesche Wörterbuch auch in seiner neuesten Auflage fest. Dieser Etymologie des Wortes hat W. Schulze in der Berliner Akademie 1904 mit Recht entgegengehalten, daß die Namen der genannten drei Buchstaben bei den Römern gar nicht el, em, en gelautet haben. Eine andere Erklärung, die von Trendelenburg und Vossius, sieht in elementum eine Verderbung von alimentum (Nährmittel, daraus heute Alimente); Element wäre also etwas, woraus ein anderes genährt wird, erwächst. Auch diese durchaus willkürliche Deutung muß neben der von Diels gegebenen zurücktreten. Elementum, führt Diels aus, ist keine lateinische Bildung, sondern wurde auch in der klassischen Zeit als gelehrtes Fremdwort empfunden. Wie man aus den Schriften des Kirchenvaters Hieronymus weiß, gab man in Rom den Kindern, um durch das Spiel das Lesenlernen zu fördern, Spielbuchstaben in die Hand. Diese waren aus Elfenbein. Der Elefant hieß griechisch elephas (ein Wort, das aus irgendeiner barbarischen Sprache ins Griechische gelangt war). Die Elfenbeinbuchstaben werden elepanta geheißen haben, woraus dann wohl über elepenta elementa wurde. Der Vergleich des naturphilosophischen Begriffs der Elemente für die Urbestandteile, aus denen alle Dinge zusammengesetzt sind, mit den Buchstaben, aus denen sich jedes geschriebene Wort zusammenfügt, ist naheliegend. Übrigens bedeutet auch das ältere griechische Wort für die Grundstoffe, stoicheia, etwas wie Buchstaben, nämlich genau: der Reihe nach Aufgestelltes. Chr. Rogge, der den Hinweis von Diels auf die Buchstaben aus Elefantenbein gutheißt, fügt noch hinzu, daß bei der Entstehung des Wortes elementum aus elephas auch die Angleichung an das Wort rudimentum (Unterricht, erster Versuch, Anfangsgrund, Ansatz) mitgespielt haben dürfte. Daß Quintillan die Wörter elementa und rudimenta ziemlich gleichbedeutend verwendete, soll diese Annahme stützen.

Sprachreinigern ist das Fremdwort Element (Eduard Engel: „schwammiges Allerweltswort") ein Dorn im Auge, ohne daß es ihnen bisher gelungen wäre, ein geeignetes Ersatzwort durchzudrücken; die Naturwissenschaften könnten Element und seine Weiterbildungen wie elementar usw. nur schwer entbehren. In geschickter Weise hat sich die ungarische Sprache das Fremdwort einverleibt: elem = Element, elemi = elementar, elemez = in Elemente zerlegen, klingt urungarisch.

Die Redensart in seinem Elemente sein, hat sich ursprünglich wohl auf den Fisch („im Wasser") bezogen. Eine Weiterentwicklung dieser Redensart liegt vermutlich vor, wenn Element im Schwäbischen gelegentlich mit der Bedeutung „Lieblingsspeise" gebraucht wird: „Weib, heut hast mei Element g'kocht" (oder diesmal doch von lateinisch alimentum = Speise?).

ENTE, SEESCHLANGE, GRUBENHUND, TATARENNACHRICHT, LATRINENPAROLE

Schon bei Luther kommt die Redensart von „blaw Enten predigen" vor („blau" bedeutet hier märchenhaft, imaginär, wie in: blaue Blume, blauer Dunst), auch bei seinem Widersacher Thomas Murner ist (in der Narrenbeschwörung, 1522) zu lesen, „es sein alsam nur blaw Enten, das die Pfaffen hon erdacht", und ihr Zeitgenosse Paracelsus spricht von „blaw enten arbeit". Luther spricht außerdem von heiligen Lügenden, später kommen Lug-Enten auch bei Fischart und in Christian Reuters Schelmuffsky (1696) vor. Der engere Sinn „falsche Zeitungsnachricht" entsteht erst um die Mitte des 19. Jahrhunderts. Ihren Erfrischungsraum im deutschen Reichstagsgebäude nannten die Parlamentsberichterstatter der Vorkriegszeit in scherzhafter Selbstbezichtigung Ententeich.

Die Erklärungen dafür, warum eine falsche Zeitungsnachricht „Ente" genannt wird, lassen sich in drei Gruppen ordnen. Die einen gehen vom Wortlaut „Ente" aus, die anderen wollen in Anekdoten von bestimmten lügenhaften Erzählungen über Enten des Ausdrucks Herkunft finden, und die Erklärungen der dritten Gruppe haben es auf gewisse Eigenschaften dieses Vogels abgesehen.

Zu den Deutungen der ersten Gruppe gehört vor allem jene, die Ente von Legende ableitet. Sie verkennt, daß das Luthersche Wort Lügende ein Kalauer ist, wie er dem Geschmack seiner Zeit entsprach, und sieht im Wortspiel eine wirkliche Etymologie. Nach einer anderen, jüngeren Erklärung kommt Ente von En-Te, d. h.

N. T. = Neues Telegramm. Diese beiden Erklärungen sind schon darum hinfällig, weil der ganz anders lautende französische Namen des Vogels, canard, unabhängig vom deutschen Wortlaut (d. h. ohne etwa eine sogenannte Lehnübersetzung zu sein) ebenfalls die Nebenbedeutung lügenhafte Erzählung hat. (Zu bemerken ist, daß das Französische außer dem Ausdruck canard = Ente, lügenhafte Nachricht, noch verschiedene Redensarten mit canard hat: donner des canards = Lügen zum besten geben ist eine alte Wendung, ebenso bailleur des canards = Aufschneider. Vendre à quelqu'un un canard, jemand eine Ente verkaufen, bedeutet seit dem 17. Jahrhundert täuschen, übervorteilen; zur vollständigen Redensart soll noch dazu gehört haben: ... à moitié, d. h. jemand eine halbe Ente verkaufen — und sie für eine ganze ausgeben. Auch einen falschen Ton in einer musikalischen Aufführung bezeichnet der Franzose als canard.)

Viel Anklang finden in etymologischen Schriften Anekdoten von lügenhaften Erzählungen über Enten, die den Anlaß zu der Sonderbedeutung von „canard" und „Ente" geliefert haben sollen. So findet man oft als Ursache einen aus dem Jahre 1804 datierten phantastischen Bericht des Brüsselers Egyde Robert Cornelissen über die Gefräßigkeit der Enten angegeben. Er berichtete, daß einmal von zwanzig Enten eine samt Federn und Knochen zerhackt den neunzehn anderen vorgesetzt worden sei; die neunzehn hätten alles gefräßig vertilgt, dann wurde sofort eine der neunzehn zerhackt und von den anderen achtzehn verzehrt usw.; binnen kurzem blieb schließlich eine allein am Leben, und diese hatte demnach nun Fleisch und Blut und Knochen und Federn aller anderen neunzehn im Leibe. Diese Aufschneiderei war angeblich als Persiflage der prahlerischen Siegesbulletins Napoleons gedacht. (Verdrehte man doch damals den Namen des Pariser Amtsblattes „Moniteur" zu „Menteur", Lügner, und sagte, il ment comme le Moniteur, er lügt wie der Moniteur.) Jedenfalls kann aber das Cornelissensche Geflunker nicht die Quelle der Gleichung Ente = falsche Nachricht sein, denn diese ist viel älter. Ein lügenhafter Bericht über Enten liegt schon aus dem Jahre 1550 vor, das Kräuterbuch des Adam Lonicer, das von einem wunderbaren Baum in Schottland erzählt, auf dem Enten wachsen. In alten Schilderungen Grönlands soll von Enten die Rede sein, die aus Muscheln zur Welt kommen. Auch holländische Seefahrer sollen im 16. Jahrhundert berichtet haben, auf offenem Meere mit Muscheln besetzte Holzstämme schwimmen gesehen zu haben, aus denen junge Enten entstanden. Eine andere alte Fabel weiß von Enten zu erzählen, die von Bäumen am Ufer ihre Eier ins Meer fallen lassen, wo dann die Küken zur Welt kommen. Ein 1700 zu Würzburg erschienenes naturwissenschaftliches Werk des Jesuiten Ignaz Zink gibt den Bericht des Jesuiten Schott wieder, daß in Schottland, auf den Hebriden und in einigen Gegenden Indiens an den Bäumen Enten wachsen, die, wenn sie ausgereift sind, abfallen und davonfliegen. In Paris kursierte um 1780 herum im Kreise der Enzyklopädisten die Anekdote von einem Akademiker, der in einer Sitzung über naturwissenschaftliche Versuche berichtete, die er auf seinem Landgute angeblich vorgenommen hatte. Er habe einem halben Dutzend Enten die Köpfe abgeschlagen und sie sofort wieder aufs Wasser gesetzt, worauf sie noch eine Zeitlang auch ohne Kopf herumschwammen. Aber, warf Condorcet, der ständige Sekretär der Akademie, dazwischen, konnten denn die kopflosen Enten die Beine bewegen? — Ja, das konnten sie. — Also, da konnten sie doch unterschreiben ... Diese politische Anspielung Condorcets wurde dann mit viel Behagen herumerzählt.

Ein 1776 in Paris erschienenes Industrielexikon beschreibt ein Verfahren, wilde Enten zu fangen. Eine in einem Abführmittel gekochte Eichel wird an einem dünnen, starken Faden befestigt und ins Wasser geworfen. Eine gefräßige Ente schluckt bald die Eichel, die aber hinten rasch wieder zum Vorschein kommt; dann schnappt eine zweite Ente die Eichel usw. Ein Mann in der Nähe von Gué de Chaussée, weiß das Lexikon zu berichten, habe bereits zwanzig schwimmende Enten auf diese Weise auf seine Schnur bekommen, als die Enten plötzlich aufflogen; sie rissen den Mann mit sich in die Höhe, der Faden riß schließlich, und der erfolgreiche Vogelfänger brach sich das Bein. Diese Entengeschichte hat Bürger 1786 seiner Verdeutschung von Rasps englischem Münchhausenbuch eingefügt. Aber auch jenes Pariser Industrielexikon von 1776 hat die famose Jagdgeschichte nicht selbst in die Welt gesetzt. Schon von Eulenspiegel erzählte man sich Ähnliches, allerdings sind es bei ihm Hühner, die sich an der Schnur aneinanderreihen; im 1579 erschienenen französischen Schwankbuch von Philippe d'Alcripe sind es wieder Kraniche, indes im 1675 zu Düsseldorf erschienenen Abenteurerroman „Der verkehrte und wiederbekehrte Soldat Adrian Wurmfeld von Orsoy" Enten die Opfer des Tricks sind. Jedenfalls war gegen Ende des 18. Jahrhunderts, zur Zeit von Bürgers Münchhausen, die Vorstellung von den Enten, die den geschluckten Köder von sich geben, so daß der Faden mit dem Speckstück hinten wieder geschnappt werden kann, schon ganz geläufig. Aus dieser Zeit kennen wir auch ein deutsches Pamphlet gegen die spekulative Philosophie, dessen Titelkupfer diese Aneinanderfädelung darstellt und folgende Unterschrift aufweist: „Speck-cul-anten" (cul ist französisch zu verstehen, anten = mundartlich Enten).

Jene, die in einer dieser Fabeleien über Enten die Erklärung des Ausdruckes suchen, neigen mitunter auch zur Annahme, daß irgendwo auch eine assoziative Verbindung zwischen der Vorstellung der weiterwandernden Nahrung in der Entenjagdfabel und jener der von einer Zeitung in die andere gelangenden falschen Nachricht besteht.

In die dritte Gruppe gehören jene Erklärungen, die von Eigenschaften der Ente selbst ausgehen. Her gehört vor allem die Meinung Grimms, der Ausdruck beziehe sich auf entenartig „gleichsam fortschwimmende, wieder auftauchende" Fabeln und Geschichten. Diese Erklärung kann nicht ganz befriedigen, obwohl zu bemerken ist, daß in einem anderen Falle die Fortbewegungsart der Ente auf dem Wasser wirklich die Grundlage zu einer metaphorischen sprachlichen Bezeichnung abgibt: das bekannte Kinderspiel, einen flachen Stein in so kleinem Winkel zu werfen, daß er in möglichst vielen Sprüngen über die Oberfläche des Wassers hüpft (und das in verschiedenen Gegenden des deutschen Sprachgebietes unter den Namen Butterbemmche schmieren, Froschhüpferles machen, Steinschnalzen lassen, Wellehupser, Spätzli machen, Schiffle schmeißen, die liebe Frau lösen, die Braut über See jagen, jungferlen, platteln usw. bekannt ist), nennt man französisch faire des ricochets oder faire un canard (eine Ente machen), englisch ducks and drakes (Enten und Enteriche), ungarisch kacsázni (enteln). Die deutschen Bezeichnungen dieses Kinderspieles ziehen zwar nicht die Ente heran, aber andere deutsche metaphorische Wendungen haben die Fortbewegungsart der Ente vor Augen: man watschelt wie eine Ente, man geht wie eine lahme Ente[1]; in Oberbayern bezeichnet

---

[1] „Lahme Enten" ist in Amerika ein politischer Fachausdruck für den nach der Wahl des neuen eine Zeitlang noch tagenden (doch in seinen Entschlüssen moralisch gelähmten) alten Kongreß; lames ducks bedeutet außerdem im englischen Börsenjargon auch Spekulanten, die kaufen, was sie nicht

man die beweglichen Wellen eines Sees mit „anteln". Noch vor Grimm hatte Gutzkow die Möglichkeit eines Vergleichs zwischen der Fortbewegungsart der Zeitungsente und jener des Schwimmvogels gedacht: 1842 schreibt er in seinen „Briefen aus Paris" von Enten als „jenen kleinen Novitätenartikeln, die aus einem Journal in das andere springen". Das Unter- und Wiederauftauchen der Ente hatte übrigens auch Goethe einmal in einem Gespräch mit Eckermann zu einem Gleichnis veranlaßt, nicht über Zeitungslügen allerdings, sondern über das Fortleben des römischen Rechts, „das gleich einer untertauchenden Ente sich zwar von Zeit zu Zeit verbirgt, aber nie ganz verlorengeht und immer einmal wieder lebendig hervortritt". Das Untertauchen der Ente wird jedenfalls als besonderes Merkmal empfunden, und die englische Bezeichnung für diesen Vogel, das Hauptwort duck (niederdeutsch Dücker) ist mit dem Zeitwort duck = ducken, tauchen eng verwandt.

Plausibler als der Hinweis von Gutzkow und Grimm auf die Fortbewegungsart ist die Hypothese, daß eine andere Eigenschaft der Ente, ihre Stimme, ihr lautes, unruhiges, dem menschlichen Ohr besonders unsinnig erscheinendes Geschnatter den Anlaß zum Ausdruck Ente = falsche, unvernünftige Zeitungsnachricht gegeben habe. Die Sprache liebt es, albernes Gerede der Menschen mit Ausdrücken zu belegen, die auf die lautmalerische Bezeichnung von Tierlauten, der Stimme der Frösche, Enten, Gänse, zurückführen, wie quacken (Quacksalber), quatschen, schnattern. Es darf vermutet werden, daß die Sonderbedeutung falsche Nachricht sich zuerst in Frankreich an den Namen des Vogels geknüpft hat. Dafür spricht vor allem die Bedeutungsentwicklung, die das lautmalerische Wort cancan — so hört und so bezeichnet der Franzose das Schnattern der Ente, übrigens auch das Geschrei des Papageis — im Französischen genommen hat. Das Wort cancan wurde nicht nur gegen Mitte des 19. Jahrhunderts der Namen eines wilden und lärmenden Modetanzes, sondern hat schon vorher auch eine journalistische Sonderbedeutung bekommen. Die „Cancans", boshafte liederartige Verse mit allerlei Formen der Ironie in Prosa mischende Blätter, spielten, wie Prof. d'Ester in der Zeitschrift „Zeitungswissenschaft" (1933) ausführt, im politischen und

---

bezahlen, oder verkaufen, was sie nicht liefern können. Auch in deutschen Redensarten ist oft von lahmen Enten die Rede, z. B.: porzelt hinnerschich und vörderschich (nach hinten und nach vorne) wie e lahm' Ent (frankfurterisch).

literarischen Leben Frankreichs zur Zeit des Bürgerkönigtums eine gewisse Rolle. Der andere, letzten Endes ebenfalls auf das Entengeschnatter zurückgehende journalistische Sonderausdruck canard = Fabelei, falsche Nachricht hat sich allerdings als dauerlebiger erwiesen, und auch die Auswirkung über das Französische hinaus blieb ihm nicht versagt. Wir dürfen annehmen, daß der Ausdruck Ente im Sinne von Zeitungsente im Deutschen eine erst im 19. Jahrhundert, bei der hohen Entwicklung der Tagespresse, unabhängig von den älteren Lug-Enten und blauen Enten wirksam gewordene Lehnübersetzung aus dem Französischen darstellt.

Eine besonders glückliche Zeitungsente war jene, die die Seeschlange ausgebrütet hatte und dadurch ein edleres Geschlecht begründete. Seeschlange ist der klassische Fachausdruck für eine phantastische Zeitungsnachricht. Wohl ist schon beim Propheten Ezechiel eine Seeschlange angedeutet, und seit dem 16. Jahrhundert taucht in Schilderungen phantasiereicher Seefahrer öfters so ein Ungeheuer auf. Dem französischen Journalisten Léon Gozlan blieb es aber vorbehalten, ein Exemplar in den Dienst der Tagespresse zu stellen. 1830 berichtete er im „Constitutionel" von der Sichtung einer Seeschlange, und wenn es ihm später an sensationellem Stoff mangelte, erhob dieses gefällige Reptil sein ungeheuerliches Haupt neuerlich aus den Wogen. Von Zeit zu Zeit bestätigten dann auch andere Zeitungen die Existenz des Seewunders. Von den naturgeschichtlichen Eigenschaften der Seeschlange war jedenfalls die bemerkenswerteste jene, daß sie — offenbar aus Dankbarkeit für die gute Presse — sich mit Vorliebe im Hochsommer, in der sogenannten Sauregurkenzeit, sehen ließ. Als Gustav Freytag seine „Journalisten" zuerst aufführen ließ (1854), gebrauchte er schon die Seeschlange als feststehenden Begriff: „Als wir dir die Ehre erwiesen, dich mit der Verfertigung der Nippessachen für das Blatt zu betrauen, da war die Meinung nicht, daß du die ewige große Seeschlange durch die Spalten unserer Zeitung wälzen solltest." (Ordnungshalber sei übrigens vermerkt, daß die Berichte über das lange Seeungeheuer mit Schlangenleib und schnaubendem Drachenkopf von der Wissenschaft nicht einhellig in das Reich der Fabeln verwiesen werden. Der holländische Zoologe Prof. A. C. Oudemans hat in einem dickleibigen Buch 160 Berichte über Seeschlangen aus der Zeit von 1500 bis 1900 sorgfältig wiedergegeben. Und was die Schiffskapitäne seit 1900 über ihre Visionen zu Protokoll gegeben haben, hat C. R. Haines 1931 in der Londoner „Quarterly Review" gläubig zusammengetragen. Im Jahre 1933 hat das Ungeheuer von Loch Ness in Schottland das „Problem" wieder einmal aufs Tapet gebracht.)

Die journalistische Menagerie wäre hier unvollständig, erwähnten wir nicht neben dem Vogel Ente und dem Amphibium Seeschlange auch ein Säugetier, den Grubenhund. Im Bergbau ist Hund oder Hunt, auch Grubenhund, der Namen eines kleinen Förderwagens. Im November 1911, einige Tage nach einem Erdbeben im Mährisch-Ostrauer Kohlenrevier, veröffentlichte eine Wiener Tageszeitung eine Zuschrift aus dem Leserkreise, in der es neben vielem anderen Unsinn hieß, daß der im Laboratorium schlafende Grubenhund schon eine halbe Stunde vor Beginn des Bebens auffallende Zeichen größter Unruhe gab. Seither heißen solche von Ungereimtheiten strotzende Veröffentlichungen, mit denen eine Zeitung einem satirischen Einsender aufsitzt, Grubenhunde. Der Einsender in jenem klassischen Falle und in unzähligen späteren war der Wiener Ingenieur Artur Schütz. Von Karl Kraus' genialer Zeitkritik beeinflußt, hatte es Schütz bei seinen vielen köstlichen Grubenhunden nicht etwa auf einen einfachen Aufsitzer, einen Jux, abgesehen, vielmehr ist für ihn „der Grubenhund das Symbol der Verulkung vorgetäuschten Universalwissens, der Protest gegen die angemaßte Autorität der Druckerschwärze".

Aufsehen und Unruhe erregende falsche Zeitungsnachrichten nennt man Tatarennachrichten. Heute wird dieser Ausdruck nur mehr selten gebraucht, und ist dies der Fall, so empfindet man darin eine Anspielung auf die einstigen Tatareninvasionen in Europa und versteht darunter durch Übertreibung alarmierende Nachrichten. Aber der Ausdruck ist noch gar nicht so alt und geht auf einen konkreten Vorfall zurück. Im Oktober 1854 nahm von Wien aus ein Telegramm den Weg durch die Weltpresse des Inhalts, die Verbündeten hätten das schon lange belagerte Sebastopol nun endlich eingenommen. „Diese Nachricht" — hieß es im Telegramm — „brachte ein Tatar an Omer Pascha nach Bukarest." (Man muß dazu wissen, daß sowohl die Russen als auch die Türken ihre Eilboten mit Vorliebe aus den an der Grenze angesiedelten Tatarenstämmen rekrutierten, so daß Tatar damals fast gleichbedeutend mit Eilbote war; auch die ausländischen Gesandten bei der Hohen Pforte hatten solche Tataren in ihren Diensten.) Unmittelbar nach der ersten Wiener „Tatarendepesche" (von der später behauptet wurde, sie sei um eines Börsenmanövers willen in die Welt gesetzt worden) traf bei der „Augsburger Allgemeinen Zeitung" ein weiteres Telegramm ein, das von einer „zweiten Tatarennachricht an Omer Pascha" berichtete, von einer großen Anzahl russischer Gefangener, versenkten russischen Linienschiffen usw. In ganz Europa, besonders auf seinen Börsen, entstand große Aufregung, aber an den Nachrichten war nichts wahr, Sebastopol ergab sich erst elf Monate später. Seither nennt man phantastische Falschmeldungen, die in der Presse oder in den Wandelgängen der Börsen auftauchen, Tatarennachrichten. Gelegentlich gebraucht man auch den doppelgenähten Ausdruck Tatarenente.

Die Zurückführung des Ausdrucks Tatarennachricht auf Pressetelegramme erinnert uns an das Gleichnis „er lügt wie telegraphiert". Es geht auf einen Ausspruch von Bismarck zurück, der am 13. Februar 1869 im preußischen Herrenhause über Mißbräuche durch die Verbreitung tendenziöser Nachrichten sprach. Er variierte damit das ältere lügen wie gedruckt (so z. B. bei Chamisso). Übrigens verzeichnet de la Mésangère schon 1821 in seinem Wörterbuch der französischen Sprichwörter mentir comme un journaliste (lügen wie ein Journalist). In Frankreich waren besonders die Übertreibungen der amtlichen Schlachtberichte Napoleons noch in Erinnerung (mentir comme un bulletin; das Wortspiel mit dem Namen der amtlichen Zeitung, Moniteur-menteur haben wir schon erwähnt). Auch in Spanien sagt man mentir más que el Gaceta (oder que el Gobierno). In der Rheinprovinz sagt man: he lügt wie ennen Börgermeister; in der Schweiz: wie eine Leichenrede (ich nekrolog, du nekrologst...). Ein Chevalier de Cailly machte über einen lügnerischen Advokaten ein Epigramm, in dem er versicherte, jener lüge plus ferré qu'une oraison funèbre, ausgepichter als eine Trauerrede. Beliebt ist im Französischen auch mentir comme un arracheur de dents, lügen wie ein Zahnbrecher (auf Jahrmärkten, der verspricht, schmerzlos zu ziehen). Die Redensart lügen, daß sich die Balken biegen, erklärt sich nach Borchardt-Wustmann „am einfachsten aus der Vorstellung, daß Lügen eine Last sei". Er log ihr einen ganzen Lastwagen voll, heißt es im Simplicissimus. Bei Fischart lügt ein Schneidergeselle, „daß die Werkstatt kracht", andere, „daß die Klöster brechen". Beim Schweizer Reformationsdichter Niklaus Manuel ist zu lesen: „Sie stond am kanzel ietz und liegend (lügen), daß sich ganze wend und bollwerk biegend." Die Siebenbürger Sachsen sagen: e lecht, dat sich de ierd bigt. In Ostpreußen heißt es: er lügt kleene Steener ut de Erd oder daß ihm die Nase schief steht. In Frankfurt: daß der Parrthorn (Pfarrturm) wackelt.

Im Weltkrieg entstand der Sonderausdruck Greuelnachricht. Man bezeichnet damit nicht schlechthin Nachrichten über Greueltaten, sondern — gleichsam abgekürzt — falsche Greuelnachrichten, Nachrichten über erlogene Greueltaten. Aus der Soldatensprache des Weltkrieges führen wir an: Latrinenparole, Hinterfrontbefehl oder Kolonnenmärchen = unoffizielle, unverbürgte Nachricht, Gerücht, Falschmeldung. In Offizierskreisen hieß es auch A. E. G. (= allgemeines Etappengeschwätz). Bei der Marine hieß das zweifelhafte Gerücht: Gallionszeitung. In der österreichischen Armee war der geläufigste Ausdruck für diesen Begriff: Fahrküchenbefehl. In solche Bezeichnungen wie (Train-) Kolonnenmärchen, Fahrküchenbefehl war nicht nur eine gewisse Verächtlichkeit hineingelegt, man hatte andererseits in der vordersten Front wirklich die Erfahrung gemacht, daß „die dort hinten" bei der Küche, beim Train von bevorstehenden Veränderungen, Kriegshandlungen, Truppenverschiebungen früher „Wind bekommen". Aus der Soldatensprache der im Weltkrieg aufgebotenen und Grenzdienst versehenden Schweizer Armee erwähnen wir: Havas (Namen der amtlichen französischen Nachrichtenagentur) = Gerücht.

Bezeichnenderweise hat auch bei den englischen Soldaten das zweifelhafte Gerücht als Latrinennachricht gegolten: latrine rumour. Brophy und Partridge in ihrem Buche über den Slang der britischen Soldaten bemerken dazu: „Solche Gerüchte wurden mit der Latrine assoziiert, denn diese Buden waren praktischerweise die einzigen Orte, an denen der gemeine Soldat verhältnismäßig sicher war vor seinen Vorgesetzten. Folglich verweilte er lange dort, las dort Zeitungen, schwatzte, übte Einbildungskraft und Leichtgläubigkeit." Weitere Synonyme des britischen Soldaten-Slangs sind: cookhouse rumour, ration-dump-yarn, transport-tale. Wir sehen also im Englischen wie im Deutschen bei der verächtlichen Bezeichnung der Gerüchte im Felde das Heranziehen von Küche, Bagagetrain, Latrine. Eine gegenseitige sprachliche Beeinflussung über den Stacheldraht kann wohl nicht vorausgesetzt werden, vielmehr ist an analoge Bildungen bei mehr oder minder übereinstimmenden sachlichen und seelischen Voraussetzungen zu denken. Die leider noch ausstehende vergleichende Behandlung der verschiedenen Soldatensprachen wird derartige Analogien gewiß in nicht unerheblichem Ausmaße feststellen können.

ERRUNGENSCHAFT

Das Wort Errungenschaft taucht zuerst 1582 im Landrecht der Kurfürstlichen Pfalz auf. Es dürfte in der pfälzischen Kanzlei geschaffen worden sein zur Verdeutschung eines mittellateinischen Rechtsausdruckes. Acquaestus (davon französisch acquêt und englisch acquest) oder genauer acquaestus conjugalis oder bona in matrimonio acquisita war die Bezeichnung für das in der Ehe von den Gatten aus eigener Kraft erworbene Vermögen im Gegensatz zur Erwerbung durch Mitgift, Erbschaft, Schenkung. Dabei ist zu beachten, daß das lateinische Zeitwort acquirere besonders ein mühevolles Erwerben bezeichnet. Im Jahre 1624 erscheint das Wort Errungenschaft zum ersten Male in einem Wörterbuch. Vor Schaffung dieses Wortes behalf sich die deutsche Rechtssprache mit Umschreibungen. So heißt es in „Der Statt Wormbs Reformation", 1542: „was zwey ehelich gemechte durch ir beider geschicklichkeyt fleiz und arbeyt miteinander erobert und gewonen hatten es sei liegens oder farends."

Bis zum 19. Jahrhundert gehört das Wort Errungenschaft nur der Rechtssprache an. 1814 finden wir es erstmalig, bei Görres, des juristischen Sinnes entledigt vor. Aber erst in der hochpolitischen Atmosphäre des Jahres achtundvierzig bemächtigt sich der allgemeine Sprachgebrauch dieses bis dahin seltenen und ungewöhnlichen Wortes und erhebt es zu einem mit positiven und negativen Gefühlswerten behafteten Schlagwort. Der geistige Verkehr von Stadt zu Stadt vollzog sich im Frühjahr 1848 sehr schnell, Gedankengänge zündeten geschwind vom Main an die Spree, von der Donau an den Rhein hinüber, und bei Schlagwörtern, die innerhalb weniger Tage und Wochen in allen Gauen des deutschen Sprachgebietes Wurzel faßten, läßt sich kaum mehr mit Gewißheit feststellen, wo jedes einzelnen Ausgangspunkt eigentlich war. Am wahrscheinlichsten ist es, wie R. F. Arnold erkannt hat, daß Wien der Ort war, wo das Schlagwort von den Märzerrungenschaften richtig flügge wurde.

Man sprach vorzugsweise von Errungenschaften in der Mehrzahl und meinte damit die den Regierungen abgetrotzten freiheitlichen Zugeständnisse. Friedrich Hebbel, der damals in Wien lebte, berichtete in der „Augsburger Allgemeinen Zeitung" vom 15. März über die Wiener Märztage. Am 13. März, nach dem Sturze Metternichs, verhieß Kaiser Ferdinand in einer Proklamation, die Forderungen der Bevölkerung zu erfüllen. „Das sind Errungenschaften", schrieb Hebbel, „denen gegenüber sich jede Aufregung legen muß." In Berthold Auerbachs 1849 veröffentlichtem, aber bereits 1848 geschriebenem „Tagebuch aus Wien" ist zu lesen: „Es ist jammervoll, daß solches noch bestehen kann, daß diese Komödie mit dem, was man hier weitbauschig ‚die Errungenschaft' nennt, so umspringt wie früher mit latschigen Hausknechten und all den vermoderten Gelichtern." Die Stelle, die sich auf die satirische Einstellung des Komödiendichters Nestroy zur revolutionären Bewegung bezieht, zeigt jedenfalls, daß der Schwabe Auerbach das „weitbauschige" Schlagwort als neu und wienerisch empfand. Auch Robert Blum, der im Herbst in Wien hingerichtete Vertreter der Frankfurter Nationalversammlung, hatte in einer Rede von den „gesamten Errungenschaften unseres Daseins" gesprochen.

Aber auch in Berlin sprach man bereits von Errungenschaften, Märzerrungenschaften, und wessen Herz nicht bei der Volksbewegung war, legte in das Wort einen verächtlichen Sinn hinein. So schrieb z. B. Moltke, der spätere Generalfeldmarschall, verbittert an seine Frau: „Die meisten Offiziere gehen in Zivil, eine Errungenschaft der neueren Zeit." Als im Herbst Wrangel in Berlin einmarschierte, kehrte man höhnend den Spieß um und sprach von Novembererrungenschaften. So hieß es in einer Rede Ludwig von Gerlachs im Dezember 1848: „Daß die goldene Zuverlässigkeit der preußischen Armee sich neu bewährt hat, das ist eine der inhaltsschwersten Novembererrungenschaften." Mit bitterer Trauer sprach man dann auf der anderen Seite gelegentlich von Märzverlorenschaften (Gutzkow).

Wenn, wie wir sahen, gelegentlich auch versucht worden ist, das Wort Errungenschaft auch für die Ergebnisse der reaktionären Politik in Anspruch zu nehmen, seine revolutionäre Herkunft und Anrüchigkeit wurde zunächst nicht vergessen, und es ist bemerkenswert, wie heftige Haßgefühle es noch Jahre später auslösen konnte. In der Sitzung der damals noch ganz jungen Kaiserlichen Akademie der Wissenschaften in Wien vom 29. Mai 1852 hielt ihr erster Präsident, der Orientalist Hammer-Purgstall, einen Vortrag über die Vielsprachigkeit, in dem er den Sprachenreichtum Österreichs rühmte und mit der zehnzüngigen Lilie der persischen Dichtung verglich. In dieser Akademierede findet sich ein affektvoller Ausfall gegen das ,,ebenso sprachwidrige als lächerliche Wort Errungenschaft, welches eine Sprachmißgeburt staatsumwälzenden Gelichters ist". Daß das Wort nicht auf den Barrikaden oder an den aufgeregten Kaffeehaustischen des ,,tollen Jahres" entstanden war, sondern mindestens bis ins 16. Jahrhundert zurückreicht, wußte Hammer-Purgstall offenbar nicht.

Seit 1848 und der darauffolgenden Reaktionsperiode ist der politisch-tendenziöse Charakter des Wortes Errungenschaft allmählich verblaßt. Man ist nicht überrascht, von Errungenschaften der Krebsforschung oder der Radiotechnik sprechen zu hören, und auch keine politische Partei, mag sie rechts stehen oder links oder wo immer, verschmäht heute Errungenschaften.

Wenn auch das Bild des Wortes Errungenschaft sich vor den Augen Hammer-Purgstalls durch ,,der Parteien Haß und Gunst" verwirrte, so muß immerhin zugegeben werden, daß das von ihm als ,,spachwidrig" empfundene Wort eine ganz ungewöhnliche Bildung darstellt. Es hat zwar

die Nachsilbe -schaft

(ihre Vorfahren sind das selbständige althochdeutsche Wort scaf = Beschaffenheit und mittelhochdeutsch ,,die schaft" = Geschöpf, Gestalt, Beschaffenheit) nichts Ungewöhnliches an sich, auffällig ist aber die Verbindung mit einem Partizip. Wir kennen Sammelbegriffe, wie Nachkommenschaft, Einwohnerschaft, Bürgerschaft, Studentenschaft, Burschenschaft, Dienerschaft, Mannschaft, Turnerschaft, und verstehen darunter eine Gesamtheit von Nachkommen, Einwohnern, Bürgern usw. In anderen Fällen, wie Nachbarschaft, Kameradschaft, meinen wir sowohl eine Mehrzahl von Nachbarn, Kameraden als auch abstrakt die Beziehung zwischen den einzelnen Gliedern dieser Gesamtheiten. Der Zustand des Feind-, Knecht-, Bereitseins ist Feindschaft, Knechtschaft, Bereitschaft.

Daneben finden wir in großer Anzahl auch andere Bildungen, die sich in keine dieser Gruppen einordnen lassen und anders aufzufassen sind, wie Landschaft, Grafschaft, Ortschaft, Liegenschaft,

Erbschaft, Botschaft, Gesandtschaft, Gewerkschaft, Kundschaft[1], Eigenschaft, Leidenschaft, Wissenschaft, Rechenschaft, Wirtschaft, Anwartschaft, Liebschaft, Bürgschaft[2].

In keinem dieser Beispiele aber ist die Silbe -schaft dem Partizip eines Zeitwortes angehängt. Würden wir angesichts von Errungenschaft = das, was errungen worden ist, dem auf dem Gebiete des Wortbildungswesens stets gegenwärtigen Drang nach Analogiesuchen nachgeben, so suchten wir doch vergeblich auf dem Fundamt die Gefundenschaft (das, was gefunden worden ist), in den Archiven die Geschriebenschaft, in den Mühlen die Gemahlenschaft usw. Zwei Beispiele, die übrigens untereinander gleichbedeutend sind, vermag die deutsche Sprache immerhin noch zu bieten: Verlassenschaft und Hinterlassenschaft ist das, was der Verstorbene verlassen, hinterlassen hat. (Bemerkenswerterweise stellen diese beiden Wörter vermögensrechtliche Begriffe dar, zu denen ja auch Errungenschaft in der ältesten Bedeutung gehörte[3]). Auch bei den beiden Beispielen Verlassenschaft und Hinterlassenschaft muß man sich jedoch auf den Einwand gefaßt machen, es stehe gar nicht fest, daß in diesen Wörtern, wie bei Errungenschaft, das

---

[1] Manche der mit -schaft gebildeten Hauptwörter ertragen noch eine Weiterbildung durch andere Nachsilben. So gelangen wir durch eine zweite Nachsilbe -er zu den Hauptwörtern Kundschafter, Botschafter, Wirtschafter, durch -lich zu den Eigenschaftswörtern freundschaftlich, genossenschaftlich, landschaftlich, herrschaftlich, leidenschaftlich, wissenschaftlich, wirtschaftlich. Die drei letztgenannten Eigenschaftswörter lassen sich durch eine weitere Endsilbe -keit wieder zu Hauptwörtern verwandeln: Leidenschaftlichkeit, Wissenschaftlichkeit, Wirtschaftlichkeit — Wörter, bei denen das quantitative Mißverhältnis zwischen dem eigentlichen Wortkörper und den drei Suffixen schon auffällig wird. Zu Zeitwörtern lassen sich Hauptwörter auf -schaft, wie es scheint, nur in zwei Fällen umbilden: kundschaften und wirtschaften.

[2] Im Falle des Wortes Petschaft liegt nicht das Suffix -schaft vor, nur eine lautliche Angleichung. Petschaft kommt von tschechisch pečet = Siegel. Durch Vermittlung der Prager Kanzlei wurde das Wort im 14. Jahrhundert zunächst als petschat ins Mittelhochdeutsche entlehnt.

[3] Hier wäre auch das bereits ausgestorbene Wort Verfangenschaft anzuführen, das ebenfalls vorzugsweise im erbrechtlichen Sinne gebraucht worden ist. In der älteren schwäbischen Amtssprache bedeutete Verfangenschaft: Einengung, besonders in vermögensrechtlichem Sinne, das Verfangensein, die Herausnahme aus dem freien Verfügungsrecht. Zu den rechtlichen Fachausdrücken zählen auch die ebenfalls veralteten Hauptwörter Lehenschaft = das Recht der Lehnsherren an dem verliehenen Gut, bzw. das verliehene Gut selbst, und Währschaft = Besitzübertragung, Garantieleistung.

Partizip vorliegt, rein formal könne man in Verlassen- und Hinterlassen- auch den Infinitiv sehen. Bei Verwandtschaft andererseits mag strittig sein, ob das eigentliche Partizip vorliegt oder das zum Hauptwort erhobene. Zudem wäre auch im ersten Falle die Analogie zu Erungenschaft erst dann vollständig, wenn Verwandtschaft etwas bezeichnete, was verwandt (verwendet) worden ist. Als Analogon zu Errungenschaft läßt sich also nur das schon erwähnte Verlorenschaft anführen, aber dieses Wort ist eben bewußt, gleichsam wortspielartig, der Errungenschaft als Gelegenheitsprägung nachgebildet. Dasselbe gilt vom Worte Versprochenschaft, das Johannes Scherr sich gelegentlich erlaubte.

ERZ

in Erzader, Erzgebirge, Erzgehalt usw. einerseits und Erz in Erzengel, Erzlump usw. andererseits sind sprachgeschichtlich nicht identisch und sind miteinander nicht im entferntesten verwandt.

Erz in seiner mineralogischen Bedeutung kommt von althochdeutsch aruz, eruzzi, das selbst dunkler Herkunft ist, vielleicht mit lateinisch aes, aeris zusammenhängt (oder mit aes rude = rohes Metall), nach anderer Deutung aber auf die im Altertum als Waffenfabriksort bekannte etruskische Stadt Arretium (jetzt Arezzo) weisen soll. Es wird auch die Möglichkeit einer vorgermanischen Form arud oder orud erwogen, die zu sumerisch urud = Kupfer in Beziehung gesetzt wird.

Das andere Erz kommt vom griechischen archi = der Erste, Oberste, Führende, verwandt mit arche = Ursprung, Anfang, Herrschaft, woraus unsere Fremdwörter archaisch, Archäologie, Archiv (letzteres verdeutschte die „Fruchtbringende Gesellschaft" im 17. Jahrhundert mit Erzschrein, daher Archivar: Erzschreinhalter). Archi ist als Vorsilbe enthalten in Wörtern wie Archangelos (Führerengel, Erzengel), Archiepiskopos (Erzbischof), Archimandrit (Klostervorsteher), Architekt (Haupthandwerker), als Nachsilbe in Patriarch (Erzvater), Monarch usw. Unter dem Titel Archipoeta gedenken wir eines weinseligen Schwaben aus dem 12. Jahrhundert, des lateinischen Verherrlichers des Vagantenlebens, dessen richtiger Name nicht bekannt ist. Unsichtbar ist die Vorsilbe archi auch im deutschen Worte Arzt enthalten, denn dieses ist eine Verdichtung aus griechisch archi-iatros, Oberheilender. (Das griechische arche = Anfang, Herrschaft hat aber nichts mit Noahs „Arche" zu tun;

dieses letztere Wort beruht auf der lateinischen Übersetzung der Bibel, der Vulgata; es ist das lateinische arca = Verschluß, das auch im Fremdwort arkanisch = geheim fortlebt; Luther schrieb noch „Noahs Kasten".)

Die Vermittlung der griechischen Wurzel archi ins Deutsche besorgte vor allem das Kirchenlatein. Schon im Althochdeutschen wurde aus archi: erzi, z. B. in erzi-bischof. Andere moderne Sprachen haben das griechische archi ohne lautliche Umwandlung bewahrt, z. B. im Französischen archiduc (Erzherzog), archiprêtre (Erzpriester), daneben auch für moderne Begriffe: archicomble = vollständig besetzt, archimillionaire = mehrfacher Millionär, archi-prêt = erzbereit. (Nous sommes archiprêts, wir sind erzbereit, uns fehlt auch nicht ein Gamaschenknopf, soll der Kriegsminister Marschall Leboeuf 1870 bei Ausbruch des deutsch-französischen Krieges gesagt haben.) Auch das Englische verwendet die Vorsilbe arch gelegentlich in modernen Zusammensetzungen, wie arch-mock, Hauptspaß; arch-fool, Erznarr; arch-felon, Erzschurke[1].

Eine derartige Verwendung der Vorsilbe in Kraftausdrücken ist besonders im Deutschen heimisch. Der Teufel hieß auch Erzrebell. Das 1839 in Arnstadt anonym erschienene Schimpfwörterbuch von Paußner zählt fast 100 Schelten auf, die mit Erz beginnen, wie z. B. Erzbube, Erzkujon, Erzheuchler, Erzmetze, Erzschafkopf, Erztölpel, Erzwucherer. In einem Gedicht von Robert Prutz heißt es: „So nehmet euch Erznarren doch, Erzbischöfe, Erzjesuiten, Erzgenies, Erzdemagogen, Erzhalunken, Erzpoltrons." Auch Eigenschaftswörter gibt es, wie erzfaul, erzdumm, erzbigott, erzliberal, erzgrimmig. Thomas Mann bezeichnet die Kapitelüberschriften im Don Quichote als erzhumoristisch.

Im römisch-deutschen Reich gab es Erzämter, und das waren nicht etwa Behörden für den Bergbau, sondern führende, hohe Ämter. Diese Erzämter wurden mit der Zeit erblich, so war der Herzog von Sachsen jeweilen der Erzmarschall, der Markgraf von Brandenburg der Erzkämmerer. Gewisse Kirchenfürsten führten den

---

[1] Daß die Vorsilbe vielfach zur Verstärkung negativ wertender Wörter gebraucht wird, führte dazu, daß sich ein Hauptwort archness (also etwa „Erzheit") mit der Bedeutung Schalkheit, Mutwille entwickelt hat. Übrigens wurde im Englischen auch arch selbst als Hauptwort im Sinne von Haupt, Anführer verwendet (z. B. in Shakespeares Lear: the noble duke, my master, my worthy arch and patron comes to-night).

Titel Erzkanzler. Wenn man Bismarck den „eisernen Kanzler" nannte, so klang das zwar an die alte Bezeichnung Erzkanzler an, dennoch ist in diesem alten Titel nicht das metallische Erz, sondern der Abkömmling des griechischen archi zu sehen. Die assoziative Verknüpfung zwischen den beiden etymologisch zu trennenden „Erz" ist begreiflich schwer zu vermeiden. So schrieb z. B. der nationalsozialistische Gauleiter der Kurmark am 3. Dezember 1933 in der Wochenschrift „Der märkische Adler" über den 1921 ermordeten Staatsmann Erzberger (dessen Namen zweifellos von Erzberg, d. h. Erz enthaltender Berg, abzuleiten ist): „Scham erfüllt uns, daß sich Deutschland einmal von dieser Kreatur vertreten ließ, die Erzberger hieß, anstatt sich Erzlump nennen zu lassen, wie es ihm der Herrgott aufs Gesicht geschrieben hat." Daß die häufige Verwendung der Vorsilbe Erz- in Scheltwörtern ihr die Fähigkeit, auch **freundlich** zu wirken, doch nicht genommen hat, zeigt der Umstand, daß der österreichische Erzherzog Eugen, der nach dem Zusammenbruch des Habsburgerreiches mehr als ein Jahrzehnt in Basel lebte, dort die familiäre Bezeichnung „der Erzi" bekam.

FANATISCH

Vom lateinischen „fas", dem göttlichen Recht Entsprechendes (davon nefas, Unrecht) und fanum, heiliger Ort (hiervon auch profan, vor, d. h. außerhalb des Heiligtums befindlich, also unheilig, gemein) kommt das lateinische Zeitwort fanari = von einer Gottheit begeistert rasen, daher in den meisten Kultursprachen die Begriffe Fanatiker = wütender Glaubensschwärmer, fanatisch, Fanatismus. Das Zeitwort fanatisieren kam in der französischen Revolution auf, als die Bauern der Vendée gegen die Republik aufgewiegelt wurden.

Sprachreiniger wollen fanatisch durch schwärmerisch, begeistert, überspannt, in den meisten Fällen jedoch durch eifernd ersetzt wissen. Für das Hauptwort Fanatiker, findet Moszkowski, wäre Eiferer, wenn auch nicht ein vollwertiger, so doch ein in manchen Fällen leidlich ausreichender Ersatz. Beim Eigenschaftswort fanatisch schaffe aber die Übersetzung eifernd bereits eine Begriffslücke: man könne eifern, ohne fanatisch zu sein. Im „Eifer" sei nichts mehr zu spüren von der Verfolgungswut, die im Fanatismus steckt. Wie flau klingt, meint Moszkowski, „bis zum Eifer" gegen das brennende „bis zum Fanatismus"; „bis zur Wut" aber wäre nur eine Viertelsübersetzung, da drei Viertel des Begriffs Fanatismus in den Motiven, in der Überzeugung ruhe, während die Wut nur die Hitze ausdrückt, nicht aber den Grund der Hitze.

FAUL, FAULPELZ, FAULENZEN

Faul ist verwandt mit gotisch fuls, altindisch puj = verwesen, griechisch pythein, stinken lassen, lateinisch pus, Eiter, putidus, stinkend; letztere führen zu einer reichen romanischen Wortsippe, z. B. französisch puer, stinken, putain, Dirne, putois, Iltis, pustule, Eiterbläschen; verwandt ist auch deutsch Pustel, nicht hingegen die lautnachahmende Wortfamilie „pusten, Puste" (vgl. dazu auch das Stichwort „Pfuj"). Auch das deutsche „Pfütze" gehört nach Kluge nicht zu puj = verwesen, pythein = stinken, sondern kommt — ebenso wie italienisch pozzo und französisch puits = Brunnen — von lateinisch puteus = ausgestochener Brunnen (zu putare = schneiden, enthalten in „amputieren"). Nur als Scherz zu werten ist die Etymologie von Weber-Demokritos: „das Wort faul kommt vielleicht vom faulos der Griechen (schlecht, untauglich), und sein Gegensatz ist spudaios (wacker, tätig), woher vielleicht auch das deutsche Wort sich sputen kommt."

Die ursprüngliche Bedeutung von „faul" aus puj = verwesen gehört also gleichsam der organischen Chemie an, das Wort bedeutet das von bakterieller Zersetzung Ergriffensein organischer Stoffe. Wir sprechen von faulem Fleisch, faulen Fischen, faulen Eiern, faulem Obst, wobei wir auch Geschmack und Geruch der faulen Dinge als faul bezeichnen.

Weitere Bedeutungen ergeben sich im Wege der Übertragung. Zunächst sei der Übertragung auf anorganische Stoffe gedacht. Verwittertes, morsches Gestein wird besonders in der bergmännischen Sprache als faul bezeichnet: faule Felsen, faule Gänge. Faulerde (oder Blätterkohle) ist der Namen einer Braunkohlenart. Besonders in der Schweiz wird der Ausdruck faul gebraucht von weichem Tonschiefer, der an der Luft bis in die dünnsten Blätter sich spaltet und endlich in Tonerde zerfällt. Auf dieser mineralogischen Bedeutung beruht der Namen des Faulhorns im Berner Oberland, das aus stark verwittertem Kalkstein der Juraformation besteht.

Ein weiterer Übertragungsschritt führt zur Bedeutung: sich nicht von der Stelle bewegend, träge. Den Zusammenhang mit der ursprünglichen Bedeutung der Fäulnis belegt u. a. der verstärkte

Ausdruck für Trägheit: stinkfaul. Aber faul im Sinne von träge wird nicht nur auf Menschen und Tiere angewendet. So wurden z. B. Geschütze, die wegen ihres großen Umfanges schwer beweglich waren, bzw. nur in großen Abständen ihre Geschosse schleudern konnten, als faul bezeichnet. Faule Mette hieß ein braunschweigisches Geschütz im Mittelalter, und besonders berühmt war die faule Grete des Burggrafen Friedrich von Brandenburg, mit der er 1414 die Schlösser der aufständischen märkischen Edelleute bombardierte.

Als Brücke für die Bedeutungsübertragung von „in Verwesung begriffen" zu „träge, arbeitsscheu" mochte die Vorstellung der stehenden und nur im geringen Maße der Erneuerung teilhaftig werdenden, daher Fäulnisvorgänge in ihrer Tier- und Pflanzenwelt begünstigenden Gewässer gedient haben, für die sowohl die Fäulnis im chemischen Sinne als die Faulheit (Unbeweglichkeit) im übertragenen Sinne galt. Im Berner Oberland gibt es einen Faulen See, und das westliche Seitenbecken des Asowschen Meeres heißt Faules Meer (Gniloje More).

Aus der Zoologie kennen wir Bezeichnungen wie Faultier, Faulvögel. Besonders reich ist die Ausbeute auf dem Gebiete der volkstümlichen Pflanzennamen. Der Name Faulbaum wird nicht nur für die Frangula gebraucht, sondern auch für die Ahlkirsche, die Alpenheckenkirsche und die Eberesche; in allen diesen Fällen dürfte das leicht morschende Holz die Bedeutungsgrundlage bieten. Wir erwähnen ferner die zur Familie der Primulazeen gehörende Pflanze Anagallis arvensis, der man verschiedene Heilkräfte, besonders auch gegen Geisteskrankheiten, zuschreibt, und die man am häufigsten Gauchheil nennt (weil sie den Gauch, d. h. den Narren, heilt); diese Pflanze führt u. a. auch die volkstümlichen Namen: Fuli Lies (in Mecklenburg), Faule Minna (Anhalt), Fulenzchen, Fulelschen, Faule Magd (Thüringen), Fäuli Gredl (Österreich), und zwar darum, weil sie morgens erst spät ihre Blüten öffnet (aus dem gleichen Grunde heißt sie auch in der Schweiz Nüniblüemli oder Zehniblüemli, im Schwäbischen Neunerle).

Eine zweite Übertragungsphase führt beim Worte faul auf das moralische Gebiet: von der Bedeutung „träge, arbeitsunwillig" zu „unnütz, unlauter, falsch, übel". Wir sprechen von faulen (oberfaulen) Geschäften, faulem Geschwätz, faulem Zauber, faulen Ausreden (wofür bildlich und dabei auch in die organochemische Sphäre der ursprünglichen Bedeutung regredierend: faule Fische), wir trauen nicht dem faulen Frieden. In der Schweiz ist gebräuchlich: fuler Schelm, fuler Chetzer. Ein Luzerner Sprichwort lautet: Je näher bi Rom, je füler der Christ. Sebastian Franks Ausspruch: „Der fäulsten Sau gehört alweg der größte Dreck", ist sowohl wörtlich als ins Moralische übertragen aufzufassen. Scheinbar antimoralisch klingt das schwäbische Sprichwort: faule Weiber machen einen reichen Mann — aber das soll eine witzige Paradoxie sein, und unter faulen Weibern sind nicht arbeitsscheue zu verstehen, sondern verwesende, d. h. verstorbene, die von den Ehemännern beerbt werden. Beachtenswert ist auch der Ausdruck „fauler Strick" für einen faulen Menschen. Wie durch die allgäuische Redensart, „er läßt nach wie ein fauler Strick" belegbar, ist „fauler Strick" ursprünglich wirklich ein Strick und kein Mensch. (Vgl. auch Galgenstrick unter dem Stichwort Galgen.)

Weder die Engländer noch die Franzosen kennen gemeinsame Ausdrücke für faul im Sinne von verfault, verdorben und faul als Gegensatz von fleißig. Sie gebrauchen in den Fällen der ersten Bedeutungsgruppe meistens rotten, putrid bzw. pourri, in denen der zweiten meistens lazy, idle, slothful, bzw. paresseux.

Die häufigste hauptwörtliche Bezeichnung für einen faulen Menschen ist heute im Hochdeutschen: Faulpelz. In der Reformationszeit gab es eine Redensart: dies hat er zu Freiburg im faulen Pelz erlernt. In Freiburg soll es anfangs des 16. Jahrhunderts ein Wirtshaus „zum faulen Pelz" gegeben haben, und vom Satiriker Thomas Murner wurde gesagt, er habe seine Kunst „in Freiburg im faulen Pelz erschnappt". Wurzbach konnte noch 1864 eine Heidelberger Brauerei „zum faulen Pelz" notieren. In der zusammengezogenen Form Faulpelz ist das Wort erst im 19. Jahrhundert aus dem Schweizerischen ins Schriftdeutsche gelangt. Die Bezeichnung Faulpelz entstand offenbar aus der Abkürzung der schweizerischen Redensart: den Faulpelz haben = auf der faulen Haut liegen. Nicht gerade wahrscheinlich, doch keineswegs ausgeschlossen ist ein Zusammenhang zwischen den Ausdrücken Faulpelz und Bärenhäuter. (Die Redensart auf der Bärenhaut liegen, ist im 16. Jahrhundert entstanden und wurde besonders auf Landsknechte angewendet. Es liegen ihr wohl folgende zwei Mitteilungen des Tacitus zugrunde: daß die Germanen mit Fellen bekleidet waren und daß sie im Frieden faulenzten.) Besser begründet als durch den Hinweis auf den Begriff des „Bärenhäuters" erscheint mir aber die Deutung des Wortes Faulpelz aus der Schimmelschichte, die den verfaulenden Gegenstand wie ein Pelz überzieht. Da wir mit dem Ursprung des Ausdrucks in der Schweiz zu rechnen haben[1], ist es angesichts der sich immer wieder bestätigenden Bildhaftigkeit und Anschaulichkeit der alemannischen Mundarten einfacher, in der Bezeichnung des faulen Menschen als eines Faulpelzes eine auf die Schimmelschichte abzielende volkstümliche Metapher zu sehen, als an eine kulturgeschichtliche Anspielung zu denken.

„Faulenzen erweitert des Teufels Grenzen", predigt Pater Abraham in Wien. Das Zeitwort **faulenzen** (das Adelung in seinem Wörterbuch 1774–1786 noch zu den Wörtern des niederen Stils, der „geringen Schreibart" zählt) hat man unrichtigerweise erklären wollen, als sei es aus einem Hauptwort „der Faulenz"[2] hervorgegangen, welches selbst zusammengezogen sein soll aus „fauler Lenz" (Lenz ist Lorenz oder Leonhard, ähnlich wie Bosnickel, Zornickel, der boshafte, der jähzornige Nickel, d. h. Nikolaus, Matz aus Matthias, Metze aus Mechthild, Rüpel aus Ruprecht); aber in faulenzen ist die Endung -enzen enthalten, und dieses Zeitwort bedeutet eigentlich: nach Fäulnis riechen.

Mit -enzen werden im Deutschen aus Haupt- oder Eigenschaftswörtern Zeitwörter gebildet mit der Bedeutung: schmecken,

---

1) Es ist wahrscheinlich kein Zufall, daß sich uns für die vielfache Verwendung der Ausdrücke faul, Faulpelz, faulenzen immer wieder Belege aus dem Schweizerischen aufdrängen. Es ist für den Fleiß des unter schwierigen Verhältnissen lebenden und hart schaffenden Alpenvolkes bezeichnend, daß es eine besondere Neigung hat, die Trägheit reichlich mit Schimpfnamen zu belegen. Faulpelz ist nicht das einzige Wort. Zahlreich sind die Namen, mit denen man in verschiedenen Revieren des deutschschweizerischen Sprachgebietes den Faulen bezeichnet: Schoföpfel, Hosetrumper, Lahmarsch, Tärimäri, Lärbsch, Lempi, Schleerpi, Päscheler, Füdeler, Schlunggi, Düggeler, Döseler, Tappi, Plampi, Glanggi, Trallari, Trammel; weibliche Faulpelze schimpft man: Trantsch, Knieppe, Lötsch, Hootsch, Schlarpe, Blättere, Trüech. Auch Redensarten über die Faulheit gibt es reichlich in der Schweiz: faul wie Geismist; schafft wie en a'bundes (angebundenes) Pferd; 's Schaffe ist em e Gspaß, aber er gpaßet nid gern; der Fulenz und der Liederli sind bedi gleichi Brüederli.

2) So ein Hauptwort taucht wohl im Mundartlichen gelegentlich auf, man vgl. das bereits angeführte „der Fulenz und der Liederli" aus dem Schweizerischen oder das schwäbische Sprichwort „jeder Hof trait (verträgt) ein Faulenz, aber der Bauer därfs net selber sei", — aber ich vermag in diesem „Faulenz" nur ein Postverbale, eine Rückbildung aus dem Zeitwort faulenzen zu sehen.

riechen nach dem im Grundwort Genannten. Faulenzen ist genau genommen das einzige Wort der Schriftsprache, in dem

die Endung -enzen

noch enthalten ist. Aber wir kennen viele veraltete Zeitwörter bzw. mundartliche, auch solche, die von einem Autor zu vorübergehendem oder einmaligem Gebrauch geschaffen wurden, die nach Art von faulenzen gebildet sind.

Einige Beispiele: Fassenzen sagt man von Wein, der nach dem Fasse schmeckt, müchenzen oder müffinzen für schimmelig riechen, schwebelenzen ist nach Schwefel riechen, wildenzen oder wilderinzen nach Wild schmecken, hundinzen nach Hund riechen, rauchenzen nach Rauch; aus dem Zeitwort brandenzen = nach Brand riechen oder schmecken wird das schriftsprachliche brenzeln und daraus das Eigenschaftswort brenzlig. Bockenzen bedeutet stinken wie ein Bock; in Wielands Lukianübersetzung ist von einem bocksenden Bauernlümmel die Rede.

Nicht nur wörtlich schmecken oder riechen nach etwas kann die Endung -enzen bezeichnen, auch zu übertragenen Bedeutungen verhilft sie. So z. B. bedeutet in der Bergmannssprache bergenzen: sich nach Bergmannsart verhalten. In Fischarts Gargantua bedeutet türkenzen: sich wie ein Türke benehmen. Ein Lieblingswort der protestantischen Polemik im 17. Jahrhundert war papenzen = sich papistisch verhalten („es papstelt"). Auch andere Zeitwörter mit -enzen wurden geprägt zur Bezeichnung des Verhaltens zugunsten oder nach Vorbild einer anderen Nation, der Nachäffung fremder Sprachart usw. Gottsched bezeichnet Anglizismen als brittenzende Sprachschnitzer. Leibniz gibt in seinen Unvorgreiflichen Gedanken zu, „daß mit diesen Frantz- und Fremdentzen auch viel Gutes bey uns eingeführet worden". Jean Paul verhöhnt in der Vorschule der Ästhetik „die Deutsch-Franzosen, die Juden-Deutschen, die Papenzenden, die Griechenzenden, kurz die Zwischengeister der Geistlosigkeit". Judenzen wurde gebraucht sowohl für Sprechen mit jüdischer Betonung („jüdeln") als für judenfreundliches Verhalten (Philosemitismus). Turnvater Jahn schreibt einmal, wer jüdische (= biblische) Vornamen seinen Kindern gebe, verriete ein judenzendes Gemüt.

In der schlesischen Mundart wurde die Endung -enzen zu -inzen: groß tuen, prahlen, wie ein feiner Herr auftreten heißt herrninzen, gewärmter Gänsebraten schmeckt federinzig, alte Butter ist altinzig, mit altem Fett zubereitete Bäckereien fettinzen.

Ähnliche wortbildende Wirkung wie -enzen hat die süddeutsche Endsilbe -eln (z. B. in hundeln, wildeln, jüdeln, anheimeln).

FECHTEN

im Sinne von betteln, besonders in bezug auf Handwerksburschen auf der Walz, wird gewöhnlich erklärt durch den Hinweis auf die Sitte verabschiedeter Soldaten im 16. und 17. Jahrhundert, im Lande herumzuziehen und ihre Fechtkunst gegen Entgelt zur Schau zu stellen (Klopffechter) oder Fechtunterricht zu erteilen. Meist wird hinzugefügt, daß es ehemalige Teilnehmer des Dreißigjährigen Krieges waren, deren Fechtdarbietungen zum übertragenen Sinn von „fechten" führten, aber der Ausdruck kommt in diesem Sinne schon drei Jahrhunderte vorher beim Berner Fabeldichter Ulrich Boner vor.

Sicher ist also der Ausdruck älteren Ursprungs und hängt vielleicht nicht mit dem Waffengebrauch zusammen. Am Berchtentag im Januar gab es früher in den Alpenländern allerlei auf die germanisch-heidnische Zeit zurückgehende Gebräuche; so hatten die Armen an diesem Tage Anspruch, bewirtet zu werden. In der nördlichen Schweiz z. B. zogen bis ins 16. Jahrhundert am Berchtentag weißgekleidete Knaben und Mädchen in den Dörfern herum und bekamen in den Häusern süßen Wein. In Oberbayern gingen Frauen zu dritt „bechten" und bekamen Obst und Gebäck; im Elsaß gingen Kinder bechten. (Man vgl. dazu das im Erscheinen begriffene einzigartige und in der wissenschaftlichen Welt mit Recht schon international berühmte, von zwei Basler Forschern, Bächtold-Stäubli und Hoffmann-Krayer, ausgezeichnet betreute „Handwörterbuch des deutschen Aberglaubens".) Es wäre also nicht ausgeschlossen, daß das „Fechten" der Handwerksburschen sich sprachlich von jenem „Bechten" am Berchtentag ableitet. Wesentlich weniger hat für sich die Deutung Wackernagels, der das Fechten der Handwerksburschen als „pfechten" = visieren (mittelhochdeutsch pfehten, von pfaht = factum) aufgefaßt hat.

Neuerdings ist noch eine vierte Etymologie von fechten auf den Plan getreten. Sie fußt auf einem rheinischen mundartlichen Ausdruck. Südöstlich von Köln bedeutet „fech" sowohl ein Stück Butterbrot oder einen Brotrest als einen Handwerksburschen. „Da küt (kommt) ainr fun de Fech", hört man sagen. Dazu gehört das Zeitwort fechten = Brot betteln gehen; in manchen Gegenden bedeutet das Zeitwort auch: Waldbeeren sammeln; in Köln, auf Kinder angewandt: naschen, nach Leckereien suchen.

Schließlich möchte ich auch zu bedenken geben, daß das Zeitwort fechten im Schweizerischen heute noch eine aus dem Mittelhochdeutschen erhalten gebliebene Nebenbedeutung hat, die für die Entstehung des Ausdrucks fechten = betteln bestimmend hätte sein können. Wie mittelhochdeutsch vehten, bedeutet in der Schweiz fechten außer dem Kämpfen mit der blanken Waffe auch: sich lebhaft bewegen, nach einem Ziele streben, sich anstrengen, eifrig arbeiten. Im Idiotikon finden sich Belege wie: mer muend fechte, we-mer's Heu wend vor-em Regen ie bringe, wir müssen fest arbeiten, wenn wir das Heu vor dem Regen einbringen wollen; tue-di nüd aso fechten, streng dich nicht so an. Bei Jeremias Gotthelf sagt ein Mädchen, daß es abends, wenn die Knechte schon lange im Nest sind, noch in der Küche fichtet. In einer schweizerischen Quelle aus dem Jahre 1557 heißt es: ficht an das selbig Ort, so fast (schnell) du magst. Ein Bedeutungsübergang von „eilen, streben" zu „bettelnd wandern" wäre nicht undenkbar.

FEDERLESENS MACHEN

„Nicht so vieles Federlesen! Laß mich immer nur herein; denn ich bin ein Mensch gewesen", heißt es an der Pforte des Paradieses bei Goethe im Westöstlichen Diwan. Und in Schillers Fiesko: Nicht viel Federlesens, Heide! Viel Federlesens machen heißt seit Mitte des 17. Jahrhunderts: viel Umstände machen, sich um Förmlichkeiten kümmern. Heute wird die Redensart häufiger mit negativem Vorzeichen gebraucht: nicht viel Federlesens machen = kurzen Prozeß machen. Federlesen oder Federklauben hieß ursprünglich: höhergestellten Personen die Federn vom Kleide ablesen, um sich durch solche Dienste einzuschmeicheln. Ein alter Volksspruch sagt: wer nit viel Glissnens, Fäderlesens kan, der ist zu Hof kein werder Man. Sebastian Frank schreibt 1541 über „Liebkoser und Fäderleser, ihren Herren die Oren melckend, lupffend und unter alle Ellenbogen Küsslin (Kissen) schiebend".

Eine andere Erklärung der Redensart zieht es vor, auf das Rupfen der geschlachteten Gänse und Enten zurückzugehen. Die Federn werden sorgfältig nach ihrer Güte, je nachdem ob sie kiellos sind, dünnen oder starken Kiel haben, gesondert, und diese mühselige Arbeit sei das Federlesen. Auf diese Sorgfalt verzichten, heiße demnach: nicht viel Federlesens machen. Ein weiterer Umstand, der zur Erklärung der Redensart vom Federlesen herangezogen worden ist (und zwar vom Grimmschen Wörterbuch): der Raubvogel verzehrt das ergriffene Huhn, ohne vorerst umständlich Federn zu rupfen.

Dafür, daß von diesen drei Erklärungen die erste die richtige ist, die die Redensart vom Verhalten des Schmeichlers ableitet, spricht u. a. auch das synonyme deutsche Volkswort Pflaumenstreicher (z. B. im Sprichwort „Pflaumenstreicher sind alle falsch"), das nichts mit dem Obst zu tun hat, da die Wegstreicher der Flaumfederchen, also die Federlesensmacher, gemeint sind; ferner auch der Umstand, daß schon die Griechen ein Zeitwort krokydizein (Flocken ablesen, von krokys, Flocke, Fädchen) mit der übertragenen Bedeutung „schmeicheln" kannten. Theophrastos, der Schüler Platos und Freund des Aristoteles, schildert ausführlich einen Schmeichler, der auf der Straße seinen Gönner begleitet: „während er spricht, nimmt er ihm eine Flocke vom Kleide; und hat jenem der Wind etwa einen Strohhalm ins Haar geweht, so nimmt er ihn weg." Übrigens ist auch aus griechisch krokys = Fädchen und legein = lesen ein Hauptwort Krokylegmus gebildet worden. Lessing verwendet es in dem Sinn von Kleinigkeitskrämerei und bezeichnet damit sein eigenes Verhalten Winckelmann gegenüber, den er aus lauter Verehrung so aufmerksam gelesen habe, daß er auf einige kleine Ungenauigkeiten gestoßen sei, die pedanterweise mitzuteilen — das sei eben sein Krokylegmus — er sich nicht enthalten könne.

FERSENGELD GEBEN

Die spöttische Umschreibung der Flucht, man zeige „die Höhlung des Fußes", kannte schon das Altertum: ton koilon tou podos deixai, sagten die Griechen, volam pedis ostendere die Römer. Im Deutschen wird das Bild weiter ausgeschmückt. Im Mittelalter lautete die Umschreibung: mit der versen gesegenen. Seit dem 13. Jahrhundert fixiert sich die Redensart in der Form: **Fersengeld** (mittelhochdeutsch versengelt) **zahlen oder geben**. Dies bedeutet, daß zum griechisch-römischen Bild noch die Vorstellung vom Zahlen dazugekommen ist, und dieser nicht ohne weiteres einleuchtende Umstand hat verschiedene Erklärungsversuche auf den

Plan gerufen. Man vermutet z. B. in der Redensart den Einfluß gewisser altgermanischer Rechtsnormen, die Geldbußen vorschreiben. Nach alemannischem Recht mußte jener, der in der Schlacht seine Mitkämpfer verließ, also dem Feind „die Fersen zeigte", 100 Solidi Strafe zahlen. Nach dem niederdeutschen Sachsenspiegel durfte jeder leibeigene Wende sein Eheweib verstoßen, mußte aber dafür, daß er „das Weib mit dem Rücken ansah" (Grimm), an seinen Gutsherrn 3 Schilling „Fersengeld" (die versne pennige) entrichten. Ein anderer Zusammenhang zwischen „Fersen zeigen" und „Geld zahlen" ergibt sich in der Sphäre des Wirtshauses. Aber es kann heute nicht mehr festgestellt werden, ob die Redensart vom Fersengeld geben aus dem Rechtsleben auf das Zechprellen erst übertragen worden ist (eben weil das alte kombinierte Bild für die Bezeichnung des Zechers, der die Flucht ergreift, wenn es zum Zahlen kommt, sich ganz gut geeignet hat), oder ob die Redensart gar nicht von wirklich bezahlten altgermanischen Geldbußen herrührt, sondern vielmehr ironisch für das Nichtbezahlen der Zeche, für das Reagieren mit der Ferse statt mit der Hand erfunden worden ist. Auf Zechprellen beziehen sich jedenfalls die Zeilen in Thomas Murners Schelmenzunft: do der wirt wolt haben gelt, mit meynen ferssen b'zahlt ich das, was an der Kerben zeichnet was. Bei Luther heißt es allgemein: Fleisch, Tod und Teufel müssen fliehen und Fersengeld geben.

Eine sonderbare Möglichkeit zur Erklärung dessen, wie das Geld in die Redensart vom Fersengeld geben hineinkommt, wird bei Borchardt-Wustmann zugelassen: „Vielleicht verglich der Volkswitz die schnell abwechselnd sichtbar werdenden Fersen des Entspringenden mit springenden Geldstücken." Wie immer es sich aber mit der Entstehung der Redensart verhält, sicher ist, daß sie richtig festen Fuß im Bereich des militärischen Lebens gefaßt hatte und von dort aus in den allgemeinen Sprachgebrauch übergegangen war. Während der Reformationskriege und zur Zeit des Dreißigjährigen Krieges waren Fersengeld und Hasenpanier die volkstümlichsten Wortsymbole zur Umschreibung der Flucht.

Fischers Schwäbisches Wörterbuch gibt die Bedeutung der Redensart „einem Fersengeld geben" wie folgt an: „ihm auf die Fersen treten, um ihn zu schnellerem Gehen anzutreiben"; also nicht: fliehen, sondern: zum Fliehen veranlassen. Durchaus ausgeschlossen ist eine derartige Bedeutungsverschiebung (d. h. daß der Fliehende ursprünglich das Fersengeld gar nicht gegeben, sondern bekommen hatte) gewiß nicht.

Das Heranziehen der Ferse in bildlichen Bezeichnungen des Fluchtergreifens finden wir auch im Französischen: montrer les talons, jouer de l'épée à deux talons (die Fersen zeigen, sich des zweifersigen Schwertes bedienen). Auch der Engländer zeigt auf der Flucht „ein gutes Paar Fersen" (shows a good pair of heels). In der gleichbedeutenden englischen Redensart to give leg-bail (eine Schenkelbürgschaft leisten) zeigt sich die gleiche Verquickung der Vorstellungen von der Flucht und vom Nicht-ordentlich-Zahlen wie in der deutschen Redensart. Eine ungarische Redensart sagt vom Fliehenden, er „drohe dem Feinde mit der Ferse".

FLAMMERI

Wenn der an seine „Möhspeis" (Mehlspeise) gewöhnte und diesbezüglich keinen Spaß verstehende Wiener in Berlin zum Abschluß der Mahlzeit Flammeri (auch Wackelpeter oder Wonnekleister genannt) vorgesetzt erhält („zittre nicht, ich freß dich nicht"), weiß er nicht, worüber er mehr staunen soll: über das Gericht selbst oder über seinen Namen. Fragt er nach der Herkunft des Wortes Flammeri — beim Dessert erwacht gewöhnlich der etymologische Appetit —, so bekommt er meistens eine jener in Berlin beliebten falschen Ableitungen aus dem Französischen (wie z. B. Schorlemorle aus toujours l'amour) zu hören. Demnach käme Flammeri aus flan de riz = Reisfladen.

In diesem Irrtum lasse man sich aber auch durch das sonst so verläßliche große Wörterbuch von Sachs-Villatte nicht bestärken. Flammeri kommt vielmehr von englisch flummery, und dieses Wort ist keltischer Herkunft. In Wales ist flummery ein Gericht aus gegorenem Gerstenmehl; in Cheshire und Lancashire ist es ein Gericht aus Gerstenkleie, Honig und Ale oder Milch. Der Name geht auf wallisisch llymru zurück, was scharfes Gemisch bedeutet (von llym = scharf, sauer). Flummery bedeutet aber nicht nur diesen Brei, sondern auch allgemein pappige Kinderspeise, und im übertragenen Sinne auch fades Zeug, leeres Gerede. Papperlapapp. Der amerikanische Publizist Mencken sprach z. B. einmal von den „bombastic flummeries" der USA.-Präsidenten.

FLÖTEN GEHEN

Ein niederdeutsches Sprichwort sagt: „De de moder to fründe hett, geit mit de dochter floiten", wer mit der Mutter Freundschaft hält, dem gelingt es, mit der Tochter zu verschwinden. Im Rheinischen heißt blede gehen: sich still davonmachen. Das 1854 veröffentlichte Gaunerwörterbuch der Wiener Polizeidirektion erklärt „blöde scheften" (scheften = gehen) als Verschwinden (z. B. „die Labohne scheft blöde, nun können die Genover einschabbern", der Mond ist verschwunden, nun können die Diebe einbrechen). In der deutschen Schriftsprache bedeutet flöten gehen nicht sosehr verschwinden und abhanden kommen, als: zugrunde gehen. (Der älteste Beleg wird für 1743 in Hamburg gebucht: fleuten gan.) Der Sinn dieser Redensart ist jedenfalls nicht zweifelhaft, sie macht einen ganz einfachen Eindruck, es sind übrigens noch keine zwei Jahrhunderte, daß sie zum erstenmal im Schrifttum aufgetaucht ist, — aber ihre Entstehung verursacht den Sprachforschern nicht wenig Kopfzerbrechen. Es gibt mehr als ein Dutzend Ableitungen dieser Redensart.

Führen wir zunächst jene an, die sich an das Musikinstrument Flöte halten. Ohne Anspruch, als ernste Erklärung zu gelten, erzählt ein Bechsteinsches Märchen von drei Musikanten, die ausgezogen waren, die Schätze eines Zauberschlosses zu gewinnen. Geiger und Trompeter erleiden bald Fiasko, und sie ziehen sich ins Wirtshaus zurück. Mittlerweile gewinnt der Flötenbläser Königstochter, Schloß und Schätze. Die beiden Kameraden warten vergeblich in der Schenke auf den Dritten, und schließlich resignieren sie, er sei flöten gegangen. Ernst gemeint ist aber die Erklärung von Borchardt-Wustmann und Söhns: flöten gehen heiße ursprünglich mit seiner Flöte gehen, um sich durch die Welt zu schlagen (also etwa wie fechten). Das Grimmsche Wörterbuch gibt für flöten gehen = verschwinden „die natürlich scheinende und schöne Deutung aus dem sich verlierenden Flötenlaut". (Gilt aber das allmähliche Verhallen nicht auch vom Ton anderer Instrumente?) H. Schrader argumentiert wie folgt: flöten = pfeifen (auch ohne Instrument); pfeifen drückt aber Verachtung aus, z. B. ik will di was fleutgen, ich pfeif dir was; in Friesland sagt man: ich setze dich auf den Daumen und pfeif dich nach Ägypten (un fleid di na Ägypten). Demnach wäre flöten gehen = weggeblasen werden, d. h.

verschwinden. Andresen schließt sich in der Hauptsache dieser Erklärung an und denkt auch an trotzige Jungen, die vom Lehrer Schelte bekommen haben und beim Verlassen der Schule ihrem Ärger durch flöten (= pfeifen) Luft, buchstäblich Luft, machen. Flöten gehen wäre also in diesem Falle: aus der Schule verschwinden. Und als letzte der Erklärungen, die an der Flöte festhalten, die von Richter-Weise: flöten gehen = auf dem letzten Loch der Flöte spielen, d. h. dem Ende, dem Tode nahe sein.

Aber viele andere Sprachforscher versuchen es, ohne die Flöte auszukommen. Wenn wir absehen von der Erklärung K. O. Erdmanns aus ,,valeten gehen'' (von Handwerksburschen, die Valete = lateinisch ,,Lebet wohl'' sagen, wenn sie auf die Wanderschaft gehen) greifen fast alle flötenlose Ableitungen auf niederdeutsche oder niederländische Sprachelemente zurück. Fromann und Wöste weisen auf vloten = schwimmen hin; vloten gan wäre also etwa: über See gegangen. Sandvos leitet flöten gehen aus niederdeutsch verleden gan = verloren gehen ab; andere verweisen auf niederländisch pleiten gan = vor Gericht gehen, prozessieren, wobei zur Entstehung der Redensart flöten gehen wohl auch die Auffassung nötig ist, prozessieren sei gleichbedeutend mit Schaden leiden, zugrunde gehen. In der holsteinischen Mundart wurde der Ausdruck flütten gan = Ort verändern, umziehen (dänisch flytte, schottisch flite = ausziehen) ausfindig gemacht, und auch für diese Wurzel werden (z. B. von Andresen) die Vaterschaftsrechte am Ausdruck flöten gehen reklamiert. Man denkt auch an fleeten (was mit flott, Flotte, Floß zusammenhängt) = fließen; flöten gehen demnach: wegfließen, unwiederbringlich wie das Wasser des Flusses. Gutmacher erinnert daran, daß fleeten = fließen im Niederdeutschen auch der volksmäßige Ausdruck für Harnlassen ist; er ist flöten gegangen sagt man also von jemand, der sich zum bewußten Zweck entfernt hat. (In Ostpreußen: ,,hei pößt söck weg'' – von einem, der sich unter dem Vorwand eines Bedürfnisses wegschleicht.) Eine andere Deutung bringt flötengehen in der Weise mit fleeten = fließen in Verbindung, daß die Redensart mit niederdeutsch Fleet = städtischer Kanal zusammenhänge: weil den dort waschenden Frauen über dem eifrigen Schwätzen die Wäsche flöten gehe.

Daß man alle diese zum Teil sehr gekünstelten Erklärungen wagen konnte, ehe es die richtige gab, ist begreiflich. Merkwürdig ist nur, daß mancher Sprachforscher an seiner Erklärung noch festhält, obgleich die (u. a. von den Wörterbüchern Weigands und Heynes vertretene) Herkunft der Redensart jetzt schon einwandfrei feststeht. Flöten gehen kommt von jenem hebräischen Worte peletah, Flucht, von dem auch die Ausdrücke Pleite (Ruin, Bankrott) und pleite gehen stammen. Während im Fall von Pleite das hebräisch-ostjüdische Element durch die fränkisch-oberdeutsche Gaunersprache in die deutsche Umgangssprache eingedrungen ist, kommt im Falle des Flötengehens das hebräische Element über den Umweg Portugal–Holland–Niederdeutschland ins Hochdeutsche. Peletah lautete in der Aussprache der portugiesischen Juden feletah. Die niederländischen Judengemeinden waren hauptsächlich von Flüchtlingen von der iberischen Halbinsel bevölkert. Ihr Idiom beeinflußte die Sprache der Amsterdamer Geschäftsleute. Von Holland kommt auch feleta ins Niederdeutsche. 1755 wird als hamburgische mundartliche Redensart notiert: „Dat Geld ist fleuten gahn." Die portugiesische Verwandlung des Wortes hat eine fein und deutsch anmutende Lautform ermöglicht, und so konnte das spanisch-jüdische flötengehen literaturfähig werden, indes das sozusagen identische ostjüdische pleitegehen mit der Zugehörigkeit zur niederen Umgangssprache vorlieb nehmen muß.

FUGGER, FUGGERN, SO WIE FUGGERS HUND

Ein altes Sprichwort lautet: wer gäbe, so lang man nähme, der vergäbe sich vor Nacht, wenn er auch dreier Fugger gut hätte. Reichtum und Macht der Fuggers, dieser seit dem 14. Jahrhundert bekannten, später geadelten Augsburger Kaufmannsfamilie, die im 16. Jahrhundert eigene Münzen schlagen lassen durfte, Päpsten und Monarchen Geld leihen und Kaiserwahlen beeinflussen konnte, war sprichwörtlich und fand mancherlei Niederschlag in den europäischen Sprachen. Rabelais, der gerade in jenem Jahre zum Priester geweiht wurde, als das rollende Fuggergeld die Kaiserwahl zugunsten Karls V. entschied, gebrauchte wiederholt das Gleichnis: reicher als les Foucres (auch les Fouques) d'Auxbourg. Bis zur Mitte des 18. Jahrhunderts wurde der Eigennamen Fugger in Deutschland wie ein gewöhnliches Hauptwort mit der Bedeutung Großhändler, reicher Mann, Wucherer gebraucht. Zur scheltwortartigen Verwendung des Familiennamens Fugger ging besonders von Luther der Anstoß aus, dessen Gegner von den Fuggers bekanntlich kräftig unterstützt wurden. Gott, schreibt Luther einmal, gibt wohlfeiler und borgt freundlicher „denn die fucker und hendler auf erden thun". Und in seiner Schrift „An den Christlichen Adel deutscher Nation" heißt es, man solle „warlich auch den fuckern ein zaum in maul legen". Mittlerweile sind die Wörter Fucker, fuggern in der Schriftsprache untergegangen, aber sie leben teilweise noch in Mundarten fort. Im schwäbischen Franken z. B. bedeutet fuggern: Handel treiben, schachern. Fuggern sagt man dort besonders auch von der Frau, die Gegenstände des Haushalts hinter dem Rücken ihres Mannes verkauft. Auch aus der Schweiz, besonders aus Luzern, wird ein Hauptwort Fuger, gewöhnlich „der riche Fuger", im Sinne reicher Mann gebucht. Im Luzernischen gibt es auch ein Zeitwort: fuckeren, im Sinne handeln, tauschen, mit dem Nebenbegriff des unredlichen Gewinnsuchens. Im Elsaß wird besonders der kleine Tauschhandel der Kinder fuckere genannt.

Der appellative Gebrauch des Eigennamens Fugger beschränkt sich nicht auf die deutsche Sprache. Das Holländische kennt den Ausdruck een rijke fokker (vielleicht hängt auch der Namen des berühmten holländischen Flugzeugkonstrukteurs damit zusammen), spanisch fúcar (kommt bei Cervantes vor) und portugiesisch fucaro = Millionär, sehr reicher Mann. Auch in einer nicht indogermanischen Sprache hat der schlechte Ruf der Fugger Spuren hinterlassen. Das große Augsburger Bank- und Handelshaus, das im 15. und 16. Jahrhundert die Bergwerke Spaniens, Tirols und Kärntens in Händen hatte, ließ sich auch von Wladislaus II. und Ludwig II., den beiden letzten ungarischen Königen vor Beginn der Türkeninvasion und der Habsburgerherrschaft, die Goldbergwerke und das Münzrecht Ungarns verpachten und erwarb auch das Recht auf gewisse Abgaben. Die nicht sehr zartfühlenden Vertreter und Unterpächter jener größten Firma des europäischen Frühkapitalismus erfreuten sich in Ungarn geringer Beliebtheit und das Wort fukar, das zunächst die allgemeine Bedeutung Zoll- und Steuerpächter hatte, bekam den Sinn: geldgieriger Mensch. So wie auch das Wort „Geiz" den Bedeutungsübergang von dem ursprünglichen Sinn Habgier zu dem von Knauserei durchgemacht hat, verschob sich auch die Bedeutung von ungarisch fukar weiter und heute bedeutet fukar nicht einen Habgierigen, sondern, gleichlautend als Haupt- und Eigenschaftswort: Geizhals, geizig.

Eine ältere deutsche Redensart, die heute kaum noch gebraucht wird, lautet: es so machen, wie Fuggers Hund. Die Erklärung für diese Redensart findet sich nach Schmellers Hinweis in Luthers Tischreden. Der Hund eines Fuggers sei abgerichtet gewesen, das für seines Herrn Küche bestimmte Fleisch Tag für Tag in seinem Korb von der Fleischbank zu tragen. Er vergriff sich nie an dem anvertrauten Fleisch und konnte sich auch die durch den Fleischgeruch herbeigelockten fremden Hunde vom Leibe halten. Eines Tages fielen sie aber in großer Überzahl über ihn und den Fleischkorb her. Als er sah, daß alles Bellen und Beißen nichts mehr nützte und seine Würste und Braten unrettbar den Hunden verfallen war, besann er sich nicht lange und — hielt eben auch mit beim Schmause. In der Weltgeschichte hat es schon manchmal der Mächtige mit dem Schwächeren, den er eine Zeitlang vor anderen schützte, so gehalten „wie Fuggers Hund".

AUF GROSSEM FUSS LEBEN

= einen kostspieligen Lebenswandel haben hängt mit der Geschichte der Fußbekleidung zusammen. Schnabelschuhe, d. h. Schuhe mit langen, vorn emporgehobenen Spitzen, trug man schon im Altertum. (Von ihren klassischen Vorfahren haben auch die Neugriechen von heute den Schnabelschuh in ihre Nationaltracht, zur Fustanella, dem faltigen Röckchen, übernommen.) Im Mittelalter kam diese Fußbekleidung an den Höfen wieder auf und wurde gegen Ende des Mittelalters große Mode, besonders in Frankreich, wo die Überlieferung besteht, Gottfried Plantagenet, Graf von Anjou hätte die Schnabelschuhe in Mode gebracht; ihm selbst sei daran gelegen gewesen, einen häßlichen Auswuchs auf einem seiner Füße zu verbergen. (Dieselbe kostümgeschichtliche Anekdote wird auch auf den englischen König Heinrich II. und auf einen Grafen Fulko von Angers bezogen.) Das Gehen war übrigens durch jene langen Spitzen so erschwert, daß besondere Vorkehrungen getroffen werden mußten (z. B. wurden besondere zweiabsätzige Holzsohlen, in Deutschland Trippen genannt, um die Schnabelschuhe geschnallt; auch wurde oft die Spitze des Schnabels durch ein dünnes Kettchen, dessen anderes Ende am Knie oder an den Fesseln befestigt war, hochgehalten.) Begreiflicherweise erschweren die langen Schuhspitzen das Niederknien, und die päpstliche Kurie hat daher wiederholt (z. B. im Jahre 1367) Verbote gegen sie ausgesprochen; übrigens hat auch Karl VIII. 1490 ein solches Verbot für Frankreich erlassen.

In Frankreich nannte man die Schnabelschuhe souliers à la poulaine, wobei es nicht klar ist, ob an einen Vergleich mit dem erhöhten Hinteren der Henne (poule) oder mit dem Schiffsbug, Schiffsschnabel (poulaine) zu denken ist. Nach anderer Deutung sind die souliers à la poulaine „Schuhe nach polnischer Art". Polaine oder Poulaine ist nämlich die alte Schreibweise von Pologne, und in England hießen die Schnabelschuhe seit dem 14. Jahrhundert tatsächlich crackowers, was auf die alte polnische Königsstadt Krakau hinzuweisen scheint.

Hinsichtlich der Länge der Schuhspitzen wurde auf eine gewisse ständische Abstufung geachtet. Im Frankreich Philipp Augusts (Ende des 12. und Anfang des 13. Jahrhunderts) war die Länge des Schuhschnabels je nach der gesellschaftlichen Stellung auf 6, 12 oder 24 Zoll bemessen (nach Spencers „Herrschaft des Zeremoniells"). Im 14. Jahrhundert hatte der Schuh eines französischen Prinzen (eigentlicher Schuh und Schnabel zusammen) die Länge von etwa $2^1/_2$ Fuß, also etwa 80 cm. Ein Baron durfte es sich bis zu 2 Fuß leisten, ein Chevalier bis zu $1^1/_2$ Fuß. Bürger durften mit Schuhen von 1 Fuß Länge vorlieb nehmen. Aus unzähligen Verordnungen jener Jahrhunderte gegen den Luxus in der Kleidung geht hervor, daß man in allen Schichten trachtete, vornehmer zu erscheinen, als es einem nach geschriebener oder ungeschriebener Übereinkunft zukam, und wer „auf großem Fuß lebte", war entweder jemand, der sehr vornehm war, oder jemand, der besonders vornehm zu erscheinen trachtete. Die Redensart „auf großem Fuß leben" im heutigen Sinne stellt also eine Übertragung aus dem Wörtlich-Konkreten ins Seelische, Sittliche dar; und wenn wir heute scherzhaft die Redensart auf jemand anwenden, der große Füße hat, so findet eine Rückübertragung aus dem Abstrakten ins Konkrete statt.

Auf die Sitte der Schnabelschuhe weist auch eine französische Redensart hin: avoir du foin dans ses bottes, wörtlich Heu in seinen Schuhen haben = reich sein. Der lange, spitzige Teil der Schnabelschuhe, wohin der Fuß nicht hinreichte, wurde nämlich mit Heu ausgestopft, damit die Spitze sich gut halten sollte, und wer Heu in seinen Schuhen hatte, war also ein vornehmer Herr, dem das Recht auf lange Schnabelschuhe zustand. Daneben gibt es noch die französische Redensart être sur un grand pied dans le monde (auf großem Fuße in der Welt sein) = eine große Rolle in der Welt spielen.

GABEL

Im bekannten englischen Film „Das Privatleben Heinrichs VIII."
sieht man den König Geflügel mit den Händen essen, und der Zuschauer will in dieser überall viel Heiterkeit auslösenden Einzelheit die hemmungslose Gier des lebensfrohen Renaissancefürsten erkennen. Aber in der ersten Hälfte des 16. Jahrhunderts aß in England noch niemand mit der Gabel. 64 Jahre nach Heinrichs Tod, im Jahre 1611, beschreibt der Engländer Thomas Corgate unter dem Titel Crudities (Roheiten) seine Italienreise, und er ist erstaunt und entzückt über die vornehme Art der Florentiner, mit Gabeln zu essen. Er nahm auch aus Florenz einige Gabeln nach London mit, wo man ihm dann den Beinamen Furcifer, Gabelträger, anhängte.

Auch nach Deutschland kam die Eßgabel erst im 17. Jahrhundert. Das Wort „Gabel" (althochdeutsch gabala, verwandt mit altindisch gabhasti = Deichsel, wozu auch lateinisch gabalus = gabelförmiger Galgen) gab es im Deutschen allerdings auch früher, aber es bedeutete zunächst nur eine Wagendeichsel oder ein zwei- oder mehrzinkiges landwirtschaftliches Gerät (Heugabel, Mistgabel); die Kelten kannten auch ein gabelförmiges Kampfgerät. Zum Essen wurde noch keine Gabel verwendet. Das Fleisch nahm man aus der gemeinsamen Schüssel mit den Fingern heraus; Hauptsache war, daß man überhaupt „sich viel herausnehmen" könne, was nicht etwa als Wortspiel zu verstehen ist, sondern wörtlich, denn der Ursprung dieser Redensart weist wirklich auf die Entnahme der Speisen aus der gemeinsamen Schüssel hin. Auch bei Naturvölkern vermissen wir im allgemeinen den Gebrauch der Gabel zum Essen. Nur die Fidschi-Insulaner kannten schon die Eßgabel, ehe ein Europäer noch den Fuß auf ihre Eilande setzte. Beim Verzehren von Menschenfleisch bedienten sich die Fidschileute stets großer Gabeln aus Kasuarinenholz, denn aus religiösen Gründen (Tabu) scheuten sie die mittelbare Berührung des Menschenfleisches. Wahrscheinlich aßen sie also schon fein säuberlich mit der Gabel zu einer Zeit, als im zivilisierten Abendland der Feinschmecker Lucullus, der vorbildliche Petronius, Dante und Beatrice, Petrarca und Laura, Kaiser und Päpste das Fleisch noch mit ihren angeborenen „fünfzinkigen Gabeln" anfaßten. Erst gegen Ende des Mittelalters kam die Gabel als Tischgerät in Konstantinopel auf, woher sie bald nach Italien gelangte. Sie diente zuerst noch nicht unmittelbar dem einzelnen Teilnehmer an der Tafel. Die Diener legten mit ihr das Fleisch aus der Hauptschüssel auf die Teller der einzelnen Gäste vor. Und auch so blieb der Gebrauch der Vorlegegabel auch in der Renaissance noch lange eine vornehme Seltenheit. Dann beginnt allmählich, wenn auch zunächst nur vereinzelt auch der Gebrauch der Eßgabel. Nun konnte man Braten essen und dabei die Finger sich rein bewahren. Trotz dieses Vorteiles setzte sich der allgemeine Gebrauch des neuen Geräts nicht leicht durch. Selbst von der Kanzel wurde gegen sie gepredigt: eine Beleidigung Gottes sei die Scheu davor, seine Gaben mit den Fingern anzufassen. Die Kongregation des heiligen Maurus untersagte ihren Mitgliedern ausdrücklich den Gebrauch der Gabel. Der Deutsche Moscherosch zählt sie um die Mitte des 17. Jahrhunderts zu den „welschen Possen"[1].

Das geometrische Schema der Gabel, das Auslaufen in (parallele oder auseinanderstrebende) Zinken, gibt zu verschiedenen sprachlichen Wendungen Anlaß. Ein Weg gabelt sich, es gibt Gabeläste, Gabelgeweihe, auch eine Gabelantilope. Die zu einem V-förmigen Knochen verwachsenen Schlüsselbeine der Vögel heißen Gabelknochen (furcula). Im Schachspiel gibt man mit dem Bauern eine Gabel, wenn man schräg vorwärts nach rechts und links zwei Figuren gleichzeitig angreift. Die Artillerie schießt sich mit Hilfe der Gabel ein, d. h. mit Hilfe von beabsichtigten Kurz- und Weitschüssen, innerhalb deren sie dann das Ziel richtig berechnet. Gabeln heißt in der Gaunersprache schwören, wegen der Form der zum Schwur gestreckten Finger. Auch die Volkssprache kennt diesen Ausdruck. So gibt es z. B. im Plattdeutschen die Redensart: wenn ik mein Recht man erst up der Gaffel (auf die beiden Schwörfinger) hebbe. In der Gaunersprache heißt der Scharfrichter auch Gabler, und das erinnert daran, daß die Römer mit gabalus einen

---

[1] Zu beachten ist auch, daß der Gabel in der Völkerpsychologie ein Element der Unheimlichkeit anhaftet (im Gegensatz zum Löffel, zu dem der Mensch gleichsam eine familiäre, gemütliche Beziehung hat; vgl. das Stichwort Löffel). Daher spielt die Gabel auch eine gewisse Rolle im Aberglauben. Sticht man mit einer Gabel in den Dampf der Milch, so sticht man Gott, heißt es in der Schweiz. In Mecklenburg: greift man mit einer Gabel in ein Gefäß mit Milch, so schädigt man den Euter der Kuh, die die Milch gab. Wer mit der Gabel auf den Tisch schlägt, ruft die Not. Auch zum Tönen darf man sie nicht bringen, sonst glaubt der Teufel, man rufe ihn. (Vgl. das „Handwörterbuch des deutschen Aberglaubens".)

gabelförmigen Galgen bezeichnet haben. Auch der Mensch selbst ist, als zweibeiniges Wesen, eine Gabel: ,,Die Gabel, die man braucht zum Gehen", heißt es in Dantes Inferno, und König Lear spricht vom ,,armen, nackten zweizinkigen Tier".

GALGEN

In Frankfurt a. M. fällt es auf, daß in den Straßennamen ein besonderer Kult mit dem heiligen Gallus getrieben wird (Gallusstraße, Gallusanlage usw.). Der Ire Gallus hat wohl in deutschen Landen das Christentum verbreitet, aber weitab vom Main, am Bodensee; der Namen des von ihm gegründeten Sankt Gallen weist noch auf ihn hin. Die Frankfurter Straßen haben nichts mit jenem Heiligen des 7. Jahrhunderts zu tun. Gallus ist in diesem Falle ein Euphemismus, ein verhüllender und beschönigender Ersatz für Galgen. Die bereits im 14. Jahrhundert in Frankfurt verzeichnete Galgengasse (vicus patibuli) wurde im 18. Jahrhundert zur Gallusgasse verfeinert. Gleichzeitig wurde über den Galgenhäuserbrunnen das Bildnis des heiligen Gallus gestellt. Auch in Zeitz in Sachsen stieß sich das Volksempfinden am ,,Galgentor", darum hieß es dann harmloser: Kalktor[1]. Ein Hügel bei Gotha mit dem Namen Galberg war auch einmal ein Galgenberg. Dasselbe gilt vom Kahlenberg bei Zug und Luzern[2].

Weniger leicht hatte es der Galgenhof in Nürnberg vor dem Frauentor, seinen peinlichen Namen loszuwerden. 1592 taufte ihn sein Eigentümer Christoph Glockengießer auf Glockenhof um. Die Ratsherren zogen ihn wegen dieser Eigenwilligkeit zur Verantwortung, anerkannten nicht seine Rechtfertigung, die Ersetzung des ,,abscheulichen Namens sei niemands nachteilig oder beschwerlich", und bestanden darauf, daß er ,,dieselbigen Wortt (nämlich den neuen Namen) auslöschen lassen soll". Aber schließlich mußte der Namen Galgenhof doch weichen[3].

---

1) Angeblich hängt auch die frühere hamburgische Bezeichnung Hoheluft-Chaussee mit einem einstigen Galgenstandort zusammen. Über das Assoziieren vom Gehenktwerden mit Luft und Wind vgl. S. 136.

2) Flurnamen, die das Wort Galgen (oder Nebenformen wie Gallen, Gallus) enthalten, sind überhaupt häufig anzutreffen. Allein im schwäbischen Sprachgebiet sind etwa 110 Galgenberge gezählt worden, daneben unzählige-mal Galgenbronn, Galgenbrück, Galgenäckerle usw.

3) Übrigens ist aus der Abscheu vor dem Galgen nicht nur um die Beseitigung des Wortes Galgen, sondern auch wegen des Standortes des Galgens

In früheren Zeiten war es nicht so leicht möglich, das Wort Galgen — wie den Strick aus dem Hause des Gehenkten — aus dem täglichen Sprachgebrauch zu bannen, dazu war die Einrichtung selbst räumlich und zeitlich zu gegenwärtig. Begriff und Wort kannten schon die alten Germanen. Tacitus berichtete von ihnen, daß sie Verräter und Überläufer auf Bäumen aufknüpften. Dabei war es die schwerere Strafe, am dürren Holz zu hängen; „auf den grünen Zweig zu kommen" war gleichsam eine Auszeichnung für den Delinquenten[1]. Bevorzugt wurde der germanische Baum, die Eiche, daher „Hang-Eiche", auch „Hangebaum". Die Goten gebrauchten das Wort galga von Christi Kreuz. Die Urbedeutung ist wahrscheinlich Baum, Ast. Man vermutet eine Verwandtschaft mit litauisch zalga, armenisch dzalk = Stange. Die althochdeutsche Form ist galgo, kalgo[2]. Hierher gehört galge in den skandinavischen

---

selbst mancher Streit ausgefochten worden. Dominik Müller, der witzige Poet der Basler, schildert in einem Gedicht einen Galgenstreit aus dem 14. Jahrhundert. Johann von Arguel zu Basel mag den Galgen auf dem Lysbüchel nicht, er hat Besitztümer rings und findet, so ein Galgen stehe dagegen herzlich schlecht. Denn wo so nah die Gehenkten baumeln im Wind, da ist es nicht wohnlich. Er setzt es durch, daß des Klosters Sankt Alban Grund fürs Gerüste bestimmt wird, und nun war dort der Hanfgerechtsame luftiges Reich. Aber auch die Mönche wollen die Affenschande nicht dulden und sorgen dafür schlauerweise, daß der Galgen morscht, und einmal bricht er unter der hochnotpeinlichen Last zusammen. Der Arguel fürchtet bereits, daß der Galgen auf sein Besitztum zurückverlegt wird und errichtet heimlich bei Nacht auf dem Klostergrund ein Dreibein aus wetterfesten Stein — und der hält stand, so viele man auch henkt. Erst lange nach Arguels Tod erreichten die Mönche vom Rat der Stadt des grausigen Gestells Verschwinden von ihrem Grund.

1) Nach anderer Auffassung soll die Redensart auf keinen grünen Zweig kommen = es zu nichts Rechtem bringen auf eine Form der altgermanischen Besitzübertragung zurückgehen, wonach dem Käufer vom Verkäufer eine Scholle des verkauften Grundstückes mit einem hineingesteckten Zweig übergeben werden mußte. Nach Seiler ist aber der grüne Zweig in der Redensart nur das Sinnbild des Blühens und Gedeihens. („Grün" ist ja auch „des Lebens goldner Baum".) Auch mit Hiob 15, 32 wird der grüne Zweig in Verbindung gebracht.

2) Ob nicht auch der Namen der siebenbürgischen Gemeinde Galgo (im Komitate Szolnok-Doboka) zu dieser Wortsippe gehört? Vielleicht haben die Wanderzigeuner die germanische Wurzel in diese, deutsche Ansiedelungen nicht aufweisende Gegend Siebenbürgens verschleppt. In einem 1726 in Dresden erschienenen Buche, das die Beschreibung des Zuchthauses zu Waldheim und auch ein Wortverzeichnis der Verbrechersprache enthält, finde ich jedenfalls für Galgen als zigeunerisch angegeben: galgo. (Oder ist an die slawische Wurzel

Sprachen und das englische gallows. Im alten deutschen Schrifttum wechseln die Formen Galg, Galge, Galige, Galigen ab. ,,Du pist ein Loter und ein Pueb, der Galig ist dein Eribtail", heißt es in einem Fastnachtsspiel.

Die Phantasie des Volkes beschäftigte der Galgen und das Hängen begreiflicherweise sehr lebhaft, und das drückt sich auch im Reichtum sprachlicher Wendungen aus. Auf den Galgen spielt z. B. die Redensart an: er muß herhalten — nämlich seinen Kopf, damit er gehängt wird. Wer am Galgen vertrocknen soll, ersäuft nicht im Wasser, lehrt das Sprichwort. (Bei Abraham a Santa Clara: was an Galgen gehört, findet in Donau kein Grab.) Der Familiennamen Streckfuß kommt vermutlich von einem Vorfahren, der am Galgen endete. Unzählig sind die Umschreibungen für den Galgen, wie etwa Feldglocke, Kloster zu den dürren Brüdern, zum schwarzen Rabenzweig. Solchen Umschreibungen begegnen wir auch in Schillers Räubern. Roller spricht von der Sakramentsleiter, auf der er in Abrahams Schoß steigen sollte, und zu Spiegelberg sagt er: Moriz, Moriz, nimm dich in acht vor dem dreibeinigen Tier. (Das für sieben Delinquenten[1] bestimmte Gerüst bestand nämlich in der Regel aus drei senkrechten Balken, die mit Querpfosten verbunden waren. Jean Paul spricht in der satirischen Schilderung eines Galgenjubiläums vom ,,dreibalkigen Telegraph"; die drei Pfeiler nennt er ,,die Eckpforten der Sittlichkeit"; der Galgendreizack sei ,,die trinomische Wurzel der städtischen Sittlichkeit". Dieser dreisäulige Galgen hieß auch ,,Hochgericht" im Gegensatz zum einfacheren Schnell-, Wipp- oder Kniegalgen.) Auch ungarische Ausdrücke sind auf die Dreizahl zurückzuführen: so gibt es die Schelte háromfa gyümölcse (,,Dreibaumsobst") für einen galgenwürdigen Menschen.

Aus Wörterbüchern und Sammlungen von Redensarten läßt sich eine lange Liste ,,witziger" Bezeichnungen des Hängens

---

kal = Kot, Lehm zu denken?) Im Spanischen bedeutet übrigens galgo Windhund (aus canis gallicus, gallischer Hund, da die Römer, die zunächst nur das Pirschen kannten, die Hetzjagd von den Kelten lernten) mit vielen übertragenen Anwendungen, z. B. echale un galgo = hole ihn der Teufel.

1) Daher ist sieben ,,die Galgenzahl" und ,,sieben machen einen Galgen voll". Ein Galgenvolk sagte man noch in der Mitte des vorigen Jahrhunderts scherzhaft für eine Gesellschaft von sieben Personen. Über die Siebenzahl gingen die deutschen Galgen selten hinaus und der Luzerner Ratsherr Hans Schürpf machte große Augen, als er auf seiner Pilgerfahrt nach Jerusalem 1447 in Rhodos 63 Türken an einem Riesengalgen baumeln sah.

zusammenstellen, ‚‚ein rechtes Stück vom Kriegs- und Siegshumor unserer Vorfahren'' (Hildebrand). Nur einige seien hier aus der Fülle ausgebreitet: er muß mit dem hanfnen Gaul oder mit dem dürren Baum reiten, eine Hanfsuppe essen, durch einen Ring gucken, in ein hänfnes Schnupftuch niesen; er wird mit einem hanfnen Kragen verziert, zu einer hänfnen Bratwurst zu Gast gerufen, mit Seilers Tochter getraut, mit Jungfer Strick kopuliert, erwürgt an einer Brezel, die der Seiler gebacken hat; er muß an einer hänfnen Holzbirn würgen, am grünen Baum in Hanf ersaufen, die Luft über sich zusammenschlagen lassen, ein lustiges Ginkele-Gankele machen; er wird mit des Seilers Halstuch beschenkt; er wird Abt bei den dürren Brüdern; er will sehen, was da fleucht, nicht was da kreucht; er stirbt an der Halskrankheit, er verdirbt an der hänfnen Sucht; er tritt mit dem Kopf in den Stegreif, er hebt an zu traben, wenn der Wind weht; er macht einen Bammelmann, er ist am Strick zu Schaden gekommen, er ist an einer Halskrankheit gestorben; er wird mit einem Spieß erschossen, daran man Kühe bindet; er muß sich mit den Krähen durch ein Pfund Hanf beißen; er wird zum Lufttrocknen aufgehängt, als Schwengel in der Feldglocke gebraucht, er wird mit Jungfer Hänfin einen lustigen Sprung von der Leiter tun; er geht mit den vier Winden zum Tanz, er muß im Wind[1] rechtsum und linksum exerzieren; er hängt an der Herberge zu den drei Säulen als Bierzeichen aus, er ist zum Feldbischof erhöht und gibt den vorbeigehenden Leuten mit den Füßen den Segen usw. Hebel spricht vom gefährlichen Gang, wenn einen die Strickreiter ergreifen, bei Goethe (Sprüche in Reimen) heißt es: er gibt den vier Winden Tritte. ‚‚Ist es nicht wunderbar'', ruft H. Schrader aus, ‚‚daß unser Volk über diesen einen Gegenstand ein halbes

---

1) Die Gedankenverbindung zwischen dem Gehenkten und dem Wind hat tiefere völkerpsychische Begründung. Es gehörte zum Wesen dieser Hinrichtungsart, daß der Gehenkte nach seinem Tode eine Zeitlang hängen blieb, preisgegeben den Winden. Das Hängen, schreibt F. Byloff, ist jene Art des Menschenopfers, das sich an den Windgott richtet. Der am dürren Ast einer Eiche aufgezogene Verbrecher wird nicht nur bildlich, sondern in Wirklichkeit den Lüften und ihren Bewohnern ausgeliefert (‚‚den Vögeln des Himmels zur leckeren Speise''). Der germanische Obergott Wotan ist ursprünglich ein Elementardämon des Windes gewesen und sein heiliger Vogel ist der Rabe (die ‚‚Galgentaube''). Hier sei auch die abergläubische Vorstellung angeführt, daß Selbstmord durch Erhängen schlechtes Wetter hervorruft; ‚‚jetzt holt den Schuster der Teufel'', ist eine Redensart bei Windwetter.

Schock witziger, freilich spöttisch-derbe verhüllender Redensarten gefunden hat, die doch jedenfalls von feiner Beobachtung und großer Phantasie Zeugnis ablegen[1]."

Vielleicht ist aber solcher Stolz auf einen überlegenen Reichtum der deutschen Sprache an Umschreibungen des Gehenktwerdens gar nicht begründet. Denn einige Redensarten dieses Schlages vermag bei näherem Zusehen immerhin auch das Französische aufzuweisen[2], z. B. il se balance au bout d'un ficelle, er schaukelt am Ende einer Schnur, il garde les moutons à la lune, er hütet die Mondschafe, il donne la bénédiction avec sa pieds, er erteilt mit seinen Füßen den Segen, daher ist der Gehängte évêque de la campagne, Feldbischof; on lui a donné une cravate de chanvre, man hat ihm eine Hanfkrawatte gegeben, il file sa corde, er spinnt seinen Strick, d. h. er wird dem Galgen nicht entgehen, il est chatouilleux de la gorge, er ist kitzlig am Halse, d. h. er ist reif,

[1] Was dem Galgen recht ist, kann dem Henker billig sein. Auch seine Vorstellung übt auf den synonymenbildenden Trieb der Volkssprache einen kräftigen Reiz aus. Else Angstmann hat in einer umfangreichen und gründlichen Heidelberger Dissertation (1926) die volkstümlichen deutschen Namen des Henkers gesammelt. Einige seien aus der großen Fülle hier angeführt. Meister Abkürzer, Meister Auweh, Meister Balz (aus Balthasar), Meister Benedix (auch Luther nennt den Henker so, von benedicere = segnen), Dolcher, Tolman, Dallinger (über Rotwelsch aus hebräisch talah = aufhängen), Diler, Tiller (von Diele = Brett, der Vorgängerin der Guillotine), Freimann (an das Freimannsloch im Salzburgischen knüpfen sich Schatzgräber- und Scharfrichtersagen), Gabler (von lateinisch gabalus = gabelförmiger Galgen), Halbmeister (da er nicht die Rechte des ehrlichen Handwerksmeisters genoß), Hämmerlein („dieser Name, eine euphemistische Umschreibung des Teufels, dann auch des Henkers, ist eigentlich eine verblaßte Personifikation des Hammers des germanischen Donnergottes", der Galgen: „Meister Hämmerleins Gerüst"), Kofler, Kafler, Kaviller (rotwelsch: Abdecker), Meister Knüpfauf, Meister Kurzab, Marterer, Nachrichter, Peinlein, Rumpfrecker, Scharfkoch, Scharfrichter, Schürpfer, Weiziger (althochdeutsch wizi = Strafe, Qual), Zwicker. Auch der Namen der Verfasserin jener Studie kommt im älteren Niederdeutsch als Henkersbezeichnung vor: Angstmann (z. B. in einer Zerbster Ratsrechnung von 1525: „1 gulden 8 gr dem angestmanne, als ehr den spitzbuben zur stadt aussteupt"). Es war vermutlich ein Fall von „Verpflichtung des Namens", daß Else Angstmann sich den Henker zum Gegenstand ihrer Doktorarbeit wählte. Kluges Etymologisches Wörterbuch zitiert in seiner neuen Auflage ihre vortreffliche Arbeit beim Stichwort henken, verschreibt aber den Verfassernamen zu „Angermann" und stellt damit eine neue Assoziationsbrücke zum Revier des Schindangers her.

[2] Man vgl. auch die unter dem Stichworte Guillotine angeführten französischen Ausdrücke.

gehängt zu werden. Jemanden hängen heißt faire danser sous la corde, ihn unter dem Strick tanzen lassen oder faire regarder par un fenêtre de corde, durch ein Strickfenster schauen lassen. Der Strick heißt auch cravate de chanvre oder collier de chanvre, Hanfkrawatte, hänfnes Halsband; der Galgen selbst ist l'arbre sans feuilles, der Baum ohne Blätter, auch kurz le sans-feuille oder jambe-en-l'air, Bein-in-die-Luft. Andere, ältere Argotausdrücke für den Galgen: béquille (Krücke), giffle, fourdolle, crédo, turterie. Auf der Doppelbedeutung von noyer (als Zeitwort = ertränken, als Hauptwort = Walnußbaum) beruht das Wortspiel: noyer sur un noyer, jemand auf einem Walnußbaum ertränken. Graf Bonneval, der berühmte Abenteurer, der unter Prinz Eugen gegen die Türken kämpfte und schließlich türkischer Pascha wurde, schreibt in seinen Erinnerungen für gehängt werden immer: mourir verticalement (senkrecht sterben)[1].

In Mérimées durch die Oper berühmt gewordener Novelle „Carmen" warnt die Zigeunerin Don José davor, sich mit ihr einzulassen, „sonst könnte es geschehen, daß sie dich an eine Witwe mit Hanfbeinen verkuppelt". Auch die Guillotine heißt übrigens im Pariser Volksmund La Veuve. Bei Victor Hugo heißt einmal der Galgenstrick veuve. Im Londoner Slang ist die Frau des Gehenkten die Hanfwitwe (hempen widow); er selbst tanzt über dem Nichts (dances upon nothing). Auch im Englischen ist von einer hanfnen Krawatte (hempen crawat) die Rede.

Übrigens weist im Zusammenhang mit dem Galgen schon das Altertum beschönigende Umschreibungen auf. Die Römer nannten den Galgen manchmal Graecum Pi, da sie offenbar eine Ähnlichkeit zwischen seiner Form und der des großen griechischen Pi (Π) sahen[2]. Wenn der Grieche jemand an den Galgen wünschte, so sagte er apag eis korakas, scher dich zu den Raben.

Reichlich ist das Wort Galgen auch in Zusammensetzungen vertreten. Da ist vor allem das Wort Galgenstrick bemerkenswert. Allerlei Aberglauben knüpfen sich an den Strick des Gehenkten;

---

1) Man vgl. eine „Ortsneckerei" unter den slowakischen Juden gegen die Einwohner der Stadt Neutra, die sich keines guten Rufes erfreuen: in Neutra gehe man zum Leichenbesuch auf Leitern.

2) Man vgl. damit eine alte ungarische Umschreibung des Hängens: hosszu bötüt csinállattak belölle, einen langen Buchstaben machte man aus ihm. Hier wird allerdings nicht der Galgen, sondern der Gehenkte (daher Langgestreckte) einem Buchstaben verglichen.

man kann Krankheit mit ihm heilen, von Spielern wird er als glückbringend geschätzt (la corde du voleur porte bonheur); wer auffallendes Glück hat, von dem heißt es, er habe den Strick des Gehenkten in der Tasche, avoir la corde de pendu dans sa poche. (Die französischen Henker, die an Abergläubige kleine Stücke vom Strick verkauften, kamen um ein gutes Einkommen, als die Guillotine eingeführt wurde[1].) Im übertragenen Sinn bedeutet das Wort Galgenstrick auch den, der den Galgen verdient; daher ist die Lösung des bekannten Rätsels, das mit dem schwungvollen Satze endet: „von dem Zweiten umschlungen schwebt das Ganze zum Ersten empor": Galgenstrick. Weitere Zusammensetzungen mit Galgen: Galgenberg (der Galgen stand immer an auffällig erhöhter Stelle)[2], Galgenvogel (eigentlich der Rabe, aber auch die Rabenspeise, d. h. der Gehenkte, bzw. der des Galgens Würdige), Galgenmännlein (der Alrauneaberglauben ist in letzten Jahrzehnten durch einen erfolgreichen Unterhaltungsroman wieder sehr bekannt geworden), Galgenzierde, Galgengesindel, Galgengelichter, Galgenphysiognomie, Galgenmahlzeit (Henkersmahlzeit), Galgenfrist (d. h. die sehr kurze), Galgenreue (d. h. die zu späte, bei Lichtenberg und Jean Paul heißt sie Galgenbekehrung), Galgenfreude (z. B. in Jeremias Gotthelfs „Uli" für Schadenfreude) und Galgenhumor (der sich zum Teil auch in diesen Wortbildungen selbst betätigt).

Zu erwähnen ist noch, daß auf verschiedenen Sondergebieten Gegenstände, die einen Querbalken aufweisen, auch den Namen Galgen tragen. Es gibt einen Galgen beim Ziehbrunnen, bei

---

[1] In Böhmen schützt der Strick des Gehenkten vor Blitz. In vielen Gegenden wird, damit die Tauben an den Schlag „gefesselt" werden, am Eingang der Strick eines erdrosselten Menschen aufgehängt. Der mannigfache Strickaberglaube hängt gewiß mit dem Schlingenmotive zusammen, daß eine große Rolle im Glauben und Brauch der Völker spielt (Monographie von Scheftelowitz). Schon Plinius lehrt, daß man sich gegen Fieber einen Strick, der von einem Kreuze herrührt, um den Hals binden soll. In Tirol hängt man einem an Bräune Erkrankten eine rote Schnur, mit der eine Kreuzotter erwürgt wurde, um den Hals. Zwecks Heilung einer Halskrankheit wurde an der oberen Lahn einem Leichnam mit einem Stricke die Hände zusammengebunden, worauf der Kranke den Strick lösen und ihn drei Tage auf der bloßen Haut tragen mußte.

[2] Verführt vom lautlichen Anklang hat man oft das Golgatha des Neuen Testaments mit dem „Galgenberg" sprachlich gleichgesetzt. Es besteht aber keine sprachliche Verwandtschaft. Golgatha bedeutet hebräisch Schädel, und der Hügel bei Jerusalem hieß so wegen seines schädelförmigen Aussehens.

Schleusen, im Dachstuhl, bei Webereigeräten usw. In der Schweiz bedeutet „Galgen" auch Hosenträger. In einem schweizerischen Dokument aus dem Jahre 1675 wird den Mannspersonen das Tragen „deren mit allerhand gefarbten Seiden gestebete (gesteppte) und geblüemte Gälgen verboten". (Vergleichsgrundlage: die an dem Träger, wie an einem Galgen herunterhängenden Hosen? oder von dem bei der alpenländischen Tracht die zwei Stränge des Hosenträgers verbindenden Querstreifen?) Dazu ist zu beachten, daß auch das englische Wort für Galgen, gallows die Nebenbedeutung Hosenträger hat. Auch französisch potence = Galgen bedeutet neben dem Hinrichtungsgerät auch harmlose Gegenstände, z. B. verschiedene T-förmige Träger in der Technik, den Arm einer Lampe, die Krücke (daher die französische heraldische Bezeichnung des Krückenkreuzes — das man in Österreich jetzt Kruckenkreuz nennt — croix potencée, wörtlich Galgenkreuz).

Zur Erklärung der Redensart falsch wie Galgenholz wird meistens angeführt, es sei alles verächtlich, was mit dem Galgen zusammenhängt, und so sei eben auch etwas, das aus Galgenholz geschnitzt worden ist, aus schlechtem Holz, falsch. Eine andere Erklärung zieht das Kreuz Christi heran. Splitter davon wurden im Mittelalter in zahlreichen Kirchen des Abendlandes gezeigt (Richter-Weise: „in solcher Menge, daß man aus ihnen Hunderte von Kreuzen hätte zusammentragen können"). Im Heiligen Lande und in der Levante bestand ein schwunghafter Handel mit angeblichen Splittern vom echten Galgen auf Golgatha, so daß schließlich die Reliquien, die fromme Pilger für ihre heimatlichen Kirchen mitbrachten, nicht viel Glauben fanden und sogar zur Entstehung der Redensart „falsch wie Galgenholz" Anlaß gaben. Eine dritte Deutung der Redensart will etwas von einem Hessen namens Fritz Galgenholz im 15. Jahrhundert wissen, den der Landgraf wegen Spionage für den Feind hinrichten ließ. Wenn es überhaupt diesen Mann gab, empfehle ich, lieber anzunehmen, jener Verräter habe eben wegen seiner Falschheit den Übernamen Galgenholz bekommen.

GAS

Das Wort Gas ist erst Ende des 18. Jahrhunderts anläßlich der Berichte über die ersten Luftschiffahrtsversuche in Frankreich, den 1783 erfolgten Ballonaufstieg der Brüder Mongolfier, aus der Fachsprache der Chemie in den allgemeinen deutschen Sprachgebrauch gelangt, nachdem Campes Vorschläge „Dunstluft" und „Luftgeist" nicht durchzudringen vermochten. Wieland plauderte 1783 im Oktoberheft seiner Zeitschrift „Merkur" ironisch über jene Versuche und über die „Aëropetomanie" der Pariser; er gebraucht dabei die Ausdrücke „brennbare Luft" und „der Gaz" abwechselnd.

Das Wort Gas ist oft fälschlicherweise auf das mundartliche „gäscht, gischt, gest" (von einem älteren Zeitwort: jesen, Vergangenheit: jas) = gären in Verbindung gebracht worden. Das Wort ist aber vom Brüsseler Arzte und Alchemisten Baptista von Helmont (gest. 1644) künstlich konstruiert worden: hunc spiritum, incognitum hactenus, novo nomine Gas voco — diesen bisher unbekannten Geist nenne ich mit neuem Namen: Gas. „Gewiß eine der willkürlichsten Worterfindungen, die jemals gemacht wurden", sagt dazu Wundt, und der Mystiker Helmont selbst schrieb, er habe das Wort „mit paradoxer Freiheit" (paradoxi licentia) geschaffen.

Aber so weit ist es mit der Freiheit nicht. Freud hat bereits in seinen ersten Untersuchungen des Assoziationsvorganges, die ihn zur Begründung der psychoanalytischen Lehre geführt haben, nachgewiesen, wie schwer es ist, etwa auch nur ein einzelnes Wort willkürlich und zusammenhanglos, undeterminiert auszusprechen. Wenn man einen Dichter daraufhin analysiert, warum er einen bestimmten Namen für seinen Helden gewählt hat, einen Fabrikanten, welchen Markennamen er für sein Erzeugnis prägt, zeigt sich jeweils die „Überdeterminierung", die aus mehreren Quellen herrührende Begründung.

So überdeterminiert ist auch die Erfindung des Wortes Gas. Der Alchimist Helmont meinte, Gas sei eine Materie, die dem Chaos der antiken Auffassung (Plato; Lukas 16, 26) am nächsten verwandt sei. Chaos bedeutet griechisch Leere, Kluft (von chainein = klaffen), vielleicht ist auch das deutsche „gähnen" damit weitläufig verwandt. Paracelsus, der als Vorgänger Helmonts angesehen werden kann, gebraucht Chaos im Sinne von Luft, leichter Dunst, feiner Geist. In der holländischen Aussprache klingt übrigens g und ch (Gas und Chaos) sehr ähnlich.

Gas klingt aber auch an Blas an. Blas (gebildet aus dem Zeitwort blasen) war ein hypothetischer Begriff Helmonts, er verstand darunter die kalte Luft, die von den Sternen ausgehe. „Gas et Blas nova quidem sunt nomina a me introducta."

Und die dritte Quelle: mit Wundt darf man annehmen, daß auch das Wort Geist den Flamen Helmont bei der „willkürlichen" Erfindung des Wortes Gas beeinflußt hat.

Vielleicht hat übrigens Helmont, dem die Feinheit und Leichtigkeit des von ihm beschriebenen „Gas" vorschwebte, bewußt oder unbewußt auch an das gerade zu jener Zeit aus Frankreich allgemein in Mode gekommene dünne Gewebe Gaze gedacht. (Die Herkunft dieses Wortes ist semitisch; es kommt entweder aus arabisch kazz = Rohseide oder von der Philisterstadt Gaza in Palästina, wo dieses feine Gewebe angeblich erzeugt wurde.)

In diesem Zusammenhang sei noch erwähnt, daß auch das Wort Ozon eine von einem Chemiker eingeführte künstliche Bildung ist. Friedrich Schönbein schuf 1840 das Wort zur Bezeichnung einer Modifikation des Sauerstoffes (O) unter Zugrundelegung des griechischen Zeitwortes ozein = riechen, duften. Ozon ist also das Riechende. (Verwandt: lateinisch oleo = stinken, französisch odeur = Geruch.)

GAUNER

In seinem 1858 erschienenen, grundlegenden (die Gaunersprache betreffend allerdings unzulänglichen) Werk über das deutsche Gaunertum hat der Lübecker Polizeidirektor Avé-Lallemant das Wort „Gauner" als Abkürzung von Zigeuner aufgefaßt. Andere haben Gauner in Zusammenhang gebracht mit rotwelsch Gannef = Dieb (in Berlin neuerdings in breiterer Bedeutung: der Ganowe, die Ganowen), was auf das gleichbedeutende hebräische gannab zurückgeht. Eine dritte Etymologie versucht das italienische ingannare = betrügen heranzuziehen. Alle drei Ableitungen sind aber abzulehnen, zumal da die ursprüngliche deutsche Form gar nicht Gauner, sondern Jauner, Joner ist. Dabei ist j nicht etwa die norddeutsche Abänderung für g, denn gerade in Südwestdeutschland taucht das Wort zuerst auf, und zwar mit dem Anlaut j. Für die Mitte des 15. Jahrhunderts ist in Südwestdeutschland und in der Nordwestschweiz rotwelsch junen, verjunen = spielen, verspielen bezeugt. So schreibt die Basler Chronik um 1430: so sy (die Vaganten) trunken werden, so hebet sich ein junen, das ist ein spilen, mit den rüblingen, das sint würffel. Für 1490 ist gebucht

Juoner mit der Bedeutung Spieler, Falschspieler mit Würfeln und Karten. Erst im 18. Jahrhundert wird die Bedeutung auf alle Arten von Eigentumsverbrechen erstreckt, auf Diebstahl, Betrug, Falschmünzerei usw. Besonders die heimatlos herumziehenden Strolche hießen Jauner. Neben dem Ausdruck Rotwelsch war für die Sprache der „unehrlichen Leute" das Wort Jänisch oder Jenisch gebräuchlich, und zwar besonders in Österreich (für die Wiener Kellnersprache 1740 gebucht), gelegentlich aber auch in elsässischen und schwäbischen Mundarten, einmal auch bei Jean Paul. „Jenischer Adel" war eine scherzhafte Gesamtbezeichnung für Bettler, Diebe, fahrende Leute, herumziehende Händler. Dieses jänisch, jenisch war aus Jauner, Joner gebildet. In der Literatur kommt Gauner zuerst 1753 bei Lessing vor, aber Schiller spricht noch 1751 in den Räubern von Jaunern, Jaunerhorde; „der Herr traut meiner Jaunerparole ohne Handschrift", heißt es im Fiesko; dort wird der Mohr auch „ein drolligster Jauner" genannt. Neben Jauner kommt aber bei Schiller auch Gauner schon vor; in den Räubern heißt es einmal: „du (Spiegelberg) bist wohl der erste Gauner, der über den hohen Galgen weggesehen hat; auch bezeichnet der Pater Karl Moor als Gaunerkönig.

In der Erkenntnis, daß der Anlaut j der ursprüngliche ist, hat man die oben erwähnten Ableitungen von Zigeuner bzw. von Gannef als unbefriedigend angesehen und den Ursprung des deutschen Wortes anderswo gesucht, wobei alle Ableitungsversuche zu hebräischen Wurzeln zu führen scheinen. Meistens sieht man im hebräischen Zeitwort janah = niederschlagen, (beim Geschäft) drücken (Partizip joneh), neuhebräisch jono = betrügen, den Vorfahren des deutschen Wortes. Alfred Landau hat jedoch eine neue überraschende Erklärung gegeben. Er führt Gauner auf hebräisch jawan = Grieche zurück; daraus wurde im jüdischen Jargon jowen = schlaues, hinterlistiges Volk. Daß jawan, der hebräische Name der Griechen mit dem Namen Ionier zusammenhängt, dürfen wir um so eher annehmen, als der Namen der Ionier ursprünglich Iawones lautete. Unter den Griechen waren besonders die Ionier die Träger der Handelsbeziehungen im Orient, und die Verallgemeinerung des Begriffs „Ionier" zu „Grieche" durch das Hebräische ist daher nicht verwunderlich. Das Wort Gauner wäre demnach ein entarteter Zwillingsbruder des Wortes Ionier, wie etwa Strolch von Astrolog. (Über andere solche ungleiche

Wortbrüder siehe die Stichwörter „authentisch, Effendi" und „loyal, legal"¹.)

Zum Verständnis des Umstandes, daß aus dem hebräischen Namen des griechischen Volkes im Jüdischen und durch Vermittlung des Rotwelsch in der neuhochdeutschen Schriftsprache ein Schimpfwort geworden ist, muß daran erinnert werden, daß der Grieche seit jeher einen zweifelhaften Leumund bei anderen Völkern hatte. Schon Cicero spricht abfällig von griechischer Treue (graeca fides). Mangels Vertrauenswürdigkeit nur gegen Barzahlung kaufen können, heißt bei Plautus: mit griechischem Kredit handeln (graeca fide mercari). Traue keinem Schritt der Griechen, sagt Iphigenie bei Euripides. Im 4. Jahrhundert beklagt sich der hl. Hieronymus, daß die Christen von den Heiden „Griechen", d. i. Betrüger, genannt werden. Wenn man einen Türken fragt, „wirst du Wort halten", antwortet er beleidigt „ich bin doch kein Grieche"; bei den türkischen Zigeunern heißt der Grieche Balamo, d. h. Betrüger. In Frankreich hatte grec im 16. Jahrhundert die Bedeutung: listiger, schlauer Hofmann. Später wurde grec in Frankreich — und dagegen konnten wiederholte griechische Proteste bei Herausgebern französischer Wörterbücher nichts ausrichten — gleichbedeutend mit Falschspieler. Im 18. Jahrhundert, das so reich war an herumziehenden vornehmen Abenteurern größeren und kleineren Formats, machte man in Frankreich viel böse Erfahrungen mit Falschspielern, und das Bedürfnis nach einer prägsamen Bezeichnung solcher zweifelhafter Glücksritter war gegeben. Und so stellte der schon auf das Altertum zurückschauende üble Leumund der Griechen der französischen Sprache das Wort zur Bezeichnung des Falschspielers zur Verfügung. Es ist für die Griechen, schreibt Nyrop, ein geringer Trost, daß die meisten berüchtigten „Griechen" der Rokokozeit eigentlich — Italiener waren. Für den um die Mitte

---

1) Der Landauerschen Etymologie gegenüber ist immerhin zu bemerken, daß die sprachliche Assoziierung zwischen den Begriffen „Grieche" und „Betrüger" zwar — wie die obigen Belege zeigen — bei verschiedenen Völkern feststellbar ist, daß aber gerade bei den Juden die hohe Schätzung des griechischen Geisteslebens deutlicher im Vordergrund steht, als der Gedanke an griechische Hinterlist. Chochmass-juwon = griechische Philosophie klang früher sehr achtungsvoll im jüdischen Mund. In Rußland wurde von den Juden dann allerdings das Wort jawan, juwon allgemein zur Bezeichnung der griechisch-orthodoxen Christen, d. h. der Russen, verwendet, und chochmass-juwon bekam die verächtliche Bedeutung: russische Bauerndummheit.

des 18. Jahrhunderts in Frankreich bereits festgelegten Sinn des Scheltwortes „grec" zeugt u. a. ein 1758 (mit Druckangabe London) erschienenes französisches Buch: Histoire des grecs ou de ceux, qui corrigent la fortune au jeu (Geschichte der Griechen, das ist jener, die im Spiel das Glück korrigieren). In erweitertem Sinne bedeutet seit dem 19. Jahrhundert grec in der französischen Umgangssprache auch allgemein: falsch; so z. B. grec marquis, grec colonel, grec anglais im Sinne: falscher Marquis, falscher Oberst, falscher Engländer. In der Bretagne hat grec auch die Bedeutung: habgieriger Egoist; être grec = geizig, grausam sein. Auch im englischen Slang heißen Falschspieler greeks oder levants (Levantiner = Christen des Morgenlands). Bei französischen Schriftstellern findet man übrigens für Gauner, Falschspieler als Ersatz für grec manchmal auch die Umschreibung péloponésien.

GAZETTE

Dank Friedrichs des Großen oft herangezogenem, weniger oft befolgten Ausspruch, daß Gazetten, wenn sie interessant sein sollen, nicht geniert werden müssen, hat sich die Kenntnis des Fremdwortes Gazette = Zeitung in Deutschland erhalten. Der König kannte das Wort vor allem aus dem Französischen. Ungefähr zur gleichen Zeit, aus der die ältesten politischen Zeitungen Deutschlands stammen (1601 Augsburg und Straßburg), erschien in Frankreich „La Gazette", „gleich witzig durch den Gegenstand wie in der sprachlichen Form", wie der bekannte Münchner Zeitungshistoriker Prof. d'Ester schreibt. Das Wort Gazette wurde zur Bezeichnung für eine Mischung von mehr oder weniger genauen Nachrichten, satirischen und politischen Bemerkungen. 1631 gründete Théophraste Renaudot die erste französische politische Zeitung „Gazette de France", die sich selbst wie folgt charakterisierte: bref donc, soit en mal soit en bien, la Gazette n'ignore rien — kurz gesagt, im Guten wie im Bösen, nichts übersieht die Gazette. Im Jahre 1771 ließ in Paris der berühmte Pamphletist und „Revolverjournalist" Thevenau de Morande einen „geharnischten Gazetier" erscheinen (Le Gazetier cuirassé).

Nach Frankreich war das Wort aus Italien gekommen, wo gazzetta dell novità, kurz gazzetta, schon im 16. Jahrhundert gleichbedeutend mit Zeitung war. Es ist naheliegend, das italienische Wort als eine Verkleinerungsform aufzufassen. Schmeller und Körting sahen in gazzetta das Diminutiv von gazza = Elster, ,,indem die ersten Zeitungen etwa geschwätzigen Elstern verglichen worden wären". Auf die Ableitung von Gazette aus dem Namen der Elster gründet sich jene Strophe in Giambattista Castis ,,Animali parlanti" (Sprechende Tiere, 1792—99), wo als die ersten Zeitungsgründer die Elstern bezeichnet werden (che la gazze sian le prime, che standesser le gazette), diese verlogenen, schwatzhaften und käuflichen Tiere (bestie mendaci, garrule e venali). Boshaften Leuten mag vielleicht bei dieser Etymologie der belustigende Gedanke kommen, daß im Wappen der siebenten Großmacht die Ente das Feld nun mit einem anderen Vogel, der Elster, teilen müßte, zumal da die Elster nicht nur als geschwätzig[1], sondern auch als diebisch gilt, aber jene Vogeletymologie ist aus der Luft gegriffen; auch die Nebenbedeutungen von gazette im Französischen: Klatschbase, abgedroschene Geschichte, haben sich nicht aus dem italienischen Namen der geschwätzigen Elster, sondern erst aus dem Begriff der Zeitung entwickelt. Ganz kurios ist die Ableitung von gazzetta im alten etymologischen Wörterbuch des Portugiesischen von Francisco Solano Constancio: von deutsch ,,Ganz-Zeit"!

Gazzetta war der volkstümliche Namen einer in Venedig zuerst in der ersten Hälfte des 16. Jahrhunderts geprägten Scheidemünze, die auch in Dalmatien und in der Toskana und sogar in der Levante im Umlauf war. Sie galt zwei Solidi, und das war der Preis der ersten Zeitungen, die in Venedig erschienen. So mußte man z. B. in Venedig 1536 je eine Gazzetta zahlen für die handschriftlichen Nachrichten über den Krieg mit Soliman II. Der Namen der Münze wurde auch zum Namen der Zeitung selbst, ein seltener Typ der Bedeutungsübertragung vom Preis auf die Ware[2].

---

1) Er babbelt wie e Atzel (schwatzt wie eine Elster), sagt man in Frankfurt. Und im Französischen: bavard comme une pie borgne, schwatzhaft wie eine einäugige Elster.

2) Teilweise diesem Übertragungstypus gehört das Wort Marzipan an, das mit Gazette auch gemeinsam hat, daß es ein venezianischer Münzennamen orientalischer Herkunft ist, der in übertragener Bedutung von Venedig aus Weltgeltung erlangt hat. Marzipan ist nicht persisch märzäban (Markgraf), noch lateinisch Marci panis (Gebäck zu Ehren des heiligen Markus), noch Martis panis (Märzbrot, d. h. Neujahrsbrot, da das alte römische Jahr mit März begann), hat auch mit griechisch maza = Kuchen nichts zu tun, sondern stammt nach Kluyvers Beweisführung von arabisch mauthaban = sitzender König (zu wataba = ruhig sitzen). Eine zur Zeit der Kreuzzüge in der Levante verbreitete

In der venezianischen Redensart aver gazzetti (= Geld haben) ist die ursprüngliche Bedeutung von gazzetta auch heute noch erhalten geblieben.

Die Etymologie von Gazette = Zeitung kann bei der Zurückführung unseres Fremdwortes auf die alte venezianische Scheidemünze nicht stehen bleiben. Wie kam es zum Namen jener Münze? Nach dem bisherigen Stand der Forschung scheint das italienische Wort gazzetta als Namen jener Münze die Verkleinerung von altpersisch gaza = Schatz, Reichtum, Kronschatz[1] zu sein. (Wahrscheinlich ist auch Ghaza, der Namen der einstigen Philisterstadt in Südpalästina, mit dem persischen gaza = Schatz gleichzusetzen; von diesem palästinensischen Ortsnamen leitet sich vermutlich das Wort Gaze ab, die Bezeichnung für lose gewebte, durchscheinende Stoffe aus Seide, Baumwolle usw., wenn es nicht aus arabisch kazz = Rohseide kommt.)

INS GEBET NEHMEN, KURZ ANGEBUNDEN, ZU PAAREN TREIBEN

Ins Gebet nehmen (= streng anfassen, in scharfe Zucht nehmen) deutet man gewöhnlich: den Tadel für jemand mit ins Gebet schließen, in den Text der Predigt nehmen, oder: dem reuigen Sünder nach der Beichte vorbeten. Angesichts der verwandten Ausdrücke abkanzeln, die Leviten lesen, den Text lesen, eine Strafpredigt halten ist diese Kombination wohl naheliegend, dennoch hängt die Redensart „ins Gebet nehmen" mit beten und Gebet nicht zusammen. Gebet ist hier vielmehr entstellt aus „Gebett", der niederdeutschen Form von Gebiß. Der Bauer nimmt das ungehorsame oder übermütige Pferd ins Gebiß, d. h. er knebelt ihm die Eisenstange ins Maul[2]. In der Schweiz hört man manchmal das

---

Münze hieß so, da sie eine sitzende Christusgestalt zeigte. Daraus wurde matapan und marzapan, der Namen einer venezianischen Münze, ferner auch ein Hohlmaß. Die Süßigkeit bekam den Namen Marzipan, weil sie in Schachteln mit Fassungsraum eines marzapane in den Handel kam. Einen dritten Fall, wo ein arabisches Wort als venezianischer Münznamen international bekannt geworden ist, sehen wir im Worte Zechine (s. das Stichwort Arsenal).

1) Persisch gaz-bar bedeutet Schatzträger, Schatzmeister, und daraus kommt nach Lokotsch der Namen des einen „Königs aus dem Morgenland" und aus Kaspar dann, weil es eine komische Figur war, Kasperle.

2) Brinkmann, der in seinem verdienstvollen, leider Torso gebliebenen Werke über Metaphern viele auf das Pferd bezügliche Redensarten anführt,

Zeitwort chlemmbiise in dem Sinne: jemand streng behandeln, d. h. ihm das Klemmgebiß anlegen. Derselbe Vergleich mit der strengen Behandlung des Pferdes liegt ja auch dem Ausdruck zügeln (oder im Zaum halten) zugrunde, auch Redensarten wie „die Zügel lockern", „die Zügel schießen lassen". Im Simplizissimus des Grimmelshausen ist zu lesen: „verhängte derowegen meinen Begierden den Zügel". Ähnliche Bilder gibt es auch in anderen Sprachen. Bei Cicero heißt z. B. refrenare libidines: Begierden zügeln (von frenum, Gebiß). Der Spanier sagt: poner frene a las leviandados, den Ausschweifungen das Gebiß anlegen.

Die strenge Behandlung des Tieres ist auch für eine andere Redensart die Vergleichsgrundlage. Kurz angebunden wird das Tier, d. h. das weidende Pferd, damit es keine großen Sprünge macht. Kurz angebunden[1] im übertragenen Sinne hieß daher zunächst: streng gehalten. Doch entwickelte sich daraus die Bedeutung: zurückhaltend, wortkarg, abweisend. In letzterem Sinne sagt Faust vom Gretchen: „Wie sie kurz angebunden war, das ist nun zum Entzücken gar." (Ein französischer Übersetzer des Faust dachte bei kurz angebunden wohl an „hochgeschürzte" Röcke und gab jene beiden Zeilen so wieder: et la jupe courte, d'honneur, c'est à ravir, ihr kurzer Rock, auf Ehre, entzückend; zufolge dieses Mißverständnisses des Übersetzers ist angeblich das Gretchen in der Pariser Oper einmal in kurzem Röckchen gespielt worden.) Eine Parallele zum deutschen Ausdruck „kurz angebunden" sei aus der argentinischen Vulgärsprache angeführt; in ihr heißt es von einem Manne, der längere Zeit zur geschlechtlichen Enthaltsamkeit gezwungen ist, esta a palo, er ist angepflockt, ein ursprünglich auf den Camps gebrauchter Ausdruck, wo die jungen Pferde vor dem Zureiten längere Zeit mit einem ganz kurzen, kräftigen Lederriemen an einen Pfahl angebunden werden, damit ihre Wildheit gebrochen wird.

Mit dem Pferde hängt auch die Redensart zu Paaren treiben zusammen. Nur als Kuriosum kann Adelungs Deutung gelten: „die

---

hat an die Dazugehörigkeit der Redensart „ins Gebet nehmen" nicht gedacht; offenbar, weil er, vorwiegend auf romanische Sprachen achtend, den deutschen Mundarten (und den aus ihnen zu erklärenden Entstellungen von Redensarten) zu wenig Aufmerksamkeit gewidmet hat.

[1] Borchardt-Wustmann: „Denken könnte man bei dem Bild an das junge Bäumchen, das zu kurz oder zu tief angebunden, jedem Windstoß nachgibt." Die Erklärung mit dem angebundenen Pferd gibt sich jedoch viel zwangloser.

getrennten Paare einer Prozession durch Gewalt wieder herstellen."
Zu Paaren treiben lautete ursprünglich: zum Baren treiben, und
damit ist auch die Herkunft der Redensart aufgezeigt. Barn, Baren
(wie Bahre, Bürde, Gebaren, Gebärde, gebären, entbehren, Gebühr
und auch griechisch pherein, lateinisch ferre zu einer indogermanischen Wurzel bher = tragen) ist ein veraltetes, in der
Schweiz und im Elsaß heute noch vorkommendes Wort, das die
Krippe, den erhöhten Futtertrog bezeichnet. In althochdeutschen
Texten heißt die Krippe im Stall zu Betlehem: barn. In Fischarts
„Bienenkorb" ist die Rede von Ketzern, die man „zum parren
bringen" wolle. Welcher kein ross am paren hat, sagt Hans Sachs,
derselbig soll zu fuss laufen. Das wilde Pferd, das aus dem Stall
ausgebrochen ist, wird wieder zur Krippe, „zum Baren getrieben".
Es muß sich also nicht etwa um den Spaziergang einer Töchterschule
handeln, wo die Gouvernante streng auf die Ordnung der Zweier-
reihen schaut, man kann auch ein einzelnes Wesen zu „Paaren"
treiben. Übrigens hat man auch an die Barren der ritterlichen
Turniere gedacht: zu Paaren treiben hieße demnach: den Turnier-
gegner an die Schranken drängen, daß er sich ergeben mußte.
Der Zusammenhang mit Pferd und Stall ist weitaus wahrscheinlicher[1].

Weitere Ausdrücke, die mit dem Pferd zusammenhängen, sind:
Anstrengung, angestrengt (d. h. im Strange eingespannt), am gleichen
Strange ziehen (Bismarck: „Ich glaube nicht, daß der Herr Ab-
geordnete Richter mit mir an demselben dynastischen Strang zieht"
— eine Anwendung, über die sich monarchiefeindlicher Spott leicht
hermachen kann), wenn alle Stränge reißen, über die Stränge hauen
(das mutwillige Pferd gerät beim Ausschlagen mit den Hinterbeinen
leicht aus dem Geschirr, d. h. über den Strang; hingegen beziehen
wir die Redensart „über die Schnur hauen" aus dem Leben des
Zimmermanns, der über den Balken, um ihn gradlinig zu behauen,
eine Schnur zieht und aufpassen muß, nicht darüber zu hauen[2]), in
den Sielen sterben (d. h. mitten in der Arbeit; die Sielen, verwandt

---

[1] Eine andere Etymologie bei Kluge-Götze: zu Paaren (barn) sei zurück-
zuführen auf mittelhochdeutsch bere = sackförmiges Fischernetz, und diese
Deutung stützt sich auf die Erklärung der Redensart durch Tappius 1539:
„Ins Netz treiben, so einschließen, daß es kein Entrinnen gibt."

[2] In der plattdeutschen Redensart: ut de Schnor treden (aus der Schnur
treten) ist das von Pferd und Wagen genommene Bild vielleicht durch die andere
Redensart aus dem Zimmermannsleben quer beeinflußt.

mit Seil, sind die Riemen der Zugtiere), sich vergaloppieren, Scheuklappen haben, sich auf die Hinterbeine stellen, umsatteln (= Beruf wechseln), der Hafer sticht ihn, ausgelassen (sind die Tiere, die man nach langem Stallaufenthalt ins Freie läßt), die Köpfe zusammenstecken, durchgehen, fest eingespannt sein, abgespannt sein, ausspannen, abspenstig machen (im 18. Jahrhundert: jemandem das Gesinde abspannen), auf den Zahn fühlen (dem Pferde, um sein Alter festzustellen – oder sollte das Bild vom Zahnarzt genommen sein, der den Herd des Schmerzes sucht?).

Auf das Reiten beziehen sich ferner die bildlichen Wendungen: kurz halten, anspornen, Kopf über Hals (fliehen), aus dem Stegreif (etwas erledigen, wie der Reiter, der dabei nicht vom Pferde steigt, also im Steigbügel, im Stegreif verbleibt), sattelfest sein, heruntergekommen sein (nämlich vom Pferd, wenn man keines mehr hat), sich aufs hohe Roß setzen, hochtrabend (ursprünglich wohl von Pferden gesagt, die trabend die Beine hochheben, aber auch den Reiter ins Auge fassend, der stolz die Fußgänger überragt; schon im Griechischen sagte man im übertragenen Sinne logos hippobamanos, berittene, d. h. stolz tuende, schwulstige Rede, im Gegensatz zu logos pezos, zu Fuß gehende, d. h. schlichte Rede; 1524 nannte Hieronymus Emser, der „Bock von Leipzig", seinen ehemaligen Hörer und Freund Luther einen „freveln und hochtrabenden Geist"). Das französische monter sur ses grands chevaux (auf seine großen Pferde steigen) = laut, mit Zorn sprechen gründet sich auf den Unterschied zwischen den der schweren Rüstung gewachsenen Turnierpferden und den kleineren Zeltern.

GEMÜT, GEMÜTLICHKEIT

„Und doch ist jede Wortüberlieferung so bedenklich. Man soll sich, heißt es, nicht an das Wort, sondern an den Geist halten. Gewöhnlich aber vernichtet der Geist das Wort oder verwandelt es doch dergestalt, daß ihm von seiner früheren Art und Bedeutung wenig übrig bleibt." (Goethe, Farbenlehre.)

„Die Deutschen", liest man in Goethes „Sprüchen in Prosa", „sollten in einem Zeitraum von dreißig Jahren das Wort Gemüt nicht aussprechen, dann würde nach und nach Gemüt sich wieder erzeugen." In manchem philosophischen Gedankengang gründet sich alles nur auf den schwer faßbaren Begriff des Gemüts, so daß man sich an den Ausspruch Christian Morgensterns erinnert, Philosophien seien „Schwimmgürtel, gefügt aus dem Korke der Sprache". Die Bedeutungsgeschichte der Wörter Gemüt und Gemütlichkeit stellt jedenfalls ein Stück deutscher Geistesgeschichte dar. Gemüt (althochdeutsch gimuati, mittelhochdeutsch gemüete und gemuot, mittelniederdeutsch gemode) bedeutet ursprünglich schlechthin Seele — im Gegensatz zu Leib. Des Galenus geradezu psychoanalytische These übersetzt Johannes Fischart im 16. Jahrhundert: „Nach des Gemüts Sitten und Gestalt — auch der Leib sich sittet und halt, — das Gemüt ziecht wie es will den Leib." Im 17. Jahrhundert schreibt Joh. Balth. Schupp, daß Alexander „ein groß Gemüthe bei einem kleinen Leibe", Karl der Dicke aber „nur einen großen Leib bei einem kleinen Gemüthe" hatte. Neben diesem allgemeinen Sinn Gemüt = Seele im Gegensatz zum Leibe kehrte das Wort im Laufe der Entwicklung immer mehr Sonderbedeutungen hervor. Es bekam u. a. den Sinn Charakter; z. B. ein redliches Gemüt, ein männliches Gemüt, ein niedriges Gemüt; ein Sprichwort lautet: „Der Fuchs verkehrt seine Haut, aber nicht sein Gemüt." Weitere Nuancen: etwa wie Herzhaftigkeit (daher „tapferes Gemüt"), wie Seelenverfassung (daher „gemütskrank"), Stimmung. Für Stimmung selbst hatte sich Adelung vergeblich bemüht, das Wort „Gemütsstellung" einzuführen. (Dazu Jean Paul: „Noch liegt das Wort bei ihm und wird nicht gangbar. Ich schlage es den Komikern zur Nutzung und Verbreitung vor; ihnen sind ja dergleichen Erfindungen ein schöner Fund.") Bei Goethe finden wir Gemüt sowohl ganz allgemein, im Sinne der Gesamtheit der seelischen Kräfte (z. B. in der Iphigenie: „so wende meinem Freunde dein Gemüt, dem würd'geren Manne zu"), als in der engeren Bedeutung Interesse, Teilnahme, Verständnis (z. B. heißt es im Egmont von König Philipp: „er hat kein Gemüt gegen uns Niederländer").

Vielfach wurde Gemüt im Sinne von Geist gebraucht. Im 17. Jahrhundert heißt es in den „himmlischen Liedern" des Johannes Rist: „Herr Jesu Christ, mein Bruder von Gemüthe" (= Bruder im Geist). Bei Kant ist das Geistige, die Vorstellungswelt, die Ideen, der Verstand im Begriff des Gemüts schon inbegriffen.

Anfangs des 19. Jahrhunderts bemächtigten sich aber — und dagegen kam auch ein Goethe nicht auf — die Romantik und die damals sogenannte Deutschtümelei des Begriffes Gemüt, er wurde als spezifisch deutsch erklärt und in Gegensatz zum Geist gebracht. Ganz neu war die Verlötung der Begriffe Deutschtum und

Gemüt damals allerdings nicht (Moscherosch schrieb schon 1644: „nun sind ein teutsches festes Gemüth und ein schlipferiger welscher Sinn anderst nicht als Hund und Katzen gegeneinander gerichtet"), aber erst anfangs des 19. Jahrhunderts wurde das deutsche Gemüt zum dauernden Belang. Gleichzeitig wurde den Wörtern Geist und Idee das sprachliche Adelspatent entzogen. Statt von der Idee von Gott sprach man nun vom Gemüt als Sitz der Religion. Gemüt hatte nun im Gegensatz zu dem an der äußeren Erfahrung orientierten Intellekt das „innere Leben" zu bezeichnen. Fichte wünscht, der künftige Gelehrte solle „im einsamen Nachdenken die verborgene und ihm selber unbewußte eigentümliche Tiefe seines Gemüts in das Licht der Sprache erheben". Und nach Schlegel ist die „eigentliche Lebenskraft der inneren Schönheit und Vollendung das Gemüt"[1]. Gemüt, tiefes Gemüt, treues Gemüt galt als gleichbedeutend mit deutschem Wesen. Die deutsche Innerlichkeit wurde dem französischen Esprit gegenübergestellt, und Arndt hält den Franzosen vor, daß ihnen „die schwärmerische, nordische Tiefe des Gemüts" fehle (übrigens auch „die volle südliche Naturkraft"[2]). Gegen das Schlagwort des Gemüts war selbst Goethes Opposition nicht aufgekommen. 1805 beklagte sich Goethe über eine Kunst, die „durch Frömmelei ihr unverantwortlich Rückstreben beschönigt ... Gemüt wird über Geist gesetzt".

Begreiflicherweise bediente man sich auch im Weltkrieg gerne des Schlagwortes vom Gemüt. Die Münchner „Jugend" eröffnete z. B. ihren Jahrgang 1917 mit einem Gedicht, dessen Kehrreim lautete: „Gesprengt, versenkt wird feste, — doch immer mit Gemüt." Auch in der nationalen Erhebung von 1933 läßt man dem Gemüt Ehre widerfahren; im „Völkischen Beobachter" vom 11. August äußerte sich z. B. Dr. Ernst Nobbe, Generalintendant des Deutschen

---

1) Schon früher hatten sich Mystiker innig empfundener Definitionen des Gemüts beflissen. „Ein Kraft ist in der Seele", schreibt Meister Eckhardt, „die heißet das Gemuete, die ist der Ufenthalt geistlicher Forme und vernünftiger Bilde." Jakob Boehme bezeichnet das Gemüt als „der Seele Wagen", „das Herz des Willens".

2) Andererseits fehlt es auf französischer Seite nicht an Spöttern über den Gemütsbegriff. So schreibt z. B. Prosper Mérimée 1854 aus Innsbruck in einem Briefe an Jenny Dacquin, die berühmte „Unbekannte", über die Tiroler Damen: „Sie haben riesige Füße, tragen unpassende Hüte, himmelblaue Stiefeletten und apfelgraue Handschuhe. Diese Eigenschaften machen vorwiegend das aus, was die Eingeborenen Gemüt nennen und worauf sie sehr stolz sind."

Nationaltheaters in Weimar: „Wir Deutschen wurzeln im Gemüt. Das Wort allein, dem man einen lächerlichen Klang zu geben versuchte, jagt schon unseren Feinden einen geheimen Schrecken ein. Uns selbst aber gibt es durch ewige Zeiten hindurch die Ahnung des Wunderbaren."

War Gemüt das reine dicke Gold der Dichter und Denker, so wurde für den deutschen Alltagsmenschen als flache Scheidemünze das Schlagwort Gemütlichkeit in Umlauf gesetzt. Zunächst hatte gemütlich allerdings nur bedeutet: „das Gemüt betreffend." Gemütlich im Sinne von herzlich, seelenvoll haben um 1723 die Herrenhuter aufgebracht, aus deren Schriften dann dieser Sinn in der zweiten Hälfte des Jahrhunderts allmählich in das allgemeine Schrifttum hinübersickerte. „Es sind erhaben ob Raum und Zeit die Ritter von der Gemütlichkeit", heißt es mit viel Behagen in einem Kommerslied von Adolf Krummacher.

Görres verhöhnt 1814 die Gemütlichkeit als Modebegriff der Deutschtümler: „Sie werfen ihre Augen herum nach einem solchen Mischkünstler und Giftmischer, der es verstände, den neuen Jargon zu reden, von Volkstum und volkstümlich, von Gemütlichkeit und der Herrlichkeit Teutschlands, von den Volksrechten und der Frömmigkeit teutscher Nation und von den raubgierigen Fremden." Und in den zwanziger Jahren schreibt Grabbe in „Scherz, Satire, Ironie und tiefere Bedeutung": „Die Wörter genial, sinnig, gemütlich werden so ungeheuer gemißbraucht, daß ich schon die Zeit sehe, wo man, um einen entsprungenen, über jeden Begriff erbärmlichen Zuchthauskandidaten vor dem ganzen Lande auf das Unauslöschlichste zu infamieren, an den Galgen schlägt: N. N. ist sinnig, gemütlich, genial." Ursprünglich nur das zu „Gemüt" gebildete Eigenschaftswort, bekam „gemütlich" eine Färbung ins Behagliche, und — wie Rudolf Hildebrand im Grimmschen Wörterbuch in seiner mit Recht berühmten meisterhaften Art formuliert — „gemütlich heißt nun auch, wer vor lauter Gemüt die Strenge des Denkens, wie die Entschiedenheit des Tuns scheut und dem Ernst des Lebens aus dem Wege geht oder ihn ganz übersieht, um nicht aus seinem gemütlichen Behagen hinausgetrieben zu werden". Sächsische und süddeutsche, besonders aber österreichische Gemütlichkeit („des heiteren Völkchens am Donaustrand") wird daher heute tadelnd fast öfter als rühmend angeführt; schon der Wiener Achtundvierziger Moritz Hartmann spricht in der Reimchronik des

Pfaffen Maurizius in einem Stoßgebet von „tödlichen Gemütlichkeiten". Und drei Jahrzehnte später höhnt Theodor Vischer im „Auch Einer" über die Vettermichelsgemütlichkeit.

Nur der Mutterbegriff Gemüt bleibt nach wie vor als deutsches Allgemeingut unantastbar und unverletzbar. Es fällt daher anderen Sprachen auch ziemlich schwer, Gemüt und Gemütlichkeit aus dem Deutschen zu übersetzen. Der Engländer z. B. muß für Gemüt je nach dem Zusammenhang feeling, soul, heart, mind, disposition, nature, kind setzen. Gemütlich muß in fremden Sprachen mit Synonymen, wie bequem, anheimelnd, behaglich, angenehm, freundlich, heiter, gutmütig, häuslich, vertraulich, zugänglich, leutselig, unförmlich, sentimental wiedergegeben werden. Die Redensart „es geht nichts über die Gemütlichkeit" z. B. übersetzt das englische Wörterbuch von Muret-Sanders: nothing like ease and comfort[1]; das französische von Sachs-Vilatte: rien de tel que d'avoir ses aises. An unseren Sprachgrenzen, „da hört sich die Gemütlichkeit auf"[2].

DAS GESICHT WAHREN

gehört zu den Redensarten der neuesten Zeit, die gleichsam vor unseren Augen und Ohren entstanden sind, allerdings ohne daß dieser Vorgang von anderen als zwei, drei Sprachforschern beachtet worden wäre. Im Jahre 1908 wurde eines Abends in einer deutschen Kleinstadt ein Stadtverordneter wegen öffentlicher Trunkenheit festgenommen. Als er am nächsten Morgen nüchtern entlassen wurde, raffte er seine ganze stadtväterliche Würde zusammen: „Da ich nun einmal hier bin, wünsch ich die Arrestantenzellen zu inspizieren." Eine Zeitung berichtete darüber unter der Überschrift: „Er wahrt sein Gesicht", und die kleine Nachricht mitsamt der Überschrift machte die Runde durch die deutsche Presse. Noch im gleichen Jahre kehrte dann diese mit einem Schlage

---

[1] Comfort ist anfangs des 19. Jahrhunderts aus England ins Französische gedrungen. Französische Schriftsteller haben sich oft gegen dieses Modewort gewendet; z. B. Sarcey: „Comfort ist das Wort eines egoistischen Volkes, das sein Ideal in der Befriedigung des Appetits und der physischen Bedürfnisse sieht; bien-être ist der französische Ausdruck."

[2] Das gilt aber nicht für die Grenze nach Ungarn. In kedély und kedélyes hat das Ungarische richtige Entsprechungen für die deutschen Wörter Gemüt und gemütlich. Es ist offenbar ein Fall von vollkommener Begriffsentlehnung ohne Wortentlehnung.

verbreitete Wendung auch in anderen Zusammenhängen in der deutschen Presse wieder. Damals veröffentlichte der „Daily Telegraph" ein aufsehenerregendes und beunruhigendes Interview mit Wilhelm II. über das deutsch-englische Verhältnis, und hätte dann nach einiger Zeit der Kaiser nicht öffentlich erklärt, er werde die Politik des Reichskanzlers nicht mehr durch persönliche Einmischung stören, so hätte Deutschland, so las man damals in einzelnen Zeitungen, vor aller Welt „das Gesicht verloren".

Die Philologen, die so unvermittelt eine vorher ganz unbekannte Redensart in den Zeitungsspalten auftreten sahen, standen zunächst einem Rätsel gegenüber. Da sich zeigte, daß englische Zeitungen zu gleicher Zeit to save the face, französische sauver la face gebrauchten, beschuldigten polternde Wustleute zunächst die deutschen Journalisten und Politiker, die sich dieses „Modewortes" bedienten, sie äfften wieder einmal den westlichen Nachbarn nach. Die Erörterungen, die sich auf Anregung von Wülfling in der Zeitschrift des Allgemeinen Deutschen Sprachvereins an die Redensart knüpften, brachten es aber bald an den Tag, daß sie weder englischen noch französischen Ursprungs sei, sondern — chinesischen. Schon früher hatten Forschungsreisende und Missionäre in Schilderungen Chinas gelegentlich die chinesischen Ausdrücke „das Gesicht wahren, das Gesicht verlieren" angeführt, aber erst der Expeditionsfeldzug der europäischen Großmächte gegen die aufständischen „Boxer" brachte es mit sich, daß der chinesische Ausdruck nach Europa verschleppt wurde. In allen Kriegen werden aus der Sprache der fremden Zivilbevölkerung Wörter und Redensarten aufgeschnappt. Während sich aber sonst meistens nur Wörter der alltäglichen Dingwelt in die Umgangssprache der Soldaten einnisten, hat in diesem Falle ein Feldzug dazu geführt, daß eine abstrakte Redensart, die mit einem wesentlichen und tiefverwurzelten Charakterzug eines Volkes zusammenhängt, in einen anderen Erdteil verpflanzt worden ist. Ein rheinischer Missionar in China, Pater Hötzel in Tungkun, beschrieb ausführlich, welchen Wert für den Chinesen die Wahrung des Gesichtes hat. Die Wirklichkeit hat für den Sohn der Mitte weniger Wert als der Schein. Wenn nur dieser gewahrt wird, ist alles gut. Gibt einer das Gesicht auf, so ist es gleichsam sittlicher Selbstmord, der oft zum wirklichen führt. Die Welt, die jeder Chinese um sich her bereitet und bereiten muß, besteht absichtlich und grundsätzlich aus Schein. Wahrhaftigkeit und Unwahrhaftigkeit sind nur verschiedene Mittel, ihn zu wahren. Ist der Schein gewahrt, so betrachten alle Beteiligten, auch jene, die sich wissentlich durch den Schein täuschen ließen, die Sache als vollkommen erledigt. Das Verlieren des Gesichtes ist eben ein Versagen in der ständig geübten Meisterschaft, den Schein zu wahren. Pater Hötzel protestiert übrigens gegen die Aufnahme der Redensart „das Gesicht wahren" in die deutsche Sprache, da sie sich auf eine uneuropäische Art der Heuchelei beziehe. Der Ausdruck dürfe höchstens für chinesische Verhältnisse gebraucht werden.

Mittlerweile hat sich aber die Redensart ganz durchgesetzt. Vom Boxerkrieg bis 1908 war noch eine Frist von acht Jahren nötig, bis die zunächst nur gelegentlich zwischen „Gänsefüßchen" angeführte chinesische Redensart in Deutschland und in Europa allgemeingültig wurde. In Deutschland setzte sie sich dank des geschilderten Arresterlebnisses jenes Stadtverordneten schlagartig durch. Den alten chinesischen Sinn, den Schein zu wahren, auch um den Preis einer zwar nicht verkannten, doch geduldeten Lüge, diesen ursprünglichen Sinn hat das Schlagwort bei uns allerdings fast ganz eingebüßt. Auch dürften die Schilderungen über diese Sonderart konventioneller Heuchelei für das chinesische Volk heute nicht mehr ganz zutreffen. Groß sind die politischen, wirtschaftlichen und geistigen Umwälzungen, die sich in China in den letzten zwei Jahrzehnten vollzogen haben, und manche der alten Tugenden und Untugenden ist mittlerweile verblaßt, um neuen Platz zu machen, die die Berührung mit Europa hervorsprießen läßt. Wenn man aber vernehmen will, was die Wahrung oder der Verlust des Gesichtes für den Chinesen vor ein, zwei Menschenaltern noch bedeutet hat, der lese z. B. die in den Vorkriegsjahren geschriebenen romanhaften Schilderungen von Eugen von Binder-Krieglstein aus der Mandschurei, „aus dem Lande der Verdammnis". Binder-Krieglsteins Diener, der verlogene Halunke Tuan-fu-tscheng — er verdiente, neben klassisch gewordene Gestalten von Rabelais, Cervantes und Shakespeare eingereiht zu werden —, versteht es, durch alle Gaunereien hindurch das Gesicht zu wahren, und in dem Augenblicke noch, da er als Raubmörder hingerichtet werden soll, schleudert er grinsend dem Mandarin ein raffiniert ausgedachtes Schimpfwort ins Gesicht, um das eigene nicht zu verlieren, wenn schon der Kopf verloren werden muß.

Über Wörter chinesischen Ursprungs s. das Stichwort Bonze.

GHETTO

Das Zusammenwohnen der Juden in bestimmten Stadtteilen (z. B. in Rom in Trastevere) kommt schon im Altertum vor, aber feststehende Namen für diese Quartiere entstanden erst im Mittelalter. In Deutschland bürgerte sich das durch Mauern und Tore abgesperrte Judenviertel im 13. Jahrhundert ein. Die heutige Judengasse in Straßburg führt z. B. ihren Namen seit mehr als 700 Jahren; er ist seit 1233 belegt (auch in den lateinischen Formen: vicus judaeorum, inter judaeos und apud judaeos). Im mittelalterlichen Italien hießen diese Viertel zunächst judaca oder judacaria, in Spanien juderia, in Frankreich juiverie, carrière des juifs, in Südfrankreich carriere, juzatoria.

Der Namen Ghetto taucht zuerst in Venedig auf: für das Stadtviertel, in das die venezianischen Juden im Jahre 1516 vereinigt wurden (geto nuovo). Der älteste schriftliche Beleg des Wortes ist wohl die vor kurzem vom Romanisten Curt Sigmar Gutkind nachgewiesene Mitteilung des venezianischen Geschichtsschreibers Marin Sanuto aus dem Jahre 1531, daß im „geto" von Venedig eine jüdische Theatertruppe spiele, daß aber der Rat der Zehn den Christen den Besuch der Vorstellungen verbiete. (Bekanntlich ist heute auch in Berlin Nichtjuden verboten, die Theaterveranstaltungen des Jüdischen Kulturbundes zu besuchen.) In Rom wurde 1556 ein Ghetto errichtet, zufolge der Bulle „cum nimis absurdum" Pauls IV., jenes Papstes, der auch als erster einen „Index" der verbotenen Bücher aufstellte.

Für die sprachliche Herkunft des Wortes Ghetto gibt es mehrere Erklärungen. Die Ableitung von talmudisch-hebräisch ghet = Absonderung, Scheidung (woraus auch im heutigen Judendeutsch „sich getten" = sich scheiden lassen) wird von vielen Sprachforschern, darunter auch von Littré, vertreten. Eine andere Hypothese, die Ghetto mit griechisch geiton = Nachbar in Verbindung bringt, hat kaum etwas für sich. Unbegründet erscheint auch die Annahme Sainéans, Ghetto sei ein Stutzwort aus italienisch borghetto (kleiner Marktflecken). Sonderbar ist die Ableitung bei Lokotsch: Ghetto von arabisch kubli = koptisch, ägyptisch, so daß Ghetto mit den Wörtern Zigeuner, ungarisch cigány, spanisch gitano, englisch gipsy verwandt wäre. J. Joffe hat 1926 in der jüdischen Festschrift für den Sprachforscher Alfred Landau für 1562 die lateinische

Bezeichnung „ghectus" für das Judenquartier in Rom belegt und glaubt daraus folgern zu dürfen, daß es sich eigentlich um das deutsche Wort „gehegt, eingehegt" handelt; ein Teil der römischen Juden habe damals deutsch gesprochen, sie dürften das abgeschlossene Judenviertel als „g'hegt" bezeichnet haben, und darauf beruhe nach Joffe der lateinische bzw. italienische Name Ghetto.

Am annehmbarsten klingt die Erklärung, daß Ghetto ursprünglich „Gießerei" bedeutet (von italienisch gettare, ghettare = gießen, zu lateinisch jactare) und daß das Viertel, das den Juden in Venedig zugewiesen wurde, nach einer benachbarten Kanonengießerei schon früher so geheißen haben mochte. „Ghetto" nach einer venezianischen Gießerei wäre also sprachgeschichtlich neben die Wörter „Arsenal" nach den venezianischen Werften und „Zechine" nach der venezianischen Münzstätte (s. das Stichwort Arsenal) zu stellen.

In deutschen Texten erscheint das Wort Ghetto seit 1627, zunächst nur auf die Judenviertel in Italien bezogen.

GRISETTE, LORETTE

„Von allem, was Paris hervorgebracht", schreibt Jules Janin, „ist zweifellos das Pariserischeste die Grisette. Sie können lange herumreisen auch in den fernsten Ländern und Sie werden wohl auch anderswo Triumphbogen, königliche Gärten und Museen, Prälaten und Kapitäne finden, aber nirgends etwas so junges, heiteres, so frisches, zartes, so feines, flinkes, so genügsames, wie das Ding, das man Grisette nennt." Schon Lafontaine dichtete: Une grisette est un trésor — car sans se donner de la peine — et sans qu'aux bals on la promène — on en vient aisément à bout — on lui dit ce qu'on veut — bien souvent rien du tout. (Eine Grisette ist ein Schatz, denn ohne daß man sich viel Mühe gäbe und sie auf Bälle herumführte, kommt man leicht ans Ziel, man sagt ihr, was man will, oft sogar nichts.)

Grisette bezeichnet seit etwa 1600 in Frankreich ein junges Mädchen aus dem Arbeiterstande. Daß das Wort einen gewissen erotischen Beigeschmack hat (einen „galanten", um in der Ausdrucksweise der Entstehungszeit zu verbleiben), geht schon aus den oben angeführten französischen Stellen hervor. Auch die Überlieferung, mit der man die Bezeichnung Grisette sprachlich deuten will, bewegt sich auf galantem Gebiete. Die vornehmen und reichen Kavaliere des ancien régime hatten unbeschadet ihrer Beziehungen zu Damen ihres Standes oft auch ein Verhältnis mit einem „süßen Mädel", einem Mädchen aus dem Volke, einer Näherin oder sonst einer jungen Arbeiterin. Damit nicht geklatscht werde, durfte der Lakai des Adeligen, wenn er an das Mädchen einen Brief brachte, nicht die Livree tragen, die den Absender verraten hätte können, sondern ein neutrales graues Gewand. Darum seien dann die Sendboten grisons und die Empfängerinnen grisettes genannt worden. Richtiger ist aber die Ableitung des Ausdruckes Grisette von der grauen Farbe der unscheinbaren und billigen Kleider, die die Pariserinnen aus dem Volke am Werktage trugen[1]; den an den Luxus und an die Farbenprächtigkeit ihres Standes gewöhnten Aristokraten der galanten Zeit mußte die graue Erscheinung der jungen Arbeiterinnen jedenfalls charakteristisch erscheinen. Übrigens ist das Wort grisette auch im Sinne graues Hauskleid gebraucht worden; als Bezeichnung eines grauen Kleiderstoffes war das Wort grisette bereits im 12. Jahrhundert bekannt. (Die Benennung der Trägerin nach dem Kleidungsstück gehört zu jenem Typus der Bedeutungsverschiebung, den wir unter den Stichwörtern Bluse und Domino mit mehreren Beispielen belegen.)

Im Deutschen ist Grisette nur als ein auf Paris bezügliches Fremdwort gebraucht worden. 1719 erklärt das Teutsch-französische Wörterbuch von Frisch Grisette als „eine Weibsperson in Grau gekleidet, item eine solche Person von schlechtem Stand". 1806 erklärt Heubergers Fremdwörterbuch das Wort: „Mädchen, das unter der Hand das Gewerbe einer Lustdirne treibt."

Auch das Wort Lorette wird im Deutschen nur in bezug auf Pariser Verhältnisse gebraucht. „Lorette", schreibt Balzac, „ist ein dezentes Wort, erfunden zur Bezeichnung eines Mädchens, dessen Stand schwer zu bezeichnen ist und das die Akademie in ihrer Schamhaftigkeit und angesichts des Alters ihrer vierzig Mitglieder versäumt hat zu definieren. Wenn ein neues Wort auftaucht für einen gesellschaftlichen Begriff, den man ohne Umschreibung nicht nennen kann, so ist sein Glück gemacht. Auch das Wort Lorette fand Eingang in alle Gesellschaftskreise, selbst in jene, in die eine Lorette selbst nie ihren Fuß setzen könnte." In Mode

---

[1] Eine andere Etymologie gibt Delesalle in seinem Argotwörterbuch 1896. Grisette soll zusammenhängen mit gigolette = in Tanzkneipen sich herumtreibendes Mädchen, und mit guinget = Schenke, guingette = Tanzkneipe, und auch Mädchen, das Tanzkneipen besucht.

gebracht wurde das Wort Lorette hauptsächlich durch den Schriftsteller Nestor Roqueplan um 1840 herum[1]. Der Ausdruck hängt mittelbar mit dem Namen des italienischen Wallfahrtsortes Loretto zusammen. In der nach der Kirche benannten Rue de Notre-Dame-de-Lorette wohnten nämlich vor einem Jahrhundert sehr viele Prostituierte. (Eine ähnliche Bezeichnung nach einem Straßennamen: „Grabennymphen" im Wien der Biedermeierzeit.)

GUILLOTINE

Im letzten Jahrzehnt der Regierung Ludwigs XVI. wurde in Pariser Ärztekreisen viel darüber diskutiert, welche Hinrichtungsart die humanste sei. Einig war man sich darin, daß die damals übliche Art, das Hängen, durch eine weniger grausame[2] ersetzt werden müsse. An diesen Besprechungen nahm neben den berühmten Ärzten Antoine Louis, Sekretär der Akademie für Chirurgie, Philippe Pinel, dem Psychiater, der dann später den Geisteskranken als erster die Ketten abnahm, wie viele zeitgenössische Stiche, Gemälde und Skulpturen es wörtlich darstellen, dem auch als Philosoph namhaften Pierre Cabanis auch der weniger berühmte Doktor Joseph-Ignace Guillotin teil, dessen Namen dann in dem eines neuen Hinrichtungsgerätes fortleben sollte. Erfunden hat nicht er den Apparat mit dem schräg gestellten Messer, das, gelockert, mit seinem Gewichte niedersaust. So ein Fallbeil sehen wir bereits im 16. Jahrhundert auf einem Kupferstiche Albrecht Dürers, einen Menschen darstellend, der eben unter einem Fallbeil steht. Auch viele andere Darstellungen aus dem 16. Jahrhundert (z. B. von d'Aldegrever, Bonasini) gibt es von dieser Köpfmaschine, die unter verschiedenen Namen in Deutschland („Diele", „Hobel", „welsche

---

1) Eine Begriffsabgrenzung zwischen Grisette und Lorette findet sich bei Pierre Dufour, dem Geschichtsschreiber der Prostitution (1851—54): „Die charakteristischeste Eigentümlichkeit der Pariser Grisette war, daß die Liebe noch einen Wohnsitz in ihrem Herzen hatte, und daß sie an das Verhältnis, das sie einging, die ganze Innigkeit ihres Wesens, den ganzen Ernst ihrer Leidenschaft setzte. Mit der Lorette begann eine neue Rassenbildung des Pariser Kurtisanentums. Die Lorette wurde zum eleganten Modeprodukt, das aus allen gemütlosen und berechnenden Eigenschaften der heutigen französischen Jugend zusammengeknetet zu sein schien . . . Bald aber ging das Lorettentum in der Kokotte auf."

2) Besonders die Ungeschicklichkeit und Roheit der in der Provinz als Scharfrichter herangezogenen Abdecker gab Ursache zur Kritik.

Falle", „Dolabra"), Italien („mannaia") und Schottland („maid") in Verwendung stand. Es hat sich also im Paris Ludwigs XVI. nicht um eine neue Erfindung, sondern um Neueinführung einer alten gehandelt. Der König selbst prüfte auch das Modell und — nicht ahnend wohl, in welche Berührung er in Bälde mit der Maschine kommen werde — vergewisserte er sich, daß es rasch funktionierte und das Haupt zweifellos sofort vom Rumpf trennte.

Nachdem in der Öffentlichkeit bereits Jahre vorher vom Projekt die Rede war, wurde diese Hinrichtungsart von der gesetzgebenden Nationalversammlung auf Grund des chirurgischen Gutachtens des schon genannten Dr. Louis am 20. März 1792 amtlich eingeführt. Das Gerät wurde unter Louis' Aufsicht vom deutschen Klavierbauer Tobias Schmitt[1] angefertigt und ein halbes Jahr später wurde mit ihm die erste Hinrichtung vollzogen; an einem Raubmörder namens Jacques Pelletier. Einige Monate später fand die Hinrichtung des Königs statt. Es ist ein später Treppenwitz der Geschichte, der erste, den die Jakobiner durch die neue Köpfmaschine hinrichten ließen, sei der brave Doktor Guillotin gewesen. Richtig ist vielmehr, daß er die Maschine nicht erfunden, sondern, wie auch andere angesehenere und ausschlaggebendere seiner ärztlichen Kollegen, nur empfohlen hatte, und daß er 1814 als Sechsundsiebzigjähriger eines natürlichen Todes starb, und daß die Guillotine überhaupt nicht als Werkzeug der Revolution, sondern noch unter dem Königreich ihr Walten angetreten hatte.

Nach jenem Doktor Louis, der der Nationalversammlung das Gutachten über die neue Maschine erstattet hatte, nannte man sie anfangs Louisette oder Petite Louison. Aber im Volksmund war die Verknüpfung zwischen dem neuen Hinrichtungsgerät und dem Namen des harmlosen Doktor Guillotin bereits vollzogen, ehe die Maschine noch eingeführt war. In aristokratischen Kreisen fand man, Hinrichtungen dürfen und sollen grausam sein, und es sei ein Zeichen von umstürzlerischer Gesinnung, aus Humanitätsduselei Reformen anzustreben. Ein Spottgedicht in der royalistischen Zeitschrift „Actes des Apôtres" begann mit den Zeilen: Guillotin — médecin — politique — imagine un beau matin, — que prendre est

---

[1] Schmitt blieb auch in der Folge der Fabrikant der Guillotinen, wurde bald sehr reich, entwickelte sich trotz vorgerückten Alters zum Lebemann und gab schließlich der Tänzerin Charmeroi Gelegenheit, das viele Geld rasch zum Verschwenden und zum Verschwinden zu bringen.

inhumain — et peu patriotique (Guillotin, politisierender Arzt, kommt eines schönen Tages auf den Gedanken, hängen sei unhuman und wenig patriotisch). Auch ein Gassenhauer verknüpfte den Namen Guillotins mit dem Fallbeil, denn am 14. Dezember 1789 — also zweieinhalb Jahre vor der Einführung der neuen Maschine, etwa drei Jahre vor ihrem ersten Walten — schrieb die Chronique de Paris von einem Lied, in dem die von Monsieur Guillotin empfohlene Köpfmaschine la Guillotine genannt wird. Das ist wohl das erste Auftreten dieser Bezeichnung, die bald das Übergewicht über Louisette und Louison erlangte. Im Jahre 1801, als das neue Gerät bereits eine gewaltige Arbeitsleistung hinter sich hatte, schlug der vielseitige Journalist Mercier den Namen décaput vor, denn „die ganze Nation müsse den Bürger Guillotin vor dem beleidigenden Anschlag von Seite der Vulgärsprache schützen". Einige Jahre vorher fand man allerdings noch, es sei eine Ehre, der Köpfmaschine seinen Namen leihen zu dürfen, und diese Ehre wollte man einem Größeren zukommen lassen. Es wurde ein Antrag eingebracht, das Instrument zu Ehren Mirabeaus Mirabelle zu nennen, aber die Nationalversammlung lehnte dies ab. (Der Namen der Pflaumenart Mirabelle ist übrigens mit dem Namen des Grafen Mirabeau insofern verwandt, als dieses Obst aus der Heimat des Grafen, aus der Gegend des Städtchens Mirabeau, stammt oder wenigstens nach diesem Ort benannt ist.)

Natürlich gab es angesichts des starken Anreizes, den die Hinrichtungen für die Phantasie des Volkes bedeuteten, auch viele Umschreibungen für die Guillotine. Wir erwähnen z. B. das „nationale Rasiermesser" (rasoir national), wie die revolutionäre Zeitung Père Duchène schrieb, und das Nationalfenster (fenêtre nationale) oder das rote Fenster (fenêtre rouge). Die Guillotine hieß auch Abbaye de Saint-Pierre (Sanktpetersabtei), wahrscheinlich auf Grund des Wortwitzes Saint-Pierre = cinq pierres = fünf Steine; es sollen nämlich vor dem Gefängnistor auf der Place de la Roquette fünf in das Pflaster eingelassene große Steine die Stelle der Guillotine bezeichnet haben. Weitere volkstümliche Namen sind la mécanique, la bourrique à Robespierre (R.-s Esel), les lunettes (Brille). Heute ist die volkstümlichste französische Bezeichnung für die Guillotine: la Veuve, die Witwe. Der Ausdruck wurde allgemein bekannt 1887, als Jules Jouy im berühmten Cabaret Chat Noir ein (Octave Mirbeau gewidmetes) Gedicht „La Veuve" vortrug. Gelegentlich wurde auch ausgeschmückt: la Veuve Rasibus. Weitere Volksausdrücke für die Guillotine verzeichnet der bekannte Argot-Chansonnier Aristide Bruant in seinem 1901 erschienenen Argotwörterbuch: Abbaye de Monte-à-rebours, de Monte-à-regret (Abtei zum Schlachtviehwagen, zum Armensünderkarren), bascule (Schaukel, Klappe), béquilleuse (von béquille, Krücke), deux mâts (Zweimaster), faucheuse (Mäherin), glaive (Schwert). Auch für die Bezeichnung des Hingerichtetwerdens durch die Guillotine gibt es drastische Umschreibungen: mettre la tête à la fenêtre, cracher dans le sac, éternuer dans le son, den Kopf zum Fenster hinausstecken, in den Sack spucken, in die Kleie niesen, baiser la veuve, coucher avec la femme à Charlot, die Witwe küssen, mit Charlots Weib schlafen, jouer à la main chaude avec les soubrettes à Charlot, Heißhand spielen mit den Stubenkätzchen Charlots (la maine chaude ist das auch in Deutschland, besonders unter Matrosen bekannte Spiel, wo man den Kopf in den Schoß eines anderen versteckt und erraten muß, wer von den Mitspielenden einem hinten einen Schlag versetzt hat).

Im deutschen Schrifttum kommen zur Zeit der französischen Revolution neben „Köpfmaschine" oder „Guillotins Schlachtmesser" auch ironische Verdeutschungen wie „Gleichheitssichel" vor. Die Bezeichnung Fallbeil stammt von Johann Heinrich Campe.

HAGESTOLZ, KADETT

Unter Hagestolz verstehen wir heute nicht den älteren, unverheirateten Mann schlechthin, sondern einen Junggesellen mit auffälligen Charakterzügen des Ledigenstandes. Ganz klar ist es nicht, welche besonderen Züge dabei das Wesentliche sind, das eine Mal spielt der Ausdruck auf komische Schrullen an, das andere Mal auf ein irgendwie extremes — sei es durch abweisende Sprödheit, sei es durch außerordentlich lebhaftes Interesse gekennzeichnetes — Verhalten gegen das andere Geschlecht. E. T. A. Hoffmann beschreibt einmal einen alten Hagestolz, „alle Gebrechen seines Standes in sich tragend, geizig, eitel, den Jüngling spielend, verliebt, geckenhaft"[1]. Der Psychoanalytiker Hitschmann, ein

---

1) Wenn auch die alten Junggesellen im Volksglauben nicht in dem gleichen Maße als spottwürdige Erscheinungen gelten wie die alten Jungfrauen, sind auch sie von einer gewissen Unheimlichkeit umgeben. Und analog den Strafen, denen die Seelen der hingeschiedenen alten Jungfrauen ausgesetzt sind (sie müssen

begeisterter Verfechter der Ehe, sieht fast in allen Junggesellen die neurotische Voraussetzung: „sie können nicht heiraten und glauben, es nicht zu wollen"; dem Scheine nach tragen zwar die meisten Junggesellen, die „unbekannten Neurotiker", ihr Los durchaus leicht, aber „viel Groll einsamer Stunden erscheint unter Sarkasmus schlecht verhüllt; hinter Eigenbrötelei und Verschrobenheit verbirgt sich heimliches Leiden". Welche Schilderung immer man vom Begriff des Hagestolzen gibt, stets wird man dabei von den Vorstellungen „hager" und „stolz" mitbeeinflußt. Hager, empfindet man irgendwie, ist der typische Junggeselle, weil ihm die Wärme des Familienherdes und die Pflege fehlt, er träumt gewiß auch schlecht wie jene Hageren, vor denen Cäsar (bei Plutarch und bei Shakespeare) sich fürchtet, und stolz ist der Hagestolz, weil er früher aus törichtem Stolz versäumt hat, sich um die Gewinnung einer Lebensgefährtin anzustrengen, und weil er jetzt seine eigentliche Unzulänglichkeit hochmütig verbirgt. Don Quichote sei z. B. solch ein ebenso hagerer wie stolzer Junggeselle.

Und doch haben die Wörter hager und stolz mit dem Hagestolz, dessen Begriffsinhalt sie offenkundig stark beeinflussen, der Wortherkunft nach nichts zu schaffen. Hagestolz kommt von althochdeutsch hagustalt und bedeutet wörtlich Hagbesitzer. Hag ist verwandt mit Hecke und bedeutet ursprünglich Dorngebüsch, Einfriedung des Grundeigentums, und dann das Grundstück selbst. Der zweite Teil in hagustalt kommt von gotisch staldan = besitzen. Um zu verstehen, wie hagustalt = Hagbesitzer zugleich den unverheirateten Mann bedeuten kann, muß man auf eine Einrichtung des altgermanischen bäuerlichen Erbrechts zurückgreifen. Die schroffe Handhabung des Erstgeburtsrechts in der patriarchalischen Landwirtsfamilie ist uns schon aus dem Alten Testament bekannt. (Man denke nur an das erfolgreiche Bemühen Jakobs, Esau um die Vorteile der Erstgeburt zu bringen.) Auch bei den germanischen Bauern erbte der erstgeborene Sohn allein den Hof. Der jüngere

---

in Bayern das Sterzinger Moos nach Fingerspannen ausmessen, in Wien den Stephansturm abreiben, in Paris der heiligen Katharina Zöpfe flechten, anderswo Kibitzen Gamaschen stricken, Frösche nach Jerusalem treiben, Hosenlätze kauen), gilt auch von den Junggesellen, daß sie nach dem Tode Wolken schieben müssen oder Felsen abreiben, Steinblöcke einsalzen, Nebel schichten, Ameisen Ringe durch die Nase ziehen, schwarzen Gänsekot zu weißem Wachs kauen usw.

Sohn — wenn er es nicht vorzog, auszuwandern, ins Gefolge eines adligen Herrn zu treten, in späteren Zeiten städtischer Handwerker zu werden oder Landsknecht oder gar sich zu den fahrenden Leuten, den „unehrlichen", zu schlagen — bekam vom Vater ein ganz kleines Nebengut hinterlassen, ein kleines Grundstück ohne die Hofgerechtsame, eben einen Hag. Dieser Zwergbesitz trug kaum etwas, war eigentlich nichts mehr als eine isolierte selbständige Wohnstätte für den jüngeren Sohn, so daß er wenigstens in dieser Hinsicht von den gewöhnlichen Knechten des älteren Bruders unterschieden war. Dem erstgeborenen Sohn war die Verpflichtung auferlegt, die jüngeren Brüder, soweit sie auf dem Hag verblieben waren und ihm dienten, zu verpflegen.

Die wirtschaftliche Lage der nicht ausgewanderten jüngeren Söhne war jedenfalls derart, daß sie nicht daran denken konnten, eine eigene Familie zu gründen. Sie saßen in ihrem Hag und blieben ledig. Lastete früher des Vaters Macht auf ihnen, so blieben sie jetzt auch nach seinem Tode in ihrer Selbständigkeit behindert; der ältere Bruder nahm nun des Vaters Stelle ein. Wem das nicht paßte, mußte sich nur von der Scholle lossagen und als junger Mann in die Welt ziehen. So erklärt sich der doppelte Sinn des alten Wortes hagustalt: Junggeselle und Kriegersmann. Bereits in althochdeutschen Glossen bezeichnet hagustaltlip das ehelose Leben, und Hagustalten heißen im altsächsischen Heliand die unverheirateten Gefolgsleute der hohen Herren. Angelsächsisch heagsteald und altnordisch haukstaldr bedeuten Jüngling, Krieger.

Charakteristisch dafür, daß man im Nichterben das Hauptmerkmal des Begriffes Hagestolz erblicken muß, ist der Umstand, daß in einzelnen Gegenden Deutschlands, z. B. im Nellenburgischen in Schwaben, früher auch die unehelichen Söhne Hagestölze hießen. In anderen Abzweigungen des Wortes herrscht wieder das Merkmal der Ehelosigkeit vor: in einzelnen schwedischen und norwegischen Mundarten bedeutet hogstall und haugstalt auch den Witwer; der altfranzösische Abkömmling von hagustalt, das Wort hétaudeau, bedeutete Kapaun (Bedeutungsübertragung: von der Ehelosigkeit aus erbrechtlichen Gründen auf die „Ehelosigkeit" zufolge Kastration).

Es ist bekannt, von welch entscheidender Auswirkung am Anfang der Kulturentwicklung die Bereitschaft der Söhne zur Rebellion gegen den Vater war, und wie der jeweilige schuldgefühlbeladene Zusammenbruch dieser Urrevolution durch den Übergang der

Vaterrolle auf einen überlegenen Sohn bedingt war. So rettete sich stets wieder die patriarchalische Ordnung, die Einrichtung der Ehe und die Einheit des Grundbesitzes. Hat die Tendenz zur Nichtaufteilung, zur Unantastbarkeit des Besitzes selbst auf Kosten der gleichen Behandlung der Nachkommen im Bauernstand ihren Niederschlag im Worte Hagestolz gefunden, so deutet die Herkunft des Wortes Kadett auf eine ähnliche Erbrechtsgesinnung beim Adel hin. Cadet bedeutet französisch ursprünglich den jüngeren Sohn. Da in weniger reichen Adelsfamilien nur für den Erstgeborenen Aussicht auf eine standesgemäße Erbschaft bestand, widmeten sich die jüngeren Söhne — soweit sie nicht Priester wurden — dem Soldatenstand. Diese cadets wurden in Frankreich gewöhnlich zu besonderen Verbänden vereinigt. (Den Ruhm der Gascogner Kadetten hat Rostand in seinem „Cyrano" erneuert.) Aus Frankreich drang das Wort in verschiedene europäische Sprachen ein, entweder mit der Bedeutung von jungen Knaben, die auf den Militärberuf vorbereitet werden, oder für bereits im Militärdienst stehende Offiziersanwärter.

Im Argot der Handwerksburschen, das sich zum Teil mit der Gaunersprache deckt, ist ein Kadett ein junger Handwerksbursche, alter Kadett = alter Stromer, Rheinkadetten = Pennbrüder am Rhein, Bruchkadett = zerlumpter Handwerksbursche. Das Rotwelsch kennt auch den Ausdruck Schlitzkadett für Prostituierte. Im Berlinischen sagt man wegwerfend: mit die Kadetten wer ik schon fertig. Im New Yorker Slang bezeichnet man Zuhälter und Mädchenhändler als cadets.

Kadetten nannte man im vorbolschewikischen Rußland die Partei der „Konstitutionellen Demokraten" nach den Anfangsbuchstaben Ka De.

HALALI, OLE

Die Parforcejagd, bei der das Wild zu Tode gehetzt wird (im Gegensatz zur Pirschjagd, wo ihm aufgelauert wird), gelangt um 1700 herum nach Deutschland; damit zugleich das Wort Halali für den weidmännischen Ruf am Ende der Hetzjagd, d. h. die Hornfanfare zur Bezeichnung des Ortes, an dem sich das gehetzte Wild stellt oder von der Hundemeute festgehalten wird. Man hat versucht, Halali als ein französisches Satzwort zu deuten: ha, là lit = ha, da liegt es (das erlegte Tier). Stichhaltiger ist aber die zuerst vom französischen Orientalisten Devic aufgestellte, dann vom Deutschen Lokotsch gestützte Hypothese: sie sieht in „Halali" einen Abkömmling des sogenannten Tauhid („Einsmachung"), des bekannten arabischen Glaubensbekenntnisses und Schlachtrufes „la ilah illa'llah", es gibt keinen Gott außer Allah (nach Koran 2, 256[1]). Wie auch in vielen anderen Fällen, vermittelt auch diesmal die Maurenherrschaft in Spanien das Eindringen des arabischen Wortes in die abendländischen Sprachen. „Lelies" nannten die Spanier, jenen Koranspruch verderbend und verkürzend, den Kriegsruf der Mauren, mit denen diese in die Schlacht gingen. Aus ihm entwickelte sich auch das spanische Wort alarido mit der allgemeinen Bedeutung Schlachtlärm, Geschrei, Geheul, Tumult. Auf dieses alarido geht dann vielleicht das französische Halali zurück.

So einleuchtend auch die Ableitung des Halalirufes aus dem arabischen Glaubensspruch der Mohammedaner erscheint, möchte ich immerhin zu bedenken geben, ob das Halali nicht auch auf die Zugehörigkeit zu den aus Naturlauten hervorgegangenen Interjektionen (wie „hallo") angesehen werden kann. Jedenfalls ist festzustellen, daß im klassischen Griechisch alala, alalai etwa unserem Hallo und Hurra entspricht; alalai kommt als Vogelstimme bei Aristophanes, in Lysistrata und in den Vögeln, vor und alalytos = Kriegsgeschrei steht nicht weniger als achtmal bei Homer (z. B. Ilias 1, 149 und 4, 436). Mit dem Rufe alala sprang nach der Sage Athene in voller Rüstung aus dem Haupte des Zeus. Zu erwähnen ist auch der Schlachtruf der Römer: alala, alala[2].

Internationaler Bekanntheit erfreut sich die spanische Interjektion ole. Spanische Volkstänze bekommt man auf Bühnen und in Vergnügungsstätten aller Erdteile zu sehen, und ob es nun echte Söhne und Töchter Spaniens sind, die sie vorführen, oder nichtechte, niemals versäumen die Tänzer, wenn sie die temperamentvolle Vorführung jäh beenden, den Ole-Ruf auszustoßen. Das Wörterbuch

---

[1] Es mag wie eine blasphemische Travestierung gelten, daß der Spruch, mit der sich die große Welt des Islams zum Eingottesglauben bekennt, in einem Jagdvergnügen Verwendung findet. Das Halali wirkt aber wesentlich weniger deplaciert im Weidmannshandwerk, wenn wir an die kultisch-archaischen Hintergründe der Jagd denken, wie sie Marie Bonaparte in ihrer Studie über Kopftrophäen aufdeckt, die Parforcejagd aus der im Unbewußten aufbewahrten Erinnerung an das kollektive Totenopfer der Urhorde deutend.

[2] Aus diesem bildete de Quincey in seinen „Bekenntnissen eines Opiumessers" das Hauptwort alalagmos.

der spanischen Akademie verzeichnet dieses Wort mit drei Bedeutungen: 1. Interjektion der Ermunterung und des Beifalls, 2. als männliches Hauptwort die Bezeichnung eines bestimmten andalusischen Tanzes, 3. Bezeichnung für die zu diesem Tanz gehörige Tanzmelodie. Nach der spanischen Akademie kommt ole von arabisch wallah = durch Gott.

Gegen diese Etymologie hat sich neuerdings ein amerikanischer Romanist, C. C. Rice vom Catawba-College, gewandt. Sie sei aus phonetischen Gründen abzulehnen. Nach seiner Meinung kommt ole von lateinisch hoc illi = dies für ihn. Dieser lateinische Ausruf soll zur römischen Zeit bei den Stiergefechten gebraucht worden sein. Waren die Zuschauer mit einem Stierkämpfer überaus zufrieden, so warfen sie ihm mit dem Rufe ,,dies für ihn" Geschenke in die Arena. Aus diesem hoc illi soll sich das ole entwickelt haben.

Im übrigen ließ sich wohl auch das ole mit lautmalerischen indogermanischen Wurzeln in Verbindung bringen. Ich erwähne z. B. das griechische Zeitwort ololuzein = laut aufschreien; es gehört zu altindisch ululi = heulen, zu dessen Verwandtschaft wohl auch die deutschen Vogelnamen Eule und Uhl zählen.

HÄNGEMATTE

hat seiner sprachlichen Herkunft nach weder mit Hängen noch mit Matte etwas zu schaffen. Die von der Schiffsmannschaft verwendeten Schlafsäcke aus Segeltuch (die übrigens, wenn sie gut zusammengeschnürt sind, auch als Rettungsbojen dienen können) haben ähnliche Schlafgelegenheiten gewisser Indianervölker zum Vorbild. Die europäischen Seefahrer, zuerst die Spanier, sahen bei den Eingeborenen der mittelamerikanischen Inseln und der tropischen Teile Südamerikas an mehreren Enden aufgehängte Netze, die aus Pflanzenfasern (meist der Agave) geknüpft waren. Gelegentlich wurden solche Netze auch als Sänften oder Tragbahren verwendet. Mit der Einrichtung des hängenden Bettes[1] übernahmen die Europäer von den Eingeborenen auch seine Bezeichnung: hamaka. Welcher indianischen Sprache dieses Wort ursprünglich angehört haben mag, läßt sich heute schwer feststellen. In Frage kommt entweder eine der auf den mittelamerikanischen Inseln gesprochenen Karaibensprachen oder die Sprache irgendeines Volkes, das zu den Aruaken oder

---

[1] Übrigens soll schon Alkibiades eine Art von Hängematte für Benutzung auf Kriegsschiffen konstruiert haben (Harder).

Arawaken gehört, zu jener großen und begabten Völkerfamilie, die auf den Inseln und in Südamerika nördlich des Amazonenstromes heimisch war, und der die Welt u. a. auch die Baumwolle und den Tabak verdankt. Zu den Aruaksprachen gehörte auch die jetzt bereits ausgestorbene Tainosprache auf Haiti, und es spricht manches dafür, daß die Entlehnung des Wortes hamaca durch die Spanier gerade auf dieser Insel erfolgte. Allerdings geht aus den Berichten der Seefahrer und Eroberer des 16. Jahrhunderts hervor, daß viele voneinander durch weite Abstände getrennte Völker im Archipel und in Südamerika das Wort hamaca oder ähnlich lautende Namen verwendeten, doch ist es möglich, daß die Spanier selbst die Bezeichnung dieser in der Neuen Welt vielerorts gebräuchlich gewesenen Schlafgelegenheit von einem Indianervolk zum anderen verschleppt hatten. (Am Orinoko, in der Chaymasprache, bestand für die Hängematte das Wort Chinchorro, dieses Wort setzte sich aber bei den Europäern nicht durch.)

Die Spanier übernahmen unverändert das indianische Wort hamaca (es ist bei Las Casas, den berühmten Gefährten der ersten Entdecker, wiederholt verzeichnet), die Portugiesen kürzten es zu maca. Italienisch wird amaca geschrieben. Im Englischen heißt die Hängematte hammock; bei Tennyson kommt hammock-shroud vor (shroud = Gewand, Leichentuch) im Sinne: Segeltuch, in dem der Leichnam ins Meer versenkt wird. Auch die französische Seemannssprache entfernt sich nicht weit vom indianischen Vorbild: sie nennt die Hängematte hamac (mit einer ähnlichen Kürzung wie tabac aus indianisch tabaco).

Im deutschen Schrifttum findet sich 1509 die erste Beschreibung der Hängematte. In der in jenem Jahre zu Straßburg erschienenen Übersetzung der Amerigo Vespuccischen Beschreibung der „Nüwen Welt von wilden nackenden Leüten" heißt es von den Eingeborenen: „sy schlaffen in etlichen grossen garne vo seyde wurme gemacht (die Annahme, es handle sich um Seide, war natürlich falsch) und yn de lufft gehenckt." 1557 taucht in einem deutschen Buch auch der Namen dieser indianischen Schlafstätte auf. In der zu Hagenau gedruckten Reiseschilderung „Indianische Historia" des Niclaus Federmann des Jüngeren von Ulm heißt es: „liess etliche der krancken in Hamacos, also heissen die Indianische beth, tragen." Neben Hamacas und indianischen Betten finden sich in alten (meist übersetzten oder nach fremdsprachigen Werken kompilierten) deutschen Reiseschilderungen auch folgende Bezeichnungen: hangende Betten, baumwolline Hotzen, Schlafgarn, brisilische (brasilische) Bette, Schlafnetze, schwebende Bette, Hängenetze. Erst im Jahre 1627 sehen wir zum erstenmal das indianische Wort hamaka der heutigen deutschen Form genähert: in der zu Koburg gedruckten „West-Indianischen Reisse" des Johann Georg Aldenburg, wo von Mönchen die Rede ist, die sich „auff Portugalesischen Sennften oder Hengmatten durch Slaven" in eine brasilische Stadt tragen ließen. Während also, wie oben gezeigt, im Spanischen, Portugiesischen, Französischen und Englischen das Bewußtsein, daß es sich um ein exotisches Wort handelt, unangetastet verblieben ist, schlägt die deutsche Form des Lehnwortes Brücken zu zufällig ähnlich lautenden germanischen Wurzeln. Genau gesprochen, hat sich diese Umwandlung nicht im eigentlichen Deutschen selbst vollzogen, sondern im Holländischen. Und zwar kann man bei der Umdeutung des Wortes durch die Holländer zwei Phasen unterscheiden. Im 16. Jahrhundert, als die Holländer in Westindien Fuß faßten, schmuggelten sie in das indianische Wort den Buchstaben „g" ein und schrieben hangmak. Im 17. Jahrhundert unterlag dann auch der zweite Teil des holländischen Wortes der volksetymologischen Verfälschung und es ergab sich die Form hangmat. Die deutsche Sprache übernahm nun im 17. Jahrhundert, unbeschadet des Umstandes, daß sich einzelne deutsche Reisebeschreibungen noch immer an die indianische Form hielten, die holländische Fassung. So kam es zu den deutschen Bezeichnungen Hengmatten und Hangmatten (so z. B. in der ältesten deutschen Übersetzung des Robinson Crusoe), woraus sich gegen Ende des 18. Jahrhunderts die heutige Form Hängematte ergab. Das ältere Wort der deutschen Seemannssprache für die Schlafgelegenheit der Schiffsmannschaft, Kumbeers oder Kombehrs (aus holländisch kombaars), wurde durch Hängematte verdrängt.

Die Wandlung des indianischen hamaka zum deutschen Hängematte ist ein typisches Beispiel für jenen wortgeschichtlichen Vorgang, den die Wissenschaft (mit einen 1852 von Förstemann eingeführten und später durch eine Monographie Andresens allgemein bekannt gewordenen Ausdruck) als

Volksetymologie

bezeichnet. Der Vorgang besteht, allgemein gesprochen, darin, daß die eigentliche Lautform eines Wortes so umgestaltet wird, daß es an irgendein anderes erinnert, und zwar so, als ob es der Herkunft nach mit ihm verwandt wäre. Wie das Beispiel Hängematte zeigt, kann sogar eine Beziehung zu zwei etymologisch eigentlich nicht dazugehörigen Wörtern (hängen, Matte) vorgetäuscht werden. Vor einigen Jahren ging durch die Zeitungen ein Scherz über eine mißverstandene Aufschrift im Schaufenster eines Musikalienladens: Salonalbumserien. Der Verfasser erzählte, er hätte sich zunächst darüber Gedanken gemacht, was ,,Salonal-Bumserien" seien, und hätte schließlich angenommen, Bumserie sei eine Vervolkstümlichung des Fremdwortes Jazz, was angesichts der wichtigen Rolle des Schlagwerks für diesen Musikstil nicht unangemessen erschien. Somit sei auch die Bedeutung des ganzen Wortes geklärt gewesen: Salonalbumserie = Salon-Jazz. Handelt es sich nun bei dem Leser jenes zusammengesetzten Wortes wirklich um jemand, der die Fremdwörter Album und Serie nicht kennt, so ist eine derartige Zweiteilung und Deutung in der Tat nicht unmöglich. Was im geschilderten Fall als Scherz oder vorübergehender individueller Irrtum vor sich ging, ist im Grunde genommen nicht sehr verschieden von jener in der Wortgeschichte aller Sprachen häufig auftretenden Erscheinung, die man als Volksetymologie bezeichnet.

Die eine Voraussetzung für die Volksetymologie ist, daß das Volk mindestens einen Bestandteil des ihm begegnenden Wortes nicht versteht, und zwar entweder, weil es sich um fremden Sprachstoff handelt (wie im Falle hamaka) oder weil ein veraltetes, seltenes oder in der Form stark gewandeltes Wort der eigenen Sprache verkannt wird. Die zweite Voraussetzung ist, daß das unverstandene Element lautlich an irgendein bekanntes Wort anklingt, zu dem auch eine, wenn vielleicht auch nur lockere, Bedeutungsbeziehung hergestellt werden kann. Das Volk will eben nicht, ,,daß der Name leerer Schall sei" (Andresen). So wird aus althochdeutsch hevianna = die Hebende (d. h. die Kinderaushebende) das Wort Hebamme, in welches also das sprachlich gar nicht verwandte Wort ,,Amme" (althochdeutsch amma = nährende Mutter) hineingefälscht ist, hineingefälscht werden konnte wegen des lautlichen Anklangs und wegen der gemeinsamen Zugehörigkeit zu jenem Begriffsbezirk, der die allerfrüheste Kindheit umgibt. Nur durch Volksetymologie gelangt die Silbe Maul in die Wörter Maulbeere und Maulwurf. Im ersten Fall zufolge der mißverstandenen Dissimilation von althochdeutsch murberi (lateinisch morum), im zweiten Fall, weil im spätalthochdeutschen moltwerf, wörtlich Erdaufwerfer, das alte Wort molt (verwandt mit Müll, vertreten in zermalmen) nicht mehr verstanden worden ist. Das Maul hineinzubringen war zu verlockend, und darüber, daß schließlich jedes Obst mit dem Maul gegessen wird und daß der Maulwurf in der Erde nicht mit dem Maul, sondern mit den Pfoten wühlt, ließ sich der Genius der Sprache keine grauen Haare wachsen.

Zu Ende des Mittelalters gelangte das Wort valise, die französische Bezeichnung des Mantelsackes, nach Deutschland, zunächst in der Form velis; anfangs des 17. Jahrhunderts war die volksetymologische Umdeutung auf Felleisen bereits vollzogen. Ebenso volksetymologisch verschleiert ist die romanische Herkunft der Wörter Armbrust und Abenteuer. Muß denn nicht Tells Arm den Bogen an die Brust drücken, um den Pfeil abzuschießen? Dennoch kommt das Wort Armbrust in Wirklichkeit von mittellateinisch arballista oder arcuballista (zu arcus, Bogen, und ballista, Schleudergerät), und die welschen Eidgenossen haben denn auch keinen Anlaß, an den Arm und an die Brust zu denken (französisch arbalète, italienisch balestra). Und wenn auch als Abenteuer ein Vorgang bezeichnet wird, bei dem der Abend einem leicht teuer zu stehen kommen kann, ist dieses Wort doch nur aus französisch aventure umgestaltet, das von lateinisch advenire = hinzukommen, sich ereignen abzuleiten ist.

Nicht selten legen die falschen Ahnen dem volksetymologisch gewandelten Worte neue Verpflichtungen auf. Das Wort benimmt sich so, als ob der durch ein Mißverständnis vorgetäuschte Stammbaum echt wäre, nimmt Rücksicht auf die vermeintlichen Verwandten, d. h. die Volksetymologie beeinflußt die weitere Bedeutungsentwicklung des Wortes. Im Falle Hängematte steht es z. B. so, daß auf den Wortbestandteil Matte zwar keine Rücksicht genommen wird (schließlich ist ein Netz durchaus keine Matte), aber das „Hängen" ist ein Begriffsmerkmal geworden, und auf jene geflochtenen Sänften, in denen man sich tragen ließ und die in den alten Berichten auch hamakas hießen, ist unser Wort nicht mehr anwendbar. Eher drückt die deutsche Sprache bei Silbergulden und silbernen Hufeisen, bei weiblichen Bootsmannschaften und eingefleischten Vegetariern ein Auge zu, als daß sie zuließe, daß eine Sänfte, die zum Tragen und nicht zum Hängen ist, Hängematte heiße. Und wenn im Mittelhochdeutschen sin fluot auch nur bedeutet hat:

große, allgemeine Flut (jenes ausgestorbene Wort sin ist noch erhalten in Singrün = Immergrün), so vergegenwärtigt uns das Wort Sündflut, auch in der Schreibweise Sintflut, stets, daß Gott Noahs Zeitgenossen um ihrer Sünden willen strafen wollte, und man müßte daher den Nebenschwingungen der Wörter ganz taub gegenüberstehen, um nicht zu empfinden, daß unsere Sündflut sich z. B. mit dem französischen déluge in den Gefühlswerten nicht ganz deckt. Trostvoll ist die Vorstellung vom ewigen Frieden des Verblichenen im Friedhof, aber noch im 16. Jahrhundert hieß die Begräbnisstätte nicht so stimmungsvoll, sondern Freithof, mittelhochdeutsch vrithof, was von althochdeutsch freidjan = schonen, einfrieden kommt. Der Friedhof ist also ursprünglich ein eingefriedeter Hof.

Einöde sollte eigentlich nur Alleinheit bedeuten, mit der Öde hat das Wort etymologisch nichts zu tun. Althochdeutsch einoti heißt allein, einsam, und die Endung -oti lebt noch — jeweilen ein wenig gewandelt — als Endung vieler anderer Wörter, wie Kleinod, Armut, Heimat.

Beim Brosamen fassen wir den kleinen Brotbrocken gleichsam als kleinsten Teil, als Samen des Brotes auf, aber in althochdeutsch brosma (noch heute schweizerisch Prosme) ist weder Brot noch Samen enthalten; es ist mit brechen verwandt.

In Seehund erscheint der Bestandteil „See" so echt, daß er auch zu weiteren analogen Bildungen wie Seelöwe, See-Elefant Anlaß bietet; aber in Wirklichkeit hat das Wort Seehund nichts mit der See zu tun: die Robbe hieß altnordisch selr, althochdeutsch selho, mittelhochdeutsch sele, daher im frühen Neuhochdeutsch noch Seel oder Seelhund, als auch dänisch saelhund, schwedisch själhund. Auch im englischen seal = Robbe, Seehund ist die alte germanische Wurzel noch erhalten.

Meltau ist der Namen eines grauen und weißen Überzuges, den Pflanzen, besonders ihre Blätter, im Sommer oft aufweisen und den gewisse Schmarotzerpilze verursachen. Man denkt an ein dichterisches Bild: wie wenn vom Himmel Mehl wie Tau die Pflanzen befallen hätte. Aber bevor diese Metapher noch gedacht werden konnte, gab es das griechische Wort miltos = Rotbrand (des Getreides), von dem sich unser Meltau und das gleichbedeutende englisch mildew vermutlich ableitet. (Es wird aber auch an lateinisch mel = Honig gedacht und von anderer Seite auch an Mehl von mahlen festgehalten.)

Das Rebhuhn hat zu Lebzeiten nichts mit den Reben des Weines zu tun, sein Name kommt von russisch rjabka = buntes Tier, Reitersalbe ist aus holländisch ruitzsalve (Räudesalbe) umgewandelt, Grünspan ist kein Span und kein Gespinst, sondern etwas Grünes aus Spanien, es ist die Lehnübersetzung von mittellateinisch viride hispanicum, so genannt, weil Kupferoxyd als Kunsterzeugnis aus Spanien in den Handel kam. Der Rosenmontag, der Tag vor dem Faschingsdienstag, führt einen duftigen Namen, schmückt sich aber etymologisch gesehen zu Unrecht mit der Königin der Blumen: noch im 18. Jahrhundert hieß am Niederrhein dieser Tag der Ausgelassenheit Rasenmontag, rasender Montag (vom rheinischen Zeitwort rasen, rosen = tollen). In Wetterleuchten ist „Leuchten" die volksetymologische Umdeutung eines veralteten Zeitworts mit der Bedeutung hüpfen, springen, erhalten noch in „löcken wider den Stachel" (s. dieses Stichwort) und in „frohlocken". Unter dem Stichwort Hagestolz lese man nach, daß sein Träger weder hager noch stolz war, sondern ein Hagbesitzer. In Beispiel und Kirchspiel ist der zweite Bestandteil nicht unser heutiges Spiel, sondern ein veraltetes germanisches Wort spel = Rede, das im Englischen als Zeitwort to spell = buchstabieren, entziffern und als Hauptwort spell = Zauberwort (gospel = Gotteswort, Evangelium) noch fortlebt. Beim Eindringen von neuen Fremdwörtern in mindergebildete Volksschichten sind volksetymologische Umgestaltungen an der Tagesordnung. So macht der Wiener aus Chauffeur = Kraftwagenlenker (das eigentlich Heizer bedeutet und die lateinischen Wurzeln calor = Wärme und facere = machen enthält) das Wort Schaffer, als ob es vom Zeitwort schaffen käme und ein Synonym von Schaffner wäre. Mit Recht bemerkt übrigens Eitzen, daß zur Verdrehung von Fremdwörtern, die man oft eher als Volksetymogeleien bezeichnen könnte, manchmal ein ganz besonderes Motiv führt: absichtliche Fremdwortverdrehungen, die sich auf unsicherem Grund zwischen Witz und nicht zu überbietender Albernheit bewegen, haben oft den Zweck, die ungenaue Kenntnis des Fremdwortes zu bemänteln, dem Fremdwort ein Schnippchen zu schlagen, ja es obendrein noch lächerlich zu machen. So kommt es zum „Umgewend'ten Napolium" für Unguentum Neapolitanum (neapolitanische Salbe), dem Paradebeispiel aller „Plaudereien" über Volksetymologie in Tageszeitungen.

Schließlich erwähnen wir ein volksetymologisches Beispiel aus dem Französischen, wo ein deutsches Wort der Hörangleichung verfällt. Aus dem deutschen Sauerkraut (alemannisch surchrut, suchrut) wurde französisch choucroute mit Anklang an chou = Kohl (aus lateinisch caulis, woher auch das deutsche Kohl, italienisch cavolo, welch letzteres nebst fiore = Blume cavolfiore und deutsch Karfiol ergibt). Zu den französischen Volksetymologien zählen auch die bekannten Wörter bonheur und malheur; es handelt sich bei diesen Bezeichnungen von Glück und Unglück nicht um eine gute und eine schlechte Stunde, die zweite Worthälfte geht nicht auf lateinisch hora = Stunde zurück, sondern auf augurium = Vorbedeutung.

HEP, HEP

Im Jahre 1843 schrieben „Die Grenzboten" in einem Rückblick: „Der große furor teutonicus von 1819 hat auch seine Marseillaise ertönen lassen, das berühmte Hep, Hep, welches damals durch ganz Deutschland scholl." Auch seither hat die Schlagwortforschung nichts zutage gefördert, was veranlassen könnte, das Geburtsjahr dieses Hohn- und Hetzrufes gegen die Juden anders anzusetzen; er ist zweifellos im Jahre 1819 allgemein bekannt geworden. Am 2. August jenes Jahres wendeten den Hephepruf Würzburger Studenten gegen Professor Brendel, den Verteidiger der Judenemanzipation, an. Es gibt auch bereits aus jenem Jahre einen Frankfurter Stich, der die Frankfurter judenfeindlichen Ausschreitungen darstellt, mit der Unterschrift Hepp, Hepp! Auch legte man sich bereits im Jahre seines Entstehens die Frage nach der sprachlichen Herkunft des Hephep vor. Der Historiker Stägemann schrieb damals in einem Brief: „Die Judentumulte sind wunderlich und gehässig. Das heb, heb fängt auch hier in Berlin schon an gang und gäbe zu werden ... Es ist nichts weiter als das im Oberdeutschen gewöhnliche heb', heb'! statt halt, halt! wie wir Niederdeutschen sagen. Heb den Dieb ist in Würzburg gebräuchlich wie bei uns Halt den Dieb!" Eine volkstümliche Erklärung wollte sogar wissen, daß die Juden, als Jesus am Kreuze emporgezogen wurde, heb', heb'! gerufen hätten — anscheinend in deutscher Sprache. Eine dritte Deutung sieht in Heb die Abkürzung von Hebräer, also ein Stutzwort wie etwa Mob aus mobile, Sarg aus Sarkophag, Vamp aus Vampir. Nach einer vierten Auffassung soll sich der Hohnruf aus dem Rufe entwickelt haben, mit dem sich die jüdischen Hausierer auf dem Lande früher angekündigt hatten. Eine fünfte Erklärung: das Losungswort bei den Judenverfolgungen von 1819 sei bereits früher bekannt gewesen als Feldruf der berüchtigten Räuberbande des bayrischen Hiesels in der zweiten Hälfte des 18. Jahrhunderts, und zwar sei das „Heb!" der Räuber zusammengezogen gewesen aus den Anfangsbuchstaben von „Her Eure Batzen!" (In einem pfälzischen Volkslied hieß es :„Macht euch nicht mausig — Hiesel machts grausig — Klopft auf die Köpp — Hep, Hep!")

Den meisten Anhang fand die Erklärung, die wir nun an sechster Stelle anführen. Der Hephepruf gehe auf die Judenverfolgungen während der ersten Kreuzzüge zurück und verdanke seine Entstehung den drei auf den Fahnen der verfolgenden Würgerbanden stehenden Buchstaben H. E. P. mit der Bedeutung Hierosolyma est perdita — Jerusalem ist verloren. Diese Erklärung hat mit der vorigen, die die Bande des bayrischen Hiesels heranzieht, gemeinsam, daß sie im Hetzruf Hep eine Zusammensetzung aus Anfangsbuchstaben sieht, ihn also in jene lange Reihe der Akrostichonwörter von ichthys (Jesous Christos Theou Hyios Soter) bis Hapag, Ufa und Avus stellt. Trotz der Häufigkeit derartiger Analogien muß man die Ableitung des deutsch-volkstümlichen Hephep aus einer lateinischen Formel, noch dazu mit Überspringen eines keinerlei Zwischenbelege aufweisenden halben Jahrtausends, als unhaltbar ablehnen. (Nach einer alten Anekdote sollen übrigens Juden auf das Hephep mit Jepjep repliziert haben: Jesus est perditus.)

Der in der Etymologie besonders vom rumänisch-französischen Sprachforscher Sainéan verfochtene Grundsatz, vor allem stets nach einheimischen, also hauptsächlich mundartlichen Quellen Ausschau zu halten, statt zeitlich und räumlich weit hergeholte lexikalische Zusammenhänge gleichsam zu errechnen, dieser ebenso schlichte wie fruchtbare Grundsatz verhilft auch beim Forschen nach der Herkunft des antisemitischen Hephep auf die richtige Spur. Sie führt uns zur siebenten Deutung: Hephep ist der mitteldeutsche **Lock- und Neckruf für Ziegen.** Die Ziege (auch Habergeiß genannt oder kurz Haber, von lateinisch caper) heißt in bayrischen, thüringischen und hessischen Mundarten auch Heppe und hieß im 16. Jahrhundert auch Hippe, Hippele, Hipplein. Als besonderes Merkmal der Ziege gilt dem Volke ihr Bart. (Im Spanischen z. B. bedeutet barbudo sowohl starkbärtig, als Ziege.) Der lange Bart der

Juden wurde als Ziegenbart verhöhnt. Bezeichnenderweise heißen die ästigen Arten der Pilzgattung Clavaria im Volksmund nicht nur Ziegenbart, sondern auch Judenbart. Insbesondere galt der Ziegenbart als die Barttracht der Rabbiner und der jüdischen Lehrer, daher gebrauchten in Süddeutschland mitunter auch die Juden selbst untereinander den Spitznamen „Gaisrebbele". So wie man ja auch vielfach die Schneider mit der die Stimme der Ziege wiedergebenden Silbe meck, meck verhöhnte, rief man in manchen Gegenden Mittel- und Süddeutschlands auf den Dörfern den „ziegenbärtigen" Juden oft neckend hep, hep zu. Durch die antisemitische Bewegung des Jahres 1819 wurde dieses bereits vorgebildete Spottwort nur allgemein bekannt gemacht, ähnlich wie im Weltkrieg gewisse bis dahin wenig bekannte Volkswörter, z. B. französisch boche, deutsch Katzelmacher, plötzlich Eingang in die Schriftsprache fanden. Mit dem Hephepruf haben die zwei genannten Kraftausdrücke aus dem Weltkrieg auch das gemein, daß sie ursprünglich mehr oder minder harmlose Spottworte waren, aus denen erst in der Atmosphäre bestimmter historischer Vorgänge plötzlich eine Haßbedeutung hervorlodert.

Anschließend sei hier bemerkt, daß das Wort Antisemit relativ jungen Datums, kaum älter als ein halbes Jahrhundert ist. Nach R. M. Meyer hat es Wilhelm Marr 1879 als Kampfwort geprägt, das dann aus dem Deutschen rasch in andere europäische Sprachen überging. 1880 gründete bereits der Hofprediger Adolf Stöcker die „Antisemitenliga"; bald darauf wandte sich schon Nietzsche heftig gegen die „Antisemiterei". Im Jahre 1880 ist auch eine scherzhafte Verdeutschung des neuen Ausdrucks versucht worden: es erschien in Berlin ein komisches Epos unter dem Titel „Der Antiverjüdelungsverein".

HOCHSTAPLER

Im Jahre 1806 schrieb Turnvater Jahn: „Hochstapler habe ich noch in keinem Wörterbuch gefunden; wir haben nun leider ein Mal die Sache, also müssen wir auch ein Wort dafür besitzen." Die Bedeutung des Wortes war aber damals nicht ganz die heutige. Während das entscheidende Merkmal jetzt die Täuschung in bezug auf Abstammung, Rang, Reichtum u. dgl. ist, lag früher beim Begriff des Hochstaplers das Gewicht auf dem Umstand des raffinierten Bettelns. Rudolf Fröhlichs 1851 anonym erschienenes

Buch „Die gefährlichen Klassen Wiens" definiert den Hochstapler: „ein gefährlicher Bettler, der mit falschen Attesten über erlebte Unglücksfälle oder dergleichen und, indem er gewöhnlich adlige Namen und Titel sich beilegt, vorzüglich die höheren Stände brandschatzt." Diese Erklärung für Hochstapler (oder Steifbettler) übernimmt drei Jahre später fast wörtlich das Gaunerwörterbuch der Wiener Polizeidirektion. Da Hochstapelei früher schlechthin vornehme Bettelei bedeutete, so hießen Studenten, die auf Wanderschaft mit Musikdarbietungen bettelten, adelige Emigranten, die Unterstützung beanspruchten — auch wenn sie wirklich Studenten oder wirklich polnische Grafen waren, — Hochstapler.

Stapler bedeutete: wandernder Bettler. Die Herkunft des Wortes ist umstritten. Nach der einen Erklärung ist der Stapler (ältere Form Stabuler) einer, der mit dem Stabul (Bettelstab) von Haus zu Haus wandert. Nach der anderen Erklärung kommt stapeln = einherschreiten[1] von der Wurzel stap, mit Füßen treten (wovon auch Stapfen, Fußtapfen, Staffel, Stapel, aufstapeln, Stufe, Etappe, stampfen, Stempel). Jedenfalls weisen beide Ableitungen auf das Herumwandern hin, und wenn, genau genommen, nur eine die richtige sein kann, so wird wohl auch die andere Wurzel die sprachliche Fixierung begünstigt haben.

HOFFART

könnte in seiner jetzigen Form zur Vermutung verleiten, es sei aus Hof und Art zusammengesetzt und bedeute ursprünglich die stolze Art des Höflings. Aber das Wort lautete im Mittelhochdeutschen hochvart, der erste Teil ist hoch (althochdeutsch hoh, gotisch hauhs), der zweite Teil vart ist identisch mit der zweiten Silbe in Wohlfahrt. Dieses -fahrt ist aber nicht das Fahrt von fahren (gotisch faran = wandern) aus der Familie Fähre, Furt, fertig usw., sondern kommt von einem mittelhochdeutschen Zeitwort varn = leben, das seither untergegangen ist und nur noch in den Wörtern Wohlfahrt und Hoffart fortlebt. Hoch bedeutet hier also etwa erhaben (wie in Hochamt) oder vornehm (wie in englisch high life, was eigentlich dem Wortlaut nach dasselbe bedeutet wie Hoffart, oder im Worte Hochstapler, s. dieses Stichwort). Aus der Bedeutung

---

1) Man vgl. die ältere (1824 gebuchte) österreichische Redensart „er stappelt alle Kirchen a" von einem eifrigen Kirchengänger; bei Castelli 1847: „alli Wiartshaisa aschdapln".

„vornehmes Leben" entwickelte sich zunächst die von edlem Stolz, und erst dann bekam das Wort Hoffart einen tadelnden Sinn (wie z. B. im Sprichwort „Hoffart kommt vor dem Fall").

Lautgeschichtlich bemerkenswert ist beim Worte Hoffart die Verwandlung des ch, des Endlautes von hoch, zu f. Ähnliche Erscheinungen, die man unter dem Namen

Assimilation (Angleichung)

zusammenfaßt, begegnen wir in den Wortgeschichten dieses Buches häufig, und es empfiehlt sich daher, über solche lautliche Entwicklungen, wie die von Hochfart zu Hoffart, einiges im Zusammenhang zu sagen.

Man begründet es mit einer Bequemlichkeitstendenz der Sprache, daß zwei Konsonanten, die aneinandergeraten, möglichst gleichgemacht werden. Man spricht von einer rückschreitenden (richtiger wäre: rückwirkenden) Angleichung, wenn der erste Konsonant sich dem zweiten fügt. Dies war der Fall bei Hochfart—Hoffart. Weitere Beispiele: Dattel aus daktylos; nennen (in gotisch namnjan, altsächsisch nemnian, ist das m von „Name" noch enthalten); Zwilling aus zwinilinc; Forelle aus Forenle (Verkleinerung von Forene, mundartlich noch erhalten, z. B. in der Schweiz als Forne, in Bayern als Fehrne, althochdeutsch forhanna); schwäbisch Stuggert statt Stuttgart, frankfurterisch Schillerhäuser, kossber statt Schilderhäuser, kostbar[1]. Eine rückwirkende Assimilation liegt auch bei Stanniol aus lateinisch stagnum, bei italienisch colonna, französisch colonne = Säule, aus lateinisch columna vor[2]. Sehr häufig verfallen so einer rückschreitenden und zur Konsonantendoppelung führenden Angleichung griechische und lateinische Vorsilben. So hat sich z. B. das d von ad dem Anlaut des zweiten Wortteiles angeglichen, „ad-similiert", in Affekt, Akkord, Allianz, Annonce, approbieren, arrogant, Assessor, Attribut; das in erscheint assimiliert in illegal, immanent, irrational; cum in Kolleg, Korruption;

---

1) In frankfurterisch Leckkuchen (statt Leb-, das zu Laib gehört oder zu lateinisch libum = Kuchen) stellt die rückschreitende Assimilation gleichzeitig eine volksetymologische Beziehung (zu „lecken") her.

2) Im Deutschen kommen beide Formen als Fremdwörter vor: sowohl assimiliert Kolonne (z. B. eine Ziffernkolonne in der Tabelle, kaufmännisch als Agentenkolonne, militärisch als Marschkolonne) als auch unassimiliert Kolumne (= Seite in der Fachsprache der Buchdrucker und der Journalisten).

dis in Differenz, diffamieren; sub in Surrogat, Suffix; syn in Symmetrie, Syllogismus.

Bei der fortschreitenden Angleichung paßt sich der zweite Konsonant dem ersten an: so entstanden die Wortformen dumm, Imme, krumm, Lamm, Zimmer, bei denen das Doppel-m das Ergebnis einer Assimilation von „mb" oder „mp" darstellt; die althochdeutschen Entsprechungen lauten tumb, imbi, chrump, lamb, zimbar. Im Bereich des Nieder- und Mitteldeutschen hat sich der Wandel von mb zu mm schon in der mittelhochdeutschen Zeit vollzogen, im Oberdeutschen verzögerte sich dieser Vorgang, und einzelne mundartliche Spuren bewahren hier noch das Andenken der unassimilierten Vorformen (z. B. österreichisch Lamperl = Lämmchen). Aus der Assimilation von n zu l entstehen Wortformen mit Doppel-l: Elle, Müller (aus elina, mulinari).

In den bisherigen Beispielen weist das Assimilationsergebnis stets einen doppelten Konsonanten auf. In anderen Fällen kommt bloß eine Anähnlichung zustande: der der Assimilation verfallende Konsonant verwandelt sich zu einem solchen, bei dem die Bewegung der Sprechwerkzeuge ähnlich eingestellt ist wie bei jenem Konsonanten, von dem die assimilierende Wirkung ausgeht. Vor allem besteht die Neigung, den Zahnlaut n vor den Lippenlauten b und p zum Lippenlaut m zu verwandeln. Man spreche hintereinander em-pe oder em-be aus und dann vergleichsweise en-pe oder en-be, und man wird erkennen, daß eine viel geringere Veränderung der Mundstellung bei der Bildung von b oder p nach m notwendig ist als bei der Bildung von b oder p nach n. Daher wird z. B. ein n zu m vor b in Himbeere aus mittelhochdeutsch hindber (nordenglisch hindberry), Hamburg, Württemberg aus Hohenburg, Wirtenberg. Solcher rückwirkender Anähnlichung unterliegen z. B. auch die Vorsilben in- (Imbiß, imbezill, impertinent), ent- (empfehlen, empfinden, empfangen aus ent-fehlen, ent-finden, ent-fangen), syn- (Sympathie, Symbol). Eine häufige Assimilation ist ferner die Verwandlung eines sogenannten Verschlußlautes, wenn er vor einem t zu stehen kommt, zu einem sogenannten Reibelaut. So sehen wir die Wandlung des b zu f in schreiben – Schrift, geben – Gift; des g zu ch in tragen – Tracht, schlagen – Schlacht, pflegen – Pflicht.

Man spricht von Assimilation auch in jenen Fällen, wo die Angleichung oder Anähnlichung innerhalb eines Wortes nicht in der unmittelbaren Nachbarschaft erfolgt, indem man eben annimmt, daß es z. B. eine vom anlautenden m ausgehende Wirkung ist, die aus dem ursprünglichen Meßner das Wort Meßmer entstehen läßt, oder eine Wirkung des auslautenden r, die das Wort Klistier in der Volkssprache zu Kristier werden läßt. Das Ergebnis einer solchen rückwirkenden Anähnlichung auf Distanz soll auch das wienerische Karmonadl sein (aus französisch carbonnade = auf Kohlen zubereitetes Rippenstück).

Wenn von der Assimilation die Rede ist, muß auch einer entgegengesetzten Erscheinung, der

Dissimilation (Ausweichung, Entähnlichung)

gedacht werden. Dieser Vorgang spielt eine große, wenn auch nicht immer durchsichtige Rolle in der Wortgeschichte, und H. Grammont hat daher die Dissimilation in einer ihr gewidmeten Monographie aus einem darwinistischen Gedankengang als ,,das Gesetz des Stärkeren" bezeichnet. Die Dissimilation ist eine Änderung der Lautform eines Wortes zur Vermeidung dessen, daß das Wort zwei vollkommen übereinstimmende oder sich sehr nahestehende Laute enthalte. Diese Änderung der Lautform besteht darin, daß der eine der übereinstimmenden Laute (gewöhnlich der erste) entweder in einen anderen Laut übergeht (ausweicht) oder ganz ausfällt (entweicht). So liegt z. B. eine Ausweichung des ersten t zu k vor, wenn das italienische tartufulo (das übrigens auch ohne Dissimilation unser ,,Trüffel" ergibt) im Deutschen zu Kartoffel wird. So wird finster aus dinstar (aus d ein f). Aus den romanischen Sprachen führen wir zwei Beispiele an, wo von zwei l das erste zu r dissimiliert wird: aus lateinisch lusciniola wird französisch rossignol und aus griechisch melimelon = Honigapfel, Quitte wird portugiesisch marmelo, woraus dann im Französischen und daraus auch in vielen andern Sprachen Marmelade. Die Wandlung des l zu n zeigen Knoblauch aus Kloblauch (zu klieben = spalten[1]), mundartlich Nilje (z. B. in niljeschlank) aus Lilie und französisch Niveau aus lateinisch libellum. (Wenn wir z. B. sagen, der Feldmesser habe das Niveau

---

[1] H. Sperber betrachtet gewisse Dissimilationen gleichsam als ,,festwerdende Sprechfehler", bei denen die neue Form weniger Aufwand an Artikulationsenergie und Aufmerksamkeit erfordert. ,,Wenn immer wieder statt des ursprünglich richtigen Kloblauch die dissimilierte Form Knoblauch gesprochen wurde, bis sich diese leichter sprechbare Form schließlich durchsetzte, so hat sich hier die individuelle Trägheit mit Erfolg gegen die der großen Masse geltend gemacht, die wohl der letzte Grund des Widerstandes gegen Neuerungen ist."

mit der Libelle geprüft, begegnet sich die dissimilierte Form mit der ursprünglichen.) Das Wort Fibel entstand dadurch, daß von den beiden b in Bibel (von griechisch biblia = Bücher) das erste in ein f auswich, und genau umgekehrt das Wort Blachfeld dadurch, daß von den beiden f in Flachfeld das erste in ein b auswich.

Die weniger häufige Form der Dissimilation ist jene, die in einem gänzlichen Ausfall eines der beiden übereinstimmenden Laute besteht. So sehen wir den Ausfall des ersten von zwei r in folgenden drei Beispielen: Köder lautete im Mittelhochdeutschen noch kerder; weitverbreitet ist in den Mundarten die Form Mader statt Marder; aus althochdeutsch fordoron, mittelhochdeutsch vordern, wurde im 14. Jahrhundert fodern, und erst ein halbes Jahrtausend später wurde durch das heutige Zeitwort fordern die Dissimilation rückgängig gemacht. Im Ungarischen ist eines von zwei r ausgefallen bei mozsár (zs zu sprechen wie französisch j) aus deutsch Mörser und bei bibor aus Purpur.

Zwei Typen des Lautwandels, die der Assimilation und der Dissimilation nahestehen, kommen besonders häufig vor und haben auch besondere wissenschaftliche Namen: Lambdazismus und Rhotazismus (nach den griechischen Buchstaben Lambda und Rho). Unter

Lambdazismus

versteht man die Wandlung des r zu l[1]. So wird Maulbeere aus althochdeutsch murberi (zu lateinisch morum); so wird aus lateinisch turtur deutsch Turtel(taube); aus mortarius Mörtel (umgekehrt zieht es die ungarische Sprache bei demselben lateinischen Wort vor, das e r s t e r in l zu verwandeln: maltér). Aus lateinisch peregrinus wird französisch pélerin, deutsch Pilger[2]; aus Barbier wird

---

1) Dieser Vorgang beruht anscheinend auf der Neigung zu einem bestimmten Aussprachefehler, zur l-ähnlichen Aussprache des r (griechisch traulizein). Man kann das l, schreibt R. Kleinpaul, überhaupt als ein unvollkommenes, in der Bildung zurückgebliebenes r betrachten, das in den indogermanischen Sprachen erst nach und nach geduldet und anerkannt ward, gleichsam als Kinder-r, das man anfangs noch gar nicht als besonderen Buchstaben gelten ließ.

2) Christian Rogge, in seinem Drange, überall Bestätigungen seiner gewiß beachtenswerten These von der assoziativen Beeinflussung und der Hörangleichung („Täuschung durch den Ohrenschein") zu sehen, meint aber kühn, die Wandlung des ersten r von peregrinus zu l gehe bei französisch pélerin auf den Einfluß von „aller" = gehen, bei deutsch Pilger auf den Einfluß von „Wallfahrt" zurück.

mundartlich Balbier; aus deutsch Berchfrit, Bergfried („bergende Einfriedung", Befestigung, Schutzturm) wird sowohl deutsch Belfried, als französisch belfroi (auch assimiliert zu beffroy) und englisch belfry = alleinstehender Turm, Glockenturm, Warte; aus mittellateinisch paraveredus (Pferd) wird französisch palefroi, italienisch palafreno, englisch palfrey (= Zelter, Prunkpferd)[1]. Besonders häufig verwandelt das Ungarische in seinen Lehnwörtern eines von zwei r zu einem l; so wird aus deutsch Bürger, Krämer, Barbier, Erker, Pranger, Burggraf, Vorreiter ungarisch polgár, kalmár, borbély, erkély, pellengér, porkoláb, fullajtár; ebenso Gergely, Borbála, Gellért aus Gregor, Barbara, Gerhart.

In allen bisher angeführten Beispielen von Lambdazismus handelt es sich darum, daß von zwei r des ursprünglichen Wortes eines in ein l ausgewichen ist, so daß man hier vom Lambdazismus als einem Sonderfall der Dissimilation sprechen kann. In anderen Beispielen jedoch (wie z. B. bei der Umwandlung von Dörfer zu Tölpel oder von griechisch leirion zu lateinisch lilium = Lilie) erzielt die Umwandlung eines r zu l gerade das Gegenteil, nämlich das nunmehrige Vorhandensein von zwei übereinstimmenden Lauten, von zwei l, in einem Worte, so daß also der Lambdazismus in diesen Beispielen gleichsam ein Sonderfall der Assimilation ist.

Ein dritter Typus des Lambdazismus ist jener, wo weder eine Angleichung noch eine Entähnlichung vorzuliegen scheint, wo also ein r sich in ein l umwandelt, ohne daß ein erkennbarer Anlaß durch einen anderen Laut des Wortes geboten wäre: so wird aus lateinisch prunum unser Pflaume, aus Kirche (griechisch kyriakos = Heiligtum) alemannisch Kilche (übrigens auch noch zu Chille assimiliert), aus Sant Erasmo im Italienischen San Elmo, aus deutsch Frühstück, Panzer ungarisch fölöstököm, páncél. Ein weiteres Beispiel für die Verwandlung eines lateinischen r zu l im Italienischen, Alemannischen und Ungarischen: italienisch salvietta, schweizerisch Salvältli, ungarisch szalvéta = Serviette (von der lateinischen Wurzel serv-). Da das Chinesische kein r hat und es in Fremdwörtern durch ein l ersetzt (z. B. Kilissetu, Eulopa für Christus, Europa), wimmelt es in der Sprache des modernen Chinesen, der sich viele von den

---

[1] Auch bei französisch flibustier = Seeräuber (übertragen: Industrieritter) liegt die Dissimilation des ersten von zwei r vor; das Wort kommt nämlich von deutsch Freibeuter bzw. holländisch vrijbuiter.

internationalen Wörtern des Abendlandes aneignet, von Lambda=
zismen¹. Jedenfalls kann es im Chinesischen keinen

Rhotazismus

geben. Mit diesem Fachausdruck bezeichnet man die auf einer allgemeinen (aber wissenschaftlich bisher nicht näher geklärten²) Neigung beruhende Wandlung des s zu r. Besonders in der lateinischen Wortgeschichte spielt der Rhotazismus eine große Rolle. Amor, arbor, color, labor gehen auf Formen wie amos, arbos, colos, labos zurück. In anderen Fällen bricht das r erst in den Biegungsformen ein: corpus-corporis, flos-floris, genus-generis, mos-moris, scelus-sceleris. Im Deutschen entstehen durch Rhotazismus die Zeitwörter küren aus kiesen, nähren aus gotisch nasjan (daher noch ge-nesen), frieren aus mittelhochdeutsch vriesen (daher noch Frost), verlieren aus mittelhochdeutsch verliesen (daher noch Verlies = Ort, wo man verloren geht, Verlust, englisch to lose). Daß das r in der Hilfszeitwortform „war" auf ein s zurückgeht, zeigt die noch erhalten gebliebene Form „gewesen". Manchmal läßt sich das Vorliegen eines Rhotazismus am leichtesten dadurch aufweisen, daß man die Entwicklung desselben Wortstammes in zwei Sprachen verfolgt. Typisch sind z. B. englische Wörter angelsächsischer Herkunft, die ein r aufweisen, wo das deutsche Wort das ältere s noch beibehalten hat: wir erwähnen Eisen—iron und Hase—hare. Von rhotazistisch gewandelten Eigennamen nennen wir Etruria aus Etrusia, Arthur aus Artus. Doppelt rhotazistisch ist Aurora aus Ausosa; in den mit Ausosa—Aurora urverwandten Wörtern griechisch Eos und deutsch Osten ist das s unverwandelt geblieben.

HUNGER

Wir kennen althochdeutsch hungar, gotisch huhrus (Zeitwort huggrjan), aber die vorgermanische Geschichte der Wortwurzel ist ganz im Dunkeln. Man hat versucht, das Wort Hunger mit griechisch kankanos = dürr, brennend, und litauisch kanka = Qual in Verbindung zu bringen.

---

1) Das gilt auch von der zum großen Teil von Chinesen gesprochenen Mischsprache Pidgin-Englisch, wo z. B. ploper (aus proper) = recht.

2) Manche erklären den Rhotazismus aus einer Abneigung des Griechischen und Lateinischen gegen ein s zwischen zwei Vokalen.

Hunger gehört zu jenen Empfindungen, in deren Umschreibung die Sprache besonders reichhaltig ist. Dichterisch klingt die heute meistens nur noch scherzhaft gebrauchte Redensart: am Hungertuche nagen. Hungertuch (auch Fastentuch oder Fastenlaken, im Niederdeutschen Smachtlappen) ist ein schwarzes oder blaues Tuch, das man in den letzten Jahrhunderten des Mittelalters in der Zeit von Aschermittwoch bis Ostern in den Kirchen vor den Altar hängte, um ihn für die Gläubigen unsichtbar zu machen. Damit sollte der Ausschluß aus dem Paradies versinnbildlicht und die Fastenzeit angezeigt werden. In der Sprache der Kirche heißt das Tuch in Anbetracht der vierzigtägigen Dauer der Fasten velum quadregesimale. In der Sammlung für deutsche Volkskunde in Berlin wird ein 7 Meter breites und 4 Meter hohes Hungertuch aus der Kirche in Telgte bei Münster in Westfalen mit schachbrettartig angeordneten 33 gestickten viereckigen Bildern aufbewahrt. Das berühmteste Hungertuch ist das Zittauer mit 108 Temperafarbbildern, 1472 von einem Gewürzkrämer gestiftet. Zahlreich sind noch Hungertücher in Kärnten erhalten, darunter wohl das älteste, das Fastentuch des Gurker Domes. In einzelnen westfälischen Gemeinden kommt die Verhängung des Altars während der Fastenzeit heute noch vor.

Die bildliche Wendung „am Hungertuch nagen" für Not leiden ist jüngeren Datums und entbehrt nicht einer Beimengung scherzhafter Übertreibung. Bei Hans Sachs heißt es noch: am Hungertuch nähen, flicken. Das „Nagen" kommt vielleicht auch aus einer Verschmelzung mit der in der Provinz Sachsen und in Hannover gebuchten Redensart „Hungerpfoten nagen oder saugen" (der Bär saugt angeblich im Winter bei Nahrungsmangel an seinen Pfoten).

Kohldampf schieben ist die verbreitetste volkstümliche Redensart für Hunger leiden. Die Herkunft ist ungeklärt. Die Ableitung aus russisch golod = Hunger läßt sich nicht stützen. Wahrscheinlicher ist eine etymologische Beziehung zwischen „Kohldampf" und dem Rotwelschausdruck „es kollert mich" = ich bin hungrig. Bis dahin nur ein Ausdruck der Gauner- und Kundensprache, fand die Redensart „Kohldampf schieben" im Weltkrieg allgemeine Verbreitung durch die von selbstironisierendem Galgenhumor geradezu strotzende Sprache der Feldgrauen. Die „Gulaschkanone" hieß auch „Kohldampfabwehrkanone" (in Anlehnung an die Flugzeugabwehrkanonen, an die das nach oben gerichtete Ofenrohr der fahrbaren Feldküche erinnerte). Im Rotwelsch, z. B. in der schwäbischen Gaunersprache, wurde auch Kohl oder Dampf allein gesagt. Auch finden sich Ausdrücke, wie Koller, Kolter, kollerig, es kollert mich, wahrscheinlich lautmalerisch, in dem Sinne: es knurrt mir der Magen. (Il sent crier les entrailles, er fühlt die Eingeweide schreien, sagt der Franzose.) Aus der Vagabundensprache ist auch aufgezeichnet worden: Windsuppe essen, Luftklöße schnappen. Trockenes Brot essen hieß in der Soldatensprache auch: ein trockenes Polster schieben oder einen Scheibling inhalieren. Auch die Soldaten der im Weltkrieg mobilisierten Schweizer Armee nannten den Hunger Kohldampf; daneben hatten sie noch die Ausdrücke Schatten im Ranzen und Schaben im Bauch. Der heftige Hunger heißt in der Schweiz der „g'ragete Hunger" (g'raget, von ragen, recken, bedeutet eigentlich steif, starr). Es zeert mer oder es ist mer zeerig, heißt es in der Simmentaler Mundart, im Berner Oberland. In Darmstadt kann man von einem Hungrigen hören: mir ist so zweierlei. (Die alte Frankfurter Redensart „das Darmstädter Piano spielen" = kein Geld haben hängt vielleicht mit den Vorstellungen Hunger und Darm zusammen; über solche Anspielungen durch Ortsnamen s. den Exkurs nach dem Stichwort borniert.) Im Berlinischen nennt man den Hunger auch Gibbel, in Ostdeutschland ist der Ausdruck Janker verzeichnet worden. Mir hungert, daß mir der Bauch schlackert, ich möchte vor Hunger kleine Steine fressen, em hungert, dat em de Sel öm Liw pipt, sind ostpreußische Redensarten[1].

Auch auf dem Marchfeld in Niederösterreich wird, wie in der letztgenannten ostpreußischen Wendung, der Hunger akustisch

---

1) Der Reichtum an Ausdrücken über den Hunger ist nicht etwa eine Eigenheit der deutschen Volkssprache allein. Aus dem französischen Argot z. B. erwähnen wir die Wendungen: le drapeau noir flotte sur la marmite, die schwarze Fahne weht über dem Kochtopf, se brosser le ventre, sich den Bauch bürsten, avoir l'estomac dans les talons, den Magen in den Fersen haben, voir défiler les dragons, die Drachen vorbeiziehen sehen, claquer du bec, mit dem Schnabel klappern, danse du ventre, Bauchtanz, danser devant le buffet, vor dem Anrichtetisch tanzen, déclarer le ballon, den Ballon (Bauch) kundtun, avoir la bide comme une affiche, den Bauch haben, wie ein Plakat (so flach), faire la balle élastique, einen (hohlen) Gummiball machen, se taper sur la lanterne, sich auf die (leere) Laterne klapsen, n'avoir rien dans le battant (le battant, wörtlich das Schlagende = Herz), jouer du fifre, auf der Querpfeife

umschrieben: ich höre Elfeläuten oder der Krauthansl schreit. Eine andere österreichische Umschreibung des Hungergefühls buchte Castelli 1847: der Fabian[1] blagt mi. In Tirol bezeichnet man den plötzlich auftretenden Heißhunger mit Schwächegefühl und Aufstoßen von Wasser, den „gachen" Hunger auch als Wasserspeibe oder Wasserblöde (in Kärnten Wasserpleade). Ein allgemein österreichischer Ausdruck für heftigen Hunger ist Moda, Mader; so verzeichnet Sonnenleithner 1824: i bin schon modri; und Castelli 1847: haind hab i an fiarchtaligen Moda. Dieses Moda oder Mader darf man als den Tiernamen Marder agnoszieren. Es dürfte eine Abkürzung von Marderhunger, einem Synonym von Wolfshunger, vorliegen. Sonst wird der Marder meist in Gleichnissen über Kraft, Energie, Gesundheit herangezogen; z. B. im Egerländischen: dear gäiht aan wöi a Staanmodara, der geht an (die Sache) wie ein Steinmarder. In der Schweiz kennt man die Redensarten: schreie wie-n-e Marder, schwitze wie-n-e Marder. Das Volk liebt es, den heftigen Hunger jenem der Tiere zu vergleichen. Schon die Römer sprachen von „hündischem" Hunger: appetitus caninus oder appetentia canina (französisch faim de chien, englisch dog-appetite). Auch sonst finden wir in römischen Überlieferungen die Auffassung, daß der heißhungrige Mensch gleichsam ein Tier in sich beherbergt: vermis lacertae similis in stomacho hominis habitat. (Übrigens finden wir bei den Römern den Hunger auch personifiziert, in der Figur der Fames; man vgl. damit den altsächsischen Heliand, in dem der Hunger als fürchterlicher Krieger durch die Lande zieht.)

Während im Österreichischen der Tiernamen Marder (Moda) schon allein den Heißhunger bezeichnet, werden sonst Tiernamen nur gleichnisweise verwendet zur Kennzeichnung des starken Hungers. Man ist hungrig wie ein Köter, wie ein Wolf, wie ein Bär, wie ein Löwe, wie eine Hyäne, wie ein Geier. Um auch Beispiele aus einer anderen Sprache zu geben: in Spanien sagt man, man habe Hunger oder fresse como un animal (wie ein Tier), un cebón (Mastferkel), gorrino (Spanferkel), pavo (Truthahn), carcoma

---

spielen, avoir les crochets oder les dents bien longues, lange Zähne (Eckzähne) haben, avoir mal aux dents, Zahnschmerzen haben, lire la gazette, Zeitung lesen (besonders mit der Bedeutung: nichts zu essen haben, während andere, denen man zusieht, essen).

[1] Ein personifizierter Quäler ist auch der Schmalhans (z. B. bei Grimmelshausen: „so hätte mich auch der Schmalhans trefflich gequält.")

(Holzwurm), lombriz (Bandwurm). Es gibt natürlich auch Gleichnisse ohne Tiere, z. B. im Schwäbischen: hungrig wie e Pommer, wie der Pfaff am Ostertag. Allgemein volkstümlich ist: hungrig wie ein Scheunendrescher. Ein schweizerisches Sprichwort lautet: En Tröscher (Drescher), an Wöscher (Wäscher), en Rätscher (Hanfbrecher) und en Hund frössend alli Stund.

Ein sonderbares und, wie es scheint, bisher nicht gebuchtes Wiener Unterweltswort für Heißhunger ist Flamoh. Ohne allerdings einen zwingenden Beweis dafür erbringen zu können, möchte ich die Vermutung aussprechen, daß dieses wienerische Flamoh von rumänisch flămând = hungrig kommt. (Während rumänisch foame = Hunger von lateinisch fames kommt, geht flămând wahrscheinlich auf lateinisch flammabundus = brennend zurück, wobei flămând wohl gleichzeitig unter dem Einfluß von flammare und von fames steht.) Vor dem Weltkrieg stationierten meistens einige Bataillone siebenbürgischer Regimenter mit rumänischer Mannschaft in Wien. Es ist also gut denkbar, daß das Wort Flamoh in der niederen Wiener Umgangssprache ein Hinterbleibsel der rumänischen Infanteristen ist. Es gehörte dann ebenso unter die „verba castrensia", die Heerlagerworte, wie z. B. das allgemein bekannte Wiener Volkswort „Tschick" = Zigarren- oder Zigarettenstummel, das ebenfalls ein romanisches Wort ist (lateinisch ciccum = etwas Kleines, ein Mundvoll, französisch chique und italienisch cicca = Kautabak, Zigarrenrest), das zur Zeit der österreichischen Herrschaft in Norditalien durch die Truppen„dislokationen" des k. k. Heeres in deutschösterreichische Sprachgebiete verschleppt wurde.

Sehr häufig begegnen wir dem Worte Hunger als Bestandteil von deutschen Flurnamen. Es handelt sich gewöhnlich um Orte, die bei Dürre austrocknen: Hungeracker, Hungerbühl, Hungertobel. Die Flurbezeichnung Hungerberg kommt allein in Württemberg über hundertmal vor. Hungerbach ist ein Bach, der nur in nassen Zeiten Wasser führt. Hungerquellen, Hungerbrunnen fließen nur bei anhaltendem Regen und gelten dann in schwäbischen Landen als Vorboten von Mißernte und Teuerung. Hungersteine sind Felsen oder große Steine, die in dürren Sommern, bei niedrigem Wasserstand in den Flüssen (z. B. in der Elbe bei Bodenbach-Tetschen) sichtbar werden.

Viele Pflanzenarten führen beim Volke neben anderen auch den Namen Hungerblume, Hungerblümchen. Diese Pflanzen lassen sich in bedeutungswissenschaftlicher Hinsicht in zwei Gruppen teilen: 1. solche, die nur geringe Bedürfnisse haben, auf sandigem Boden oder auf Felsen gleichsam hungernd leben können, zu diesen gehören z. B. das an Felsen und Mauern wachsende Mauerhungerblümchen, die auch Hungerblume genannte Steinkresse (Teesdalea nudicaulis) und das auf steinigem oder sandigem Boden gedeihende Frühlingshungerblümchen (Erophila); 2. solche, die als Unkraut oder Schmarotzer Nutzpflanzen schädigen, also für die Menschen oder Haustiere eine Hungergefahr bedeuten können. Aus diesem zweiten Gedanken erklärt sich, daß sowohl die blaue Kornblume als das ebenso lästige Unkraut Chrysanthemum segetum den Volksnamen Hungerblume führen. Hungerblume heißt auch der das weidende Vieh schädigende scharfe Hahnenfuß (Ranunculus acer). Der dreiblättrige Ehrenpreis (Veronica triphyllos) ist trotz seines schönen Namens ebenfalls ein Unkraut, hat daher auch den volkstümlichen Namen blaues Hungerblümchen. Hunger- oder Mutterkorn ist ein an Getreide-, hauptsächlich Roggenblüten schmarotzender Schlauchpilz.

Der bekannte Romanist Prof. Leo Spitzer war im Kriege bei der österreichischen Zensurstelle für die Korrespondenz der italienischen Kriegsgefangenen tätig und hat nach Kriegsende über die Redewendungen, mit denen die mangelhaft verpflegten Gefangenen versuchten, der wachsamen k. u. k. Zensur zum Trotz ihren Angehörigen in Italien mitzuteilen, daß sie Hunger litten, ein ganzes Buch geschrieben. Es ist geradezu aufregend für den Psychologen sowie für den Soziologen. Vor allem ist das Material auch aufschlußreich für die Psychologie der Entstehung von Redensarten und von Gruppen- und Geheimsprachen. Oft erscheint in jenen Briefen wie eine harmlose Bekannte eine Signora Mehofa (me ho fame, habe Hunger) oder noch gekürzter eine Kusine Mefa, und gebildete Italiener teilen mit, daß sie im Lager viel mit Ugo zusammen sind, der übermütig ist und keine Ruhe gibt (Anspielung auf jenen Grafen Ugolino, dessen Höllenqualen Dante eindringlich schildert). Manche Kriegsgefangene preisen die Reinlichkeit im Lager (man benötige keine Servietten) oder die guten Gesundheitsverhältnisse (keine Verdauungsstörungen), oft ist von der Musik die Rede, die im Lager getrieben wird (soll das Rumoren des leeren Magens andeuten). Raffiniert war, wenn in der Absenderangabe die Unkenntnis der richtigen deutschen Schreibweise vorgetäuscht wurde, indem man statt Kriegsgefangenenlager schrieb: Kristche-fame-ladre (Christus, welcher räuberischer Hunger!). Die Üppigkeit der Hungerumschreibungen zeugt mitunter von einem wahrhaften Delirium. Die Möglichkeit, die Zensur zu täuschen, war bei dieser Heftigkeit der Umschreibungen ziemlich gering, sie erfolgten jedoch selbst ohne praktischen Zweck, auch ohne Hoffnung auf Beförderung der Briefe, lediglich „zum künstlerischen Abreagieren der Affekte", — „die Phantasie übertölpelt den anfänglich logisch gewappneten Schreiber". Wenn man diese Tausende von Kriegsgefangenenbriefen liest, ersieht man jedenfalls, daß der leere Magen zwar ungern studieren mag, aber überaus sprachschöpferisch ist.

HUSAR

ist ein internationales Wort zur Bezeichnung einer leichten Kavalleriegattung, die auch äußerlich durch gewisse typische Uniformstücke und reiche Verschnürung gekennzeichnet ist. Husar kommt vom gleichbedeutenden ungarischen Wort huszár, und man liest oft (auch in den neuesten Auflagen der etymologischen Wörterbücher von Kluge-Götze 1934, Bergmann 1923, Wasserzieher 1930), daß das Wort auf magyarisch husz = zwanzig zurückzuführen sei, weil die Gutsherren seit König Matthias Korvins Zeiten auf je 20 Leibeigene bzw. auf je 20 Fußsoldaten je einen berittenen stellen mußten[1]. Diese Etymologie ist überholt. Huszár kommt noch vor König Matthias vor, u. zw. in der Bedeutung Räuber. Ein lateinisches Dokument aus 1432 richtet sich „contra huzarones et allios nonnullos malefactores" (Räuber und sonstige Übeltäter), und in einem anderen aus dem Jahre 1443 finden predones aut Huzarij hungari (ungarische Räuber oder Husaren) Erwähnung[2]. Das ungarische

---

1) In Ungarn bekommt man übrigens manchmal auch eine volksetymologische Erweiterung zu hören: huszár sei zusammengesetzt aus husz (20) und ár (Preis), weil nämlich zwanzig der Preis eines sei, d. h. weil der Husar in der Schlacht erst um das Leben von zwanzig Feinden sein eigenes verkauft.

2) Im 16. Jahrhundert oft in der Zusammenstellung hitvan (hitvány) huszár = gemeiner (schlimmer bzw. untergeordneter) Husar. Auch ein anderes ungarisches Wort zeigt den Bedeutungsübergang vom fremdsprachigen Namen einer berüchtigten Räuberart zu einer gleichsam gereinigten und geadelten Bezeichnung: das Wort levente — jetzt gleich Jungkampe, Jungritter und Bezeichnung einer ungarischen Jugendorganisation zur Förderung der Wehrfähigkeit — bedeutete einst den Freibeuter in den östlichen Mittelmeergegenden, in der „Levante".

Wort ist eine Entlehnung des serbisch-kroatischen husar, gusar, im älteren Südslawisch hursar, kursar, was auf neugriechisch kursaris, goursaris = Räuber, Freibeuter zurückgeht. Hierher gehört auch mittellateinisch cursarius = Unternehmer von Streifzügen. All diesen Wörtern liegt zugrunde das lateinische Zeitwort currere = laufen, das Stammwort der Fremdwortsippe Kurs, Kurier, kurrant, Exkurs, Diskurs, Rekurs, Sukkurs, Konkurs, Konkurrenz, Korridor, Korso usw. Das Wort Husar ist also auch ein naher Vetter vom italienischen corsaro, unserem Korsar = Seeräuber, Seeräuberschiff und bildet gleichsam die südslawisch-magyarische Nebenlinie.

Daß die Bezeichnung für Räuber die einer Waffengattung wurde, erklärt sich daraus, daß König Matthias aus den sogenannten szegény legények („arme Burschen"), den außerhalb des Gesetzes lebenden, herumstreifenden Bauernburschen leichte Kavallerietruppen bilden ließ, die den Namen Husaren beibehielten. Einen ähnlichen Bedeutungsübergang von Räuber zu Soldat, bewaffneter Diener, zeigt auch das Wort Heiduck (ungarisch hajdú).

Als Kuriosum erwähnen wir eine phantasievolle Ableitung des Wortes Husar von K. F. in der „Frankfurter Zeitung" vom 23. November 1915: in Husar sei das tschechische Wort Hus = Gans enthalten, Husar, etwa Gänsemann, sei in der Reformationszeit der Spottnamen für die gefürchteten kroatischen Reiter gewesen, vielleicht weil die Hälse der gestohlenen Gänse aus den Satteltaschen dieser Soldaten hingen. Nicht minder phantastisch ist eine andere Ableitung von Husar: aus französisch huissier = Türsteher.

In deutschen Texten taucht das Wort Husar — zuerst als Husar, Husser, Husseer, Hussarn, Hussern — in der ersten Hälfte des 16. Jahrhunderts auf. Man übernahm zuerst das Wort, aber noch nicht die Einrichtung, d. h. man nannte in Deutschland die noch nach früherer Art gepanzerten und schwer bewaffneten Reiter gelegentlich so. Mit diesem neuen Namen war kein guter Ruf für seine Träger verbunden. 1546 handelt ein „Pasquillus novus der Husseer" darüber, „was sie für grausamkeit mit jren rauhen verhern, brennen und mörden begangen, ... wie sie mit kreyssenden weybern und anderen Junckfrawen barbarisch genug gehandelt". Im Dreißigjährigen Krieg wurden die kaiserlichen Husaren, wie Hoyer und Transfeldt berichten, wegen ihrer (etymologisch gewissermaßen gerechtfertigten) Räubereien von den Schweden nicht als Soldaten betrachtet: bei Gefangennahme wurden sie nicht, wie andere, gegen Lösegeld entlassen, sondern nach Schweden in Bergwerke verschickt. Zur Bezeichnung der typischen Kleidungsstücke der Husaren gebrauchte man in Deutschland Wörter ungarischer Herkunft: die verschnürte Pelzjacke hieß Dolman (im Deutschen bereits seit 1500 belegt), aus ungarisch dolmány, das aus türkisch dolaman = roter Mantel der Janitscharen kommt; die hohe Pelzmütze hieß Kalpak, ebenfalls ungarisch-türkisch. Der Namen der Attila, der verschnürten Jacke – in Ungarn auch für den Rock der nationalen Magnatengalatracht verwendet –, kommt nicht vom Namen des großen Hunnenkönigs, wie man es in Ungarn meistens annimmt, sondern wie venezianisch atilà, italienisch attillato von mittellateinisch attillamentum = Ausrüstung. (Daß es sich um ein romanisches Wort handelt, belegen auch die Zeitwörter italienisch attillare, spanisch atildar, portugiesisch atilar, provenzalisch atilhar = niedlich, fein, schmuck machen.)

Husar ist im Deutschen ein volkstümliches Wort geworden, es wird in Redensarten verwoben, zu Gleichnissen herangezogen. Schlagen wir z. B. im Schwäbischen Wörterbuch nach und wir finden u. a.: flucht wie ein Husar, einfältig wie die Husaren; eine Dirne ist ein gespaltener Husar (in Ostpreußen: Schlitzhusar – ein Spottname für Frauenzimmer), der Branntwein heißt Husarenkaffee; es gibt im Schwäbischen Hausnamen zum Husarendavid, zum Husarenschuster, den Wirtshausnamen Husarenbeck, Flurnamen wie Husarenäcker, Husarenkappe, Husarensprung, Husarenwiese; Husarenstöcke sind Kohldistel, gewisse Riedgräser heißen wegen der federbuschartigen Blüten- und Fruchtstände Husaren, und die Hauben- oder Schopfmeise wird auch Husarenmeise genannt. Bibelhusaren und Ölberghusaren sind in Österreich Spottnamen für Wehrverbände, denen man vorwirft, unter klerikalem Einfluß zu stehen. Aus den Kantonen Basel, Thurgau, Zürich verzeichnet das Schweizerische Idiotikon für Husar auch die übertragene Bedeutung: Mannweib, derbe, wilde, barsche, aber zu männlicher Arbeit tüchtige Weibsperson. Die Schweizer sagen auch Chuchihusar in dem Sinne, wie man sonst Küchendragoner sagt. Allgemein sind Ausdrücke wie „ein richtiges Husarenstück", „Husarenbravour" u. dgl. Schopenhauer schreibt in den Parerga einmal, in der Gesellschaft habe die Husarencourage den Primat.

Auch bei anderen Völkern zeugen viele sprachliche Wendungen von dem Eindruck der Husarentruppe und ihrer Wesensart auf die Phantasie des Volkes. So hat im Französischen vrai hussard die Bedeutung echter Haudegen, flotter Kerl; les hussards de la veuve, die Husaren der Witwe sind der Scharfrichter und seine Gehilfen; à la hussard, nach Husarenart = frech; vivre à la hussard = nach Husarenart, d. h. vom Plündern leben; nach Aristide Bruant wird im französischen Argot des 19. Jahrhunderts der Absinth auch purée à la hussard, Husarenbrei genannt, und ein sehr starker Absinth heißt auch kurz hussarde.

Einen ähnlichen Fall von sprachlichen Spuren im Deutschen und Französischen, die auf den lebhaften Eindruck einer Reitertruppe zurückgehen, erörtern wir unter dem Stichwort „Krawatte" (von Kroaten!).

JANHAGEL

> Es ist jede etymologische Frage in eine Reihe von Unterfragen zu zerlegen, um Beweis und Gegenbeweis zunächst für diese zu erbringen.   Hugo Schuchardt.

Das Wort Janhagel ist seit der zweiten Hälfte des 17. Jahrhunderts bekannt und taucht zuerst im niederdeutschen Sprachgebiet auf. Es war ein Scheltwort für einen rohen Haufen, wurde besonders als Spottnamen für Hamburger Bootsleute verwendet. Schriftsteller des 18. und 19. Jahrhunderts gebrauchten gelegentlich für Pöbel statt Janhagel auch Hans Hagel, was aber wohl als eine scherzhafte Zerlegung anzusehen ist und keineswegs als etymologischer Beleg gelten darf. Als witzige Zerlegung des merkwürdigen Wortes ist auch jener Satz Heines aufzufassen, wo er über die Eintragung der Touristen im Brockenbuch spottet: „Herr Johann Hagel will sich auch mal als Schriftsteller zeigen." Gelegentlich ist übrigens auch vornehmer Pöbel („süßer Pöbel") als „Hans von Hagel" gekennzeichnet worden.

Wenn wir absehen von einer unhaltbaren Gleichsetzung von Janhagel mit dem Volkswort Hackel-packel = Pöbel und von dem Versuch, das Wort in Verbindung zu bringen mit Hagen = Zuchtstier (wonach also Janhagel eine Parallele von John Bull wäre) und auch absehen von einer sonderbaren Auslegung des Wortes Janhagel durch H. Schrader („der Ausdruck ist so übel nicht, weil er auf die Menge des Volkes anspielt, die so zahlreich wie Hagelkörner und auch oft soviel Unheil anstiftet"[1]), so gibt es für die Herkunft dieses Wortes bisher eigentlich nur eine einzige Deutung. Meinungsverschiedenheit unter den Sprachforschern besteht nur insofern, als die einen jene einzige Deutung als gesichert und befriedigend ansehen, indes die anderen sich damit begnügen, sie mangels einer besseren als möglich anzusprechen. Diese Deutung beruht auf drei an sich richtigen Voraussetzungen.

1. Das Wort **Hagel** dient in deutschen Flüchen zum Ausdruck der Verwunderung: alle Hagel, Herrgottshagel, Donner und Hagel; andere Flüche lauten z. B. de Hagel sla hem (niederdeutsch: der Hagel soll ihn . . .).

2. Als Spitznamen von einzelnen Menschen und Menschentypen wird oft ein Lieblingsausdruck oder **Lieblingsfluch** herangezogen. Wir erinnern an Herzog Heinrich „Jasomirgott"; Katzelmacher schimpfte man in Österreich die Italiener nach der einen Deutung darum, weil sie den obszönen Fluch cazzo häufig gebrauchen; in südfranzösischen Mundarten war caraca früher ein Spottname für die Spanier, weil sie das obszöne Fluchwort carajo immer bereit haben; le goddam (so z. B. bei Beaumarchais) war früher ein französischer Spitznamen für den Engländer, im Volksmund wurde godon daraus; das Wort bigott soll nach einer seiner Deutungen aus der Schwurform „bei Gott" hervorgegangen sein. In japanischen Hafenorten nennt man englische und amerikanische Matrosen damuraisu h'to, — aus dem englischen Fluch damn your eyes und japanisch h'to = Leute. Nach Jespersens Mitteilung kamen an verschiedenen Punkten der Erde volkstümliche Bezeichnungen der Franzosen aus der Formel dis-donc (sag doch!) zustande: während der napoleonischen Kriege wurden die Franzosen in Spanien als didones bezeichnet, auch in Amerika gibt es für sie das Spottwort ding-dongs, und in Java nennt man einen Franzosen orang-deedong (orang = Mensch). Tacitus berichtet von einem Hauptmann, der die

---

[1] Ich weiß nicht recht, ob auch F. Harder, wenn er schreibt, daß in Janhagel „Hagel im Sinne von hergelaufenes Volk steht", an eine metaphorische Beziehung zwischen der Vorstellung der Eiskörner und jener des Pöbels denkt. Es scheint jedenfalls schwer zu fallen, das Wort Janhagel von der Vorstellung des Hagels fernzuhalten, und dieser Hagel ist es offenbar, der über die Stilblütenbeete jenes Reporters eines Wiener Journals niederging, der in einer Schilderung der blutigen Ereignisse vom Februar 1934 allen Ernstes schrieb, Vizekanzler Fey habe „seine Dispositionen mitten im Janhagel der Geschosse getroffen".

Soldaten peitschen ließ und, wenn die Rute zerbrach, nur rief „cedo alteram", eine andere her, und danach den Namen Cedo alteram führte. Nach seiner Lieblingswendung heißt in Reuters Stromtid der Färber Johann Meinswegen. In einer Novelle von Heinrich Hansjakob heißt ein Flößer Gwest, weil er sich oft rühmte: ich bin in Frankreich gwest. Im Weltkrieg hießen die polnischen Bauern, von denen man immer wieder die Anrede pani = Herr hörte, bei den deutschen Feldgrauen einfach „die Panjes". Die Soldaten südslawischer Nationalität wurden im österreichisch-ungarischen Heere, besonders von den Ungarn, als Tschuesche bezeichnet, nach dem Zuruf čuje = hör zu; das k. u. k. Infanterieregiment 44 von Kaposvár hieß im ungarischen Volksmund Rossz-seb-Regiment, seine Angehörigen kurz rossz-seb (d. h. Böse-Wund), weil sie sich eines gleichlautenden Fluches mit Vorliebe bedienten. In Ungarn heißt der Geschäftsreisende vigéc, nach der deutschen Frage „Wie geht's?", mit der unterwegs einander begegnende Geschäftsreisende in früheren Zeiten sich begrüßten; ein anderes volkstümliches Wort ist in einigen Gegenden Ungarns: vartapiszli (wart ein bißchen) für Zollbeamte. Von der Redensart „das weiß Gott" kommen die Familiennamen Kodweis (Schillers Mutter hatte diesen Mädchennamen) und Wisgott. In Panama heißen die des Englischen unkundigen Einheimischen spigotties, weil sie auf englische Ansprachen mit no spigotty (no speak) antworten. Aus ähnlichen Gründen waren in Siebenbürgen, als es noch zu Ungarn gehörte, die rumänischen Bauern für die Ungarn die Nuschtju (weiß nicht, kann nicht). Der Gedanke an die bekannte Anekdote vom Herrn Kannitverstan in Hebels Schatzkästlein ist naheliegend. Auch Zürihagel, ein Übername der Zürcher, soll darauf zurückzuführen sein, daß der Gebrauch von Fluchworten, wie Hagel, beim Hagel, Hundshagel, Donnerhagel usw., an den Zürchern seit alters her gerügt worden ist, — wir hätten also im Zürihagel einen nahen Verwandten des nördlicheren Janhagel. (Aber diese Deutung ist falsch: Zürihagel oder Züribieterhagel ist in Wirklichkeit eine Variante von Zürihegel, und Hegel — in der ursprünglichen Bedeutung: grobes Taschenmesser, Klappmesser — ist ein schweizerisches Scheltwort für Grobiane und Narren.)

3. Zur Bezeichnung eines Menschentypus wird der geläufigste christliche Vorname Johann in vielen Sprachen häufig verwendet. Wir nennen nur John Bull, Yankee (aus holländisch Janneke, Verkleinerung von Jan), Jean Bête (für einen dummen Kerl), Jean-

Foutre (für einen Spitzbuben), Jean-Foudre („Donnerhans" für einen Maulhelden), im Ungarischen der Possenreißer Paprika Jancsi, der Hirt Kukorica János (der Held eines Märchenepos von Petöfi), Borsszem Jankó (Pfefferkorn-Hänschen), im Deutschen Hans im Glück, Hans Dampf in allen Gassen, Fabelhans (so nannten die Wiener den Pater Abraham a Santa Clara), Hanswurst, Schmalhans (der bekannte Küchenmeister), Prahlhans usw. (In Grobian und Schlendrian vermag ich aber nur eine latinisierende Endung und nicht, wie einzelne Forscher, den Taufnamen Jan zu erkennen.)

Angesichts dieser drei wortgeschichtlichen Erscheinungen wäre also Janhagel eine Bezeichnung des Pöbels geworden, weil man einen groben, ungebildeten Mann, der häufig flucht, also auch das Wort Hagel oft gebraucht, als einen „Johann mit dem Hagelfluch" sich dachte, daher Janhagel nannte.

Als restlos befriedigend vermag ich diese Ableitung nicht anzusehen. Die angeführten drei Voraussetzungen sind zwar an sich richtig, aber zur zweiten ist zu bemerken, daß die Benennungen nach einem Lieblingsausdruck in Wirklichkeit seltener sind, als sie angeführt werden, oft handelt es sich, wie wohl wahrscheinlich bei bigott und Katzelmacher, sicher bei Zürihagel, um eine nachträgliche Erfindung zur Rechtfertigung eines unverstandenen Namens. Und was die dritte Voraussetzung anbelangt, die besondere Neigung zur appellativen Verwendung des Vornamens Johann, so muß uns die merkwürdige R e i h e n f o l g e in der angeblichen Zusammensetzung Jan-Hagel stutzig machen. Wenn auch gelegentlich die Reihenfolge Hansnarr, Hanswurst[1] vorkommt, so müßte, wenn Jan in Janhagel der Vornamen wäre, die weitaus üblichere Bildung doch Hageljan, Hagelhans sein. Dies entspräche dem Typus

---

1) Im 16. Jahrhundert, in denen Hanswurst zuerst auftritt (1519 in Sebastian Brants Narrenschiff, Rostocker Bearbeitung, 1541 in Luthers Schrift „Wider Hans Worst") konkurriert auch noch die andere Reihenfolge: im „Wiltbad" von Hans Sachs, 1550, heißt ein komischer Diener Wursthans. Sollte nicht überhaupt Wursthans die ursprüngliche Form gewesen sein und Hans Wurst daraus nur konstruiert worden sein, um aus einem Gattungsbegriff wieder eine konkrete Person zu machen, die man so auf die Bühne stellen konnte? Wie wenn ein Possenautor einen Prahlhans oder einen Bummelfritzen unter seinen Figuren mit dem bürgerlichen Namen Hans Prahl oder Fritz Bummel ausstattete. Die gleiche Vermutung mag auch gegenüber der Bezeichnung Hannes Schmal gelten, die in einem Volkslied des Dreißigjährigen Krieges im Sinne von unserem Schmalhans auftritt.

Prahlhans, Fabelhans, Schmalhans, Laufhansel (Spottnamen für kaiserliche Fußsoldaten im ungarischen Kurutzenkriege 1704—06), Hemdenmatz (von Matthias), Bosnickel (Nikolaus), Wurzelsepp, Gänseliesel, Brilliantenede, Meckerfritze (= Nörgler), Zigarrenfritze (-verkäufer), Trödelfritz, Bummelfritz, Suppenkaspar, Zappelphilipp, Struwwelpeter (diese drei aus Heinrich Hoffmanns berühmtem Kinderbuch), Miesepeter, Nörgelpeter, Umstandspeter, Quatschpeter, Dreckpeter, Glückspeter, Sannepeter (Schürzenjäger, der den Su-sannen nachläuft, elsässisch), Prozeßhansl, Streithansl, Zornhansl, Duselhans (bei Chamisso), Schnapsgredl, Zappelsuse, Pfennigliese, Schnatterliese, Flennliese, Jammerpepi, Quatschmichel, Mistjoggel, Freßjoggeli, Spieljoggeli (in der Schweiz für ein verspieltes Kind), Schmierjockel und Simpelfranz im Pfälzischen, in Thüringen Lachbärbel, Zimperlieschen, Quatschkarlinche, im Steirischen Schneekaterl (= Schneerose), Plaudermirl und Tratschkatel (letzteres bezeichnet dort auch die Elster), Turfkaroline (eine bekannte Figur der Rennplätze im Vorkriegswien), Blumentoni (eine Verkäuferin im heutigen Wien), Harfenjule (eine Berliner Straßenmusikantin um die Jahrhundertwende[1]); hierher gehören auch im Weltkrieg aufgezeichnete volkstümliche Geschütz- und Geschoßnamen wie Gurgelaugust, Flankenaugust, Stottermax, Radauede, Schleichmarie u. dgl., ferner häufig vorkommende Familiennamen wie Junghans, Kleinhans, Großhans, Grotjahn, Langhans, Kleinmichel usw.

Auffallend ist schließlich das Fehlen jedes Beleges dafür, daß das Wort Janhagel ursprünglich Bezeichnung für Einzelpersonen gewesen sei, in welchem Falle doch allein die Auffassung von Jan als Vorname gerechtfertigt wäre; vielmehr bedeutete das Wort, soweit bekannt, immer eine Mehrheit von Menschen.

Jedenfalls ist die Deutung Janhagel = Pöbel aus Johann Hagel so unsicher, daß ich hier versuchen darf, eine andere — allerdings

---

[1] Eine Reihe von Lokaltypen mit Namen derartiger Konstruktion werden für Frankfurt gebucht: Schneckenlene hieß eine Kuchenverkäuferin, es gab zwei Branntweinvetteln mit Namen Hoppmarianche und Schnapsmarie (über die letztere ist in Frankfurt sogar ein Buch erschienen). Die Molkworfmarianne jagte in Offenbach auf Maulwürfe. Bei Friedrich Stoltze kommen die Namen Greinels, Flennels, Tränenmadelen vor. Frankfurter Schelten sind ferner: Bauernorschel, Missionsbärwel (für eine Betschwester), Drämlies (verträumte Liese). Sachsenhausener Spitznamen (nach Askenazy): Heidelbeerhans, Lachhannes, Muckefritz. Frankfurterisch ist auch Frau Ajas Schmeichelname für den jungen Goethe: Häschelhans.

zunächst auch nicht beweisbare — Hypothese zur Diskussion zu stellen. Ich verweise auf eine alte judendeutsche Redensart: „was das jam haggodel ausgeworfen." Der Ausdruck bedeutet: Auswurf, minderwertiges Zeug, Gesindel. Jam Haggodel selbst bedeutet hebräisch: das große Meer. Die Redensart geht auf eine alttestamentarische Szene zurück. Nachdem das Rote Meer die Ägypter verschlungen hatte, warf es ihre Leichen gleich wieder ans Ufer. Damit — so deutet es der Talmud — jeder Jude seinen früheren ägyptischen Zwingherrn tot sehe und nun von aller Furcht befreit sei. Wenn nun, wie ja belegt ist, die deutschen Juden den Satz „was das jam haggodel ausgeworfen hat" im Sinne von Auswurf, minderwertige Menge gebraucht haben, so erscheint angesichts gewisser Kanäle, die vom Judendeutsch zur neuhochdeutschen Schriftsprache führten, nicht ausgeschlossen, daß aus jam haggodel der Ausdruck Janhagel = Pöbel entstand. Merkwürdig ist übrigens, daß Abraham Tendlau, der Sammler judendeutscher Redensarten, bei der Aufzeichnung der Jam-haggodel-Redensart nicht an das deutsche Janhagel dachte.

JINGO

ist ein in England entstandener — außerhalb Englands mehr oder minder verächtlicher — Ausdruck als Bezeichnung für überhitzte englische Chauvinisten, imperialistische Kriegshetzer, Hurrapatrioten. Es fand besonders als Schlagwort gegen die Außenpolitik der Tories Verwendung. Im Weltkrieg las man in Deutschland oft die Ausdrücke Jingos, Jingostimmen, Jingopresse (ebenso wie „gelbe Presse" in bezug auf die Vereinigten Staaten[1]).

Zur Erklärung dieses Ausdrucks muß man auf den Namen des angelsächsischen Heiligen Gingulph zurückgreifen. Sein Namen kehrt verderbt in der fluchartigen Bekräftigungsformel „by Jingo" wieder (schon für 1670 bezeugt, sie findet sich auch in Goldsmiths Vikar von Wakefield, 1766). Nach anderer Auffassung ist Jingo

---

[1] Gelbe Presse, yellow press oder yellow journalism wird seit 1895 auf jede Zeitung des prononcierten Yankeetums gesagt. In The World (New York) erschien nämlich damals eine Reihe von Bildern, in denen ein Kind mit einem gelben Hemd vorkam. Dieses von R. F. Outcault gezeichnete yellow kid machte die drolligsten Aussprüche und war sehr volkstümlich. Später überging das gelbe Kind in das New York Journal.

aus Jesus verderbt[1]. Eine dritte Deutung besagt, es sei das baskische jinko = Gott von englischen Seeleuten aufgeschnappt worden.

Im Jahre 1877, während des russisch-türkischen Krieges, sang ein junger Sänger namens MacDermatt in einer Londoner Music-Hall ein patriotisches Lied, das mit den Worten begann: We dont't want to fight, but by Jingo, if we do — wir wünschen nicht, uns zu schlagen, aber, bei Jingo, wenn wir es tun, wir haben Schiffe, haben Männer, wir haben auch Geld, wir haben den Bär schon einmal geschlagen, wir werden ihn wieder schlagen, und die Russen kriegen nicht Konstantinopel. Dieses Lied wurde rasch volkstümlich bei den Soldaten und der Bevölkerung, und schon am Weihnachtstage 1877 gebrauchte Sir George Trevelyn in einer Rede an seine schottischen Wähler das Wort Jingoism. Um die Jahrhundertwende, zur Zeit der Burenkriege[2], war jenes Lied bereits ein altehrwürdiges Kriegslied, und das Wort Jingo war zu einem Symbol geworden und hatte auch schon, besonders außerhalb Englands, die eingangs erwähnte kritische Färbung angenommen.

KAFFER, TÖLPEL USW.

Die schnoddrige Bezeichnung Kaffer hat aus der alten Gaunersprache, dem Rotwelsch, über die Studentensprache und über einzelne Mundarten, besonders das Schwäbische, Eingang in die allgemeine deutsche Umgangssprache gefunden. Kaffer ist die geringschätzige Bezeichnung eines unbedeutenden Menschen, kann weitergehend auch Dummheit oder niedrige Gesinnung beinhalten. Das Wort kommt nicht — wie man eine Zeitlang vermutete — vom Zeitwort

---

1) Solche Verderbungen in Flüchen — Kompromisse aus dem Fluchverbot und dem Fluchbedürfnis — sind sehr häufig: in deutschen Flüchen z. B. Sapperment für Sakrament, Potz (in Potztausend) und Deixel (in Pfuideixel) für Gott und Teufel, im Französischen bleu für dieu (sacrebleu) usw.

2) Auch der Burenkrieg hat den englischen Wortschatz im Sinnbezirk des Patriotischen mit einem neuen Fachausdruck bereichert. Die Buren hatten die englische Besatzung der südafrikanischen Stadt Mafekings lange bedrängt und die ganze Welt, zumal die britische, verfolgte aufgeregt die Nachrichten über die Belagerung. Als dann Mafeking befreit wurde, fanden in ganz England begeisterte Siegesfeiern statt. Seither sind die englischen Wörterbücher durch das Zeitwort to maffick = laut jubeln, Siegesfeiern abhalten, bereichert. Gleichsam, als wäre die Endung -ing im Namen der Stadt Mafeking das -ing der englischen Konjugation. Die Philologie nennt einen derartigen Wortbildungsvorgang, wo aus dem längeren Wort ein kürzeres gebildet wird, als ob dieses neue Wort die eigentliche Wurzel wäre, backformation, Rückbildung.

gaffen und hat auch nichts mit jenen südafrikanischen Eingeborenen zu tun, die ebenfalls Kaffern heißen. (Sie nennen sich selbst Abantu = Menschen und haben den Namen Kaffern von den Arabern bekommen, von arabisch kafir = Leugner, nämlich Gottesleugner, Ungläubiger.) Was das deutsche Schimpfwort Kaffer anbelangt, so hat sich, wie in vielen anderen Fällen, das Rotwelsch auch hier die Wortwurzel aus dem Hebräischen geholt. Hebräisch kafar (assyrisch kapru, aramäisch kapro, neuhebräisch kafri) = Dorf. Die herumziehenden Angehörigen der Gaunerzunft waren voller Haß und Verachtung für die Dorfbewohner, und Bauer war für sie ein Schimpfwort. Das Wort Kaffer erscheint in der Gaunersprache auch in verschiedenen Zusammensetzungen: Kafferkitt (Bauernhaus), Kaffernfänger (Bauernfänger), Kaffernkrone (Bauernfrau), Kaffernbenkl (Bauernsohn), Kaffernschei (Bauernmädchen) usw. Aus Kaffer = Bauer wurde rückgebildet Kaff = Dorf. Ein heißer Kaff ist ein Dorf, in dem man erfolglos bettelt; einen Kaff abnehmen, abdalfen, abklopfen bedeutet: ein Dorf bettelnd durchwandern. Auch im Berlinischen bedeutet Kaff ein Dorf, ein elendes Nest. Kaff hat gelegentlich auch eine allgemeinere Bedeutung, etwa: wertloses Zeug, Unsinn („das ist alles Kaff").

Im Vorurteil gegen die Landbewohner begegnen sich die Nichtbodenständigen, ob fahrender Ritter oder Landsknecht, Scholar oder Strolch, mit den seßhaften Städtern. Dieses Vorurteil, das aus mangelndem Verständnis für bäurische Denkart Dorfbewohner mit geistiger Minderwertigkeit gleichsetzt, drückt sich noch in vielen anderen Wortbildungen nach Art von Kaffer aus:

Agroikos bedeutet griechisch bäurisch, aber auch roh, ungebildet.

Im jüdischen Slang (auch in der Sprache der Rabbinerschulen) bedeutet amhorez: Unwissender (von hebräisch am ha-arez, Landbewohner, wörtlich Volk des Landes).

Das deutsche Tölpel ist eine lautliche Abart von „Dörfler". (Hingegen ist Tölpel nicht wurzelverwandt mit „Tolpatsch", was auch nicht, wie behauptet wurde, von venezianisch-friaulisch tolp, tolpon = Baumklotz kommt, sondern von ungarisch talp, Sohle, talpas, breitfüßiger Fußsoldat; eine volkstümliche Anlehnung von talpas – Tolpatsch an Dörfer – Tölpel – tölpisch, schwäbisch talpet, dalpicht, talpisch = dumm, ungeschickt, plump ist allerdings nicht abzuweisen.)

Das französische vilain (bäurisch, häßlich, gemein) kommt von villa Landsitz, village Dorf. Die deutschen Soldaten haben im Kriege 1870/71 aus dem französischen paysan (Landmann) als Schimpfwort für die Franzosen Pisang gebildet.

Englisch villain = Schurke war ursprünglich das französische vilain, das im Altenglischen die Bedeutung Leibeigener hatte. Englisch boor (auch der Namen der Buren, der holländischen Ansiedler in Südafrika) bedeutet sowohl Bauer als auch Lümmel, Flegel.

Das englische clown kommt von mittellateinisch colonus (Bauer, Siedler, Kolonist). Im alten englischen Theater hatte der clown die Charakterrolle des witzig-pfiffigen Einfaltspinsels (also Typus: Totengräber in Hamlet, Sancho Pansa, der brave Soldat Schwejk); der clown ist dann in den Zirkus verdrängt worden, wo er das Erbe des Bajazzo antrat. Übrigens weisen auch die deutschen Fastnachtsspiele des 15. Jahrhunderts die Gestalt des einfältigen Bauern auf, meistens unter dem Namen Ackertrapp.

Dorfbewohner mit schimpflichem Beigeschmack sind auch die Heiden, und zwar sowohl lateinisch pagani (von pagus = Dorf, flaches Land, weil die Nichtchristen zur Zeit, als das Christentum Staatsreligion wurde, hauptsächlich in den Dörfern lebten), als auch deutsch Heiden, d. h. Heidebewohner.

Bemerkenswert ist die Entstehung des ungarischen Wortes ármány = Intrige, Kabale. Im Mittelhochdeutsch sagte man statt „armer Mann" auch arm-man, was besonders eine Bezeichnung für den leibeigenen Bauer war. Im 16. Jahrhundert, als viel Soldaten deutscher Zunge nach Ungarn kamen, bildeten sich die ungarischen Soldaten aus dem deutschen arm-man das Wort ármányos zur Bezeichnung der von ihnen verachteten und als pfiffig verschrienen Bauern. Anfangs des 19. Jahrhunderts wurde daraus in Verkennung der Abstammung das Hauptwort ármány = Schlauheit, Intrigue gebildet und, als ob es ein altes heidnisches, magyarisches Wort wäre, in Beziehung gebracht zu Ahriman, dem Gott des Bösen in der altpersischen Göttersage.

Aus Wörterbüchern der französischen Soldatensprache im Weltkrieg ist zu ersehen, daß die „Poilus" die Namen von landwirtschaftlichen Produkten mit Vorliebe zur Bezeichnung des Bauern selbst verwendeten, und daß diese Wörter außerdem auch die Bedeutung Kopf und Dummkopf hatten. So bedeuteten in der französischen Schützengrabensprache patate, truffe, tomate, betterave, haricot, noix (Kartoffel, Trüffel, Tomate, Runkelrübe, Erbse, Nuß) in geringschätzigem Sinne: Bauer, Kopf und Idiot.

Das Gegenstück zum sprachlichen Mißbrauch des Begriffes des Bauers für die Bildung von Wörtern herabsetzenden Sinnes ist die Ableitung rühmender Eigenschaftswörter von den Begriffen Stadt und Hof. So kommt von lateinisch urbs = Stadt: **urban** = feingebildet, umgänglich. Und von Hof kommt nicht nur höfisch (im Französischen courtois von cour), sondern auch **hübsch**, was eine Nebenform von höfisch ist (im 12. Jahrhundert mittelfränkisch noch hövesch).

UM DES KAISERS BART STREITEN

Mit der Wendung „um des Kaisers Bart streiten" bezeichnet man einen müßigen Streit über eine belanglose Frage[1]. Die Redensart, erklärte man früher, gehe darauf zurück, daß einmal unter den Gelehrten ein heilloser Streit sich darüber entsponnen habe, ob die römischen Kaiser Bärte getragen haben. Nach anderer Deutung gab es in der Reformationszeit zwischen deutschen Gelehrten ein großes Gezänke darüber, ob Karl der Große einen Bart gehabt habe; die Frage sei von rechtlicher Bedeutung gewesen, da es auf die Echtheit eines Siegels mit des Kaisers Kopf auf einem umstrittenen Dokument ankam. Nach einer dritten Erklärung soll die Redensart an einen unfruchtbaren Streit erinnern, in dem es sich darum handelte, ob der durch den Tisch gewachsene Bart des Kaisers Barbarossa im Kyffhäuser rot sei, da er doch Rotbart heiße, oder weiß, da er doch ein Greis sei[2].

---

[1] Allerdings neigt man gelegentlich auch dazu den Sinn der Redensart abzubiegen, sie gleichsam als Variante jener vom Streit um das Bärenfell (nämlich um das Fell des gar nicht erlegten Bären) zu verwenden; mitbestimmend ist dabei die Vorstellung, daß nichts schwerer und kühner sei, als sich ein Haar aus des Kaisers (des Sultans) Bart zu holen. Die Verwirrung zwischen der Vorstellung vom belanglosen Streit und jener vom Streit um einen nicht erreichbaren, hypothetischen Gegenstand, den keiner der Streitenden besitzt, findet sich z. B. in einer sprichwortvergleichenden Abhandlung von M. C. Wahl, wo als französische Entsprechung des Streits um des Kaisers Bart angeführt wird: on se batte de l'épée, qui est encore chez le fourbisseur, man rauft um das Schwert, das noch beim Schmied ist. — In der Schweiz hat unsere Redensart auch eine Variante: um's Chaisers Bart spiele, d. h. um nichts, ohne Einsatz. (Ähnlich im Elsässischen.)

[2] Zu dieser Erklärung würde allerdings die in Württemberg gebuchte Redensart passen: Kümmer du di um's Kaisers Bart, daß er net grau wird.

Aber mit keinem Kaiser hat die Redensart etwas zu tun, und sie lautete ursprünglich: um den Geißbart streiten. Sie ist die Übersetzung einer Redensart aus dem römischen Altertum. Horatius schildert in einer seiner Episteln Tischgespräche, harmlose Diskussionen um der Geselligkeit halber, z. B. darüber, welcher Gladiator der geschicktere sei, welche der Straßen nach Brundisium vorzuziehen sei u. dgl., und so was nennt der Dichter: um die Ziegenwolle streiten. Gemeint ist nämlich: ob man die Haare der Ziege ebenso wie die des Schafes als Wolle bezeichnen könne. Während im Deutschen der Geißbart (schwäbisch Geißenbart) sich zum Kaiserbart verfälschte, haben die entsprechenden italienischen, englischen und holländischen Redensarten den ursprünglichen Wortlaut bewahrt: disputare della lana caprina und to contend about a goat's wool und twisten om een geitenhaar. Merkwürdig ist, daß man die deutsche Redensart bis in die jüngste Zeit mit Kaisern, den römischen, mit Karl dem Großen oder mit Barbarossa in Verbindung bringen wollte und nicht auf die Deutung Geißenbart kam, obschon die römische Wendung von der Ziegenwolle in vielen Stellen des deutschen Schrifttums einen Nachklang hinterließ. So z. B. schrieb im 13. Jahrhundert Hugo von Trimberg: umb geiz wollen kriegen. Und Luther: „Sie fechten für die Winkelmesse und sagen selbst, es sei eine nichtige Sache und Geißwolle. Ich wollt' sie lehren dieß Geißfell kennen und Haare aus der Wolle machen." Die obenerwähnte Horazstelle übersetzt übrigens Voß wie folgt: „jener Haderer dort um die Wolle des Geißbocks."[1]

Es gibt übrigens auch eine andere Redensart gleicher Bedeutung aus dem Altertum, die griechische Wendung „um des Esels Schatten streiten" (peri onou skias). Dieser Redensart wird eine Anekdote unterlegt. Ein junger Athener hatte einen Esel nebst dem Eseltreiber gemietet, um nach Megara zu reiten. Unterwegs wurde Rast gemacht, und der Jüngling wollte sich in des Esels Schatten legen. Doch der Eseltreiber, der selbst im Schatten liegen wollte, bestritt ihm das Recht: er hätte ihm bloß den Esel, nicht seinen Schatten vermietet. (Der Prozeß um des Esels Schatten wurde von Wieland

---

[1] Das Ziegenhaar als etwas typisches Wertloses spielt auch in anderen Redensarten eine Rolle, z. B. in einem Frankfurter spöttischen Neujahrswunsch: Winsch Ihne viel Glick zum neue Jahr, e Barrick (Perücke) von Gaasehaar, e Kopp voll Grind un alle Jahr e Kind. — Zu Geißbart vgl. auch das Stichwort „Hephep".

in den Abderiten verwertet.) Die griechische Redensart gelangte auch ins Lateinische (de asini umbra rixari) und Italienische (disputar dell'ombra dell'asino).

KANAILLE

Im Italienischen entstand aus cane (lateinisch canis) = Hund der Sammelbegriff: canaglia = Hundepack. Der Weg in den deutschen Wortschatz führt über französisch canaille. Anfangs des 17. Jahrhunderts war es im Deutschen ein **Sammelwort** für Gesindel, seit Abraham a Santa Clara (Judas 1689) ist die Anwendung auf den **einzelnen** gemeinen Menschen vorherrschend, wobei die ursprüngliche Mehrzahlform „die Canaille" dazu führte, daß es, als Einzelform aufgefaßt, hauptsächlich als Schelte für **weibliche** Personen Verwendung fand. Die französische Endung -aille (italienisch -aglia) geht auf lateinisch -alia zurück, bekannt auch aus unseren Fremdwörtern Naturalia, Personalia, Repressalien, Genitalien, Viktualien oder aus modernen makkaronischen Bildungen wie Fressalien. Wenn es auch Fälle gibt, wo italienische und französische Wörter auf -aglia und -alia keine verächtliche Bedeutung haben (wie battaglia, bataille = Schlacht, muraglia, muraille = Mauerwerk, maraviglia, merveille = Wunder, übrigens ebenso spanisch batalla, muralla, maravilla), so hat doch diese Endung im modernen Italienisch und Französisch überwiegend einen pejorativen, d. h. bedeutungsverschlechternden Charakter[1]. Man beachte z. B. italienisch bruzzaglia = Gerümpel, gentaglia, plebaglia = Pöbel, poveraglia = Bettelvolk, soldataglia = Soldateska, französisch rimaille = schlechte Reimerei, moinaille = Mönchsgesindel, bleusaille (wegen der blauen Uniform) = Rekrutenpack. Im Pariser Argot futaille (Faß) = altes Weib, sogar nousaille für nous (wir). In Frankreich bedient sich im besonderen auch das politische Temperament gerne der Schimpfworte auf -aille. In einem Pariser Volkslied aus dem Jahre 1789 reimt sich auf canaille mitraille, womit Geistlichkeit gemeint war (von mitre = Bischofsmütze), unbeschadet des Umstandes, daß mitraille selbst außerdem einen Kartätschenschuß sowie auch altes Eisen bedeutet. Der Pariser Argot weist als Schimpfwort für Priester auch das Wort cléricaille auf.

---

[1] Eine andere pejorative Endung der romanischen Sprachen ist z. B. italienisch -accia, französisch -asse, -ace; z. B. donnaccia = Weibsvolk, populace = Pöbel, tétasses = welke Brüste.

Auch im deutschen Schrifttum blieb die drastische Endung -aille nicht müßig. Von Eugen Dühring sind die Neubildungen Diplomaille und Intellectuaille. Bei Karl Kraus findet sich auch Generaille. Er ist es auch, der anfangs dieses Jahrhunderts das Wort Journaille in Umlauf gesetzt hat. Er sagt selbst darüber aus: „Ein geistvoller Mann hat mir neulich, da wir über die Verwüstung des Staates durch die Preßmaffia klagten, diese für meine Zwecke wertvolle Bezeichnung empfohlen, die ich hiemit dankbar dem Sprachgebrauch überliefere"; der geistvolle Mann war Alfred von Berger. Übrigens führt Chautards Werk über die französische Gaunersprache journaille als Nebenform von journée = Tag auf.

Bei diesen deutschen Schimpfwörtern auf -aille kann man nicht schlechthin nur von der pejorativen Endung -aille sprechen. Sosehr ist ja dem Deutschen diese Funktion der französischen Endung nicht vertraut; vielmehr ist für uns -aille ein Stück vom bekannten Kraftausdruck canaille. Intellectuaille, Journaille sind also gewissermaßen witzige Zusammenziehungen von intellektueller Canaille, von journalistischer Canaille, also Beispiele von Verschmelzungswörtern (nach Art von famillionär, poeta kalauraetus, Frauenziefer), die wir an anderer Stelle behandeln (S. 39ff). Zweifelsohne liegen solche Verschmelzungen auch bei folgenden französischen Beispielen vor, die ja in sich das Wort canaille zur Gänze aufweisen: vaticanaille (findet sich bei antiklerikalen französischen Schriftstellern) und radicanaille (zur Zeit des Boulanger-Rummels wurde die französische radikale Partei so beschimpft).

KECK, QUICK, FRECH

Das Handwörterbuch von Sanders-Wülfling erklärt „keck": voll leichtsinnigen, zuviel wagenden, gleichsam die Gefahr herausfordernden Übermutes. Und „frech" erklärt es: etwas drohend Entgegenstehendes nicht achtend; übermütig-kühn; mit verwegener Sicherheit mehr als recht wagen; in dem, was man sich erlaubt, die Grenzen des Anstandes, der Ordnung, der Sitte mißachtend, namentlich auch das Schamgefühl ohne Scheu verletzend.

Bei beiden Wörtern, die heute miteinander sinnverwandt sind, zeigt ihre Vergangenheit, daß ein starker Bedeutungswandel vor sich gegangen ist. Ursprünglich waren die beiden Wörter keineswegs sinnverwandt. Keck bedeutet eigentlich lebendig, und der ursprüngliche Sinn von frech ist gierig.

Keck geht auf althochdeutsch chec, mittelhochdeutsch quec, kec = lebendig zurück. Das Wort ist verwandt mit altindisch jiva, griechisch bios (enthalten in vielen Fremdwörtern, wie Biologie), lateinisch vivus (enthalten in Vivat, Vivisektion usw.). Der alte Sinn keck = lebendig hat noch in der mundartlichen Verwendung des Wortes gelegentlich Spuren hinterlassen. Vor allem wird aber die Bedeutungsbeziehung zur Vorstellung des Lebendigen bewahrt durch die aus dem Mittelhochdeutschen erhalten gebliebenen Nebenformen von keck: queck und quick. Die Quecke (auch Queckweizen genannt) ist ein sehr lebhaft wucherndes Unkraut, den queckigen Acker muß der Bauer mit der Queckenegge oder dem Queckenhaken bearbeiten, aus den Wurzeln der Quecken wird der Queckentrank, ein blutreinigendes Mittel, gebraut. Erquicken bedeutet eigentlich neu beleben, Quecksilber ist lebendiges, d. h. bewegliches Silber (französisch vif argent). Verquicken bedeutet ursprünglich nur: mit Quecksilber verbinden (amalgamieren), daraus dann: innig verbinden. Quickborn (so heißt auch ein Dorf bei Hamburg und ein anderes unweit von Dömitz an der Elbe) bedeutet einen lebendigen Brunnen, d. h. einen heißen Sprudel, eine Heilquelle (so wie der Ortsnamen Heilbronn). Auch der Wiesbadener „Kochbrunnen" ist eine Verderbung von „Quickbrunnen".

Das englische Schwesterwort von keck, das Eigenschaftswort quick, hat besonders die Bedeutung schnell, hurtig hervorgekehrt. Doch ist in mancher Wendung noch die alte Bedeutung lebendig bewahrt; z. B. bedeutet to cut to the quick: ins lebendige (Fleisch) schneiden. Quick anatomy ist ein veralteter Ausdruck für Vivisektion; quick wird gelegentlich auch für schwanger verwendet (to be quick with child), und das Zeitwort to quick bedeutet, je nachdem, ob vom Kind oder von der Mutter die Rede ist, Leben zeigen oder Leben fühlen. Übrigens tritt auch in der deutschen Schriftsprache gelegentlich das Eigenschaftswort quick im Sinne von lebendig auf. Turnvater Jahn spricht von quicker Jugend, quicker Regsamkeit, bei Freiligrath ist zu lesen „wie ein Vogel flügg und quick", und Fontane spricht von einem quicken Frag- und Antwortspiel. Der Vorstellungsgehalt der Schnelligkeit ist wohl maßgebend für den Umstand, daß in Deutschland Automatenbüfetts gelegentlich den Namen Quick tragen. (Hier erwähnen wir auch einen Film, in dem der flinke Hans Albers einen Clown namens Quick spielt.)

Aber nicht nur die Nebenformen queck und quick weisen noch Beziehungen zum ursprünglichen Bedeutungsbezirk Bios-vivus-Leben auf, auch das Wort keck, wenn auch seine schriftsprachliche Bedeutung stark eingeengt ist, verfügt in den Mundarten noch über eine größere Skala von Bedeutungen, in denen die ursprüngliche Vorstellung „lebendig" noch mitschwingt. Insbesonders die oberdeutschen, elsässischen, schweizerischen, schwäbischen und bayrisch-österreichischen Mundarten lassen eine Reihe solcher Bedeutungsnuancen erkennen, die mehr oder weniger in allen diesen Mundarten vertreten sind, so daß wir diese Sonderbedeutungen für das ganze oberdeutsche Gebiet zusammenfassend behandeln können. In erster Reihe ist zu nennen:

a) Die Bedeutung: lebenskräftig, lebensfrisch, rüstig, gesund, z. B. schweizerisch: die chechste und die zächste Lüt;

b) die adverbiale Bedeutung: getrost, sicher, z. B. schweizerisch: du chast di chech verla, ebenso österreichisch: auf den darfst di keck verlassn, oder in den „Briefen des Eipeldauers": das därfens keck glaubn;

c) stramm, festgebaut von Menschen, Tieren, Sachen, z. B. schweizerisch: e checks Par Arme;

d) entschlossen, zuversichtlich, herausfordernd, z. B. im schwäbischen Sprichwort: klein und keck stoßt dem Größte di Nas in Dreck;

e) dicht, fest, zähe, hart; im Schwäbischen ist unter kecker Butter, keckem Speck, keckem Fleisch feste Butter usw. zu verstehen („mach ainen kecken Ayertaig", heißt es in einem alten Kochrezept); schweizerisch: de Chäs söli e Bitz checher si (der Käse sollte ein wenig kecker, d. h. fester sein); wenn in oberdeutschen Mundarten von „kecken Brüsten" gesprochen wird, so vereinigt sich die Bedeutung „fest" mit den oben behandelten übertragenen Bedeutungen „zuversichtlich, herausfordernd";

f) in der schwäbischen und schweizerischen Formel „ich bin so keck" (nämlich dies oder das zu tun) entspricht „keck" dem Worte „frei" (ich bin so frei . . .);

g) im Schwäbischen kommt auch der Gebrauch von keck mit der Bedeutung von bunt vor, z. B. ein kecker Kittel (man vgl. weiter unten den Gebrauch von „frech" für grelle Farbenzusammenstellungen);

h) in Österreich gibt es auch ein Hauptwort „die Keckn; z. B. kärntnerisch: „dem seine Keckn" = seine Kühnheit.

Wenn auch das schriftsprachliche Eigenschaftswort keck auf ein wesentlich engeres Bedeutungsfeld angewiesen ist, bleibt ihm auch dort noch eine kleine Bewegungsfreiheit: auch bei der eingeschränkten Bedeutung von keck = wagend, übermütig bleibt noch die Frage offen, ob keck im einzelnen Falle mit rühmendem oder mit tadelndem Beigeschmack behaftet ist. Gretchen will an Faust die vornehme Abstammung daraus erkannt haben, daß er sich, als er sie ansprach, keck benahm. In Württemberg gilt keck nicht als Tadel, auch in der Schweiz wird keck in günstigem Sinne verwendet, und auch in Berlin wird das Wort zwar nicht häufig, aber jedenfalls besonders im Sinne von mutig und keinesfalls tadelnd gebraucht. Für Wien hingegen hat Kretschmer in seiner „Wortgeographie" notiert: „Das ist eine Keckheit — gilt in Wien als gerichtlich verfolgbare Beleidigung." Seit dem Erscheinen seines Buches sind allerdings anderthalb Jahrzehnte verstrichen, so empfindlich sind diesem Worte gegenüber heute auch jene Wiener nicht mehr, denen es besonderes Vergnügen macht, zur Feststellung dessen, daß dies oder jenes Wort eine Beleidigung sei, möglichst oft „einen Richter zu brauchen".

Frech geht zurück auf althochdeutsch freh, gierig, begehrlich, habsüchtig (gotisch faihufriks, viehgierig, d. h. habgierig), damit verwandt angelsächsisch frec = verwegen, altnordisch frekr = gierig. Aus gierig entwickelte sich der Sinn kampfgierig, daher angelsächsisch freca = Held (daraus altenglisch freak = Mann), und altfranzösisch frique, neuprovenzalisch fricaud = munter, lebhaft. Aus altfranzösisch frique leitet sich nicht nur friquet = Feldsperling ab (man vgl. das deutsche Gleichnis: frech wie ein Spatz), sondern auch unsere dem Französischen entnommenen Speisenkartenfremdwörter Frikassee, Frikandeau, ursprünglich wohl etwa „begehrenswerte Speise". (Die Übertragung der Wurzel friquet vom gierig Begehrenden auf das gierig Begehrte ist in der Wortgeschichte nichts Außergewöhnliches; übrigens hat auch das Eigenschaftswort „begehrlich" in der neuhochdeutschen Schriftsprache sowohl die aktive Bedeutung begehrend als die passive begehrenswert.) Bezeichnend und den ursprünglichen Sinn „gierig" noch durchscheinen lassend ist z. B. die Verwendung von „frech" bei Heinrich Hetzbolt von Wizensee (um 1300); er spricht von einem Mädchen, „alse freche sach ich nie, so suverlich, daz stet als ez welle spreche: ja trutz, wer tar kussen mich?"

Wie bei keck, so haben sich in den Mundarten, besonders in den südwestdeutschen, auch bei frech mehrere ältere Bedeutungsnuancen erhalten. Im Schweizerischen bedeutet z. B. frech zunächst herzhaft, kühn ohne tadelnden Beigeschmack, daraus entwickelte sich die Bedeutung gesund, blühend, gut gewachsen, z. B. ,,gottlob, er wird alli Tag frecher". (Bergmann: einer der seltenen Fälle, wo sich aus einem geistigen Begriff ein sinnlicher entwickelt hat.) Gelegentlich kommt in der Schweiz auch ein Hauptwort ,,die Frechi" vor, z. B. er chnellt enzwei vor Frechi (er platzt geradezu vor Gesundheit). In Oberhessen ist ein freach oder freachfarb Mädchen ein frisch aussehendes, von Gesundheit strotzendes Mädchen. Der Bam (Baum) — heißt es beim Niederösterreicher Castelli — had an frechn Waxdum. Auch im Elsässischen wird frech auch von einer üppig treibenden Pflanze gesagt; das Wort wird aber dort auch im Sinne von grell gebraucht (von unpassenden Farbenzusammenstellungen eines Kleiderstoffes). Sebastian Franck und Johannes Fischart sagten vom Erdreich: frech und feist und meinten: fruchtbar; bei Hans Sachs heißt es von der Natur im Frühling: frech und grün. Mathesius, Luthers Tischgenosse zu Wittenberg, spricht sogar von einem frechen Magneten (d. h. einem stark anziehenden).

Bemerkenswert ist die vom allgemeinen Gebrauch im neuen Schrifttum stark abweichende individuelle Verwendung des Eigenschaftswortes frech durch Goethe. Bei ihm lebt gewissermaßen die mittelhochdeutsche Bedeutung gierig, kampfgierig, mutig, leidenschaftlich auf. Selbst in solchen Goethestellen, wo ein tadelnder Beigeschmack des Wortes zugegeben werden kann, ist die gleichzeitig vorhandene Bewunderung nicht zu verkennen. In diesem Sinne ist das Wort zu verstehen, wenn Goethe Diderots Dialog ,,Rameaus Neffe" oder Byrons Don Juan als frech bezeichnet, oder von einem Gedicht in des Knaben Wunderhorn sagt, es sei frank und frech. (Nicht ohne Absicht ersetzt hier der Dichter in einer ständigen Redensart das sprachlich gar nicht verwandte frei durch frech.) Gelegentlich gebraucht allerdings Goethe frech auch im Sinne von rücksichtslos, keine Bedenken habend, z. B. 1788 in einem Briefe: das Herz wird in einem fremden Lande leicht kalt und frech; oder im Tasso: zerstörte frech mein eignes Selbst.

Zu bemerken ist noch, daß den Familiennamen Frick, in dem andere eine Kurzform für Friedrich sehen, Oppermann als niederdeutsche Lautgestaltung von ,,frech" auffaßt.

KEKS, BISKUIT

Das englische Wort cake (Mehrzahl cakes) dürfte nordgermanischen, vermutlich isländischen Ursprungs sein[1]. Im Deutschen bedeutet dieses Wort, das im Englischen für Kuchen schlechthin verwendet wird, nur ein bestimmtes, fabriksmäßig hergestelltes, feines trockenes Gebäck. Seine grammatikalische und orthographische Form verursachte lange Zeit Verlegenheiten. Das Dekret des Duden, ,,der Kek, die Keks", wurde jedenfalls nicht befolgt. Im Jahre 1903 setzte eine große Cakes- und Biskuitfabrik in Bielefeld, bedrängt von Fremdwortbekämpfern, einen Preis von tausend Mark für die Verdeutschung von Cakes aus. Um den Preis bewarben sich 15349 Personen, die insgesamt etwa 5000 verschiedene Wörter vorschlugen. Ein Beweis, wie das aus Sprachsachverständigen zusammengesetzte Preisgericht ausführte, für ,,die unerschöpfliche Fülle von Möglichkeiten, die unsere Sprache zur Benennung eines neuen Erzeugnisses deutschen Gewerbefleißes bietet". 102 Bewerber hatten unabhängig voneinander das Wort ,,Knusperchen" vorgeschlagen, und für dieses entschied sich das Preisgericht. Die Bielefelder Knusperchenfabrik konnte sich aber nicht lang der Ruhe erfreuen. Von allen Seiten regten sich Widersprüche gegen das Knusperchen, am lebhaftesten aus Bayern, wo man das Wort als besonders fremdartig und lächerlich empfand. Die Fabrik setzte daher frische tausend Mark aus, und diese wurden im zweiten Wettbewerb auf jene drei Bewerber aufgeteilt, die den Vorschlag Reschling machten. Aber Reschling konnte die Fabrik ebensowenig durchsetzen als vorher Knusperchen, und auch der Vorschlag von W. Eitzen, ,,der Knups, die Knupse", verhallte. Neuerdings hat sich die Form der Keks, die Kekse durchgesetzt. Solcher Fälle, wo aus der englischen Mehrzahl eine deutsche Einzahl wird, gibt es mehrere. Aus der englischen Mehrzahlform cokes wurde deutsch: der Koks. Aus slip, Mehrzahl slips, wurde deutsch: der Schlips. (Übrigens bedeutet slip im Englischen alle möglichen Schleifen, Möbelüberzüge, Kleidungsstücke, nur die Krawatte nicht.) Aus englisch rib = Rippe, Mehrzahl ribs, wurde deutsch Rips, die Bezeichnung für ein bestimmtes Stoffgewebe.

---

1) Orientalisten bringen allerdings cakes (auch deutsch ,,Kuchen") mit persisch kak, aramäisch ka'ka, arabisch ka'k, die Brotarten bezeichnen, in Zusammenhang und ziehen auch griechisch kakeis, altägyptisch k'k' heran.

Cakes bedeutet im Englischen einfach Kuchen. Was wir Keks nennen, sind in Amerika crackers und in England biscuits. Was andererseits in Amerika biscuits heißt, das nennen die Engländer rolls, und das sind unsere Semmeln, Brötchen, Wecken Strippen.

Das Wort Biskuit ist verwandt mit dem deutschen „kochen", es kommt nämlich von lateinisch coquere und spätlateinisch coquina = Küche (über althochdeutsch chohhon, altfriesisch koka) und hängt im weiteren vielleicht auch mit den skandinavischen Vorfahren des englischen cake zusammen.

Aus lateinisch bis coctum (zweimal gekocht, zweimal gebacken) entstand das italienische biscotto, und im Deutschen findet sich schon um 1260 im Tannhäuser piscot. Im 17. Jahrhundert legt Abraham a Santa Clara Christus die Worte in den Mund: „Das Himmelreich ist gleich einem Sauerteig und nicht einem süßen Biscottenteig." Wenngleich in oberdeutschen Mundarten auch heute noch von Biskoten, auch Pischotten gesprochen wird, hat sich in der Schriftsprache seit dem letzten Jahrhundert die französische Form Biskuit eingebürgert. Biskuit bedeutet dem Wortlaute nach dasselbe wie Zwieback, wird aber nur für bestimmte Gebäckarten verwendet. Industriell erzeugt in länglicher Form, werden Biskuits in Kartons eng aneinandergereiht verpackt, und daraus leitet sich wahrscheinlich der bis zum Weltkrieg noch sehr beliebte wienerische Ausdruck „Bischgotterlfahren" ab; wenn man zu dritt in einer Pferdekutsche, in einem Fiaker oder einem Einspänner spazieren fuhr, saßen alle drei auf der einen Sitzseite in der Fahrtrichtung, der mittlere, der nicht genug Platz hatte, ganz nach vorne gerückt. So eine Bischgotterlfuhr — man konnte gut sehen und gut gesehen werden — galt als sehr „fesch". Tempo und Dimensionen des Kraftwagens haben aber dem Brauch und dem Wort ein Ende bereitet. Zahlreiche Karikaturen von Zivilgigerln und von Feschaks in Uniform überliefern aber noch den Anblick der Bischgotterlfuhr aus der schwarzgelben Zeit.

Im französischen Soldatenargot ist biscuit (auch biscaille) der Spottnamen eines Soldaten, der nach Ablauf seiner Dienstpflicht freiwillig weiterdient (Kapitulant, im k. u. k. Österreich „Längerdiener"). Dieser Spottnamen biscuit ist vielleicht in dem Sinne zu deuten: jemand, der sich zum zweiten Male backen läßt; vielleicht ist es aber nur eine Anspielung auf das militärische Notbrot, den

Zwieback. (Das ungarische Spottwort für den freiwilligen weiterdienenden Unteroffizier ist zuppás, ein Hinweis auf die Universalspeise des Soldaten, die Suppe.) Übrigens hat biscuit im Pariser Argot noch verschiedene Bedeutungen: es bezeichnet einen verabschiedeten Matrosen (wohl eine Anspielung auf den Schiffszwieback), ist auch der Spitznamen für den Arbeitgeber[1] und bedeutet auch ein Geldstück (diese Doppelbedeutung: 1. Schiffszwieback, flacher Kuchen, und 2. Geld, hat auch das Wort galette). Hierher gehört wohl auch der Argotausdruck biscotte für eine flache Mütze, obschon einzelne französische Autoren (z. B. Chautard) das Wort mit viel Phantasie auf deutsch „Bischofsmütze" zurückführen[2].

Aus dem englischen Slang erwähnen wir den im Weltkrieg bei den „Tommies" aufgekommenen Ausdruck biscuits für die kleinen viereckigen Matratzen, die in Soldatenlagern Verwendung fanden, und von denen je drei das Bett eines Mannes bildeten. Diese Matratzen waren offenbar so hart wie der Armeezwieback, den die Soldaten übrigens, eben wegen seiner Härte, auch dog biscuits, Hundekuchen, nannten.

KEUSCH

Keine Schwierigkeit macht es, unser keusch auf althochdeutsch chuski = enthaltsam, mäßig zurückzuführen (woraus dann mittelhochdeutsch kiusche = mäßig, ruhig, sittsam, schamhaft; aus mittelniederdeutsch kusch: dänisch und schwedisch kysk). Die Unsicherheit tritt erst ein, wenn wir das althochdeutsche chuski weiter zurückverfolgen wollen. Matthias Höfer hat 1815 in seinem Wörterbuch der oberdeutschen Mundart „als Stammeswort vorläufig das hebräische chus = schonen, sich erbarmen" angenommen. „Dieser Begriff sehet teils Mäßigung verschiedener Affekte heraus, als des

---

1) Bei diesen Spottwörtern des Pariser Argots ist aber der etymologische Zusammenhang mit dem gebackenen Biskuit fraglich, vielleicht muß man auf das mundartliche bisco = Ziege zurückgreifen.

2) Rabelais gebraucht auch ein Zeitwort biscoter zur Bezeichnung des Geschlechtsverkehrs. (Was machen die Mönche? Ilz biscotent vos femmes. An anderer Stelle: biscoter une vefve, eine Witwe.) Spitzer glaubt, daß die Vorstellung „zwei" die Grundlage für die Übertragung auf den Geschlechtsakt bildet (wie im geflügelt gewordenen Rabelaiswort faire la beste à deux dos, das Tier mit den zwei Rücken machen). Eine andere Erklärungsmöglichkeit für biscoter = coire sieht Spitzer in der Zwischenvorstellung „wie ein Biscuit kochen" = gut kochen = gut bedienen.

Zornes, der Rachsucht, der geilen Begierde, der Wollust im Essen und Trinken, teils Schwachheit von seiten desjenigen, dessen man schonen soll." So ergeben sich nach Höfer die Bedeutungen von keusch: 1. nüchtern; 2. sittsam, manierlich, sofern sowohl die äußerliche Gebärde, als die innerliche Begierde gehörig beschränkt werden; 3. rein, sauber, nett, eigentlich, was geschont und sorgfältig in gutem Stande erhalten wird; 4. in der österreichischen Volkssprache: dünn, zart, schwach.

Diese Etymologie des verdienstvollen Höfer — sie trägt alle Merkmale der spekulativen Wortgeschichte — hat keine Bestätigung gefunden, die hebräische Hypothese ist wohl ganz auszuschalten. Wesentlich besser begründet ist die Annahme, keusch sei verwandt mit küren = wählen (enthalten in Kurfürst = wählender Fürst, in auserkoren usw.) und mit dessen Nebenform kiesen = prüfen, versuchen, prüfend wählen (welche Wörter mit lateinisch gustus = Geschmack, das Kosten verwandt sein sollen). Demnach wäre die Grundbedeutung von althochdeutsch chuski etwa: prüfend, d. h. nicht blindem Trieb folgend.

Richtiger dürfte es jedoch wohl sein, mit Kluge in keusch einen Abkömmling von lateinisch conscius = bewußt zu sehen. Die Vermittlung dürfte ein nicht erhalten gebliebenes vulgärlateinisches Wort besorgt haben, etwa coscius lautend und mit der Bedeutung tugendhaft, unschuldig.

Neben der schriftsprachlichen Bedeutung (Sanders-Wülfling definiert: züchtig, rein, zunächst in bezug auf das Geschlechtliche, dann verallgemeinert: rein, unbefleckt, reiner Liebe geweiht) haben sich in Mundarten noch besondere Anwendungsmöglichkeiten des Eigenschaftswortes keusch entwickelt. In hessischen Gegenden nennt man z. B. einen in üblem Zustand befindlichen Weg einen unkeuschen Weg. Aus der Bedeutung unkeusch = unrein im sittlichen Sinne hat sich offenbar die Anwendung im Materiellen ergeben, — es ist hier der seltene Fall, wo eine Übertragung aus der Sphäre des Ideellen, des Abstrakten auf Konkretes, Stoffliches erfolgt. In österreichischen Mundarten wird keusch vielfach im Sinne von fein, dünn, gebrechlich, schwach gebraucht. Höfer gibt die Beispiele: ein keusches Zeug (dünner Stoff) zu einem Anzug, der Bub ist noch zu keusch zu einer solchen Arbeit. Hügel verzeichnet 1873 als wienerisch: der Sessel ist a Bisserl z'keusch ausgfallen. Man vgl. dazu aus Kärnten: de Stuol hat keuscha Füesse.

Wortgeschichtlich besonders merkwürdig ist das Wort Keuschlamm, der deutsche Namen der Pflanze Vitex agnus castus. Die Früchte dieses im Orient und in Mittelmeerländern, besonders in Italien blühenden Strauches galten schon im Altertum als Mittel zur Abtötung der fleischlichen Begierden. Griechisch hieß dieser Strauch agnos, diesen Namen übernahm Plinius unverändert und schuf damit einen Anlaß zur Verwechslung des Namens mit lateinisch agnus = Lamm. Aber noch ein zweites Mißverständnis sollte in die Geschichte dieses Wortes hineinpfuschen. Das griechische Agnos wurde mit griechisch hagnos = unbefleckt verwechselt (wobei wohl die griechische Schreibweise des h-Lautes das Mißverständnis um den Anlaut begünstigt hatte), so daß die Pflanze im Lateinischen noch den Beinamen castus = rein, keusch erhielt. Vermutlich hat sich der Glaube an die antiaphrodisische Wirkung der Frucht, beziehungsweise ihrer im Mittelalter unter dem Namen Mönchspfeffer zu Gewürz verarbeiteten Kerne erst aus dem mißverstandenen Namen entwickelt, wie in vielen anderen Fällen des sogenannten Namenaberglaubens, dessen typischeste Beispiele übrigens auf dem Gebiete der Heiligenverehrung zu finden sind (z. B. der heilige Blasius als Schutzpatron der Blasenleidenden). Die gehäuften Mißverständnisse bei der Entstehung des lateinischen Namens Vitex agnus castus pflanzten sich auch in der deutschen Lehnübersetzung weiter, die — in der Form keusch lamp — zuerst im 14. Jahrhundert auftritt. Nicht zu Unrecht spricht Fritz Mauthner vom „Paradestück der Zufallsübersetzungen".

Das bayrisch-österreichische Hauptwort Keusche = kleines Bauernhaus in den Österreichischen Alpen[1] (in Kärnten nach Lessiak besonders das Häuschen, wo die „Auszügler", d. h. die vom Ausgedinge lebenden Alten, wohnen, entsprechend nach Greyerz dem schweizerischen „Stöckli") hat nichts mit dem obigen Eigenschaftswort keusch zu tun, sondern kommt nach Weigand aus slowenisch kajža = Gehäuse.

KLUFT

im Sinne von Spalte und Kluft im Sinne von Kleidung sind verschiedener Abstammung.

---

1) Nach einer steirischen Verordnung von 1754 heißt der Landmann, der mit weniger als 4 Schillingen beansagt ist oder weniger als 5 fl. 22$^1/_2$ kr. an Rustikalsteuer zahlt, ein Keuschler, sein Wohngebäude wird zum Unterschiede von Bauernhäuser Keusche genannt.

Von einer indogermanischen Wurzel glubh (dazu griechisch glyphein, aushöhlen, lateinisch glubere, ausschälen) stammen die deutschen Zeitwörter klauben (zerpflücken, zerspalten, althochdeutsch klubon) und klieben (spalten, althochdeutsch chliuban). Vom letzteren das Hauptwort Kluft = Spalte, Höhle, Zange, Schere (dazu auch die Nebenform Kluppe = Klemmzange, auch ein Gerät, um den Umfang von Baumstämmen zu messen).

Kluft im Sinne von Gewand ist trotz der Anfangsbuchstaben nicht verwandt mit Kleid (englisch cloth), sondern kommt aus dem Hebräischen, und zwar entweder von chiluf = Rinde, Schale (man vgl. wienerisch Schal'n = Anzug, Mehrzahl Schäler, und berlinisch Schale = Gewand, z. B. schnieke Schale) oder aus chalifoth[1] = verschiedene Gewänder, Wechselgewänder. Jedenfalls entstand aus dem hebräischen Wort im Rotwelsch des 14. und 15. Jahrhunderts Klafott = Kleidung, das im neueren Gaunerdeutsch zu Kluft geworden ist. Das Wort ist auch in verschiedene deutsche Mundarten eingegangen, auch in die Studentensprache, in der sich „Klüftchen" schon 1793 gedruckt vorfindet. Stramm in Kluft sein heißt in der Sprache der Handwerksburschen: fein gekleidet sein. Kluftier (sprich Kluftjeh) heißt in der Sprache der Unterwelt der Herrenkleiderverkäufer, Kluftenmuldel der Kleiderschrank, Klufterei die Kleider, Klafottfetzer oder Kluftpflanzer der Schneider, Klafte das Frauenkleid. Treefe Kluft heißt gestohlene Kleider („ich bring dich mit deiner treefen Kluft in den Katen", d. h. ins Gefängnis). In der Sprache der Klesmer, der auf dem Lande herumziehenden jüdischen Musikanten in Polen und im Vorkriegsrußland, bedeutet Klift den Überzieher oder den Pelzmantel.

KNORKE

Im dritten Kriegsjahr tauchte in Berlin der Kraftausdruck knorke auf. An diesem vielumstrittenen Worte ist sogar schon problematisch, zu welcher grammatikalischen Wortart es gehört. Hermann Ammann sieht in seinem Buche „Die menschliche Rede" (1925) in knorke vor allem das Ausrufwort: „So, wie es dasteht, wirkt es unmittelbar als Urlaut, als Interjektion, wie früher tiptop, und wird auch als solcher gebraucht. Man sagt aber auch schon ‚det is knorke',

---

[1] Dieses hebräische chalifoth ist verwandt mit arabisch chila = Ehrengewand, woraus über spanisch gala die in vielen Kultursprachen enthaltenen Wörter Gala, galant, Galanterie.

gebraucht das Wort also als Prädikat, ... und schließlich wird, wenn das Wort lange genug in Geltung bleibt, auch die attributive Form nicht ausbleiben. So ist ja auch die Interjektion tiptop heute soweit adjektiviert, daß man von einem tiptopen Hute, einer tiptopen Sache sprechen kann." Die in Aussicht gestellte Umwandlung zum deklinierbaren Eigenschaftswort ist bisher nicht eingetreten, und sollte sie noch kommen, so wird sie wohl, wie ich glaube, aus lautlichen Gründen zum Zusammenfließen mit dem Eigenschaftswort knorrig führen müssen (berlinisch knorrjer, -e, -es, z. B. in einem 1910 an den Polizeipräsidenten gerichteten Vers der Berliner Droschkenkutscher: „wir sind ein Volk, ein knorrjes, Herr von Borries!"). Heute ist das Wort knorke nicht mehr so in Schwung wie in seiner Glanzzeit 1923—1927, aber es ist immerhin erhalten geblieben, hat auch in Wörterbüchern Eingang gefunden, wird auch im neuen „Brockhaus" gebucht.

Mit sehr gut, vorzüglich, fein ist der Sinn dieses saftigen Eigenschafts- und Umstandswortes nur schwach wiedergegeben. Es gibt davon auch steigernde Weiterbildungen, wie vollknorke, edelknorke. Ein Berliner Kabaretthumorist hat knorke unter die Synonyme der Berlinismen dufte, paffte, schnieke wie folgt eingereiht: Gute Menschen und ooch Schufte — kannten nur den Ausdruck dufte, — unsere junge Generation — ist bedeutend weiter schon: — wenn ich 'ne Zigarre paffte — sage ich: det Ding is schnaffte. — Wenn 'ne Pulle ich entkorke — sage ich: der Wein is knorke. — Wenn ich eene Maid bekieke — sage ich: Mensch, die is schnieke." Andere Berliner Synonyme sind Schnulle, Klasse, Saft, Sahne, Puppe — eigentlich Hauptwörter, die emphatisch als Eigenschafts- oder Umstandswörter gebraucht werden. So ein adverbial als Kraftausdruck verwendetes Hauptwort ist auch „die Schnuppe" = glimmendes Ösel am Docht, in übertragenem Sinne = etwas Kleines, Wertloses, Gleichgültiges („das ist mir schnuppe"). Der Duden gibt übrigens an, „knorke" sei im Niederdeutschen gleichbedeutend mit „schnuppe".

Der Etymologie ist knorke eine knorrige Nuß. Zuschriften, die der „Berliner Westen" 1926 (von Pfarrer Lichtenstein) und der „Vorwärts" 1927 bekamen und veröffentlichten, lüfteten nicht den Schleier. Nach Munkepunke (A. M. Meyer) soll knorke als gefühlsmäßige Improvisation der Kabarettsängerin Claire Waldoff entstanden sein; diese urberlinisch schaffende Künstlerin soll einmal ermüdet nach einer Tasse Kaffee verlangt haben, ,,aber knorke'' (also stark). In einem Artikel von Erich Czech-Jochberg über Dr. Joseph Goebbels in der ,,Umschau'' vom 22. Juni 1933 steht ein Satz, von dem es nicht ganz klar ist, ob er dem wirkungsvollen nationalsozialistischen Redner die Erfindung des Wortes knorke zuschreiben will oder ob er ihn bloß charakterisieren will durch den Hinweis auf die Verwendung des volkstümlichen Kraftausdruckes in seinen Reden.

Im Jahre 1931 hat sich auch Mauermann, der verdiente ,,Hüter des Berliner Wortschatzes'', in einem Brief an den Herausgeber der ,,Literatur'' zur Entstehung von knorke geäußert. Als man im Krieg das Bedürfnis nach einem neuen Kraftwort fühlte, habe sich völlig von selbst ergeben, daß man auf eine im Unbewußten noch lebendige Wortwurzel, auf ,,kn'', zurückging. Vom süddeutschen Knödel bis zum norddeutschen ,,Knust'' finde man diese Wurzel in volkstümlichen Wörtern. Bestellt sich der Berliner ein Eisbein, so soll ,,recht viel dran'' sein, dann muß es einer knolligen, knorrigen Baumwurzel gleichen. Es ist also ,,knorrig'' oder mundartlich ,,knorke''. Ein Ringen nach einem etwas Derbes, Ergiebiges ausdrückenden Wort habe also im Jahr 1916, als man anfing, um seinen Magen besorgt zu sein, den Ausdruck knorke geschaffen. ,,Das Kraftwort knorke ist der Schöpferlaune einer mit Spannung geladenen Berliner Atmosphäre zu danken und weist organisch auf die Wurzel kn.'' Plausibel, doch nicht zwingend!

Andere Autoren vermuten in knorke einen Familiennamen. Ein Budiker im Norden von Berlin soll zur Anpreisung seiner Fleischklöße ein Schild ausgehängt haben: ,,Knorkes Buletten[1] sind die besten.'' Eine jener bequemen etymologischen Fabeln, in denen zur Erklärung eines etymologisch spröden Wortes eine Person gleichen Namens erfunden wird. Die Zerstörung der Legende war in diesem Falle relativ leicht; Prof. Agathe Lasch hat in allen in Frage kommenden Jahrgängen des Berliner Adreßbuches gründlich herumgeschmökert und konnte einen Familiennamen Knorke nicht finden.

---

1) Über die Abgrenzung der verschiedenen Bezeichnungen für gehacktes Fleisch (Fleischklöße, Bratklops, Königsberger Klops, deutsches Beefsteak, Buletten, Brisoletts, Frikandellen, Fleischpanzl, Fleischlaberl usw.) in begrifflicher wie in geographischer Hinsicht vgl. man Kretschmers Wortgeographie 1918, obschon gerade in der von der Schriftsprache ziemlich gemiedenen kulinarischen Sphäre schon in 15—20 Jahren nicht unerhebliche begriffliche und geographische Grenzverschiebungen haben eintreten können.

Wenn aber auch die Erklärung des Ausdruckes knorke aus einem Berliner Familiennamen[1] entkräftet ist, steht immerhin fest, daß es ein Hauptwort „Knorr" gibt, und auch dessen Verkleinerungsform Knorke („-ke" ist die norddeutsche Verkleinerungssilbe, z. B. in den Eigennamen Lemke = Lämmchen, Mörike = Mohrrübchen). Der Knorr[2] oder der Knorren ist etwas Hartes, Knorriges, bedeutet einen Knoten, einen Auswuchs an Bäumen, Steinen, Körpern. Eine oberdeutsche Nebenform lautet Knorz. Die Verkleinerungsform „der (oder das) Knorrke" bucht Frischbiers Preußisches Wörterbuch[3] aus der Gegend von Insterburg, Darkehmen und Nordenburg als Bezeichnung von Steinchen oder Knöcheln, mit denen Kinder spielen.

Damit wäre jedenfalls erwiesen, daß das Wort knorke dem Wortlaut nach bereits bestand, ehe es als Berliner Modewort auftrat; aber die Entstehung des Berliner Ausdruckes ist damit noch nicht geklärt, denn ein Zusammenhang mit dem älteren mundartlichen Wortgebrauch ist nicht ersichtlich. Hoffen wir, daß die echten Geburtsdokumente des Wortes knorke einmal noch ans Tageslicht gelangen werden, damit es nicht dazu verurteilt ist, in den Spalten der Wörterbücher auf die Dauer ein Kaspar-Hauser-Dasein zu führen.

KORB GEBEN

Die Redensart „einen Korb geben" hat man früher fälschlicherweise mit der Rolle in Zusammenhang gebracht, die der Korb im Strafzeremoniell der alten Germanen spielte. Sie huldigten nach Tacitus dem Grundsatz, die Schuldigen bei Bestrafung von Freveltaten zur Schau zu stellen, bei Schandtaten jedoch dem öffentlichen

---

1) Knorr (also ohne -ke) kommt als Familiennamen in Berlin allerdings vor. Das Berliner Adreßbuch 1917 weist etwa 200 Personen namens Knorr auf, daneben 1 Knor, 25 Knorre, 1 Knörk, 10 Knörck, 1 Knörrcke, 5 Knörrchen (nur keinen Knorke). Der Familiennamen Knorr ist nicht auf Norddeutschland beschränkt. Bei Nestroy („Einen Jux will er sich machen") kommt eine Wiener Modistin Madame Knorr vor. Das Wiener Adreßbuch 1934 weist nicht weniger als 46 Wohnungsinhaber namens Knorr auf; dazu kommt noch 5mal Knor, 1mal Knörr, 3mal Knorre und sogar 3 Knörlein, was geradezu das oberdeutsche Knorke ist. Übrigens kommt Knorr als Bezeichnung von Bergen und Gipfeln gewisser Form nach Greyerz wiederholt im bayrisch-österreichischen Sprachgebiet vor.

2) Bei Lessing sagt Nathan: Nur muß der eine nicht den andern mäkeln, nur muß der Knorr den Knubben hübsch vertragen. (Auch der Knubben gehört in die knollig-knotig-knüppelige Gesellschaft.)

3) Ostpreußisch ist auch gnoren = knurren, knorrig = mürrisch.

Anblick zu entziehen. Feiglingen, die in den Sümpfen ertränkt wurden, wurde daher noch ein Korbgeflecht über den Kopf geworfen. Für ein anderes Strafzeremoniell mit einem Korb liefert u. a. eine Augsburger Chronik aus dem Jahre 1595 den Beleg: „Dieweil auch die Becker grossen Betrug übten, liesse der Rat einen Schnellgalgen mit einem Korb zurichten über die Lachen ... auf welche die gesetzt sollten werden, so solche Betrügereien brauchten, und wann sie also lang genug dem Schauspil darauf gesessen, alsdann in das unflätige, kotige Wasser herab gestossen worden." Auch auf diesen Brauch geht die Redensart vom Korbgeben nicht zurück. Und schließlich liefert auch die römische Sitte, bei Hochzeitsmahlen ärmeren Verwandten, die man nicht einladen wollte, ein Körbchen mit Speisen (sportuli) ins Haus zu senden oder vor die Türe zum Abholen bereitzustellen, nicht die Vorgeschichte unseres Korbgebens.

Der Redensart vom Korbgeben liegt ein anderer alter Brauch zugrunde, der so sonderbar erscheint, daß es schwer fiele, an ihn zu glauben, wäre er nicht ausreichend belegt. Es handelt sich um eine Sitte unter Liebesleuten, die bis auf die Minnesängerzeit zurückgeht und an das in den bayrisch-österreichischen Alpen auch jetzt noch übliche „Fensterln" erinnert. Es wird mehrfach berichtet, daß Burgfrauen den heimlich Geliebten in einem Korbe zu sich heraufziehen ließen, aber auch, daß andere einen unbequemen Liebhaber einen mit leicht durchbrechbarem Boden versehenen Korb hinabließen und so Durchfallen und Absturz des Betrogenen herbeiführten. An Stelle eines Abschiedsbriefes bekam also der nachts vor dem Fenster erschienene Liebhaber einen Korb mit heimtückisch lockerem Boden, und wehe ihm, wenn er dieses Liftdefektes nicht rechtzeitig gewahr wurde. In Schwänken wird von boshaften Damen erzählt, die den Kavalier auf halber Höhe hängen ließen, damit bei Tagesanbruch jeder ihn sehe. So erzählt z. B. Thomas Murner das in der Renaissance wiederholt literarisch bearbeitete Abenteuer des Zauberers Virgilius: eine schöne Magd, um die der Römer buhlte, beschied ihn, er sollte nachts zu ihrem Fenster kommen, „da wolt sy ein korb aber lon – darin soll er sich setzen schon – er thet das selb on allen argwon. – Als sy in halber uff hyn zoh – das lüstig wyb von dannen floh – und liess in hangen an der wend – das er offlich da ward geschendt – und yederman das selber seyt – das er do hing umb wybs bescheid." Virgils Abenteuer ist auch wiederholt bildlich dargestellt worden, u. a. durch einen Holzschnitt von Albrecht Altdorfer. Es soll auch vorgekommen sein, daß eine besonders Schnöde mit Hilfe ihrer Zofe (oder einer Winde, wie alte Holzschnitte es darstellen) den Verehrer in einem untadeligen Korb bis zu einer gewissen Höhe emporzog und ihn dann fallen ließ; „sie zog ihn auf bis an das Dach, ins Teufels Nam fiel er wieder rab", heißt es über den „Schreiber im Korb" in einem Lied des 16. Jahrhunderts. „Sünd em de Scheinen (Schienbeine) ok blau?" fragt man in Holstein noch heute über einen abgewiesenen Freier. (Man vgl. damit die holländische Redensart: eene blauuwe scheen lopen, sich ein blaues Schienbein erlaufen.)

Jedenfalls war der alte Sinn der Redensart vom Korbgeben früher noch allgemein bekannt; schildert doch auch der volkstümliche Hans Sachs einmal so ein Durchfallen durch den Korb. Allerdings verschwindet aus dem Volksbewußtsein allmählich die Vorstellung der hohen Burg, und an die Stelle der heroischen Tragikomik tritt eine kleinbürgerlich-bäuerliche, ebenerdige Burleske. Das Durch-den-Korb-Fallen-lassen wird ein derber Schabernack, etwa nach Art jener Streiche, mit denen lustige Weiber sich für die plumpen Zudringlichkeiten eines Falstaff, eines Sancho Pansa rächen. So finden wir z. B. im Pugillus facetiarum 1608 zwei Frauen abgebildet, einen Korb haltend, durch den ein Mann durchfällt; darunter sein Ausspruch in Makkaroni-Deutsch: Armer Mannus ego, per corbem fallere cogor. Im Pugillus 1637 als Seitenstück dazu auch eine Frau, die durch den Korb fällt.

Im 17. und 18. Jahrhundert wurde das Verfahren wesentlich gemildert. Man schickte dem unerwünschten Bewerber einfach als Symbol einen Korb ohne Boden. In dieser zweiten Geschichtsphase des Korbgebens muß es wohl als Zeichen rücksichtsvoller Höflichkeit gegolten haben, das Verletzende einer unmittelbaren Ablehnung durch symbolische Kundgabe zu vermeiden. In diesem Sinne schreibt Piccander: „Damit ein Mädgen nur nicht allzu mürrisch (= unhöflich) sey, so pflegt sie einen Korb von ihren eigenen Händen dem, der ihr Hertz verlangt, an dessen Statt zu senden." Die dritte geschichtliche Phase des Korbgebens besteht dann darin, daß auch die symbolische Korbübergabe entfällt und der Korb nur noch ein gesprochenes Sinnbild bleibt. Statt Korbkriegen heißt es in einigen norddeutschen Gegenden auch: die Kiepe kriegen („Matz heft de Kiepe kregen"). In Schlesien sagt man makkaronisierend korbisieren statt Korb bekommen; übrigens steht schon 1657 in den Facetiae facetiarum „korbissare" im Sinne von Durchfallen beim Examen. In der Oberpfalz wird ein abgeblitzter Freier noch heute in der Weise verspottet, daß man ihm einen Korb steckt, d. h. einen Korb mit einer Strohfigur hinstellt. Vielleicht hängt damit irgendwie auch zusammen, daß in der Eifel ein Ungetreuer, der ein Mädchen sitzen läßt, durch einen bodenlosen Korb kriechen muß. In Thüringen hört man die Redensart: einen Korb kann man schon bekommen, aber einen Boden muß er haben.

Offenbar hängt mit dem Korbkriegen auch die Redensart unten durch sein sowie auch der Ausdruck durchfallen für Nichtbestehen einer Prüfung zusammen. In der „Historia vom reichen Mann und armen Lazaro" (1555) des Johann Krüginger (Criginserus Vallensis) erzählt ein Student in Versen, daß ihm, als er an der Universität zu Narragon Prüfung ablegen wollte, „die Artes kamen quer so in seinem Kopf", daß er durchfiel: „da ich nun meinte, zu promovirn / Setzt mich in Korb, lies mir hoffieren / Pletsch fiel ich durch den Korb hinweg / Und lag hienieden im Dreck." Auch in Holland wird Durchfallen bei der Prüfung und Korbkriegen symbolisch in Beziehung gesetzt. Übrigens ist die holländische Redensart „door de mande vallen" (durch den Korb fallen) auch auf dem berühmten Gemälde des Bauern-Brueghel über die niederländischen Sprichwörter (im Kaiser-Friedrich-Museum zu Berlin) dargestellt. Am rechten Rand des Bildes hängt in einem Korb ein nackter Narr, der Boden des Korbes ist durchgebrochen, der Mann ist gerade im Begriff, „durchzufallen". Im Holländischen hat sich übrigens die Bedeutung der Redensart etwas verschoben: door de mande vallen heißt etwa: sich rechtfertigen wollen, aber sich in seinen eigenen Worten verwirren und nicht weiter können.

In einigen südlichen Gegenden Frankreichs ist das Nüssegeben das Symbol für die Abweisung eines Heiratsantrages. Der Bewerber erscheint mit zwei Freunden im Hause des Mädchens. Nachdem der Heiratsantrag gestellt worden ist, wird stundenlang gegessen, getrunken, geplaudert, gescherzt. Wenn zum Schluß als Nachspeise eine Schüssel mit Nüssen aufgetragen wird, gilt der Antrag als stillschweigend abgelehnt. Daher die Redensart donner des noix. Im Béarn sagt man donner de la citrouille (einen Kürbis geben).

In Ungarn sagt man kosarat kapni, einen Korb bekommen, oft auch einen leeren (üres) Korb bekommen, aber die Redensart ist einfach aus dem Deutschen übersetzt[1], ohne daß die realen sittengeschichtlichen Vorgänge, die ihr zugrunde liegen, in Ungarn erlebt worden wären, und so steht man der Redensart mangels der Erinnerung an den alten Brauch fremd gegenüber, versucht sie durch das Bild des leeren Korbes für den abgewiesenen Bewerber zu rechtfertigen. Eine um 1820 erschienene Sammlung von ungarischen Redensarten (Dugonics) erzählt übrigens als Entstehungsgeschichte ein Märchen von einem alten Korbmacher, dessen wunderschöne Tochter den vielen vornehmen Bewerbern kleine Körbchen zum Andenken schenkte.

Mit dem Volksbrauch einer symbolischen „Korberteilung" hängt auch eine andere ungarische Redensart zusammen. Der Freier legt seinen buntgestickten Mantel (szür) in der Küche ab und unterhält sich dann in der Stube mit den Hausbewohnern. Wenn er beim Weggehen seinen Mantel nicht mehr in der Küche findet, sondern auf der Außenseite des Hauses unter dem Vordach aufgehängt, so weiß er, daß er abgewiesen worden ist. Die Redensart kitették a szürét (man hat seinen Mantel hinausgestellt) hat aber mit der Zeit ihre Bedeutung verallgemeinert; jetzt bedeutet sie: man hat ihn hinausgeworfen, man hat ihn auf die Straße gesetzt.

KRAWATTE

Das Wort Krawatte kommt vom Namen des kroatischen Volkes. Die Kroaten nennen sich selbst heute Hrvati. Der ältere Name lautete Chorwaten, Chrowaten, Chrobaten. Vielleicht besteht eine Verwandtschaft mit dem Namen der Karpathen; Kroaten bedeutet slawisch etwa: Bewohner des Bergrückens, des chrbet. Dieser zahlenmäßig kleine südslawische Stamm spielte seit dem Vordringen der osmanischen Macht in Europa eine ziemlich große Rolle in der Kriegsgeschichte. An der Grenze des Habsburgerreiches angesiedelt, waren die Kroaten dort in alle kriegerischen Ereignisse verwickelt, sie wurden aber auch auf entfernten Kriegsschauplätzen verwendet, und Rolle und Ruf dieser „Grenzer" erinnern in mehr als einer Hinsicht an die Kosaken. Kroatische Reiterverbände wurden, vor der eigentlichen Armee oder in deren Flanke, besonders zu Aufklärungszwecken verwendet, und mit ihnen wurde der eigentliche Typ der leichten Kavallerie geschaffen. Die Kroaten trugen ein

---

[1] In gebildeten Kreisen Ungarns gab es schon im 16. Jahrhundert die bildliche Redensart: kidölni a kosárból (aus dem Korb fallen).

leinenes Tuch um ihren Hals, das vorne zusammengesteckt wurde. Das Halstuch der Offiziere war aus Musselin oder Seide. Während des Dreißigjährigen Krieges bekamen französische Offiziere diese Halstracht der Kroaten in Deutschland zu sehen, sie schienen Gefallen an ihr zu finden, denn mancher von ihnen beeilte sich, sie nachzuahmen. Zu gleicher Zeit schritt man in Frankreich dazu, leicht bewegliche Kavallerieverbände zu Aufklärungszwecken aufzustellen. Das Beispiel der kaiserlichen Kroatentruppe schwebte offenbar bewußt in Paris vor, denn man nannte die neuen Reiter cravates royaux (königliche Kroaten). Auch kopierte man die Halsbinde der Originalkroaten und man nannte auch diese Binde selbst cravate. So wurde seither das Wort Krawatte ganz international, besonders als diese Halsbindenart in der zweiten Hälfte des 18. Jahrhunderts als allgemeine männliche Tracht Verbreitung fand. Die sprachliche Identität von Kroate und Krawatte wird in manchen Sprachen deutlicher bewahrt als im Deutschen. Im Italienischen z. B. heißt die Binde nicht nur cravatta, sondern auch croatta. Übrigens heißt es auch in einem deutschen Liede (in einer 1805 erschienenen Sammlung von Handwerksliedern): „Haben noch einen harten Stand — Bis nunter ins Krawattenland."

Vom nachhaltigen Eindruck, den die tapferen, aber auch ungeschliffenen, undisziplinierten und selbst in Freundesland hemmungslos hausenden Kroaten im 17. Jahrhundert in Mittel- und Westeuropa machten, zeugt auch eine andere sprachliche Bildung. Im Nordwesten Deutschlands, besonders in Holstein, aber auch in Ostpreußen und Schlesien, nennt man noch heute ein wildes, ausgelassenes Kind Krabate, Krabatke, Krabutke, Krabaute, und ähnlich im Dänischen. Man hat zwar versucht, diesen Ausdruck mit „Krabbe" und „krabbeln" in Verbindung zu bringen (so z. B. Andresen), aber man muß den Etymologen Nyrop, Söhns, Bergmann recht geben, denen der Zusammenhang mit den berüchtigten Kroaten unzweifelhaft erscheint. Es ist die Vermutung ausgesprochen worden, daß man als „kleine Krabaten" zuerst die unehelichen Kinder bezeichnete, die die Mütter an den Durchzug der draufgängerischen kroatischen Soldaten erinnerten. Aber es bedarf gar nicht so einer konkreten Deutung. Durchziehende Kriegsvölker (z. B. Vandalen, Hunnen, Tataren) hinterließen oft ihre Namen als Gattungsnamen, die dann leicht zu Schimpfwörtern wurden. Nach dem Dreißigjährigen Krieg ist in Deutschland das Wort Kroate (dänisch crabaterne) oft im Sinne von Räuber, Rohling, Wildling gebraucht worden, und das Wort wurde dann auch abgeschwächt verwendet als zärtliches Schimpfwort, mit denen z. B. Mütter muntere, wilde Knaben riefen. Die Verwendung eines Schimpfwortes als Zärtlichkeitsausdruck (sowohl im Verhältnis von Mutter zu Kind als unter Liebesleuten) ist eine bekannte psychologische Tatsache. Wir begegnen ihr übrigens auch bei der Namengebung für Hunde, Pferde und sonstige Haustiere.

Für die Verwendung des Wortes Kroate als Gattungsname gibt es auch sonst viele sprachliche Belege. Der Mensch is ko Krowot, lautet ein Wiener Sprichwort, und es soll sagen: man ist doch kein ordinärer Mensch und hat höhere Ansprüche. In Wien war Ende des 17. Jahrhunderts Krawattendörfel ein Beinamen der übel beleumdeten Vorstadt Spittelberg; es sollte mit dem Namen angedeutet werden, daß die billigen Quartiere dieses Stadtteiles (der übrigens erst vor anderthalb Jahrzehnten aufgehört hat, der Hauptsitz der Wiener Prostitution zu sein) so schlecht seien, daß nur anspruchslose zugereiste „Kroaten" (gemeint waren slowenische und bosnische Hausierer mit Stöcken, Messern, Teppichen, Kinderspielzeug) dort Unterkunft nehmen können.

Auch in Ludwigsburg in Württemberg gab es ein „Kroatendörflein"; so hieß seit 1709 der an das Schloß sich anschließende Ortsteil, vermutlich an ein Truppenquartier anknüpfend. Auch sonst zeugen im schwäbischen Sprachgebiet Ortsbezeichnungen vom lebhaften Eindruck, den die kroatischen Truppen hinterließen. So verzeichnet das Schwäbische Wörterbuch u. a. als Namen von Ortsteilen: Krawatt, Kroatennest, als Flurnamen: Croatenäcker, Krawattentobel, Krawattenbauer. Auch sei auf ein schwäbisches Volkslied hingewiesen: Annele, Annele wehr di — s' kommt e Herd' Soldate — se hant so lang Kittele an — und sehet wie Kroate. Ähnliche Spuren im schwäbischen Volksmund hinterließen übrigens auch die ungarischen Reiter. (Vgl. das Stichwort „Husar".)

Auch in der französischen Gaunersprache gibt es Ausdrücke, die auf den Namen der Kroaten unmittelbar zurückgehen; in anderen Redensarten wird der Name der Krawatte, der Halsbinde, schon selbständig verwendet. Im Pariser Argot bedeutet z. B. cravate verte (grüne Krawatte) den Zuhälter, ein cravaté rouge (einer mit einer roten Krawatte) ist der durch das Fallbeil Hingerichtete. Im Cant, der englischen Verbrechersprache, ist die hempen cravat (die hanfne Krawatte) das Galgenseil. Auch die Verknüpfung der Vorstellungen Hals und Krawatte führt zu Redensarten. Prendre quelqu'un à la cravate (jemand bei der Krawatte fassen) und faire le coup de cravate (den Krawattengriff machen) = erwürgen. Im Deutschen wird Krawattenmacher im Sinne von Halsabschneider = Wucherer gebraucht. Krawattengeschäfte machen bedeutet in Berlin: wucherisch vorgehen („se habn ihn de Kravatte zujezogen").

KRETIN, IDIOT

Unter dem Stichwort „Kaffer" betrachteten wir eine Anzahl von Wörtern verschiedener Sprachen, die ursprünglich „Dorfbewohner" bedeuten und in denen später die Bedeutung Dummkopf vorherrscht; hier wollen wir zwei weitere Wörter behandeln, die ursprünglich keinen herabsetzenden Sinn hatten, heute aber gleichbedeutend mit „schwachsinnig" sind: Kretin und Idiot.

Um zu verstehen, wie aus französisch chrétien (Christ, griechisch: christos, der Gesalbte) crétin wurde, muß man sich jenen evangelischen Grundsatz vergegenwärtigen, daß die Armen im Geiste, die, die „einfältigen Herzens" sind, selig sind, denn ihrer ist das Himmelreich. Johannes Hus zitierte einen Kirchenvater, als er auf dem Scheiterhaufen sah, wie ein Bäuerlein noch ein paar Scheite Holz herbeischleppte: „oh heilige Einfalt". Daß die Schwachsinnigen und Geistesgestörten die besonderen Schützlinge der Götter sind, ist übrigens eine Auffassung, die das Christentum auch mit vielen primitiven Religionen teilt. Selbst bei den Griechen hieß der Wahnsinn hiera nosos, heilige Krankheit. Christiani ist im Mittelalter eine mitleidsvolle Bezeichnung für die Armen, die viel zu leiden haben, insbesondere für die Leprakranken. Und was die Schwachsinnigen anbelangt, so sind sie als Christen getauft, also sicher des Heils, aber andererseits unzurechnungsfähig, können daher nicht sündigen; sie sind gleichsam dauernd im Zustande der Gnade. Man nannte sie in Frankreich mancherorts innocents (Unschuldige), im Mittelalter allgemein benedicti (Gesegnete), französisch benêt, was heute übrigens, abweichend von bénit = geweiht, nur noch Dummkopf bedeutet[1], indes der etwas veralteten

---

[1] H. Hatzfeld sieht nicht im Glauben an den Anspruch der Geistesschwachen und Einfältigen auf die Seligkeit die Ursache der Bedeutungsverschlechterung, sondern nimmt an, daß benêt zunächst die Frommen und dann die „stupiden Frömmler" bezeichnet hat.

Nebenform benoît in der reinen Schriftsprache diese schonungslose Sinnverschlechterung erspart geblieben ist[1]. Auch das deutsche „selig" ist von der Degradierung verschont worden, aber der Vetter dieses Wortes, das englische silly (altenglisch saelig, mit der Bedeutung: selig, unschuldig) gilt heute auch nur noch einem Einfaltspinsel. Übrigens ist die Bedeutungsverschlechterung von einfach, offen, gut zu dumm, schlecht eine in vielen Sprachen vorkommende Erscheinung. Simpel macht in vielen Sprachen diese Verschiebung mit (im Deutschen z. B. einfältig); nur das holländische eenvoudig bedeutet nach wie vor nur schlicht. Im Deutschen hat übrigens schlicht mit der Bedeutungsverschlimmerung auch einen Lautwandel durchgemacht, so daß jetzt schlicht und schlecht nebeneinander stehen. Ein typisches Beispiel für die Entwertung des Begriffes gut ist das französische Wort bonhomme, wörtlich guter Mensch, gutmütiger Kerl, aber auch Tropf, Einfaltspinsel.

Die Fixierung des Wortes chrétien—crétien auf die von Geburt aus Schwachsinnigen scheint sich in den Alpengegenden Frankreichs und der romanischen Schweiz vollzogen zu haben. In Deutschland taucht Kretin in diesem Sinne zuerst 1798 bei Kant in bezug auf Schwachsinnige in den Tälern des Kantons Wallis auf.

Man hat übrigens versucht, statt deutsch Kretin = französisch chrétien = Christ andere Ableitungen zu finden. Eine von diesen beruht auf einem seltsamen Mißverständnis. Der Sprachreiniger Campe schlug als Verdeutschung für Kretin, an die angebliche blasse Gesichtsfarbe der Schwachsinnigen denkend, „Weißling", oder mit einem lautlichen Anklang an das französische Wort crétin, „Kreidling", vor. Diese Erfindungen bürgerten sich zwar nicht ein, ermöglichten aber, daß der französische Sprachforscher Littré später auf sie hereinfiel. Er leitete das Wort Kretin von der angeblich kreideblassen Gesichtsfarbe der Schwachsinnigen in den deutschsprachigen Alpentälern und von deren angeblichen deutschen Namen Kreidling ab. Im Nachtrag seines Wörterbuches rückte Littré von diesem Irrtume ab, da ihm inzwischen bekannt wurde, daß man in der Gironde crestin und crestine sagte, so daß er die Ableitung crétin von Christ nunmehr anerkannte. Sachs-Villattes französisch-deutsches Wörterbuch gibt noch fälschlicherweise Kreidling als die Quelle von crétin an.

---

[1] Im Pariser Argot allerdings bedeutet benoit den Zuhälter (belegt u. a. durch ein Bettlerlied Jean Richepins).

Unhaltbar ist übrigens auch die in der psychiatrischen Literatur gelegentlich angeführte (merkwürdigerweise sich auch in allen Auflagen des Brockhaus forterbende) Ableitung des Wortes Kretin von romanisch cretina (Kreatur). Wohl nur als Wortwitz gemeint ist die Stelle bei C. J. Weber, dem „deutschen Demokritos": „Schon Apostel Paulus nennt seine Kreter faule Bäuche, woher vielleicht die Cretins stammen, welche die Faulheit selbst sind." Übrigens hat Weber mit einer ebenfalls unhaltbaren Etymologie den Namen der Insel Kreta in Verbindung gebracht mit Kreide (das in Wirklichkeit von lateinisch terra creta, gesiebte Erde kommt) und ist dadurch in die Nachbarschaft jener falschen Ableitung Kretin von Kreidling geraten.

Bekanntlich besteht der Kretinismus nicht nur in einer geistigen Unterentwicklung, sondern weist auch körperliche Mißbildungen auf, wie Kropf, Schädelverbildung, kurze, krumme Beine usw. Auf die gestörte Gehfunktion weist das erst seit einigen Jahrzehnten allgemeiner bekannte österreichische Wort Trottel hin (von gotisch trudan kommt „treten" mit den Nebenformen trotten = traben und trotteln = mit kurzen Schritten gehen). Mit der Gangart hängt vielleicht auch das sinnverwandte österreichische Tepp zusammen, das aus tappen = schwerfällig gehen, wanken (hilflos herumtappen) zu erklären wäre. (Man vgl. auch ungarisch balga, balgatag = töricht, albern von bolyong = wankend herumirren.)

Beruhen die herabsetzenden Wörter Kaffer, Tölpel usw. auf dem Dünkel der Städter dem Landmann gegenüber, so nährt sich der üble Sinn im Worte Idiot von der Verachtung, die der Politiker für den Privatmenschen, der Gelehrte für den Laien empfindet. Das griechische idiotes kommt von idios = eigen (woher auch Idiom = Eigentümlichkeit, besonders in sprachlicher Hinsicht, Mundart; für Dialektwörterbücher auf wissenschaftlicher Grundlage ist auch heute noch der Namen Idiotikon gebräuchlich). Idiotes bedeutet griechisch: der Eigene, der Privatmann, der Unpolitische, der in Staatsangelegenheiten Unkundige, der Laie. Das Wort ist dann im Mittelalter und in der frühen Neuzeit besonders in Gegensatz zum gelehrten Fachmann für den Nichtwissenschaftler verwendet worden. Herder nannte noch Sokrates einen Idioten, und Seume bezeichnete sich selbst so. Erst um 1800 herum bekam im deutschen Sprachgebrauch Idiot den Sinn von Dummkopf, Schwachsinniger. Mit diesem Nebensinn wurde das Wort im Englischen allerdings bereits 4–5 Jahrhunderte früher behaftet.

KUTSCHE

ist offenbar gleicher Herkunft wie französisch und spanisch coche, italienisch cocchio, englisch coach, holländisch koets, schwedisch kusk, polnisch kocz, ungarisch kocsi usw.

Die heute von den meisten Etymologen vertretene Ableitung dieses geradezu internationalen Wortes gründet sich auf den Namen der ungarischen Gemeinde Kocs (sprich Kotsch) im Komitate Komárom, unweit von Györ (Raab). Gegen Ende des 15. Jahrhunderts taucht in Ungarn zuerst die Bezeichnung kocsi szekér, d. h. Kocser Wagen auf. Fuhrleute aus Kocs waren es nämlich nach Simonyi, die im 15. und 16. Jahrhundert den Verkehr zwischen Wien und der ungarischen Hauptstadt bestritten. Nach anderer ungarischer Erklärung habe man die großen Reisewagen in Kocs gebaut. Die Kunst des Wagenbaues war wohl zu jener Zeit in Ungarn sehr entwickelt, denn als im Jahre 1456 die Gesandten des jugendlichen Königs Ladislaus „des Nachgeborenen" an den Hof Karls VII. nach Tours kamen, brachten sie der zur Braut ausersehenen Prinzessin Madeleine als Geschenk einen ungarischen Wagen mit (branlant et moult riche), der viel Beachtung fand. 1518 erscheint die Bezeichnung zuerst in einem deutschen Texte: der aus Rußland heimkehrende Gesandte Herberstein berichtet, daß er nach Wien gefahren sei „auf Kolzschi Wägnen, die man also nent nach ainen Dorff bey zehn meillen dieshalb Ofen". In den Rechnungsbüchern des ungarischen königlichen Hofes aus den Jahren 1494—1495 heißt der Fuhrmann currifer de Koch (ch ist in der alten ungarischen Orthographie wie tsch zu lesen). Von Wien aus, wo man auch Gotschi-Wagen schrieb, scheint die Weiterverbreitung des Wortes erfolgt zu sein. Um 1509 wurde von Kardinal Ippolito d'Este, der mit acht Jahren Erzbischof von Ungarn wurde, der „cochi" in Italien eingeführt. 1520 ist der carro da coccia (in Toskana der cocchio) in Italien schon gut bekannt. In Frankreich erscheint das Wort coche gegen Mitte des 16. Jahrhunderts, es wird auch bei Rabelais erwähnt. 1548 geht der Spanier d'Avila ungarische Herkunft des Wortes an; Calderón gebraucht coche im Sinne von Tragsessel. Im Englischen kommt coach seit 1556 vor.

Ist auch die Ableitung aus dem ungarischen Ortsnamen heute am häufigsten vertreten, unbestritten ist sie doch nicht. Eine romanistische Ableitung aus cocca, concha = Muschel (wegen der muschelähnlichen Form des Wagens) wird man ohne weiteres abweisen dürfen. Schmeller bemerkt zu „Kutsche", daß man, ,,wenn nicht Namen und Sache aus der Fremde nach Deutschland gekommen sind, glauben möchte, daß durch dieses Wort eigentlich der hutschende, d. h. schwankende, zwischen den Vorder- und Hinterrädern aufgehangene Sitz bezeichnet sei". Etwas besser gestützt sind die Ableitungen aus slawischen oder aus turkotatarischen Wurzeln. Nachdem man Kutsche schon früher mit polnisch kasz, tschechisch koš (daher ungarisch kas, kosár) = Korb abzuleiten versucht hat, präsentieren die Slawisten Dobrowsky und Titz eine besser begründete slawische Ableitung. Das Wort sei ursprünglich tschechisch kotec und bedeute Aufbau, und dann wohl auch das mit einem Aufbau versehene Gefährt. Für ein slowakisches koczy gibt es schon für das Jahr 1440 einen Beleg aus Kosice (Kassa) und für 1469 einen aus dem Archiv von Rosenberg, also Belege, die um ein bzw. um zwei Menschenalter älter sind als der erste ungarische. Die Verbindung mit dem Ortsnamen Kocs sei volksetymologisch nur so zu erklären, daß jener Ort an der vielbefahrenen Strecke Ofen–Wien lag und sein Namen daher den Reisenden allgemein bekannt wurde.

Lokotsch sieht in Kutsche ein Wort türkischer Herkunft. Türkisch kos bedeutet Wagenburg, Gesinde, Truppe. Daraus wurde kleinrussisch kos = Kosakenlager, kosewoj = Schirrmeister, polnisch kosz = Tartaren- oder Kosakenlager, russisch koscej = Kriegsgefangener, Diener. Die Gefangenen türkischer Herkunft scheinen in Rußland und Polen als Pferdeknechte und Fuhrleute verwendet worden zu sein, ,,daher wohl auch letzten Endes deutsch Kutscher".

Für alle Fälle aber, d. h. selbst wenn das Wort Kutsche auch nicht mit dem Dorfe Kocs zusammenhängen, sondern slawischer oder türkischer Herkunft sein sollte, scheint festzustehen, daß die Voraussetzungen für seine westeuropäische Verbreitung erst auf der Strecke Ofen–Wien eingetreten sind und daher Wien, wenn auch nicht der etymologische, so doch der kulturgeschichtliche Ausgangspunkt dieses international gewordenen Wortes ist. Das Wienerische selbst allerdings hat den Ausdruck Kutsche nicht behalten, nur die Zusammensetzung Hofkutsche und die Weiterbildungen Kutscher und kutschieren (mit volkstümlichen Anwendungen wie Kutschergschpiel = ordinäres Kartenspiel, umma- oder umanandkutschieren = planlos herumirren usw.). Der volkstümliche Wiener Kutschertypus führte aber nicht den Namen Kutscher, sondern Fiaker (s. weiter unten).

Anschließend wollen wir noch einige

Wagenbezeichnungen

betrachten. Das Wort Wagen selbst (althochdeutsch wagan) geht auf eine indogermanische Wurzel wegh = ziehen, fahren, sich bewegen zurück, woher auch lateinisch vehere = führen. Das Wort Wagen = Fahrzeug entspricht also dem lateinischen vehiculum, unserem Fremdwort Vehikel[1], und gehört daher in dieselbe, stark ausgebreitete Wortsippe wie wiegen, Wiege, gewiegt, überwiegen, Gewicht, wichtig, Wucht, Weg (auch das Umstandswort und die Vorsilbe weg), wegen, verwegen, bewegen, unentwegt, aufwiegeln (intensiviertes bewegen), wackeln, wagen, wägen, erwägen, Wagnis, Woge, vehement, Invektive usw.

Karren ist keltischen Ursprungs, wie mehrere europäische Wörter, die sich auf Fahren und Reiten beziehen. (Auch das veredus in paraveredus — woraus unser Pferd, s. S. 37 — ist vermutlich keltischer Herkunft). Wie es auch bei vielen anderen keltischen Wurzeln der Fall ist, spielt auch diesmal das Lateinische die Rolle des Vermittlers zu den neueren Sprachen. Aus dem Keltischen kommt lateinisch carrus = vierrädriger Wagen (daraus entwickelt sich übrigens auch französisch charrue = Pflug), und dieses carrus gelangt zu Beginn der christlichen Zeitrechnung zu den Germanen, wird zu althochdeutsch männlich karro oder weiblich karra und behauptet sich im Raume von Köln und Trier sowie östlich von beiden, während der Südwesten von Karch (mittelhochdeutsch karrech, karrich) im Sinne zweirädriger Wagen eingenommen wird (Kluge-Götze). Friedrich Maurer veranschaulicht in seinem gedankenreichen Buche über die Volkssprache gerade an der Mundartgrenze zwischen Karren und Karch in Südhessen die Bedeutung des Verkehrs als sprachgestaltender Kraft; er beruft sich auf die Feststellung von Frings, daß Karch von dem norddeutschen Karren durch den rheinaufwärts ziehenden Verkehr gegen Süden hin abgedrängt worden ist.

---

1) „Vehikel" hat allerdings heute einen größeren Bedeutungsumfang als Wagen, wir verstehen darunter jedes Beförderungsmittel auf dem Festland, also beipielsweise auch ein Fahrrad, meistens aber mit einem humoristischen Anklang, den das französische véhicule nur gelegentlich, das englische vehicle überhaupt nicht hat. Außerdem bedeutet aber das Wort im Französischen und im Englischen auch allgemeiner Träger (z. B. einen Krankheitsträger) und ein Bindemittel im übertragenen Sinne.

Aus carrecta, der mittellateinischen Form von carrus, wird carretta, in Deutschland im 16. Jahrhundert als Carette = Reisewagen entlehnt. Das Wort hat seither in deutschen Mundarten, namentlich in mittelhochdeutschen, eine verächtliche Bedeutung bekommen. Aus carrus entwickelten sich auch die mittellateinischen Nebenformen carruca und carrocium, aus denen italienisch carroccio und carroccia wurde. So nannte man die Fahnenwagen, die die Mailänder um das Jahr 1000 herum einführten, damit im Gefecht die Fahnen gesicherter und weiter sichtbar seien. (Da Pferde leicht scheuen, spannte man vor diese carroccias, auf denen mächtige Fahnenmaste befestigt waren, Ochsen ein.) Wolfram von Eschenbach übernahm das Wort in der Form Karrasche (im Parzival), bezeichnete allerdings damit einen Wagen, auf denen die Speiseschüsseln bei Festen gezogen wurden. Die Entwicklung dieses Fremdwortes in Deutschland ergibt die Formen: Karratsche, Karrotsche im 13. Jahrhundert, um 1600 herum neu entlehnt Carotze und ein halbes Jahrhundert später unter französischem Einfluß Karosse, nunmehr mit der Bedeutung Prunkwagen. Eine Weiterbildung von Karosse ist Karosserie = Oberbau des Kraftwagens.

Equipage für vornehme Pferdekutsche ist ein Wort, das jetzt nicht mehr häufig gebraucht wird, da der Kraftwagen den Gegenstand selbst fast ganz verdrängt hat. Wer weiß, daß lateinisch equus Pferd bedeutet, kommt nicht in Verlegenheit, wenn er eine Vermutung über die Herkunft des französischen Wortes Equipage äußern soll. Dennoch ist das lateinische equus in Equipage nicht enthalten. (Equus ist überhaupt ohne jeden Einfluß auf den französischen Wortschatz, cheval = Pferd kommt vom gleichbedeutenden vulgärlateinischen caballu, woher auch deutsch Gaul.) Equipage stammt von der germanischen Wurzel skip = Schiff[1].

Chaise ist heute im Deutschen kaum noch gebräuchlich. Bei Goethe (Wanderjahre) findet sich noch „Reisechaise", bei Schiller

---

1) So erklärt sich auch, daß im Französischen und im Englischen équiper und verwandte Wörter hauptsächlich Begriffe aus der Schiffahrt bezeichnen, — ohne daß sie sich auf eine berittene Marine bezögen. Französisch équiper heißt ein Schiff ausrüsten, oder allgemeiner ausrüsten überhaupt, équipage ist die Schiffsmannschaft; Schiffsausrüstung, dann überhaupt jedes Reisegerät, ferner der Aufzug eines reisenden Herrn mit Gefolge, auch eine Jagdgesellschaft mit den Hetzhunden, sogar die Hundekoppel allein. Im Englischen bedeutet equipage die Ausrüstung eines Schiffes, eines Heeres, das Teegeschirr, die Nähausrüstung. Der germanischen Urbedeutung skip = Schiff besonders nahe liegt das englische

(Der Neffe als Onkel) „Postchaise". Im Jahre 1719 poltert ein Autor, nun sei „aber ein Wagen eine Chaise, eine Hure eine Dame und ein Schelm ein Politicus". Chaise für Halbkutsche ist am Ende des 17. Jahrhunderts aus dem Französischen entlehnt, wo es (ebenso wie chaire = Stuhl) von griechisch-lateinisch cathedra kommt. (Während chaire = Stuhl heute nur mehr für besondere Fälle verwendet wird, für den päpstlichen Stuhl, für einen Lehrstuhl usw., bedeutet chaise den Stuhl im allgemeinen.) Den Übergang zur deutschen Bedeutung Wagen vermittelt chaise à porteurs = Tragsessel, Sänfte. Auch unser Fremdwort Chaiselongue enthält das französische Wort chaise.

Slawischen Ursprungs sind die Wagennamen Kalesche, Britschka und Droschke. Kalesche kommt von polnisch koloska = Räderfahrzeug und dieses von kolo = Rad. In einem deutschen Hausbuch, 1604, heißt es: „ein klein Wegelein mit vier kleinen Raden, da man nur ein Pferd vorspannet, in Polen nennt mans eine Kalesse." Comenius, dem als Tschechen wohl das tschechische kolesa vorschwebte, schrieb 1644 in einem deutschen Text calesse. Aber schon einige Jahre vorher taucht in Deutschland die Form Calleche auf, die dann sowohl die allgemein gewordene deutsche Form Kalesche als das französische calèche bestimmte.

Für ein leichtes Bauernfuhrwerk ist in West- und Ostpreußen sowie bei den Deutschen in den nordöstlichen Gebieten des ehemaligen Österreichs der Ausdruck Britschka oder Britschke gebräuchlich. Es liegt ihm polnisch bryczka, die Verkleinerungsform von bryka = Wagen, zugrunde. (Im Krieg nannten die deutschen Feldgrauen die kleinen Wagen — in der k. u. k. Verkehrssprache die „l. ü.", d. h. die „landesüblichen" Fuhrwerke — der polnischen Bauern „Panjewagen"; ebenso sprach man von Panjepferden, Panjehäusern usw., und die polnischen Bauern wurden auch kurz die Panjes genannt, weil sie einen mit Panje = Herr ansprachen.)

Droschke kommt von russisch droschki (nur Mehrzahl), polnisch dorozka oder drozka, tschechisch drožka. Die Etymologie des slawischen Wortes ist nicht sichergestellt. Es kommt entweder von russisch dorogu, polnisch draga = Weg (in diesem Falle ist

---

Wort esquif = Boot. Beachtenswert ist — angesichts des Übergreifens der Vorstellung Schiff in die allgemeinere Bedeutungssphäre Ausrüstung, Gerätschaft —, daß in Bayern die Gesamtheit der landwirtschaftlichen Geräte „Geschiff und Geschirr" heißt.

die ursprüngliche Bedeutung wohl Straßenfahrzeug) oder vom Worte drog, womit die Verbindungsstange zwischen Vorder- und Hinterrädern bezeichnet wurde, und in diesem Fall war wohl zuerst ein nichtgefederter Wagen gemeint, der nur so eine einfache Verbindungsstange aufweist. Mit der Bedeutung leichter Mietswagen erscheint in einem deutschen Text Troska zum erstenmal in Riga 1784. Für Berlin ist Troschke 1815 belegt. Dann wurde bald Droschke daraus. (Heine 1822 in seinen Berliner Briefen: „Hier gleich am Tore stehen Droschken. So heißen unsere hiesigen Fiaker.") Droschke wurde in Berlin das gangbarste Wort für den mietbaren großstädtischen Personenwagen und führt zu Zusammensetzungen wie Droschkenkutscher, Droschkengaul usw.

Seinen eigenen Namen hat Berlin einem Reisewagen für große Überlandfahrten geliehen. Das weibliche Hauptwort Berline für Reisewagen mit rückschlagbarem Verdeck – wie sie zwischen Berlin und Paris verkehrten – bürgerte sich zuerst in Frankreich ein, anfangs des 18. Jahrhunderts; erst gegen Ende des Jahrhunderts gelangt das Wort ins Deutsche. Im Französischen wurde aus berline weitergebildet berlingot = Halbberline, Wagen ohne Vordersitz, in weiterem Verlauf der Bedeutungsentwicklung verächtlich: minderwertiger Wagen, so wie man im Deutschen Kasten oder Kiste sagt; im Weltkrieg gebrauchten die französischen Soldaten berlingot im verächtlichen Sinne für Automobil und für Flugzeug, auch als Spottnamen für Flugfeldkommandanten.

In Berlin (nicht etwa im niederösterreichischen Krems an der Donau oder in einem der anderen Orte namens Krems) entstand die Wagenbezeichnung Kremser. Der Hofagent und preußische Kriegskommissar Kremser erhielt die Erlaubnis, Wagen zum öffentlichen Gebrauch zu stellen, die „auf eisernen Achsen laufen und auf Federn ruhen sollen". Die ersten zehn „Kremser" wurden am 20. Mai 1825 am Brandenburger Tor aufgestellt. Kremser, d. h. lange, vielsitzige, seitwärts offene Mietwagen mit Verdeck für Landpartien gab es in Berlin bis in die jüngste Zeit. Ein ärmerer Verwandter des Kremsers war im Vorkriegswien der Zeiserlwagen. Es waren eigentlich für Lastenbeförderung bestimmte lange Leiterwagen, auf denen man mit Bänken primitive Sitzgelegenheiten schuf. Sie dienten größeren Gesellschaften in wohlfeiler Weise zu Ausflugszwecken; auf dem Sitz neben dem Kutscher fuhr oft ein Drehorgelmann mit, wie heute bei den Gesellschaftsrundfahrten im Autobus ein Flügelhornspieler, der den Wienerwald mit Schubertweisen illustrieren zu müssen glaubt. Auch in der Nachkriegszeit tauchten im Wiener Stadtbild bei Straßenbahnstreiks solche improvisierte Zeiserlwagen auf. Zeiserl heißt im Österreichischen der Zeisig, es ist aber unklar, ob die Wagenbezeichnung mit dem Vogelnamen zusammenhängt. (Vielleicht derart gemeint, daß die Passagiere auf diesem Wagen so nebeneinander sitzen wie die Vögel auf dem Baumast?) Schmeller denkt an mundartlich Zeisler = Mensch, der immer eilt, Zeislerei = eilfertiges Tun; Zeiserlwagen wäre demnach also vor allem ein Eilwagen. Gaheis aber denkt an lateinisch cisium = Reisewagen: „An dieses um die Endung verkürzte Wort hat sich als zweiter Bestandteil die Verdeutschung angeschlossen, und aus dem cisi-Wagen wurde durch Volksumdeutung der Zeisel oder Zeiserlwagen, wobei auch ein grüner oder gelber Anstrich des Fuhrwerks mitgeholfen haben mag."

Landauer ist die Bezeichnung für eine seit Anfang des 18. Jahrhunderts vorkommende Wagenform: im Inneren des Wagens sind die beiden für je zwei Personen bestimmten Sitzflächen einander gegenüberstehend angeordnet, und das Verdeck kann in Hälften vor- und rückwärts auseinandergeschlagen werden. Unbegründet ist die Behauptung, der Name Landauer gehe darauf zurück, daß Kaiser Joseph I. zum erstenmal eine derartige pomphafte, offene Kutsche benutzt habe, als er 1702 zur Belagerung von Landau fuhr. Das Wort hat nichts mit einer Belagerung zu schaffen, auch ist diese Wagenart nicht zuerst in der rheinpfälzischen Stadt hergestellt worden, wie es in „Hermann und Dorothea" gelegentlich heißt, noch ist dieser Wagentypus die Erfindung eines Engländers namens Landow, das Wort ist vielmehr morgenländischer Herkunft. Aus sanskrit hindola oder andola entstand durch persische Vermittlung arabisch al andul = die Sänfte. Von den Mauren haben die Spanier ihr lando (ursprünglich leichter, mit Maultieren bespannter viersitziger Wagen), daraus dann allgemein europäisch landau, landon. Im Deutschen siegte über dieses anfängliche Landau schließlich die Form Landauer, eben wegen jener verbreiteten, aber falschen Verbindung mit der Belagerung von Landau. Auch die Engländer und die Franzosen haben für diesen Wagentypus die Bezeichnung landau. Die Landauerform, bei der der Gegensitz verkleinert und daher weniger bequem wurde, hieß Halblandauer, französisch landaulet, kleiner Landauer. In neuester Zeit nahm die Kraftwagenindustrie das Wort

Landaulet für eine Wagenart in Anspruch; man bezeichnet so jene (heute nur noch für Kraftdroschken verwendete) Form, bei der der Führersitz vom Fahrgastraum durch eine Zwischenwand getrennt und ein Teil des Verdecks rückwärts herabklappbar ist[1].

Kabriolett geht auf lateinisch caper = Ziegenbock zurück, wovon nicht nur französisch chèvre = Ziege und andere romanische Namen dieses Tieres sich ableiten, sondern auch deutsche mundartliche Bezeichnungen des Tieres: Hippe, Hipplein, Haber (Habergeiß ist eigentlich „Ziege-Ziege"). Capriola bedeutet im Italienischen Bocksprung, und auch im Deutschen sagt man Kapriolen machen, besonders vom sich bäumenden („bockenden") Pferde und auch in übertragenem Sinne. Eine andere italienische Form des Wortes für Bocksprung, capriccio, führt über französischen Umwegen zu unserem Fremdwort Caprice = Laune, Grille, sonderliche Eigenart, wovon dann kapriziös, sich kaprizieren. In Wien nennt man zierliche kleine Kissen Kapritzpolsterl, vielleicht weil man sie sich irgend einmal als Attribut der kapriziösen Dame im Boudoir gedacht hat, oder weil man sie je nach Laune an beliebigen Orten verwenden kann. In Steiermark hießen die Haarschnörkel beim Ohr, wie sie einmal die Frauenhaarmode zeigte, Kapritzen; Kapritzenjackel ist eine veraltete steirische Bezeichnung für wunderliche, launenhafte Menschen. Auf dem Vergleich mit dem springenden Ziegenbock beruht auch der Namen cabriolet, Kabriolett für einen leichten, mit einem Pferd bespannten, zweirädrigen und daher bei rascher Fahrt auf nicht ebenem Boden gleichsam Bocksprünge machenden Personenwagen. Seit etwa 1850 wird im Deutschen auch Cab, die abgekürzte englische Form von cabriolet, gebraucht[2].

---

1) Die viertürige Innensteuerlimusine hat in Amerika den Namen Sedan bekommen. Dieser Bezeichnung liegt englisch sedan = Sänfte, Tragsessel zu grunde, das seinerseits vom Namen der französischen Stadt Sedan kommen soll (warum?), obschon eine Beziehung zur indogermanischen Wurzel sed- (sitzen) naheliegender erscheint.

2) In Frankreich verstand man unter cab einen „englischen" Wagen, wo der Kutscher auf einem erhöhten Sitz hinter der Herrschaft sitzt. Überhaupt ist England das Land, das im 19. Jahrhundert auf dem Gebiete der Wagenmoden tonangebend war. Wir nennen hier einige englische Bezeichnungen für gewisse Wagentypen, auch wenn sie nicht alle in die Sprachen des Kontinents gedrungen sind, weil sie immerhin zu gewissen Zeiten als fremde Bezeichnungen nicht unbekannt waren. Der Hamson (nach dem gleichnamigen Erfinder, 1803–1831) hat zwei hohe Räder und den Kutschersitz hinter dem Verdeck. Der Phaëthon (nach dem Sonnenwagen des griechischen Mythos)

Als in Wien die Cabs zuerst auftauchten, nannte sie der junge Erzherzog Max, der spätere Kaiser von Mexiko, in seinen Reiseskizzen, 1852, „unsichere Beförderungsmaschinen", und fügte hinzu, die Einführung der Cabs sei ein geschichtlich wichtiger Moment, einer der vielen Todesstöße, die „die Kultur des aufgeklärten Zeitalters" den überlieferten gemächlichen Einrichtungen versetze. Neuerdings verwendet man das Wort Kabriolett für eine bestimmte Form des Kraftwagens (geschlossener Wagen mit nach hinten herabklappbarem Verdeck und versenkbaren Seitenfenstern).

Der Fiaker heißt nach dem heiligen Fiacrius, der nach der Sage ein schottischer König oder ein irischer Edelmann war, jedenfalls im 7. Jahrhundert nach Frankreich kam, in Breuil bei Meaux im Departement Brie ein Fremdenhospiz gründete und einen schönen Garten anlegte, aus welchem Grunde er nach seinem 670 erfolgten Tode besonders als Patron der Gärtner verehrt wurde. Im 17. Jahrhundert gab es in Paris in der rue St. Antoine (nach anderer Aufzeichnung in der rue St. Martin) ein Haus, das auf der Stirnseite ein Bildnis des heiligen Fiacrius aufwies und daher Hôtel St. Fiacre hieß. In diesem Hause wohnte zur Zeit Ludwigs XIV. ein gewisser Nicolas Sauvage, der im Jahre 1650 das Privileg erhielt, Mietskutschen zu halten. Er ließ sie zuerst vor seinem Hause auf Passagiere warten. Gleich nach Beginn seines Unternehmens hatte er mit einer sofort entstandenen Konkurrenz einen Prozeß vor dem Parlament zu bestehen. Der Prozeß führte dazu, daß man dann streng unterschied zwischen voitures de place, auf öffentlichen Plätzen haltenden Wagen, und zwischen voitures de remises, Mietwagen, die nur auf Bestellung aus dem Schuppen kamen. Die Pariser Bevölkerung nannte aber bald alle öffentlichen Mietskutschen nach dem Aufstellungsplatz des ersten Unternehmers vor dem Hôtel St. Fiacre „voitures de St. Fiacre" oder kurz fiacres[1]. In der Qualität sind die anfangs

---

ist ein leichter zweispänniger Wagen. Der Tilbury trägt den Namen eines Wagenbauers. Der Stanhope ist ein leichter offener Wagen (nach Rev. Fitzroy Stanhope), der Boscet-car ist ein Korbwagen, die Barouche (aus italienisch baroccio) eine vierrädrige, offene Sommerchaise, der Dogcart ein zweirädriger Einspänner, der nicht etwa von einem Hunde gezogen wurde, sondern unter dem Sitz einen besonderen Platz für den Jagdhund hatte.

1) Der heilige Fiacre kommt auch sonst im französischen Wörterbuch vor. Faire le saint Fiacre de village (den heiligen Fiacre des Dorfes machen) = den Dummen spielen. Verschiedene Krankheiten, gegen die man diesen Heiligen anrief (Durchfall, Hämorrhoiden, u. a.) hießen mal de Saint-Fiacre. Nach

sorgfältig gebauten und ausgestatteten Pariser Mietskutschen dann sehr heruntergekommen, und um die Mitte des 18. Jahrhunderts werden die fiacres in der berühmten Enzyklopädie von Diderot und d'Alembert als „schlechte Equipagen" bezeichnet. Das Wort fiacre erhielt sich lange in Paris, und die ersten Kraftwagen nannte man dort fiacres électriques. In Berlin wurden Mietskutschen, Fiaker, zuerst 1739 auf Anregung des Abenteurers Pöllnitz, des späteren Oberzeremonienmeisters Friedrichs des Großen, eingeführt. Der König hat selbst gelegentlich solche Fiaker benützt. Später wurde in Berlin das Wort Fiaker durch das aus den baltischen Gebieten eingedrungene slawische Wort Droschke verdrängt. Besser hielt sich das Wort im bayrisch-österreichischen Sprachgebiet. Eine große Rolle spielte der Fiaker, Wort und Sache, im Wien der Vorkriegszeit. „Der Fiaker" bedeutete sowohl die Mietskutsche als deren Kutscher, der übrigens meistens auch der Eigentümer war. Über die Grenzen Wiens hinaus wurde das „Fiakerlied" bekannt („... weil i a echter Fiaker bin"). Es gibt auch verschiedene Nebenbedeutungen, z. B. „Fiaker" als Bezeichnung für ein Glas zur Hälfte mit heißem schwarzen Kaffee und zur anderen Hälfte mit „Schlagsahne" gefüllt. Als Erklärung dafür hört man: weil das ein Lieblingsgetränk der Fiaker gewesen sei; oder: schwarz und weiß wie der Rappen und der Schimmel des Fiakers (was aber gar nicht zum Begriff des Fiakers gehörte, denn z. B. auch im Fiakerlied ist von zwei herben Rappen die Rede). Vom zweipferdigen Fiaker unterschied man den „Einspänner". Auch das Wort Einspänner hat übertragene Bedeutungen; so bestellt man z. B. in Wiener Gasthäusern oder Kaffeehäusern einen „Einspänner", wenn man von einer Würstchenart, die gewöhnlich paarweise verabreicht wird (z. B. ein Paar Frankfurter, Raaber, Krainer usw.), nur ein Stück haben will. Eine Zeitlang gebrauchte man in Wien für einen eleganten Mietwagen auch die Bezeichnung Komfortabel (von englisch comfortable = bequem, behaglich); im Ungarischen wurde daraus vereinfacht: konflis.

Dulaures Geschichte von Paris heißt übrigens das Fuhrwerk nach einem anderen Fiacre, nach einem Barfüßermönch dieses Namens, der in der Kirche Notre-dame-des-Victoires begraben liegt. Dieser Mönch sei nach seinem Tode so verehrt geworden, daß sein Bild zur Abwehr von Unglück auf alle öffentliche Mietskutschen geklebt wurde, daher ihr Name fiacres. Im Pariser Argot der 8oer Jahre bezeichnete man mit fiacre auch das Gesäß, z. B. in der Wendung: filer un coup de pied dans le fiacre, einen Fußtritt in den Fiaker geben.

Man beachte ferner das Stichwort Omnibus, und über die Wagenart Batarde den vorletzten Abschnitt bei dem Stichwort Bastard.

LAUNE

kommt von lateinisch luna = Mond. Im Mittelhochdeutschen bedeutete lune die Zeit des Mondwechsels. Es ist ein alter Aberglauben, daß das Schicksal des Menschen vom Mond abhänge; daher nannte man z. B. Mißgeburten, die man dem mißgünstigen Verhalten des Mondes zuschrieb, „Mondkälber"[1]. Von der aus Babylon stammenden Einteilung des Mondmonats in vier siebentägige Phasen kommt auch die magische Bedeutung der Zahl Sieben. Im Mondwechsel[2] sah man die Voraussetzung von jähen Glücks- und Stimmungsänderungen, und so bedeutete schon im Mittelalter das deutsche lune neben dem Mondwechsel auch die Veränderlichkeit des Glücks und nahezu auch das schon, was wir heut unter Laune verstehen. Mitbestimmend für diese Bedeutungsentwicklung dürfte auch gewesen sein, daß der Mond mit seinen wechselnden Phasen geeignet erscheint, Sinnbild der Unbeständigkeit zu sein; der Narr ist wandelbar wie der Mond, heißt es in den Sprüchen des Jesus Sirach. Vielleicht ist bedeutungsgeschichtlich auch die Stimmungslabilität während der in mondmonatlichen Abständen auftretenden Menstruation heranzuziehen. Im Französischen bedeutet la lune den Mond und die Mehrzahl dieses Wortes, les lunes, außerdem auch die Gemütsstimmung. (Madame a ses lunes aujourd'hui, seufzt die Zofe.) Im Englischen bezeichnet lunatic den Gemüts- oder Geisteskranken (nicht etwa nur den Mondsüchtigen). Aus dem Italienischen führen wir an lunatico (Synonym von fastidioso) = launisch.

Die heute kaum noch empfundene sprachliche Beziehung zwischen Laune und luna = Mond war noch zur Zeit unserer Klassiker nicht ganz verblaßt. Im zweiten Teil des Faust finden wir die figura etymologica: „die keusche Luna launet grillenhaft." Auch Herder spürt noch Fremdwortartiges im Worte Laune. „Ich bin ein Deutscher", schreibt er, „und frage also, was Laune ist, und da

---

[1] Lucina, der Namen der Geburtsgöttin, hängt wohl auch mit Luna zusammen und mit dem Aberglauben, Mondlicht erleichtere die Geburt.

[2] Der Mond ist überhaupt das Sinnbild des Wandels, des Wankelmuts. Comme la lune est variable, pensée de femme est variable, ist ein alter französischer Spruch.

scheint das Wort in unserer Sprache ursprünglich eine böse Bedeutung zu haben. Launisch[1] ist doch ein Provinzialausdruck unter dem Volk, der mehr als unwillig und weniger als zornig und auf eine eigensinnige Art unaufgeräumt bedeutet." Herder sagt auch über das Wort, daß es „ganz von gesellschaftlicher Natur und also eher im lebendigen Umgange als in Schriften zu buchen sei"; aber schon der Philosoph Kant, Herders älterer Zeitgenosse, gebrauchte das Wort in wissenschaftlichem Zusammenhange („launenhaft" ist nach ihm ein Mensch mit unberechenbaren, oft jäh wechselnden Stimmungen und Einstellungen). Der junge Lessing übersetzt einmal aus dem Englischen, aus einem Text des 17. Jahrhunderts, humour mit Laune und bemerkt dazu: „ich erinnere zugleich, daß ich Humor, wo ich das Wort übersetzen will, durch Laune gebe[2], weil ich nicht glaube, daß man ein bequemeres in der ganzen deutschen Sprache finden wird." Später rückte er von dieser Übersetzung ab. Neben humour hat das Englische für Laune im Sinne plötzliche Anwandlung noch die Wörter caprice (von lateinisch capra = Ziege, wegen der Sprünge der Ziege), whim (wahrscheinlich skandinavischer Herkunft) und freak.

Neben dem schriftdeutschen Wort Laune aus lateinisch luna gibt es auch sinnverwandte mundartliche Ausdrücke, die sich aus dem deutschen Worte Mond selbst ableiten. So finden wir im Schweizerischen das Hauptwort Möni = Laune, Einfall (wenn en d'Möni a'chumt) und das Eigenschaftswort mönig = übelgelaunt[3].

LÖCKEN, WIDER DEN STACHEL
Im Neuen Testament (Apost. 9, 5) heißt es einmal, der hartnäckige Widerstand des Saulus gegen das Evangelium werde nur ihm selber Qual bereiten. Es wird dabei ein Bild angewendet, das in Luthers

---

1) Der neuere Sprachgebrauch hat zu einer Differenzierung von launig und launisch geführt. Den ersten Begriff färbt die Vorstellung der guten Laune (launig daher: froh, scherzend), indes den zweiten die üble Laune charakterisiert (launisch daher: wankelmütig, schlechtgelaunt).

2) Humor für Laune kommt übrigens mundartlich auch im Deutschen vor; z. B. „dein schiacher Humor" (deine schlechte Laune) in Anzengrubers „Z'widerwurz'n".

3) Abzulehnen ist die Auffassung von Schröder, daß Lafune, die Bezeichnung für den Mond im deutschen, besonders schwäbischen Rotwelsch eine sogenannte Streckform von lateinisch-französisch luna, lune ist; die Herkunft dieses Rotwelschausdruckes von hebräisch lebhana, jüdisch lewone = Mond ist nicht anzuzweifeln.

Übersetzung „wider den Stachel löcken" heißt. Es handelt sich um eine im klassischen Altertum geläufige Vorstellung (griechisch: pros kentra laktizein, lateinisch: contra stimulum calcitare). Der „Stachel" ist ein Knüttel, der am dickeren Ende mit einem eisernen Spaten versehen war, der dazu diente, die an die Pflugschar sich hängende Erde abzukratzen; am dünneren Ende hatte der Stab eine scharfe Eisenspitze, die man zum Antreiben des trägen Zugtieres benützte[1]. Versuchte nun der mit dem Stab angeeiferte Ochse sich zu wehren, auszuschlagen, kam er um so schmerzhafter mit dem Stachel in Berührung. Die durch Luther aufgenommene deutsche Redensart „wider den Stachel löcken" bedeutet demnach: sich erfolglos und schmerzhaft gegen einen Zwang wehren. Richtig faßt Burkhard Waldis das Bild auf: „Die sich wölln wider Gott auff lenen und widern scharpffen stachel lecken: den bleibt er in der fersen stecken." Der Dichter Platen hingegen scheint in der Redensart das Zeitwort lecken in neuhochdeutschem Sinne vermutet zu haben, wenn er in einem Gedichte schreibt: „leckt den Stachel unverhohlen, beißt euch ein mit kindscher Rache."

Das Zeitwort löcken = mit den Füßen ausschlagen, hat nicht nur mit lecken (lateinisch lambere) nichts zu tun, auch nichts mit locken = zum Näherkommen verführen. Es handelt sich um ein veraltetes Zeitwort: mittelhochdeutsch leichen, löcken, gotisch laikan = springen, hüpfen, tanzen. Erhalten hat sich dieses sonst ausgestorbene Zeitwort nicht nur in der Redensart gegen den Stachel löcken (also: wie ein Ochs ohnmächtig gegen den Stachelstock springen), sondern auch in den Wörtern Wetterleuchten (richtig Wetterleich = Wettertanz, springendes Wetter) und frohlocken (froh hüpfen, freudig springen).

LÖFFEL

kommt von althochdeutsch leffil, lepfil und ist verwandt mit lecken (lateinisch lambere und lingere, griechisch leichein, lapein und laphussein). Die Grundbedeutung von Löffel ist: Gerät zum Einschlürfen einer Flüssigkeit. Wenn man einen Hund und seine Zunge beim Trinken beobachtet, neigt man zur Annahme, daß lecken, schlürfen, Löffel und wohl auch Lippe (oberdeutsch Lefze)

---

[1] In Ungarn, wo man vorwiegend mit Ochsen und nicht mit Pferden ackert, hat sich eine Bezeichnung dieses Stachelstockes erhalten: ösztöke; daraus wird das Zeitwort ösztökél = aneifern, antreiben, zu etwas bewegen.

lautmalerische und dadurch zum Teil sogar bewegungsnachbildende Wörter sind; Wundt spricht in solchen Fällen von nachahmenden Lautgebärden.

Nicht unmittelbar mit Löffel, sondern mit dem verwandten Laffe (ursprünglich: junges, unerzogenes, noch leckendes und schlürfendes Kind) hängt das veraltete Zeitwort löffeln zusammen. Es bedeutete: sich laffenmäßig benehmen, besonders auch Frauen gegenüber, flirten, poussieren u. dgl. Gottsched schreibt: „von Laffen kömmt läffeln, d. h. sich laffenmäßig bezeigen, besonders beim Frauenzimmer, kühn und verliebt tun." Auch eine gereimte Definition haben wir für löffeln aus dem 18. Jahrhundert: „Es ist die Löffeley zwar wohl dem Lieben ähnlich — Man küsset, leckt und drückt und thut verzweiffelt sehnlich — Jedoch der wahre Zweck sieht auf die Ehe nicht — Es ist zum Zeitvertreib und Wollust abgericht" (Picander). Abraham a Santa Clara hat in seiner wortwitzigen Art eine unmittelbare Beziehung zwischen Löffel und löffeln hergestellt: wo man den Löffel allzustark gebraucht, bleibe das Löffeln nicht aus; gemeint ist, daß Exzesse im Essen auch zu erotischen Ausschweifungen führen. „Löffelknecht" war ungefähr, was in einer späteren Zeit „Poussierhengst" hieß. In oberdeutschen Mundarten nahm das Zeitwort löffeln auch andere Bedeutungsnuancen an. So bedeutet in der Simmentaler Mundart im Berner Oberland verlöffeln: durch Laffenartigkeit, Dummheit etwas verabsäumen, verlieren. In schwäbischen Mundarten bezeichnet Löffler auch herumziehende, unzünftige Spengler und Keßler (Zigeuner) oder Hausierer mit Holzlöffeln (Italiener); das Wort wurde auch allgemein als Schimpfname für verachtete Gewerbe und für fahrendes Volk verwendet.

Wenn man bedenkt, daß dem Messer auch außerhalb der Mahlzeit so viele Aufgaben im menschlichen Leben zukommen, und daß die Gabel erst sehr spät in Gebrauch kam, wird man verstehen, daß der Löffel das volkstümlichste Eßgerät ist und daher die Eignung hat, die Nahrungsaufnahme und das Leben überhaupt in der Sprache zu versinnbildlichen. So umschreibt z. B. der Elsässer das Sterben: er het de Leffel uf de Sit gelejt, oder de Leffel eweg schmisse. Auch der Münchner sagt: hat scho wieder aens d'Leffel weggeworfe. Et heft wedder ener den Löpel hengeleggt, sagt man in Ostpreußen, wenn man die Sterbeglocke läuten hört. Auch französisch: avaler sa cuiller (seinen Löffel schlucken) = sterben.

Ein besonderer Ehrenplatz ist dem Löffel in der Vorstellungswelt des Soldaten eingeräumt. Mit der Gabel ist's eine Ehr, mit dem Löffel kriegt man mehr, sagt ein altes Volkssprichwort. Der Löffel ist gleichsam das Universaleßgerät des Soldaten. Schon in den Manövern der Friedenszeit war der Löffel dem deutschen Soldaten „ans Herz gewachsen", und war das Manöver zu Ende, so gab es ein symbolisches Fest: das Löffelverbrennen oder Löffelvergraben. Im Weltkrieg hatte der deutsche Feldgraue den Löffel im Stiefelschaft stecken, bei der k. u. k. Infanterie war er in der Regel in den Windungen der Wickelgamaschen festgemacht. Der Löffel war zu aller Zeit und in allen Landen ein hochgeschätzter Begleiter des Fußsoldaten, und die Soldaten des französischen Konvents steckten sich die Löffel sogar in die Kappe neben die Kokarde, was ihnen bei den Aristokraten den Spottnamen Löffelgarde eintrug. Auch in Leipzig wurde das Spottwort Löffelgarde heimisch, als man die 1806 nach der Schlacht von Jena in Sachsen einziehenden Franzosen sah, die ihren Eßlöffel meist an den Dreimaster gesteckt hatten. Übrigens trug auch bei den Janitscharen jeder Mann den hölzernen Löffel an der Filzkappe. (Die ganze Gliederung dieser osmanischen Elitetruppe baute sich auf das Verpflegssystem auf; der Kommandant einer Oda — etwa Bataillon — hieß z. B. Tschorbadschibaschi, oberster Suppenmacher.)

Eine Bezeichnung Löffelbande, Löffelgesellschaft hat es übrigens schon lange vor der französischen Revolution einmal gegeben. Im Jahre 1527 haben 60 savoyische Edelleute zu Borsenay einen Bund gegen die Republik Genf geschlossen. Beim Gründungsmahl sollen die Ritter geprahlt haben, Genf ebenso leicht aufzulöffeln wie die Speisen, an denen sie sich gerade ergötzten. Diese Liga sei daher Löffelbande genannt worden und ihre Mitglieder, deren Anzahl allmählich auf 2000 gestiegen war, trugen als Abzeichen einen Löffel am Hut oder am Halse. (Der Republik Genf hat übrigens die großsprecherische Drohung nicht geschadet, mit Fribourgs und Solothurns Hilfe zerstreute sie die Löffelbande.)

Beim weidmännischen Ausdruck Löffel für die Ohren des Hasen ist die äußere Form die Grundlage der Bedeutungsübertragung. Nach auffälligen Ohren haben auch der Löffelhund und die Löffelmaus (eine Hamsterart) ihre Namen; nach der löffelartigen Schnabelform die Löffelente und der Löffelreiher. Auf der Metapher Löffel = Ohr beruht vielleicht auch der von Osenbrüggen 1874 festgehaltene schweizerische Ausdruck Löffelschleife. Man schickte aus der deutschen Schweiz Knaben und Mädchen für einige Zeit in die welschen Kantone, damit ihnen „die Löffel geschliffen werden", d. h. damit sie sich „feine Manieren" aneignen.

An die Gleichung Löffel = Ohr könnte man auch bei der Redensart über den Löffel balbieren denken, denn in zwei deutschen Umschreibungen der Übervorteilung ist ausdrücklich vom Ohr die Rede: einen übers Ohr hauen, einem das Fell über die Ohren ziehen. Aber „über den Löffel balbieren" hat nichts mit dem Ohr zu tun und ist auch nicht etwa bloß eine Ausweitung des Ausdrucks barbieren, einseifen = betrügen. Die Redensart führt in die ländliche Barbierstube früherer Zeiten zurück. Kam ein alter zahnloser Mann mit runzliger Backe, um sich den Bart abschaben zu lassen, so hatte es der Bader nicht leicht, zumal da er doch gleichzeitig Geschichten erzählen und zum Fenster hinausspähen mußte. Da steckte er dem alten Bäuerlein einen ziemlich großen Holzlöffel in den Mund, daß sich die schlaffe Wange wölbe und das Rasieren leichter sei. Sehr fein und ein Zeichen besonderer Sorgfalt und Schätzung war es also nicht, jemand über den Löffel zu barbieren. So bekam die Redensart zunächst den Sinn: jemand ohne viel Umstände, ohne besondere Rücksicht behandeln. Daraus dann verschärft: übervorteilen, betrügen. Die ursprüngliche, d. h. wörtliche Auffassung des Löffels in dieser Redensart zeigt u. a. eine Stelle in Eichendorffs Novelle „Aus dem Leben eines Taugenichts": „Hab ich euch nicht gestern übern Kochlöffel barbiert und in die Nase geschnitten, daß ihr mir den Löffel morsch entzwei gebissen habt?" Im Schwäbischen bekommt die Redensart „über den Löffel barbieren" oft auch den Zusatz: „und dazu ins Gesicht spucken". Auch sagt man dort statt „über den Löffel" gelegentlich auch „über den Daumen balbieren".

Im Südwesten Deutschlands gibt es auch die Redensart friere wie e Löffelkörbl, d. h. (mit den Zähnen) klappern wie die Löffel in einem Körbchen.

LOYAL, LEGAL
Loyal ist dem Französischen entnommen und kommt von loi = Gesetz, das wieder aus lateinisch lex stammt. Loyal bedeutet also wörtlich „gesetzlich", also genau dasselbe wie das unmittelbar dem Lateinischen entnommene legal. Der deutsche Sprachgebrauch

räumt aber dem Worte loyal einen besonderen, engeren Sinn ein; oft wird es als Synonym von „kulant" oder „fair" gebraucht. Loyal ist man z. B., wenn man in einem Prozeß gutmütig genug ist, einen Irrtum des Gegners nicht auszunützen. Loyal dem Monarchen gegenüber kann auch ein republikanischer Politiker sein. Überhaupt ist Untertanentreue, früher auch Wohlgesinntheit genannt, häufig der Hauptinhalt des Wortes loyal. Im Französischen[1] aber kann loyal neben diesem besonderen Sinn auch allgemein all das bedeuten, was wir mit den Eigenschaftswörtern „legal", „gesetzlich" ausdrücken. Im Deutschen kann man also — scheinbar ganz widerspruchsvoll — sagen: der Gerichtsvollzieher benahm sich so loyal, daß man sein Benehmen nicht mehr als legal bezeichnen kann. Oder: der Kammerherr scheute im Interesse seines Monarchen vor dem illegalen Schritt nicht zurück; nichts ging ihm über die Loyalität. Oder: die Opposition wendet im Kampf gegen die Regierung reichlich auch nichtloyale Mittel an, überschreitet dabei aber niemals die Grenzen der Legalität. (Aus der Illoyalität kann die Regierung der Opposition nur einen Vorwurf machen, gegen Illegalität stehen ihr gesetzliche Maßnahmen zur Verfügung.) Man könnte das Verhältnis loyal—legal mit dem zwischen dem „Billigen" und dem „Gerechten" vergleichen: die Billigkeit ist, nach Kants Ausspruch, ein „Recht ohne Zwang".

Solcher Fälle, wo

das Fremdwort in zwei Formen

vorkommt und je nachdem, zu welchem Zeitpunkt oder über welchen Umweg es Eingang ins Deutsche gefunden hat, von verschiedener Bedeutung ist, gibt es viele. Einige Beispiele:

Ähnlich wie im Falle legal—loyal liegt es bei real und reell. Real unmittelbar aus dem Lateinischen bedeutet im Deutschen wirklich, wirklichkeitsentsprechend, sachbezüglich, indessen das über den französischen Umweg ins Deutsche eingedrungene reell ehrlich, anständig bedeutet. Auch hier kennt das Französische diesen Unterschied nicht, hat es doch nur das eine Eigenschaftswort réel.

Aus lateinisch bilanx (Zweiwaagschaliges) kommt durch Vermittlung des Italienischen Bilanz (im Deutschen schon 1662, in

---

[1] Französisch légal stand lange unbeeinflußt neben loyal (bieder) und scheint den Einfluß dieses Scheidewortes erst erfahren zu haben, als die normannische Aussprache léal neben loyal hoffähig wurde und so eine größere Klangähnlichkeit mit légal gegeben war (H. Hatzfeld).

Sprengs Wechselpraktik, gebraucht für „Zusammenfügung aller Partiten so wol in credito als in debito"), als auch über das Französische balance = Gleichgewicht. (Balance wird nicht nur wörtlich, d. h. im körperlichen Sinne gebraucht, denn schon für 1701 ist „balance of power" als ein Grundsatz der britischen Politik belegt, und 1702 ist schon von einer „Balance von Europa" die Rede, dem Vorbild des später viel verwendeten Schlagwortes vom europäischen Gleichgewicht. Zu Goethes Zeiten allerdings und von Goethe selbst wird Balance hauptsächlich mit Bezug auf Seiltänzer, Akrobaten und Jongleure gebraucht.)

Von lateinisch brevis (kurz) kommt in germanischer Form (über althochdeutsch briaf) der Brief und unter Beibehaltung der lateinischen Form das Breve, kurzes päpstliches Schreiben. (Zu unterscheiden ist von Breve das Wort Brevier = das die täglichen Pflichtgebete des katholischen Geistlichen enthaltende Gebetbuch, von breviarium = Auszug, kurzes Verzeichnis.)

Von lateinisch pluma (Flaumfeder) kommt sowohl unser Wort Flaum (über althochdeutsch pfluma), als über französischen Umweg unser Fremdwort Plumeau = mit Federn gefüllte Decke (im Französischen selbst hat sich die Bedeutung dieses Wortes verschoben zu: Federbesen, Flederwisch).

Von lateinisch circulus (Verkleinerungsform von circus) kommt unser Lehnwort Zirkel, aber über französischen Umweg auch unser Fremdwort Cercle.

Von lateinisch laqueus (Strick als Schlinge aus lacio = ich locke) kommt sowohl unser Latz = geschnürter Kleidungsteil, wie Brustlatz, Hosenlatz (über italienisch laccio, altfranzösisch laz = Schnürband), als auch das internationale Wort Lasso = Fangschlinge (über spanisch lazo).

Von lateinisch status (Stand) kommt altfranzösisch estat, neufranzösisch état, und dieses französische Wort wird zweimal ins Deutsche entlehnt. Einmal im 17. Jahrhundert, zu Staat verdeutscht, und das zweitemal im 18. Jahrhundert mit Beibehaltung der französischen Form Etat, diesmal aber mit Bedeutungseinschränkung auf den Haushaltsplan eines Staates oder einer anderen Gemeinschaft. Daneben sogar gebräuchlich als dritte Form das originallateinische Status im Sinne von Zustand (in Österreich z. B. üblich: der Status, d. h. die geschäftliche Lage, die Bilanz eines Unternehmens).

In drei Formen und mit drei Bedeutungen lebt heute das griechische Wort apotheke im Deutschen fort: Apotheke = Medikamentenladen, Butike = kleiner Laden, Schenke, elende Hütte (über französisch boutique, Laden) und Bodega = spanische Weinstube.

Weitere Beispiele für Doppelformen (oder sogar dreifache) mit verschiedener Bedeutung aus einer fremden Wurzel: Partei und Partie, Major, Maire und Meier, Hospital, Spittel und Hotel, Keller und Zelle, Kumpan und Kompagnon, Slawe und Sklave, Kompott (aus Obst) und Kompost (Dünger), Kerker und Karzer, Falter und Pavillon (s. das Stichwort Schmetterling), Linie und Leine, Pfalz und Palast, Trumpf und Triumph, Teint, Tinte und Tinktur, Metall und Medaille, Predigt und Prädikat, Teppich und Tapete, Kolonne und Kolumne, Tulpe (noch bei Lessing Tulban, bei Goethe Tulbend) und Turban, Halm und Schalmei, Sopran und Souverän, Küste und Kotelett, Libelle und Niveau (über diese „Dissimilation" s. das Stichwort Hoffart), Ziegel und Tiegel (lateinisch tegula), Alarm und Lärm (aus italienisch all'arme, zu den Waffen), Dichter und Diktator (von lateinisch dictare = hersagen), Segen und Signal (von signum = Zeichen), Opfer und Oper (oder Opfer und Offert?), proben und prüfen, Pulver und Puder, Parabel und Parole, Quadrat und Karree, Pacht und Pakt, Möbel und mobil, attachieren und attackieren, Sirup und Sorbett (von arabisch scharbat = Getränk, das Englische weist neben syrup und sorbet noch eine dritte Form auf: shrub = Fruchtsaft), Ziffer, Chiffre und Zero (von arabisch sifr = leer), Zither und Gitarre von (griechisch kithara) usw. Man vgl. auch die Stichworte Strolch (Astrolog), Kretin (Christ) und Husar (Korsar) und die beim Stichwort „authentisch, Effendi" angeführten Beispiele.

Die Erscheinung der zweimal in die Sprache aufgenommenen fremden Wurzel mit zwei Formen und zwei Bedeutungen kennen auch andere Sprachen. So wird z. B. im Französischen aus lateinisch causa = Grund, Sache im Französischen sowohl cause = Ursache, Angelegenheit, Prozeß, als auch chose = Sache, Gegenstand, Begebenheit; aus cathedra: chaire = Lehnstuhl, Kanzel und chaise: Sessel; aus lateinisch nativus: natif (eingeboren) und naïf; aus lateinisch major: majeur (höher, beträchtlich, mündig) und maire (Bürgermeister); aus lateinisch digitus: doigt (Finger) und dé (Fingerhut).

Besonders reich ist das Englische an solchen Doppelformen. Wir geben einige Beispiele. Aus griechisch zelos: jealous, eifersüchtig, und zealous, eifrig; aus lateinisch dignitas: dainty, Leckerbissen, und dignity, Würde; aus griechisch kophinos: coffin, Sarg, und coffer, Koffer; plane mittelbar aus dem Lateinischen bedeutet flach, eben, dieselbe Wurzel, über den französischen Umweg ins Englische gelangend, erzeugt das Wort plain = klar, deutlich; auch die von uns eingangs behandelte deutsche Bedeutungsabweichung von loyal und legal findet sich mit derselben Unterscheidung im Englischen wieder, wobei aber im Englischen noch ein dritter Abkömmling der lateinischen Wurzel bekannt ist, das auf einem normannischen Umweg entstandene und hauptsächlich in Schottland als poetischer Ausdruck weiterlebende Eigenschaftswort leal = treu, selig.

Aus dem Ungarischen führen wir zwei Beispiele an: aus griechisch eleemosyne (altslawisch almuzino) alamizsna = Almosen und elemózsia = Verpflegsvorrat; aus türkisch kylavus: kalauz = Führer, Schaffner, und kalóz = Seeräuber.

MANDARIN, MANDARINE

Das Wort Mandarin, mit dem viele europäische Sprachen einen hohen chinesischen Beamten bezeichnen, ist gar nicht chinesisch. Es liegt ihm das Sanskritwort mantrin = Ratgeber, Minister zugrunde, das wohl auch im byzantinisch-griechischen und russischen Archimandrit (Oberabt) enthalten ist. Die portugiesischen Seefahrer hörten das Wort in Indien, formten es — an ihr mandar = befehlen denkend — zu mandarin um und wendeten es auf ihren Handelsfahrten auf chinesische Verhältnisse an. Aus dem Portugiesischen dringt das Wort in andere europäische Sprachen; ins Deutsche gelangt Mandarin 1630. Die Chinesen selbst gebrauchen das Wort Mandarin nicht, der Beamte heißt bei ihnen kuan (wen-kuan der Zivil-, wu-kuan der Militärbeamte).

Der Namen der Apfelsinenart Mandarine (citrus nobilis) hat mit Mandarin = chinesischer Beamter nichts zu tun, obschon man es vermuten könnte angesichts des Umstandes, daß die Apfelsine nicht nur sprachlich ein China-Apfel (Apfel de Chine) ist, sondern von den Portugiesen um 1500 herum tatsächlich aus Südchina nach Europa gebracht wurde. Die Mandarinen, die man erst im 19. Jahrhundert kennenlernte, gedeihen am besten auf Mauritius, und diese Insel heißt bei ihren Eingeborenen Mandara. Daraus wurde als Name der

Frucht italienisch mandarino, englisch mandarin, holländisch mandarijn.

In der Textilsprache Österreichs heißt jenes Gewebe, das sonst in der Textilindustrie Eskimo oder Moskawa genannt wird (ein besonders für Mäntel verwendetes Streichgarndoppelgewebe von bestimmter Bindung), Mandarine. Warum?

MAROD

In vielen Fällen, wo Franzosen malade, éclopé, fatigué, harassé, indisposé, die Engländer ill, unwell, tired sagen und nicht daran denken, das beiden Sprachen gemeinsame Wort maraud heranzuziehen, gebrauchen wir im Deutschen marod: im Sinne von leicht krank, unwohl, erschöpft. Da bin ich armes Schindluderchen wieder marode, schrieb einmal Heinrich Heine. Und eine schwäbische Volksstrophe lautet: Mei Schatz is marode, wohl obe am Knui — i will ihn kuriere von elfe bis drui. Mit sonderbar abweichender Bedeutung finden wir das Wort marod in einer Skizze von Tartaruga, diesem vorzüglichen und einzigartigen Kenner der heutigen Wiener Volkssprache: sie hat si gar net marad gemacht = sie hat nicht spröde getan.

In der österreichisch-ungarischen Armee war das Wort besonders geläufig. Täglich führte man die Soldaten, die sich krank meldeten, zur „Marodenvisite", nicht ohne sie vorher in das „Marodenbuch" eingetragen zu haben, manche von ihnen behielt der Arzt im „Marodenzimmer", man meldete täglich die Zahl der „Maroden" (d. h. der dienstunfähigen, aber im Stand der Truppe verbliebenen Soldaten) usw. Im Siebenjährigen Krieg hießen die österreichischen Feldspitäler „Marodenhäuser". Bei diesen amtlichen Bezeichnungen haftete an dem Ausdruck marod nichts Verächtliches. Im 16. und 17. Jahrhundert war marodieren in der Hauptsache ein militärischer Begriff. Die Schlappmacher bezeichnete man als Marodeure. Man verstand aber darunter nicht nur Soldaten, die wegen Krankheit oder Entkräftung von ihrer Truppe zurückblieben, sondern auch Reiter, die ihr Pferd verloren hatten und ihrer Truppe nicht folgen konnten, und schließlich auch die Soldaten, die Entkräftung oder Verletzung vortäuschten, um als Nachzügler plündern zu können. Die Marodeure hießen übrigens früher auch Ausläufer, Säusenger (die die Säue sengen?), Immenschneider (d. h. Bienenkorbplünderer) und es hieß von ihnen, sie führten das blaue Fähnlein; Kirchhof schreibt 1602: „welche aber sich heimlich von dem rechten Zug zur Seiten ausdrehen und (vor Zeiten hieß es das blaue Fähnlein geführt) ihrem Mausen nachhängen." Unter den Begriff des Marodeurs fielen nicht nur plündernde Nachzügler, sondern auch Einzelgänger, die sich als Verwundete ausgaben und bettelten (rufflers hießen solche Bettler im 16. Jahrhundert in England).

Da man von Marodieren hauptsächlich in bezug auf freiwillig oder unfreiwillig abgesprengte, disziplinlose Soldaten sprach, war es naheliegend, auch die etymologische Aufklärung des Wortes innerhalb der militärischen Sphäre zu versuchen. Einige Spuren führen zum Dreißigjährigen Krieg. Grimmelshausen schildert im Simplizissimus die Soldaten des kaiserlichen Regimentskommandanten Graf von Merode als des Marschierens unfähig: „und so man eine oder mehr Kranke und Lahme auf dem Markt, in den Häusern und hinter den Zäunen und Hecken antraff und fragte: Wes Regiments, so war gemeiniglich die Antwort: von Merode." Daher käme das verallgemeinerte Spottwort Merodebruder. Arthur Bechtold weist aber darauf hin, daß es im Dreißigjährigen Krieg auch einen schwedischen Obersten Werner Graf von Merode gab und bezieht das Schimpfwort Merodebrüder auf dessen wallonische Mannschaft. Im Jahre 1635 hatte das merodische Regiment des schwedischen Obersten einen Aufstand gemacht, und diese „merodischen Meutinierer" wurden für vogelfrei erklärt und waren daher als Desperados allseits sehr gefürchtet.

Die Entstehung des Ausdrucks Merodebrüder mag so richtig erklärt sein, aber das Marodieren heißt weder nach dem kaiserlichen noch nach dem schwedischen Grafen Merode so, schon einfach aus dem Grunde, weil das Wort lange vor dem Dreißigjährigen Krieg schon bestand[1].

---

1) Daß gerade die Soldaten eines Obersten Merode viel marodierten, ist ein Zusammentreffen, für das ich eine Analogie aus dem Weltkriege kenne. Die k. u. k. Soldaten eigneten sich an der Ostfront den Ausdruck sabralieren für stehlen, plündern an; die polnischen Bäuerinnen antworteten nämlich auf die Frage nach Lebensmitteln stets: niema nic, Moskale wszystko zabrali, wir haben nichts, alles hat der Russe weggenommen („Der Schwed ist kommen, hat alles mitgenommen", sang man im Dreißigjährigen Krieg). Als im Herbst 1916 Südostsiebenbürgen von den Mittelmächten zurückerobert wurde, richteten nach einiger Zeit ungarische Dorfgemeinden des Széklerlandes Beschwerde an das 1. Armeekommando, die Husaren eines bestimmten Regiments hätten zu wenig Respekt vor dem Privateigentum der Zivilbevölkerung, ihrer Landleute, bekundet. Die schriftliche Rechtfertigung, die das Armeekommando von jenem Husarenregiment einholte, unterschrieb dessen Kommandant,

Es besteht heute gar kein Zweifel darüber, daß marod, marodieren **französischen Ursprungs** ist. Maraud, marault taucht zuerst im 15. Jahrhundert in einem dem großen Dichtervagabunden François Villon zugeschriebenen Texte im Sinne Bettler, Lump, Vagabund auf. Vielleicht ist das Hauptwort maraude = Vagabondage für die Bezeichnung des Verhaltens selbst (en maraude sein) der ältere Ausdruck und die Personenbezeichnung maraud erst daraus entwickelt. Jedenfalls ist im 16. Jahrhundert die Wortsippe bereits mit vielen Ableitungen vertreten: marauder = plündern, marodeur = Plünderer, maraudaille = Gesindel usw. Auch heute noch bedeutet maraud im Französischen und Englischen (in welchen Sprachen, wie einleitend gesagt, die harmlose, nicht verächtliche Anwendung für leicht krank nicht vorkommt) einen Plünderer oder einen Lumpen, einen Taugenichts. Im Pariser Argot bedeutet maraud auch einen eingebildeten Kerl, faire le maraud = sich wichtig machen. Um die Jahrhundertwende hatte maraud in der französischen Verbrechersprache auch die Bedeutung: intelligent. Marauder heißt auch das Langsamfahren der Lohnkutscher oder jetzt der Taxichauffeure, die, statt sich auf dem Standplatz einzureihen, auf diese Weise Fahrgäste finden („angeln") wollen. Früher sagte man in Frankreich marauder vom Postkutscher, der unterwegs, ohne Wissen des Postmeisters, Fahrgäste aufnahm, ohne dann über das Fahrgeld abzurechnen.

Mit der Ablehnung der Deutung Marod—Merodebrüder und das Zurückführen unseres Wortes marod auf das in der französischen Volkssprache des 15. Jahrhunderts zuerst auftauchende marault ist die etymologische Frage nicht gelöst, sondern nur in die Romanistik

---

Oberst von — Zábráczky. Wie leicht könnte es nun geschehen, daß im 23. Jahrhundert ein Erforscher der Soldatensprache im Weltkriege den feldgrauen Ausdruck sabralieren, aus Unkenntnis des Polnischen, mit dem Namen jenes Husarenobersten erklären wird, so wie man den Ausdruck marod zehn Menschenalter nach dem Dreißigjährigen Krieg fälschlich an einen Grafen Merode knüpft.

In diesem Zusammenhang sei noch eine volksetymologische Umgestaltung von marode durch ungarische Soldaten mitgeteilt. Marode hieß ungarisch (als Haupt- und Eigenschaftswort) maródi. Wegen des Anklangs an das Zeitwort marad = bleiben sagte man in manchen ungarischen Regimentern deutscher Kommandosprache statt maródi auch maradi, etwa: Bleiber, Zurückbleiber, Rückständiger; statt marodibunk (= Marodebuch, nicht -übung) sagte man maradibunk oder maradikönyv (das Buch mit den Namen jener, die nicht zur Übung ausrücken müssen, sondern in der Kaserne bleiben dürfen).

verschoben. Und dort hat die Deutung des Wortes maraud viel Kopfzerbrechen verursacht. Wieder einmal enthüllt sich das Elend der älteren Etymologie. Die wichtigsten Herkunftserklärungen für maraud seien hier angeführt. Wir können unter ihnen zunächst eine semitische und eine lateinische Gruppe unterscheiden. In die erste gehört A) die Ableitung von Ménage und Rönsch aus hebräisch marud = Bettler, obdachlos Herumirrender, B) die von portugiesischen Autoren vertretene Ableitung aus arabisch maruda = unverschämt (daraus portugiesisch maroto und spanisch malroto, liederlicher, zerlumpter Herumtreiber, und C) die von Mahn aus arabisch maraba, maridun = Rebell. Mahn ist auch in der zweiten Gruppe, in jener der Etymologien aus dem Lateinischen vertreten, denn später sah er D) in maraud das lateinische morator = Zögerer, nämlich zögernder, d. h. zurückbleibender Soldat, was uns an die (in der Fußnote mitgeteilten) ungarische volksetymologische Verknüpfung mit marad = bleiben erinnert. E) Wesentlich ernster zu nehmen ist der Versuch Meyer-Lübkes, maraud in Verbindung zu bringen mit malade = krank (malade selbst kommt aus vulgärlateinisch male habitus). F) Brügge und Körting deuten maraud aus lateinisch malaldus, Nebenform von malus = schlecht. G) Diez wollte maraud von male ruptus oder von marrir = betrüben, sich verirren ableiten. Mit einigen weiteren maraud-Etymologien (u. a. wurde sogar der Frauennamen Marie herangezogen) wollen wir uns nicht aufhalten.

Es ist Sainéans Verdienst, auf die Volkssprache hingewiesen zu haben, als auf die eigentliche Quelle so vieler Wortbildungen, mit deren Deutung aus papieren konstruierten lexikalischen Zusammenhängen die Wissenschaft sich oft krampfhaft abmüht[1]. Auch das Wort maraud entpuppte sich im Sainéanschen Verfahren als ein schlichtes Volkswort, um dessen willen man weder Araber noch Römer aus versunkenen Jahrhunderten heraufbeschwören muß. Maraud ist ein mittelfranzösischer Volksausdruck für Katze, und

---

[1] Der oft zu selbstgefällige Ton und das nicht seltene Überszielhinausschießen in Sainéans ,,Sources indigènes" darf nicht zur Verkennung seiner großen Leistung führen. Zünftige Romanisten haben im allgemeinen — von den Ausnahmen sei Spitzer genannt — Sainéans Arbeiten ziemlich unfreundlich aufgenommen: mit eisiger Kühle oder mit scharfem Spott. Gamillscheg spricht sogar von einem ,,wissenschaftlichen Bolschewismus", einer ,,bedauerlichen, in ihrer Auswirkung hoffentlich noch einzudämmenden Verirrung der heutigen sprachwissenschaftlichen Forschung".

zwar offenbar darum, weil das Weibchen, um zur gegebenen Zeit den Kater auf sich aufmerksam zu machen, Töne von sich gibt, die nach französischer Auffassung mit mrou-mrou wiedergegeben werden. Marauder heißt also das Schreien und im weiteren Sinne auch das Herumtollen der Katzen bei Nacht, insbesondere ihr Herumbalgen beim Liebesspiel. Übertragen sagt man aller en maraude auch vom Kater, der nachts im Garten herumstreift oder auf dem Felde nach Hasen und Kaninchen jagt und dabei die Kulturen verwüstet. Von hier ist der Übergang zur Bedeutung Herumstrolchen und Plündern schon ohne weiteres verständlich.

Übrigens weist auch die deutsche Sprache einen bedeutungsgeschichtlichen Zusammenhang zwischen der Bezeichnung eines Lautes der Katzen und einer Bezeichnung des Bettelns auf. Das seit dem 18. Jahrhundert als Gaunerausdruck verwendete Zeitwort s c h n u r r e n = bettelnd herumziehen (nämlich mit Schnurrpfeifen), seither unter jüdischem Lauteinfluß besonders in der Nebenform s c h n o r r e n bekannt, ist wortgeschichtlich identisch mit der Bezeichnung des Katzenschnurrens.

MAYONNAISE, MAJOLIKA

Im Jahre 1756 setzte sich Marschall Louis François Armand du Plessis, Herzog von Richelieu, der Großneffe des berühmten Kardinals, nachdem er einen großen Sieg über ein englisches Geschwader erfochten hatte, in den Besitz der befestigten Stadt M a h o n auf der Baleareninsel Menorca, welche Stadt etwa zweitausend Jahre vorher — wie auch aus ihrem Namen ersichtlich — vom Punier Mago, Hannibals jüngstem Bruder, gegründet worden war. In Paris gab es große Feste zur Eroberung von Mahon. Die Pompadour schmückte den Degen des heimgekehrten Admirals mit einer seidenen Schleife, und dieser noeud à la Mahon blieb eine Zeitlang Mode in Paris. Die Sauce (aus Eidotter, Öl, Zitronensaft oder Essig usw.), mit der sich damals ein Pariser Koch bei dem großen Siegesmahl hervortat, bekam den Namen Mahonaise, woraus später, zur Vermeidung des unfranzösischen h-Lautes, Mayonnaise wurde. Allerdings soll schon der römische Kaiser Heliogabalus diese Tunke zum Hummer erfunden haben, und man kann ein gewisses sprachgeschichtliches Unrecht darin erblicken, daß diese römische Erfindung nun mittelbar nach dem Namen eines Erzfeindes, eines Karthagers, benannt ist.

Auch die andere der Balearen, die Insel Mallorca, hat der Kulturwelt ein Wort geliefert. Von Mallorca, auch Majorka genannt, gelangten im 15. Jahrhundert nach alter maurischer Technik angefertigte glacierte Tongefäße unter dem Namen Majolika nach Italien, von wo aus Sache und Wort sich bald in Europa verbreiteten. (In Italien war die Stadt Faenza bei Ravenna — in Schillers Tell Favenz genannt — die bedeutendste Stätte dieser Tonwarenkunst, daher heißt das Majolika auch Fayence.)

MAZAGRAN

ist ein erfrischendes Getränk, das man im Sommer in unseren Kaffeehäusern bestellen kann. In ein hohes Glas, das zur Hälfte mit Eisstücken gefüllt ist, wird heißer Kaffee gegossen, der dann — zum Staunen physikalischer Laien — im selben Augenblick ganz kalt wird. Mazagran ist also bei uns kalter, gewässerter schwarzer Kaffee. Mancherorts wird übrigens auch ein wenig Likör beigemengt. Der Name geht auf den des Dorfes Mazagran in Algier zurück. Im Jahre 1840 verteidigten 123 Franzosen mehrere Wochen hindurch ein Blockhaus bei Mazagran gegen eine große Übermacht von Arabern. Der Name Mazagran war damals in Frankreich in aller Leute Mund, und kurz nach dem Entsatz des Blockhauses tauchte in Paris die Bezeichnung Mazagran auf für schwarzen Kaffee, der in einem großen Glase aufgetragen wird. Nachher verursachte es den Wortforschern viel Kopfzerbrechen, festzustellen, warum gerade Kaffee nach dem algerischen Fort benannt wurde. Der holländische Romanist Timmermans klügelt: „Die Araber erhielten einen Stoß, der sie an ihren Brauch erinnert, die Kaffeekörner in einem Mörser zu zerstoßen." Aber es handelt sich doch nicht darum, woran die Araber erinnert wurden, sie sind es doch nicht, die ein Getränk Mazagran tauften, sondern die Franzosen. Die Entstehung der Bezeichnung ist anders zu erklären. In den Berichten über die Entbehrungen der Besatzung hieß es auch, sie hätte zuletzt fast gar keine anderen Nahrungsmittel als Kaffee gehabt, und dieser sei ohne Milchzusatz aus großen Wassergefäßen getrunken worden. Unter dem Eindruck dieser Schilderungen nannte man dann in Paris den im großen Glase servierten schwarzen Kaffee — zur Unterscheidung von dem milchhaltigen in der Tasse — einen Mazagran. Wird dem Mazagran auch etwas Schnaps beigemengt, so heißt er in Frankreich „gloria" (u. a. bei Balzac belegt).

MIEKRIG

Miekrig = kränklich, schwächlich ist angesichts der günstigen Resonanz, deren sich der berlinische Wortschatz erfreut, im Begriff, auch außerhalb der Reichshauptstadt vielerorts in die Umgangssprache des Volkes Aufnahme zu finden. Die Etymologie im „Richtigen Berliner" von Meyer-Mauermann, miekrig komme von griechisch mikros = klein, muß vorerst mit einem Fragezeichen versehen werden. In einem Gedichte aus Otto Brauns, des „Frühvollendeten", Nachlasse ist allerdings — über die Zeit vor Kriegsausbruch — zu lesen: „Das große, milde, kühne Wetter, das von Miekrigkeit uns löst, das von Kleinheit uns befreit, war noch nicht." Miekrig erscheint hier also gleichsam als Synonym von klein, und das scheint die Etymologie von mikros zu stützen. Wenn man aber Kinderstube und Bildungsgang des jungen Otto Braun kennt, der jedenfalls mit dem griechischen Wörterbuch mindestens so viel Berührung hatte als mit dem Berliner Slang, wird man das Zeugnis jener Verszeilen für die griechische Etymologie nicht hoch einschätzen. Übrigens kenne ich noch einen anderen Beleg, der für die Deutung von miekrig aus mikros zu sprechen scheint. Im Berner „Mattenenglisch", diesem sonderbaren Sprachgewächs, in dem sich die alemannische Mundart eines Berner Stadtteiles mit Verbrecherslang und Schülerscherzsprache kreuzt, bedeutet miggerig: klein.

Wenn man schon bei der Deutung des berlinischen miekrig das Griechische in seine Kombinationen einbezieht, könnte man übrigens auch in Versuchung geraten, einen Zusammenhang mit Migräne zu suchen. Migräne kommt von griechisch hemikrania = „den halben Schädel betreffendes" (Schmerzgefühl). Aber weit und breit keine richtige Bestätigung für eine derartige Annahme!

MUSSELIN, MUSSOLINI

Der Musselin (deutsch auch Nesseltuch genannt) ist nach der Stadt Mosul am Tigris benannt, wo er angeblich zuerst erzeugt wurde. Die Italiener nannten zuerst dieses Gewebe mussolino oder mussolo, dann gelangte der Name ins Französische, und anfangs des 18. Jahrhunderts übernimmt Deutschland das französische musseline.

Der Familiennamen Mussolini bedeutet offenbar Musselinweber, doch reklamieren einzelne deutsche Familiennamenforscher den

Namen des italienischen Staatsmannes für die deutsche Sprache. So wurde behauptet, der Name Mussolini sei eine Italienisierung von Mäuslein, und sein heutiger Träger stamme — wie im Deutschen Herold 1927 auseinandergesetzt wird — aus dem nassauischen Rittergeschlecht Muselin (Mäuslein). Der Duce wäre demnach auch der Namensverwandte von David Müslin, einem berühmten Berner Prediger im 18. Jahrhundert, und von zwei deutschen Vorkämpfern der Reformation im 16. Jahrhundert, die ihren Namen nach dem Geschmack der Zeit latinisiert hatten, von dem aus Sachsen stammenden Andreas Musculus und dem Lothringer Wolfgang Musculus. Von lateinisch musculus = Mäuschen stammen auch die deutschen Wörter Muskel und Muschel, so daß diese — falls die Ableitung des italienischen Namens vom deutschen Mäuslein zu Recht besteht — gleichsam die Übersetzung von Mussolini darstellen.

Nach einer anderen deutschen Hypothese soll die Familie Mussolini aus Tirol, aus dem Orte San Pietro Mussolino im Lämmertal stammen, der einst deutsch Sankt Peter in Mösele hieß.

NAIV

Ferdinand Avenarius, der in seinem Kunstwart oft die Fremdwörter befehdete, schlug einmal für naiv **gefühlsjung**, für blasiert **gefühlsgreis** vor. Wären diese Vorschläge durchgedrungen, so bestünde jetzt neben der derben Abschleifung beider besonderen Bedeutungen auch eine ständige Verlockung zum Irrtum, Naivität und Blasiertheit seien schlechthin Gegensätze. (Als Gegensatz von naiv kann eher „raffiniert" angesehen werden.) Ebensowenig Aussicht, allgemein befolgt zu werden, hat das Beispiel Börries von Münchhausens, der (in der Sammlung „Garbe", 1933) statt naiv das plattdeutsche „unbedarft" verwendet. Im 18. Jahrhundert hat Ludwig Friedrich Hudemann für naiv „einfältig" vorgeschlagen, da „zwar ein Gedanke an und für sich hoch und dabey einfältig seyn kann, in Ausdruck aber nohtwendig klein und schlecht erscheinen müsse, wo er das praedicatum naif verdienen soll".

Das im Deutschen von Gellert eingeführte Wort naiv ist dem Französischen entnommen, wo es lateinischer Herkunft ist: nativus, in der mittelalterlichen Form naivus, bedeutet angeboren (von nascor, geboren werden). Im Französischen konkurrieren die Formen naïf und natif. Naïf ist die ältere Form und kommt schon im 11. Jahrhundert im Sinne von „gebürtig" vor; les naïffs sind im

Gesetz des Guillaume die ortsgeborenen Leibeigenen. Seit dem 14. Jahrhundert heißt dann „gebürtig aus ..." im Französischen natif, welches Eigenschaftswort dann im 18. Jahrhundert, offenbar beeinflußt von italienisch nativo, die Bedeutung angeboren, natürlich annahm. Allgemein verständlich scheint aber dieser Bedeutungsübergang nicht gewesen zu sein, denn Rousseau, der im Emile von einer sérénité native, einer natürlichen Heiterkeit spricht, glaubt hinzufügen zu müssen: ich gebrauche das Wort in einer italienischen Auffassung, mangels eines französischen Synonyms, und es macht nichts, wenn ich damit Unrecht tue, wenn ich nur verstanden werde. Um eben diesen geistigeren Sinn der angeborenen Natürlichkeit von der gewöhnlichen Bedeutung „gebürtig aus ..." zu unterscheiden, griff man auf die ältere Form naïf zurück und erfüllte diese mit dem neueren, abstrakten Begriffsinhalt. Schon Montaigne hatte in der Einleitung seiner Essais von ihrer „naiven" Form gesprochen. Nicht alles, was echt ist, ist naiv, schreibt Diderot, aber alles, was naiv ist, ist echt. Und Diderot selbst wird von Voltaire, dem gewiß nicht naiven, als naiv bezeichnet (in einem Briefe an d'Argental: daß Diderot ein guter Mensch ist, ich glaube es, denn er ist naiv). Heute ist im Französischen die Scheidung zwischen natif = gebürtig, angeboren, und naïf in unserem Sinne ganz durchgeführt. (Nicht durchsichtig ist die Verwendung des Wortes naïf in der französischen Buchdruckersprache, so z. B. in Balzacs „Verlorenen Illusionen", zur Bezeichnung des Chefs einer Buchdruckerei.)

Mit Recht hat Schopenhauer das Fremdwort naiv als unübersetzbar bezeichnet, und Richard Dehmel apostrophiert es in einem Briefe: „Naiv, o dieses verdammte Fremdwort, es ist doppelzüngiger als alle Schlangen der Welt." Es ist mehr als doppelzüngig. Das eine Mal bedeutet es natürlich, echt, ungekünstelt, das andere Mal herzlich, aufrichtig, dann ursprünglich, primitiv oder unschuldig, arglos, ahnungslos, oder gemütvoll, empfänglich oder unmittelbar, unberechnend, unüberlegt oder unwissend, unerfahren, leichtgläubig, kindisch, einfältig, albern usw. Die Naivität eines Menschen kann uns rühren und kann uns ärgern; sie kann ehrliche Bewunderung erwecken und auch ausgelacht werden. Im Jahrhunderte Rousseaus, dank der These, daß der Mensch von Geburt aus „gut" sei, standen die positiven Seiten der Naivität im Vordergrund, und damals geschah es auch, daß das Wort naiv sich bei unseren Klassikern den Eingang in die deutsche Sprache erzwang. Herder verteidigte das Wort lebhaft gegen Th. Abbt, der Einwendungen gegen das „barbarische, undeutsche, vollends unnötige Wort" erhob. Naiv ist man nach Herder, wenn man ist, „wie man ist, wie man aus den Händen der Natur kam, neu oder im Deutschen: sich selbst treu, ungezwungen, in seiner ordentlichen Konsistenz."

Schopenhauer nennt die Naivität das Ehrenkleid des Genies, „die gewöhnlichen Köpfe dürfen sich nie erlauben, naiv zu sein, bei Strafe ihre Gemeinheit in ihrer traurigen Blöße zu zeigen". Auch die Tiere bezeichnet Schopenhauer, da sie der Verstellung nicht fähig seien, als naiv; daher gewähre ihr Anblick Ergötzen. Carl Julius Weber widmet in seinem Demokritos drei Kapitel dem Naiven, von dem er zwei Hauptarten unterscheidet, die rührende und die lächerliche, versucht sich auch in Definitionen, verlegt sich aber in der Hauptsache auf die Schilderung des Naiven durch Beispiele. Schließlich ist der Hinweis auf typische Naivitäten, wie z. B. auf den Stoßseufzer jenes Schweinehirten, der sich König zu sein wünschte, um seine Schweine hoch zu Pferde hüten zu können, oder auf den Ausruf des frischbekehrten Frankenkönigs Chlodewig bei Anhören der Leidensgeschichte Christi, „ach, wär ich nur mit meinen Franken dort gewesen", nicht weniger wert als irgendeine verwickelte Definition[1].

Schiller bringt die dichterische Naivität in seiner bekannten Abhandlung in Gegensatz zum Sentimentalischen („dort weht lautere Natur, hier wird verlassene Natur gesucht"). Für ihn ist Naivität „eine Kindlichkeit, wo sie nicht mehr erwartet wird", worunter man auch etwas wie Infantilismus[2] im neueren medizinischen Sinne verstehen könnte.

---

1) „Einfalt im Äußeren, Würde und Wichtigkeit im Inneren, einfacher Ausdruck eines schönen Gedankens, die Unbesorgtheit der Unschuld um falsche Auslegung, Zuversicht und Offenherzigkeit bei Unwissenheit des Weltgebrauchs, welche nicht Dummheit, sondern Herzensgüte und Vertrauen zum Grunde haben, machen das Naive des sittlichen Charakters, das an das Rührende und Erhabene grenzt."

2) Heinrich Schüchterer, der 1910 dem Typus der weiblichen Naiven im deutschen Drama des 18. Jahrhunderts eine eigene theatergeschichtliche Studie gewidmet hat, definiert dort als naiv einen Menschen, „der in irgendeiner Beziehung auf der Stufe des Kindesalters zurückgeblieben ist, ein Umstand, der sich der Mitwelt durch unverhältnismäßige Unwissenheit in eben dieser Beziehung, durch Worte und Handlungen äußert."

Nach Kant — von dem übrigens Schopenhauer sagt, daß Naivität ihm abgehe — ist Naivität „eine edle oder schöne Einfalt, welche das Siegel der Natur auf sich trägt", „ein Betragen, wo man nicht acht darauf hat, ob man von anderen beurteilt wird". Anspruchsvoller beschreibt er an anderer Stelle Naivität als den „Ausbruch der der Menschheit ursprünglichen Aufrichtigkeit wider die zur anderen Natur gewordenen Verstellungskunst".

Eine Naivendarstellerin tut gut daran, um nicht verwirrt zu werden, naiverweise nicht an alle diese philosophischen Definitionen zu denken. Die Franzosen, denen wir doch das Wort naiv verdanken[1], kennen übrigens auf dem Theater keine „Naive". Dieses Rollenfach heißt bei ihnen ingénue (eigentlich: offenherzig, harmlos, von lateinisch ingenuus, von freien Eltern geboren). Der französische Ausdruck Agnès = naives Mädchen (faire l'Agnès = die Agnes machen, d. h. Naivität vortäuschen) hängt wahrscheinlich nicht unmittelbar mit griechisch hagnos = keusch zusammen, sondern ist eine Anspielung auf die Agnes in Molières „Schule der Frauen", die der Vormund gewaltsam in Unschuld erhalten will, da er sie selbst zu heiraten beabsichtigt. Bei der Namenwahl durch Molière dürfte allerdings der Gedanke an die heilige Agnes[2] mit im Spiel gewesen sein; bekanntlich wird diese Heilige, die unter Diolectian aus Liebe zur Jungfräulichkeit im 13. Lebensjahr den Opfertod erlitt, als Vorbild der makellosen Unschuld verehrt. Im Rheinland wird der Namen Agnes oft als Spottwort für junge Frömmlerinnen verwendet[3].

---

[1] Dem Naiven, schreibt Weber-Demokritos, ist seine Naivität Natur, nicht so den Franzosen, die es in Unnatur am weitesten brachten, daher auch Geßners Ruf durch Europa nicht von Deutschen, sondern von Franzosen ausging, denen das Phänomen am meisten auffallen mußte.

[2] Der Frauennamen Agnes kommt von griechisch hagnos = unbefleckt, keusch, und die Richtung der Heiligenverehrung wird wohl wie in vielen anderen Fällen auch in diesem von der Lautform des Namens beeinflußt worden sein. (Schon Luther erkannte z. B., daß der heilige Valentin es seinem Namen zu verdanken hat, daß ihm in Deutschland Gewalt über die fallende Sucht zugeschrieben wird, und daß abergläubische Weiblein [superstitiosae mulierculae] vom heiligen Vinzenz nur wegen des Anklangs an das deutsche Zeitwort finden Hilfe beim Wiedererlangen verlorener Gegenstände erwarten. Viele derartige Beispiele gibt Nyrop: z. B. hilft nach deutschem Volksglauben der heilige Blasius gegen Blasen-, der heilige Augustinus gegen Augenkrankheiten, der heilige Lambertus gegen Lahmheit.)

[3] Im Elsaß aber: Angenes = stets klagendes, nörgelndes Mädchen.

Das Wort naiv mit seinen vielen Bedeutungen zwischen erhabener Unschuld und lächerlicher Albernheit ist geradezu ein Schulbeispiel für jene Erscheinung, die die Sprachwissenschaft als Vieldeutigkeit oder Polysemie bezeichnet. Die Ansichten über den Wert dieser Eigenschaft vieler Ausdrücke gehen auseinander. Mit einer gewissen Begeisterung schreibt z. B. Michel Bréal in seinem Essai de Sémantique: „Je mehr Bedeutungen ein Ausdruck anhäuft, um so mehr muß man voraussetzen, daß er verschiedene Seiten einer geistigen und sozialen Regsamkeit darstellt. Man sagt, Friedrich II. habe in der Vielseitigkeit des Wortgebrauchs eine Überlegenheit der französischen Sprache erblickt. Er wollte ohne Zweifel sagen, daß diese vieldeutigen Wörter den Beweis für eine fortgeschrittenere Kultur lieferten." Aber nicht zu Unrecht bemerkt dazu K. O. Erdmann: „Polysemie ist sicherlich ein Zeichen für Blühen und Wachstum einer Sprache; sie ist ein Zeichen für die Regsamkeit und Anpassungsfähigkeit des Volksgeistes. Aber sie bleibt deshalb doch die Quelle zahlloser Irrtümer und ewiger Mißverständnisse."

NEUNUNDNEUNZIGER

ist eine volkstümliche Schelte für den Apotheker. Früher hatte dieses Scheltwort eine allgemeinere Bedeutung. 1691 erklärt Stielers Wörterbuch „Neunundneunziger" als „proditores, sycophantae", Verräter, Verleumder. In Schwaben sind die Einwohner mehrerer Dörfer von ihren Nachbarn Neunundneunziger gescholten worden. Dann wurde das Wort eine beliebte Schelte für verschiedene Berufe, für Tischler, für Lehrer und besonders für Apotheker. Die Apotheker, so erklärte man den Ausdruck, verkaufen ihre Waren mit einem Gewinn von 99 von Hundert (daher auch die Schelte „Prozentenkrämer"). Daß die Apotheke als der Laden gilt, wo man besonders teuer kauft, bezeugen auch sonst verschiedenste Redensarten, z. B. das ist die reinste Apotheke. Man spricht auch von einer Apothekerrechnung; französisch c'est un compte d'apothicaire[1], während der Engländer vorzieht, von doctor's bill zu sprechen.

Jean Paul, der den Ausdruck Neunundneunziger im Sinne geriebener Heuchler ebenfalls verwendet, erklärt ihn wie folgt: „Da nach den

---

[1] In Frankreich erschien 1553 ein besonderes Buch über „Mißbräuche und Betrügereien" der Apotheker: Déclaration de Abuz et Tromperies que font les Apoticaires.

englischen Gesetzen jedes Schiff mit hundert Seelen einen Schiffsprediger haben muß, so laden die Ostindienfahrer, um ihn zu ersparen, nur neunundneunzig." Wenn der Ausdruck wirklich daher kommt, so ist für seine Entstehung anscheinend eine praktische Erwägung bestimmend, ähnlich jener, die einen Pachtvertrag nicht auf mehr als 99 Jahre abschließt, damit die Ersitzung vermieden wird, oder jener, die Kaufleute veranlaßt, den Preis einer Ware z. B. mit 95 Pfennig oder mit 9 Mark 90 anzusetzen. In Wien gibt es jetzt eine Kleinkunstbühne, die sich „Theater der 49" nennt und nur für 49 Besucher Platz hat; dieses Unternehmen unterliegt nicht dem Konzessionszwang, der nur für Aufführungen vor 50 und mehr Besucher gilt.

Zur Bezeichnung Neunundneunziger für Apotheker führt Carl Julius Weber in seinem Demokritos die Berechnung eines Apothekers an: wenn man im Worte „Apotheke" für A die Zahl 1 setzt, für p 15 usw., entsprechend der Stelle im Alphabet, so ergibt sich eine Zahlenreihe, deren Summe 99 ist. (Es wäre aber gewiß falsch, auf diesen netten „kabbalistischen" Zufall die Etymologie des Ausdrucks zu gründen.)

Bei Borchardt-Wustmann ist neben der Deutung, die Apotheker verdienten 99 Prozent, auch eine andere angeführt: der Apotheker heiße Neunundneunziger, weil er sehr viele Mittel kennt, aber doch nicht die Macht hat, sie zu verordnen. „Neunundneunzig" wäre also eine Umschreibung für „sehr viel", eine Übertreibungszahl — mit der Einschränkung: „aber nicht genug". Sonst werden als hyperbolische Zahlen runde Zahlen, wie hundert, tausend, verwendet (man vgl. das Stichwort Tausendgüldenkraut über Tausendfüßler, Tausendkünstler, tausend Küsse usw.). Es scheint aber neben der allbekannten Neigung zu großen runden Zahlen auch eine genau entgegengesetzte in der Völkerpsychologie zu bestehen, das Streben, der runden Zahl auszuweichen. Irgendeine allgemeinmenschliche abergläubische Vorstellung muß der Scheu vor der runden Zahl zugrunde liegen. Nach den Vorschriften des Alten Testaments gab es eine Körperstrafe, die aus der Verabreichung von 39 Stockhieben bestand. Bei den Indern gab es 101 Hiebe. 101 ist auch die Zahl der Kanonenschüsse bei festlichen Gelegenheiten, z. B. bei Prinzengeburten. Die oldenburgische Stat Jever sandte Bismarck jährlich zum Geburtstag 101 Kiebitzeier. Im Orient vermeidet man Schuldscheine über eine runde Summe; die Schuldscheine lauten gewöhnlich über 1001 Rupien, über 10001 Rupien u. dgl. Vielleicht aus ähnlichem Grunde heißt es auch „Tausendundeine Nacht".

Es ist übrigens auch eine deutsche Redensart gebucht worden: „alle neunundneunzig treiben" mit der Bedeutung allerlei Liederlichkeiten, Allotria treiben. Ein ostpreußisches Sprichwort lautet: die Weiber haben neunundneunzigerlei List und noch 'nen Sack voll. Im Elsässischen ist Neunundneunziger auch die Bezeichnung für einen Krummbeinigen — vielleicht, weil seine Beine nicht grad sind wie die 1-er?

NIEDERTRÄCHTIG

Vom Zeitwort tragen (althochdeutsch tragan), dessen Verwandtschaft mit lateinisch trahere = schleppen nicht gesichert ist, kommt das mehrdeutige Hauptwort Tracht, z. B. in der Bedeutung der Art, sich in Kleidern zu tragen (Volkstracht, malerische Tracht), oder etwas bezeichnend, was man auf einmal tragen kann (eine Tracht Holz, scherzhaft übertragen auch: eine Tracht Prügel), dabei auch auf der Bedeutungsgrundlage des Tragens im Mutterleibe (daher eine Tracht Hunde, d. h. soviel junge Hunde, als eine Hündin auf einmal „geworfen" hat). Aus Tracht entwickelt sich das Eigenschaftswort trächtig, nicht nur mit seiner üblichsten Bedeutung schwanger, sondern auch allgemeiner: fruchtbar (z. B. bei Goethe: wirkt ein Wort so mächtig, ist der Gedanke trächtig). Auch im Sinne tragfähig wird trächtig gebraucht, z. B.: das Schiff ist so und soviel Tonnen trächtig.

Aus trächtig ergeben sich auch zwei zusammengesetzte Eigenschaftswörter: hochträchtig und niederträchtig. Hochträchtig = sich hoch tragend, nach Hohem trachtend, hochmütig. Abraham a Santa Clara nennt einmal die stolze Pflanze Rittersporn hochträchtig. Niederträchtig hat ursprünglich nur die Bedeutung niedrig (man sprach daher von niederträchtigen Rindern, niederträchtigen Stühlen und meinte niedrige Rinder, Stühle), sich niedrig tragend, und — auf das seelische Gebiet übertragen — herablassend. Mit dem Urteil „unser Landesfürst ist ein gar niederträchtiger Herr", führt Strigl aus, sprach der Untertan nicht etwa eine Majestätsbeleidigung aus, sondern ein Lob. Er wollte damit sagen, der Fürst sei nicht hochmütig, sondern im Gegenteil herablassend, leutselig. Das gegen Ende des 15. Jahrhunderts entstandene Eigenschaftswort niederträchtig behielt lange die Bedeutung herablassend.

Erst im 18. Jahrhundert kommt es — offenbar über die Assoziationskette willfährig, nachgiebig, demütig, unterwürfig, knechtisch, sklavisch — zur Bedeutung: gemein, ehrlos, von schändlicher Gesinnung. Erst nachdem das Eigenschaftswort niederträchtig diese Bedeutungsverschlechterung durchgemacht hat, kam es anfangs des 19. Jahrhunderts auf dem Wege einer sogenannten Rückbildung (backformation) zur Entstehung des Hauptwortes Niedertracht.

Die Bedeutungsentwicklung von „niederträchtig" ist ein typisches Beispiel für Sinnverschlechterung, deren Häufigkeit in der Wortgeschichte Anlaß gegeben hat, von einem pessimistischen Zug im Leben der Sprache zu reden. Einige charakteristische Fälle von

pejorativem Bedeutungswandel

seien aus der großen Anzahl hier noch angeführt:

Albern (althochdeutsch ala-wari) bedeutet ursprünglich „allwahr", wahrhaftest, allzu offen, gütig. Es ist bei dieser Sinnverschlechterung dieselbe Verachtung für die listlose Aufrichtigkeit, für die Arglosigkeit am Werke, die auch auf mehrere Nuancen des Wortes naiv (vgl. dieses Stichwort) abfärbt. „Die deutsche Sprache hat einmal einen tollen Witz gemacht und mit dem Wahrheitsbegriff Schindluder getrieben", bemerkt Fritz Mauthner zum Bedeutungswandel von albern[1]. Auf einer ähnlichen Verachtung der Harmlosigkeit, die man doch sonst als Tugend preist, beruht die Bedeutungsverschlechterung bei den Eigenschaftswörtern

einfältig und schlecht, die ursprünglich nichts anderes bedeuten als: einfach und schlicht. Das „-fältig" in einfältig hat unmittelbar nichts mit „Falte" zu tun, sondern kommt von griechisch -paltos und ist mit der Silbe -fach in einfach ganz gleichbedeutend (daher zwischen vielfach und vielfältig nicht jener Unterschied, wie der zwischen einfach und einfältig). Der Gebrauch der beiden gleichbedeutenden Endungen, der griechischen und der germanischen,

---

1) Es wäre natürlich plump und gehässig, aus dieser bedeutungsgeschichtlichen Tatsache dem Geist der deutschen Sprache einen besonderen Strick zu drehen, ihr etwa den Kult der „nordischen List" vorzuwerfen. Andere Sprachen bekunden durch ähnliche Fälle von Bedeutungswandel nicht minder diese Geringschätzung und Verachtung des Aufrichtigen, wie sie z. B. das französische Sprichwort zeigt: franchise est la vertu du sot, Offenheit ist die Tugend der Dummen. Man vgl. übrigens unter dem Stichwort „perfid" unsere Stellungnahme gegen Versuche, wortgeschichtliche Erscheinungen als Belastungszeugen gegen den Charakter eines Volkes aufmarschieren zu lassen.

ermöglicht es der deutschen Sprache, einfach und einfältig ganz auseinanderzuhalten, während z. B. im Englischen und im Französischen simple für beide Bedeutungen herhalten muß.

Gemein hat ursprünglich nur die Bedeutung: allgemein, gemeinsam. Wir sagen auch heute noch ohne irgendwelchen üblen Beigeschmack Gemeinsinn, gemeinnützig, gemeinverständlich, gemeines Recht, und auch im militärischen Sinne ist „der Gemeine" nicht etwa ein Schimpfwort. Gemeine Leute waren ursprünglich die Unparteiischen, d. h. die, denen die Streitenden gemeinsam Vertrauen entgegenbrachten. Wenn Luther die katholische Kirche als gemeine Kirche bezeichnete, dachte er nicht im geringsten daran, sie zu schmähen, er übersetzte nur genau das griechische Wort katholisch, das von kata holu = im ganzen, im allgemeinen kommt. Aber zu Luthers Zeiten begann bereits die Verschlechterung des Begriffs gemein. Karl Bergmann bringt diesen Vorgang geistesgeschichtlich mit dem Humanismus in Verbindung. In der Bedeutungsentwertung dieses Wortes spiegle sich der Niedergang des mittelalterlichen Genossenschaftswesens. „Es kam die Gestalt des auf seine Bildung stolzen Gelehrten auf, der sich nicht genossenschaftlich eingeengt fühlte, sondern eine selbständige, freie Persönlichkeit war." Diesen „Individualitäten" mußte der „gemeine" Mensch verächtlich sein, und so mußte auch das Wort gemein allmählich seinen guten Klang einbüßen. Die im 19. Jahrhundert einsetzende große antiindividualistische Bewegung, der Sozialismus, brachte den Begriff „gemein" sprachlich nur durch Abkömmlinge der entsprechenden lateinischen Wurzel (z. B. in den Wörtern Kommün, Kommunismus) wieder zu Ehren. Hildebrand weist darauf hin, daß es vornehmlich die Zeit der Klassiker war, in der der verächtliche Sinn im deutschen Worte gemein die Oberhand gewann. Schiller übernahm gemein im Sinne von niederträchtig von Kant und bildete das Wort in seinem ästhetischen und dichterischen Gebrauch ganz persönlich aus (z. B. „ein gemeiner Kopf wird den edelsten Stoff durch eine gemeine Behandlung verunehren"). Es ist wohl auch kein Zufall, daß Goethe seinen großen Weimarer Genossen als erhaben über das Gemeine bezeichnet.

Ordinär, Ordinärpreis gebraucht der deutsche Buchhändler in seiner Fachsprache für den Ladenpreis, den ordentlichen Preis. Das ist aber auch wohl der einzige Fall im Deutschen, in dem man ordinär ohne üble Bedeutung, im Sinne von ordentlich, regelmäßig noch gebrauchen kann. Kein Angeklagter wünscht vor den ordinären Richter zu gelangen, kein Vater verlangt, daß seine Kinder eine ordinäre Verpflegung bekommen, kein Truppenführer fordert von seinen Leuten ein ordinäres Marschtempo, keine Wirtsfrau wünscht sich einen ordinären Zimmerherrn. Und doch bedeutet ordinaire im Französischen, woher unser Wort entnommen ist, nichts anderes als ordentlich. Früher ist diese ursprüngliche Bedeutung gelegentlich auch im Deutschen noch vorgekommen. So steht bei Goethe ordinäre Post für ordentliche Post, und bei Jeremias Gotthelf findet sich der schweizerische Ausdruck Ordinäri für die Table-d'hôte-Mahlzeit. Auch im Englischen ist die durchaus vorherrschende Bedeutung von ordinary nur „ordentlich", nur in seltenen Fällen entspricht das Wort dem Sinne des deutschen ordinär, z. B. an ordinary fellow = ein ordinärer Kerl. Deutlicher tritt diese Bedeutungsverschlechterung in der amerikanischen Nebenform von ordinary, im Worte ornery auf, z. B. bei Mark Twain: yo' ornery eye tole on you, dein gemeiner Blick hat dich verraten.

Klepper (vom Klappern der Hufe wahrscheinlich) ist noch vor drei Jahrhunderten ohne Geringschätzung für Pferd gebraucht worden, und ebensowenig war ursprünglich ein herabsetzender Sinn verknüpft mit dem Worte Mähre (enthalten in Marschall, althochdeutsch marahscalc = Mährenschalk, d. h. Pferdeknecht).

Pfaffe hat erst seit der Reformationszeit den verächtlichen Sinn angenommen.

Gift verrät seine ursprüngliche Bedeutung „Gabe" noch in der Zusammensetzung Mitgift.

Spießgeselle hatte ursprünglich die Bedeutung: Waffengefährte, Kriegskamerad und verschlechterte sich erst um die Mitte des 18. Jahrhunderts zu: Gefährte im bösen Tun, Komplice.

Dirne hat in süddeutschen Mundarten auch heute noch den ursprünglichen Sinn: Dienerin. Das derbe berlinische Nutte für Prostituierte bedeutet ursprünglich nur ein ärmliches oder halbwüchsiges Mädchen[1]. Mensch im Sinne unmoralisches Frauenzimmer

---

1) „Besonders im Französischen", schreibt Nyrop, „haben die Ausdrücke für junges Mädchen sich in rasender Eile abgelöst: bachele, mescine, touse, garce, fille sind alle nacheinander degradiert worden. Daraus darf man aber sicherlich keinen Schluß auf die Moral der Franzosen ziehen; das einzige, was man daraus schließen könnte, wäre, daß sie Euphemismen in hohem Maße mißbrauchen."

konnte begreiflicherweise den allgemeinen Begriff Mensch nicht außer Kurs setzen und unterscheidet sich von diesem wenigstens durch das sächliche Geschlecht.

Oft ist es der Gebrauch von euphemistischen Umschreibungen, die die Bedeutungsverschlechterung auf dem Gewissen haben. Wenn man einst, um keusche Ohren nicht zu verletzen, das Haus der Prostituierten als Bordell, den Abort als Klosett bezeichnet hat, so haben sich im Laufe der Zeit auch diese Hüll- oder Glimpfwörter selbst diffamiert und wirken nunmehr auch anstößig, obschon Bordell eigentlich nur ein kleines Haus, Klosett eigentlich nur einen geschlossenen Raum bezeichnet.

Über keck (ursprünglich lebhaft) und frech (ursprünglich gierig) vgl. das Stichwort keck, über Bagage (ursprünglich nur Gepäck) und Plunder (ursprünglich nur Kleidung, Hausgerät) das Stichwort Bagage. Unter „Kaffer" vgl. die Bedeutungsverschlechterungen Dörfer-Tölpel, vilain, clown usw. Vgl. auch das Stichwort „Kretin, Idiot" (eigentlich Christ und Privatmann) und „Schimpf" (ursprünglich Scherz, Kurzweil, Spiel).

Wie das Wort Schimpf selbst sind auch viele Schimpfwörter erst spät zu ihrem jetzigen, arg kränkenden Sinn gekommen. So bedeutet Luder ursprünglich nur Lockspeise, Schurke ist eigentlich der Schürende (es ist von althochdeutsch fiurscurgo = Feuerschürer auszugehen, was eine Bezeichnung des Teufels war). Die Tatsache, daß Wörter mit herabsetzendem Sinn in ihrer Vergangenheit oft neutralen, harmlosen oder gar lobenden Charakters waren, wird nicht selten in Ehrenbeleidigungsprozessen ausgenützt. Die Verteidigung zieht dann Sachverständige der Sprachgeschichte und der Mundartenforschung heran, um glaubhaft zu machen, daß der inkriminierte Ausdruck „in Wirklichkeit" gar kein Schimpfwort sei. Als der ehemalige österreichische Erzherzog Leopold Wölfling im Kanton Zürich heiratete und sich dort einbürgern ließ, schimpfte ein kratzbürstiges ländliches Wochenblatt, die Schweizer hätten nun auch Wölflings „Fasel" zu erwarten. Vor die Schranken des Gesichts gefordert, versteifte sich der Redakteur darauf, das mundartliche Fasel bezeichne nicht nur das Junge von der Sau, sondern allgemein die menschliche und tierische Nachkommenschaft. Das Zürcher Schwurgericht ließ sich durch diese auskneifende Verteidigung nicht beirren. Hingegen ging in den ersten Jahren der österreichischen Republik der Mann, der den Sozialistenführer Otto Bauer einen

Schuften hieß, auf Grund einer wortgeschichtlichen Beweisführung, das Wort sei gar nicht ehrverletzend, frei aus. Bei den Wiener Gerichten kommt es gar nicht selten vor, daß die Anwälte zungenfertiger Kleinbürger mit mehr oder minder gelehrtem Aufwand über den beleidigenden oder nichtbeleidigenden Charakter der aus den Tiefen der Mundart oder der Unterweltssprache geschöpften Kraftausdrücke streiten. Und mitunter erfahren dann Kläger und Beklagter zur gleichen Überraschung, daß ein heute verletzend beabsichtigtes und verletzend wirkendes Wort ursprünglich sogar eines rühmenden oder zärtlichen Nebensinnes nicht entbehrte. „Wie nehmen", ruft Jean Paul im Siebenkäs aus, „manche Worte, an sich anfangs unschuldig, ja süß, erst auf dem Lager der Zeit giftige Kräfte an, wie Zucker, der dreißig Jahre im Magazin gelegen."

O. K. (OKEJ)

Der amerikanische Kraftausdruck O. K. (sprich „okej" mit Ton auf der zweiten Silbe) ist erst seit einigen Jahren in Deutschland allgemein bekannt[1]. Er wurde volkstümlich durch den Film „Liebeswalzer", in dem der Schauspieler Willi Fritsch das amerikanische Faktotum eines dekadenten Erzherzogs spielt, und jedesmal, wenn er ausdrücken will: zu Befehl, ich habe verstanden, geht in Ordnung, kurz „okej" sagt. Seither ist die Formel in Mode, sie ist nebenbei auch Ersatz für ältere, ausrangierte Slangausdrücke, wie m. w. (= machen wir) oder für das berlinische „abgemacht Seife" (was angeblich aus französisch c'est fait verballhornt ist). Im Daily Mail vom 25. Januar 1934 prophezeit eine Zuschrift eines Mister Cecil Rawlings, daß sich aus O. K. mit der Zeit to okay = approbieren bilden wird; aber die Prophezeiung kommt zu spät, in Amerika wird okeh schon lange auch als Zeitwort gebraucht: to okeh something = etwas für richtig befinden, indossieren.

Zur Erklärung des merkwürdigen Wortes ist in Deutschland eine Fabel von einem in Amerika lebenden deutschen Ingenieur

---

[1] Mit diesem Modewort okej hat das auf der ersten Silbe betonte berlinische Wort ocke nichts gemein. Ocke — unbekannter Herkunft — bedeutet etwa „aus", „bergab", „schlecht", „mies", gewissermaßen in Gegensatz zu „dufte" und „knorke". „Berlin, Berlin, mit dir ist's ocke", hieß es in der Nachkriegszeit in einem Schlager. Ein Kabarettkomiker erläuterte den Ausdruck: Hab' ich aber keen Verjnüjen — mehr an der Zigarre Züjen — Hab' ich Mauke in die Beine — Und es freu'n mich kene Weine — Und mich reizt kein Frau'ngelocke: — Menschenskind, denn is et „ocke"!

aufgeflattert, dessen Namen die Anfangsbuchstaben O und K habe. Dieser Ingenieur habe die Aufgabe gehabt, in einer Automobilfabrik die fertigen Wagen zu kontrollieren, und die er als tadellos befunden hatte, habe er mit seinen Anfangsbuchstaben gekennzeichnet. Die Käufer sollen draufgekommen sein und solche O.-K.-Wagen bevorzugt haben. Diese Geschichte ist eingestandenermaßen von einem deutschen Journalisten scherzhalber erfunden worden. Ungeachtet des Umstandes, daß O. K. in Amerika schon gesagt wurde, als es noch keine Kraftwagen gab. Brophy und Partridge buchen in ihrem Werk über den Slang der britischen Soldaten im Weltkrieg ein „uckeye" mit der Erläuterung: „= all right, O. K., aus dem Hindostanischen." Im Dezember 1933 veröffentlichte der Daily Mail eine Deutung aus dem Französischen: au quai („auf dem Damm") sollen französische Seeleute erleichtert aufatmend gesagt haben, wenn sie nach schwerer und gefährlicher Fahrt endlich festen Boden unter sich fühlten. Kurz darauf, in der Weihnachtsnummer der gleichen Zeitung, will eine Zuschrift von C. E. Brett von einem amerikanischen Buchdrucker namens O. Kelly wissen, der vor mehr als fünfzig Jahren seine Korrekturabzüge mit O. K. zeichnete.

Das englisch-deutsche Wörterbuch von Muret-Sanders führt O. K. als amerikanische familiäre Abkürzung von „all correct" an. Das ist die verbreitetste Erklärung. Unstrittig ist sie nicht. Ganz geklärt ist die Herkunft des O. K. nicht; auch in Amerika nicht. Der geistvolle und vielseitige Kritiker Mencken, der auch der beste Kenner der in ständiger Wandlung befindlichen amerikanischen Umgangssprache ist, sieht in O. K. einen Ortsnamen. Aux Cayes (sprich französisch o-kej) ist der Namen eines Hafenortes an der Südwestküste Haitis, der den besten Rum, den besten Kaffee und den besten Tabak geliefert hatte. O. K., zunächst eine abgekürzte Herkunftsbezeichnung in der saloppen und nicht sehr orthographiefesten Händlersprache, sei dann schließlich als Qualitätsbezeichnung verwendet worden, also etwa wie bei uns prima oder eins a (Ia) oder ff (feinst).

Es gibt aber auch eine andere ernste Erklärung für O. K. Ursprünglich soll es geheißen haben O. R. und eine Abkürzung für order recorded gewesen sein. Die beiden Buchstaben sollen früher in der Bundesverwaltung der Vereinigten Staaten an den Schluß der Akten gesetzt worden sein und bedeutet haben, daß der Akt registriert sei. 1828 wurde der volkstümliche, aber jähzornige, eigenwillige und nicht überaus gebildete Demokrat Andrew Jackson, genannt Old Hickory, der alte Nußbaum, zum Präsidenten gewählt. Jackson soll die Abkürzung unter den Akten nicht verstanden haben und statt R ein großes K gelesen haben. Er sei also der erste gewesen, der O. K. gesagt hatte, und dies habe man dem Präsidenten nachgesprochen, zunächst aus Spott, um auf seine Unbildung anzuspielen, schließlich habe sich aber die Redensart in dieser verderbten Form erhalten.

Eine andere Geschichte über die Herkunft von O. K. wird von MacKnight verzeichnet. Im Jahre 1840 haben Farmer in einer politischen Demonstration, wo es sich darum handelte, ihre Verläßlichkeit als Anhänger der damaligen Whig-Partei zu bekräftigen, mit mehr Überzeugung als Schulbildung auf ihre Fahne geschrieben: The farmers are oll korrect. Die beiden Rechtschreibefehler, oll statt all und korrect statt correct, sollen dann als Symbol der biederen Ehrlichkeit der Ungebildeten gegolten haben. Ein eifriger Parteigänger der Whigs, ein gewisser Dan Leffel in Springfield, Ohio, soll dann demonstrativ auf sein Haus die Buchstaben O. K. geschrieben haben und daher für das Fortleben des okeh verantwortlich sein.

Woodrow Wilson war übrigens mit keiner dieser Ableitungen zufrieden. Der gelehrte Präsident, bekanntlich sehr wohlgesinnt allem Indianischen, hatte herausgefunden, daß okeh in der Sprache der Tschoktaw-Indianer „so sei es" bedeutet[1] und interpretierte in diesem Sinne das „O. K. — W. W.", das er durch acht Jahre hindurch im Weißen Haus auf jene Akten setzte, die seine Zustimmung fanden.

Die obige Zusammenstellung der Deutungen und Legenden um das O. K. veröffentlichte ich zuerst in einer Berliner Tageszeitung. Die Schriftleitung bekam darauf drei Zuschriften aus dem Leserkreise. Ein Dr. Wolf findet keine der Ableitungen für einleuchtend und hält „demgegenüber eine andere Erklärung — grade um ihres Blödsinnes willen — für ungleich wahrscheinlicher. Jedermann in Anglo-Amerika weiß, was knock out heißt und kürzt es mit k. o. ab. Sollte nicht o. k. durch Umkehrung der Buchstaben den umgekehrten Sinn bezeichnen, also das mit einem anderen Ausdruck nicht treffbare Gegenteil von k. o. bedeuten?" Der zweite

---

[1] In vielen indianischen Sprachen bedeutet übrigens oke: Stück Land. Dieses Wort ist in einigen amerikanischen Ortsnamen enthalten, z. B. in Milwaukee; die Gegend östlich von Providence River heißt Wampanauke (östliches Land); die Halbinsel Accomac hieß früher Acavmauke.

Einsender, F. Goesch, hat von seinem „Vetter in San Francisco" gehört: „Im Unabhängigkeitskriege hat es mit der Verpflegung nicht immer geklappt. Die Soldaten des Bundesheeres waren daher meistens mit ihrem Lose zufrieden, wenn sie Brot hatten. Dieses Brot war mit einem Stempel O. K. gezeichnet, dessen Bedeutung ich allerdings vergessen habe." So habe O. K. die symbolische Bedeutung bekommen: „wir haben Brot, wir sind zufrieden." Der dritte Einsender, Hans Remah, berichtet, er habe vor 25 Jahren wiedererzählen gehört, O. K. komme von Old Kentucky Rye, einem bekannten und viel getrunkenen Schnaps, dessen Hersteller sehr unter Nachahmungen zu leiden hatten . . . Die Üppigkeit der Legendenbildung um diese beiden Buchstaben ist jedenfalls achtunggebietend.

OMNIBUS

Die Einrichtung des Fiakers (vgl. das Stichwort Kutsche, S. 236), des Mietwagens für Fahrten innerhalb der Stadt wurde in Paris 1650 erfunden. Es handelte sich dabei darum, daß der mietende Passagier die zurückzulegende Strecke bestimmte und den Wagen für sich und seine etwaigen Begleiter allein hatte. Unbekannt war noch die postartige Einrichtung, daß nämlich ein Wagen für eine bestimmte, im voraus festgelegte Strecke innerhalb einer Stadt Plätze vermietete, wie es im Überlandverkehr schon lange üblich war. Im Jahr 1662 ließ die großstädtische Entwicklung von Paris den Gedanken einer solchen Einrichtung aufkommen. Ein eigener Ausschuß, dem neben angesehenen Aristokraten u. a. auch der große Mathematiker und Theologe Blaise Pascal angehörte, beschäftigte sich mit der Gründung dieser Einrichtung, und am 18. März 1662 wurden die ersten Pariser Stellwagen in den Dienst gestellt. Obschon die Fahrpreise verhältnismäßig niedrig waren (man nannte diese Stellwagen carosses à cinq sous, Fünf-Sou-Karossen), konnte sich die neue Einrichtung nicht lange halten, und erst etwa anderthalb Jahrhunderte später setzte sich die neu aufgenommene Einrichtung in Paris durch. Diesmal kamen Sache und Namen aus Nantes nach Paris. Ein dort lebender abgedankter napoleonischer Offizier namens Baudry, Eigentümer einer Badeanstalt im nahen Richebourg, richtete im Jahre 1825 zur Bequemlichkeit der Badebesucher und zur Hebung der Frequenz einen regelmäßigen Stellwagenverkehr zwischen Nantes und Richebourg ein. Diese Wagen waren zunächst mit der Aufschrift „Voitures de Bains de Richebourg" versehen. Ihr Ausgangspunkt in Nantes war vor dem Laden eines Gewürzkrämers, der Omnès hieß. Entweder war Monsieur Omnès selbst des Lateinischen soweit kundig, oder hatte ihn jemand darauf aufmerksam gemacht, daß omnes lateinisch „alle" bedeutet, jedenfalls hing über der Ladentür ein Schild mit der Aufschrift: OMNES OMNIBUS, was man beliebig als einen Wahlspruch „Alle für alle" auffassen konnte, oder als kaufmännische Ankündigung, der Laden des Herrn Omnès führe alle Waren für alle Käufer. Vom Laden übertrug sich der Namen Omnibus auf die vor ihm abfahrenden Stellwagen[1], wobei es nicht mehr festzustellen ist, ob der Unternehmer Baudry selbst sich die Bezeichnung aneignete, um anzudeuten, daß seine Fahrzeuge für jedermann zugänglich sind, oder ob das Publikum die Taufe vollzog. Jedenfalls gelangte das Wort Omnibus zwei Jahre später schon als feststehender Begriff nach Paris. Im Juli 1829 gab es dann in London die ersten Omnibusse (eingeführt von einem Mr. Shillibeers), in Berlin wurden sie nach langen Vorbereitungen 1836 eingeführt.

Das sprachlich Bemerkenswerte am Worte Omnibus ist, daß sich der Sprachgebrauch über den Umstand, daß omnibus ein Dativ ist, der Dativ der Mehrzahl von lateinisch omnis, einfach hinwegsetzt, daß die Dativform Omnibus zu einem Hauptwort erstarrt ist und wie ein Nominativ verwendet wird. Wir haben daher die deutsche Mehrzahl Omnibusse, und in älteren englischen Büchern kommt sogar die scheinbar lateinische Mehrzahlform omnibi[2] vor, als ob omnibus ein männliches Hauptwort der zweiten lateinischen Konjugation wäre.

Sowohl in der englischen als in der französischen Umgangssprache hat Omnibus als volkstümliches Wort manche Wurzeln geschlagen. Omnibus heißt in England ein aus verschiedenen Beiträgen zusammengestelltes Buch, ein Sammelband, ferner ein Aushilfskellner (man denke an unser Mädchen „für alles") und auch eine große Loge im Theater, d. h. eine Loge für jedermann („Fremdenloge"). Omnibus-train ist ein Bummelzug, d. h. einer, der „für alle"

---

[1] Auch das Wort Fiaker (s. bei „Kutsche" S. 236) kommt vom Namen eines Hauses, vor dem die Fahrzeuge Aufstellung nahmen. Man vgl. auch unter dem Stichwort Vauxhall die Herkunft von russisch wagsal = Bahnhof aus dem Namen einer bestimmten Örtlichkeit.

[2] Eine gelegentlich vorkommende scherzhafte deutsche Mehrzahl ist: Omnibiester.

Stationen Passagiere mitnimmt, omnibus-wire die elektrische Hauptleitung, d. h. der Kabel für alle Anschlüsse. Train omnibus haben auch die Franzosen, daneben auch bateau omnibus für ein überall anhaltendes Schiff. Reichlich sind die Anwendungen von omnibus im Pariser Argot[1]. Nicht nur für festliche Anlässe aufgenommene Aushilfskellner heißen in Paris omnibus, auch die Prostituierten, weil sie eben „für alle" sind; man nennt sie auch beautés omnibus, Omnibusschönheiten. Omnibus heißt in Paris auch ein erwerbsloser Pflastertreter. In der Sprache der Apachen bedeutet attendre l'omnibus, den Omnibus erwarten: darauf warten, daß jemand einem Wein ins Glas schenke. Omnibus heißen im Pariserischen auch die Weinreste, die im Wirtshaus auf den Schanktisch fließen, aufgefangen, gesammelt und zu besonders niedrigen Preisen verkauft werden. Auch die aus den Gläsern der Gäste gesammelten Weinreste heißen omnibus. Viel verwendet wird im Pariser Argot omnibus renversée (verkehrter Omnibus) für eine Art des Geschlechtsverkehrs. Omnibus de coni heißt der Leichenwagen, omnibus à pègres (übrigens auch panier à salade, Salatkorb) der Polizeiwagen für Gefangene („die grüne Minna").

In England — wo die Neigung zur Wortstutzung (z. B. cab aus cabriolet, van aus avantgarde) besonders stark ist — erfuhr das Wort omnibus seine Kürzung zu bus. Bei Verdrängung der Pferdeomnibusse durch Autoomnibusse bürgerte sich die Bezeichnung Autobus ein. In Berlin kannte man die scherzhaften Bildungen Pferdebus (so z. B. in dem berühmten Tanzlied der Vorkriegszeit, dem „Rixdorfer") und Schaukelbus. Das Schweizerische Idiotikon verzeichnet, besonders aus Zürich und Bern, eine Reihe von scherzhaften Synonymen für Omnibus: Rollibus, Ronimus, Monnibus, Rummlibus, Rumpelibus. In Wien nennt eine Firma ihre großen Wagen für Gesellschaftsreisen Austrobusse. Die Silbe Bus wird in all diesen Fällen so behandelt, wie wenn sie ein sinnvolles Hauptwort wäre, obschon sie eigentlich nicht einmal die Verstümmelung eines Hauptwortes darstellt, nur die Verstümmelung der lateinischen Deklinationsendung -ibus.

So wie Omnibus findet auch das neuere Wort Autobus reichlich Verwendung in der niederen Umgangssprache. Wir erwähnen nur

---

[1] Den Omnibus selbst nannte man im Pariser Argot der Vorkriegszeit auch aïe-aïe (nach dem Ermunterungsruf der Kutscher an die Pferde) und omnicroche (zu accrocher, Aneinanderfahren von Fuhrwerken).

zwei Beispiele aus der Schützengrabensprache der französischen Soldaten im Weltkrieg. Autobus nannten die Poilus große Geschosse der deutschen Artillerie, weil sie beim Eintreffen an ihrem Bestimmungsort einen großen Krach machten, wie ein plötzlich haltender Autobus; zu dieser Bedeutung von autobus trägt natürlich auch bei der Anklang an obus = Artilleriegeschoß (aus deutsch Haubitze, das zur Zeit der Hussitenkriege aus tschechisch houfnice = Steinschleuder entstanden ist). Auch das Fleisch nannten die französischen Truppen autobus. Sainéan meint, darum, weil das Fleisch in großen Kraftwagen zu den Truppen im Felde gebracht wurde. Plausibler erscheint die Annahme von Esnault, daß in dieser Bezeichnung eine Anspielung auf die Zähigkeit des Fleisches liegt, über die die Truppen sich oft zu beklagen hatten. Gemeint wäre mit der Bezeichnung Autobus, daß das Fleisch so hart sei wie die Gummireifen der Autobusse. Für diese Auffassung spricht, daß die Soldaten das Fleisch auch michelin (nach einer bekannten Firma für Bereifungen), élastique und bifteck de bicyclette nannten.

PAPPE, PAPPENSTIEL

Pappe bedeutet eigentlich Brei, Kinderspeise und ist offenbar ein die Eßbewegung verlautlichendes Lallwort der Kindersprache. (Vgl. lateinisch pappare = essen, im Wienerischen papperln, ein Papperl machen, ferner aufpäppeln = füttern, ein Kind aufziehen.) Auch der zum Kleben verwendete Mehlkleister heißt in oberdeutschen Mundarten „der Papp", und daraus entsteht „die Pappe" der Buchbinder oder als Bezeichnung des Packmaterials, weil diese dicken Deckel früher, als sie noch im Handbetrieb hergestellt wurden, aus mehreren durch Pappschichten, d. h. Kleisterschichten, verbundenen Papierlagen bestanden.

Die Redensart das ist nicht aus Pappe ist entweder so zu verstehen: das ist nichts Zartes für Kinder, sondern etwas Kräftigeres; oder: das ist nicht aus Pappendeckel, sondern aus festerem und teurerem Material.

Der Ausdruck Pappenstiel zur Bezeichnung von etwas Wertlosem hat aber mit Pappe = Brei = Pappendeckel nichts zu tun. Pappenstiel bedeutet den Stiel des Löwenzahns (Leontodon taraxacum). Diese Blume, die im Volksmund viele Namen hat[1], hieß

---

[1] Aus dem im „Wortschatz" von F. Dornseiff angeführten 120 Synonymen für den „gemeinen Löwenzahn" führen wir an: Hundeblume, Teufelsblume,

früher auch Papenblume (mittelniederdeutsch papenblome). Diesen Blumennamen deutet Wasserzieher wie folgt: Pape ist die plattdeutsche Form von Pfaffe, das früher ohne üblen Nebensinn den Geistlichen bedeutete (von spätgriechisch papas, woher auch Papst); der Löwenzahn habe also eigentlich Pfaffenblume geheißen (warum?). Besser begründet ist die Ableitung von Papenblume aus lateinisch pappus = Samenkrone. Die kugelförmige Samenkrone des Löwenzahns ist jedenfalls eine auffällige Erscheinung („Männertreue" heißt sie auch, weil man sie mit einem Hauch zerstören kann) und geeignet, bei der volkstümlichen Benennung der Pflanze berücksichtigt zu werden. Der hohle Stiel des sehr häufigen Löwenzahns dient bekanntlich, obschon er sehr leicht bricht, den Kindern zu allerlei Spielereien, z. B. zum Kettenflechten, und was nicht einmal einen Pappenstiel wert ist, muß offenbar sogar weniger Wert haben als das, was keinen Pfifferling (= Eierschwamm) wert ist.

Die Form Pappenstiel statt Pappenblumenstiel ist eine sogenannte

elliptische Zusammensetzung

oder Klammerform (nach dem Vorschlage von J. Miedel: Schrumpf- oder Schwundnamen). Das Schema solcher Zusammensetzungen ist meistens AB + C ergibt nicht ABC, sondern AC, z. B. Ölzweig statt Ölbaum-zweig, Nadelwald statt Nadelholzwald, Palmöl statt Palmkern-öl, Drachensaat statt Drachenzahnsaat, Bierdeckel statt Bierkrug-deckel, Stellmacher statt Stellwagenmacher, Weißbäcker statt Weißbrot-bäcker; in Thüringen kornblau und Schnitthändler statt kornblumen-blau (denn das Korn ist doch nicht blau) und Schnittwaren-händler.

Seltener sind jene Fälle, wo die Zusammensetzung von A + BC zu AC führt, wie z. B. Haupthahn statt Haupt-gashahn oder Hauptwasserhahn.

Saubleaml (bayrisch-österreichisch), Saustock (Böhmerwald), Schmalzblume (Egerland, Schweiz), Maiblume (bayrisch-österreichisch: Maibuschen), Märzblume (schweizerisch: Merzestock), Kettenblume (Eifel: Kettenbleich, Schweiz: Chettenestöck), Milchdistel (Oberhessen), Bettpisser (Hessen), Bettebrunzkraut (Baden), Bettbrunzersalat (Elsaß), Seichkraut (schwäbisch: Seicherin), Pustblume (plattdeutsch), Franzosesalat (schweizerisch), Bißaugli, Bißaugi (Baden, Elsaß), Pfaffebusch (Oberhessen), Pampelblume (Schlesien), Bombeilen (Thüringen) usw.

Auch Ortsnamen zeigen häufig den elliptischen Vorgang: wie z. B. Salzburg aus Salzach-burg, Feldsee aus Feldberg-see. Aus Zugwald-spitze (Zugwald = Wald, der im Zug der Lawinen liegt) wurde der Namen Zugspitze.

Die Bezeichnung Klammerform könnte übrigens auch für einen anderen Typus der Zusammensetzung gelten, für jenen, wo A B und A (z. B. Wasserleitungs-wasser, Warenhaus-waren) oder A und B A (z. B. Geld-entgelt) zusammengeraten. Nicht sehr glücklich bezeichnet R. M. Meyer solche Zusammensetzungen als „Inselworte" (mit der Begründung: weil ein Wort von einem anderen, wie von zwei Armen desselben Flusses, eingeschlossen wird).

PATHOS, PATHETISCH

Aus griechisch pathos = Leiden, Leidenschaft und lateinisch pati = leiden entwickelt sich eine vielköpfige Fremdwortfamilie: Pathos, pathetisch, Pathologie, apathisch, Allopathie, Homöopathie, Sympathie[1], sympathisch, sympathisieren, simpathetisch, Antipathie, Patient, Patience, passiv, Passivität usw.

Hier wollen wir uns nur mit der Frage der Ersetzbarkeit der beiden Fremdwörter Pathos und pathetisch beschäftigen. Eduard Engel, der Fremdworttöter, ist sehr aufgebracht gegen Pathos, das „Schwammwort der Ästheten für alles Mögliche". Aber mit Leiden und Leidenschaft ist Pathos nur in wenigen Fällen ausreichend zu ersetzen. Man beachte z. B., wie Reinhold Biese in einem Aufsatz von Kuno Fischer (über Wallensteins Lager), das dort mehrmals vorkommende Wort Pathos versuchsweise durch deutsche Wörter ersetzt. Die komische Wirkung, schreibt Fischer, geht aus dem naiven Pathos hervor, und Biese verbessert: aus der naiven Äußerung des Selbstgefühls. (Aber warum verdeutscht er nicht auch „naiv"?) Statt Soldatenart und ihr Pathos: ihre Ruhmredigkeit. Statt des Pathos ihrer Leidenschaft will Biese den Stachel ihres Herzens, statt des Pathos des Herzens den Trieb ihres Herzens, und der niedere Pathos eines Wesens wird bei ihm zur niederen Tonart.

Gegen den Vorschlag, Pathos mit Leiden oder Leidenschaft zu ersetzen, wendet sich Moszkowski. Im Pathos lebe nämlich auch eine Gehabenheit, Getragenheit, die nur dem Grade nach mit der

---

[1] Dem griechischen sym-pathe entspricht in der mittellateinischen Kirchensprache compassio, ebenfalls wörtlich Mit-leid; aus gleichbedeutenden Teilen setzt sich auch kon-dol-ieren zusammen.

Leidenschaft verglichen wird, ohne selbst Leidenschaft zu werden. „In der feinsten Blüte des Pathos wallet sogar die Ruhe. Beethovens Sonate pathétique liefert hiefür ein tönendes Beispiel und nicht minder Nietzsches mit Recht so berühmtes Pathos der Distanz, das doch wohl andere Gefühle auslöst als die bierbanklichen Nörgeleien, die den wundervollen Ausdruck verfolgen." Man unterstelle für „Pathos der Distanz" die „Leidenschaft des Abstandes" oder den „Schwung der Entfernung", und man fühlt statt der Erhabenheit eine leichte Komik und dazu eine innere Verdrehung des Begriffs. „Sarazin nennt in seinem vortrefflichen Buche u. a. Würde, Gewicht, Erhabenheit, Glut, Schwung; was dazwischen liegt, nennt er nicht, kann er nicht geben, eben weil es dazwischenliegt."

Das Pathetische ist nach Schiller („Über das Erhabene") ein „künstliches Unglück", es setzt uns „in unmittelbaren Verkehr mit dem Geistergesetz, das in unserem Busen gebietet", es ist „eine Inokulation des unvermeidlichen Schicksals, wodurch es seiner Bösartigkeit beraubt und der Angriff desselben auf die starke Seite des Menschen hingeleitet wird". Zum Worte „pathetisch" ist aber heute vor allem zu bemerken, daß es im deutschen Gebrauch einen Beigeschmack angenommen hat, der ihm in anderen Sprachen nicht eigen ist, daß es aber andererseits Nuancen anderer Sprachen vermissen läßt. Die Abweichungen des Deutschen, Französischen und Englischen im Gebrauche von pathetisch werden von Wilhelm Eitzen, einem Spezialisten im Irrgarten solcher Fragen, treffend dargestellt. Der Franzose meint mit seinem pathétique meist noch den echten Sinn: ergreifend, der Engländer mit pathetic aber sehr oft etwas anderes, nämlich entweder sentimental, gefühlvoll oder (durch Hilflosigkeit, Schwäche oder Unzulänglichkeit) rührend, mitleiderregend, beklagenswert, jammervoll, ja selbst erbärmlich, kläglich, und das geht über den französischen und deutschen Sprachgebrauch entschieden hinaus. Wir können zwar, meint Eitzen, das Wort gleichfalls wohl noch für leidenschaftlich und ergreifend verwenden (für feierlich schon weniger), im täglichen Leben sind wir aber geneigt, das Wort für rührselig, theatralisch, bombastisch, pomphaft, schwülstig zu nehmen. Unter einem pathetischen Anblick können wir noch einen Anblick verstehen, der pathetisch wirkt, also einen ergreifenden; wird aber das Wort von einer Person gebraucht, so beziehen wir es auf ihre Handlungen oder ihr Verhalten. In der deutschen Übersetzung eines Sherlock-Holmes-Romans ist einmal von einem alten, gebrochenen, pathetischen Manne die Rede, in der Übersetzung eines Buches von Edgar Wallace vom pathetischen Lächeln des Opfers. In beiden Fällen war es falsch, das englische pathetic deutsch mit pathetisch wiederzugeben, denn es war von einem hilflosen, kläglichen Alten und einem hilflosen, kläglichen Lächeln die Rede.

PERFID, PERFIDES ALBION

Perfid hat die deutsche Sprache im 18. Jahrhundert der französischen entnommen. Das Wort geht auf das lateinische perfidus zurück (zu fides = Treue). Perfidie, definiert der Seelenkenner La Bruyère, ist eine Lüge, an der die ganze Persönlichkeit beteiligt ist. „Der feine welsche Klang", bemerkt der Philologe Gildemeister, „erweckt dem deutschen Ohr die Vorstellung einer besonders raffinierten, weltmännischen, treulosen Heimtücke." Gelegentlich — z. B. in Beethovens Fidelio — wird das Fremdwort perfid mit „abscheulich" übersetzt. Im allgemeinen gilt perfid als unersetzbares Fremdwort. Man müßte auf die besondere Färbung des Begriffs verzichten, wollte man perfid stets durch treulos, gemein u. dgl. ersetzen. Schon Goethe bemerkte, daß gegen perfid unser armseliges „treulos" ein unschuldiges Kind sei[1], daß im Wort perfid für unser Gefühl alles enthalten sei, wovon man in den deutschen Synonymen treulos, tückisch, verräterisch nichts findet. In Wilhelm Meisters Lehrjahren sagt Aurelie, sie „finde, Gott sei Dank, kein deutsches Wort, um perfid in seinem ganzen Umfang auszudrücken"; perfid, beschreibt sie, „ist treulos mit Genuß, mit Übermut und Schadenfreude". Und sie fügt hinzu: „Oh, die Ausbildung einer Nation ist zu beneiden, die so feine Schattierungen in einem Worte auszudrücken weiß."

Diese Goethestelle hat seither manchen Autor bewogen, sich über die offenbar unersetzliche Tiefenwirkung dieses Eigenschaftswortes Rechenschaft zu geben. So meint z. B. Alexander Moszkowski, Goethe habe mit dem Gebrauch des Wortes perfid noch eine besondere Schattierung, eine ganz feine, nur dem Akzent erreichbare treffen wollen. „Es war direkt eine Forderung des innern Ohres, das hier einen Jambus mit schneidendem, pfeifendem Anlaut wünschte ... einen Ausdruck ‚kurz-lang', der wie ein

---

[1] Dazu Andresen: „Richtig und fein bemerkt: das deutsche Wort (treulos) enthält einen negativen, das französische (perfid) einen positiven Begriff."

Peitschenknall durch die Luft fährt; der nicht nur ausdrückt, was gemeint ist, sondern als Durchzieher auf dem Objekt eine Striemenspur hinterläßt ... Und man darf es als ausgemacht hinnehmen, daß die Bezeichnung ‚perfides Albion' niemals geflügelt geworden wäre, wenn es nicht im schrillen Grundwort perfid den besonderen Luftschwung gefunden hätte." Ein anderer („einer der neunklugen Verteidiger jedes Welschwortes gegen jedes deutsche", wie ihn Eduard Engel, der unerbittlichste der Sprachhüter, kennzeichnet) wollte in perfid das Zischen der Schlange hören. Aber auch diese Sonderheit macht Eduard Engel dem Fremdwort streitig: „aus hinterlistig zischt die Schlange viel deutlicher, aber das vertaubte Welscherohr vernimmt das nicht." Noch anderes weiß der Fremdwortwürger für „hinterlistig" in die Waagschale zu werfen: „Sehen kann niemand etwas bei perfide; wieviel hingegen bei hinterlistig; den von hinten heranschleichenden listigen, gewissenlosen Schurken." Im übrigen meint Engel, jenes Beneiden der französischen Sprache um den Ausdruck perfid sei vom Dichter als Augenblickseinfall in den Mund Aureliens gelegt und nicht seine eigene Meinung, wie wäre denn sonst zu erklären, daß Goethe selbst an keiner sonstigen Stelle seiner Werke und seiner Briefe dieses welsche Wort benützt. Der Bedarf nach dieser „Nuance" sei nur aus der Übertragung französischen Denkens entstanden; „wer niemals das Französische gelernt hat, also perfide gar nicht kennt, der verfällt überhaupt nicht darauf, daß er dieses Wort notwendig brauche. Der Deutsche empfindet doch wahrlich die Hinterlist eines treulosen Schurken nicht lauer als der Franzose; also wird sein Ausdruck, der für alles Gemeine von jeher zornig-kraftvoll genug war, hinreichen, die Verräterei so scharf zu geißeln wie irgendein französisches Wort". Verteidigt Engel die deutsche Sprache gegen die Möglichkeit eines Verdachtes, sie sei nicht scharf genug in der sprachlichen Ächtung der schurkischen Treulosigkeit, so wollen andere — man beachte bereits Aureliens „Gott sei Dank" — einen Vorzug des Deutschen darin erblicken, daß es kein eigenes Wort zur Bezeichnung der Perfidie hat. Das Fehlen des besonderen Wortes beruhe nicht auf mangelnder Verurteilung dieser gemeinsten Treulosigkeit, sondern auf dem Fehlen der Perfidie selbst im deutschen Leben, im deutschen Charakter. Die ganze Müßigkeit solcher oberflächlicher Versuche, aus Abweichungen im Wortschatz grob verallgemeinernde volkspsychologische Folgerungen zu ziehen, die würdelose Müßigkeit solch grotesker Diskussionen wird deutlich, wenn wir ihren Kern in eine konkrete Fragestellung pressen: welches Volk neigt mehr zur Perfidie, jenes, das zu ihrer Bezeichnung ein scharfes Wort hat, oder jenes, das nicht einmal ein Wort dafür hat? Es ist eine Frage, die parteiisch beliebig zu beantworten ist, und die Antwort wird stets ein Unsinn sein, eine Trainingsaufgabe für angehende Rabulisten.

Jedenfalls bestätigen auch solche Tüfteleien, daß perfid durch heimtückisch, treulos, hinterlistig nicht zur Gänze wiedergegeben wird. Aber nicht nur durch den Streit darüber, ob und warum man perfid mit einem deutschen Worte nicht wiedergeben kann, offenbart dieser Ausdruck seine von politischen Affekten getönte Eigenart, sie äußert sich auch in dem Umstand, daß dieses Wort zum Aufbau eines zeitweilig vielverwendeten internationalen politischen Schlagwortes herangezogen worden ist. Das Schlagwort vom perfiden Albion ist in Paris während der großen Revolution, 1793, volkstümlich geworden, aus der Enttäuschung der Franzosen über den Anschluß Englands an die frankreichfeindlichen kontinentalen Großmächte. In der Presse der französischen Revolution tauchte das Schlagwort auch in Abwandlungen auf, wie perfidie anglaise, île perfide (perfide Insel) usw. Attaquons dans ses eaux la perfide Albion, greifen wir in seinen Gewässern das perfide Albion an, heißt es 1793 in einem revolutionären Gedicht des Marquis de Ximenès. Tremble, Albion perfide, zittere, perfides Albion, ruft Henri Simon 1809 anläßlich der tödlichen Verwundung des Herzogs von Montebello (in der Schlacht von Eßling) in einer Ode aus. Neu belebt wurde das Schlagwort 1840 in Frankreich aus Empörung über den am 15. Juli von England mit Rußland, Österreich und Preußen abgeschlossenen Vertrag zur Unterstützung des Sultans gegen den ägyptischen Aufstand. „Mit Ausnahme der Legitimisten, die ihr Heil vom Auslande erwarten", berichtete damals Heine in einem seiner Pariser Feuilletons, „versammeln sich alle Franzosen um die dreifarbige Fahne und Krieg mit dem ‚perfiden Albion' ist ihre gemeinsame Parole." Im selben Jahre gebraucht Balzac (der übrigens gelegentlich auch das metternichische Österreich la perfide Autriche nennt) die Wendung macchiavélique Albion. Während des Weltkrieges ist das Schlagwort vom perfiden Albion bei den Mittelmächten stark in Schwung gekommen.

Übrigens ist der gegen England gerichtete Vorwurf der Perfidie, wenngleich erst in der französischen Revolution zum allgemeinen Schlagwort erhoben, viel älter. Den Engländern ist von den Franzosen schon seit vielen Jahrhunderten immer wieder Falschheit vorgeworfen worden. „Perfida gens britonum" — die Stelle, die man in Muratoris Sammlung „Scriptores rerum italicorum" (Chronik von Este) findet — bezieht sich allerdings auf die Einwohner der Bretagne, nicht auf die Engländer. Aber es gibt einen richtigen Beleg vom Anfang des 13. Jahrhunderts: in der lateinisch geschriebenen Chronik des Otto von St. Blasien wird dem König Richard Löwenherz anglica perfidia vorgehalten. Um die Mitte des 16. Jahrhunderts bezeichnete der große Dichter, Philosoph und Naturforscher Julius Caesar Scaliger in seinen „Poetices libri" die Angli als „perfidi, inflati, stolidi" (treulos, aufgeblasen, dummdreist). Im Jahre 1655 sprach einmal der berühmte Kanzelredner Bossuet in einer Metzer Predigt vom „perfide Angleterre". Auch bei Madame de Sévigné lesen wir: ce perfide royaume.

Als Vorbild des Schlagwortes von der britischen Perfidie kann wohl eine stehende Redensart des römischen Schrifttums gelten. Die Karthager galten in den Augen der Römer als besonders treulos, und darum hieß es: fides punica, punische Treue. Cicero münzte das Schlagwort auf die Griechen um. Wenn die Römer gegen Barzahlung kauften oder verkauften, nannten sie es scherzend: graeca fide mercari, mit griechischem Kredit handeln.

PFUI

Unter den Hypothesen über die Entstehung der Sprache gibt es drei, die man gewöhnlich zusammen anzuführen und mit den Spitzmarken Aha-Theorie, Wauwau-Theorie und Klingklang-Theorie zu kennzeichnen pflegte. Die Aha-Theorie besagt, die Sprache habe sich aus Empfindungslauten, aus Interjektionen (wie Ah, Oh, Au) entwickelt, die Wauwau-Theorie sieht in der Schallnachahmung das wichtigste Moment der Wortentstehung (wie z. B. beim Entstehen der Hauptwörter Glocke, Kuckuck), die Klingklang-Theorie, wohl die sonderbarste, will in der Sprache nichts anderes sehen als den Schall, den der Mensch bei Berührung mit der Außenwelt von sich gibt, weil ja doch alle Körper, wenn sie in Bewegung gesetzt werden, Schall erregen.

Es ist keiner dieser Lehren auch nur halbwegs möglich, alle Erscheinungen der Sprache ihrem Gesichtspunkt unterzuordnen, und es ist der kritischen Wissenschaft nicht vergönnt, heute mindestens noch nicht, derartige einfache Aussagen über die Entstehung der menschlichen Sprache machen zu können. Die Hypothese, die von den Interjektionen ausgeht, hat in vielen Fällen jedenfalls für sich, daß man sie in Beziehung setzen kann mit der biologischen Betrachtung der Gebärden. So können wir z. B. die sprachliche Deutung des Ausrufes Ah! auf das biologische Gebiet abschieben, indem wir die Frage aufwerfen, warum wir denn beim Überraschtwerden, beim Staunen „Maulaffen (= Maul offen) feilhalten", d. h. den Mund zu jener staunenden und gleichsam empfangsbereiten Mundgebärdenform öffnen, die der Mundbildung beim A-Laut entspricht.

Durchsichtig ist der Sinn der Lautgebärde bei dem Ausruf Pfui. Man könnte zwar diese Interjektion auch im Sinne der Klingklang-These deuten, — Pfuj sei der Schall, den der menschliche Körper von sich gibt, wenn etwas Übelriechendes oder -schmeckendes in den Bereich seiner Sinne gerät, — es ist aber doch zwangloser, diesen Ausruf als Begleiterscheinung einer nützlichen Gebärde aufzufassen. Er ist eine Abwehr gegen etwas, das unserem Geschmacks- oder Geruchssinn mißfällt. Wenn etwas Übelriechendes oder Übelschmeckendes vor unsere Nase oder in unseren Mund gerät, trachten wir es auszuspucken oder wegzuschnauben. Dabei vollziehen Lippen und Nase eine Gebärde, mit der sie sich auch von den Resten des Unangenehmen zu befreien suchen. Wir brauchen nicht anzunehmen, daß das griechische phy, das lateinische fu, das französische fi[1], das englische fie, das holländische foei, das deutsche pfui (mittelhochdeutsch auch fi) sprachlich in dem Sinne untereinander verwandt sind, daß Wirkung von Sprache zu Sprache ausging. Es liegt wohl in allen Fällen die natürliche Sprachform für die zum Ausspucken, Wegpusten oder Wegschnauben[2] drängende Abscheu vor, für die Abwehr des Übelriechenden oder Übelschmeckenden. Auf dieser naturgegebenen Lautgebärde bauen sich wohl auch einerseits Wortformen wie pusten, Puste auf, andererseits jene indogermanische Wortsippe zu altindisch puj = verwesen, zu welcher sowohl griechisch pythein, lateinisch putere,

---

1) Um 1600 herum wurden die Pariser Grubenräumer (vidangeurs) amtlich les Maîtres Fi-Fi genannt.

2) Zur Natürlichkeit der Lautform vgl. in der nichtindogermanischen ungarischen Sprache das Zeitwort fuj = er bläst.

französisch puer = stinken, als die deutschen Wörter „faul" und „Pustel" gehören[1].

Den Lautgebärden ergeht es wie den Gebärden überhaupt. Sie sind nur mehr Überreste, gleichsam Symbole einst nützlicher Handlungen. Wenn wir plötzlich erschrecken, ziehen wir den Kopf ein wenig zwischen den Schultern ein, obschon diese Bewegung längst nicht mehr der Ansatz zu einem Sprung ist. Auch den Interjektionen kommt vielfach nur mehr ein abgeschwächter Charakter zu, abgeschwächt selbst in symbolischer Hinsicht. Wir sagen auch ohne den Affekt des körperlichen Abscheus Pfui, wenn wir beim Spiel die Karten, die wir in die Hand bekommen, pessimistisch beurteilen, wenn wir den Hund ermahnen, nicht zu knurren, und in Hunderten anderen Fällen, ohne daß auch nur im Geringsten jener Grad von Ekel vorläge, dem doch das ursprüngliche Verhalten der Nase und der Lippen bei der Lautgebärde Pfui entspricht. Nichtsdestoweniger ist der Zusammenhang zwischen der Bedeutung von Pfui und seinen Nebenformen einerseits und dem organischen Ekel andererseits nicht ganz getilgt. Man denke nicht nur an Dichterstellen, wie „Puh! wie stank der alte Mist" (Bürger), sondern auch daran, daß jener ursprüngliche stark ablehnende Sinn bei aller Abschwächung im Hauptton in den Nebentönen doch stets mitschwingt und unter Umständen gut herausgehört werden kann. Bei einer Gelegenheit als neckische, fast zärtliche Interjektion empfunden („Pfui, Sie Schlimmer![2]"), kann das Wort Pfui das andere Mal als grobe Beleidigung einen empören. So empfand z. B. Fürst Bismarck diese

---

[1] Kleinpaul vermutet eine Beziehung zu jener indogermanischen Wortsippe, die zu „Feind" (althochdeutsch fiant) gehört. Das dazugehörige Zeitwort ist althochdeutsch fien, gotisch fijan = hassen (gotisch faian = tadeln), altindisch piyati = er schmäht. Das Anpfuien wäre also ein Ausdruck der Ablehnung, des Hasses, wobei das Ausspeien die feindselige Kundgebung vollendet.

[2] Ich weiß von einem jungen Ehepaar, das sich für die Bezeichnung der ehelichen Intimitäten den Ausdruck Pfuimacherei zurechtgelegt und ihn auch in Freundes- und Verwandtenkreisen durchgesetzt hat. Im Briefwechsel zwischen Goethe und seiner Frau wird die Schwangerschaft wiederholt als Pfuiteufelchen bezeichnet. Weitverbreitet ist auch der Gebrauch des Ausrufes pfui, wie gut, besonders von weiblichen Personen gebraucht, z. B. nach einer Anhörung einer Zote. Hier findet im Ausruf das nicht verheimlichbare Behagen einerseits und andererseits die konventionelle Forderung nach Ablehnung und Entsetzen zu gleicher Zeit Vertretung, wie etwa in gewissen, psychoanalytisch aufgeklärten neurotischen Symptomen das Verdrängte und die verdrängende Instanz.

Interjektion, vermutlich weil sie bei ihm assoziativ irgendwie als der Vorwurf des üblen Geruchs in dem Bedeutungsvordergrund stand, als besonders beleidigend. Am 18. Mai 1889 sagte er im Reichstag gegen einen Pfui-Ruf aus den Reihen der deutsch-freisinnigen Partei: „Wer mir zuruft Pfui, den nenne ich unverschämt ... ich lasse mir dergleichen nicht sagen."

Aus Pfui ist im Deutschen auch ein Zeitwort gebildet: einen anpfujen. Das plattdeutsche Schimpfwort Fudikan ist nichts anderes als der zu einem Wort erstarrte Satz: (ich) pfuj dich an!

Sonderbar sind die schweizerischen Ausdrücke Pfuchähni, Pfuipfuchähni, d. h. wörtlich Pfuistinkurgroßvater. Sie beruhen auf der uralten, trotz der Verdrängung durch die Pietätsgebote der Zivilisation doch durchschimmernden Verachtung der nicht mehr arbeitsfähigen, also nutzlosen alten Leute, die sich in der indogermanischen Vorzeit sogar in der Tötung der Greise äußerte. Übrigens ist bei jenen schweizerischen Schimpfwörtern auch jener assoziative Zusammenhang zwischen der Vorstellung des Verwesens, Stinkens und der des Nichtarbeitens erkennbar, auf dem die geläufige Doppelbedeutung des deutschen Wortes „faul" (= verwesend, stinkend und = träge, arbeitsunwillig) beruht.

PFUSCHER, STÜMPER, PATZER, SUDLER USW.

Wohl verstehen wir heute unter pfuschen allgemein: etwas schlecht oder nachlässig ausführen, ursprünglich bezog sich aber der Sinn dieses Wortes nicht auf die mindere Qualität, sondern auf das Unbefugte einer Tätigkeit. Das Wort Pfuscher taucht im 16. Jahrhundert im Schrifttum auf mit der Bedeutung: ein Handwerk unberechtigt, also ohne Zugehörigkeit zur Zunft, ausüben[1]. „So in ein fremdes Amt gleiten ... Pfuscher genannt", heißt es in Adrian Beiers Handwerkslexikon 1772. Dort wird auch ausdrücklich gesagt, der Pfuscher mag tüchtig und ehrlich sein, er ist dennoch ein Pfuscher, wenn er eingesessenen „Meistern in ihr

---

[1] Die große Bedeutung der strengen Ordnung des Handwerkslebens in früheren Jahrhunderten bekunden verschiedene Spuren in der Sprache. Wir verweisen auf die reiche Verwendung der Wörter Meister, meisterhaft, Meisterwerk. Das Wort, mit dem man das Prüfungsstück der Gesellen, das Meisterstück, bezeichnet, sztuka (aus deutsch „Stück"), dient nun im Polnischen auch zur Bezeichnung der „Kunst". Und das ungarische Wort remek, dessen ursprüngliche Bedeutung ebenfalls „Stück" war, entwickelte sich dank der Vermittlung von mester-remek (Meisterstück) zur Bedeutung: großartig, klassisch.

Handwerk störet". Handwerker wurden von den Herren der Zunft insbesondere auch dann als Pfuscher gescholten, ,,wenn sie mit ihren Arbeiten oder Waren wohlfeiler sind, als die obrigkeitliche Taxe bestimmt" (1780). Die Herkunft des Wortes Pfuscher ist nicht aufgeklärt. Vielleicht kommt es von niederdeutsch buschen, d. h. im Busch (= heimlich, unzünftig) arbeiten. Aber andere denken an eine lautmalerische Herkunft. Im älteren Neuhochdeutsch bezeichnete verpfuschen nämlich auch das Geräusch des aufzischenden Pulvers (bayrisch-österreichisch abpfuschen = schnell abbrennen, verglimmen); verpfuschen wäre also sinnverwandt mit verpulvern, aufbrauchen, unnütz verbrauchen (mundartlich auch verbumfeien, verfumfeien, verbumfideln, verjuchheien, versumsen).

Wollte man mit dem Worte Pfuscher besonders das Unbefugtsein und die ,,Schmutzkonkurrenz" treffen, so lag im verwandten Stümper von vornherein auch der Tadel der minderwertigen Leistung. Stümper (früher Stümpler, Stimpler) ist höchstwahrscheinlich verwandt mit Stummel, verstümmelt, stumpf und geht zurück auf mittelhochdeutsch stumbel = abgeschnittenes Stück. Stümper wäre also eigentlich ein Verstümmelter, ein Krüppel, und übertragen: einer, der nichts Tüchtiges leisten kann. Oder nach anderer Auffassung: ursprünglich einer, der mit stumpfem, daher unzulänglichem Werkzeug etwas verrichten will.

Im Österreichischen entspricht dem Pfuscher und dem Stümper der Patzer[1]. Die Herkunft von patzen ist fraglich. Vielleicht besteht ein Zusammenhang mit Bär = Petz und mit patzig = derb, ungeschickt (im Wienerischen auch: wichtigtuerisch). Möglich erscheint mir aber auch, daß Patzer eine Nebenform von Pantscher ist. Pantsch ist (z. B. nach Unger-Khulls Steirischem Wortschatz) eine durcheinandergemischte Sache in wegwerfendem Sinne (z. B. ist gepantschter Wein soviel wie gefälschter Wein). Ein Pantscher in übertragenem Sinne ist: Pfuscher, Stümper. Als ,,Patzler" bezeichnet man im Steirischen nicht nur einen kleinen Händler (Greisler), sondern auch einen, der kleine, aber Aufmerksamkeit erfordernde Arbeiten verrichtet (Bastler). Vielleicht ist also unser Patzer vom Pantscher (auch Prantscher) und vom Patzler form- und bedeutungsgeschichtlich abhängig. Während das Zeitwort patzen

---

[1] Schmellers ,,Bayrisches Wörterbuch" (1827 ff., 2. Aufl., 1872) kennt patzen nur in der Bedeutung: schlagen, hinschlagen, niederfallen, Ungeziefer töten und in Batznlipl, Patzenlippel = Tölpel.

auch die nur gelegentliche Ungeschicklichkeit bezeichnet (auch ein Meister kann mal patzen und bleibt dennoch Meister), so bedeutet das Hauptwort Patzer einen, der nichts anderes als patzen kann. Saphir beschreibt in der Skizze „Eine Partie Whist in der Rofranogasse" die Patzer auf verschiedenen Betätigungsfeldern: „Ein Patzer ist ein Genie der Ungeschicklichkeit. Er kann alles — verderben, er versteht alles, aber er kann nichts machen, er mischt sich in alles und ruiniert alles, er greift alles an und verunstaltet es. Er ist ein Patzer, ein Flicker, aber er flickt gerade die ganze Stelle und läßt das Loch daneben ungeflickt... Ein Patzer in der Dichtkunst hat auch alle Reime wie ein großer Dichter, allein er patzt die Reime aufeinander, ungeschickt und unpassend."

Sinnverwandt ist ferner das Zeitwort korksen (z. B. vom schlechten Billardspiel: das ist ja die höhere Korkserei). Vielleicht ist dieses korksen verwandt mit schweizerisch knorzen = mühselig an etwas herumarbeiten und doch damit nicht zu Ende kommen (daher Knorzer = Stümper) und mit schwäbisch gnorken = schlechte Arbeit machen. Kluge bringt (ver)korksen mit dem Kork in Verbindung: der schlecht gestöpselten Flasche werde die verunglückte Rede, die verpfuschte Behandlung einer Sache verglichen.

In Ostpreußen kennt man den Ausdruck maddern = unbefugt mit einem Gegenstand sich zu tun machen, etwas stümperhaft ausführen (z. B. eine Sache vermaddern); das Zeitwort kommt von litauisch madaróti, polnisch madrować = pfuschen.

Zu den Stümpern und Patzern gehört auch der Sudler. Das Wort ist der niederen Küchenkunst entnommen. Sudelküche (von „sieden") war im 16. und 17. Jahrhundert der süddeutsche Name jener Einrichtung der Feldheere, die im Norden Garküche hieß. Der Sudelkoch oder Garkoch machte aus Abfällen und „Innereien" Würste, die er auf Märkten oder den Soldaten im Lager feilbot[1]. Leonhard Fronsperger schreibt in seinem „Kriegsbuch" 1555: „Der Sudler und die Sudlerin, so im Lager kochen, soll sich alle

---

[1] Zu bemerken ist, daß kleingehacktes Fleisch, Eingeweide, Abfälle zu allen Zeiten als etwas Minderwertiges galten und daß ihre Bezeichnungen daher auch in übertragenem Sinne gebraucht wurden. So bedeutete z. B. im Vulgärlatein minutia, minutalia nicht nur kleingehackte Speise, Eingeweide, sondern auch Kram, Nichtigkeiten, quisquiliae nicht nur Abfälle, sondern auch Nichtigkeiten, Possen, neniae nicht nur minderwertige Fleischspeise, sondern auch Geleier, Bagatelle. Aus diesem Zusammenhang ist vielleicht auch unser „Wurst" (das ist mir wurst = gleichgültig) zu erklären: von nichtig, wertlos,

Monat mit dem Profossen vertragen" (d. h. an ihn eine freiwillige Geldabgabe leisten). In einem bayrischen Schnadahüpfel heißt es: „Gestn bin i aufm Heumarkt beim Sudelkoch gsessn — Hab i zwelf Duzed Siedwürst zum Frühstück gfressn." Sudler ist also jemand, der minderwertiges Material mit geringer Sorgfalt zubereitet. Übertragen wird der Ausdruck besonders auch auf die Handschrift und die schriftstellerische Leistung. Schon in einem Briefe aus dem Jahre 1542 ist als Nachsatz zu lesen: „alles in yl (Eile) gesudelt." In der 1680 erschienenen deutschen Übersetzung der spanischen Fabeln des Thomas de Yriatre heißt es: „Ihr Volksskribenten! Entschuldigt eure Sudelarbeiten nicht mehr mit dem schlechten Geschmack des Volkes!" Schiller gebraucht das Zeitwort einmal von Schauspielern: „sie sudlen gern, wenn sie nicht durch den Vers in Respekt gehalten werden." Als Schwaben war ihm das Wort jedenfalls geläufig; das Schwäbische verwendet es in vielen Zusammenhängen und Zusammensetzungen: ein unreines Gericht heißt Sudelsuppe, die Wäsche, bei der alles durcheinandergewaschen wird, Sudelwäsche, ein schneearmer Winter Sudelwinter. Im älteren Steirischen hieß der zu Hause backende Bäcker: Sudelbäck.

Hudeln, ursprünglich nicht im geringsten sinnverwandt mit sudeln, bekommt — dank der Vorliebe der Volkssprache für Redensarten mit sich reimenden „Zwillingswörtern" — auch die Bedeutung: etwas ohne Sachkenntnis oder ohne Sorgfalt, überhastet verrichten. Goethe schreibt in einem Brief an Kestner 1773: „schickt mir der Kerl ein Paar Ringe, so gehudelt und gesudelt." Hudeln kommt von spätmittelhochdeutsch Hudel, das wahrscheinlich mit „Hadern" verwandt ist und wie diese Fetzen, Lumpen bedeutet. Der ursprüngliche Sinn von hudeln war wohl zerfetzen, dann übertragen: sich wie ein Haderlump benehmen.

In der Bedeutung sich eng an Pfuschen (d. h. ohne Befugnis, daher heimlich arbeiten) anschließend ist der in manchen Gegenden Norddeutschlands übliche Ausdruck Böhnhase. Das war früher jemand, der heimlich auf der Böhn („Bühne"), d. h. auf dem Dachboden, unzünftig Arbeit, insbesondere Schneiderarbeit, verrichtete und dort von den ehrenwerten Zunftangehörigen mit Hilfe der

---

belanglos ist kein großer Schritt zur Bedeutung gleichgültig. (Weniger einleuchtend erscheint mir die Deutung bei Kluge-Götze und Richter-Weise: da die Wurst zwei gleiche Enden habe, sei es völlig gleichgültig, an welchem Ende sie aufgehängt oder angeschnitten wird.)

Polizei wie ein Hase aufgejagt werden konnte. Unrecht hat wohl in diesem Falle der ebenso originelle wie temperamentvolle Sprachforscher Rudolf Kleinpaul, wenn er das Wort Böhnhase (wie übrigens zuerst der Schwede Perinskjöld, dem sich auch Lessing anschloß) von griechisch banausos (Handwerker) ableitet: „die Histörchen von der Hasenjagd sind einfältig und von etymologischen Bönhasen erfunden." Böhnhase (Dachbodenhase) war übrigens schon im 14. Jahrhundert eine niederdeutsche Scherzbezeichnung für Katze. Und eine übertragene Bedeutung wird auch aus einem süddeutschen Sprachbezirk gebucht: im Salzburgischen Dachhase (= Katze) oder Zaunhase (= Igel) für einen unzünftigen Zimmermann.

Ein weiteres Synonym für Pfuscher und Böhnhase ist auch der veraltete rheinische Ausdruck Ferkenstecher. In den Regeln der Schneiderzunft zu Neuß aus dem Jahre 1575 wird der Ferkenstecher (oder Verkenstecher) definiert: fremde schroder (= Schneider), die das Amt nit, wie obgesetzt, gewonnen. Und in den Regeln der Deutzer Schneiderzunft von 1731 heißt es: wan sonsten die Gesellen von den Meistern abgehen und vor sich selbsten arbeithen würden, auch frembde also genannte Ferkestecher oder Bunhasen atrapiert werden. In Frankfurt hießen früher die Winkeladvokaten Ferkelstecher.

Ein außerhalb des Handwerks wenig bekannter Ausdruck für den Gesellen, der, ohne Meister geworden zu sein, selbständig arbeiten will, lautet Selbmeister. Die Etymologie ist durchsichtig. Im Plattdeutschen heißt es Sülfmeister.

Ein merkwürdiges Wort haben die Franzosen für die Bezeichnung der Pfuscherarbeit, der unberechtigt ausgeübten Berufsarbeit: marron (z. B. für einen Buchdrucker, einen Makler, einen Kutscher: imprimeur marron, courtier marron, cocher marron); daraus wurde das Hauptwort marronage = Winkeldruckerei. Das Wort marron ist vermutlich das Ergebnis einer sogenannten Aphairesis (wie etwa die aus „Apotheke" entstandenen Wörter „Butik" und „Bodega"), nämlich einer Stutzung aus spanisch cimarron = wild. (Cimarron ist auch der Titel eines erfolgreichen und auch verfilmten Romans von Edna Ferber aus Amerikas abenteuerlicher Vergangenheit.) Das Wort cimarron wurde von den Spaniern in den Kolonien gebraucht mit Bezug auf entlaufene Haustiere, die wieder in Wildheit verfallen waren, und auf entlaufene Negersklaven.

Übrigens bedeutet im Französischen auch das Zeitwort **saboter** (von sabot = Holzschuh) außer „plump daherschreiten" auch: grob arbeiten, pfuschen, verpfuschen. Unsere Fremdwörter sabotieren, Sabotage haben bekanntlich einen engeren Sinn: mit bewußter Schädigungsabsicht säumig arbeiten oder industrielle Anlagen heimlich unbrauchbar machen.

PILATUS

Mehrere berühmte und wohl allen christlichen Kulturvölkern gemeinsame geflügelte Worte gibt es, die sich von Aussprüchen herleiten, welche die Evangelien Pontius Pilatus, dem römischen Landpfleger in Judäa, in den Mund legen. Die Frage des Römers an Jesus laut Johannes 18, 38: „Was ist Wahrheit", wird häufig auch als „die Pilatusfrage" zitiert. Die Worte, mit denen er einige Verse weiter (19, 5) Jesus der Menge vorstellt, werden gewöhnlich lateinisch, in der Übersetzung der Vulgata, angeführt: ecce homo. Ebenso wird gewöhnlich lateinisch das Pilatuswort nach Johannes 19, 22 gebraucht: quod scripsi, scripsi (griechisch: ho gegrapha, gegrapha), was ich geschrieben habe, habe ich geschrieben; damit lehnt der Römer das Verlangen der Juden ab, daß die Kreuzesinschrift „Jesus von Nazareth, König der Juden" (I.N.R.I.) wieder entfernt werde. Die symbolische Handwaschung zur Bezeugung der Unschuld ist uns zwar bereits durch alttestamentarische Stellen belegt (5. Moses 21, 6, 7 und Psalm 26, 6), aber zweifellos sind es die symbolische Gebärde und der Ausspruch des Pilatus nach Matthäus 27, 24, die die Formel „die Hände in Unschuld waschen" zur stehenden Redensart werden ließen. (Im Französischen und im Englischen wird die Redensart noch prägnanter, es ist gar nicht nötig, die Unschuld anzuführen: je m'en lave mes mains, I wash my hands of it; noch einfacher sagt der Ungar: mosom kezeimet, ich wasche meine Hände.) Aus der lateinischen Fassung des Pilatuswortes über Jesus: „ich finde kein Fehl an ihm" (Lukas 23, 14, Johannes 18, 38) entsteht das französische Scherzwort: avocate de Ponce-Pilate = Advokat ohne Prozesse. (Cause bedeutet nämlich französisch nicht nur Ursache, sondern – wie auch causa in der Umgangssprache deutscher Juristen – auch Prozeß; daher das evangelische ego nullam invenio causam scherzhaft übersetzt = ich finde keinen Prozeß.)

Aber nicht nur im Wortschatz der Gebildeten und in ihren geflügelten Wörtern spiegelt sich die Gestalt des Pilatus, des skeptischen Römers, der seine Ruhe will. Daß dem Statthalter Roms und seiner unrühmlichen Rolle in der evangelischen Geschichte[1] auch in der Vorstellungswelt breiter Volksschichten ein fester Platz eingeräumt ist, bekunden mehrere volkstümliche sprachliche Wendungen. Auf Lukas 22, 11 gründet sich die Redensart „jemand von Pontius zu Pilatus schicken". (In den Mundarten werden die lateinischen Namensformen entsprechend angepaßt; so sagt man z. B. in Graubünden von Punzi zu Palatis, im Aargau von Pontis zu Pilatis.) Richtig wäre natürlich das Gleichnis: von Herodes zu Pilatus, da es doch auf die unklare Kompetenzabgrenzung zwischen dem jüdischen Tetrarchen und dem Vertreter Roms (Lukas 23, 6 bis 11) anspielt. In den mittelalterlichen Passionsspielen unter freiem Himmel war gewöhnlich auf der einen Seite der Palast des Herodes, auf der anderen der des Pontius Pilatus dargestellt, so daß das Hin- und Herschicken des zu verhörenden Heilands von Pilatus zu Herodes und von Herodes wieder zu Pilatus sich sehr augenfällig gestaltete[2]. Sonderbar ist aber, daß man nur selten „von Herodes zu Pilatus" sagt, sondern in der Regel „von Pontius zu Pilatus", wie wenn diese zwei römische Namen zwei Personen bezeichneten. Offenbar liegt eine scherzhafte Verderbung des ursprünglichen Ausdruckes vor, die sich schließlich eingebürgert hat[3]. Der dänische Romanist Nyrop nimmt an, daß die Vorliebe für Alliterationen (besonders bei zusammengehörigen Personen der Sage, wie Romulus

---

[1] Es fehlt allerdings auch nicht an Bemühungen, den Mann, der „seine Hände in Unschuld wäscht", nun auch vor der Geschichte reinzuwaschen, und in den verschiedenen literarischen Versuchen, „den Prozeß Jesus" mit den Augen neuzeitlicher Jurisprudenz zu betrachten oder ihn gleichsam vor einem späten Kassationshof wieder aufzurollen, kommt der Landpfleger zu Judäa nicht immer schlecht weg. Übrigens gab schon 1674 ein Student der Rechtsgelehrsamkeit, Johann Steller zu Dresden, ein Buch heraus, worin Pilatus in Schutz genommen wurde: er habe nur seine Pflicht erfüllt, dem angeklagten Jesus sei vom Standpunkte des Rechts nicht Unrecht geschehen. (Mauthner: „Wer eine solche Herzensangelegenheit mit rechtsgeschichtlicher Nüchternheit untersuchte, der mußte wohl ein Atheist sein.")

[2] Eine der versuchten Erklärungen für die Sitte des In-den-April-Schickens am 1. April (Aprilnarr) besagt, daß die mittelalterlichen Passionsspiele meistens anfangs April aufgeführt wurden und daß das unnütze Hin- und Herschicken Christi von Herodes zu Pilatus vom Volk in den unnützen Aprilaufträgen nachgeahmt worden sei.

[3] Ende des 18. Jahrhunderts war im deutschen Schrifttum noch vorherrschend: von Herodes zu Pilato laufen; 1840 gebraucht Heine schon als selbstverständlich: von Pontio nach Pilato rennen.

und Remus, Peter und Paul[1], Hengist und Horsa) die Zerlegung Pontius-Pilatus in gleichsam zwei Personen verursacht hat. „Das Resultat dieses Prozesses kann in lautlicher Beziehung als recht zufriedenstellend bezeichnet werden: in logischer Beziehung ist es, gelinde gesagt, eine ungeheuerliche Mißgeburt[2]." Die Franzosen sagen übrigens nicht nur envoyer quelqu'un de Ponce à Pilate, sondern, den Hohepriester hineinmengend, auch de Caïphe à Pilate.

Auch die Redensart „hineingeraten wie Pilatus ins Credo" bewahrt den Namen des Römers. Sie wird angewendet, wenn jemand zufällig in eine fremde Angelegenheit verwickelt wird, weil nämlich der Heide Pilatus in der Überlieferung seinen Platz neben den heiligsten Gestalten hat und auch im Satze des Credo fortlebt: ich glaube an Jesum Christum, der gelitten hat unter Pontio Pilato. Es gibt auch eine Redensart: an einen denken wie an Pontius im Credo, d. h. ungern, unwillig an einen denken. Redensartlich ist der Ruhm des Pilatus gewissermaßen ein Synonym des Ruhmes jenes Ephesers, der den Tempel der Artemis anzündete und dessen Namen nach dem Willen seiner Heimatstadt nicht auf die Nachwelt hätte kommen dürfen, aber dennoch sprichwörtlich geworden ist. Allerdings unterscheidet sich der herostratische Ruhm in einem wichtigen Punkte von dem des Landpflegers zu Judäa: Ruhmsucht war nach der Überlieferung dem bequemen Römer durchaus fern. Auch war sein Interesse an den Vorgängen unter den Juden gering, wie es eine feine Erzählung von Anatole France charakterisiert; sie endet damit,

---

[1] Auch dieses Namenpaar forderte die redensartbildenden Kräfte der Volkssprache heraus. Friedrichs des Großen Ausspruch „man muß nicht Petern ausziehen, umb Paulen zu bekleiden", beruht auf verbreiteten Volksredensarten: dem Peter nehmen und dem Paul geben, to rob Peter, to pay Paul, dépouiller saint Pierre pour habiller saint Paul. (Mitunter geschah es wörtlich: man nahm in den Kirchen den Schmuck von irgend einer Heiligenstatue und wendete sie einer anderen zu.) Im Bayrischen nennt man die weiblichen Brüste auch Peter und Pauli. — Nach Eduard Engel verdanken auch Max und Moritz ein Stück ihrer Volkstümlichkeit dem Stabreim.

[2] Eine andere scherzhafte Aufteilung eines Namens, wie wenn es zwei Personen wären, kennen wir aus der römischen Geschichte. Wie Sueton erzählt, sagte man im Jahre 59 vor Christus, die beiden Konsule des Jahres seien Julius und Cäsar, weil nämlich Julius Caesars Amtsgenosse Calpurnius Bibulus eine Null war. Einer ähnlichen Konstruktion bediente sich ein Witzwort Talleyrands über Maret, als dieser Herzog von Bassano wurde: ich kenne nur einen Menschen, der dümmer ist als Maret, und das ist der Herzog von Bassano.

daß Pilatus, als man ihn nach Jahren, fern von Jerusalem, über jenen Mann befragt, den er kreuzigen ließ und der nunmehr als Gottessohn und Heiland verehrt werde, nach einigem Nachdenken kopfschüttelnd antwortet: je ne me rapelle pas, ich erinnere mich nicht. Aber dieses Mannes mit dem schlechten Gedächtnis erinnert sich die katholische Welt noch immer im Credo, wenn auch allerdings die Redensart „seiner gedenken, wie des Pilatus im Credo" (on parle de lui comme de Pilate dans le crédo) auf ein Gedenken im Schlechten abzielt. „Wen man dyn gedenckt also" — reimt Thomas Murner in seiner Schelmenzunft — „wie pilatus im credo, so sollstu selten werden fro. Das ist pilatus testament, wen einer nach syn letsten endt uff erden lasst ein bösen namen, des all syn kindt sich miessent schamen."

In einem anderen gedanklichen Zusammenhang kommt Judäas Landpfleger in einem schweizerischen Sprichwort vor: me muess em Pilatus mit em Kaiser dräue (drohen). Der Sinn dieser Weisheit, die auch im Sprichwörterschatz des Elsässers analogen Ausdruck findet, ist: gegen einen unangenehmen Machthaber kann man bei einem noch Mächtigeren Hilfe suchen. In Christoph Lehmanns Florilegium politicum, Lübeck 1639, heißt es: man muß Pilatum mit dem Kaiser schrecken!

Auch in den Kinderspielversen (Auszählreimen) findet sich der Namen Pilatus. Wiener Schulkinder haben z. B. so ein Spielgedicht, in dem jede gerade Zeile kehrreimartig „Kaiser von Pilatus" lautet, ohne jede ersichtliche Beziehung zum Inhalt der ungeraden Zeilen. (Es kommt ein Mann aus Niniveh, Kaiser von Pilatus — Was will der Mann von Ninive, Kaiser von Pilatus — Er will die jüngste Tochter haben, Kaiser von Pilatus — usw.) Wie es gerade bei solchen Kinderfällen oft der Fall ist, läßt sich schwer etwas über die Entstehung dieser unsinnig erscheinenden Zeile feststellen. Neben diesen Wiener Vers möchte ich einen ähnlichen Wechselgesang Frankfurter Kinder stellen, der so beginnt: Ich bin die Mutter aus Nonnenfeld, juchheisa fif lalatis, — Was will die Mutter aus Nonnenfeld, juchheisa fif lalatis, — Sie will ihr schönes Töchterlein, juchheisa fif lalatis ... Askenazy vermutet in fif lalatis (oder fif lalatus, fififf lala) eine Verderbung von „König Philippatus". Aber es fragt sich, ob nicht eine lautliche Beziehung von „... -heisa fif lalatus" zu „Kaiser von Pilatus" besteht. (Welche Form ist die ursprüngliche, welche die Verderbung der anderen?)

Zufolge der unsympathischen Rolle, die Pilatus spielt, dient sein Name gelegentlich auch als Schimpfwort. Im englischen Slang des 18. Jahrhunderts hieß der Pfandleiher pilate, im Weltkrieg gebrauchten die britischen Soldaten den Namen als Spottbezeichnung für den Arrestfeldwebel. Bei den Neugriechen ist pilata ein Schimpfwort mit der Bedeutung Quäler; auch die Juden werden von ihnen so geschimpft. Gelegentlich ist der Namen Pilatus auch zur Umschreibung des Aborts herangezogen worden. So schreibt z. B. Grimmelshausen in seinem Simplizissimus, wer sein Buch satt habe, möge es ins Feuer, ins Wasser „oder wol in des Pilati heimliche Cantzley werffen". Und die im 16. Jahrhundert nicht seltene euphemistische Bezeichnung „den Pilatus besuchen" soll sogar auf Luther zurückgehen. (Man sagte auch „den Herodes besuchen", und in Bayern hört man gelegentlich auch „Herodes" als Bezeichnung für das Gesäß.) Das Entstehen der Gleichung Pilatus = Abort ist sehr sonderbar. Johannes 18, 33 ist zu lesen, daß Pilatus, nachdem er mit den auf dem freien Platze versammelten Juden gesprochen hatte, wieder ins Gerichtshaus (praetorium) hineinging. Johannes 18, 38 kommt der Römer (mit den Worten „ich finde an ihm keinen Fehl") wieder zu den Juden heraus. Dieses „Gerichthaus" gibt nun im 9. Jahrhundert der Mönch Otfried in seiner deutschen Bearbeitung der evangelischen Geschichte mit „sprachhus" wieder, welches Wort in den Althochdeutschen Glossen einmal für latrina (Abort) steht: „der Witz eines lateinkundigen Spaßvogels hat früh Anklang gefunden, der Pilatus ansinnt, er habe zwischen Joh. 18, 33 und 38 den Abort aufgesucht" (Götze, Kluge). So hatte „Sprachhaus" bis in die neuhochdeutsche Zeit neben der Bedeutung Rathaus auch die von Abort[1], und das in diesem anrüchigen Bedeutungsbezirk verwendete Hauptwort Pilatus ist eigentlich eine Abkürzung für: Sprachhaus des Pilatus („des Pilati heimliche Cantzley").

Der Berg Pilatus bei Luzern hat eigentlich mit dem Namen des römischen Beamten nichts zu tun. Es knüpft sich zwar eine Namenssage an den Berg, Pontius Pilatus habe, vom schlechten Gewissen geplagt, Selbstmord begangen, und sein friedloser Geist sei dann

---

[1] So gab es z. B. in Straßburg im 15. Jahrhundert längs der Ill an der Hinterseite der Häuser „hangende sprochhüser", hinausgebaute Abtritte, und unter dem Namen „gemeine Sprochhüser" (oder loublin, d. h. kleine Lauben) öffentliche Bedürfnisanstalten.

auf diesen wüsten Berg gebannt worden[1]. Auf dem Gipfel thront er nun und schickt bisweilen böse Gewitter ins Tal. Nach einer anderen Sage habe ein fahrender Student den bösen Geist schließlich vom Berg heruntergelockt und ihn beschworen, sich in der Tiefe des Vierwaldstättersees zu verbergen: reizt man ihn dort, wird der See unruhig. Am Karfreitag, während alle Menschen in den Kirchen sind, komme Pilatus aus der Tiefe gestiegen und weile einige Zeit auf der Oberfläche der Seemitte. Nach einer anderen Sage sei der auf dem Schweizer Berge geisternde Pilatus der Sohn einer Mainzer Müllerstochter namens Pila, während er nach einem schon von Otto von Freising angeführten Vers aus Forchheim stammen soll, wo man früher noch seine roten Hosen gezeigt hat. Im 16. Jahrhundert war das Besteigen des Pilatus „by lib und guot" verboten, wie der Luzerner Schilling meldet. In Felix Hemmerlins Buch „De nobilitate" (1540) wird gesagt, wer beim Pilatussee den Namen Pilatus nenne, werde bei klarstem Wetter von Ungewitter überrascht.

Aber all diese Pilatussagen knüpfen sich erst nachträglich an den Namen des Berges. Da seine Kuppe oft von Nebel und Wolken umgeben ist, hieß er bei den Geographen des Mittelalters (neben Frakmunt aus fractus mons = zerklüfteter Berg) auch mons pileatus, der b e h u t e t e Berg (von lateinisch pilea = Hut). Daraus machte der Volksmund Pilatus. Das Bild, daß der Nebel um die Kuppe ein Hut sei, tritt übrigens nicht nur in lateinischen Namen auf, es ist auch in einer Wetterregel vertreten: hat Pilatus einen Hut, wird das Wetter morgen gut.

POLKA, POLONÄSE, MAZURKA
Im Jahre 1840 kam in Paris, wo schon oft Tänze entferntester Herkunft ihren Siegeslauf über den Erdball angetreten haben, die Polka,

---

1) Auch in Italien gibt es, neben Scariollo, dem vermeintlichen Geburtsort des Judas, einen Berg namens Pilato, der nach der Sage von bösen Geistern bevorzugt wird. Im 14. Jahrhundert mußte der kleine See auf diesem Pilatusberge ständig bewacht werden, um zu verhindern, daß „Zauberer" an diesem See ihre magischen Bücher weihen und dadurch große Stürme verursachen. Auch den kleinen Hochsee auf dem schweizerischen Pilatusberg durfte jahrhundertelang niemand ohne Erlaubnis des Luzerner Magistrats besuchen und die dortigen Schäfer wurden eidlich, und zwar jedes Jahr von neuem, verpflichtet, niemals einen Fremden hinzuführen. Vom Luzerner Pfarrer Johann Müller, der sich 1584 gegen diese abergläubischen Vorstellungen wandte, war dieses jedenfalls eine große Kühnheit.

ein lebhafter Tanz im Dreivierteltakt, in Mode und verbreitete sich von dort rasch in allen Kulturländern. („Polka, Polka tanz ich gern mit dem schönen, jungen Herrn", sang man überall in Deutschland.) In den fünfziger Jahren wurde Polka in Berlin ein Modewort etwa mit der Bedeutung elegant, fesch, flott, lustig; später besonders auch im tadelnden Sinne für unwürdige, lächerliche Erscheinung, auffälliges Benehmen. Man gebrauchte Wörter wie Polkakneipe, Polkabier, Polkafrisur (für aufwärts gebürstetes Haar, auch Barbiertolle genannt), Polkapelz, Polkabiber. Gottfried Keller nennt 1852 in einem Gedicht die Berliner Matthäikirche Polkakirche, und auch bei Lassalle kommt diese Bezeichnung vor. Bei der Kavallerie war es üblich, das unbeliebte Fußexerzieren als Fußpolka zu bezeichnen. Schwäbische und elsässische Bauern nannten noch lange im Nacken gradlinig abgeschnittenes Haar (bei Männern): Polkahaar. (Die in den ersten Jahren nach dem Krieg gelegentlich aufgekommenen Benennungen nach Modetänzen, wie Tangofarbe, Shimmybluse u. dgl., erwiesen sich nicht so langlebig.) Nach England gelangte die Polka 1840; vier Jahre später spricht Captain Marryat in seinen Erinnerungen bereits von einer Polkaepidemie. Eine eng anliegende gestrickte Frauenjacke bezeichnete man in England als polka-jacket (hier bedeutet polka offenbar: fesch). In Amerika wird jenes aus hellen und dunklen Quadraten gebildete Stoffmuster, das wir mit einem spanischen Frauennamen als Pepita bezeichnen, polka-points, Polkapunkte, genannt. In Pariser Verbrecherkreisen war Polka gegen Ende des vorigen Jahrhunderts die Bezeichnung für obszöne Photos und sonstige obszöne Gegenstände und für deren Verkäufer geworden.

Das Wort Polka selbst faßte man etymologisch als ein polnisches Eigenschaftswort mit der Bedeutung „polnisch" auf und verknüpfte damit die Vorstellung, der Tanz sei polnischer Herkunft. In Wirklichkeit handelt es sich um einen tschechoslowakischen Volkstanz, der in der Gegend von Gitschin in bürgerliche Kreise gedrungen war und von dort 1835 nach Prag verpflanzt wurde. Das Wort dürfte also tschechisch zu deuten sein: von pulka = Halbschritt (zu pul = halb).

Hingegen trifft die polnische Abstammung zu beim Tanz Polonäse, in Deutschland vor etwa zweihundert Jahren übernommen aus französisch polonaise, Abkürzung von dance polonaise. Da sich bei der Polonäse die Paare in langer Reihe hintereinander aufstellten, nannte man in Deutschland im Weltkrieg die traurigen langen Menschenreihen vor den Lebensmittelgeschäften mit bitterem Humor „Polonäse"; man sprach so von Brotpolonäsen, Margarinepolonäsen usw. (In Österreich „stellte man sich an" oder stand „Queue" oder „Schlange".)

Der Tanz Mazurka, in Deutschland hof- und gesellschaftsfähig geworden zur Zeit von Kurfürst Friedrich August II. von Sachsen, der gleichzeitig König von Polen war, heißt nach dem polnischen Stamme der Masuren.

PORZELLAN

In vereinzelten Stücken kam chinesisches Porzellan seit ungefähr 1300 nach Europa. Gegen Ende des 15. Jahrhunderts gelangten durch Vermittlung arabischer und portugiesischer Händler die feinen chinesischen und japanischen Tonwaren in größerer Anzahl nach Italien. Bald entwickelte sich in Europa ein regelrechter Einfuhrhandel mit Porzellan, an dem nun besonders auch holländische Seefahrer teil hatten. Der chinesische Namen dieser Töpferware war und ist noch heute tseki. Schon im 16. Jahrhundert finden wir in Italien den Namen porcellana. Um zu erklären, wie es zu diesen Namen kam, müssen wir auf einen technologischen Irrtum und zwei sexualsymbolische Bedeutungsübertragungen eingehen.

Da man einen wichtigen Bestandteil der chinesischen Tonware, der später nach der Stadt Kaoling Kaolinerde benannt wurde, in Europa damals noch nicht kannte, erging man sich in Italien in Vermutungen über die Zusammensetzung des feinen Stoffes und gelangte so zur Meinung, nur aus Seemuscheln könne man so eine feine und glänzende, leichte und dennoch harte Tonware herstellen.

Die Seemuschel aber, d. h. ihre aufklaffende Öffnung, forderte seit jeher die Phantasie zu einem Vergleich mit dem weiblichen Geschlechtsteil heraus. Wir nennen z. B. den lateinischen Namen Concha veneris, Venusmuschel. Auch beim deutschen Wort Muschel (nah verwandt mit Muskel) aus lateinisch musculus = Mäuschen wird vielleicht angesichts der häufigen Verwendung von Mäuschen in erotischem Sinne und als Kosewort an eine ähnliche Metapher zu denken sein. Französisch hieß die Muschel auch pucellage = Jungfernschaft.

Der volkstümliche Namen der Muschel in Italien war aber porcella = Schweinchen. Das ist nicht etwa so zu verstehen, als wäre eine unmittelbare Übertragung vom Begriff des Ferkels auf den der Muschel erfolgt; man muß vielmehr wissen, daß schon porcella selbst in übertragenem Sinne das weibliche Geschlechtsorgan bezeichnet. Schon bei den Römern (bei Varro) findet sich porcus, Schwein mit der Bedeutung weibliche Scham. (Bei Cato mit gleicher Bedeutung: porca.) Im 16. Jahrhundert hat man in Frankreich die Prostituierten truies = Säue genannt. Den Gebrauch des Ausdruckes Schweinerei (cochonnerie) in sexueller Beziehung weisen viele Sprachen auf. Der Übertragung von Schwein auf vagina liegt eine moralisierende Gleichung, jener von vagina auf Muschel eine optisch eingestellte zugrunde.

Der Vorgang bei der Entstehung des Wortes Porzellan ist also der folgende: Aus der Auffassung des Schweines als eines unreinen, sinnlichen Tieres gibt man der weiblichen Scham den Namen Schweinchen und überträgt dann von dort diesen Namen auch auf die äußerlich an das weibliche Organ erinnernde Seemuschel[1]. Und da man des weiteren fälschlicherweise annahm, daß die chinesische Töpferware aus zerstoßenen Seemuscheln bereitet wird, nannte man sie Porzellan = Seemuschliges. Auf diesem mehrfachen Umweg gelangt der lateinische Namen des Schweines in das Wort Porzellan.

Das italienische porcellana wurde in Frankreich zunächst zu porchelaine, woraus dann in Deutschland (nachdem die in Westdeutschland aufgekommene Form Birschdelin sich nicht durchgesetzt hatte) Porzellan wurde[2].

Schließlich seien noch aus der Umgangssprache einige Zusammensetzungen mit Porzellan angeführt.

Helle, steif gebügelte Hosen, wie sie früher in Mode waren, nannte man Porzellanhosen (Berliner Redensart: Mensch, zerbrech dir man nicht deine Porzellanhosen). Im deutschen Heere nannte man die weißen, daher sehr empfindlichen Sonntagshosen Porzellanbuxen, übrigens auch die grauen Drillichhosen. Auch in

---

1) In der Bretagne nennt das Volk ein dort häufig vorkommendes einschaliges Muscheltier petit cochon (Schweinchen).

2) Während die meisten europäischen Sprachen Bezeichnungen verwenden, die auf das italienische porcellana zurückgehen, haben die Namen des Porzellans im Rumänischen und in den slawischen Sprachen eine andere Herkunft. Rumänisch farfurie (bedeutet auch Teller), russisch und bulgarisch farfor, polnisch farfura kommt von arabisch fagfur, Titel des Kaisers von China (arabische Form von persisch bagbur = Sohn des Himmels, Übersetzung des chinesischen Titels tien-tse).

der österreichisch-ungarischen Armee hieß die elegante, helle, enge Hose, die durch ,,Strupfen" stramm gehalten wurde, Porzellanhose (oder nach einem Grafen Pejachevich, einem eleganten General, auch Pejachevichhose, oder kurz Pejachevich).

Die Grundlage für die sprachliche Übertragung beim Ausdruck Porzellanhosen ist die Vorstellung von Empfindlichkeit, vom Aufpassenmüssen (scherzhaft: ,,Vorsicht ist die Mutter der Porzellankiste" statt ,,der Weisheit"[1]). Diese Vorstellung liegt auch dem drastischen Terminus Porzellanfahrt, Porzellanfuhr zugrunde. Der Große Brockhaus definiert in seiner neuesten Auflage diesen Begriff: ,,ziellose, langsame Wagenfahrt einer von einem Liebespaar besetzten Droschke; allgemein: vorsichtige Fahrt." Mit der Verdrängung der Pferdekutschen durch den Kraftwagen ist auch dieser Ausdruck museal geworden[2].

Kein tieferer Sinn liegt wohl der französischen Bezeichnung noce de porcelaine, Porzellanhochzeit, für den 20. Hochzeitstag zugrunde. Der Ausdruck entstand wohl aus dem Bedürfnis, neben dem silbernen (den 25.), dem goldenen (50.) und dem diamantenen (75.) Hochzeitstag noch einige Zwischenjubiläen mit abgestuften Materialnamen zu bezeichnen[3].

PYJAMA

= Schlafanzug für Männer wie für Frauen wird im Deutschen sowohl mit männlichem als mit sächlichem Artikel gebraucht. Als Verdeutschung ist in der Modezeitschrift ,,Die schöne Frau" Ende 1933 ,,Betthose" vorgeschlagen worden. Wir haben das Wort Pyjama von den Engländern übernommen, die es in Indien aufgegriffen hatten. Im Hindostanischen bedeutet aber paejama

---

[1] Die Travestierung des ursprünglichen Sprichworts dürften zuerst die Holländer besorgt haben (voorzichtigheid is de moeder van de porseleinkast).

[2] Die ,,Porzellankiste" (,,Borzenelle Kasten") auf den alten Frankfurter Rummelplätzen (,,Juxplätzen"), wo sich die Kinder am Borzenellekastemann erfreuen, hat nichts mit dem Porzellan zu tun, es liegt eine Verballhornung von Polichinell vor. Die frankfurterische Lautform von Porzellan ist Borschelin.

[3] Ohne daß sie sich wirklich allgemein durchgesetzt hätte, gibt es so eine französische Skala, innerhalb der die 1. Wiederkehr des Hochzeitstages als noce de coton, Baumwollhochzeit bezeichnet wird, die 2. als Papierhochzeit (de papier), die 3. als Leder- (cuir), die 4. als Holz- (bois), die 7. als Woll- (laine), die 10. als Zinn- (étain), die 12. als Seiden- (soie), die 15. als Kristall- (cristal), die 20. als Porzellan-, die 30. als Perlen-, die 40. als Rubinhochzeit (noce de rubis).

(möglicherweise aus persisch pai = Fuß und gamä = Gewand) nicht einen Schlafanzug, sondern nur die um die Hüfte geknüpften losen Hosen, wie sie in Indien in ärmeren Bevölkerungsschichten von Männern und Frauen getragen werden. Unrichtig ist die häufig anzutreffende Behauptung, das Wort Pyjama sei chinesischen oder japanischen Ursprungs. Ebenso sind

neuindischer Herkunft,

und nicht etwa chinesischer, die Wörter Mandarin (s. dieses Stichwort) und Kuli (nach dem Stamme der Koli im westlichen Indien, dessen Söhne sich als Arbeiter in die Fremde verdingen[1]).

Von sonstigen internationalen Wörtern indischer Herkunft (wir meinen hier die durch neuzeitliche Berührung vermittelten und nicht etwa die aus dem älteren Verkehr über Vorderasien herrührenden[2] oder gar die auf der indogermanischen Verwandtschaft zum Sanskrit beruhenden) nennen wir: Kakhi = staubfarben (als Uniformfarbe khakee von den Engländern Mitte des vorigen Jahrhunderts aufgegriffen), Kaliko (nach dem Kattungewerbe der Stadt Kalikut schon im 16. Jahrhundert europäischer Namen eines leinenartigen Baumwollgewebes), Jute aus hindostanisch jhuta = kraus (wegen der stark gewellten Wurzel der Jutapflanze, Corchoris capsularis, deren Fasern um 1830 herum in die europäische Textilindustrie gelangten), schamponieren (aus angloindisch shampoo, das auf hindostanisch champua = kneten, pressen zurückgeht, so daß ursprünglich nicht das Kopfwaschen, sondern ein Bad mit Massage gemeint war) und Veranda (taucht zuerst 1497 im Bericht des Vasco da Gama über seine berühmte Indienfahrt auf, nach indisch varaṇḍa = gedeckter, nach vorne offener Vorraum, und übergeht aus dem Portugiesischen ins Spanische: baranda, und ins Katalanische: barana). Man vgl. ferner die unter besonderen Stichwörtern

---

[1] Vgl. S. 73.

[2] Zu dieser Gruppe (bei denen die Vermittlung oft durch das persische erfolgt, von wo die Wurzeln den Weg entweder über Griechisch und Lateinisch oder über Arabisch zunächst in die romanischen Sprachen nehmen) gehören u. a.: Zucker aus altindisch çarkara über persisch schakar, arabisch sokkar; Pfeffer aus altindisch pippali über lateinisch piper (dazu auch Paprika); Reis aus altindisch wrihi über griechisch oryza; Kampfer aus altindisch karpura über arabisch kafur; Moschus (der Saft aus dem Beutel des Moschustieres) und Muskat(nuß) aus altindisch mushkas = Hode über persisch muschk, arabisch musk; Opal aus altindisch upala = Stein über griechisch opalos.

behandelten indischen Wörter Dumdum (dort auch Punsch, Mull und Mungo) und Tank.

Zu den in der Neuzeit aus Indien importierten Wörtern gehören auch solche, die eigentlich semitischer Herkunft sind und von den Arabern nach Indien verpflanzt wurden. Beispiele dafür sind: Nabob, im Arabischen = Statthalter, dann in Indien besonders für reiche Beamte und jetzt für einen sehr reichen Mann überhaupt verwendet, und Arrak, eigentlich araq = Saft, welchen Namen die Araber in Indien dem aus Reis hergestellten Branntwein gaben.

RABE, RAPPE, BERAPPEN

Rabe und Rappe bedeuten ursprünglich — ebenso wie Knabe und Knappe, Reiter und Ritter, Schneider und Schnitter, Beet und Bett, Stadt und Stätte, schlaff und schlapp, feist und fett — dasselbe.

Von althochdeutsch rabo, hraban, das wahrscheinlich dem Schrei des Vogels nachgebildet ist, kommt sowohl die neuhochdeutsche Form Rabe als dessen Nebenform Rappe, das seit der ersten Hälfte des 16. Jahrhunderts (ältester Beleg 1531) auch für ein schwarzes Pferd gebraucht wird. Aber die Form Rappe wurde auch für den Vogel gebraucht, so wurden z. B. in schweizerischen Bibelausgaben Luthers Raben auf Rappen verbessert. Und wenn Luthers Zeitgenosse Sebastian Franck in übertragenem Sinne (entsprechend der auf das Alte Testament zurückgehenden Metapher „Mohrenwäsche") „einen Rappen baden" schreibt, so meint er den schwarzen Vogel. Die Übertragung des Vogelnamens auf das schwarze Pferd erfolgte in der gleichen metaphorischen Art wie die des Namens des Fuchses auf das rote Pferd. (Man vgl. ferner im Französischen: pie = Elster und schwarzweißgeschecktes Pferd.) Über Rabe und Rappe hat übrigens Rückert ein Rätsel gedichtet, dessen erste Strophe lautet: Weich bin ich schwarz, schwarz bin ich hart — Doch ist das Harte doppelt; — Weich hab ich manchen Schatz verscharrt, — Hart geh' ich oft gekoppelt.

Wundt nimmt für Rabe und Rappe an, daß, da beide Aussprachen in gemischter Bedeutung aus verschiedenen Mundarten sich über ein gemeinsames Sprachgebiet verbreiteten, lautmalerisch unterschieden werden konnte, d. h. daß die Lautform Rabe sich dem krächzenden Ruf des Vogels anschloß, während die Lautform Rappe mit dem Hufschlag des Pferdes harmonierte. Indes hat diese Annahme eines „korrelativen Bedeutungswandels" wenig Anklang gefunden.

Der Rappen (heute die deutsche Bezeichnung des Centime in der Schweiz, 1 Franken = 100 Rappen) war ursprünglich eine in Freiburg geprägte Münze mit einem Adlerkopf, dem Adler der Zähringer, der offenbar nicht einwandfrei als solcher erkennbar war, da er vom Volke als Rappe (Rabe) angesehen oder verspottet wurde. Auch eine andere Schweizer Münze hieß nach dem auf ihr abgebildeten Tier: Batzen hießen ursprünglich die Ende des 15. Jahrhunderts in Bern geprägten Münzen, Dickpfennige, die das Bild des Berner Wappentieres, des Bären, trugen. Batzen kommt von mittelhochdeutsch Betzen oder Betz (daher Meister Petz) = Bär; aus der Schweiz gelangte die Münzenbezeichnung auch ins Italienische: bezzo = Geld.

Sowohl Batzen („ein Batzen Geld") als Rappen haben auch außerhalb der Schweiz sprachliche Geltung gefunden, vor allem im Gebiete des sogenannten Rappenmünzbundes (1403—1584), in den elsässischen, schweizerischen, badischen und schwäbischen Mundarten. Von Rappen kommt vielleicht berappen = zahlen. (Als Berliner Redensart ist gebucht worden: „jetzt kommt die Berappijungsarie", d. h. jetzt muß gezahlt werden.) Nach Buttenwieser und Kluge-Götze hat aber berappen = zahlen nichts mit der Münze Rappen zu tun. Das Zeitwort sei für die Zeit des Rappenmünzbundes nicht belegbar, tauche erst später in den vom Rotwelsch beeinflußten schwäbischen Krämersprachen auf. Es soll dahin gelangt sein aus 2. Mos. 21, 19: „(wer einen im Streit verletzt,) bezahle die Arztkosten" (hebräisch: rappo, jerappe). Aus der schwäbischen Krämersprache griff die Studentensprache das Zeitwort berappen auf, und von dort gelangte es Mitte des vorigen Jahrhunderts in die allgemeine Umgangssprache[1].

Das althochdeutsche rabo, hraban = Rabe hat übrigens auch die Nebenform ram, welche Silbe dank der großen Bedeutung, die der Rabe in der germanischen Sagenwelt hatte, in mehreren Personen- und Ortsnamen fortlebt, z. B. in Wolfram (Wolfrabe), Wallraf (Waldrabe), Bertram (glänzender Rabe, vielleicht ist aber an „Rand" zu denken, in welchem Falle „glänzender [Schild-] Rand zu deuten

---

1) Fernzuhalten von berappen = zahlen ist der vom Hauptwort „die Rappe" = Reibeisen, Raspel, abhängige Gebrauch von „berappen" in der Sprache der Maurer (eine Wand berappen = sie mit dem ersten, dem Rauhputz bewerfen) und der Zimmerleute (berappen, bewaldrappen = Baumstämme kantig, zu Balkenform behauen).

ist), Rambach, Ramberg, Ramsau (bei diesen drei Ortsnamen ist es allerdings fraglich, ob nicht das veraltete Wort Ram = Bock in ihnen zu suchen ist).

Die oben erwähnte Verkennung oder zu Spottzwecken vorgetäuschte Verkennung des Adlers auf einer Münze, die zum Münzennamen Rappen führte, steht in der Wort- und Münzengeschichte nicht ohne Analogien da. Die seit Anfang des 16. Jahrhunderts geprägte polnische Dreigroschenmünze trug auch einen Adlerkopf. Das polnische Volk nannte aber die Münze Wiedehopf, d. h. polnisch dudek, Mehrzahl dudki. Noch im 16. Jahrhundert gelangt Düttgen, Düttke in den deutschen Osten als Bezeichnung für polnische Groschen. In Ostpreußen nannte man dann auch das deutsche Zehnpfennigstück Dittchen. Auf den Adlerschillingen von Friesland wurde der Reichsadler als unedler, mäusejagender Falke verspottet, und daher ist Blomeuser oder Blamüser (blauer Mäuser, d. h. blauschnäbliger Mäusejäger) am Niederrhein bis ins 20. Jahrhundert ein volkstümlicher Spottnamen für Achteltaler, Dreigroschenstücke, halbe Kopfstücke, Sechsstüber und andere Münzsorten. Neben Rappen, Düttgen und Blamüser gibt es noch einen vierten Münzennamen, der auf die Verspottung des Adlers zurückgeht: Papphahn nannte das Volk die zuerst im 17. Jahrhundert in Mecklenburg-Güstrow mit dem Bilde des Reichsadlers geprägten Zwölfteltaler. Papphahn — der Ausdruck, auch auf andere Münzen übertragen, hat sich beim Volke bis in unser Jahrhundert erhalten — ist als abgekürzte Form von Papageienhahn aufzufassen (niederdeutsch pape, papjen = Papagei). Auch ein russischer Münzennamen geht auf die Verspottung eines Münzentieres zurück: Kopeke (russisch kopeika) kommt von tatarisch „dinar köpeji", Denar mit dem Hund (türkisch köpek); der Löwe, dessen Bild die Münze trug, wurde nämlich — ähnlich wie der Adler als Rabe — als Hund verhöhnt.

RASSE
Die Herkunft des Wortes Rasse war lange ungeklärt, und Otto Jespersen zählte es vor nicht langer Zeit noch zu den „Wörtern, welche die Sprachforscher aufgeben mußten, da sie jeder Erklärung spotteten". Seit dem Nachweis, den Oberhummer 1928 in der Wiener Akademie der Wissenschaften geführt hat, steht es nun aber fest, daß „Rasse", das ins Deutsche aus dem Französischen kam,

arabischen Ursprungs ist. Es geht auf ras = Kopf, Ursprung, Oberhaupt zurück; in Abessinien ist Ras ein Fürstentitel. Das hebräische Schwesterwort ist rosch, enthalten z. B. in rosch-ha-schanah = Haupt des Jahres, d. h. Neujahr, rosch-ha-kahal, Haupt der Gemeinde, d. h. Gemeindevorsteher.

Aus arabisch ras wurde spanisch und portugiesisch raza, italienisch razza, französisch und englisch race. Im 17. Jahrhundert gelangte das Wort, zunächst meist mit französischer Schreibweise, nach Deutschland. Der Übergang von der damaligen Bedeutung Abart, Sorte zu dem heute vorherrschenden anthropologischen Sinn vollzieht sich erst im 19. Jahrhundert, nachdem allerdings schon bei Kant dieser Gebrauch vorgekommen war. Die Schreibweise im Deutschen blieb lange schwankend. Anfang des 19. Jahrhunderts hieß es z. B. in den berühmten österreichisch-mundartlichen „Briefen des Eipeldauers": „Der Fisch soll von derselbigen Razza sein, die den Jonas geschluckt hat."

Die Ableitung aus dem Arabischen hat die früheren unzulänglichen Etymologien aus dem Felde geschlagen. Vollständigkeitshalber führen wir sie an:

a) Einzelne Autoren sahen in Rasse eine Verwandte von „Generation", d. h. in italienisch razza ein Stutzwort aus lateinisch generatio = Zeugung. Mit Recht bemerkte Spitzer, wenn man schon einen derartigen Übergang aus dem Lateinischen für wahrscheinlich halte, müsse man nicht eine Wortverstümmelung annehmen, sondern könne man gleich von „ratio" ableiten.

b) Andere bringen Rasse mit althochdeutsch reiza = Linie, Strich in Verbindung, so daß Rasse mit neuhochdeutsch Riß, reißen, ritzen, Abriß, Aufriß, Reißbrett und mit englisch write = schreiben verwandt wäre.

c) In slawisch raz = Schlag, Gattung sehen wieder andere die Quelle von Rasse.

d) Und schließlich ist auch versucht worden, Rasse auf das französische Zeitwort racer = Raubvogelzucht treiben zurückzuführen.

RÖMER

als Namen des grünen bauchigen Weinglases taucht zuerst um 1500 herum am Niederrhein und in den Niederlanden auf. Goethe bringt das Gefäß sogar in eine bestimmte Beziehung zum Rheinwein: „sorgsam brachte die Mutter des klaren herrlichen Weines mit den grünlichen Römern, den echten Bechern des Rheinweins." Auch bei Schiller wird des Römers in gehobenem Stimmungston erwähnt: Brüder, fliegt von euren Sitzen, wenn der volle Römer kreist. Für das bayrische Sprachgebiet, wo der Ausdruck Römer nicht volkstümlich ist, hat Schmeller immerhin die Verkleinerungsform Römerle = kleines Weinglas gebucht.

Wenn das Auftreten des neuhochdeutschen Wortes bzw. des holländischen Wortes roemer geographisch auch festgelegt ist, besteht doch keine Sicherheit darüber, wie es zu diesem niederrheinischen Worte kam. Fünf verschiedene Deutungen liegen vor:

a) Begreiflicherweise wurde zunächst versucht, den Ausdruck mit Rom und römisch in Verbindung zu bringen. Das Grimmsche Wörterbuch meint, man habe den Namen von dem Stoffe entlehnt, aus dem man jene Gläser anfertigte, dem vitrium romarium, unter welcher Bezeichnung Bruchstücke altrömischen Glases im Handel waren.

b) Festhaltend zwar an der Ableitung von Rom, römisch geht eine zweite Erklärung ganz andere Wege. Römer sei ein Gefäß für rumeynische Weine gewesen, womit oströmische gemeint waren, d. h. griechische von Chios, Samos usw. Rumeneien hießen tatsächlich Weinstuben für griechische Weine.

c) Der Franzose Edgar Quinet erklärt das deutsche Wort Römer: Glas in Form eines Römerkopfes.

Bei diesen drei Deutungen muß angenommen werden, daß das Wort aus dem Deutschen dann ins Holländische gedrungen ist. Umgekehrt sehen die beiden nächsten Ableitungen den Weg des Wortes aus dem Holländischen ins Deutsche vor. Römer käme demnach

d) von holländisch ruim = geräumig (een ruime maat = ein reiches, volles Maß), dementsprechend Römer eigentlich „das geräumige Glas" wäre; oder

e) von holländisch roemen = prahlen, prunken, rühmen, so daß dieser Deutung nach Römer eigentlich „Rühmglas" ist, d. h. ein Prunkglas, mit dem man einen Trinkspruch zum Ruhme jemandes ausbringt.

Diese letzte Ableitung hat wohl das meiste für sich. Das französische rumer (schon für 1570 belegt), das englische rummer und das schwedische remmare sind jedenfalls aus dem Holländischen oder dem Deutschen entlehnt.

SANDWICH

Jener Lord Sandwich, den nicht nur ein Gemälde von Gainsborough verewigt, sondern dem auch die Sprache Denkmäler internationalen Charakters gesetzt hat, war durchaus kein Mann von so überwältigenden Verdiensten, die diese Ehrung durch die Sprache rechtfertigen könnten. John Montague, der vierte Graf von Sandwich (1718—1792), Stolz seiner Standesgenossen, hatte nicht ohne Grund einen üblen Leumund im Volke. Er bekleidete verschiedene hohe Ämter, war nacheinander Staatssekretär, Generalpostmeister, Erster Lord der Admiralität, und in allen diesen Ämtern erwies er sich als besonders unfähig, überall blühte um ihn und unter ihm die Korruption. Er war Mitglied des Hellfireclub (Höllenfeuerklub), von dessen „schwarzen Messen" viel gesprochen und noch mehr gemunkelt wurde, und einer der Begründer des Order of St. Francis at Medmenham Abbey, unter welchen, scheinbar kirchlichen Namen vornehme Lebemänner wüste Orgien („englisch-eleusinische Mysterien") feierten. In die berühmte „Bettleroper", die sich in unseren Tagen zur „Dreigroschenoper" verjüngte, wurde eine Anspielung auf den berüchtigten Lord eingeflochten, und den Spitznamen Jemmy Twitcher, den sie ihn anhängte, wurde er sein Lebtag lang nicht los. (1770 erschien ein Buch über „Leben, Abenteuer, Intrigen und Liebschaften des berühmten Jemmy Twitcher".) Es ist jedenfalls charakteristisch für den hohen Herrn, der nur seinen Gelüsten lebte, daß er etwas erdachte, das ihm ermöglichte, zu gleicher Zeit Karten zu spielen und zu essen. Einmal soll er vierundzwanzig Stunden am Spieltisch verbracht haben. Um das Spiel nicht unterbrechen zu müssen und um auch die Finger für die Karten rein zu bewahren, ließ der vornehme Genießer seine Diener kaltes Fleisch zwischen zwei Brotscheiben legen und erfand so die belegten Brötchen[1]. Eigentlich erfand er sie zum zweiten Male, denn schon im alten Rom kannte man unter dem Namen „offulae" mit kaltem Fleisch belegte Brotscheiben. Das war aber schon längst vergessen[2],

---

1) Es gibt einen alten englischen Vers, der Lord Sandwich und Lord Spencer (nach dem der kurze Rock ohne Schöße benannt wurde) zusammen erwähnt: the one inventend half a coat, the other half a dinner (es habe von den two noble earls der eine einen halben Rock, der andere eine halbe Mahlzeit erfunden).

2) Auch der französische König Heinrich IV. kam einmal auf den Einfall, Fleisch zwischen Brotscheiben zu legen. Die Pfalzgräfin Liselotte erzählt diesen Vorfall in ihrem Briefe vom 13. August 1716. Der König besuchte einmal

und erst nach dem Beispiel des spielbeflissenen Lords bürgerten sich — trotz des anfänglichen Widerstrebens der vornehmen Hausfrauen gegen diese als unschicklich empfundene Spielersitte — die belegten Brötchen in der ganzen Welt ein. Und überall hießen sie Sandwichs. Was natürlich nicht ausschließt, daß mancherorts daneben auch andere Bezeichnungen bestehen. (Die Florentiner z. B. sagen panino gravido = schwangeres Brötchen, die Spanier acostumbrada = Eingemauertes. Die in Wiener Kaffeehäusern oft verwendete Bezeichnung „illustriertes Brot" gilt in erster Reihe solchen Sandwichs, deren Belag kunstvoll aufgebaut ist und angesichts verschiedener Bestandteile — z. B. Salami, Ei, Gurke — bunt ausschaut.) Bei der Übertragung des Namens Sandwich auf Männer, die auf ihrem Leib vorne und hinten Plakate tragen (Sandwichmänner), ist die Vergleichsgrundlage ohne weiteres erkenntlich. Der Engländer gebraucht auch ein Zeitwort to sandwich in = einlegen, einreihen, dazwischenlegen.

Auch in die Geographie fand der Name des vierten Lord Sandwich Eingang. Als Cook 1778 die hawaianischen Inseln entdeckte, taufte er sie zu Ehren des Ersten Lords der Admiralität Sandwichinseln. (Dieser Namen wird in der letzten Zeit allerdings vom Eingeborenennamen Hawai immer mehr verdrängt, was vielleicht mit dem Interesse zu erklären ist, das man jetzt den Eingeborenen dieser Inseln, ihrer Musik, ihren Tänzen, ihrem Wassersport, ihrem schönen Körperwuchs entgegenbringt.) Weniger bekannt ist, daß auch die Insel Efate, eine der zwar nicht von Cook entdeckten, aber von ihm erforschten Neuen Hebriden in Melanesien nach dem Ersten Lord auf den Namen Sandwichinsel getauft wurde.

Nun bleibt noch übrig, den Namen des vielfach verewigten Lords selbst auf seine Herkunft zu betrachten. Sandwich ist ein altes Städtchen im Südosten Englands, in der Grafschaft Kent. Eines der historischen „Fünfhäfen", der Cinque Ports, lag es einst unmittelbar am Meere, das seither um einige Kilometer zurückgetreten ist. Auf diese Lage weist auch der Namen Sandwich hin. Er wird als

---

unangesagt eine seiner Mätressen. Er hatte erfahren, daß sie ihn mit dem Herzog von Bellegarde betrüge und daß dieser eben bei ihr sei. Als sie ihm Feldhühner aufwartete, spaltete er ein Brot, legte ein Stück Fleisch hinein und warf dieses „Sandwich" unter das Bett, wo er richtig den überraschten Liebhaber vermutete. „Sire, was machen Sie", frug die erschrockene Mätresse. Der König lachte: Madame, ne faut-il pas que tout le monde vive, muß denn nicht jeder zu essen kriegen?

„Sand-Ort" gedeutet. Der zweite Teil „-wich" ist auf lateinisch vicus = Ort zurückzuführen, welche Wurzel man in vielen europäischen Ortsnamen erkennen will: in Wyk auf Föhr, Vigo in Spanien, Vichy in Frankreich; ferner in Zusammensetzungen wie Schleswig (Ort an der Schlei), Bardowieck bei Lüneburg (Ort der Barden, d. h. Langobarden), Rejkjavik auf Island (= Rauchort, bezieht sich auf die Dämpfe der dortigen Geisirs), Greenwich in England (Ort im Grünen). In der nächsten Umgebung von Stockholm gibt es einen Ort namens Sandvik, und auch die Karte der dänischen Insel Bornholm weist ein Sandwig auf. Übrigens gibt es auch in Großbritannien außer der Stadt Sandwich noch ein zweites Sandwich: so heißt ein Ort auf Mainland, der größten der zu Schottland gehörenden Shetlandinseln; die Bewohner dieser Insel sind norwegischer Abstammung, und auch dieser Umstand spricht für die nordgermanische Herkunft dieses Ortsnamens.

Das älteste Sandwig dürfte jenes in Deutschland sein: bei Flensburg gibt es einen kleinen Ort dieses Namens. Es darf angenommen werden, daß die Angelsachsen den Ortsnamen Sandwich aus Norddeutschland auf die britischen Inseln mitnahmen, und daher ist es also ein schleswig-holsteinischer Namen, der sich nicht nur in den skandinavischen Ländern und in England, sondern sogar in Melanesien und in Polynesien neue Heimaten gegründet hat, davon nicht zu sprechen, daß er sich in seiner eßbaren Verkörperung über den ganzen Erdball verbreitet hat.

SARDONISCHES LACHEN

Der älteste Beleg für den Ausdruck sardonisches Lachen findet sich in Homers Odyssee. Als Penelopes Freier Ktesippos Odysseus höhnisch anspricht und einen Kuhfuß nach seiner zerlumpten Bettlergestalt wirft, neigt der unerkannte König sein Haupt zur Seite und unterdrückt seinen Zorn, wobei er sardonisch lächelt (meithese sardanion). Voß übersetzt: mit schrecklichem Lächeln. Das Griechische kannte dann auch die Form sardonios gelos, sardonisches Gelächter, und man verstand darunter ein verbittertes Lachen, ein Lachen voll Ingrimm. (Auch aus Homers anderem Epos lebt ein Gelächter in unserem Wortschatz fort: mit Anspielung auf das unauslöschliche Gelächter, dem asbestos gelos der Götter im 20. Gesang der Ilias prägten zuerst die Franzosen im 18. Jahrhundert den Ausdruck vom rire homérique, dem homerischen Gelächter.)

Sardonisches Lachen (ris sardonien oder sardonique, riso sardonico, sardonic grin oder laughter usw.) ist heute ein internationaler Ausdruck für krampfhaftes oder bitteres Lachen, an dem die Seele nicht oder jedenfalls nicht mit Heiterkeit beteiligt ist, mit einer kleinen Bedeutungsverschiebung auch für hämisches Grinsen. In der Medizin bezeichnet man heute als sardonisches Lachen allgemein den scheinbar lachenden Gesichtsausdruck bei Fazialkrampf (Gesichtsmuskelkrampf) oder bei Tetanus traumaticus (Wundstarrkrampf). In diesem Zusammenhang erwähnen wir auch den Ausdruck hippokratisches Gesicht (facies hippocratica) für das Gesicht des Sterbenden, nach der vortrefflichen Beschreibung der Vorboten des nahen Todes im Menschenantlitz, die Hippokrates, der große Arzt des griechischen Altertums, in seiner Schrift Prognostikon gegeben hat. Dieses geflügelte Wort lebt auch in der Nebenform „hippokratischer Zug".

Wenn wir absehen von dem Versuch einer Ableitung aus dem griechischen Zeitwort sairein = klaffen, die Zähne fletschen (bei welcher Hypothese das homerische meithese sardanion mit a und gelos sardonion mit o in der zweiten Silbe auseinandergehalten werden), so bringen den Ausdruck sardonisches Gelächter alle Erklärungen mit der Insel Sardinien in Zusammenhang. Nach der Auffassung des Altertums kommt der Ausdruck von einer bitteren, giftigen Pflanze, die besonders auf Sardinien vorkam und daher sardonia (oder sardoa) herba hieß. Der Genuß dieser Pflanze, hieß es, verursache Krämpfe mit verzückten Lippen, krampfhaftes Lachen, ja selbst den Tod unter einem heftigen, mit Zuckungen verbundenen Lachen. Die älteste Schilderung dieser Giftwirkung findet sich bei Sallust, im 2. Buche seiner Historiae. Linné war es, der feststellte, welche Pflanze unter dem alten Namen des sardinischen Krautes zu verstehen sei; er taufte sie Ranunculus balbosus; es bestätigte sich, daß die Pflanze – es ist unser „knolliger Hahnenfuß" – ein tödliches Gift enthält, das den Mund des Sterbenden zu einem schrecklichen Lächeln verzerrt. Der witzige Carl Julius Weber, Napoleons Zeitgenosse, schreibt in seinem „Demokritos", der Kaiser trage dieses bittere und gezwungene, zu seinem fatalen Ernst nicht passende und wenig Zutrauen erregende Lachen zur Schau, so „daß man es füglich korsisches Lachen nennen könnte". („Ich glaube, wenn ich nach diesen Inseln käme und dieses Kräutlein erblickte, daß ich lachte, ohne es noch über die Zähne gebracht zu haben.") Weber erwähnt übrigens u. a. das Apium risus

(Lachkraut) als die Giftpflanze, die die Verzerrung der Muskeln zu einem wie Lachen wirkenden Gesichtsausdruck verursache. Ich möchte dabei zu bedenken geben, daß es sich um eine Sellerieart handelt und daß Sellerie und Petersilie im Altertum, besonders in der ägyptischen und der griechisch-sizilischen Sphäre, als Totengaben verwendet worden sind, so daß eine Beziehung des sardonischen Lachens zum Sinnbezirk des Todes, zu Bestattungs- und Trauerbräuchen vermutet werden kann. Auf die Möglichkeit solcher Beziehungen der Idee vom sardonischen Lachen kommen wir noch zurück.

Neben der Deutung des Ausdrucks aus pflanzlicher Giftwirkung besteht auch die Vermutung, daß der üble Ruf, in dem die Einwohner Sardiniens im Altertum standen, zum Entstehen der Gleichung böses, grausames Lächeln = sardonisches Lachen beigetragen hat. Bei der Urbevölkerung jener Insel, den Sarden oder Sardonen, bestand die grausame Sitte, die alten Leute zu töten. Bei diesem Vorgang mußte gelacht werden, und vielleicht war ursprünglich dies mit dem sardonischen Lachen gemeint. In Sardinien spielte übrigens das Lachen bis ins 19. Jahrhundert eine gewisse Rolle bei den Begräbnisbräuchen. An der Bahre des Verstorbenen waltete ein Klageweib seines Amtes; wenn aber die Bahre weggetragen war, so mußte nach Landesbrauch eine Spaßmacherin die Trauernden zum Lachen bringen. Eugen Fehrle, der die Rolle des Lachens in Volksbräuchen untersucht hat, weist übrigens auch darauf hin, daß nach Strabos Bericht auch die ägyptischen Nomaden bei der Beerdigung ihrer Toten unausgesetzt lachten. In diese wenig durchsichtigen Verhältnisse wird man wohl erst mit Hilfe moderner Tiefenpsychologie Licht hineinbringen können. Wenn man sich vergegenwärtigt, daß Nachrichten vom Tode des Mitmenschen unbewußte Schuldgefühle aktivieren, und auch daran denkt, wie oft von Fällen zwanghaften Lachens bei Begräbnissen berichtet worden ist, wird man dazu neigen, im Ausdruck sardonisches Lachen nicht oder nicht allein die Feststellung einer physiognomischen Giftwirkung zu sehen, sondern in ihm auch eine dunkle Erinnerung an uralte Vorgänge bei Menschenopfern zu vermuten. Und wenn es auch nicht möglich sein sollte, diese archaische Erinnerung jemals auf dem Boden der Geschichte aufzuhellen, so wird diese Klärung vielleicht doch auf Umwegen erzielt werden können, nämlich mit Hilfe von Befunden, die man unter vergleichbaren seelischen Voraussetzungen, entweder bei primitiven Völkern der Gegenwart oder bei Neurotikern möglicherweise noch machen wird. So werden also bei der sprachwissenschaftlichen Klärung eines Ausdrucks Medizin und Altertumskunde, Botanik und Physiognomik, Seelenkunde und Ethnologie zusammenwirken können.

SARG, SARKOPHAG, SARKASMUS

Ein bei Assos in der kleinasiatischen Landschaft Troas (heute Behram-Kalessi) gebrochener Kalkstein soll von den Griechen für Totenladen bevorzugt worden sein, weil der Leichnam darin rasch, schon nach 40 Tagen, verweste. Der Stein hieß daher fleischfressender Stein, lithos sarkophagos. Lithos = Stein, sarx = Fleisch, phagein = fressen (daher z. B. Anthropophag = Menschenfresser). Später hieß dann griechisch der Leichenbehälter selbst, und sei er aus welchem Material immer, Sarkophag. Nach Kleinpaul sei lithos sarkophagos bildlich zu verstehen; es sei eben jeder Leichenbehälter als „Fleischfresser" zu betrachten: „hiermit erledigt sich die etwas naive Suche nach einem besonderen fleischverzehrenden Sarkophagstein, die nur von Unverstand zeugt."

Aus Sarkophag wurde gekürzt althochdeutsch saruk, sarch und jetzt: Sarg. In Frankreich wurde aus Sarkophag altfranzösisch sarcou und jetzt cercueil; das niederländische zerk bedeutet nur mehr den Grabstein.

Auf griechisch sarx = Fleisch gehen auch unsere Fremdwörter **sarkastisch, Sarkasmus** zurück. Sarkazo heißt zerfleischen (vielleicht auch: aus Zorn oder Verbitterung die Lippen beißen), Sarkasmus ist beißender Spott. Theodor Reik hat jüngstens auf das oralsadistische Element dieser Witzart hingewiesen (bei Shakespeares Shylock, der auf sein Pfund Fleisch besteht, regrediert der grausame Humor fast bis zur Phase des Kannibalismus); das Bild vom „beißenden" Spott hat also vermutlich eine tiefere Bedeutung. Für Sarkasmus hat Wieland, von dem viele Fremdwortverdeutschungen stammen, Stachelrede gebraucht. Wie ungenau das Fremdwort Sarkasmus trotz seiner Häufigkeit oft verstanden wird, zeigt ein Versuch, den Prof. Karl Bergmann unternommen hat. Er hat, wie er 1929 berichtet, im Rahmen von Deutschkursen, die er im Auftrage der Volkshochschule in Darmstadt und seiner Umgebung hielt, bei seinen Hörern Versuche über die Verständlichkeit der

Fremdwörter gemacht. Unter anderem war der Satz „er behandelt ihn mit Sarkasmus" zu erklären. In einem der Kurse gaben von 44 Hörern nur 10 die Bedeutung von Sarkasmus richtig wieder. Die anderen übersetzten das Wort mit Energie, Roheit, Gleichgültigkeit usw. Einer der Hörer, wohl durch „behandeln" beeinflußt, faßte Sarkasmus sogar als eine Arznei auf.

Die durch das Lehnwort Sarg verdrängten deutschen Ausdrücke Totenbaum, Totentruhe, Leichenkar werden heute noch in einzelnen Gegenden Deutschlands mundartlich gebraucht. Es fehlt übrigens auch nicht an etymologischen Erklärungen, die auch in Sarg ein germanisches Wort sehen. So vertrat z. B. Wackernagel die Ableitung von saruh = Hemd. Das Falk-Torpsche indogermanische Wörterbuch läßt immerhin die Beeinflussung der germanischen Wurzel durch das griechische sarkophagos zu.

SEIN SCHÄFCHEN INS TROCKENE BRINGEN

bedeutet: seinen Vorteil wahren, sich seinen Gewinn sichern, ihn beiseite schaffen. Für 1576 (J. Burkhard) ist die Redensart in folgender Form belegt: „jhre Schäflin ins trocken (wie man pfleget zu sagen) zu treiben." Und im Jahre 1597 heißt es in einer gereimten Beschreibung der Frankfurter Messe: hast dein Schaff in das Trucken gebracht, keiner ist, der dich drumb veracht. Eine verwandte Redensart lautet: er weiß sein Schäfchen zu scheren. Mit gleicher Bedeutung wird in Holstein auch gesagt: he hett sine Saken up't Dröge (aufs Trockene) brogt. Die Antwort auf die Frage, was es bei den Schafen mit dem Trockenen auf sich hat, muß man sich natürlich aus dem Gebiete der Schafzucht holen. Den Ausdruck bringt man mit der wirtschaftlichen Gefahr in Zusammenhang, die ein Gewitter, besonders aber eine Überschwemmung für den Züchter bedeutet. Die jungen Schafe erkranken leicht, wenn sie naß werden, und es ist ein Vorteil, sie rechtzeitig unter Dach zu bringen; auch bei der Schafsschur oder der Schafswäsche muß man auf die Jungen achten, daß sie sich nicht erkälten.

R. Hildebrand bringt in die Deutung der Redensart noch eine besondere Nuance hinein, wobei es ihm wichtig erscheint, daß nicht vom Schaf, sondern von Schäfchen die Rede ist. Die Redensart, meint er, stamme aus dem Munde eines reichen Bauern, der bei einem großen Gewitter einen großen Viehhof zugrunde gehen sieht und nun gewahr wird, wie der Arme viel besser dran sei, er habe sein

Schäfchen, das er einfach in seine Stube nehmen kann, schon im Trockenen. Dieser Deutung entsprechend wäre das Schäfchen im Trockenen also eigentlich der kleine, leicht zu sichernde Vorteil, die kleine Habe des kleinen Mannes, das, was nach einem anderen, weniger verbreiteten Gleichnis das „Lamm des Armen" ist (in dieser letzteren Redensart deutlich als die einzige Habe des Armen, die ihm übrigens der Reiche auch nicht gönnt). Die von Borchardt-Wustmann vertretene Auffassung, das Schäfchen, das ins Trockene gebracht wird, stelle einfach jede typische Erwerbung eines kleinen Mannes dar, wird jedenfalls durch die Analogie jenes Umstandes gestützt, daß in vielen Sprachen eine Urverwandtschaft zwischen der Bezeichnung Vieh und Vermögen (z. B. lateinisch pecus und pecunia) zutage tritt.

Alle diese Gedankengänge sind aber hinfällig, wenn das Schäfchen dieser Redensart überhaupt kein Schäfchen ist. Behaghel und Richter-Weise sehen im Schäfchen eine schriftsprachliche Verunstaltung von Schepken, der niederdeutschen Lautform von Schiffchen. Nicht sein Schäfchen, sondern sein Schepken bringt nach dieser Deutung der Mann bei Gewitter glücklich ins Trockene, d. h. in Sicherheit. (Ein ähnliches schriftsprachliches Mißverstehen einer niederdeutschen Redensart ist: ins Gebet nehmen statt ins „Gebett", nämlich ins Gebiß nehmen.) Hildebrand hat in der Verteidigung des Schäfchens zwar eingewendet, Schiffe würden doch vor dem Gewitter nicht ins Trockene geborgen, sondern im Hafen, in der Bucht; und auch Friedrich Seiler frägt: was soll das Schiff auf dem Trockenen? Aber ihnen ist richtigerweise entgegengehalten worden, daß Schiffchen, also Kähne, wirklich ans Land gezogen werden. Auch ist es an der Nordseeküste üblich, daß Schiffer ihre zum Fischfang benützten kleineren Fahrzeuge bei großem Unwetter und zur Winterszeit an Land ziehen, um sie unter Dach vor Regen und Schnee zu bergen.

Unsinnig ist also die Beziehung der Redensart auf das Schiffchen keinesfalls, aber es scheint mir einfacher zu sein, der näherliegenden Deutung den Vorzug zu geben und am Schäfchen als einem jungen Schafe festzuhalten, solange nicht etwa neuere Funde die Erklärung aus dem Niederdeutschen zur zwingenden machen. Ernst Wülfling hat übrigens mit Hilfe der „Täglichen Rundschau" Äußerungen zur Frage Schäfchen oder Schiffchen aus verschiedenen Teilen Deutschlands gesammelt, und auch diese Stimmen — sie können natürlich nur als Äußerungen des nachträglichen Sprachempfindens gewertet werden — haben sich überwiegend für Schäfchen ausgesprochen.

Ich möchte schließlich auch zu bedenken geben, ob nicht etwa ein volkstümliches Gleichnis Geldmünzen (insbesondere Goldstücke) = Schäfchen (auf einer ähnlichen visuellen Vergleichsgrundlage wie beim bildlichen Ausdruck „Lämmerwolken") die Redensart „sein Schäfchen ins Trockene bringen" vielleicht mit beeinflußt habe. Es würde dann allerdings besser passen, vom Schäfchen nicht in der Einzahl zu sprechen, aber die Möglichkeit eines solchen Quereinflusses schließt dieser Umstand nicht zur Gänze aus.

SCHIBOLETH

Das hebräische Wort Schiboleth gebrauchen wir im Sinne Erkennungsruf, Losungswort, Kampfruf. Der Ausdruck wurde im Deutschen durch Herders und Goethes Gebrauch zum geflügelten. (Weiß- und Schwarzbrot — schreibt Goethe in der Campagne in Frankreich — ist eigentlich das Schiboleth, das Feldgeschrei zwischen Deutschen und Franzosen.) Das Wort geht auf eine Stelle des Alten Testaments zurück. Richter 12, 5. 6 wird berichtet, daß die Gileaditer auf Anordnung Jephtas bei der Furt des Jordans jeden, der hinüber wollte, das Wort Schiboleth (es bedeutet hebräisch sowohl Ähre als Strom) nachsprechen ließen; sagte einer statt Schiboleth Siboleth, so verriet ihn seine Aussprache als Ephraimiten, und er wurde erschlagen. Da die griechische Sprache keinen sch-Laut kennt, verursachte die Wiedergabe dieser Stelle in der griechischen Übersetzung der Bibel Verlegenheit. Der Übersetzer der Septuaginta glaubte, ihrer Herr geworden zu sein, indem er einfach den wörtlichen Sinn von Schiboleth wiedergab und stachys (Ähre) einsetzte.

Es gibt noch zwei ähnliche geschichtliche Überlieferungen über tödliche Aussprache. In jenem Gemetzel zu Palermo am 30. März 1282, dessen Erinnerung unter dem Namen der Sizilianischen Vesper fortlebt, war das Schiboleth das Wort ciceri (sprich tschitscheri). Es ist der sizilianische Abkömmling des lateinischen Wortes cicer = Kichererbse, mit dem sowohl der Namen Cicero als das deutsche Wort Kichererbse zusammenhängt. Im Französischen wurde diese romanische Wurzel zu chiche (sprich schisch). Den Laut „tsch" kennen die Franzosen nicht, und als sie an jenem Schreckenstag zu Palermo einzeln angehalten wurden, das italienische ciceri nachzusprechen, sagten sie siseri oder schischeri statt tschitscheri und bezahlten dann mit dem Leben, daß sie sich durch diese Unzulänglichkeit als Franzosen verraten hatten.

Zwanzig Jahre später starben Franzosen in Brügge an der Aussprache der niederländischen Wörter schilde und vriend.

Es gibt auch ein Beispiel dafür, daß eine Besonderheit der Aussprache einem Volksstamm seinen Namen eingebracht hat. Die mazedonischen Rumänen heißen Zinzaren, weil sie das rumänische cinci (= fünf) nicht tschintsch aussprechen, sondern zinz.

SCHIMMEL, AMTSSCHIMMEL

Die Herkunft des Wortes Schimmel (in der Bedeutung des Pilzüberzuges auf organischen Stoffen) ist ungeklärt. Angesichts der silbrigen Farbe der Schimmelpilze läßt sich allerdings vermuten, daß die Wörter Schimmel und schimmern zusammenhängen. Schimmern dürfte ein Iterativum vom mittelhochdeutschen Zeitwort schemen = blinken, glänzen sein und daher schließlich auf scheinen (althochdeutsch skinan, gotisch skeinan) zurückgehen.

Dafür, daß für die Bezeichnung der verschimmelnden Materie die dabei auftretende Farbe bestimmend war, spricht auch der Umstand, daß das Moment der Farbe auch für eine weitere sprachliche Übertragung, für die von einer schimmligen Materie auf Pferde bestimmter Farbe, ausschlaggebend ist. Im Jahre 1374 taucht zuerst die Bezeichnung „schemeliges perd" (ein Jahr vorher niederdeutsch scymelinghe perd) auf. Daraus dann verkürzt für ein weißes oder sehr helles Pferd: der Schimmel (mit verschiedenen Abarten, wie Eisenschimmel, Grau-, Blau-, Mohren-, Muskat-, Spiegel-, Apfelschimmel u. dgl.).

In der Bezeichnung Schimmel für die Schwerfälligkeit und Kleinlichkeit öffentlicher Ämter könnte man eine Übertragung des Pferdenamens sehen wollen, zumal da man oft einen dürren, störrischen Klepper als Symbol und Attribut des Heiligen Bürokratius abgebildet sieht und den Beamten auch einen Schimmelreiter schimpfen hört (wobei eine Verwechslung mit dem geisterhaften Schimmelreiter, einer Schreckgestalt der deutschen Volkssage, vgl. Theodor Storms Novelle, zu vermeiden ist). In Wirklichkeit gelangt der Amtsschimmel nur durch einen Wiener Wortwitz in die Zoologie, ähnlich wie im Wienerischen der „personifizierte" Stier (stier = abgestiert) zum Wappentier des Geldmangels wird. Die vorgedruckten Musterformulare, die die Beamten des Altösterreichs für die Erledigungen bestimmter Angelegenheiten hatten, hießen simile (lateinisch: ähnlich), weil sie besagten, daß ein Fall in einer ähnlichen Weise, wie frühere, zu erledigen sei. Einen Beamten, der für die Sonderheiten eines Falles kein Auge hatte und immer bestrebt war, nach einem Schema zu arbeiten, nannte man daher spöttisch einen Schimmelreiter (eigentlich Similereiter), denn — wie Wurzbach schreibt — „auch in den Kanzleien stecken Humoristen". Übrigens sagt man auch „nach demselben Schimmel erledigen" oder „alles nach einem Schimmel erledigen", was die Ableitung aus simile stützt. Übrigens scheint auch der Anklang an „nach einem Schema", „nach dem gleichen Schema" mitgewirkt zu haben.

Ein Mitarbeiter der „Königsberger Allgemeinen Zeitung", dem der berittene Bürokrat nicht paßt (und dem die Deutung aus simile offenbar nicht bekannt ist), zieht es vor, den Amtsschimmel in die Bakteriologie zu verweisen: „Keineswegs klappert er die steilen Treppen auf vier Hufen zur Amtsstube hinauf; er trabt und galoppiert nicht, er schleicht sich ganz leise, unhörbar in die Ämter ein, läßt sich auf die Aktendeckel nieder, geht nicht wieder weg, weil ihn niemand verscheucht. So überzieht er schließlich im Laufe der Jahre alle Akten mit einer immer dicker werdenden Schicht von Schimmel. Das ist des Schimmels Kern!"

Was wir Amtsschimmel nennen, heißt jetzt in Frankreich Anastasie. Dieser Ausdruck geht auf ein um die Zeit des Kriegsendes im Théâtre Sarah Bernhardt gespieltes Stück von François Porché, La jeune fille aux jaunes roses, zurück. Im imaginären Staat einer Prinzessin Anastasia herrscht ein verwickelter Bürokratismus, sogar für das Betreten einer Straße müssen Eintrittskarten gelöst werden. Daraus entwickelte sich die Bedeutung „tante Anastasie" = Amtsschimmel. In Schriftstellerkreisen bekam das Wort die engere Bedeutung Zensur.

SCHIMPF

ist — nach der Definition von Sanders-Wülfling — „zunächst: scherzender Spott, Hohn, dann aber: etwas, wodurch jemandes Ehre gekränkt, verletzt wird, leidet". Man tut einem einen Schimpf an, man überschüttet ihn mit Schimpf, man jagt ihn mit Schimpf und Schande davon usw. Im Althochdeutschen bedeutete aber scimpf noch: Scherz, Spaß, Kurzweil, Spiel, Kampfspiel. Dieser ursprüngliche Sinn erhielt sich noch lange. Im Nibelungenlied sagt Siegmund, als er die Nachricht von der Ermordung seines Sohnes Siegfried erhält, zum Boten: lat daz schimpfen sein (laß das Scherzen sein). Unter Ritterschimpf verstand man ritterliche Belustigungen. Nemt den Schimpf von uns vergut, bitten die Darsteller der derben Fastnachtsspiele. Noch Gryphius sagt 1698 im Peter Squenz, man solle sich nicht entsetzen, Thisbe „ersticht sich nicht, es ist nur Schimpf". Und sogar bei Lessing und Wieland finden wir noch die Formel „Schimpf und Ernst" mit der Bedeutung „Scherz und Ernst".

Wenn man die tiefenpsychologische Feststellung über den aggressiven Anteil des Witzes kennt, wird man sich über den Bedeutungswandel des Wortes Schimpf nicht wundern. Immer steckt im Scherz eine gewisse Angriffslust, die vom geheim Angegriffenen erkannte Bosheit läßt aber den Scherz als Hohn empfinden, und schließlich gewinnt im Begriff des Schimpfes das Kriterium der verletzenden Wirkung die Oberhand. Sehr nett hat Söhns auseinandergesetzt, daß die Phasen im Bedeutungswandel des Wortes Schimpf sich am besten durch drei alliterierende Redensarten darstellen lassen: Schimpf und Scherz, — Schimpf und Spott, — Schimpf und Schande. Sprachpsychologisch ausgedrückt: erste Bedeutung, der harmlosen äußeren Form des Verhaltens entsprechend = Scherz; zweite Bedeutung, dem Motiv entsprechend = Spott; dritte, der Wirkung entsprechend = Schande.

SCHMETTERLING

Die früher öfter (z. B. von C. H. F. Mahn) vertretene Deutung, der Schmetterling heiße so, weil er „alles beschmettert und beschmeißt", d. h. mit seinen Eiern belegt, ist unhaltbar[1]. Im Worte Schmetterling ist vor der Nachsilbe -ling, diesem Tausendkünstler unter den Suffixen[2], das mundartliche Schmetten, ein

---

1) Hoffmann von Fallersleben, der für Reaktionär einmal scherzhaft die Verdeutschung Freiheitsniederschmetterling gebrauchte, wollte damit jedenfalls nichts zur Etymologie dieses Tiernamens sagen. Mit dem Zeitwort schmettern hängt hingegen wohl der leipzigische Ausdruck „einen Schmetterling aufschlagen" für lautes Gelächter zusammen. In Leipzig nannte man übrigens früher auch die Orden scherzhaft Schmetterlinge. (Auch Alexander v. Humboldt bezeichnete seine Orden als seine Schmetterlingssammlung.)

2) Es fehlt allerdings auch nicht an einer Deutung, die in der letzten Silbe des Wortes Schmetterling anderes sieht als die Wortbildungssilbe -ling.

Synonym von Sahne, Rahm, Obers, Nidel, enthalten. Es kommt aus tschechisch smetana (bekannt auch als der Familiennamen des berühmten Tondichters). Aus dem Slawischen gelangte das Wort — in der Form Schmetten oder Schmand — in viele deutsche Mundarten; es ist besonders in Schlesien, in der Zips und bei den Deutschen in sonstigen Gegenden Ungarns sowie in den baltischen Gebieten heimisch.

Der Benennung Schmetterling liegt der Volksaberglaube zugrunde, daß Hexen in der Gestalt von Schmetterlingen den Kühen und Ziegen die Milch verderben oder rauben[1]. Auch andere volkstümliche Namen dieses Tieres deuten auf diesen Glauben hin: im Fränkischen heißt es Milchdieb oder Milchtrud, in Schlesien Molkendieb, auch Molkenteller (verderbt aus Molkenstehler), im Hohenlohischen Molkenstehler, in Westfalen Molkentöwerer; von der gleichen Vorstellung zeugen auch mundartliche Namen wie Smantlecker, Sahnenlecker, Butterfliege. Die abergläubischen Vorstellungen vom Schmetterling als bösen Dämon kommen auch bei anderen Völkern vor. Nur aus Unkenntnis dieses Volksglaubens konnte man das englische butterfly aus der Farbe gelber Schmetterlinge oder nach der „Butterähnlichkeit ihrer Exkremente" (Skeat) herleiten. Besonders der europäische Osten liefert

---

A. Berny sieht in der letzten Silbe von Schmetterling, ein Urlautgebilde ml oder lm, die Lautgebärde des Leckens, enthalten angeblich auch in griechisch molge, deutsch Milch, melken, hebräisch mlch = Salz. „Schmetterling" wäre demnach ein „leckendes Ding", und zwar ein Rahm leckendes Tier, eine Auffassung, die mit den obigen Ausführungen über Schmetterling = „Smantlecker" immerhin vereinbar wäre.

1) Der gleiche Volksaberglaube knüpft sich übrigens auch an einen Vogel: die „Nachtschwalbe", auch Nachtschatten genannt, heißt daher beim Volke auch Ziegenmelker, übereinstimmend mit dem lateinischen Namen caprimulgus. Andere Volksnamen dieses Vogels sind Großmaul, Milchsauger, Kuhsauger, Kindermelker, Hexe. Auch dem Namen des Caprimulgus in anderen europäischen Sprachen liegt der gleiche Volksglaube zugrunde: englisch goatsucker, holländisch geitenmelker, shapenmelker, italienisch succiacapre, französisch tettechèvre, spanisch chotacabras, portugiesisch chupacabras, katalanisch xuclacabras, rumänisch mulge-capre, mulgetorul-caprelor. Bei Kluge ist übrigens nicht die Nachtschwalbe (Caprimulgus europäus) als Träger des volkstümlichen Namens Ziegenmelker angegeben, sondern der Wachtelkönig oder Wiesenknarrer (Rallus crex). Zu rationalistisch erscheint mir auch die Klugesche Deutung, der Vogel heiße Ziegenmelker, „weil er das liegende Weidenvieh zu melken scheint, indes er die Fliegen vom Euter wegpickt". Die zahlreichen und internationalen volkskundlichen Belege für die dämonische Rolle der Seelentiere dürfen doch nicht übersehen werden.

viele Belege für die Auffassung des Schmetterlings als eines Geistertieres. Slowenisch veša bedeutet: Irrlicht, Hexe, Schmetterling. Bei den Rumänen heißt der Weißling bezeichnenderweise striga, Hexe, oder suflet de strigoia, Zauberatem, Hexenseele. Nach rumänischem Volksglauben stiehlt sich der Schmetterling nachts in das Herz eines Kindes und saugt ihm das Blut aus, so daß es sterben muß. Nesselausschläge, die bei Sterbenden manchmal auftreten, nennt der Rumäne streliçii de moarte, Todesschmetterlinge, und diese Todesnesseln sollen Nachtfalter durch ihre Berührung verursachen. Bezeichnenderweise bedeutete im Spätgriechischen psora sowohl den Nachtfalter als die Krätze. Auch mit der Vorstellung des Fiebers wird die des Schmetterlings sprachlich verknüpft, z. B. heißt im Litauischen drugys sowohl Schmetterling als auch Fieber; im Albanischen bedeutet ede Fieber, edeze Lichtmotten. Insbesondere der Nachtfalter gilt bei vielen Völkern als dämonisches Wesen, als Seelentier. In einigen Gegenden Schottlands heißt der Nachtfalter witch = Hexe. Man vermutet in ihm die Seele eines Verstorbenen. Manche Sprachen nennen den Nachtfalter einfach ,,Seele": griechisch psyche, englisch soul, französisch âme. Auch bei Dante wird die Seele als Schmetterling (l'angelica farfalla) aufgefaßt.

Aus der Vorstellung, in der Schmetterlingsgestalt verberge sich eine Hexe, erklärt sich auch der Umstand, daß es bei einigen Völkern volkstümliche Namen des Schmetterlings gibt, die mit der Vorstellung eines alten Weibes zusammenhängen. Das rätoromanische mammadonna = Schmetterling klingt an mammaduonna, Großmutter, an und veranlaßt W. Öhl zur Bemerkung, die Ähnlichkeit zwischen einem Schmetterling und einer Großmutter sei auf jeden Fall sehr gering. Ziehen wir aber die dritte Vorstellung, die der Hexe, heran, so ist der Zusammenhang nicht mehr unverständlich. Belegt wird dieser assoziative Zusammenhang in der volkstümlichen Auffassung auch durch den Namen des Schmetterlings im Russischen: babotschka (bedeutet auch Großmutter) und im Schwedischen: käringsjal (Altweiberseele).

Neben ,,Schmetterling" gibt es im Deutschen aber auch andere volkstümliche Namen dieses Tieres, die mit der Vorstellung des Hexens und Milchstehlens anscheinend nichts zu tun haben, wie z. B. Sommervogel in vielen Gegenden, im Holsteinischen Flörlöken, in Westfalen Fluchter, in Hessen Lattichvogel, Raupenscheißer, in

Schwaben Zweifalter, Fletisch, in Mähren Krautscheißer, im Egerland Feuerfalter, Peiffolter, im Erzgebirgischen Zweifelsfalter, in einzelnen Gegenden des bayrisch-österreichischen Sprachgebietes Milimaler, Müller[1], Weinfalter, Flattermaus, Falladeiner, Pfeilmuetter, Falmotte, Fallmolter, Flaimoltl, Flämolterlein, ferner in verschiedenen Gegenden Blindermaus, Bibbernickel, Bubeller, Fickefahn, Fifaumelte, Fippmopp, Flautermaus, Flickermaus, Fluppeschießer, Mippmopp, Pannenvogel, Panneweber, Spannenvogel, Zwicker, um nur eine Auswahl zu nennen. Mundartenforscher verzeichnen z. B. allein aus der Rheinprovinz fast hundert Namen für den Schmetterling.

Das Wort Schmetterling ist in der deutschen Schriftsprache noch keine zwei Jahrhunderte alt; es ist um 1750 herum aus oberschlesischen Mundarten in die Schriftsprache gedrungen und hat seither das ältere Wort Falter zum Teil zurückgedrängt. Falter hat weder mit den deutschen Wörtern „falten, Falte", noch mit „flattern" etwas zu tun; es ist verwandt mit griechisch pallein = schütteln über lateinisch papilio = Schmetterling („der die Flügel Schüttelnde"). Der althochdeutsche Vorläufer von Falter lautete vivaltra (im Schweizerischen kommen die Formen fifalter und pfiffalter noch vor). Ein naher Verwandter des Wortes Falter ist das Wort Pavillon. Für Fürsten und Heerführer zu festlichen Anlässen gebaute Zelte mit Seitenflügeln — Schmetterlingen verglichen — hießen schon im 3. Jahrhundert n. Chr. papilio. Daraus wurde dann im Französischen pavillon, mittelhochdeutsch pavilum. Daneben bildete sich im Französischen auch das Wort papillon zur Bezeichnung des Tieres. In Deutschland hat man um die letzte Jahrhundertwende herum auch für eine gewisse Krawattenart, die querstehende „Masche", Papillon sagen hören. (Über Doppelformen, die wie Papillon—Pavillon in der Bedeutung stark abweichen, ausführlicher unter den Stichwörtern „authentisch—Effendi" und „loyal—legal".)

Als ein in verschiedenen Sprachen wirksames Motiv für die Benennung des Schmetterlings haben wir die Auffassung des Lebewesens als eines sogenannten Seelentieres, als eines Milch und Rahm raubenden oder verhexenden Dämons kennengelernt. Aber noch

---

[1] Man erklärt diesen Namen mit dem mehlartigen „Staub" auf den Flügeln gewisser Schmetterlingsarten. Sollte aber nicht vielleicht an Müli (Milch) gedacht werden?

ein anderes Moment ist anzuführen, das in einzelnen Sprachen den seelischen Vorgang bei der Benennung des Schmetterlings kennzeichnet. Während die Namen Schmetterling, Milchtrud, Molkenstehler, butterfly gleichsam eine Definition des Tieres vom Gesichtspunkte des Landmanns, des abergläubischen Landsmanns darstellen, zeigt z. B. ein spanischer Namen des Schmetterlings die Einstellung des Kindes, auf den das bunte, zum Haschen reizende, im Flattern aber schwer zu erreichende Tier besonderen Eindruck machen muß. Mariposa ist der Namen des Schmetterlings im Spanischen, Katalanischen und Portugiesischen, wörtlich „Maria, setz dich". Das Wort mariposa ist also ein zum Hauptwort erstarrter imperativischer Satz, wie Faktotum, Vergißmeinnicht, Stelldichein usw. Diese Deutung ist aber nicht ganz unbestritten, einzelne Sprachforscher haben sie als „entzückende Gelehrten-Volksetymologie" (W. Öhl) abgelehnt[1]. Meines Erachtens ist am imperativischen Charakter von mariposa, wie von Diez, Körting, Meyer-Lübke, Riegler vertreten, nicht zu zweifeln, höchstens könnte man sich fragen, ob mariposa nicht aus maniposa (setz dich auf die Hand) verderbt ist (Scheler deutet sogar: man-y-posa, bleib und ruhe, „ein nicht unpassender imperativischer Anruf an den ewig flatternden Schmetterling"[2]).

Den Beweis dafür, daß im Namen mariposa jedenfalls, d. h. wie immer der erste Wortteil richtig zu deuten wäre, die Aufforderung an den Schmetterling, sich zu setzen, enthalten ist, scheint mir vor allem die vergleichende Volkskunde zu liefern. Volkstümliche Tiernamen gehen nicht selten auf kindliche Interjektionen oder auf Kinderreime zurück, mit denen Kinder auf das Erscheinen des betreffenden Tieres reagieren. Man beachte z. B. die folgenden Kinderreime aus Mecklenburg: Smetterling, sett di (setz di), een Uhr blött di (ein Ohr blutet dir); oder: Bodderlicker (Butterlecker) sett di, Näs und Muul blött di. Mehr als fünfzig solcher an den Schmetterling gerichteten Kinderverse, deren erste Zeile mit „sett

---

1) Diez: „Die von Mahn gegebene Erklärung aus mar y posa, Meer und Ruhe = Bewegung und Ruhe ist schön, leidet aber daran, daß Meer und Ruhe keine Gegensätze sind und das Bild für das Flattern des Schmetterlings zu erhaben."

2) Von den Schmetterlingsnamen romanischer Sprachen erwähnen wir noch italienisch farfalla („der rhythmische Nachfolger eines papilio") und portugiesisch borboleta. „Die Familienähnlichkeit der Schmetterlingswörter", bemerkt Spitzer, „besteht nur in einem gewissen je ne sais quoi, sie besteht nicht in ihrem Aussehen, sondern in ihrer ‚Aria', im Musikalischen des Wortes."

di" endet, führt Wossidlo in seiner Sammlung mecklenburgischer Volksüberlieferungen an. Ähnliche Kinderspielverse sind in Wiener Volksschulen aufgezeichnet worden: Pabla (Falter), Pabla setz di, du bist der Allaletzti.

Für den imperativischen Charakter von mariposa und für die Auffassung des ersten Wortteiles als des Rufnamens Maria spricht auch die Analogie anderer volkstümlicher Tiernamen. In Mittelfrankreich marivole und in Verona mariasgola (Maria, fliege!) = Marienkäferchen; hier ist auch eine norwegische Bezeichnung dieses Käfers zu nennen, wenn sie auch nicht zu einem Wort verwachsen ist: marja marja fly fly. Die Heuschrecke heißt spanisch saltaperico (spring, Peterchen!), italienisch saltamartin (Spring, Martin!) und in Mecklenburg Springhansel. Der Springkäfer im Schwäbischen und Schweizerischen: Hanseli-gump-uf.[1]

SCHOFEL

Das hebräische schafal = erniedrigt, verdorben wird im mittelalterlichen Judendeutsch zu schofel und dringt mit der Bedeutung armselig, minderwertig, schlecht durch Vermittlung der Gaunersprache in viele deutsche Mundarten und durch Vermittlung der Studentensprache auch in die allgemeine Umgangssprache, sogar in die Sprache der Dichter (Bürger, Voß, Pfeffel, Gottfried Keller). In einem Gedichte Bürgers heißt es: Vergib es denen, die Dich nun und immerdar durch Schofelwerke lästern. Jean Paul spricht in der „Auswahl aus des Teufels Papieren" von der Schofelwelt. Bei Bürger und Voß kommt auch das Hauptwort „der Schofel" vor (wohl nach dem Vorbild „Pofel", welches Wort unmittelbar aus Pöbel, mittelbar aus lateinisch populus kommt). Auf den Herzog Karl von Mecklenburg,

---

[1] Ein Tier, das in vielen Sprachen imperativische Namen hat, ist die Bachstelze. Der Sinn dieser Imperative ist dabei immer: wackle mit dem Schwanz. Griechisch heißt die Bachstelze seisopygis, lateinisch motacilla, französisch hochequeue, branlequeue, italienisch batticoda, tremacoda, squassacoda, spanisch aguzanieve (wetz den Schnee, nämlich mit dem Schwanz), slawisch tresorepka, englisch wagtail (in der englischen Volkssprache übrigens auch der Namen einer koketten, männersüchtigen Frau, kommt im König Lear auch mit der Bedeutung zudringlicher Bursche vor). Das deutsche Wort Bachstelze hat vielleicht auch nichts mit Bach und mit stelzen zu tun und ist möglicherweise aus Wacklsterz verdorbt, daher ebenfalls ein Befehlswort; zu den erstarrten Imperativen gehören jedenfalls andere deutsche mundartliche Namen des Vogels: Wagesterz (wackel mit dem Sterz) und Wippzagel (wippe den Zagel).

der im Hause des Prinzen Radziwill bei einer Liebhaberaufführung den Mephistopheles spielte, dichtete vor mehr als hundert Jahren der Berliner Volksmund: „Als Faust, als Mensch, als Christ gleich schofel, — erträglich nur als Mephistophel."

Sehr mannigfaltig ist die Bedeutung des Wortes schofel im Schwäbischen und im schwäbischen Rotwelsch. H. Fischers Schwäbisches Wörterbuch führt als Bedeutung für schofel u. a. an: elend, arm, kümmerlich, traurig, niederträchtig, unverschämt, buhlerisch. Daneben besondere Rotwelschausdrücke wie: Schofelkitt = Abtritt, Zuchthaus, schofler Patris = Stiefvater, schofle Falle pflanzen = Unzucht treiben, schofler Fisel = Heuchler, Schofelflättering = Unglücksvogel, Schofelschure = Gerichtsvollzieher, Schofelsitzling = Richterstuhl. Aus dem Schweizerischen führen wir an: Schoflete = zurückgesetzte, wertlose Ware, Schoffeli = nachlässige, schlampige Person (du bisch-mer afe ei fines Schoffeli), Gschofli = unbehilflicher, tölpischer junger Mann (en rechte Gschofli).

Das holländische und das dänische sjofel ist wahrscheinlich aus dem Neuhochdeutschen entlehnt, im Londoner Slang führt entweder das hebräische Etymon selbst oder das in vielen Fällen auch über den Kanal hinaus wirkende deutsche Rotwelsch zum Eigenschaftswort shofel oder showful. Weitere Londinismen: shofel-pitcher = jemand, der falsches Geld unter die Leute bringt, shofel-pullet (pullet = Hühnchen) = Dirne.

Zu Unrecht hat man aus hebräisch schafal—schofel auch ableiten wollen die Wörter: Syphilis (s. dieses Stichwort) und Schuft (mittelniederdeutsch schuvut, bis zum 18. Jahrhundert Schelte armer Edelleute, nach Kluge-Götze: „der Ruf des Uhus auf den lichtscheuen Raubritter übertragen").

SCHWAN, SCHWANENGESANG, MIR SCHWANT

Die Herkunft des Vogelnamens Schwan (althochdeutsch swana, z. B. im Frauennamen Swanahilda, die Schwanenkämpferin, englisch swan) ist dunkel. Gewöhnlich bringt man das Wort mit einer indogermanischen Wurzel suen = rauschen, tönen (im Sanskrit svanas = Ton) in Verbindung, von wo sich auch lateinisch sonare (statt svonare) ableitet, das Stammwort vieler internationaler Wörter, wie Sonett, Sonate, sonor, Dissonanz, Konsonant, unisono usw. Gemeint ist bei dieser Etymologie, daß die Idee vom „Schwanengesang" die Benennung des Vogels bestimmte. In Wirklichkeit gibt es unter den verschiedenen Schwanarten nur eine, bei der von einem „Singen" gesprochen werden kann. Der Cygnus cygnus, auch Cygnus musicus genannt, deutsch Singschwan, läßt, wenn er im Winter auf Eis gerät und keine Nahrung finden kann, wohlklingende, volle Töne verlauten und „singt" gegebenenfalls bis zum Eintreten des Hungertodes. Schöner als sonst ist seine Stimme im Sterben nicht; „sein letztes Aufröcheln", schreibt Brehm, „ist klangvoll, wie jeder Ton, welchen er von sich gibt". Die Vorstellung von der Außergewöhnlichkeit des Schwanengesangs geht aber schon auf das Altertum zurück. Im Agamemnon des Aischylos sagt Klytaimnestra von Kassandra, daß sie „nach Art des Schwans zu singen anhub letzten Todesklaggesang", und Cicero bemerkt in seiner Schrift vom Redner über die Rede, die Crassus kurz vor seinem Tode gehalten hatte: „das war gleichsam des göttlichen Mannes Schwanenrede." So bekam Schwanenlied oder Schwanengesang die Bedeutung: letztes Werk eines Künstlers. Im deutschen Schrifttum erscheint der Ausdruck in dieser übertragenen Bedeutung zuerst bei Sebastian Franck 1538. Da erst die moderne Naturbeobachtung erkannte, daß es sich um den Schmerzensgesang des Schwanes beim Erleiden des Hungertodes handelt, unterblieb die Anwendung des Ausdrucks Schwanengesang auf das letzte Werk bloß eines in Not und Armut sterbenden Künstlers, obschon Kunst- und Literaturgeschichte aller Völker auch für Schwanengesänge in derart eingeschränktem Sinne reichlich Beispiele liefern. Übrigens hat nicht nur der Schwanengesang eine sprachlich-symbolische Beziehung zur Sphäre der Kunst, der Schwan ist überhaupt, eben wegen des Gedankens an seine Stimme, ein erhabenes Symbol des Künstlers; man denke etwa auf die von Ben Jonson ausgehende Bezeichnung „süßer Schwan von Avon" für Shakespeare, auf die Bezeichnung Rossinis als „Schwan von Pesaro". Hier sei auch daran erinnert, daß der sterbende Schwan auch ein beliebtes Motiv für Schöpfungen der Tanzkunst und der für sie bestimmten Musik ist. (Durch den vom Ballettmeister Fokin zu Saint-Saëns Musik entworfenen Tanz „Der sterbende Schwan" wurde bekanntlich die Russin Anna Pawlowa weltberühmt.)

Die Redensart mir schwant etwas (seltener: mich schwant etwas) hat die Bedeutung: ich ahne etwas, besonders etwas Böses. In der Schweiz ist neben „es schwant mir etwas" auch gebräuchlich „vor etwas schwanen" = vor etwas bang sein, z. B. es schwant mir vor dere große Arbet. Auch die Redensart „mir schwant etwas" wird mit dem Vogel in Verbindung gebracht. Der Schwan gilt als ein Tier mit prophetischen Fähigkeiten. Von Apollo sei ihm die Gabe des Voraussehens zuteil geworden. Vor allem, hieß es, könne der Schwan sein eigenes Ende voraussehen, daher sein von Todesahnungen erfülltes Schwanenlied. Aber auch anderen soll er den Tod weissagen können; z. B. sagen im Nibelungenlied Schwäne dem grimmigen Hagen den Untergang der Burgunder voraus. Wegen dieser Fähigkeit des Weissagens war der Schwan den Angelsachsen heilig, sie schwuren bei ihm. Zu erwähnen ist auch der Volksglauben von den Schwanenjungfrauen. Er nimmt verschiedene Formen an: er besagt, daß Jungfrauen sich in Schwäne verwandeln und dann weissagen können oder umgekehrt, daß Schwäne oft in Menschengestalt, als menschliche Jungfrauen, baden, und daß sie, wenn sie bei solcher Gelegenheit ihrer Kleider beraubt werden, Menschen bleiben müssen und als solche dann mit der Fähigkeit begnadet sind, die Zukunft zu verkünden. ,,Denn wie das Ahnen", schreibt Rudolf Hildebrand, ,,noch jetzt vornehmlich Sache der Frauenseele ist und in unserer Vorzeit den Frauen etwas Priesterliches, also ein Zusammenhang mit der Gottheit, beigelegt wurde, so begegnet dies mit dem Glauben, daß der Schwan (d. h. der Wilde) vor anderen Vögeln die Kraft der Weissagung hätte, und beide Vorstellungen raunen zusammen in den wundersamen Glauben, daß es Jungfrauen gäbe, die zeitweilen Schwäne wären, mit der Kraft des Ahnens und Weissagens." Aus dieser Vorstellungsverknüpfung deutet Hildebrand die sprachliche Gleichung schwanen = ahnen. Es schwant mir wäre demnach also etwa: ich fühle, als verwandelte ich mich in einen (die böse Zukunft voraussehenden) Schwan. Als Bestätigungen für diese Deutung führt man die in Sachsen und Thüringen wiederholt gebuchten Redensarten an: mir wachsen Schwansfedern = ich beginne etwas zu ahnen, er kriegte Schwansfedern = ihm ahnte Böses, ich habe schon lange Schwansfedern = ich merke es schon lange. (Statt Schwansfedern wird auch fälschlich Schwanzfedern gesagt — es ist derselbe Vorgang wie bei der Verderbung von Landsknecht zum Lanzknecht; in beiden Fällen ist nicht nur die bequeme Verwachsung des -ds- zu -z- bezeichnend, sondern auch die Ersetzung der höheren Vorstellungen Schwan, Land durch die alltäglicheren, persönlich näherstehenden Schwanz, Lanze.)

Die Redensart von den wachsenden Schwansfedern beweist aber noch nicht, daß im Zeitwort schwanen wirklich der Schwan enthalten sei, es kann sich ja auch um eine nachträgliche sprachliche Ausschmückung handeln, aufgebaut eben auf der Annahme, „es schwant mir etwas" käme von „Schwan". Nach Prof. Singer (Bern) hat schwanen, das verhältnismäßig spät auftritt, nichts mit den Nornen und Schwanenjungfrauen zu tun, sondern entstammt der Gelehrtensprache des 16. Jahrhunderts, die es nach „es ahnt mir" bildete, allerdings zugegebenerweise in gedanklicher Anlehnung an den Schwanengesang. Zu beachten ist auch die Deutung von Lindquist, der in schwanen das Zeitwort **wähnen** erkennen will. „Es wanet mir" sei im Niederdeutschen durch irrige Wortabgrenzung, d. h. durch Hinübernahme des s-Lautes zu „es swant mir" geworden, woraus das hochdeutsche Mißverständnis „es schwant mir" entstanden sei. Christian Rogge, überall Bestätigungen seiner These von den Wortkreuzungen sehend, will „mir schwant" als eine Vermischung von „mir ahnt" und „mir schwebt vor" erklären. So ein Verschmelzungswort stellt übrigens der scherzhafte Studentenausdruck „Schwanimus" dar („wir hatten schon längst einen Schwanimus davon"), und zwar eine Verschmelzung von „schwanen" und „animus", wenn es sich doch nicht besser empfehlen sollte, den Ausdruck als Beispiel einer sogenannten makkaronischen Konjugation aufzufassen, also „schwanimus" = es schwant uns, so wie etwa das scherzhafte „kennimus bene".

STEIL

gehört in die Wortsippe steigen, steigern, Steig, Steg, Stiege. Das Althochdeutsche weist das Zeitwort stigan = steigen, die Hauptwörter steg = Steg und stiega = Treppe und das Eigenschaftswort steigal auf. Aus letzterem wurde mittelhochdeutsch zunächst steigel und bereits im späten Mittelhochdeutsch steil. Der verschwundene Verschlußlaut g ist aber im Mundartlichen noch vertreten: in süddeutschen Mundarten heißt ein steiles Wegstück stickel (vgl. das Stichwort „im Stich lassen").

In seiner Untersuchung über modische Erscheinungen im heutigen Deutsch weist Ferdinand Herrman darauf hin, daß der Gebrauch von „steil" in übertragenem Sinne für unbändig, hartnäckig, jäh, stolz, unbeweglich aus dem Niederdeutschen, wo es in diesem Sinne geläufig ist, nun auch in die Schriftsprache eingedrungen ist. So findet sich bei Immermann: „mit seinem Mut so steil", bei Justinus Kerner: das steilste Leben; Arnim und Brentano geben im

Wunderhorn einem Gedicht die Überschrift ,,Steile Liebe"; Sternheim spricht von steil anbrechender Begeisterung, Johannes R. Becher von Bajonetten, steil für dich geschliffen. Thomas Mann spricht von der ,,steilen und generösen Schönheit einer Geste", — allerdings ist an jener Stelle auch das Wort Geste bildlich zu verstehen, denn es handelt sich um die Feindschaft des neuen ,,gotischen Menschen" gegen die Bildungsduldsamkeit. Häufig wird steil in übertragenem Sinne von Rilke verwendet, z. B.: eine Gebärde, aufrecht, steil; mein Leben ist nicht diese steile Stunde; und auch im Satze ,,sein aufgestelltes Antlitz war bleichend und verweigernd in den steilen Kissen" ist steil vielleicht nicht nur wörtlich zu nehmen. Auch der Schweizer Jakob Schaffner spricht von ,,einer der steilsten Protestantinnen", und sein Landsmann Emanuel Stickelberger (in dessen Namen ich übrigens auch das ,,steil" vermute: Steilberger) bemerkt dazu, diese Ausdrucksweise komme wohl davon, daß der Dichter in Norddeutschland lebt.

Auch das — nicht gerade häufige — Zeitwort s t e i l e n = sich steil erheben oder senken weist neben dem räumlichen auch einen übertragenen Gebrauch auf. Steilen gilt als typisches Modezeitwort moderner deutscher Lyrik (Arno Holz: ,,stieg, stieß, steilte, teilte, speilte"; August Stramm: ,,Köpfchen rosen empor und steilen Gewähr"), ist aber schon bei Goethe belegt: ,,Felsenwände, welche ... in die Höhe steilen."

IM STICH LASSEN

gehört zu jenen Redensarten, um deren Ableitung so viele Hypothesen in den Wettbewerb treten, daß auch der Laie eine Vorstellung von den Schwierigkeiten der Redensartenforschung gewinnen kann. Nicht weniger als sechs Deutungen liegen vor:

a) Im Stiche lassen, sagen die einen, bedeutete ursprünglich eine Näharbeit abbrechen, unfertig liegen lassen.

b) Andere messen dem Umstand Bedeutung bei, daß die Biene ihren Stachel in der durch sie verursachten Wunde, also ,,im Stiche läßt". Jedenfalls kommt in Luthers Schrift ,,Auff des Bocks zu Leypczick Antwort" (1521) die Wendung vor: ,,wie eine tzornige bien das leben in stich lassen". Hier ist im Stich = beim Stechen, bzw. in der durch den Stich verursachten Wunde. Die Biene läßt ihr Leben wörtlich im Stich.

c) Ernst Meyer bezieht die Redensart auf den Gebrauch des Speeres. Im Stiche lassen wäre demnach: den auf den Feind gestoßenen und geworfenen Speer in der Wunde lassen, sie nicht herauszuziehen, also preisgeben. (Vgl. Odyssee 22, 95 und 271.)

d) Verschiedene Erklärungen beruhen auf der Bedeutung von Stich im Kartenspiel; einigermaßen verständlich sind diese Erklärungen jedenfalls nur, wenn es sich um solche Spielkonstellationen handelt, wo man den Gegner dadurch schädigt, daß man ihn den Stich machen läßt, ihn „im Stiche läßt".

e) Andere legen auf den Umstand Gewicht, daß Stich ursprünglich mit Punkt (von lateinisch pungere = stechen) begrifflich verwandt ist. Vielleicht bedeutet der Stich, in dem man einen läßt, nur einen Punkt, den wichtigen Punkt, den entscheidenden Augenblick. Das Ausstechen war der Entscheidungsaugenblick, der Probepunkt zwischen den kämpfenden Gegnern, sowie wir die entscheidende zweite Wahl auch jetzt noch Stichwahl nennen. Nach dieser Erklärung heißt also im Stiche lassen: jemand im entscheidenden Augenblick sich selbst überlassen.

Wesentlich besser gestützt als die bisher genannten vier Deutungen sind die nächsten.

f) Jene Deutung, die die Redensart „im Stich lassen" mit dem Turnierwesen in Verbindung bringt, findet die meisten Anhänger. Stich bedeutet nicht nur den einzelnen Lanzenstich, sondern den ganzen Kampf, auch das Stechen, das Gestech genannt. Sich in den Stich geben heißt: sich der Todesgefahr aussetzen, z. B. bei Luther: „O welch ein Herz is da gewest, wie tief gedemütiget sichs, gibt sich in den Stich." „Den Stich halten" bedeutet bei Luther, der Gefahr standhalten. Im Stich lassen würde demnach eigentlich heißen: im Stich liegen lassen und bedeuten: in der Gefahr liegen lassen. Vielleicht bezieht sich aber die Redensart ursprünglich nur auf jenen Turnierbrauch, daß der besiegte Ritter Roß und Reiter dem Sieger überlassen, d. h. im Stiche lassen mußte. Die Ableitung aus dem Turnierwesen könnte befriedigen, ließe sich die Redensart im Stiche lassen für die Zeit der Turniere auch nur einmal belegen. In Wirklichkeit taucht der Ausdruck erst viel später auf.

g) Zum Schluß erwähnen wir eine neuere, vielleicht die bestbegründete Deutung, die auf einen Vorgang im Fuhrmannsleben zurückgeht. Stich oder Stick bedeutet in verschiedenen Gegenden des oberdeutschen Sprachgebietes, zum Teil auch des mitteldeutschen, eine abschüssige Stelle einer Straße. Das Wort ist nicht mit stechen verwandt, sondern mit steil (althochdeutsch steigal), Steig, Stiege. In Obersteiermark bedeutet „die Stickel": steile Anhöhe, plötzliche Steilheit eines Weges. Der Tiroler Flurnamen „Am Fichtstich" bedeutet: an der Steigung im Fichtenwald. Das zu Stich gehörige Eigenschaftswort ist stickel (mittelhochdeutsch steigel, stechel, stikel) = stark ansteigend. Im Erzgebirge gibt es Flurnamen wie Stickelacker, Stickelgebirge, Stickelfels. A stickler wög oder ähnlich sagt man im Elsaß, in Hessen, Thüringen, Bayern, Österreich. (In Kärnten: üben Berg geats stickl aufn.) In der Schweiz heißt ein steiles Wegstück ein stotziger Stich. Wenn im Tiroler Iseltal die Bauern mit einer schweren Fuhre oder einer schweren Last auf dem Rücken an eine steilere Wegstelle gelangen, so sagen sie: vor den Stiche rast mer no amol, as nacher leichter geht. An solchen steilen oder aus anderen Gründen schwer überwindbaren Wegstellen kommt es nun vor, daß der Fuhrmann das steckengebliebene Fuhrwerk, das er allein nicht flottmachen kann, „im Stiche läßt", d. h. daß er weggeht, Hilfe zu holen. Es gibt auch in der Nähe der heiklen Stelle ansässige Pferdebesitzer, die den dort vorbeikommenden Fuhrwerken regelmäßig ein Vorspann zur Verfügung stellen. Stellt es sich aber heraus, daß das Fuhrwerk einen größeren Schaden erlitten hat, so daß es vorerst an Ort und Stelle gerichtet werden muß, so zieht der zur Verfügung gestellte Hilfsfuhrmann mit seinem Vorspann zunächst ab, d. h. er läßt das schadhafte Fuhrwerk vorläufig im Stich. Auch heißt es von Schmugglern, die ja naturgemäß die Hauptwege meiden müssen und daher oft in die Lage kommen, die Schwierigkeiten eines „Stichs" zu überwinden, daß sie in der Not, wenn sie nicht weiter konnten, die Pferde ausspannten und sich mit diesen retteten, den Wagen selbst „im Stich lassend". Bei Besserung der Wegverhältnisse hat natürlich der ganze Vorgang seine Bedeutung auch für die Sprache eingebüßt. (Welche Bedeutung die Überwindung solcher gefährlicher Wegstellen für das Denken und Fühlen der Karrentreiber in Mexiko und Guatemala noch hat, kann man aus Travens Roman „Der Karren" ersehen.)

STRASSE, GASSE, GASSENHAUER, GASSATIM

Straße (althochdeutsch straza, italienisch strada, spanisch, portugiesisch und provenzalisch estrada, englisch street) kommt von lateinisch via strata = bestreuter (d. h. gepflasterter) Weg. Die

Nennform des lateinischen Zeitwortes ist sternere = ebnen, ausbreiten, streuen; das deutsche „streuen" ist mit sternere vielleicht wurzelverwandt. Von diesem sternere kommen auch unsere Fremdwörter konsternieren (etwa „verstreuen", „zerstreuen", also aus der Fassung bringen), Substrat, Estrade, Stratosphäre; in dieselbe Wortsippe gehört möglicherweise auch griechisch stratos = Lager, Heerlager, woraus unser Fremdwort Stratege.

Neben dem Lehnwort straza kannte schon das Althochdeutsche das anscheinend germanische gazza. Der gotische Vorgänger des Wortes war gatwo, womit das lettische gatwa = Weg zwischen zwei Zäunen zu vergleichen ist. Altnordisch gate bedeutete: Feldweg zwischen zwei Hecken, daraus englisch gate = Weg, Tor und dänisch gat = Loch (Kattegat bedeutet wörtlich Katzenloch). Doch ist die Verwandtschaft des deutschen Gasse (gazza) mit den angeführten Wörtern anderer Sprachen nicht unbestritten.

Im Gebrauch hat sich eine Begriffsabgrenzung zwischen Straße und Gasse in der Weise ergeben, daß man mit Gasse hauptsächlich die Wege innerhalb von Ortschaften bezeichnete, mit Straße die Wege, die aus Ortschaften hinaus, zu anderen Ortschaften führten. Durch die Entwicklung der Städte, dem Zusammenwachsen von verschiedenen Ortschaften zu einer Gemeinde, hat jene geschichtliche Unterscheidung zwischen den beiden Bezeichnungen ihre Strenge eingebüßt, und der Wiener z. B. wird keine rechte Antwort auf die Frage wissen, warum von vier parallelen schmalen Nebengassen des Grabens (Spiegelgasse, Dorotheergasse, Bräunerstraße, Habsburgergasse) gerade die kürzeste eine „Straße" ist. Neben verschiedenen geschichtlichen Umständen dürfte die Rücksicht auf Wohllaut für die Wortwahl zwischen Straße und Gasse oft mitbestimmend gewesen sein. In manchen alten deutschen Städten, z. B. in Leipzig, ist die Bezeichnung Gasse geradezu im Aussterben begriffen. Oettli — der für die deutsche Schweiz feststellt, daß Gassen in den Altstädten überwiegen, namentlich in den Stadtteilen, die einst von der Mauer umschlossen waren, indes die neueren Quartiere fast nur Straßen aufweisen — hebt hervor, daß der Namen Gasse heute vielfach als anrüchig gilt, und daher werden in deutschen und schweizerischen Städten bisherige Gassen oft in Straßen umgetauft. Wenn aber auch „Gasse" unvornehm geworden ist (vielleicht auch, weil es an das von „gießen" kommende „Gosse" = Rinnstein anklingt), seines dichterischen Nebenklanges hat es sich nicht entledigt. Es würde fast komisch klingen, sagten wir, Winkelried habe sich geopfert, um den Eidgenossen eine „Straße" zu bahnen (den sinen macht er ein gassen, heißt es im Sempacherlied), und auch Schenkendorf, Körner, Herwegh fordern „der Freiheit eine Gasse". Auch war es nicht eine hohle Straße, durch die Geßler kommen mußte, obschon jener Weg durchaus nicht im Inneren einer Stadt gelegen war. In vielen anderen Zitaten und Redensarten (auf offener Straße, jemand auf die Straße setzen, im politischen Sinne: das Recht auf die Straße, an die Straße appellieren, von der Straße abhängig sein) hat sich hingegen die Bezeichnung Straße als die alleinige durchgesetzt.

Es gibt viele Zusammensetzungen mit Gasse und Straße, wie z. B. Gassenjunge, Gassenlaufen (Spießrutenlaufen), Gassenwitz, Straßenbahn, Straßenlärm, Straßenraub usw. Sie sind alle ihrer Herkunft und Bedeutung nach durchsichtig. Eines der zusammengesetzten Wörter, das nicht ohne weiteres verständlich ist, wollen wir hervorheben: ein Gassenhauer ist heute ein im Haus und auf der Gasse allgemein gesungenes Lied, ein Synonym des neueren Ausdruckes „Schlager"[1]. Das Wort Gassenhauer klärt sich ohne weiteres auf, wenn wir wissen, daß hauen ein früherer oberdeutscher Kraftausdruck für gehen ist (dazu auch heute das norddeutsche abhauen = weggehen). Mit Gassenhauer bezeichnete man zunächst einen „Pflastertreter", bald aber auch „die von Nachtbummlern gestampften Tänze" (Kluge). Bei Borchardt-Wustmann wird zur Erklärung des Bedeutungsüberganges auch angeführt: „wienerisch aufhauen = hopsen, tanzen", doch scheint mir hier der Sinn des wienerischen Ausdruckes willkürlich zu eng gefaßt zu sein. Jedenfalls hat das Wort Gassenhauer schon sehr früh das Tanzlied, nicht nur den Tanz, bedeutet, man beachte z. B. den Beleg aus dem Jahre 1517: „Gassenhauer, die man auf der Lauten schlecht" (schlägt). Während Gassenhauer zunächst keinen geringschätzenden Nebensinn hatte und fast dem englischen ballad = Tanzlied entsprach, wurde es durch die 1773 erfolgte Einführung des Wortes „Volkslied" durch Herder gleichsam in die Gesindestube der Sprache verstoßen.

In die gleiche Sphäre — in die der heiteren nächtlichen Straßenbummler — führt uns das hauptsächlich „burschikos" verwendete

---

[1] „Schlager" soll zuerst von Musikkritikern Wiener Zeitungen für zündende (erfolgreiche, „einsschlagende") Melodien aufgebracht worden sein und gelangte in den achtziger Jahren zur allgemeinen Verbreitung.

Wort gassatim. Gassatim gehen bedeutet: auf den Gassen bummeln[1], Frauen nachsteigen, ihnen Ständchen geben, nächtlichen Unfug treiben. (Nicht unwahrscheinlich ist übrigens, daß das seit dem 16. Jahrhundert bezeugte Fremdwort grassieren — von lateinisch grassari = wandern, herumstreifen — die Bedeutungsentwicklung von gassatim und gassaten gehen in gebildeten Kreisen mit beeinflußt hat.) In Fischarts Gargantua ist zu lesen: nach dem Nachtessen giengen sie herumb gassatum, ... fenstratum, raupenjagatum. Im Simplizissimus des Grimmelshausen: daher ging ich schon bei Nacht und mit ihm und seines gleichen gassatim und lernete ihm in Kürze mehr Untugenden ab als Latein. In einem makkaronischen Gedicht von Moscherosch aus dem Jahre 1689 ist die Rede von Studenten, die sub tempore nachti, cum sterni leuchtunt, cum cytheris gigisque spilentes (Zithern und Geigen spielend) gassatim laufen. Bei Jean Paul finden wir eine Ideenverknüpfung zwischen dem Peripathetischen der Antike, dem Unterrichten im Aufundabgehen und dem Begriff des gassatim. ,,Ich lob es oft'', heißt es im Titan, ,,an Sokrates und an Christus, daß sie nicht in Hamburg, in Wien oder gar in einer brandenburgischen Stadt dozierten und mit ihren Philanthropisten gassatim giengen.'' In der volksfliehenden Sprache der Behörden bekam das Gassatengehen mancherorts gebildeter klingende Namen. So werden im Artikel 52 der Leobener Polizeiordnung von 1790 ,,stark lärmende Nachtmusiken und Kassazionen auf den Gassen verboten''. (Eine ,,Gassation auf der Gasse'' ist für den Sprachforscher ein rechtes ,,Pläsiervergnügen''.) Eine andere steirische Behörde erlaubt 1773 in einer Verordnung ,,Nachtmusiken und Cassationen nur bey Laternen und nicht bey Windlichtern''. So hört der Bürokrat auch aus dem niedersten und volkstümlichsten Sprachstoff hohe Vokabeln der würdigen Sprache Justinians heraus. Auch ist aus München der ältere Ausdruck Endgassation bezeugt für Nachtmusik mit Fackelschein, die die Studenten früher ihren Professoren zu machen pflegten (wohl bei Semesterende).

---

[1]) Es würde zu weit führen, hier auf alle deutsche Ausdrücke einzugehen, mit denen man das Auf- und Abpromenieren auf gewissen Straßen der Stadt (auf dem ,,Korso'') bezeichnet. Wir erwähnen nur aus Leipzig ,,Grimmsche schinden'' (auf der Grimmaischen Straße flanieren) und aus deutschen Städten in den Sudeten und Beskiden: auf dem Abeh gehen (offenbar aus der Schülersprache, mit Anspielung auf die Bezeichnung einer Linie in der Geometrie A——B).

Das Wort gassatim war trotz seiner lateinischen Endung so sehr ein Volkswort geworden, daß es sich auch in Volksliedern einfügen konnte. „Jetzt westa was gosate geh ist", sagt in einem Gedicht aus Des Knaben Wunderhorn eine Schwäbin, die einen Burschen, der zu ihr einsteigen will, auf den Mist fallen läßt. Gassaten oder kassaten gehen bekommt in den Mundarten meistens den Sinn: Mädchen nachsteigen, und wird zum Synonym des bayrisch-österreichischen „Fensterln". In einem alten steirischen Lied heißt es: Ein Hirt soll nicht gassatengehn, wenn die Stern am Himmel stehn. Übrigens versteht man in Bayern und in Österreich unter Gaßllied oder Gaßlreim die Lob- und Spottlieder vor dem Kammerfenster der Liebsten, was wieder eine Brücke zu dem bereits erörterten Begriff des Gassenhauers schlägt.

Der Behandlung der Wörter Straße und Gasse möchten wir den Hinweis anschließen, daß auch den städtischen Straßennamen eine gewisse Bedeutung für die Wortforschung zukommt. Wir haben bei der Behandlung der ausgestorbenen Wörter (s. S. 13 ff.) schon erwähnt, daß manches verschollene Wort in Straßennamen noch erhalten ist (in Wien z. B. An der Hülben und Kumpfgasse), und bei der Betrachtung des Wortes Galgen sahen wir, daß die Scheu vor dem Galgen in Frankfurt, in Zeitz aus Galgenstraße, Galgentor eine Galgenstraße, ein Kalktor werden ließ. Es kommen überhaupt

Formveränderungen bei Straßennamen

sehr häufig vor, und sie gehen oft so weit, daß der ursprüngliche Sinn ganz unkenntlich geworden ist. Man darf nicht vergessen, daß der Straßennamen erst sehr spät eine amtliche Einrichtung geworden ist, er stand zunächst nicht auf Straßenschildern angeschrieben, er lebte meist nur im mündlichen Verkehr, war zum Teil auch nicht bei der ganzen Bevölkerung einer Stadt durchgedrungen. Die wichtigeren Privathäuser hatten Hauszeichen und Hausnamen, aber der Straßennamen verdankte nur einer beiläufigen und unkontrollierbaren, ungeschriebenen und rascher Abnützung ausgesetzten Vereinbarung sein Dasein. Ich erinnere mich, daß wir bei unseren Übungen in der Offiziersschule die einzelnen Mulden und Racheln eines bestimmten „coupierten Terrains" als „hohle Gasse", als „Hetschepetschgraben", „toter Hund" usw. bezeichneten; manche dieser Bezeichnungen wurden auch von den vorgesetzten Übungsleitern aufgegriffen, und vielleicht haben nach uns noch viele

Offiziersaspiranten zur „Umgehung des feindlichen Flügels" einen Truppenteil durch die Kerbe „toter Hund" disponiert, sie so nennend, ohne zu wissen, daß unser Jahrgang dort wirklich einmal einen Hundekadaver fand. Ähnlich verhielt es sich früher meist mit den Straßennamen. Sie waren nur von ungefähr fixiert und überlieferten sich einem begrenzten Einwohnerkreis durch „Hörensagen". Sie waren daher meist einer stärkeren Deformation unterworfen als sonstiger Sprachstoff. Das gleiche gilt natürlich auch für Flurnamen, die übrigens in vielen Fällen die Grundlage zu Straßennamen abgaben.

Es gibt mehrere typische Ursachen, die zur Deformation von Straßennamen führen. Als die Straßennamen schließlich amtlichen Charakter bekamen, verpflanzte sich manche sprachliche Dunkelheit in die Aufzeichnungen der Rathäuser. Die Fälle Galgenstraße—Gallusstraße, Galgentor—Kalktor gehören in die Gruppe der **Euphemismen**, zu den Fällen, wo gleichsam eine Verdrängung vorliegt, die Abwehr einer peinlichen Vorstellung. Der Ehrenbrechtstraße z. B., die es in Braunschweig gab, sah man ihre Vergangenheit als „Ehebrecherstraße" nicht mehr an. Straßen dieses verdächtigen Namens gab es im 16. und 17. Jahrhundert auch in Hannover, Hamburg und Lübeck, bis sich schließlich wohl die Ehemänner unter den Ratsherren nicht mehr gefallen ließen, daß ihre allfälligen Seitenwege sich so ungeniert benennen. Vielleicht ist auch der Ebrähergang in Hamburg als einstiger Ehbrekergang aufzufassen. Auch der für den Anfang des 18. Jahrhunderts bezeugte derbdeutliche Hildesheimer Straßennamen „Im geilen Stert" (= Sterz = cauda, penis) wurde zum „Gelben Stern" verharmlost. Aus Gründen des Anstands ist wohl auch die anrüchige (ursprünglich wohl wörtlich an-„rüchige") Faule Gasse in Halberstadt eine Pfahlgasse geworden. In Kiel allerdings scheint man Faulegasse als die geringere Schmach empfunden zu haben, denn dazu taufte man dort die Pfuhlgasse um. Die Dreckgasse[1] im alten Köln (Ende des Entenpfuhls am Eigelstein) wurde im 19. Jahrhundert zur Eintrachtstraße umgetauft.

---

1) Dreckgassen gab es auch in Wismar, Königsberg (die jetzige Steile Straße), Frankfurt. Stralsund hatte im 15. Jahrhundert einen Schiterhagen. In Köln hieß das jetzige Börsengäschen bis 1813: Im Pißgraben. In Danzig gab es einen großen und einen kleinen Stinkgang, in Hildesheim (wiederholt belegt zwischen 1402 und 1820) eine Stinkende Pforte.

Ein früher häufig (z. B. in Danzig-Schidlitz, in Marienwerder in Westpreußen, in Lüneburg, in Groß-Aspe bei Neumünster in Schleswig-Holstein) vorkommender Flurnamen zur Bezeichnung einschnittartiger Geländeteile war Arschkerbe. Auch gab es in vielen deutschen Städten (z. B. in Breslau, Elbing, Königsberg, Lübeck, Rostock, Wismar, Münster, Frankfurt) Straßen, meistens Sackgassen, die Arschkerbe hießen; diese Straßennamen verwandelten sich mit der Zeit alle zu Aschgräberstraße, Harzkehre, Arztkarrengasse, Oskarstraße usw. Ein toter Rheinarm, der früher Arschkerbe hieß, heißt jetzt Eiskarpfen. Eine im Amtsgerichtsbezirk Harzburg vorkommende Arschkerbe (für 1666 schriftlich belegt) ist zum Kerbental geworden. Der Latinisierung des anstößigen Wortes durch Feldmeßbeamte verdanken auch der große und der kleine Arius in Pirmasens ihren Namen. Das heutige Gauscheidetal im Harz hieß früher einmal Kuhschietental.

Oft geht die Veränderung eines Straßennamens darauf zurück, daß ein veraltetes Wort nicht mehr verstanden wird. So wurde in Gießen die Etzenwiese (etzen = weiden, verwandt mit essen, aasen, äsen, Atzung) zur Eselswiese. Viele Straßen waren nach einem bestimmten Handwerk benannt, deren Angehörige dort hausten, und gerade unter den Handwerks- und Gewerbenamen gibt es manches veraltete und daher leicht zum Verderben neigende Wort. So gibt es im Rheinland, in Köln, Bonn und anderen Städten Wenzler-, Wenzel- und Wenzelslausgassen, die nicht etwa einen Schluß auf die Verehrung des slawischen Heiligen oder eines anderen Wenzels zulassen; der ursprüngliche Namen war Wänstlergasse, und die Wänstler (von Wanst) waren die nicht zur Metzgerzunft gehörigen „Kleinmetzger", die Fleischabfälle, Eingeweide und dergleichen verkauften. In Gießen wurde die Walkergasse (die Walker waren Wollschläger) zur Wolkengasse, die Löbergasse (Löber = Gerber, Lohgerber) zur Löwengasse. Über die Löwengasse in Wien vermute ich angesichts ihrer Nähe zur Weißgerberlände ähnliches. In Magdeburg gab es eine Kesselbüßerstraße (dort wohnten die Kesselbesserer, d. h. Kesselflicker) und in Hildesheim eine Oltböterstraße (d. h. Altbüßerstraße, dort wohnten jene, die alte Sachen verbesserten, d. h. die Flickschuster); als dann das Zeitwort büßen seine alte Bedeutung „bessern" (wie noch in: Lücken büßen) einbüßte, verwandelte sich die Kesselbüßerstraße in eine Kesselbeißerstraße und die Oltböterstraße in eine Altpetristraße.

Über Taubenstraßen, die nichts mit dem Vogel zu tun haben, s. das Stichwort taub. In der seit dem 13. Jahrhundert in Straßburg belegten Kurdewenergasse hausten Schuster; man nannte sie auch Kurdewener nach dem berühmten Korduan, dem kordovanischen Leder, das die Araber in Córdoba, der alten Stadt am Guadalquivir, erzeugten; das französische Wort für Schuster, cordonnier, weist noch heute die Beziehung zum Ortsnamen Córdoba auf. Der Namen der Straßburger Kurdewenergasse wurde nun nicht nur oft zusammengezogen zu Kurwengasse und Kurbengasse, sondern eine Zeitlang, da man die Gewerbebezeichnung Kurdewener nicht mehr verstand, verderbt zu „Kinderwiegegasse". Es blieb der heimatkundlichen Forschung vorbehalten, die Erinnerung an Leder und Schuster zu erneuern, und auf Plänen aus den achtziger Jahren erscheint die alte Kurdewenergasse wieder als Korduangasse (französisch allerdings als rue de Maroquin, also pfuschte da sprachlich eine andere feine arabische Ledersorte in das Korduanhandwerk); jetzt heißt die Gasse rue de Cordonniers, Schuhmachergasse.

In wieder anderen Fällen ist der Namen einer vergessenen Person oder ein irgendwie sonst verkannter Eigennamen der Kern eines deformierten Straßennamens. Die einstige Petersiliengasse in Berlin C (jetzt Schornsteinfegergasse) stellt eine Verderbung des Namens des einstigen Bürgermeisters Peter Zilge dar. Ein Frankfurter Bürger namens Slymme ist schuld an jener „schlimmen Mauer", von der in Goethes Knabenmärchen die Rede ist. Die Rebellenstraße im lammfrommen Langensalza gelangte zu diesem Namen, weil man sich an einen verdienstvollen Bürger der Stadt, der Rebel hieß, nicht mehr erinnerte. Die Singerstraße in Wien hieß ursprünglich Süchingerstraße, weil Einwanderer aus Süchingen bei Regensburg dort gewohnt haben. Die Bräunerstraße in Wien war eine St. Brigittenstraße, dann folgten die Zwischenstufen St. Bridenstraße, Bridenstraße, Breidnstraße. In Münster gab es nach einer Fürstin Gallitzin eine Gallitzingasse, der Volksmund verwandelte sie aber zur Galiziengasse, und zwar noch lange bevor Knochen westfälischer Grenadiere in galizische Erde gelangten. In Cuxhaven hat ein Hafenteil den poetischen Namen „Alte Liebe"; angeblich darum, weil das mit Ballast beschwerte, seeuntüchtige Schiff, das man einst dort versenkte, um eine Stelle vor Wogenandrang zu schützen, nach dem bei Danzig gelegenen

Zisterzienserkloster „Oliva" hieß, woraus der Volksmund zunächst Olle Liebe machte[1].

Die Vivatstraße in Bonn war einst ein schlichter Viehpfad[2], auf dem das Vieh zur großen Tränke getrieben wurde, die sich dort befand, wo heute das Beethovendenkmal steht; die Latinisierung paßt so recht zu einer Universitätsstadt. Häufiger sind gegenteilige Fälle, wo ein gelehrtes Fremdwort im Straßennamen einem volkstümlicheren weichen mußte, wie z. B. in Rostock und Altona, wo Pädagogienstraßen zu Papageienstraßen wurden. „Unter-Sachsenhausen" in Köln geht auf „Unter sechzehn Häusern" zurück (indes das Frankfurter Sachsenhausen sich wirklich auf Sachsen bezieht: Karl der Große soll am anderen Ende der „Frankenfurt" sächsische Gefangene angesiedelt haben). Ein bei Offenbach gelegener Hof namens Grafenbruch hieß eigentlich Gravenbruch = grauer Bruch. Der Affensteiner Weg in der Umgebung von Frankfurt heißt so nach einem Bildstock (Ave-Stein). Auch das Affental bei Gotha hat nichts mit den Affen zu schaffen, der Namen enthält das in vielen Flußnamen vertretene gotische ahva, keltische apa (lateinisch aqua) = Wasser.

Die Lilienstraße in Flensburg hieß, zur dänischen Zeit, also vor 1864, Lille Gade, also Kleine Straße. Der Namen der Engelgasse in Aschersleben ist aus Enge Gasse verderbt. Der Rennweg in Zürich war früher ein Rainweg, und der Rennsteig, der lange Kammweg des Thüringer Waldes, ein Rainsteig. Die Straßburger Straße „Unter den Gewerbslauben" hieß früher Erbsenlauben (Erweislouben). Der Flache Turm zu Dürkheim in der Pfalz und

---

1) In anderen Fällen ist der Bestandteil „Liebe" aus slawischen Quellen aufzuklären. Der Felsen „Hohe Liebe" in der sächsischen Schweiz zeigt das slawische Wort lewo = Hügel und der Namen des pommerschen Ortes Liebeseele kommt von slawisch Lipa Selo = Lindendorf. Solche volksetymologische Verdeutschungen slawischer Orts- und Flurnamen sind auch sonst nicht selten. Ein Hügel bei Leisnig heißt „Käse und Brot", von slawisch Kesebrade = Ziegenhügel. Viele sonderbare Namen in der Mark Brandenburg, wie Aalkasten, Blauer Affe, Hühnerholz, Kuhbier, Holzseelen, Mißgunst dürften slawischer Herkunft sein. Auch auf dem Schlachtensee bei Berlin hat kein märkischer Admiral Schlachten geliefert, ein friedliches Fischerdorf namens Slatice stand dort früher.

2) Sogar in Berlin erinnert noch ein Straßenname an Hirt und Weide: die Rosinenstraße in Charlottenburg heißt angeblich darum so, weil sie einst, als Schaf- und Ziegenherden sie täglich auf ihrem Weg zur Weide benützten, stets Spuren dieser Passanten aufgewiesen habe.

der Weiche Hahn in Köln sind keineswegs so sonderbar, wenn man weiß, daß es ursprünglich Flaggenturm und Geweihter Hahn geheißen hat. In Gardelegen gab es eine Eselstraße nach dem hölzernen Esel, auf den der alte Dessauer Soldaten zur Strafe setzen ließ, sie wurde umgetauft zur Ölstraße.

Besonders oft ist die Ursache von Verhunzungen des Namens von Orten, Halden und Wegen bei den Beamten der bürgerlichen oder militärischen Landvermessung zu suchen. Schließlich kann man es den Geometern nicht sehr verübeln, daß sie philologisch unzulänglich gerüstet sind, das Mundartliche, besonders wenn sie nicht einheimisch sind, leicht verkennen, so daß dann oft gründlich umgemodelte Flurnamen in die Grundbücher und auf die Landkarte gelangen. Von Geometers Gnaden hat mancher Firstweg eine Standeserhöhung zum Fürstenweg erfahren, und manche ehemalige Schwattschanze (Schwatt = seichtes, sumpfiges Wasser oder ein Damm aus Weidengeflecht) bildet sich dank dem neuen Namen „Schwedenschanze" heute ein, eine weltgeschichtliche Stätte gewesen zu sein. Nachgewiesenermaßen einem teufelsscheuen Feldmesser verdanken im Gothaischen der Diewelsbargk, das Diewelsholz und der Diewelsgroaben, daß sie entteufelt wurden und sonderlicherweise als Beifallsberg, Beifallsholz und Beifallsgraben auf die Landkarte kamen.

Zum Schluß noch einige Straßennamenschicksale aus fremden Zungen. In Budapest, nahe zur Donau, gibt es eine Bálvány-ucca, wörtlich Götzengasse. Sie hatte früher den deutschen Namen Göttergasse, und das sollte verballhornt sein aus Gödergasse. Göd ist ein kleines Dorf, etwa 20 km von Budapest, und es ist fast lächerlich, anzunehmen, daß eine Pester Gasse nach diesem kleinen, verhältnismäßig fernen Orte Göd benannt gewesen sein soll. Die richtige Lösung des Rätsels ist, daß jene Gasse um 1800 herum deutsch Gütergasse hieß (weil dort Lagerplätze für die Schiffahrt waren); das mißverstandene Gütergasse wurde später zu Göttergasse, in der ungarischen Übersetzung zu Götzengasse. Die Kirche Santa Maria in Via Lata, eine der ältesten Kirchen Roms, so benannt, weil sie an der „breiten Straße" des antiken Roms steht, hieß im Volksmund eine Zeitlang Santa Maria Inviolata (= unangetastet, jungfräulich). In Mailand gibt es noch heute die Rugabella, eine Straße, die zur Franzosenzeit (1500—1512 und 1515—1522) Rue belle hieß. Die vom englischen König oft befahrene Allee im Londoner Hyde Park, die den unvornehmen Namen Rotten Row, also Faule Straße, Verkommene Allee, führt, soll ursprünglich französisch Route du Roi geheißen haben. Eine Pariser Straße, die lange Zeit den volkstümlich obszönen Namen poile-cou, Scheidenhaar, trug, verwandelte sich in eine rue de Pélican. Als Straßburg 1681 französisch wurde, verwandelte sich die nach einer Familie „Zur Hellen" benannte Hellengasse zur rue Sainte Hélène, die nach einem Patriziergeschlecht des 14. Jahrhunderts benannte Knoblochgasse zur rue de l'Ail, und die rue des Veaux und die rue des Boucliers mußte man sich rückübersetzen zu Kalbgasse und Schildgasse, um, entsprechend der ursprünglichen Absicht dieser Straßennamen, an die Straßburger Rittergeschlechter derer von Kalb und derer von Schild erinnert zu werden.

STROLCH

und strolchen, herumstrolchen, sind Ausdrücke, die erst spät aus schwäbisch-alemannischen Mundarten in die Schriftsprache gedrungen sind. Man hat Strolch mit englisch stroll = herumstreifen, schlendern, in Verbindung gebracht, wobei allerdings auffallen muß, daß das englische Wort nicht im Niederdeutschen, sondern gerade im Süden Aufnahme gefunden hätte. Um diesen Umstand aufzuklären, wurde Vermittlung von französisch trôler = sich herumtreiben, hausieren[1], angenommen, was wieder mit deutsch trödeln, trollen und trotten vielleicht zusammenhängt, so daß der Strolch ein ferner Verwandter des Trottels und des Trödlers wäre. Die Ableitung von Strolch aus trôler fordert aber die Frage heraus, woher denn in Strolch der Anlaut s und der Endlaut ch komme.

Im ausgehenden Mittelalter und in den kriegerischen zwei Jahrhunderten der Reformation und der Gegenreformation trieben sich im Troß der Heere neben Marketendern und Sudelköchen aller Art, neben marktschreierischen Gauklern, Quacksalbern und pillenpreisenden Scharlatanen auch sehr viel Wahrsager herum, vor allem auch Astrologen, die aus den Sternen das Schicksal des einzelnen deuteten; aus Wallenstein kennen wir Seni, den Astrologen des großen Feldherrn. Zu Ende des 15. Jahrhunderts kamen sehr viele schwäbische und schweizerische Landsknechte als Söldner im französischen Dienst nach Italien. In der Lombardei wurde das dem Griechischen entnommene italienische Wort astrologo zu strolago oder zu

---

[1] La Trôle hieß in Paris ein 1906 durch städtischen Erlaß aufgehobener Trödelmarkt für alte Möbel.

strolegh verwandelt. Wenn auch die Horoskopsteller reichlich Zulauf bei den Soldaten fanden, regte sich immerhin auch das Gefühl des Mißtrauens und der Mißachtung, und schon anfangs des 16. Jahrhunderts findet sich in italienischen Schriften das Wort strolegh oder strolec mit der Bedeutung: Herumtreiber, Vagabund, betrügerischer Gaukler. In diesem Sinne gebraucht das Wort zum Beispiel das 1517 erschienene makkaronische (italienisch-lateinische) Epos des Benediktiners Teofilo Folengo von Mantua. Auch in heutigen italienischen Wörterbüchern finden wir noch das Wort strolago = Betrüger. Schwäbische Landsknechte verschleppten das Wort in ihre süddeutsche Heimat, von wo es schließlich als Scheltwort sowohl in das Rotwelsch als in die allgemeine Umgangssprache Eingang fand. Im Schrifttum taucht das Wort Strolch zuerst 1670 bei Grimmelshausen auf. Den Anhängern der neuerdings wieder einigen Anklang findenden Astrologie wird der etymologische Zusammenhang zwichen „Astrolog" und „Strolch" nicht sehr schmeichelhaft erscheinen.

Als der „Völkische Beobachter" im Herbst 1933 den Physiker und Astronomen Albert Einstein einen „Astralstrolch" nannte, so machte er im Grund genommen ein etymologisches Wortspiel, denn Astralstrolch bedeutet ja, wortgeschichtlich betrachtet: Astralastrologe.

SYPHILIS

Steht es auch einwandfrei fest, daß die Krankheit, die heute überall Syphilis heißt, zur allgemeinen Verbreitung in Europa erst im letzten Jahrzehnt des 15. Jahrhunderts gelangte, ist die Frage nach ihrer Herkunft doch auch heute noch umstritten. Die einen halten daran fest, daß die Lustseuche schon im Altertum vorgekommen sei. Dufour glaubte z. B. unter den ansteckenden Krankheiten, die das Alte Testament an den ausschweifenden Baal-Anbetern beschreibt, die Syphilis erkennen zu können. Auch die Geschwüre des vielgeprüften Hiob wollte man als syphilitisch auffassen, und darum vielleicht ist einer der neuzeitlichen Laiennamen der Lues: Morbus St. Jobi (Sankthiobskrankheit). Auch manche von den römischen Satirikern erwähnte Geschlechtskrankheit versuchte man als Syphilis zu agnoszieren, doch angesichts der medizinisch ungenauen Beschreibungen ist dabei der deutenden Phantasie breiter Spielraum gelassen. Die Anhänger der Hypothese von der Altertumssyphilis nehmen meistens an, daß der große Herd der Krankheit im Orient war, und daß die Verschleppung ins christliche Abendland mit den Kreuzzügen begann. Für die Zeit um 1350 liegen schon europäische Krankheitsbeschreibungen vor, die einzelne Forscher ernstlich für die Syphilis in Anspruch nehmen wollen. Zu Unrecht hat jedoch Sudhoff die Bezeichnung „gros mal" (in Dijoner Gerichtsakten für 1463 belegt) für die Syphilis reklamiert; H. Haustein hat nachgewiesen, daß unter gros mal damals die Epilepsie verstanden wurde. Vorberg hat selbst die eingesunkene Sattelnase der Sokratesstatuen als Beweis für die Altertumssyphilis herangezogen. Andere erkennen sogar in gewissen Krankheits- und Behandlungsschilderungen des gelehrten Kaisers Huangti, des „Kulturheros der Chinesen" im 27. Jahrhundert v. Chr., die Syphilis wieder.

Selbst wenn es zuträfe, daß die Syphilis schon früher in Europa vorgekommen sei, ist sicher, daß ihre allgemeine Verbreitung mit dem Jahre 1495 beginnt. Am 22. Februar 1495 zog das Heer Karls VIII. in Neapel ein. Söldner vieler Zungen dienten im Heere des Franzosenkönigs, und achtzig Tage verbrachten sie in der eroberten Stadt in einem fast ununterbrochenen Alkoholrausch, in einer einzigen langen Orgie mit einheimischen Frauen und mit den Tausenden der mitgebrachten feinen Kurtisanen und niederen Lagerdirnen. Als das französische Heer Neapel verließ, war die Syphilis in seinen Reihen schon eingenistet. Der klägliche Rückzug Karls VIII. aus Italien wurde zum triumphalen Einzug der Syphilis in die Zivilisation. Kaiser Maximilians Truppen, die 1495 in der Lombardei und in Venetien waren, kamen mit der neuen Krankheit bereits in Berührung. In das im gleichen Jahre am 7. August auf dem Wormser Reichstag erlassene kaiserliche Edikt gegen Gotteslästerungen wurde (wahrscheinlich auf Anregung des Mainzer Erzbischofs Berthold von Henneberg, der selbst an Syphilis litt) als Drohung einer neuen Gottesstrafe der Hinweis eingefügt auf die „pössen platern" (böse Blattern), eine schwere Krankheit, „die vormals bey menschengedechtnuss nye gewessen noch gehört seyn". Nächstes Jahr, zum 15. Juni, verzeichnet Clemens Sender in seiner Augsburger Chronik kurz: „hie sind erstlich die frantzosen auffgestanden." Im selben Jahre befahl der Rat von Nürnberg „allen Badern bei einer Pön zehen Gulden, daß sie darob und vor sein, damit die Menschen, die an der Newen Krankheit, malum frantzosen befleckt und krank sein, in ihren Baden nicht gebadet". Für das nächste Jahr (1497) ist der Tod eines Mädchens in einem Frankfurter Bordell an der Syphilis belegt. 1498 tritt sie zuerst in Leipzig auf.

Daß die Ausbreitung der Syphilis in Europa in großem Maßstabe gerade mit der Einnahme von Neapel beginnt, ist eine starke Stütze der Hypothese von der **amerikanischen Herkunft der Syphilis**. Im Jahre 1492 entdeckte Kolumbus die ersten mittelamerikanischen Inseln, darunter auch **Haiti**, das damals den Namen Española bekam. Die Spanier aus dem Gefolge des Genuesers fanden viel Gefallen an den eingeborenen Frauen, und einzelne akquirierten auf Española eine Krankheit, die dort unter dem Namen Guaynaras (in Mexiko als Xochicinitzli oder Nanacauatl) schon von lang her bekannt war. Der Arzt Ruy Diaz de Islas, der den Entdecker Amerikas auf seiner ersten Fahrt begleitete, mußte auf der Rückfahrt bereits mehrere Matrosen wegen der „fressenden Krankheit der Insel Española" in Behandlung nehmen. Er gibt eine eingehende Krankheitsschilderung, und diese läßt in bezug auf den Syphilischarakter der Haiti-Krankheit kaum noch Zweifel übrig. Im Jahre 1493 konnten bereits heimgekehrte Matrosen die neue Krankheit in Spanien verbreiten. Im Heere Karls VIII., das nach Neapel zog, befanden sich viele Krieger, die in Spanien angeworben waren, aber auch in den Reihen der Verteidiger Neapels befanden sich Spanier, wozu dann auch noch die spanische Entsatzarmee kam. Es befanden sich also Spanier auf beiden Seiten, und so war für die Verbreitung der aus Haiti mitgebrachten Krankheit reichlich gesorgt[1]. (Die Gerechtigkeit erfordert es übrigens, daran zu erinnern, daß die Alte Welt den Indianern Haitis nicht nur die Syphilis, sondern auch den Mais, die Kartoffel, den Tabak — und die Hängematte verdankt.) Übrigens kam aus Amerika auch die erste Hilfe gegen die Syphilis:

---

[1] An die Einführung der Syphilis durch die Mannschaft des Kolumbus dachte wohl auch Voltaire, denn im „Candide" wird die Krankheit des Philosophen Pangloss zurückgeführt über dem Kammerkätzchen Paquette und einem Franziskaner und einer alten Gräfin und einem Rittmeister usw. „in gerader Linie auf einen Gefährten des Kolumbus". Shakespeare hingegen verlegt die Syphilis unbedenklich ins Altertum, denn es ist kein Zweifel, daß es die Syphilis ist, deren Symptome Timon von Athen den Hetären Phrynia und Timandra schildert. Der italienische Dichter Trajano Boccalini (1556—1613), der in seinen Ragguagli di Parnaso für seine satirischen Gedanken die Form von Gesprächen vor Apollo wählt, läßt den 1544 an Syphilis gestorbenen Lyriker Francesco Maria Molza nebst Kolumbus vor Apollo erscheinen; Molza knüpft die Hosen auf und ruft: „Hier, siehe, die Geschenke der Neuen Welt"; worauf Apollo und die Musen entsetzt die Flucht ergreifen.

1516 das Guajakholz, in Deutschland auch Pock-, Franzosen- oder Lebensholz genannt, das Holz des Guajacum officinale, über welches Heilmittel Hutten 1519 eine Schrift veröffentlichte.

Für die Beurteilung des tiefen seelischen Eindruckes, den das Umsichgreifen der neuen Seuche um jene Mittelalter und Neuzeit trennende Jahrhundertwende machte, sind die kirchlichen Verhältnisse jener Zeit nicht ohne Bedeutung. Auf dem päpstlichen Stuhl saß ein Borgia, Alexander VI., und die Namen seiner fünf Kinder — darunter am berüchtigsten Cesare und Lucrezia — waren in aller Leute Mund. Das Beispiel an Sittenverderbnis, das höchste Vertreter der Kirche gaben, förderte nicht wenig die Reformationsbewegung, und die grauenvolle neue Krankheit galt als warnender Fingerzeig Gottes[1]. Ulrich von Hutten, selbst in den Klauen der Seuche, schrieb 1529 ,,von den Franzosen oder blattern": ,,Es ist got gefellig gewesen, in unsern tagen kranckheiten zu senden, die unsern vorfaren unbekant seint gewesen. Da bei haben gesagt die der heiligen geschrift obligen, das die blattern usz gotz zorn kumen seint, und got damit unsere bösen berden straffe und peynige." Diese Sätze hat 1895 der Dichter und Arzt Oskar Panizza (der übrigens später, wie der von ihm so verehrte Hutten, ebenfalls ein Opfer dieser Krankheit wurde) seinem berüchtigten ,,Liebeskonzil" als Motto vorangesetzt; er läßt in diesem Drama Gottvater, der die sündige Menschheit mit der Syphilis heimsuchen will, die päpstliche Familie als Werkzeug der geschwind fortschreitenden Ansteckung erwählen[2]. Die Vorstellung, daß die Syphilis die Strafe für sündhafte Lust ist, liegt auch der Bezeichnung Lustseuche zugrunde. (Karl Kraus: ,,Die Verbreitung der Lustseuche hat der Glaube bewirkt, daß die Lust eine Seuche sei.")

---

[1] Von deutschen Kirchenfürsten erkrankten an der Syphilis in den ersten fünfzehn Jahren ihres Auftretens außer dem schon erwähnten Mainzer Erzbischof u. a. Bischof Hieronymus von Brandenburg, der Probst und Domherr Tollhopf, der Bischof von Halberstadt Ernst von Sachsen, Heinrich III., Graf von Schaumberg und Bischof von Minden, Hermann V. Graf von Wied und Erzbischof von Köln.

[2] In einigermaßen ähnlicher Weise hat die von einem zum anderen wandernde Syphilis Sénac de Meilhac (1775) dargestellt; der dritte Gesang seiner berüchtigten Foutomanie ist ganz dieser Krankheit gewidmet, die dort von Erzbischof und Edelleuten zu Herzoginnen und von ihnen zu Schweizergardisten wandert. Man vgl. auch über den ,,Reigen", der zur Infektion von Voltaires Pangloss führt, die Fußnote auf der vorigen Seite.

Das Wort Lustseuche kommt zuerst in Luthers Bibelübersetzung (1. Thessal. 4, 5) vor. Es bezeichnet aber dort nur den überheftigen Sinnentrieb, die krankhafte Lust. Als Verdeutschung von Syphilis wird das Wort Lustseuche erstmalig 1726 von Drollinger gebraucht. Luther selbst spricht noch vom „Frantzoss", z. B.: „Ich habe appelirt in meinem Zehn whe (= Zehenweh, d. h. Podagra) zu gott und gebeten, er soll mir Frantzoss oder pestilentz dafur schicken quae sunt ad mortem infirmitates."

Uns, die wir uns hier mit Wörtern befassen, interessiert natürlich nicht die Geschichte der Krankheit an sich, sondern die ihrer Benennung. Der Exkurs über den Beginn ihrer Verbreitung in Europa war aber notwendig, damit die Entstehung ihrer ersten Bezeichnungen verständlich wird. Damit, daß spanische Soldaten anläßlich des französischen Feldzuges um Neapel die Krankheit verbreitet haben, begründet sich, daß man die Krankheit zunächst als spanisch, als französisch, als neapolitanisch, als sizilisch bezeichnete. In der Gelehrtensprache nannte man die rapid um sich greifende Krankheit morbus gallicus, malum francicum, lues celtica, passio neapolitana, miseria hispanica und — offenbar in Erkennung des Zusammenhangs mit den Entdeckungen des Kolumbus — morbus indicus. (Man vgl. in einem 1590 nach englischen Quellen in Frankfurt veröffentlichten Buche „Wunderbarliche doch Wahrhafftige Erklärung von der Gelegenheit und Sitten der Wilden in Virginia": „Aber ob schon die Vermischung der Spanier mit den Indianischen Weibern nichts guts gebracht hat, so hat man inen doch in Europa dieses zu dancke, daß die ‚Indische Seuch' davon herkommen ist.")

Es ist psychologisch bemerkenswert, daß keine Nation selbst an der Verbreitung der Krankheit beteiligt sein wollte und schon in deren Namen zum Ausdruck zu bringen trachtete, daß die Gefahr für das einheimische, bodenständige Volk von bösen landfremden Elementen komme[1]. Nationale Unduldsamkeit ergriff überall gern die Gelegenheit, den Namen eines fremden Volkes durch die Verknüpfung mit dem gräßlichen Übel zu entehren. Darin, daß die meisten Völker von einer französischen Krankheit sprachen, drückt sich außerdem im besonderen, wie W. Pflug ausführt, auch der

---

[1] Gerade im Bezirk des Geschlechtlichen sind solche Benennungssonderlichkeiten nicht selten; so wird z. B. das Präservativ von den Franzosen capote anglaise, von den Engländern french letter genannt.

Haß und der Neid gegen das politische Übergewicht Frankreichs im 16. Jahrhundert aus. Die Franzosen selbst wälzten natürlich die Ehre, Paten der neuen Gottesplage zu sein, von sich ab; sie sprachen vom mal de Naples, das ist wohl die älteste und verbreitetste französische Bezeichnung, vom mal de Sicile, auch kurz vom souvenir (nämlich vom Andenken an den italienischen Feldzug, wobei später wohl Andenken an ein individuelles Abenteuer gemeint war), vom spanischen Feuer (so z. B. bei Rabelais), übrigens auch von einem feu persan (persisches Feuer). Dem Italiener hingegen waren Bezeichnungen wie mal francese, morbo celtico, bolle francese geläufig. Auch die Spanier sprachen vom mal galico, indes die Engländer die vorwurfsvollen Bezeichnungen, damit billigerweise niemand verkürzt werde, auf die drei großen romanischen Völker verteilen konnten: french Pox, spanish Pockes, buttons of Naples. Bei den Portugiesen gab es die Namen mal castellana und mal francez. Die Fabel, die in Spanien zum Christentum übergetretenen, im geheimen aber ihrem alten Glauben treugebliebenen Mauren und Juden, die sogenannten Maranen, und ihre anfangs des 17. Jahrhunderts in Südwestfrankreich angesiedelten Nachkommen hätten die Lustseuche verbreitet, scheint unter den vielen Bezeichnungen der Krankheit keine Spuren hinterlassen zu haben. In Rußland spricht man von einer französischen oder polnischen, sogar von einer kalmükischen Krankheit. (Bei den Kalmüken selbst ist die Bezeichnung ,,Hauskrankheit'' üblich: weil man sie sich in Häusern, d. h. öffentlichen Häusern, holt.) Die Esthen sprechen vom russischen Übel, die Polen von deutschen Pocken. Kurz ist der alte ungarische Namen: franc (auch heute noch erhalten in Flüchen wie: a franc rágja ki, die Franz zernage ihn). Die Türken, für die alle Völker des Abendlandes ,,Franken'' waren, sprechen vom Geschwür der Franken, die Araber vom christlichen Übel, die Perser von türkischer Krankheit, die Inder von portugiesischer[1] Seuche. Von portugiesischer Krankheit (namban-niasoa) sprechen auch die Japaner, die sich auch der allgemeineren Bezeichnung Fremdengeschwür

---

[1] Was Kolumbus vergeblich suchte, den Seeweg nach Ostindien, fand bekanntlich der Portugiese Vasco da Gama, der sechs Jahre nach der Entdeckung Amerikas in Ostindien landete. Noch lange blieben dann die Portugiesen die wichtigsten Verkehrsmittler nach Indien und Ostasien; sie werden es daher wohl auch gewesen sein, die Asien zuerst am zweifelhaften Geschenke Amerikas für Europa teilnehmen ließen.

(loo-kasa) bedienen. Bei den Chinesen heißt die Krankheit Himmelsstrafengeschwür (tien-pao-tschong).

Die volkstümlichen deutschen Namen der Syphilis, die auf die Herkunft der Krankheit anspielen, sind: welsche Purpeln (z. B. Johann Haselbergk in seinem Gedicht „Von welschen Purpeln": „daraus die purpeln sind entsprungen, des ersten mals aus Neaplas kummen"), welsche Bossen (Beulen), neapolitanische Trud, der böse Franzos oder auch kurz der Franzos. (1523 behandelt Agricola in seiner berühmten Sammlung deutscher Sprichwörter bereits die Redensart „daß dich die Frantzosen ankommen".) Daneben gab es auch andere Namen, die nicht eine Herkunftsbezeichnung darstellen, z. B. luxische Krankheit, Wylden, Wärtzen, Pressten[1], böser Grindt, böse Plattern, giftige Krätze, geile Seuche, große Galanterie. Bei den Franzosen: la Vérole, la Gorre, Vénusalgie, mignonnise, diablerie, petite galanterie, mal des ardents, feu de Saint-Antoine (Sanktantonsfeuer verbrenne dir den Mastdarm, fluchte man zu Rabelais Zeiten). Ein französischer Autor hatte — mit Hinweis auf Peter den Großen, Friedrich den Großen, Joseph II., Mirabeau, La Harpe, Chamfort — vorgeschlagen, die Syphilis le mal philosophique, Philosophenkrankheit, zu nennen.

Auch die wissenschaftlichen, lateinischen Namen waren vor dem Durchdringen des Wortes Syphilis sehr mannigfaltig. Jene, die auf die Herkunft der Krankheit Bezug nehmen, haben wir schon angeführt. Dazu kommen nun auch solche, die eine Benennung nach äußeren Erscheinungen darstellen; so finden wir bei Iwan Bloch u. a. angeführt: morbus pustularum, papulae, strophulae novellae, scabies inaudita, variola, pustulae obscoenae. Bezeichnend sind die Namen malum aphrodisiacum, flagellum Veneris, peregrinus morbus (aphrodisische Krankheit, Venusgeißel, fremde Krankheit). Nach den Heiligen, die man zum Schutz gegen die Syphilis anzurufen hatte, hieß sie auch morbus St. Jobi, St. Rochi, St. Evagrii, St. Fiacrii, St. Reginae usw. Auf die große Verbreitung der Krankheit beziehen sich die Namen morbus mundanus oder cosmicus (Weltkrankheit)

---

1) Pressten = Gebresten. In den handschriftlichen Treidbüchern (Getreidebüchern) des Innsbrucker Staatsarchivs findet sich im Bericht einer um Getreide abgeschickten Gesandtschaft die Bemerkung, daß Herzog Georg von Bayern keinen Menschen zu sich läßt, „befürcht sich nämlich fesst vor den pressten auch Franzosen."

und morbus catholicus (katholisch hier in seinem ursprünglichen Sinne: „allgemein").

Viele Namen gibt es für die Syphilis in der Unterweltssprache der Großstädte und auch in den Soldatensprachen der einzelnen Völker. Wir erwähnen z. B. zwei von den Namen, die die britischen Soldaten im Weltkrieg der Krankheit gegeben haben: Six-o-Six (Sechs-Null-Sechs) mit Anspielung auf Ehrlich-Hata 606, den ersten wissenschaftlichen Namen des Heilmittels Salvarsan, und Phyllis, wo die aphairetische Kürzung von Syphilis einen romantischen, in der Schäferdichtung des 18. Jahrhunderts sehr beliebten, in England auch heute häufigen Mädchennamen ergibt. Im Pariser Argot heißt die Syphilis syphilo oder chtouille (être chtouillé), was vielleicht mit chatouiller = kitzeln zusammenhängt. Nach dem Gefängnisspital Saint-Lazare (volkstümlich gekürzt auch Saint-Lago genannt) heißt die Krankheit im Argot (mit einer scherzhaften Russisierung) „lazziloff", was der deutsche Romanist Dietrich Behrens erstaunlicherweise aus dem deutschen Satze „laß sie laufen" ableitet. Aus Saint-Lazare und mit Einbezug des Wortes nez = Nase (wohl wegen der bei Syphilitikern häufig zerfressenen Nase) erwächst auch ein weiterer Argotausdruck für Syphilis: „nazi" (avoir le nazi, être nazigué). Bei Aristide Bruant, dem bekannten Argot-Chansonnier des „fin de siècle", finden wir noch folgende Pariser Volksausdrücke für die Syphilis: aristoffe, baude, bonde (Spund), coup de pied de Vénus (Venusfußtritt), castapiane (auch allgemein für Geschlechtskrankheit überhaupt gebraucht), quinte et quatorze (eigentlich eine Quint und vier Asse, d. h. ein besonders gutes „Blatt" im Piquetspiel), plomb (Blei), poivre (Pfeffer), puceron (Blattlaus). Im österreichischen Slang, besonders dem der Soldaten, heißt die Syphilis „Musik". Daher Musikanten = Geschlechtskranke. In Kriegsspitälern nannte man die Abteilung für Luetiker scherzhaft Musikpavillon. Auch hieß die Syphilis „die ganze Musik", woraus gelegentlich (ein Euphemismus zweiter Potenz) „die ganze Muse" wurde. Aus „Musik" entstand auch die Umschreibung: Pauken und Trompeten (z. B.: „er wurde ins Spital abgeschoben mit Pauken und Trompeten"). Eine drastische Umschreibung finden wir in den deutschen Briefen der Herzogin Liselotte von Orleans, der urwüchsigen Pfalzgrafentochter: sie schreibt am 30. Mai 1719 von einer syphilitischen Kurtisane, die auf Umwegen den Tod des Königs Franz I. herbeigeführt haben soll: „eine Hur, so ganz verpfeffert war."

Nun kommen wir endlich zum Worte Syphilis selbst. Diesen Namen verlieh der Krankheit der berühmte Veroneser Arzt und Dichter Girolamo Fracastro, der eine Zeitlang Leibarzt des berühmten Papstes Paul III. war. 1530 erschien Fracastros Lehrgedicht „De Syphilide sive Morbo Gallico". Dieses Gedicht, wie auch, was Fracastro sonst geschrieben, war auch literarisch wertvoll, und man hatte den Dichter geradezu mit Virgil verglichen: seine Vaterstadt Verona hatte ihm bereits 1559 eine Marmorstatue errichtet, eine Ehrung, die bis dahin nur zweien seiner engeren Landsleute, Catullus und dem jüngeren Plinius, zuteil geworden war. Das Lehrgedicht des Fracastro ist übrigens im Laufe der Jahrhunderte auch wiederholt ins Deutsche übersetzt worden. Der Inhalt dieses Lehrgedichts, offenbar als Umbildung der Ovidschen Niobidensage gedacht, ist, daß der Sonnengott einen Hirten namens Syphilus, der ihm die Anbetung verweigerte, mit einer schrecklichen Krankheit bestraft. Mit dem Hinweis auf den himmlischen Ursprung der Krankheit wollte Fracastro einzelne Nationen von der Schmach, die Seuche verbreitet zu haben, entlasten.

Der von Fracastro geprägte Krankheitsnamen Syphilis verdrängte schließlich alle anderen Namen; wenn auch nicht ganz aus der Sprache des Volkes, so doch aus der der Wissenschaft. Besonders als der französische Arzt Sauvage de la Croix im 18. Jahrhundert das Wort Syphilis adoptierte, gelangte es bald zu Weltgeltung. Proksch preist in seiner 1895 erschienenen Geschichte der venerischen Krankheiten die Benennung der Krankheit durch Fracastro als eine befreiende Kulturtat: „heute benennt kein Kulturvolk mehr die Krankheiten mit dem Namen eines anderen." Darüber aber, warum Fracastro gerade das Wort Syphilis für die Krankheit, d. h. den Namen Syphilus für das Opfer, gewählt hatte, entstand eine ganze Literatur. Auf Fracastros Landsmann und Jahrhunderts- und Berufsgenossen Gabriele Faloppio geht die Ableitung aus griechisch syn (mit) und philein (lieben) zurück, was auf die geschlechtliche Verbindung von Mann und Frau, d. h. die Entstehung der Krankheit hinweisen soll. Dieselben sprachlichen Bestandteile syn und philein werden aber nicht nur in dem Sinne „Liebesverbindung" gedeutet, sondern auch als „Miterscheinung der Liebe". Auch griechisch sinein = schädigen und phylon = Geschlecht ist herangezogen worden (also etwa „den Familienstamm schädigende Krankheit"), ebenso auch (von Desruelles) die Kombination philein = lieben und sys = Schwein, Sau, worin man — wie man in der zweiten Hälfte des 16. Jahrhunderts an der Universität zu Montpellier vortrug — eine Anspielung auf die Ansteckung durch Prostituierte sehen soll, da man sie im Volksmund als „Säue" bezeichnete. Des ferneren wurde das Wort Syphilis etymologisch in Verbindung gebracht mit philistidon = Röhre (Harnröhre) von Zacutus Lusitanus, mit siphlos = häßlich, verkrüppelt von Radius, und — hinausgreifend aus den Kreis der griechischen Kombinationen — sogar mit hebräisch schafal (vulgärdeutsch schofel) = niedrig, minderwertig.

Eine überraschende Deutung hat dem Worte Fracastros ein deutscher Forscher, W. Pflug, gegeben. Pflug, der auch die medizinischen Prosaschriften Fracastros über ansteckende Krankheiten heranzieht, hebt vor allem hervor, daß der gelehrte Veroneser nicht nur Arzt, sondern auch Astronom war. Es habe einen tieferen Sinn, daß in Fracastros Gedicht die Krankheit als vom Sonnengott gesandte Strafe auf der Erde entsteht. Es entspreche der astrologischen Denkungsart jener Zeit, in der Seuche die Einwirkung des Himmels auf die Erde — oder in der Sprache der Astrologie: der Superiora auf die Inferiora — zu sehen. (Melanchthon führte z. B. die Syphilis Ulrich von Huttens auf eine unglückliche Stellung der Sterne zurück.) Die Grundlehren der Astrologie im ausgehenden Mittelalter beruhten auf arabischen Überlieferungen, und viele astronomische Bezeichnungen arabischer Herkunft (z. B. Zenit, Nadir, die Namen vieler Sternbilder) haben sich bis heute in den Kultursprachen erhalten. Sifl oder sufl (türkisch süfl) bedeutet im Arabischen unten, der untere Teil, siflij das Irdische. Fracastro habe, meint Pflug, dieses arabische Wort entsprechend dem Schauplatz seines Lehrgedichtes in griechische Form gegossen. „Das Wort Syphilis ist demnach bis auf seinen astrologischen Beigeschmack gleichbedeutend mit den mehrfach vorkommenden Bezeichnungen morbus mundanus, cosmicus oder catholicus (letzteres in seiner ursprünglichen Bedeutung: allgemein) und heißt die Weltkrankheit." Fritz Mauthner knüpft weitere Vermutungen an die arabische Wurzel: „Eine Dualform von sifl bezeichnet in der arabischen Astronomie die beiden ‚unteren' Planeten Venus und Merkur. Wäre es nicht möglich, daß die Beziehung zur Venus, die doch auch dem Arzte des 16. Jahrhunderts nicht ganz entgehen konnte, durch einen gelehrten Hinweis auf die unteren Planeten ausgedrückt werden sollte? daß wir Syphilis als die astrologische

Lehnübersetzung von venerisch anzusehen hätten?" Mauthner riskiert auch die Vermutung einer zweiten astronomischen Beziehung des Wortes Syphilis: die zum anderen „unteren" Planeten, zum Merkur. Merkur hieß damals auch das Quecksilber. Wenn nun Fracastro das Kapitel des Paracelsus, in dem das rote Präzipitat (Quecksilberoxyd) zum Gebrauch „in den Frantzosen" empfohlen wird, gekannt hat oder den Präzipitat selbst anwandte, dann wäre es nach Mauthner nicht unmöglich, daß der Italiener mit dem Dual von arabisch sifl zugleich an die Erregung der Krankheit (Venus) und an ihre Heilung (Merkur) erinnern wollte.

So geistvoll die Pflugsche Deutung des Wortes Syphilis aus dem Arabischen und dem Astrologischen und die daran sich knüpfende Mauthnersche Variante auch erscheinen mögen, sie halten der Kritik doch nicht stand. Aus einem sehr einfachen Grunde. Fracastro hat nämlich nicht nur den Grundgedanken seines Lehrgedichtes der Ovidschen Darstellung des Niobestoffes entnommen, sondern auch der Name Syphilis ist nur eine Umbildung des Namens des zweiten Sohnes der Niobe. Sipylos heißt in den Metamorphosen des Ovid so nach der Heimat der Niobe, nach dem Berge Sypilos (vielleicht mit Anklang an sybotes = Schweinehirt, oder nach Seiler an sys und philos = Schweineliebhaber). Die nicht anzuzweifelnde Tatsache, daß Fracastro den Namen seines Hirten Syphilus, der als erster von der Lustseuche heimgesucht wird, mit geringer Veränderung der antiken, griechisch-lateinischen Vorlage entnommen hat, hindert allerdings niemand daran, anzunehmen, Fracastro könnte doch auch durch den Anklang des antiken Namens an ihm geläufige Termini der arabischen Astronomie zur Verwendung dieses Namens erheblich mitbestimmt worden sein. Man mag eine derartige Überdeterminierung als unbewußt voraussetzen, aber angesichts der bekannten Neigung der Renaissancegelehrsamkeit, in ein Wort gleichsam mehrere Schichten hineinzugeheimnissen, könnte auch an eine bewußte Rücksichtnahme Fracastros auf das Mitklingen des arabischen Wortes gedacht werden.

Neben Syphilis besteht auch der wissenschaftliche Namen Lues. Das Wort bedeutet lateinisch Seuche schlechthin. Lues als Bezeichnung der Syphilis ist eine Abkürzung von lues venerea, Venusseuche.

TANK

Tank in dem Sinne Behälter für Flüssigkeiten (besonders auf Schiffen) ist im Deutschen bereits für 1784 belegt. Das Wort ist dem Englischen entnommen worden. Das englische Wort tank selbst taucht zwei Jahrhunderte früher auf und ist indischer Herkunft; tankh bedeutet in Mundarten von Guzerat und Rajputana im nördlichen Vorderindien Zisterne, Wasserbehälter. (Über andere Wörter, die indischer Herkunft sind, vgl. das Stichwort Pyjama.) Der Umstand, daß das aus Indien übernommene Wort Tank an mittelenglisch stanc = Wasserbehälter anklang (aus lateinisch stagnum = stehendes Wasser, woraus italienisch stagno, spanisch estanque, französisch étang, portugiesisch tanque = Teich, Weiher, und wohl auch stagnieren, Stagnation) war vielleicht für die Einbürgerung des indischen Wortes tankh = Zisterne nicht gleichgültig; zumal da gerade die Portugiesen (bei denen stagnum ja zu tanque wurde, was dem nicht verwandten indischen Worte am meisten ähnlich ist) am Handel mit Indien vor den Engländern am stärksten beteiligt waren.

Im Weltkrieg taucht das Wort Tank auf als Bezeichnung für die zuerst von den Engländern verwendeten gepanzerten und bewaffneten Kraftwagen, die sich, um jede Bodenschwierigkeit zu überwinden, nicht auf Rädern, sondern auf sogenannten Raupen (caterpillars) fortbewegen. Eigentlich hat als erster Oberleutnant Günther Burstyn vom österreichisch-ungarischen Eisenbahnregiment 1912 einen solchen Kampfwagen entworfen (dessen Modell jetzt im Wiener Technologischen Museum steht), aber erst im dritten Kriegsherbst wurde der Gedanke, auf seiten der Entente, in die Tat umgesetzt. Seit der Einführung der Tanks im September 1916 blüht unausrottbar die Legende von einem Mister Tank, nach dem der Kampfwagen benannt sein soll. Man hört manchmal von einem Erfinder, der die erste Hälfte seines Vornamens Tancred dem neuen Kriegsgerät geschenkt hätte, meistens liest man aber von einem Thomas Tank Burall, Geschäftsführer einer technischen Firma in Norfolk; der Namen Tank sei eigentlich der Mädchennamen seiner Mutter gewesen und sei dann in Freundeskreisen sein Spitznamen geworden. Und dieser Ingenieur Burall soll der Erfinder der kriegstechnischen Neuerung im Panzerwagenbau gewesen sein. Die offiziellen englischen Quellen schreiben aber einem Obersten Swinton diese Leistung zu.

Die richtige Erklärung dafür, wie es zum Namen Tank kam, ist bereits wenige Wochen nach dem Eingreifen dieser Sturmwagen an der Westfront im „Matin" vom 25. November 1916 mitgeteilt worden. Die Engländer hielten die Erfindung vor deren ersten Verwendung an der Front aus Spionageangst streng geheim. In den Fabriken, in denen die einzelnen Bestandteile hergestellt wurden, hieß es, sie gehörten zu Tanks, transportablen Zisternen, die man an die Truppen in Palästina und Arabien zu liefern habe. An diesem Deckwort hielt man auch fest, als die Bestandteile schließlich zusammengesetzt wurden und die ersten 100 Wagen im Sommer 1916 in Bretterverschalung nach Frankreich verladen wurden. Auch in Kommandokreisen sprach man von Tanks, und da die bei den Sondersprachen aller Armeen bekannte Neigung, alle Dinge des militärischen Lebens mit eigenen, besonders auch kurzen Ausdrücken zu bezeichnen, hier ursprünglich mit der höheren Absicht der Geheimhaltung parallel ging, faßte das Wort Tank festen Fuß[1]. Man sprach je nachdem, ob es sich um schwerer bewaffnete oder um leichtere Wagen handelte, von male oder female tanks, männlichen oder weiblichen Tanks, schuf Weiterbildungen, wie supertank, tankodrom (nach Analogie von Aerodrom, Hippodrom), antitank (Tankabwehrkanone) usw.

Aus der Geheimhaltung der Vorbereitungen zur Tankverwendung, also auch der Ausbildung der Bedienungsmannschaft, erklärt sich der englische Soldaten-Slangausdruck hush-hush-crowd (etwa Pst-Pst-Haufen) für die Tankmannschaft. Hush-hush war in der englischen Armee sonst die familiäre Bezeichnung des Geheimdienstes, auch nannte man im geheimen vorbereitete Unternehmungen hush-hush-parties.

Auch im Französischen drang die Bezeichnung Tank durch. Eine offizielle Schilderung der Schlacht vom 5. September 1916

---

[1] Angesichts der Entstehung des Wortes Tank für eine Kampfwagenart aus einem Decknamen, der ursprünglich doch nur für kurze Zeit Verwendung finden sollte, muß man an den Ausspruch Hebbels denken: Alle Taufen der Sprache sind Nottaufen. Zwei belgische katholische Theologen, die Bollandisten Peeters und Delahaye, fanden den bedeutungsgeschichtlichen Vorgang beim Worte Tank („eine Bezeichnung kann in kurzer Zeit in der ganzen Welt eine ganz neue Bedeutung annehmen, ohne daß die Beziehung zur ersten Bedeutung bekannt wäre") so bemerkenswert, daß sie ihn bei der Behandlung der religionsgeschichtlichen Entwicklung des Märtyrbegriffes als Beispiel heranzogen.

gebrauchte zwar die Bezeichnung tortue = Schildkröte, aber dieser Namen bürgerte sich nicht ein. Neben dem offiziellen char d'assaut (Sturmwagen), wobei auch zwischen leichteren chars d'accompagnement, Begleitwagen, und schwereren chars de rupture, Durchbruchwagen, unterschieden wird, wurde auch im Französischen die Bezeichnung Tank volkstümlich. Zunächst gab es eine kleine grammatikalische Unsicherheit. Bei den Engländern war tank im Sinne Wasserbehälter männlich, im Sinne Kampfwagen aber, wie das Schiff und die Schiffsnamen, weiblich. Im Französischen wich das anfängliche la tank bald der männlichen Form. Die Bedienungsleute heißen französisch tankeurs. Im Argot der französischen Soldaten heißt der Tank auch zinc, — dieses despektierliche Wort soll ein Gegeneuphemismus für Stahl sein und diente im Schützengraben auch als Bezeichnung für Munition, für Fahrrad und für Maschinengewehr.

Eine den englischen und französischen Frontsoldaten gemeinsame Bezeichnung für den Tank lautete im Weltkrieg mintcream, crème de menthe = Pfefferminzlikör. Diesem scherzhaften Ausdruck liegt der Gedanke zugrunde: so wie der vor Sturmangriff an die Mannschaft ausgegebene Branntwein das Vorgehen erleichtern soll, ist auch der Tank ein herzstärkendes Stimulans, in seiner Begleitung, unter seinem Schutz ist es der Infanterie leichter, zum Sturmangriff zu gehen.

TAUB, TOBEN, DOOF, DUFTE

Doof, besonders aus dem Berlinischen bekannt, ist die plattdeutsche Form von taub (althochdeutsch toup, gotisch daubs). Taub bedeutete ursprünglich nicht nur gehörlos, sondern im weiteren Sinne leer, empfindungslos. Daher betäuben = empfindungslos machen. Taube Nuß ist eine hohle Nuß. Ähnlich: taubes Gestein (das keine nutzbaren Mineralien enthält), taubes (d. h. unbefruchtetes) Ei, tauber (d. h. unwirksamer) Samen, taube (kornarme) Ähre. Die Taubnessel heißt so, weil sie der Brennessel ähnlich sieht, dennoch „taub" ist, d. h. nicht „brennt". Ein schwäbisches Sprichwort lautet: Moos und Laub macht Äcker und Wiesen taub (d. h. ertraglos). Auch die unschmackhafte Suppe bezeichnen die Schwaben als taub. Die Bezeichnung taube Flut gilt den sich im ersten und letzten Mondviertel teilweise aufhebenden Gezeiten.

In Hamburg heißt ein Elbarm Dowe Elbe; das bedeutet taube, nichtfließende Elbe. Das Schloß Todtenrode im Braunschweigischen hieß früher Dovenrode, was also „taube Rodung" bedeutete, d. h. unfruchtbare, ertraglose (oder verkehrslose, verlassene?) Rodung. Auch die Taubenstraßen in Halberstadt und Blankenburg am Harz heißen vielleicht nicht nach dem Vogel so, sondern weil sie zur Zeit der Benennung „taub", d. h. verkehrslos waren. Vielleicht ist es aber richtiger, die „tauben" Straßen als ehemalige Sackgassen (gleichsam „verstopfte" Straßen) aufzufassen; jedenfalls wurde das Ende der Berliner Taubenstraße nach dem Hausvogteiplatz, das nur einen schmalen Durchgang durch ein Haus hatte, früher Bullenwinkel genannt, was ein Synonym für Sackgasse ist.

Im Sinne von empfindungslos gebrauchte auch Goethe einmal das Eigenschaftswort taub: „Sind es der Natur unbändige, taube Kräfte" (im Vorspiel zur Eröffnung des Weimarer Theaters). Ein anderes Mal, im Urfaust, ist taub soviel wie betäubend: „mit tauben Schmerzen".

Verwandt mit „taub" ist auch das Zeitwort toben = sich besinnungslos benehmen, unvernünftig rasen, gleichsam als Folge des Betäubtseins. In schweizerischen, schwäbischen und rheinischen Mundarten bedeutet schon das Eigenschaftswort taub: wütend, zornig; wenn er daub isch, sagt man im Aargau, so chibet er (keift er) mängisch acht Tag lang. Im 17. und 18. Jahrhundert gebrauchte man in der Schweiz taubsinnig für wahnsinnig[1].

Im Berlinischen hat doof (weiblich doowe) die übertragene Bedeutung: stumpfsinnig, dumm. Diese Vorstellungsverknüpfung zwischen taub und dumm finden wir auch bei einer anderen Wortwurzel: das österreichische terisch = taub, schwerhörig ist eine Nebenform von töricht. Übrigens hat die indogermanische Sprachvergleichung auch gute Gründe, Urverwandtschaft zwischen den Wortsippen taub einerseits und dumm, stumm, stumpf andererseits zu vermuten. Hier kann auch das Fremdwort absurd = widersinnig erwähnt werden, da das lateinische Wort absurdus ursprünglich

---

[1] Bezeichnenderweise hat das gesundheitsschädliche Unkraut Taumellolch (Lolium temulentum), das neben Schwindelhafer (schwäbische Alb, St. Gallen, Österreich), Rauschgras (Salzburg), Tollkraut (Nassau) auch die mundartlichen Namen Tob (im Hohenlohischen), Tobich (Schlesien), Tobgerste (Schweiz) führt, in Niederösterreich und Steiermark auch den Namen Unsinn — eine Übertragung von der Wirkung auf die Ursache (wie z. B. im Ungarischen bolond gomba = verrückter, d. h. giftiger Pilz, welcher Ausdruck übrigens wieder auf die Wirkung übertragen wird, so daß bolond gomba auch die Bedeutung von Unsinn, Albernheit, Gallimathias hat).

etwas von einem Tauben (surdus) Herrührendes, einen häßlichen, sinnlosen Ton bedeutet.

Nichts zu tun mit taub — doof hat das aus der Gaunersprache ins Berlinische übernommene Eigenschaftswort toff, in dem Sinne: gut, fein, was wohl auf hebräisch tow, tauw = gut zurückgeht. Toff Achill hieß in der Gaunersprache: feines Essen, toff sitzen: in Sicherheit sein. Vor dem Krieg sang man in Berlin allgemein ein Tanzlied, den „Tempelhofer", dessen Strophen jeweilen mit den Worten begannen: „Mittwochs mache ik mir toff — Fahre raus nach Tempelhof." Castelli zitiert in seinem Wörterbuch des Niederösterreichischen (1847) ein Liedchen in der jenischen Sprache (Gaunersprache): „A doffes Mischl muas i habn — Und soll i's mit da Fema aus da Durma aussagrabn" (ein feines Mädchen muß ich haben, und sollte ich's mit der Hand aus der Erde herausgraben). „Doffen Jaum in't Pais", guten Tag ins Haus, grüßen die Hausierer der sauerländischen Stadt Winterfeld.

Eine Abart von toff ist vielleicht das ebenfalls der Gauner- und Handwerksburschensprache angehörige dufte = fein, z. B. dufter Kies = Edelstein, dufte Kluft = feine Kleidung (s. das Stichwort Kluft). Dieser Ableitung widerspricht übrigens Agathe Lasch, die der Meinung ist, dufte sei von toff fernzuhalten und bedeute im Rotwelsch ursprünglich: zur Kirche gehörig, erst dann, übertragen: fein, richtig. Jedenfalls gab es früher im Rotwelsch — ob mit dem Eigenschaftswort toff verwandt oder nicht — ein Hauptwort Duft mit der Bedeutung Kirche; daraus Dufle = Kapelle, Dufthändler = Kirchendieb, Duftschnaller = Küster.

TAUSENDGÜLDENKRAUT

Der Pflanze Erythrea centaurium oder Centaurium umbellatum, deutsch Tausendgüldenkraut (auch Fieberkraut, Wundkraut, Gottesgnadenkraut, Fiebergalle, in der krainischen deutschen Sprachinsel Gottschee Tauschenkraft, d. h. Tausendkraft) genannt, rühmt man eine besondere Heilkraft gegen Fieber nach; auch werden aus ihrem Safte bittere Schnäpse gegen Magenbeschwerden bereitet. Die Heilkraft der Pflanze, sagte man, sei so groß, daß sie mit tausend Gulden zu bewerten sei. Mit der Herkunft des Namens hat es aber eine andere Bewandtnis. Der Kentaur Cheiron der griechischen Sage galt als besonders gelehrt und kräuterkundig, in seiner Höhle am Pelion unterwies er viele Göttersöhne und Heldenjünglinge in den

Wissenschaften, besonders in der Kräuterkunde und Wundbehandlung. Nach ihm bekam die fieberheilende Pflanze den griechischen Namen Kentaurion, d. h. Kentaurskraut, woraus lateinisch centaurium wurde. Aus einem wortspielartig anmutenden Mißverständnis wurde aber später dieser Namen auf centum (hundert) und aurum (Gold) zurückgeführt. Dieses Mißverständnis pflanzte sich in der deutschen Übersetzung des Namens fort, und so entstand zunächst die deutsche Bezeichnung Hundertgüldenkraut. In der deutschen Volkssprache werden aber übertreibende (hyperbolische) Zahlenbegriffe nicht mit hundert, sondern mit tausend gebildet, und daher wurde das aus dem Mißverständnis cent-aurium hervorgegangene Hundertgüldenkraut gründlich aufgewertet zum Tausendgüldenkraut, und die Erinnerung an den Kentaur ist nun ganz verwischt. Merkwürdigerweise heißt allerdings das Tausendgüldenkraut in der Handschuhsheimer Mundart Halwergaul, was offenbar „halber Gaul" ist, so daß mit dieser Benennung wohl auf den ursprünglichen antiken Namen zurückgegriffen wird, auf das Kraut des Kentaurs (der halb Mensch halb Gaul ist).

Daß „tausend" die hyperbolische Zahl der deutschen Volkssprache ist, belegen die Wörterbücher reichlich. Mit dem Namen Tausendfüßler werden verschiedene Gliedertierarten bezeichnet, die aber alle weniger als 200 Beinpaare haben. Tausendschön (in der Schweiz auch Tusighübsch) ist der volkstümliche Namen verschiedener Pflanzen: des Stiefmütterchens, des gefülltköpfigen Gänseblümchens, der gemeinen Kreuzblume, einer auch Gartenfuchsschwanz benannten Amarantusart und des Alpenleinkrauts. Die Schafgarbe führt auch den Namen Tausendblatt; ihr wissenschaftlicher Namen Achillea millefolium weist mittelbar ebenfalls auf den Kentaur Cheiron hin, nämlich auf den Helden Achilles, der von Cheiron erzogen wurde. Tausendkorn ist der volkstümliche Namen der Herniaria (Bruchkraut). In Steiermark heißt das Johanneskraut (Hypericum) Tausendlöcherlkraut.

Tausendkünstler (mittelhochdeutsch tusentlisteler, dann Tausendkünstiger, lateinisch mille artifex) wurde ursprünglich meist vom Teufel gebraucht. Im Worte Tausendsasa ist der zweite Teil „sa sa" als Aufmunterungs- und Hetzruf für Jagdhunde aufzufassen, dessen Steigerung zu „tausend sa! sa!" seit der Mitte des 18. Jahrhunderts belegt ist; als Hauptwort mit der Bedeutung geschickter Kerl kommt Tausendsasa zuerst in Schillers Kabale und

Liebe vor. Schiller hatte überhaupt eine besondere Vorliebe für solche verstärkende Zusammensetzungen mit tausend, was wohl aus seiner schwäbischen Herkunft zu erklären ist. Aus der schwäbischen Mundart verzeichnen wir die Ausdrücke: Tauseddreckeler = umständlicher Mensch, Tausedzeuge = Kronzeuge, Tausedgläsl = Glas mit vielen Schlifflächen, Tausedbrüderle = scherzhaft für Linsengericht. Aus dem Schweizerischen führen wir an Tusigsele (Tausendseelen) oder Tusigselehus = Mietskaserne; in Zürich führte eine enge, aber stark bevölkerte Gasse den Namen Tusigselegäßli. Tausendguldenschuß hieß in Österreich während des Weltkrieges eine harmlose, aber immerhin die Unterbrechung des Frontdienstes ermöglichende Verwundung. Als im Herbst 1933 der österreichische Bundeskanzler Dollfuß einige Stunden nach einem gegen ihn verübten Anschlag eine Rundfunkansprache hielt, sagte er zur Beruhigung der Öffentlichkeit, seine Verletzung sei bloß ein „Tausendguldenschuß", und man verstand ihn allgemein. (In Deutschland sagte man im Weltkrieg in ähnlichen Fällen Heimatschuß oder – in Offizierskreisen – Kavaliersschuß; bayrische Soldaten hatten auch den Ausdruck Salonschuß, norddeutsche sagten auch Heimatstriller.)

Gerne bedient sich der sprachliche Gefühlsausdruck der Verstärkung durch „tausend". Man schickt tausend Küsse[1] und nicht hundert und würde mit „Hundert Dank!" Staunen erregen. Ich grüße dich vieltausendmal, heißt es im Liede Mendelssohns. Im Schrifttum des 17. Jahrhunderts lesen wir Zärtlichkeitswörter wie Tausendschätzchen, Tausendschönchen, Tausendschelmchen. G. A. Bürger hat dem Liebchen tausendviel zu sagen, er weint ihm ein Tausendträneguß nach. Ich höre mit tausend Ohren, heißt es in den „Räubern". Ein anderes Mal schreibt Schiller: nicht anders, als wenn er tausend Augen hätte. Goethe spricht vom Wort, das tausendquellig durch die Länder fließt[2]. Man beachte auch die

---

1) Der Brief eines italienischen Kriegsgefangenen aus Galizien übersteigert sich rasch: cento baci, mille baci, un milione di baci a te e Galizia. Man sieht förmlich, schreibt Spitzer in seiner sprachpsychologischen Untersuchung über Kriegsgefangenenbriefe, wie der Schreiber in einen Rausch kommt, in dem er, ein Kuß-Millionär, immer mehr und mehr von der leichten Ware verschenkt.

2) In seinem Faust singen allerdings die Zecher in Auerbachs Keller: „Uns ist ganz kannibalisch wohl als wie fünfhundert Säuen." Börne verwendet einmal im selben Satze sowohl tausend als hundert in hyperbolischem Sinne, um eine Abstufung auszudrücken: er sagt von der deutschen Sprache, sie habe tausend Farben und hundert Schatten.

Berliner Redensarten: is ja noch dausend Zeit, nicht um dausend Taler, det hält ja bis dausend.

Auch im Französischen ist 1000 die bevorzugte hyperbolische Zahl. Neben den Tier- und Pflanzennamen mille-pieds oder mille-pattes (Tausendfuß) und millefeuille, millepertuis (Tausendblatt = gemeine Schafgarbe, Tausendloch = Hartheu) gibt es Volkswörter wie z. B. für einen Schwätzer mille-langues oder (an der unteren Maine) millegoule (Tausendzunge, Tausendmaul); im Bretonischen heißt der Labyrinth milendall (aus mil hend dall = 1000 blinde Wege)[1].

Welch große Abweichungen in verschiedenen Sprachen bei Zahlenhyperbeln zutage treten können, zeigt ein Beispiel, das Harder anführt: während das deutsche Kirchenlied den Wunsch äußert, tausend Zungen zu haben, begnügt sich Virgil mit hundert, Homer mit zehn Zungen. In manchen Sprachen werden übertreibende Zahlenwerte aufweisende Ausdrücke ohne jedes System das eine Mal mit 100, das andere Mal mit 1000 gebildet. Solche Willkür besteht z. B. im Ungarischen. Dort ist der Namen des Tausendgüldenkrautes zwar auch mit 1000 gebildet (ezerjófü), eine andere Pflanze, das Tausendschön, muß sich aber mit 100 begnügen (százszorszép); ähnlich beläßt der Ungar dem Tausenkünstler seine 1000 Künste (ezermester), billigt aber dem Tausendfüßler nur 100 Füße zu (százlábu), womit er allerdings der zoologischen Wahrheit näherrückt. Unter dem Einfluß des Deutschen scheint im Ungarischen neuerdings die Hyperbel 1000 die Oberhand über 100 zu gewinnen: so hat sich im alten und allgemein bekannten ungarischen Volkslied, in dem sich der verlassene Liebhaber den Kummer mit dem Troste verjagt, ein abgerissener Knopf mache nichts aus, es gäbe doch hundert andere, eine Aufwertung vollzogen, und nun wird heute von tausend Knöpfen gesungen.

TELLER, TISCH, SCHEIBE

Kant führt in seiner Kritik der reinen Vernunft aus, das Hauptmerkmal des Begriffes Teller sei das Rundsein, und wir reden tatsächlich von Tellermützen, tellerförmigen Pflanzenteilen usw. Aber etymologisch stimmt das nicht, das Wort baut sich auf einer

---

[1] Tausendmal grüß ich dich, Robin Adair, heißt es in einer alten irischen Volksweise, die in Boieldieus Oper „Die weiße Dame" übernommen wurde. Aus dem Morgenland erwähnen wir die tausendstimmige Nachtigall (bülbülhezar) des Hafis.

Sprachwurzel auf, die das Schneiden bezeichnet. Von lateinisch talea = abgeschnittenes Stück, Einschnitt leiten sich ab: italienisch tagliare, französisch tailler = zerschneiden, altfranzösisch tailleor = Vorlegeteller. (In diese Sippe gehören auch unsere Fremdwörter Taille, wörtlich Schnitt, und Detail, wörtlich Abgeschnittenes.) Das Mittelhochdeutsche entlehnte im 13. Jahrhundert aus dem Italienischen talier, aus dem Französischen deller. Der Teller ist also ursprünglich der Vorlegeteller, auf dem das Fleisch zerschnitten wurde und von dem sich die Teilnehmer der Mahlzeit die Stücke (mit der Hand, später mit der Gabel) nahmen.

Was für den Teller nicht zutrifft, daß nämlich die runde Form das ursprüngliche Hauptmerkmal sei, ist bei der Etymologie von Tisch der Fall. Der Diskos, die runde griechische Wurfscheibe (zu dikein = werfen) ist dank der Aufnahme unter die modernen Sportgeräte auch heute bekannt. Im zweiten Jahrhundert der christlichen Zeitrechnung hat das Wort im Lateinischen schon die Bedeutung Schüssel. Von dort dringt das Wort in die germanischen Sprachen: althochdeutsch tisc = Schüssel, Tisch, angelsächsisch disc = Schüssel, Schale, altnordisch diskr = Schüssel, in der das Essen aufgetragen wird[1]. Kluge weist darauf hin, daß der im Germanischen erfolgte Bedeutungsübergang von Schüssel zu Tisch darauf beruht, daß der germanische Tisch eine kleine hölzerne Platte auf Gestell war, die bei den Mahlzeiten vor jeden einzelnen hingestellt wurde (Tacitus: sua cuique mensa). Im frühen Mittelalter aß man dann zu zweit von je einer Platte. Die Schüssel wurde mit der Platte zugleich aufgetragen und weggenommen. Daher der ursprünglich wörtlich verstandene Ausdruck „die Tafel aufheben". Begreiflicherweise hat bei dieser Bedeutungsentwicklung von Tisch das im griechischen diskos gelegene Merkmal des Rundseins seine Wichtigkeit eingebüßt.

Bei noch einem Worte ist das ursprüngliche Merkmal des Rundseins unwesentlich geworden: Scheibe (althochdeutsch sciba, urverwandt mit griechisch skoipos, Töpferscheibe) bedeutet ursprünglich einen runden, flachen Gegenstand; daher mundartlich scheiben = rollen, z. B. Kegelscheiben. Scheiben nannte man auch die runden Butzen-

---

[1] Zu dieser Sippe gehören auch englisch dish = Schüssel, Napf, Tasse, Schale und übertragen Gericht, Speise und englisch desk = Pult, Katheder, sowie italienisch desco = Pult, Tisch, Rechenbrett und ungarisch deszka = Brett. (Der Vertreter der Sippe talea-tailleor-Teller im Ungarischen ist tányér = Teller.)

scheiben des Mittelalters, und schließlich wurde der Bedeutungsbereich des Wortes Scheibe auch auf das viereckige Fensterglas ausgedehnt. Aber sprachgeschichtlich ist eine viereckige Fensterscheibe ebenso ein Widerspruch wie ein viereckiger Tisch, dem Bedeutungswandel ist in diesen Fällen sozusagen — die Quadratur des Kreises gelungen.

TEUFEL

Den Teufel hat, soviel ich weiß, kein Atheist noch bündig wegbewiesen.
Richter Adam bei Kleist.

Das deutsche Wort Teufel geht — ebenso wie französisch diable, englisch devil, italienisch diavolo — auf griechisch diabolos = Ankläger, Verleumder (Bewerfer, Vorwurfmacher) zurück. Nach dem Alten Testament ist des Teufels Amt, die Menschen vor Gott zu verklagen; er ist gleichsam ein geheimer Spion Gottes auf Erden und wird aus Bosheit auch zum agent provocateur, zum Lockspitzel. Auch im Neuen Testament (1. Tim. 3, 6, Apok. 12, 10) erscheint er als Ankläger vor Gottes Gericht. Die im griechischen Worte diabolos zutage tretende Gedankenverbindung zwischen den Vorstellungen anklagen und bewerfen spiegelt sich auch in den deutschen Ausdrücken Anwurf und Vorwurf wider. Das Wort diabolos enthält die Wurzel des Zeitwortes ballein = werfen[1]. Ins Germanische gelangte diabolos durch die arianische Gotenmission, und gotisch diabulus (althochdeutsch tiufal) verdrängte als kirchliches Wort das heidnische unhultho (althochdeutsch unholda). Nach Kluge-Götze macht sich in der deutschen Form Teufel Quereinfluß sowohl von „tief" (althochdeutsch tiuf) als von der Endung des Wortes Engel geltend.

Im griechischen Text des Neuen Testaments wird außer diabolos auch satanas gebraucht. Letzteres ist das mit griechischer Endung

---

1) Das griechische ballein ist auch sonst in vielen unserer Lehn- und Fremdwörter vertreten: in Ball = Tanzunterhaltung (Werfen der Beine) und dazu Ballett, Ballade, Bajadere, in Parabel = Gleichnis (parabole, vergleichendes Nebeneinanderwerfen) und dazu auch französisch parler = sprechen, Parole, Parlament, in Hyperbel = Übertreibung (hyperbole, über das Ziel Hinausgeworfenes), Embolie = Verstopfung der Blutgefäße (embolos, Hineingeworfenes, Pfropfen), Symbol = Sinnbild (Zusammengeworfenes), Problem (Vorgeworfenes, Vorgelegtes) usw., ferner auch Ambulatorium, Somnambule, Ballistik, Armbrust (Volksetymologie aus lateinisch arcubalista zu arcus, Bogen, und ballein, werfen).

versehene hebräische satan = Widersacher[1], vom Zeitwort stu = anfeinden. Einer der althochdeutschen Namen des Teufels, fiant (unser „Feind"), ist die wörtliche Übersetzung des hebräischen satan (auch die Vulgata übersetzt: inimicus). Der Teufel gilt eben als der altfiant, „der alte böse Feind" (Luther), er ist das Gegenprinzip, innig in das theologische Weltbild verschmolzen, wenn auch nicht so augenfällig wie etwa in der dualistischen Zend-Religion der Parsen, wo sich Ormuzd und Ahriman als ebenbürtige und gleichmächtige göttliche Prinzipe gegenüberstehen[2].

Im Althochdeutschen wird Satan gewöhnlich als Namen behandelt und steht daher meist ohne Artikel. Als Namen eines bestimmten Teufels ist auch Beelzebub, der oberste Teufel, nach Matthäus 12, 24 und Lukas 11, 15 und 18, 9 aufzufassen. Man deutet aus hebräisch baalsebuw = Herr der Stechfliegen, Fliegengott[3]. (Im Faust heißt Mephisto „der Herr der Ratten und der Mäuse, der Fliegen ... usw.) Eine derartige Gottesbezeichnung ist zwar, wie Harder ausführt, nichts Ungewöhnliches — z. B. hat auch Zeus Apomyios (von myia, Fliege) die Macht, lästige Stechfliegen fernzuhalten, auch Ahriman, der böse Gott der Perser, ist Herrscher über Fliegen, Schlangen, Frösche usw. —, aber seitdem man in Tell el Amarna Tontafeln ausgegraben hat, auf denen eine Stadt Zebub genannt ist, sind Zweifel an der Fliegenetymologie möglich. Zur Redensart den Teufel durch Beelzebub austreiben, auch volkstümlich zu „Teufel tauschen" vereinfacht (mit der Bedeutung: Böses durch Böses ersetzen, ähnlich wie „aus dem Regen in die Traufe"), ist zu bemerken, daß Matthäus 9, 34 und 12, 34 und Johannes 12, 47 stets heißt „die Teufel durch Beelzebub vertreiben", d. h. die niederen durch ihren Fürsten.

---

1) Da die arabische Form schaitan, die über das Abessinische entlehnt wurde, auch Schlange bedeutet, so hat man vermutet, daß „Schlange" die ursprüngliche Bedeutung von „Satan" sei, doch wahrscheinlich haben die Araber in alter Zeit das Wort kennengelernt, auf Schlangen und Dämonen aller Art übertragen, und es erst seit Mohammed wieder in seinem ursprünglichen Sinne gebraucht (E. Littmann).

2) Von den indogermanischen Völkern Europas sind es besonders die slawischen, bei denen deutliche Spuren dieses Dualismus zu finden sind; der Teufel ist bei ihnen der cernobog, der schwarze Gott.

3) Das Sprichwort, daß der Teufel in der Not Fliegen frißt, hängt damit wohl kaum zusammen.

Belial als Teufelsbezeichnung geht auf 2. Sam. 22, 5 und Psalm 18, 5 zurück, wo die Bäche Belials als die Bäche des Bösen, die Bäche der Unterwelt, aufzufassen sind. Als Bedeutung von belial im Hebräischen — wo es vermutlich ein babylonisches Fremdwort ist — gilt: Verderben, Bosheit.

In religionsphilosophischen Schriften wird der Teufel auch als „der Demiurg" bezeichnet. Demiurg ist ein griechisches Wort, bedeutet wörtlich: Volksarbeiter, und ist bei Homer die Bezeichnung des Standes der Handwerker und Gewerbetreibenden. Daraus entwickelte sich die Bezeichnung Werkmeister und in der platonischen Philosophie: Weltbaumeister, Ordner des Weltalls, Gott als Gestalter der Welt aus dem Chaos. Die Gnostiker nennen Demiurg den vom höchsten Gott unterschiedenen (teilweise mit dem Judengott identifizierten, teilweise sogar als bösartig betrachteten) Weltbildner. Der Neupythagoräer Numenius unterscheidet den Demiurg als zweiten Gott (ho deuteros theos) von der höchsten Gottheit.

Der Name Luzifer (Lichtbringer, von lateinisch lux und ferre) geht auf den Mythus vom Höllensturz des Morgensterns zurück, dessen Namen auf Grund von Jesaias 14, 12 („Wie bist du vom Himmel gefallen, du schöner Morgenstern? Wie bist du zur Erde gefället?") auf den Höllenfürsten, den gefallenen Engel, übertragen wurde.

Lucifer heißt der Teufel in der gleichnamigen Dichtung des Holländers Joost van den Vondel (1654), in Miltons Verlorenem Paradies (1667), in Klopstocks Messias (1751), in Byrons Kain (1821), in der Tragödie des Menschen des Ungarn Madách (1861). Goethe zog im Faust einen bis dahin weniger bekannten Teufelsnamen vor. In der „Historia von D. Joh. Fausten" (1587) heißt der Geist, den der Teufel dem ihm verschriebenen Doktor Faust zum Diener gibt, Mephistophiles, aber schon vor Goethe kommt auch die Form Mephistopheles vor. Etymologisch ist dieser Namen sehr umstritten. Harder führt acht Ableitungen an: 1. Von griechisch me (nicht), phos (Licht), philein (lieben), also Lichthasser; dies würde eher auf eine Form Mephostophiles passen, die tatsächlich auch vorkommt. 2. Andere denken an französisch méfier, mißtrauen. 3. Wieder andere an den Zusammenhang mit den von Virgil und Tacitus erwähnten mephitischen Sümpfen. 4. Bei einer Ableitung aus hebräisch mephir = Zerstörer und tophel = Lügner ist die Häufung der negativen Begriffe auffällig. 5. Hagemann und

Andresen nahmen das Wort für Mephaustophiles = der den Faust nicht liebt. 6. Roscher und Zimmermann deuten aus Megiste Opheles, Beinamen des Pan-Ephialtes (megistos = sehr groß, ophelein = nützen), später die Bezeichnung eines allzeit dienstbaren Hausgeistes. 7. Goebel glaubt darin den kabbalistischen Namen des Planeten Merkur, Ophiel (von griechisch ophis, Schlange) zu erkennen. 8. Östergaard hört aus dem Namen die Warnung me philosophes = philosophiere nicht.

Im Faust kommt einmal auch Voland als Bezeichnung des Teufels vor. Es ist eine Nebenform von Valand, mittelhochdeutsch valant; es enthält ein untergegangenes germanisches Zeitwort mit der Bedeutung schrecken oder verführen und ist ein Partizip wie heliand, Heiland. Im Schweizerischen Fluch „ir Saker-Valentsch Buebe" ist dieses alte Valand noch erhalten[1]. Auch dänisch fanden = Teufel gehört zu dieser Wortsippe, altfriesisch fandiand = Verführer geht ihm voraus.

Eine Reihe von weiteren mundartlichen deutschen Namen des Teufels findet man bei Bergmann zusammengestellt: z. B. obersächsisch „der Teret" (Törichte), schweizerisch Chüenzli, zu chüenzlen = schmeicheln, da der Teufel die Menschen durch seine Schmeicheleien ködert. Auch durch seine Prahlereien betört der Teufel, und so erklärt sich das in schweizerischen Hexenprozeßakten des 16. Jahrhunderts vorkommende „Klaffer" als Teufelsbezeichnung (von klaffen = großsprecherisch reden). Auch Böckle und Hörnli ist aus der Schweiz belegt, da dem Teufel Bockshörner zugeschrieben werden; er isch dem Tüfel ab de Horne g'sprunge, sagt man von einem schlauen, verwegenen Menschen, also einem „Teufelskerl". Daß der Teufel mit dem Bock in Beziehung gebracht wird, erklärt sich nach Bergmann daraus, daß bei der Einführung des Christentums in Germanien Gott Donar, dessen heiliges Opfertier der Bock war, wesentliche Züge zum Bilde des Teufels lieferte. Sollte man aber nicht an ältere Vorstellungen (Dionysoskult, Satyrn, Faune, Pan, Tragodia = Bocksgesang) denken? Auf die Bocksgestalt bezieht sich auch der Teufelsnamen Möckler (von meck! meck!). Auf den Hammer Donars spielt vielleicht die Teufelsbezeichnung

---

1) Ob auch der bei Schmeller verzeichnete bayrische Ausdruck Fankel (auch Spadifankel, Sparifankel, Spirifankel) in Wendungen wie „de böse Fankerl fecht uns an", „der Fänkerl hat ihn" zur selben Sippe gehört wie Valand, wage ich nicht zu beantworten.

Meister Hämmerlein an; sie ist später auf den Henker übertragen worden. Auf schnellfingrige Gaukler, Taschenspieler ist die Teufelsbezeichnung mille artifex, Tausendkünstler (mittelhochdeutsch tusendlisteler, dann Tausendkünstiger, Tausendkünsteler) übertragen worden.

„Den Namen, Weib, verbitt ich mir", sagt Mephistopheles, als ihn eine Hexe als Junker Satan anredet; er läßt sich lieber „Herr Baron" titulieren. Aus der Vorstellung, daß der Teufel es einem verübelt, wenn man ihn unverblümt nennt, aber auch aus der allgemeinen Neigung, göttliche und dämonische Wesen nur umschreibend zu nennen, zumal wenn man ihrer in Flüchen erwähnt, aus dieser typischen Bereitschaft zu Euphemismen ergeben sich in der Volkssprache unzählige Ersatznamen des Teufels. Das Hauptwort „der Gottseibeiuns" (schwäbisch: der Gott-bhüt-uns-davor) ist eigentlich ein Ausruf, der prophylaktisch gebraucht wird, wie etwa das Kreuzeszeichen. In der Schweiz heißt der Teufel auch der Ugnant, der Ungenannte. Die Umgestaltung des Wortes Teufel zeigen die Flüche pfuj Deichsel! pfuj deitsch (bayrisch), Deuchert noch emol (elsässisch); weitere derartige Abschwächungen des bösen Wortes sind: Deutschker, Deutscher, Deuker, Deikert. Bei Nyrop sind u. a. folgende dänische Euphemismen für den Teufel zu lesen: den lede (der Häßliche), den sure (der Sauere), den onde (der Böse), en vis mand (ein gewisser Mann), den slemme (der Schlimme), gammel karl (alter Kerl).

Häufig sind unter den volkstümlichen Pflanzennamen Zusammensetzungen mit „Teufel". Das gemeine Krätzkraut (Scabiosa columbaria) heißt auch Teufelsabbiß (zufolge des Glaubens, daß die meist abgefaulte Wurzel vom Teufel wegen der Kraft, die sie habe, abgebissen worden sei[1]). Sehr viele Pflanzen haben den volkstümlichen Namen Teufelsauge[2], Teufelsklaue[3], Teufelskralle[4], Teufelszwirn[5],

---

[1] Teufelsabbiß ist ferner ein volkstümlicher Namen auch folgender Pflanzen: Pontentilla silvestris (Waldfingerkraut); Ranunculus acer (scharfer Hahnenfuß); Primula minima (Zwergschlüsselblume); Geum urbanum (echter Nelkenwurz); Succissa praetensis oder Scabiosa succisa (auch Abbißkraut oder Gottvergeß genannt; lateinisch succisa = Untenabgebissenes).

[2] Teufelsauge heißen u. a. folgende Pflanzen: Adonis aestivalis und Adonis autumnalis (Sommeradonis oder Marienröschen, Herbstadonis oder Feuerauge); Cyclamen europaeum (Alpenveilchen); Comarum palustre (Sumpfblutauge, wegen der dunkelblutroten Blüten); Agrostemma githago (gemeine Kornrade, ein Getreideunkraut); eine Orchideenart Ophrys muscifera (auch

Teufelskirsche[1], Teufelsbeere[2]. Die übelriechende Asa foetida (Stinkasant) heißt auch Teufelsdreck (merde du diable); aus einer psychoanalytisch-volkskundlichen Abhandlung von Hans Zulliger über das Arzneimittel Theriak (eine alte volkstümliche opiumhaltige Mischung) geht hervor, daß Tüüfelsdräck im Berndeutsch volksetymologisch mit Theriak identifiziert wird. („Ja Tüüfelsdräck" ist eine derbe Ablehnung in der Sprache des Berner Bauern.) Von den vielen teufelshaltigen Pflanzennamen erwähnen wir noch: den nach dem Fruchtstand benannten Teufelsbart (Pulsatilla alpina), welche Anemonenart auch Bocksbart oder Petersbart genannt wird, die Teufelsmilch (Chelidonium majus, Schöllkraut), deren bitterer Milchsaft giftige, brechenerregende Alkaloide enthält, die Teufelsnessel (Urtica urentissima), den Teufelswurz

Fliegenorchel oder Blutströpfel genannt) und zwei auch bei anderen Teufelsnamen angeführten Pflanzen: Hyoscyamus und Ranunculus acer.

3) Teufelsklaue heißt eine Lycopodiumart (Bärlapp) und der zur Erzeugung eines Bandwurmmittels verwendete dicke Wurzelstock des Aspidium filix mas (Wurmfarn oder männlicher Farn).

4) Teufelskralle heißen: die Lonicera periclymenum (deutsches Geißblatt), Phyteuma spicata (weiße oder Ährenrapunzel) und die Orchideenart Orchis latifolia (breitblättriges Knabenkraut). In Südtirol wird eine Kakteenart, die Opuntia ficus indica (Feigendistel), Teufelspratze genannt.

5) Teufelszwirn heißen: die Clematis vitalba (Waldrebe); das auch Stinkteufel genannte Nachtschattengewächs Bittersüß (Solanum dulcamara); das Lycium halinifolium und das Lycium barbarum, welche beiden Dornsträuche auch den Namen Bocksdorn führen; die auch Seide oder Teufelshaar genannte Schmarotzerpflanze Cuscuta mit fadenförmigem, sich windendem Stengel, besonders auf Klee und Flachs, und das schon bei den „Teufelsaugen" erwähnte deutsche Geißblatt.

1) Teufelskirsche heißen u. a.: die auch Hundskürbis genannte Zaunrübe (Bryonia alba), das Solanum nigrum (schwarzer Nachtschatten), die Sorbus aucuparia (Eberesche), die Blasenkirsche (Physalis alkekengi).

2) Teufelsbeere heißen die (auch Juden- oder Hundskirsche genannte) giftverdächtige, schwarze Frucht des ährigen Christophskrauts (Actaea spicata); die Paris quadrifolia (vierblättrige Einbeere), deren auch kleine Tollkirsche genannte Frucht zwar giftig ist, aber in der Volksmedizin in kleinen Mengen als Brechmittel verwendet wird; der rote Hornstrauch (Cornus sanguinea); der vielblütige Weißwurz (Polygonatum multiflorum); der Rubus caesius, eine Verwandte der Himbeere und der Brombeere. Sowohl die Bezeichnung Teufelsbeere als die Bezeichnung Teufelskirsche ist gebräuchlich für folgende Pflanzen: Atropa belladonna (echte Tollkirsche), Lonicera nigra und xylosteum (schwarze und rote Heckenkirsche), Ligustrum vulgare (gemeine Rainweide), und für die Steinfrüchte des Faulbaums (Frangula alnus, Rhamnus frangula), aus denen die Volksmedizin früher Brech- und Blutreinigungsmittel bereitete.

(Hyos cyamus, Bilsenkraut). Auch einige exotische Pflanzen weisen in ihrem deutschen Namen den Teufel auf: Teufelsholz wird das Holz des Osmanthus americanus genannt, Teufelsbaum ist die Altonia scholaris, ein tropischer Baum mit korkleichtem Holz, aus dessen Rinde Arzneien bereitet werden, Teufels Nadelkissen ist der deutsche Namen des Echinocactus Lecontei. Aus dem Reich der Pilze nennen wir: den Satanspilz (Boletus satanus), das Teufelsei (einer der volkstümlichen Namen des Phallus impudicus) und den Teufelstabaksack (Lycoperdon).

Auch unter den Tiernamen gibt es Zusammensetzungen mit „Teufel": eine Meisenart, die langschwänzige Acredula, heißt Teufelsbolzen; unter den Flügelschnecken gibt es eine, deren Außenlippe in mehrere lange krallige Fortsätze ausgezogen ist (Pteroceros) und die daher neben Fingerschnecke auch den Namen Teufelsklaue oder Teufelsschnecke führt; Teufelsblume (Idolum diabolicum) heißt ein Insekt aus der Gradflüglerfamilie der Fangheuschrecken; eine Libellengattung (Aeschna) führt den Namen Teufelsnadel oder Teufelspferd; die Raupe des Fichtenspinners heißt Teufelskatze; zu der Fischfamilie der Rochen gehört der Teufelsrochen oder Teufelsfisch (Dicerobatis) mit beiderseitig hörnerartig nach vorn verlängerten Kopfflossen.

Unter den Redensarten, in denen vom Teufel die Rede ist, gilt als die älteste: der Teufel ist los. Sie geht auf die Offenbarungen des Johannes zurück. Dort heißt es: er ergriff den Satan, band ihn und warf ihn in den Abgrund, versiegelte ihn, daß er nicht verführen sollte die Heiden, bis dann vollendet wurden tausend Jahr und darnach muß er — loswerden eine kleine Zeit. Das Zeitwort verteufeln bedeutet in der Volkssprache: etwas böswillig und mutwillig verderben; z. B. Kleider; in der Schweiz auch: Menschen zugrunde richten. Im Niederdeutschen bedeutet verdüveln auch: durch Fluchen, mit mehrmaliger Nennung des Teufels, verneinen, leugnen („dat lat ik mi nig verdüveln", das laß ich mir nicht abstreiten).

In unzähligen sprachlichen Gebilden, in denen das Wort Teufel schon zum leeren Schall geworden ist, lebt das Andenken des alten Teufelsglaubens fort. Alltäglich sind bildliche Wendungen wie: den Teufel im Leibe haben, zum Teufel jagen. Wir sprechen auch bewundernd von einem Teufelskerl, mitleidig von einem armen Teufel, können sogar einen ausgelassenen Backfisch liebevoll als

Sprühteufelchen bezeichnen, und es müßte mit dem Teufel zugehen, könnte nicht jeder von uns aus dem Stegreif Dutzende anderer Redewendungen anführen, in denen des Teufels Erwähnung getan wird. Man hütet sich, ihn an die Wand zu malen, spricht von seiner Großmutter, von einer Satansbrut. Und wenn wir mit dem Doktor Faust des Pudels Kern erkennen, so wissen wir, daß es sich um den Bösen handelt, ebenso verrät uns der Pferdefuß, der bei einer Sache herausschaut, daß der hinkende Höllenfürst dahintersteckt. Aber nicht von solchen Redensarten[1] soll hier zum Schluß noch gesprochen werden, bei denen der Anteil der alten Teufelsvorstellung wörtlich zutage tritt oder wenigstens für jedermann erkennbar durchschimmert. Es gibt in der Sprache auch Spuren des Teufelsglaubens, die für den linguistischen Laien als solche gar nicht wahrnehmbar sind. Auch wenn wir z. B. harmlos sagen, jemand sei besessen von seiner Aufgabe oder seinem Ehrgeiz, von Fleiß oder Wahrheitsliebe, so haben wir auch an ein archaisches Erbe in uns, an die Vorstellungswelt des Teufelsglaubens gerührt, ein Bild hergeholt aus der Dämonologie. Mit dem Gedanken, vom Teufel besessen zu sein, hängen auch die Redensarten „dem sitzt der Schalk im Nacken", „den reitet der Teufel" zusammen[2]. Und wenn wir drohen, wir werden einem irgendwelche üble Gepflogenheiten oder „die Mucken" schon austreiben, so maßen wir uns eigentlich dem „Besessenen" gegenüber eine Aufgabe an, der früher nur gewachsen war, wer Macht über den Teufel gewinnen konnte. Im Mittelalter mußte man auch nicht fragen, was ist eigentlich in dich gefahren, denn so was konnte nur der leibhaftige Gottseibeiuns tun. Die Arten, in denen der Böse in einen fuhr, waren sehr verschieden, der Phantasie war hier ein breiter Tummelplatz gelassen. Nicht selten ging die Besessenheit auf einen förmlichen Pakt zurück, und an diesen erinnert noch der Ausdruck, man habe sich (einer Idee, einer Leidenschaft, einem Laster, einer Gesellschaft) verschrieben.

---

[1] Die Zahl solcher Redensarten und Sprichwörter ist sehr groß. Frischbier verzeichnet z. B. aus Ostpreußen: da ist der Teufel begrünt und begraben (wenn Widerliches passiert) — dem Teufel ein Bein abarbeiten (wenn jemand zum Verdrusse des Zuschauers eine Tätigkeit übermäßig lange betreibt) — wie drei Teufel an einem Halfter — der Teufel holt sein Kind nicht — der Teufel reitet auf dem Messer (wenn es mit dem Rücken auf dem Tisch liegen bleibt) — de Diewel schött ömma up den gretsten Hupe.

[2] Nach Luthers Auffassung ist der Mensch ein Reittier, auf dem entweder Gott oder der Teufel reitet.

Zu den sprachlichen Gebilden, bei denen „der Pferdefuß nicht herausschaut", gehört auch abstinken, ein moderner Fachausdruck in der Sprache der Schauspieler und Artisten. „Er ist abgestunken" bedeutet: er hat keinen Erfolg gehabt, er ist ohne Applaus von der Bühne oder aus der Arena abgegangen. Auch von einem Redner kann es heißen, er sei abgestunken. Aber nicht nur die Person, auch das Werk selbst (das Theaterstück, der Film, die artistische Leistung) „stinkt ab". Der Ausdruck ist nicht etwa in der Theater- und Artistensprache selbst entstanden, er ist aus der Volkssprache hingelangt. So verzeichnet z. B. das Schwäbische Wörterbuch abstinken = mit Gestank abziehen, d. h. verächtlich, mit Schmach, unverrichteter Dinge abziehen. Wir müssen daran denken, daß Pech und Schwefel die Attribute des Teufels sind. Gestank begleitet sein Auftreten, und wenn er schließlich von der Frommheit des Gottesdieners vertrieben oder von der Schlauheit des Märchenhelden übertölpelt oder von sonstiger Tugend überwältigt oder durch die Einwirkung himmlischer Zeichen in seinem bösen Unterfangen gestört das Feld räumen muß, zieht er eben mit Gestank ab. Mittelalterliche Darstellungen versuchen, dieses Abstinken des enttäuschten Teufels sogar bildlich zum Ausdruck zu bringen, indem sie dem Fliehenden eine eklige Wolke anhängen. Mysterienbühne und Volksbühne konnten dieses Entweichen unter Pech und Schwefel sogar echter und drastischer darstellen, und man mag in diesem Umstand vielleicht auch eine Brücke zum Abstinken des modernen Schauspielers sehen. Es gab auch eine alte Redensart „er nimmt Abschied wie der Teufel mit Gestank"; dies wurde von Leuten gesagt, die – wie Sebastian Franck 1541 sich ausdrückt – „im Abschied Unehr nach sich verlassen."

Mit dem Teufelsglauben hängt ferner auch der Ausdruck die böse Sieben zur Bezeichnung eines bösartigen, zanksüchtigen Weibes zusammen. Da die Zahl sieben seit jeher eine große Rolle in jeder Art von Aberglauben gespielt hat, sprach man auch von „sieben Teufeln". Daraus entwickelte sich der Brauch, den Siebener im Kartenspiel als die Teufelskarte zu bezeichnen. Es gab auch Spiele, z. B. das sogenannte Karnöffelspiel zur Zeit der Renaissance, in denen der Siebener die mächtigste Karte war, die alle anderen schlug. Sie hieß daher die böse Sieben und trug oft (wie auch Cyriacus Spangenberg 1562 in seinem Buche „Die böse Sieben ins Teufels Karnöffelspiel" es beschreibt) des Teufels Bild.

Im 16. Jahrhundert gelangte an seine Stelle das Bild eines häßlichen Weibes auf die Karte, und so bekam dann „eine böse Sieben" die Bedeutung: keifendes Weib. (Andere haben den Ausdruck „die böse Sieben" mit dem Vaterunser in Verbindung gebracht, dessen letzte, siebente Bitte lautet: erlöse uns vom Übel.)

Das geht auf keine Kuhhaut gehört auch zu den teuflischen Redensarten. Zu seiner Deutung ist vorauszuschicken, daß seit dem frühen Altertum auf geglätteten und getrockneten Tierhäuten geschrieben wurde; die Ägypter gebrauchten schon etwa anderthalb Jahrtausende vor Christus Pergament, und das Zend-Avesta der alten Perser, das Alexander der Große verbrannt haben soll, war mit goldenen Lettern auf Ochsenhäute geschrieben. Im Mittelalter bestand der Aberglaube, daß die Teufel dem Sterbenden ein auf einer Kuhhaut geschriebenes Sündenregister gleichsam als Rechnung vorhalten. So wurde in der St. Georgskirche zu Reichenau am Bodensee eine bildliche Darstellung aus dem 14. Jahrhundert gefunden: zwei Frauen, die miteinander schwatzen, darunter eine Kuhhaut, von vier Teufeln gehalten, auf die ein fünfter eifrig schreibt. Aus der Inschrift geht hervor, daß die Sünden verbucht werden, die die Weiber mit ihrem Geschwätz begehen. (Anspielung auf Matthäus 13, 36: von jedem unnützen Wort, das sie reden, werden die Menschen Rechenschaft zu geben haben am Tage des Gerichts; und auf die Offenbarungen des Johannes 20, 12, wo es heißt, daß die Taten beurteilt werden genau nach den Handlungen, die in Büchern eingetragen, was die religiöse Überlieferung dahin ergänzte, daß es der Teufel, der „Ankläger" des Menschengeschlechts, sei, dem die Buchführung über die bösen Taten anvertraut ist.) In Fischarts Flöhhatz ist die Rede vom Teufel, „der hinder der Mess ohn Geheiss ein Kuhhaut voll schrieb solche Reden, die zwey Weiblein zusammen hetten". Der ursprüngliche Sinn der Redensart zielt also auf eine Sündenanzahl ab, die so groß ist, daß eine Kuhhaut ihre Aufzählung nicht fassen kann. Daraus wurde dann der Sinn verallgemeinert, etwa: worüber viel zu sagen ist. So heißt es in dem Bildergedicht „Der Kampf des bösen Weibes mit dem Teufel" aus dem Jahre 1610: „wenn ich dies Geschlecht alles beschreiben solt, ein Ochsenhaut ich brauchen wolt." Bei Hans Jakob Behaim (1644) bedeutet „eine Kuhhaut voll neuer Zeitungen": ein Haufen neuer Nachrichten. Aus der von uns angegebenen Entstehungsgeschichte der Redensart „das geht auf keine Kuhhaut" geht außerdem hervor, daß auch der Ausdruck Sündenregister mit dem Teufelsglauben zusammenhängt.

Wer denkt heute, wenn er so harmlose Redensarten gebraucht, wie „das geht auf keine Kuhhaut", „er ist abgestunken", „was ist in ihn gefahren?" noch an den Teufel? Mephisto kann sich schmunzelnd denken: den Teufel merkt das Völkchen nicht. Aber durch die Sprache hält er uns noch am Kragen. Das gilt natürlich nicht nur für die deutsche Sprache. Aus dem Französischen seien z. B. drei Redensarten angeführt, die mit dem Teufelsglauben zusammenhängen. La beauté du diable (Teufelsschönheit) ist die Tugend, die die Schönheit ersetzt; elle a la beauté du diable = sie ist nicht hübsch, hat aber den Reiz der Jugend. Dahinter steckt wohl der Gedanken: man mag häßlich sein wie der Teufel, die Jugend übt doch einen erotischen Reiz aus. Quitard erklärt aber die „Teufelsschönheit" aus dem Umstand, daß der Teufel, als er noch jung und noch nicht „gefallen" war, zu den Engeln des Himmels gehörte. Faire le diable à quatre (den Teufel zu viert machen) = einen Höllenlärm machen. In den Mysterien des Mittelalters waren die Teufelsrollen grotesken Charakters; gewöhnlich erschienen als Abgesandte des Teufels vier lärmende Teufelsknechte. Bei den Mysterien, die Philipp IV., König von Frankreich, 1313 an dem Feste zu Ehren des englischen Königs aufführen ließ, begleiteten mehr als hundert Teufel mit lautem Hohngelächter das Geheul der Verdammten. Die normale Besetzung bestand aber nur aus vier Teufeln. (In Schönbecks „Frau Jute" aus dem Jahre 1480 kamen — als doppelte Besetzung — acht Teufel vor.) In der deutschen Sprache geht der Ausdruck Höllenlärm auf jenen Brauch zurück, die vier Teufel haben sich in ihr aber nicht redensartlich erhalten wie im Französischen. In den letzten Jahren des zweiten Kaiserreiches wurde in Paris als Konkurrenz gegen Rocheforts berühmte „Lanterne" die Zeitung „Diable à quatre" (Höllenlärmmacher) gegründet. Man sagt auch: il a fait le diable à quatre pour l'empêcher, er hat sich verteufelt angestrengt, es zu verhindern. Eine dritte französische Redensart lautete: loger le diable dans sa bourse (den Teufel in seiner Börse beherbergen) = kein Geld haben.

In alten deutschen Texten ist öfters von der schlauen Sünde die Rede, die vor jeden Teufel einen Engel stellt. Diese Vorstellung scheint im deutschen Redensartenschatz keine Spur hinterlassen zu haben, aber in romanischen Sprachen finden wir ihren Niederschlag.

Trus la Cruz estò el Diablò, hinter dem Kreuz verbirgt sich der Teufel, sagt der Spanier, und ähnlich der Portugiese: detras la cruz esta el diabo. Der Spanier sagt auch por las haldas del vicario sube el diablo at campanario, unter den Schößen des Vikars schlüpft der Teufel in den Kirchturm. Aus ähnlichem Gedankengang sagt das englische Sprichwort: where God has his church, the devil will have his chapel, wo Gott seine Kirche hat, bekommt der Teufel seine Kapelle.

TIGER

Im Altpersischen, der Sprache des Zend-Avesta, hieß der Pfeil tighri[1]. Da der Pfeil als Sinnbild der Schnelligkeit galt, wurde der Fluß, der Mesopotamien, das „Zwischenstromland", im Osten begrenzte, Tigris genannt[2]. Wegen seiner Schnelligkeit erhielt auch das gefürchtete asiatische Raubtier, das dank eines Geschenkes des syrischen Königs Seleukos I. an die Athener schon etwa 300 Jahre v. Chr. in Europa bekannt war, den griechischen und lateinischen Namen tigris. Im Deutschen taucht dieser Tiernamen zuerst im 11. Jahrhundert auf: in der Form „Tigertier", was eine sogenannte verdeutlichende Zusammensetzung ist nach der Art von Maultier, Elentier, Auerochs, Lindwurm, Walfisch, Eidergans, Turteltaube, wo schon der erste Teil des Namens das betreffende Tier bedeutet. Erst seit dem 17. Jahrhundert heißt es auch im Deutschen einfach Tiger.

Mehrere sprachpsychologisch bemerkenswerte Bedeutungsübertragungen lassen sich am Worte „Tiger" demonstrieren. Schon der Namen des Tieres selbst, von dem des Pfeiles genommen,

---

1) Dazu gehört auch persisch tirkäs = Pfeilbehälter, woher in mehreren europäischen Sprachen die Bezeichnung des Köchers, z. B. italienisch carcasso, französisch carquois, auch mittelhochdeutsch (dem persischen Vorbild lautlich noch näher) tärkis (kommt bei Wolfram von Eschenbach vor).

2) Flußnamen, die ursprünglich die Bedeutung „der Eilende", „der Reißende" u. dgl. haben, kommen überall häufig vor; wir nennen z. B. die vielen slawischen Flußnamen Bistriza von bistri = scharf, schnell, zu denen auch die verschiedenen österreichischen Flüßchen namens Feistritz gehören; ferner mit altindisch isira, griechisch hiaros = regsam, frisch, eilend urverwandt: Istros, der alte Name der Donau, die Isar in Bayern, verschiedene Bäche namens Iser in Deutschland, die Iser am Südabfluß des Iser- und Riesengebirges, die Isère und die Oise in Frankreich; auch der Namen Ems (zur Römerzeit Amisia, Amisis) steht vermutlich mit emsig (althochdeutsch emizig) im Zusammenhang.

ist ja das Ergebnis eines metaphorischen Vorgangs, und zwar eines von seltenem Typus. Daß ein Gegenstand, insbesondere ein Kriegsgerät, nach einem Tier benannt wird, kommt, wie O. Meisinger zeigt, häufig vor. Den Enterhaken nannten die Griechen und die Römer Rabe (corax, corvus), den Sturmbock Widder (krios, aries), den Mauerbrecher Kran (gerayos, grus), den beim Angriff über dem Kopf getragenen Schild Schildkröte (chelone, testudo); eine Wurfmaschine hieß bei den römischen Soldaten scorpius, eine andere onager (Wildesel). Auch den Tank nannten im September 1916 die ersten französischen Schlachtberichte tortue (Schildkröte). Oft sind Waffen nach Raubvögeln benannt, z. B. die Falkaune nach dem Falken, die Muskete nach einer Sperberart; man denke auch an die Feldkatzen, Feldschlangen und ähnliche Geschützbezeichnungen. Was wir am Gewehr als Hahn bezeichnen, hat auch in mancher anderen Sprache einen Tiernamen, z. B. chien, Hund im Französischen, gatillo, Kätzchen im Spanischen, likos, Wolf im Neugriechischen. Um auch ein ganz modernes Kriegsgerät anzuführen, das sich einen Tiernamen ausgeliehen hat, erwähnen wir das Torpedo (torpedo heißt im Lateinischen der Zitterrochen, der Fisch mit elektrischen Schlägen). Bekanntlich werden auch in den Kriegsmarinen leichtere, rasche Fahrzeuge oft auf Raubtiernamen wie Tiger oder Panther getauft.

Solche Beispiele für die Übertragung von Tiernamen auf Kriegsgeräte[1] lassen sich noch beliebig vermehren. Einen ziemlich vereinzelten Typus stellt hingegen der Tiernamen Tiger vor, der doch selbst von einer Waffe, vom persischen Namen des Pfeiles,

---

[1] Nicht nur Kriegsgeräte, auch sonstige Gegenstände, Werkzeuge u. dgl. werden metaphorisch als Tiere bezeichnet. Man denke z. B. an das vierbeinige Turngerät Bock; auch in vielen Handwerksgewerben kommt Bock als Fachausdruck vor; hierher gehört auch Kutschbock. Mit dem Vogelnamen Kran (ältere Kurzform von Kranich) bezeichnen wir das Gerät zum Lastenheben, auch die Franzosen nennen es Kranich (grue), aber auch Ziege oder Kamel (chèvre, chameau). Im Französischen bedeutet grenouille (Frosch) auch Löhnungskasse oder Sparbüchse (daher manger oder faire sauter la grenouille, den Frosch aufessen oder hüpfen lassen = eine Sparbüchse entleeren oder bestehlen, anvertrautes Geld vergeuden). Den Dietrich und den Sperrhaken bezeichnen die Franzosen als rossignol (Nachtigall). Auch das deutsche Wort Folter ist ursprünglich ein Tiernamen, der auf ein Gerät übertragen wurde: nach griechisch polos = Füllen hieß ein römisches Foltergerät, ein scharfkantiges Gestell, das vorher im klassischen Latein equuleus = Pferdchen genannt wurde, poledrus, und daraus entwickelten sich die deutschen Wörter Folter, foltern.

genommen ist, wo also die Richtung des metaphorischen Vorganges jener des allgemeinen gerade entgegengesetzt ist. Der Tiernamen Tiger wird dann allerdings selbst zum Ausgangspunkt einer Reihe von neuen Bedeutungsübertragungen[1]. Doch ist die Vergleichsgrundlage für diese sekundären Übertragungen nicht mehr in der Schnelligkeit, sondern in anderen Eigenschaften dieses Raubtieres zu suchen.

Vor allem gilt der Tiger als ein außerordentlich gefährliches Tier, als ein Vorbild der Grausamkeit und der unerbittlichen Kampfeslust. Daher die Ausdrücke Tigerherz, Tigerblick. Bei Shakespeare hat tigerfooted, tigerfüßig die Bedeutung: sich gierig auf die Beute stürzend. Allgemein bekannt ist der Beinamen „le tigre", den das französische Volk dem Staatsmanne Clémenceau gegeben hatte, um seine Unerbittlichkeit in innerpolitischen Kämpfen sowie seine zähe Unversöhnlichkeit im Weltkriege zu kennzeichnen. Übrigens hat schon Geibel in seinem Gedicht „Der Tod des Tiberius" den von Tacitus und Sueton ungerechterweise als Tyrann beschriebenen römischen Kaiser einen „greisen Tiger" genannt, und zur Zeit der französischen Revolution galt Robespierre als der „Tiger des Konvents". Aus der Volkstümlichkeit Clémenceaus im letzten Kriegsjahr erklärt es sich, daß anfangs 1918 im Departement Var, wo des Ministerpräsidenten Wahlkreis lag, die ausgehobenen Rekruten sich tigres nannten. Tigres bleus hießen übrigens in Frankreich auch die Alpenjäger und die Kolonialtruppen, wenigstens solange, bis die blaue Farbe ihrer Uniform einer feldmäßigeren wich. Im Zusammenhang mit dem Beinamen Clémenceaus verweisen wir auf einen medizinischen Fall, den der Wiener Psychiater Schilder beschrieben hat. Sein Patient betrachtete den Tiger gleichsam als sein Totemtier, er sah in seinem Vater, dessen Namen „Clemens" an Clémenceau erinnerte, einen Tiger. Bemerkenswert ist auch ein anderer, vom Nervenarzt S. H. Fuchs analysierter Fall. Es handelte sich um einen Schizophrenen mit dem Familiennamen Tieger, der ebenfalls seinen Vater mit dem grausamen Raubtier identifizierte.

---

1) Während wohl alle Kultursprachen für das Raubtier Felis tigris einen Namen haben, der von dem jenes raschen Flusses kommt, wissen wir auch von Fällen, wo, umgekehrt, Namen dieses Tieres auf Flüsse übergehen. Im Berichte Prof. Arsenjews über seine Forschungen im Ussurigebiet lesen wir von zwei Flüssen, die in der Sprache der ostsibirischen Eingeborenen Amba (= Tiger) und Laochosen (= Tigerfluß) heißen.

Die Vorstellungsverknüpfung zwischen den Begriffen Tiger und Grausamkeit ist besonders in Frankreich im Vordergrund des Denkens. Von Voltaire stammt der Ausspruch, die Franzosen seien tigresinges, d. h. zur Hälfte Affen, zur Hälfte Tiger (Eitelkeit und Grausamkeit).

Im Französischen bedeutete cœur de tigre einen Wüterich, tigresse eine grausame Schöne. Die ironische Redensart elle n'est pas tigresse, sie ist keine Tigerin, gilt einer, die ihre Verehrer allzugern erhört. Wenn der Engländer eine Frau als tiger bezeichnet, so schwebt ihm ein streitsüchtiges Frauenzimmer (eine „Zanktippe", eine „Bißgurn") vor; die überaus kriegerischen ersten Kämpferinnen für das Frauenwahlrecht in England mußten sich wiederholt gefallen lassen, in der Presse als tigers geschildert zu werden. Tigerin war übrigens eine Zeitlang auch die Bezeichnung für das Rollenfach der herzlosen und gefährlichen Schönen in der Theatersprache, doch ist dieser Ausdruck und sein ebenfalls zoologisches Synonym, die Salonschlange, neueren Bezeichnungen wie Dämon und Vamp gewichen. In den letzten zwei Jahrzehnten des vorigen und im ersten unseres Jahrhunderts gediehen in den Dschungeln des Berliner Theaterlebens prächtige Exemplare von sogenannten Premierentigern, die sich bei Uraufführungen durch Krawalle bemerkbar machten und als Entdecker des Haustorschlüssels als kritischen Pfeifinstruments gelten dürfen[1]. Auch beim Kritiker, der das Werk „verreißt", denkt wohl die deutsche Sprache an eine wilde tierische Gebärde. (In jener großen Premierentigerzeit gelangte der Kritiker Oskar Blumenthal zum Beinamen „blutiger Oskar".)

Die ostasiatischen Völker – die es ja auch mit der mächtigsten Tigerform (Felis tiger mongolica) zu tun haben – fürchten den

---

[1] Es scheint, daß mit verblassender Erinnerung an die Zeit der großen Premierenskandale auch die ursprüngliche Bedeutung von Premierentiger = Krawallmacher dem Untergang geweiht ist und daß jüngere Zeitgenossen unter Premierentiger heute nur mehr einen Premierenstammgast verstehen. Nur so ist zu begreifen, daß der Verfasser eines vor kurzem im „Neuen Wiener Journal" erschienenen Feuilletons über Premierentiger die verwunderte Frage stellen konnte, wie es möglich sei, daß der Mann, der „bei jeder Erstaufführung zum Gesamtbild des Parketts gehört", in die Klasse der Großkatzen eingereiht wurde. „Der einzige Anhaltspunkt für seine zoologische Einreihung dürfte durch das majestätische Schreiten gegeben sein, das er während der Pausen zu produzieren bestrebt ist." Armer Premierentiger, wie hast du dir verändert!

Tiger so sehr, daß sie von ihm in der Regel in Ergebenheitsformen reden und ihn „Herr Tiger" nennen. Im Ussurigebiet in Ostsibirien errichten die chinesischen Jäger in der Taiga, dem sibirischen Urwald, kleine, dem Tiger geweihte Tempelchen mit der Inschrift: Ssan-lin-tschu-tschi, dem Beherrscher von Berg und Tal. Der Blutdurst des Haifisches wird bei vielen Völkern dem des Tigers verglichen. Die Haifische gelten gleichsam als die Tiger des Meeres, und die Spanier nennen den Haifisch einfach tigre oder tigron. Auf die Vorstellung der hartnäckigen Kampfbegierde und der gefährlichen Gegnerschaft gründet sich auch der amerikanische Slangausdruck fight the tiger, mit dem Tiger kämpfen, d. h. einen sehr gefährlichen, aussichtsarmen Kampf führen, z. B. mit einem Berufsspieler Poker spielen. Mit der Vorstellung des Tigers als Sinnbild der Kampfeslust und Gefährlichkeit dürfte auch zusammenhängen, daß man früher ein berüchtigtes Londoner Matrosenviertel Tiger-Bay nannte.

Ein anderes Merkmal des Tigers, das zu sprachlichen Übertragungen Anlaß bietet, ist die lebhafte Streifung seines Felles. Zunächst wird dieser Umstand zur Charakterisierung anderer Tiergattungen ausgenützt, wobei allerdings nicht nur gestreiftes, sondern oft auch getüpfeltes Äußere als „tigerhaft" gilt. Das Zebra heißt auch Tigerpferd (hippotigris). Eine gefleckte Riesenschlangenart (Python molurus) führt den Namen Tigerschlange. Die Streifenhyäne heißt auch Tigerwolf. Es gibt eine Marderart, die Tigeriltis, eine Muschelart, die Tigerschnecke (Cypraea tigris), eine Schneckenart, die Tigertute, eine Schmetterlingsart, die Tigermotte heißt. Der Tigerfink heißt so, weil sein rotbraunes Gefieder lebhaft getüpfelt ist. Es gibt getigerte Katzen, Hunde, Pferde (tiger-dogs, tiger-horses auch im Englischen). In manchen Gegenden des deutschen Sprachgebiets, z. B. im Egerland, haben scheckige Ochsen oft den Rufnamen Tiger.

Aus der Pflanzenwelt erwähnen wir vor allem die Tigerlilie (Lilium tigrinium), deren feuerrote Blüten schwarz getüpfelt sind. Als Tigerholz bezeichnet man sowohl das Holz des Borsinums, eines für Spazierstöcke u. dgl. verwendeten tropisch-amerikanischen Maulbeergewächses, als das Holz des Strychnosstrauches, aus dem das Strychnin und das berühmte indianische Pfeilgift Kurare gemacht wird. Tigernüsse heißen die eßbaren Wurzelknollen einer Zypergrasart. Aus der mineralischen Welt seien die Tigeraugen, die aus den im Quarz eingewachsenen Krokydolithfasern verschliffenen Schmuckstücke, genannt.

Auch auf Menschen wird die Bezeichnung Tiger mit Hinblick auf das gestreifte, scheckige Äußere übertragen. Neger, die an Albinismus leiden und helle Hautstreifen aufweisen, nennt man Tigermenschen (auch Elstermenschen). Im Französischen bedeutete tigre früher auch einen Reitknecht, offenbar wegen der gestreiften Livree[1]. Diese Bezeichnung kam auch nach England, wo tiger dann allgemein einen Diener bezeichnete, der seinem Herrn auf dessen Wegen und Reisen zu folgen hatte, oder einen livrierten Ausläufer (der Londoner Ärzte in früheren Zeiten), einen Laufburschen. Im englischen Slang bedeutet tiger auch mit Fleischstreifen durchsetzten Speck. Ferner bedeutet im Englischen tiger (daraus tigerism) einen Prahler, besonders in Kleidung und Benehmen, also einen Stutzer, und es ist nicht klar, ob dieser Ausdruck, die Vorliebe für das Auffällige ins Auge fassend, auf die Streifung des Tigers zurückgeht oder irgendeiner besonderen Abwandlung der Bedeutung Grausamkeit, Wildheit, Gefährlichkeit, Siegesgewißheit entspringt, in welchem letzteren Falle tiger = Prahler, Stutzer mit Löwe (Salonlöwe = Stutzer), Liebling der Salons in Verbindung zu bringen wäre. Auch einen Schmarotzer bezeichnet das englische Slang als tiger, wobei eine weitere Abbiegung des Begriffs Stutzer zu Nichtstuer, Taugenichts vorliegen dürfte.

Mit der Vorstellung des wilden Gebrülls des Raubtiers hängt wahrscheinlich der amerikanische Studentenausdruck tigre für ein organisiertes Beifallsgeschrei zusammen: z. B. three cheers and a tiger (oder: and the last in tigers), wörtlich: dreimal hoch und zum Schluß ein Tiger. Der Ausdruck soll zuerst in amerikanischen politischen Kreisen entstanden sein als Bezeichnung für das bestellte Beifallsgeschrei in Versammlungen.

Eine weitere Eigenschaft des Tigers, die sprachlichen Übertragungen zugrunde liegt, ist sein Herumstreifen nach Beute. In der deutschen Gaunersprache bedeutet tigern (Synonym von tippeln und tarchenen) wandern, reisen. Der Ausdruck ist in die kaufmännische Umgangssprache übergegangen, besonders in die

---

[1] Zu erwähnen ist hier auch die Verwendung des Namens eines anderen gestreiften Tieres im Französischen. Le zébre ist auch derjenige, über den eine vornehme Dame stets verfügt zur Erledigung ihrer Aufträge, so z. B. bei Alphonse Daudet: c'est le zébre de la duchesse.

süddeutsche, und so bedeutet jetzt Tiger einen Geschäftsreisenden. Tigern ist seine Tätigkeit. Man liest gelegentlich in Anzeigen der Fachpresse, daß ein „gewandter Tiger" gesucht wird. Es kommt auch vor, daß der Chef persönlich „tigert". Vielleicht spielt hier neben der Vorstellung des Herumstreifens nach Beute doch auch die der Grausamkeit, Hartnäckigkeit mit. Möglicherweise war mit dieser Bezeichnung ursprünglich ein Tadel verknüpft, vielleicht beklagten sich die Opfer von besonders zähen, übertüchtigen Geschäftsreisenden, diese hätten sich wie hungrige Tiger benommen, am Ende ist es aber ein Namen geworden, den die so Benannten mit gewissem Stolz tragen.

Schließlich seien noch drei Sonderbedeutungen des Wortes Tiger erwähnt, bei denen die Vergleichsgrundlage für die Übertragung des Tiernamens nicht nachweisbar erscheint.

Tigre heißt im Pariser Argot ein junges Ballettmädchen, das in der künstlerischen Rangordnung bereits über den „Ballettratten", den Gemeinen des Tanzkorps, steht, ohne jedoch schon ein „Star" zu sein. Théophil Gautier hat einmal nett beschrieben, wie eine Ratte jederzeit durch einen einzigen Schritt zum Tiger werden kann. Vielleicht ist diese Sonderbedeutung des Wortes Tiger einfach als eine allerdings merkwürdige „Steigerung" des Fachausdruckes Ratte aufzufassen, sie könnte schließlich aber auch mit der schon erwähnten dramatischen Rollenfachbezeichnung Tigerin für Herzensbrecherin zusammenhängen.

Im Argot der Pariser Kasernen wird tigre im Sinne von urinoir gebraucht.

Im Slang der Oxforder Studenten heißt hot tiger, heißer Tiger, ein stark gewürztes, aus Ale und Sherry gemischtes Getränk.

ULRICH RUFEN

oder Sankt Ulrich anrufen (en halinge Uelereich rueffe) ist eine volkstümliche, beschönigende Umschreibung für erbrechen („sich übergeben"). Angeblich habe der heilige Ulrich (973 als Bischof von Augsburg gestorben) selbst dem übermäßigen Trunk gehuldigt, daher sei häufig zu seinen Ehren getrunken und nachher, bei den körperlichen Folgen der Trunkenheit, seine Hilfe angerufen worden. Es bestand auch der Glaube, wer aus dem von St. Ulrich im Tiroler Schlosse Firmian gebrauchten silbernen Meßkelch trinke, werde schwerer Beängstigungen frei. Vermutlich steht es mit der Beziehung des heiligen Ulrich zum Trinken und zum Erbrechen ebenso, wie mit vielen anderen Vorstellungen in der Heiligenverehrung, die sich erst aus der Lautform des Namens entwickelten (Blasius als Helfer gegen Blasen-, Augustinus gegen Augenkrankheiten u. dgl.), und die Trunkfreudigkeit des heiligen Mannes dürfte erst nachträglich erfunden worden sein. Ulrich rufen wäre demnach eine lautmalerische Redensart, die eigentlich lauten müßte und ursprünglich vielleicht auch gelautet hat: u-o-le-rich machen. (Eine ähnliche Umgestaltung der lautmalerischen Wiedergabe eines körperlichen Geräusches kennt man in Berlin; man sagt dort, wenn jemand das Aufstoßen hat: Up-sala ist 'ne Stadt in Schweden.) Lautmalerisch ist jedenfalls das veraltete deutsche Wort für Ekel verursachen, Erbrechen verursachen: wüllen (ihm wüllt = es ist ihm erbrecherisch); althochdeutsch hieß das Erbrechen wullido oder wullunge.

In der Schweiz (Aargau) ist für Erbrechen auch der Euphemismus gebucht worden: dem Marti Luther rüefen. Es ist die Vermutung ausgesprochen worden, daß dem Ausdruck möglicherweise eine Anlehnung an eine mundartliche Bezeichnung des Branntweins, an das Wort Lütter (= geläuterter, d. h. destillierter) zugrunde liegt, was mir sehr unwahrscheinlich vorkommt. Übrigens ist aus der Schweiz, aus dem katholischen Kanton Luzern, auch der Euphemismus „dem Marti Luther en Zeis ablegge" (ein Zeugnis ablegen) = defäzieren verbucht.

Die Redensart „an das Obergericht in Speyer appellieren"[1] für erbrechen gehört zu den bekannten Anspielungen durch Ortsnamen (wie: Borneo ist sein Vaterland, d. h. er ist borniert, er ist nicht von Gibigen, sondern von Nehmigen usw.). In Ostpreußen ist für erbrechen gebucht worden: an Augsburg schreiben. Sollte die Silbe aug- auch wie das up- von Upsala lautmalerisch (und bewegungsnachahmend) aufgefaßt werden müssen? Auf das wohl ebenfalls lautmalerische Zeitwort kotzen spielt eine andere Umschreibung an: an Kotzebue schreiben oder Kotzebues Werke herausgeben; man spricht auch von „Kotzebues Ausbruch der Verzweiflung". Lautmalerisch sind anscheinend auch die Ausdrücke „kälbern" (Laute ausstoßen, wie ein Kalb es tut) und „man übt"[2]. In Ostpreußen

---

[1] Das Reichskammergericht in Speyer war jahrhundertelang die oberste Appellationsinstanz im Reich.

[2] Schaeffler: „Tatsächlich klingt das Wimmern des Erbrechenden so, als würde die Tonleiter rasch gesungen."

sagt man für erbrechen: über die Zunge spucken oder über die Zunge kacken. Die in manchen Gegenden üblichen Redensarten ,,nach Breslau fahren'' (,,Bre-'' zu ,,brechen'' vielleicht?), ,,den Kaiser von Rußland expedieren'' und ,,die Baumwolle nicht loswerden'', die ebenfalls das Erbrechen bezeichnen, harren in bezug auf ihre Entstehung noch der Erklärung.

Sonderbar — und in ihrer Entstehung z. T. undurchsichtig — sind die Umschreibungen für erbrechen im französischen Argot, nicht einen Besuch abzustatten, und Künstler vom Range eines Hogarth verschmähten nicht, zur Ausschmückung einzelner Gebäude im Vauxhall Bilder zu malen. Auf den Maskenbällen in Vauxhall ging es zu, wie man sich in England, das seither ein viktorianisches Zeitalter durchgemacht hat, gar nicht mehr vorstellen kann. Noch im Jahre 1834 schrieb der Deutsche Otto von Rosenberg in seinen „Bildern aus London": „wie es nur ein London gibt, so gibt es auch nur ein Vauxhall." Erst 1859 verschwand das Londoner Vauxhall. Der Park wurde bebaut, aber es erinnert dort an ihn noch eine Vauxhallstraße, ein Vauxhallplatz, eine Vauxhallbrücke. Auch als Automarke hat das Wort Vauxhall Verwendung gefunden.

Auch auf dem Kontinent hatte sich der Ruhm von Vauxhall ausgewirkt. Mancherorts eröffnete man „Englische Gärten"; in Ungarn hat sich z. B. die Bezeichnung angol park für Rummelplatz bis in unser Jahrhundert erhalten. Aber auch der Namen Vauxhall selbst faßte mancherorts außerhalb Englands Fuß. Das Vaux-hall-d'été, das 1764 ein italienischer Artist namens Torré oder Torres am Boulevard Saint Martin eröffnete, war nach unseren heutigen Unterscheidungen ein Gartenvarieté; 1770 folgte in Paris, im Stadtteil Saint-Germain, ein Vaux-hall d'hiver. Delesalle spricht in seinem Argotwörterbuch 1896 (wo auch die falsche Angabe steht, das Londoner Vauxhall sei 1830 von einem Franzosen namens Vaux oder Devoux gegründet) von einem Pariser Tanzlokal Tivoli-Vauxhall. In Frankfurt gab es von der Mitte der 20er Jahre bis 1830 „hinter den Rosen" ein Vergnügungslokal, das Vauxhall hieß.

Auch in Rußland, im Städtchen Pawlowsk (jetzt Sluzk), im Petersburger Gouvernement, gab es in der Nähe des kaiserlichen Konstantinpalais einen berühmten „englischen Garten", der sich nach dem berühmten Vorbild Vauxhall nannte. Als man in Rußland die erste Eisenbahn baute, sie führte von der Hauptstadt zum Pawlowsker Zarenschloß, so bezeichnete man die Endstation, die nicht weit von jenem Vergnügungspark errichtet war, nach diesem als Vauxhall, und so wurde dieses englische Wort, in russische Form gegossen, zum Worte wagsal, das jetzt Bahnhof bedeutet, und zwar jeden Bahnhof, nicht etwa nur den von Pawlowsk-Sluzk.

Daß russisch wagsal von deutsch Wartesaal kommt, wie man gelegentlich in etymologischen Plaudereien lesen kann, ist eine Erfindung, und keine gute. Unbezweifelbar ist natürlich die deutsche

Herkunft von russischen Wörtern wie buterbrodu, jarmarku, jagdtaschu, patrontaschu, farba (Farbe), galstuku (Halstuch), schtulu (Stuhl), trauru (Trauer).

WAND, GEWAND, WANZE

Den Steinbau lernten die Germanen von den Römern. Dementsprechend sind die Wörter Mauer (von murus), Fenster (fenestra), Ziegel (tegula), Kalk (calx), Mörtel (mortarium), Pfeiler (pila), Pforte (porta), Keller (cella, cellarium) und viele andere auf das Haus bezügliche Ausdrücke lateinischen Ursprungs. Vorher bauten die Germanen aus Holz und Lehm; die Wände waren eigentlich Zäune, mit Lehm beworfene Rutengeflechte, sogenannte Wellerwände. Auf der Marc-Aurel-Säule in Rom sind solche altgermanische Häuser dargestellt. Aus der germanischen Bauart erklärt sich die Entstehung des Wortes Wand. Es ist gebildet aus dem Zeitwort winden = zum Wenden bringen, flechten. Die eigentliche Bedeutung von Wand ist also: das Geflochtene.

Verwandt mit „winden" und „Wand" sind die Wörter Winde (Werkzeug zum Winden oder Werkzeug, das sich wendet), Windel (womit man Säuglinge umwindet), wandeln und wandern (wohl auf der Bedeutungsgrundlage: wenden = verändern, also auch den Ort verändern). Verwandt mit „Wand" ist ferner auch das Wort „verwandt" selbst, die Verwandten sind, die einander zugewendet sind. „Auswendig" erklärt Oettli wie folgt: auswendig kann man etwas, wenn man beim Hersagen das Buch umwenden kann; aber diese Deutung erscheint zu nahe hergeholt, nämlich aus dem Gesichtskreis des Schulmenschen, — besser ist, in auswendig einfach das Gegenteil von inwendig zu sehen. Notwendig ist vielleicht, was bestimmt ist, irgendeine Not zu wenden.

In diese Wortsippe gehört des weiteren das Hauptwort Gewand (althochdeutsch giwati, im 11. Jahrhundert badagiwant = Badekleid, untarwanth = Unterkleid), wörtlich: etwas Gewundenes, Gewebtes, ein Webestück. In diesem Sinne ist auch Leinwand aufzufassen: leinenes Gewebe. Gewandhaus (mittelhochdeutsch gewanthus) ist ein städtisches Gebäude, in dem Tuchballen ausgestellt und verkauft werden.

Mit Wand hängt auch das Wort Wanze zusammen. Es ist offenbar verkürzt aus Wandlaus (alt- und mittelhochdeutsch wantlus); der z-Laut gelangt in die Kurzform ähnlicherweise wie in die

Koseformen Heinze, Kunze, Uz von Heinrich, Konrad, Ulrich, oder in die verkürzten Tiernamen Spatz, Ratz von Sperling, Ratte (vielleicht auch Petz von althochdeutsch bero). In schwäbisch-alemannischen Mundarten heißt die Wanze Wentche oder Wändel. Auch im Tschechischen wird der Namen für dieses Insekt von der Bezeichnung der Wand abgeleitet: die Wanze heißt stěnica, aus stěna = Wand.

WESTE, GILET, WEISSE WESTE

Gegen Ende des 17. Jahrhunderts entlehnt die deutsche Sprache zur Bezeichnung des (meist ärmellosen) Kleidungsstückes, das zwischen Hemd und Rock getragen wird (und für welches auch landschaftliche deutsche Namen wie Brustlatz, Leible gebräuchlich sind) aus dem Französischen das Wort Weste. Die Franzosen selbst hatten das Wort nicht lange vorher dem Italienischen entnommen, und italienisch vesta und vesto geht auf lateinisch vestis = Gewand zurück. Im Frankreich des 17. Jahrhunderts hatte das zwischen Hemd und Rock getragene Kleidungsstück, das als veste bezeichnet wurde, noch Ärmel und die Oberschenkel zum Teil bedeckende Schöße, es war also eigentlich jenes Kleidungsstück, das im Deutschen Wams und im neueren Französisch pourpoint heißt. Als die Schöße dieses Kleidungsstückes immer kürzer und auch die Ärmel weggelassen wurden, gab man ihm einen anderen Namen und bezeichnete es mit einem neuen Worte, das dann ebenfalls auch nach Deutschland gelangte: gilet[1].

Für das Wort Gilet galt lange Zeit als Erklärung, es stelle eine Verkleinerungsform von Gil (lateinisch Aegidius) dar. Gilles war der Namen einer ständigen Gestalt der französischen Jahrmarktskomödien, zu deren Charakterisierung auch ein feststehendes Kostüm gehörte, und Ménage, Scheler, Littré, Gaston Paris u. a. erklärten den Namen des Kleidungsstückes gilet aus dem Namen jener lustigen Charaktermaske der Schaubudenspiele; auch das Sachs-Villattesche Wörterbuch sieht im Gilet noch den Abkömmling einer Hanswurstjacke. (Analogien für derartige etymologische

---

1) Im Französischen ist heute la veste eine kurze Jacke ohne Schöße (Kellner-, Fleischhauer-, Konditorjacke, kurze Mannschaftsjoppe usw.). Im Schauspielerjargon bezeichnet man als veste einen Durchfall, eine schimpfliche Schlappe; remporter une veste (eine Jacke davontragen) daher = Mißerfolg haben. Retourner sa veste (seine Jacke umdrehen) = seine Gesinnung ändern.

Zusammenhänge gibt es jedenfalls: so heißt z. B. in Wien der in der Vorkriegszeit vorherrschend gewesene gradkrempige, steife Strohhut, anderswo gelegentlich auch Kreissäge genannt, Girardi nach dem berühmten Charakterkomiker; pantaloni — nach dem Namen des heiligen Pantaleon, eines der vierzehn Nothelfer, den sie besonders verehrten — war ein Spottnamen der Venezianer, und in der italienischen Stegreifkomödie gab es seit Mitte des 17. Jahrhunderts eine ständige komische Figur mit Namen Pantalone, in venezianischer Mundart sprechend und lange Hosen tragend, was für jene Zeit nicht gewöhnlich war, und daraus wurde französisch pantalons, das Wort zur Bezeichnung der langen Beinkleider im Gegensatz zur culotte, der Kniehose.) In bezug auf gilet fügt Littré noch hinzu, daß andere Erklärungen zwar auch auf dem Vornamen Gilles beruhen, aber als dessen Träger den ersten Fabrikanten dieses Kleidungsstückes vermuten.

Wie in so vielen Fällen, hat sich auch im Falle Gilet die Ableitung aus einem Personennamen als ein etymologisches Märchen erwiesen. Die Zerstörung der Fabel ist Hugo Schuchardt zu verdanken, dem ebenso geistvollen wie vielseitigen Linguisten, dessen Größe sich auch in solch etymologischer Kleinarbeit stets deutlich erwies. Sache und Namen entlehnten verschiedene Balkanvölker, Neugriechen (gileki), Albaner, Rumänen, Serben von den Türken. Aber auch andere europäische Völker, die mit den Türken in Berührung kamen, lernten das türkische Wort jelek kennen als Bezeichnung eines türkischen Kleidungsstückes, das u. a. auch die christlichen Galeerensklaven des osmanischen Reiches tragen mußten. So gelangte das Wort in die romanischen Sprachen: altitalienisch giulecco, neapolitanisch gilecco, italienisch gilè, spanisch gileco, jaleco, chaleco, provenzalisch gileco, französisch gilet. Als unter dem Einfluß des französischen Beispiels in der zweiten Hälfte des 18. Jahrhunderts das unter dem Rock getragene Kleidungsstück, verkürzt und meist ärmellos, überall in Mode kam, wurde auch die Bezeichnung gilet allgemein bekannt. Schuchardt hat dann übrigens, als einzelne französische Forscher, unter ihnen auch Gaston Paris, die Ableitung aus dem Vornamen Gilles dennoch aufrechtzuerhalten suchten, auch auf kostümgeschichtlichem Boden die Voraussetzungen des Gilles-Märchens widerlegt, indem er an theatergeschichtlichen Bildüberlieferungen zeigte, daß der Gilles nur eine Doublette des Pierrot war und sein Kostüm (z. B. auf einem

Stich von Watteau) nichts anderes als das auf Maskenfesten auch heute wohlbeliebte Pierrotkostüm, das bekanntlich an ein modernes hochgeknöpftes Pyjama erinnert und keine Spur von einer Weste aufweist.

Erst im 19. Jahrhundert ist die Weste, das Gilet, zur heutigen Form gelangt. Dieses Kleidungsstück reicht nur mehr kaum über die Hüfte hinunter, hat sich nicht nur der Ärmel, sondern auch des Kragens entledigt und der nicht sichtbare hintere Teil ist in der Regel aus einfacherem und billigerem Material. Wenn auch mit dem Wiener Kongreß in vieler Hinsicht eine Liquidierung der großen Revolution einsetzt, war manches auf dem Gebiete der kulturgeschichtlichen Entwicklung nicht mehr rückgängig zu machen. Dies gilt auch von der Vereinfachung der männlichen Kleidung, die sich nun nicht nur vom Prunk des ancien régime, sondern auch von den stutzerhaften Auswüchsen des Empire freimacht. Selbst der überall wieder zu Macht und Ansehen gelangte Adel bequemt sich eines bürgerlichen Auftretens und überläßt nun die Herrlichkeiten der Rokokotracht seinen Lakaien. Und wenn auch durch die Bürgerlichkeit des Jahrhunderts immer wieder dandystische Züge hervorglitzern, wie sie sich in der schönen Literatur von Byron bis Wilde unzähligemal spiegeln, so waren diese Erscheinungen — oft nur dazu angelegt, den Bourgeois zu verblüffen — auf eine dünne Schichte beschränkt und eben als ephemere Versuche der Abkehr von der kaum erschütterlichen Norm der verbürgerlichten Männerkleidung aufzufassen. Im Zusammenhang mit der Vereinfachung der männlichen Kleidung ist erst die Rolle zu verstehen, die nunmehr die Weste zu spielen beginnt. Innerhalb der bunte Farben und auffällige Formen meidenden vereinfachten Männerkleidung ist die Weste (nebst der Krawatte) lange Zeit gleichsam eine Reservation geblieben, wo sich besondere ästhetische Gelüste, der Hang zur Vornehmheit, Neigungen zu individuellen Extratouren einigermaßen ausleben konnten. So erhielt sich auch lange die Mode, Westen aus besonders kostbaren Stoffen zu tragen. Vielfach wurde für Westen jener feine Wollstoff verwendet, der nach einer Stadt in Indien Kaschmir (französisch cachemir) heißt; im Pariser Argot der Jahrhundertwende war sogar „casimir" gleichbedeutend mit Weste, und natürlich war es wieder einmal ein etymologisches Märchen, dieses Wort mit dem polnischen Vornamen in Verbindung zu bringen, statt mit dem feinen Wollstoff.

Auch hinsichtlich der Farbe der Weste hat der bürgerliche Puritanismus so viel Duldung gezeigt, daß die Farbe dieses Kleidungsstückes mitunter charakteristisch werden konnte für seinen Träger. (Wir erinnern nur an Roda Rodas roter Weste, die der Humorist aus dem Münchner Kunst- und Literaturtreiben der Vorkriegszeit in eine weniger heitere Zeit herüberrettete.) Nicht weniger abstechend von den vorherrschend dunklen Farben der männlichen Kleidung waren die **weißen Westen**, und diese haben auch einen wortgeschichtlichen Niederschlag hinterlassen. Vom Anfang des 19. Jahrhunderts bis zu Beginn des Weltkrieges waren weiße Westen immer wieder beliebt, und oft waren sie auch mit Stickereien versehen. Im Jahre 1814 ließen sich z. B. die Berliner auf die weißen Piquéwesten die Umrisse des Eisernen Kreuzes aufsticken, und war jemand wirklich Inhaber dieser preußischen Kriegsauszeichnung, so ließ er auch seinen Namen auf die Weste sticken. Die saubergehaltene weiße Weste war gleichsam der Schild auf dem vertrauensheischenden Bauch des Biedermanns, das Sinnbild der staatsbürgerlichen Wohlgesinntheit, der Unbescholtenheit und Redlichkeit, — und dies noch, bevor der Ausdruck weiße Weste durch Bismarck zum geflügelten Worte gemacht worden war. Der Kanzler erzählt in seinen Erinnerungen, daß er im Jahre 1866 während der Verhandlungen in Nikolsburg, als es sich darum handelte, ob die Kriegshandlungen fortzusetzen seien oder ob Waffenruhe eintreten solle, den Grafen Moltke in bezug auf das beabsichtigte Unternehmen bei Preßburg um Rat anging und dabei bemerkte: „bis jetzt hatten wir keine Flecken auf der weißen Weste." In das Jahr 1892 fiel Bismarcks Wort über Wißmann, den Sieger über die Araber in Deutsch-Ostafrika, dieser „sei aus Afrika mit einer vollständig tadellosen weißen Weste zurückgekommen".

Im Französischen wurde der Namen einer bestimmten Westenform, der höchstens zweiknöpfigen Weste mit weitem, herzförmigem Ausschnitt, gilet en cœur, eine Zeitlang (in den 60er bis 80er Jahren des vorigen Jahrhunderts) auch die Bezeichnung für Stutzer, Modehelden. Zeitgenössische Schriften sprechen von den Herren „Herzwesten" wie von einem Indianerstamm (tribu des gilets en cœur), aber dieser Ausdruck für den in vielen Synonymen schillernden Dandybegriff, wie viele andere seinesgleichen (z. B. das in den 30er bis 60er Jahren geläufige und u. a. bei Balzac, Alphonse Karr, Paul de Kock wiederholt belegte gant-jaune, gelber Handschuh) ist nicht mehr lebendig.

WOCHE, WOCHENBETT

Die Bezeichnung für den siebentägigen Zeitabschnitt ist sowohl im Griechischen (hebdomas, daraus französisch hebdomaire, wöchentlich) als im Lateinischen (septimana) aus dem Namen der Zahl sieben gebildet. Dem Lateinischen folgen die romanischen Sprachen, z. B. italienisch settimana, französisch semaine. Im Ungarischen bedeutet hét sowohl „sieben" als „Woche".

Etymologisch unabhängig von der Siebenzahl ist deutsch Woche[1] und englisch week. Die bis dahin nach (allerdings ebenfalls siebentägigen) Mondphasen zählenden Germanen lernten erst im 4. Jahrhundert n. Chr. den die Mondphasen nicht unmittelbar berücksichtigenden siebentägigen Zeitabschnitt der Antike kennen. Mit der Annahme des Christentums und der Kenntnis der Bibel, die ja schon in der Schöpfungsgeschichte dem siebenten Tag eine abschnittabschließende Rolle zuweist, entstand natürlich das Bedürfnis nach einer Bezeichnung des siebentägigen Abschnitts, zumal des von Sabbat zu Sabbat wechselnden Dienstes im Gotteshaus. Von diesem Dienst ist Lukas 1, 8 die Rede, und die gotische Übersetzung weist hier das Wort wiko auf. Das Wort wiko scheint, vom Balkan kommend, als Wort der arianischen Mission donauaufwärts gewandert zu sein (Kluge-Götze) und wurde die Grundlage für die Bezeichnung der Woche in der germanischen Sprache. Die althochdeutsche Form war wehha, später wohha, die mittelhochdeutsche bereits woche.

Dem gotischen wiko liegt jenes lateinische Wort vicis = Wechsel, Abwechslung, Gegenseitigkeit zugrunde, dessen erstarrter Ablativ vice als internationale Vorsilbe bekannt ist (Vizekönig, Vizekanzler, vicomte = vice-comte usw.[2]). Aus der zu lateinisch vicis gehörigen Sippe seien ferner genannt: das Fremdwort Vikar und außer Woche auch die deutschen Wörter Wechsel, weichen (Platz machen, einem Druck nachgeben), Weiche, weich (einem Druck leicht nachgebend).

Die Ausdrücke Wochenbett, Wöchnerin, in die Wochen kommen hängen wohl mit der Regel zusammen, daß die junge Mutter nach der Niederkunft eine gewisse Anzahl von Wochen

---

[1] Wenn auch in deutsch „Woche" das Element „Sieben" nicht vertreten ist, wird umgekehrt der Ausdruck Woche gelegentlich zur Bezeichnung einer Siebenheit herangezogen; so kommt z. B. im Schlesischen „Woche" als Umschreibung der Zahl sieben vor.

[2] In der Budapester Umgangssprache heißt der „Vizehausmeister", der die niederen Reinigungsarbeiten versehende Gehilfe des Pförtners, kurz: vice.

(gewöhnlich sechs) sich schonen soll. Bei Luther heißt es noch „Sechswöchnerin", erst anfangs des 18. Jahrhunderts setzt sich die gekürzte Form Wöchnerin durch. Auch die Redensart „in die Wochen kommen" dürfte abgekürzt sein aus: in die Sechswochen kommen. Neuerdings hat Witzel versucht, der Redensart eine andere Deutung zu geben. „Woche" sei darin eine landschaftliche Form für „Wehe" und hänge mit dem Ausruf „Weh!" zusammen, das in althochdeutschen Texten auch als „woch" vorkommt. Es sei also in der Redensart nicht von den Wochen, sondern von den Wehen, den Schmerzen der Gebärenden die Rede, und es sollte nach Witzel etymologisch richtig heißen: in die Wehen kommen, im Wehenbett liegen. Luthers Sechswöchnerin zeige nur, daß er das an Wochen anklingende Volkswort mißverstanden hat. Zwingend ist diese Deutung nicht.

WOLKE, WELKEN, WOLGA, AUS DEN WOLKEN GEFALLEN

Wolke (althochdeutsch wolkan, sächlich oder wolka, weiblich) ist verwandt mit englisch welkin, der — besonders poetisch verwendeten — Bezeichnung für Himmel, Firmament. Im Deutschen ist das Hauptwort Wolke verwandt mit dem Zeitwort **welken** (althochdeutsch auch welchen) und dem Eigenschaftswort **welk** (alt- und mittelhochdeutsch welc, welch); im Mittelhochdeutschen hatte das Eigenschaftswort neben der jetzigen („der lebendigen Frische und Spannkraft ermangelnd") auch die Bedeutung: lau, weich, gelind, feucht. Feucht dürfte wohl die Grundbedeutung dieser Wurzel sein, für die eine vorgermanische Form uelg vermutet wird. Bei Kluge-Götze werden folgende außergermanische Entsprechungen angeführt: altirisch folc = Wasserflut, folcaim = ich wasche, altslawisch vlaga = Feuchtigkeit, kirchenslawisch vulguku = feucht, altpreußisch welgen = Schnupfen, lettisch velgs = Feuchtigkeit, velgans, valgs = feucht, litauisch vilgyti = feucht machen. Die eigentliche Bedeutung des Wortes Wolke wäre also (mit Rücksicht wohl auf die Wolke als Regenspenderin): die Feuchte.

Auf die angeführten slawischen Entsprechungen gründet Solmssen seine (nicht unbestrittene) Deutung des Flußnamens **Wolga**: die Feuchte. Demnach wäre also Wolke und Wolga der etymologischen Herkunft nach eigentlich identisch, ein Fall jener in der Bedeutung voneinander stark abweichenden Doppelformen (wie Büttel–Pedell,

Pfründe—Proviant, Lasso—Latz, Tulpe—Turban), die wir unter den Stichwörtern „authentisch" und „loyal" behandeln.

Die bevorzugte Anwendung von welk[1] und welken auf **Pflanzen** und Pflanzenteile hängt wohl damit zusammen, daß die germanischen Völker in einer Zone leben, in der — im Gegensatz zum südlicheren Raum der romanischen — neben der Hitze auch ein Übermaß von Regen und Nebel, Tau und Rauhreif die Pflanzen gefährden kann[2].

Die Redensart **wie aus den Wolken gefallen sein**, mit der Bedeutung: unerwartet erscheinen oder von einer unerwarteten Erscheinung überrascht sein, verdutzt dastehen, im weiteren Sinne auch: der Umwelt, der Wirklichkeit fremd gegenüberstehen — und das gleichbedeutende tomber des nues im Französischen lehnen sich an einen lateinischen Ausdruck an: coelo missus (vom Himmel geschickt). Haben wir nicht, schreibt der Kirchenvater Tertullian, die Gewohnheit, von jenen, die wir nicht kennen und die plötzlich vor uns erscheinen, zu sagen, sie seien vom Himmel gefallen? Es ist auch ein bei klassischen Schriftstellern belegter Gedanken der alten Römer anzuführen: wenn ein Totgesagter überraschenderweise wieder auftaucht, so muß er wohl durch das Dach in sein Haus wiedergekehrt sein. (Im alten Athen wurde in solchen Fällen auch eine symbolische „zweite Geburt" gefeiert.)

---

1) Zur germanischen Wurzel welk gehört vielleicht auch französisch gauche = links (germanisch w wird französisch g wie in den Fällen Warte — garde, werra — guerre). Nach anderer Deutung geht aber gauche auf germanisch wanken zurück.

2) Aus einem ähnlichen klimatischen Grunde erklärt sich vielleicht auch, daß im Deutschen (von den althochdeutschen Nebenformen sunno und mane abgesehen) **die Sonne weiblich und der Mond männlich** ist, während es im Griechischen, Lateinischen und den modernen romanischen Sprachen (helios, sol, soleil usw., selene, luna, lune usw.) gerade umgekehrt ist: die im heißen Süden lebenden Völker mußten wohl im Himmelskörper, der sengende Strahlen sendet, eine männlich strenge, strafende Gewalt sehen (daher im Altertum, besonders im Orient die Sonne das wichtigste Vatersymbol) und Luna als ein wohlwollend labendes weibliches Wesen schätzen, indes der germanische Norden sich der wärmenden Mütterlichkeit der Sonne erfreuen und die kalte Strenge des Mondes fürchten mußte. Aufzuklären bliebe aber auch dann: warum die Grammatik des ebenfalls im Norden entstandenen Englischen the sun als männlich, the moon als weiblich führt. (Sollte diese Geschlechtsbestimmung im Englischen nur eine Grammatikerangelegenheit sein, eine Bestimmung mit Anpassung an die klassischen Sprachen, um so leichter möglich, als sie sich ohnehin nicht im Artikel auswirkt? Im übrigen wird in England provinziell the sun auch weiblich gebraucht.)

ZAPFENSTREICH, RETRAITE, RETIRADE, REDOUTE

Der Humorist Julius Stettenheim legte einmal seinem Wippchen, dem drolligen Kriegsberichterstatter in den „Berliner Wespen", der in der Heimat sitzend von Wortverdrehungen und verstauchten Phrasen strotzende, frei erfundene „Original"-Berichte vom Kriegsschauplatz schrieb, die Worte in den Mund, er habe den Zapfen streichen gehört. Dies sollte so komisch wirken, wie wenn jemand sagt, er sei über die Äquatorlinie gestolpert oder er habe den Meeresspiegel zerschlagen. Die Wendung konnte aber nur jenen Lesern komisch erscheinen, denen die Herkunft des Wortes Zapfenstreich nicht klar war. Denn die Zerlegung des Wortes Zapfenstreich durch Wippchen ist, offenbar unbeabsichtigt, nichts anderes als ein richtiger Hinweis auf die Herkunft der Bezeichnung.

Im Dreißigjährigen Krieg mußten im Lager zu einer bestimmten Stunde des Abends die Marketender auf ein Trommelzeichen den Zapfen in das Spundloch des Schänkfasses hineinschlagen, um das Faß zu verschließen. Es hieß sowohl das betrübende Trommelzeichen als das weit hörbare Zuschlagen des Spundes Zapfenschlag oder Zapfenstreich, niederdeutsch Tappenslag oder Tappenstreke. Streichen bedeutet ursprünglich über etwas hinfahren (daher die Verkleinerung streicheln = schwach, d. h. zärtlich streicheln); man streicht die Geige (nämlich über sie), das Segel, die Flagge (nämlich herunter). Streich ist daher auch gleichbedeutend mit Schlag, wie z. B. in Backenstreich, Schwertstreich. Andere Trommelzeichen hießen: Feuerstreich (wie Ausbruch des Feuers), Kirchenstreich (zum Gottesdienst), Schanzstreich (zu Schanzarbeit), Totenstreich (zum Begräbnis). In Basel, wo Trommeln eine altüberlieferte Lokalleidenschaft von jung und alt ist, gibt es heute noch in gewissen Fastnachtsbräuchen ein Gegenstück zum Zapfenstreich: den Morgenstreich. Die Silbe „streich" bedeutete aber in Zapfenstreich vielleicht auch etwas anderes. Damit das Faß nachts im geheimen nicht geöffnet werde, mußte der Profoß einen Strich (Streich) mit dem Rotstift über die Tonne und den eingeschlagenen Zapfen ziehen. Besonders deutlich wird der ursprüngliche Sinn des Zapfenstreiches bei der niederdeutschen Wendung „den tappen toslan" (zuschlagen) und der holländischen Bezeichnung tap toe (Zapfen zu!). Von letzterem leitet sich das englische Wort für Zapfenstreich ab: tattoo (vorher hieß das Signal in England lights-out,

Licht aus¹). Auch die russische Bezeichnung des Zapfenstreichs, „tapta", ist der niederdeutschen Form noch nahe.

Man hat auch versucht, das Wort Zapfenstreich aus dem Tannenzapfen zu erklären, der als Wahrzeichen eines Wirtshauses draußen hängt und abends abgenommen, d. h. gestrichen wird. Dagegen spricht aber nicht nur die offenkundige Entstehung des Ausdruckes Zapfenstreich in der soldatischen Sphäre, sondern vor allem der Umstand, daß Streich hier zweifellos als Schlag aufzufassen ist (im Simplizissimus des Grimmelshausen: „es wird der Zapfen geschlagen"), und dieser Sinn paßt gar nicht auf die nächtliche Entfernung eines Wirtshauszapfens.

Wallenstein setzte, damit die wüsten Saufgelage die Schlagkraft

---

¹) Dem Zapfenstreich bedeutungsverwandt ist ursprünglich das Hauptwort Garaus, das heute fast nur in dem Zusammenhang „einem den Garaus machen" = töten, vernichten, gebraucht wird. Es handelt sich um die Substantivierung des Ausrufes „gar aus!" = vollständig aus, vollständig vorbei. Man bezeichnete damit ursprünglich in Regensburg (1498) und in Nürnberg den Glockenschlag, der von den Türmen das Ende des Tages anzeigte und damit in den Wirtschaften die „Polizeistunde" gebot (Serz, Kluge). In den Versen des Hans Sachs, „wenn man die garaus glocken laut, dann muß ichs zahlen mit der haut", ist der Bedeutungsübergang zu „einem den Garaus machen" bereits angedeutet. Es gibt noch einen zweiten substantivierten Ausruf mit der Bedeutung „Polizeistunde": das alte Hauptwort „der Hußaus", besonders in der Redensart „den Hußaus läuten". Zschokke bemerkt nach Erzählung der Niederlagen, die die Bayern durch die Rächer des Johann Hus in den Jahren 1420—1425 erlitten: „so groß ward die Furcht, daß die Regensburger das Außenende ihrer Donaubrücke mit Graben und Mauer verschanzten, alles Volk täglich zu einem Hußgebet mit dem Läuten der Abendglocke versammelten." In Regensburg sei noch im 18. Jahrhundert allabendlich um 7 Uhr Hußaus geläutet worden. Der Namen des großen Ketzers ist aber erst nachträglich in die Redensart hineingehört worden. Zugrunde liegt ihr das bayrisch-österreichische Zeitwort hossen (wiederholt bei Hans Sachs vorkommend) = ausgehen, aus dem Hause gehen (mittelhochdeutsch hossen = schnell laufen). Auch in Seidls oberösterreichischen Flinserln kommt hossen in dem Sinne umherstreifen, außer Haus gehen vor. Der Hußaus ist also wie der Garaus und der Zapfenstreich das Zeichen, daß man sein Quartier nicht mehr verlassen darf. — Eine besondere Anwendung von „Garaus" bezieht sich auf das Ganzaustrinken eines Bechers, und da deutsche Trinkersitten in der Welt einen starken Eindruck machten (vgl. französisch trinquer = mit jemandem anstoßen), hat auch das Wort Garaus Aufnahme in andere Sprachen gefunden: das (heute bereits veraltete) französische Wort carrousse bedeutet Sauferei, und im Englischen gibt es sowohl ein Hauptwort carouse = Trinkgelage, als ein gleichlautendes Zeitwort mit der Bedeutung zechen, auf jemandes Gesundheit trinken (the queen carouses to thy fortune, Hamlet, heißt es bei Shakespeare).

seines Söldnerheeres nicht schwächten, den Zapfenstreich auf 9 Uhr an, nur bei besonderen Anlässen gab es eine „Freinacht", da wurde der Zapfen nicht gestrichen. Aus der Umgangssprache der Soldaten ging das Wort Zapfenstreich auch in die Dienstsprache der Heere über[1] und bedeutete auch das Signal zur abendlichen Rückkehr in die Kaserne. Die Standorts-Dienstvorschrift der deutschen Reichswehr (Heeresverordnungsblatt 1923) definiert den Zapfenstreich als „das äußere Zeichen für den Beginn der Nachtruhe im Kasernen- und Quartiersleben des Heeres". Das Wort Zapfenstreich verblieb auch, als das Signal melodisch wurde und nun dem Trompeter oblag. Das Zapfenstreichsignal der deutschen Infanterie soll von Friedrich dem Großen stammen (Transfeldt: er soll es als junger Prinz verfaßt haben, und zwar nach dem Liede eines Rotkehlchens, das zu seiner Flöte sang). Im alten Österreich-Ungarn erfreute sich der von Haydn (Michael, nicht Joseph!) komponierte Zapfenstreich (ungarisch: capistráng) großer Volkstümlichkeit; besonders in der Kleinstadt kam die sanfte Melancholie dieses Schlummerliedes für Erwachsene voll zur Geltung[2]. „Abgeblasen" wurde übrigens nicht nur der k. u. k. Tag, sondern mit ähnlichem Hornsignal auch eine Übung, ein Manöver, und wenn ein solches schief ausging, im übertragenen Sinne auch manche Karriere. Für die Volkstümlichkeit des Zapfenstreichs in Deutschland zeugen auch die vielen der Melodie unterlegten Texte: z. B. in Schleswig-Holstein „To Bett, to Bett, de 'n Leevsten hätt; de keenen hätt, mutt ok to Bett". Ein anderer unterlegter Text, der in der Schweiz, im Aargau, gebucht wurde: „de Tambur schlohd de Zapfestreich, bis de Pur (Bauer) i d' Hose seicht." Als napoleonische Truppen in Österreich waren, unterlegten die Wiener dem Zapfenstreich der französischen Trommler folgenden Text: Geht's ham, geht's ham, Franzosenhund, ihr freßt dem Kaiser Brot umsunst.

1912, als im Kriegsministerstuhl Frankreichs Millerand saß, zu dessen Programm gehörte, das Militärische wieder volkstümlich zu machen, wurde in Paris der Zapfenstreich wieder eingeführt und

---

1) Nach einer Verordnung des Großen Kurfürsten von 1662 galt der Zapfenstreich auch für den Bürger („... bei willkührlicher straffe gebohten und befohlen, sobald alss durch die trommel der Zapfen zugeschlagen ferner kein Bier zu verlassen oder ausszuschenken").

2) Auch Gottfried Keller spricht in der Novelle vom Fähnlein der sieben Aufrechten vom „Zapfenstreich, den die Zürcher Trompeter zu himmlischen Harmonien ertönen lassen in schönen Frühlings- und Sommernächten".

allabendlich auf den Boulevards unter großem Jubel vollzogen. Der französische Name ist retraite (von retirer, zurückziehen), welches Wort übrigens in deutschen Heeren auch üblich war. (In der deutschen Heeressprache wimmelt es von französischen Wörtern, wie Bataillon, Batterie, Kavallerie, Leutnant, Patrouille, Tambour, Portepee usw.) Das Wort Retraite für Zapfenstreich war daher früher in Deutschland auch beim niederen Volke bekannt. In der Pfalz und im Elsaß bemächtigte sich die deutsche Volkssprache sogar auch des französischen bestimmten Artikels, und man hörte dort sehr oft „die Ladrett" (aus: la retraite). Die Ladrett bedeutet aber nicht nur das Signal des Zapfenstreiches, sondern auch den Zapfenstreich einer ganzen Laufbahn, d. h. die Pensionierung, den „Abschied". Daher die Redensart: er hat de Ladrätt bekumme — er wurde pensioniert. Weniger bekannt war dem volkstümlichen deutschen Sprachgebrauch, daß das Wort retraite französisch nicht nur Zapfenstreich, Abschied, sondern allgemein auch Rückzug, Heimgang, Zuflucht bedeutet. Während der napoleonischen Kriege hatte ein deutscher Volksschullehrer eine französische Verlautbarung zu übersetzen, und die Stelle „Seigneur, vous êtes ma retraite" gab er wieder: „Herr, du bist mein Zapfenstreich!"

Das Wort Retraite kommt übrigens in der deutschen Sprache auch in der Nebenform Retirade vor. Früher bezeichnete man damit im Festungswesen einen Ort, wohin man sich nach Verlust der äußeren Verschanzungen zur letzten Verteidigung noch zurückziehen konnte. Außerdem bedeutet Retirade (Zeitwort: retirieren) den Rückzug einer Truppe; aus der Weberschen Oper „Preciosa" ist der Satz bekannt von der „großen Retirade, wo das Blut floß wie Pomade". Die volkstümliche Form Retterade beruht wohl auf einer Anlehnung an sich retten. Bei Mengering 1633 ist zu lesen: „Laufen und Fersengeld geben oder das Hasenpanier aufwerfen ist altfränkisch geredt und heuer nicht mehr in communi loquendi usu, Retterada heisst es heutzutage[1]." Aber nicht nur an „retten"

---

[1] Die Bemerkung des alten Mengering über die Ersetzung des deutlichen „Laufen" durch das feinere „Retterada" müßte einen Geschichtsschreiber und Kulturpsychologen auf den Gedanken bringen, die im Laufe der Jahrhunderte zunehmende Neigung zur Schönfärberei in Kriegen zu untersuchen. Die Kulturvölker werden offenbar immer empfindlicher und vertragen unangenehme Nachrichten nicht mehr so leicht, wie zur Zeit jener preußischen Offenmütigkeit, die nach der Schlacht bei Jena in Berlin meldete, der König habe eine Bataille verloren; gar nicht zu sprechen von früheren Jahrhunderten,

lehnt sich retirieren im Volksmund an, sondern auch an Ritter. So heißt es in einem Lied aus 1712: „die Berner ganz weislich ritteriert."

In einzelnen Gegenden verschiedener Länder bedeutet — oder bedeutete zuweilen — Retirade auch den Abort. In Amerika sagte man eine Zeitlang: retiring room. Der dänische Erzähler Carl Bernhard gebrauchte 1836 in seiner Novelle „Der Kinderball" das Wort Frauenretirade noch im Sinne von Boudoir; in der zweiten Auflage ist das Wort Retirade bereits ausgemerzt, denn mittlerweile hatte der unfeine Gebrauch des Wortes auch im Dänischen Platz gegriffen. Beim dänischen Dichter Aarestrup ist aber noch in einem Gedicht aus dem Jahre 1841 zu lesen, daß jemand sein Haupt „in der Reisemütze zottiger Retirade" birgt. Auch im deutschen Sprachgebrauch hielt sich die Bedeutung Retirade = Zuflucht noch lang, trotz der salonwidrigen Nebenbedeutung. So erzählt Georg Ebers in seinen Lebenserinnerungen von seiner Köchin, daß sie dem König im Berliner Schloßhof ein Bittgesuch mit den Worten überreichte: „Majestät sind meine letzte Retirade."

Erwähnt sei schließlich noch „Buen Retiro" (spanisch: gute Zuflucht), das einstige Lustschloß der spanischen Könige im Park El Retiro bei Madrid. Übertragen nennt man heute jeden friedlichen Ort, wohin sich jemand nach Gefahren und Widerwärtigkeiten

---

in denen Volks- und Sprichwörter entstehen konnten, wie: besser geflohen, als übel gefochten; oder: wer durch Fliehen sich mag retten, kann wieder vor die Lücke treten. Zur Zeit der napoleonischen Kriege begann man aber bereits in militärischen Kreisen schönfärberisch von Rückwärtskonzentrierungen zu sprechen. (Zum geflügelten Worte kam es erst, als der österreichische Oberbefehlshaber in Italien Gyulay am 1. Juli 1859 den Befehl gab, „sich rückwärts zu konzentrieren".) Im Weltkrieg zeigten die Generalstabsberichte auf beiden Seiten viel Erfindungsgabe in neuen Umschreibungen von Rückzügen. „Umgruppierung", im September 1914 vom k. u. k. Bericht geprägt, wurde im Mai 1915 von Marschall French übernommen. Der deutsche Bericht vom 28. Oktober 1914 meldete: „Die Loslösung vom Feinde geschah ohne Schwierigkeiten, unsere Truppen werden sich der Lage entsprechend neu gruppieren." Fronten wurden zurückgebogen, den zahlenmäßig überlegenen feindlichen Streitkräften wurde ausgewichen, und der österreichische Bericht meldet einmal mit Befriedigung, daß die Etappenlinie (d. h. die Entfernung zwischen der Front und den Depots der Heimat) nun vorteilhafterweise verkürzt worden sei. Anläßlich des Rückzuges der Engländer auf dem Balkan, hieß es am 13. Dezember 1915 im französischen Bericht: trotz der Geländeschwierigkeiten konnten die Bewegungen planmäßig vollzogen werden.

zurückziehen kann, sein Buenretiro. In Paris war es in früheren Jahren üblich, ein galantes Absteigequartier zartfühlend als Buenretiro zu bezeichnen.

Übrigens fristet im Deutschen noch ein weiteres Fremdwort romanischen Ursprungs mit der eigentlichen Bedeutung „Rückzug" sein Dasein. Ähnlich wie das obenerwähnte Retirade war auch das aus dem etymologisch verwandten italienischen ridotto im 16. Jahrhundert gebildete französische Wort redoute ein Fachausdruck des Befestigungswesens. Es bedeutete ein vollkommen abgeschlossenes, gewöhnlich viereckiges Festungswerk ohne einspringende Winkel, wohin man sich zur letzten Verteidigung zurückziehen konnte. Schon zu Zeiten Voltaires, der übrigens diese übertragene Verwendung des Wortes bemäkelte, nannte man auch Tanzlokale Redouten. Dann übertrug man das Wort auf die Tanzunterhaltung selbst; in Bayern und Österreich heißen Maskenbälle auch heute noch Redouten.

ZENITH

Dieses in vielen Kultursprachen enthaltene Wort zur Bezeichnung des Scheitelpunktes (im Gegensatz zum Nadir) verdankt seine Form nach Lokotsch einem **Schreibfehler**. Es kommt von arabisch samt = rechter Weg, Richtung (daraus mit dem vorgesetzten arabischen Artikel entsteht das Fremdwort Azimut im Italienischen, Französischen, Englischen und Deutschen: Bogen eines Scheitelkreises). Arabisch „samt ar-ru-us" (Richtung des Kopfes) wurde verkürzt zu as-samt; aus einem Fehler bei der Abschrift, „ni" statt „m", entstand einmal das italienische zenit, das dann in die anderen Sprachen übernommen wurde.

Nadir (der dem Zenith entgegengesetzte Punkt, der Fußpunkt) stammt ebenfalls aus dem Arabischen. Nazir heißt arabisch entgegengesetzt gelegen; gemeint ist eigentlich nazir as samt, entgegengesetzt dem Scheitelpunkt.

Der Vorschlag von Philipp von Zesen (um 1650), Zenith mit **Gipfeltüpfel** zu verdeutschen, ist nicht durchgedrungen.

Unzählige Beispiele in der Wortgeschichte aller Sprachen zeigen die Entstehung von Wortformen aus einem „Hörfehler". Die sogenannten Volksetymologien sind eigentlich nichts anderes als Ergebnisse von Gehörtäuschungen. Das indianische hamak „hört sich an" wie Hangmatt, Hängematte, Moltwerf wie Maulwurf, Sintflut (große, allgemeine Flut) wie Sündflut usw., lauter — durch sachliche Umstände geförderte — Verhörungen. Das Entstehen des Wortes Zenith liefert uns (in der Umwandlung des arabischen „m" zu „ni") das seltene Beispiel einer internationalen Wortform, der ein Verschreiben zugrunde liegt. Für diesen seltenen Vorgang finden sich noch zwei merkwürdige Beispiele in der ungarischen Sprache: die Wörter föveg = Hut, Kopfbedeckung, und nemtö = Genius. Diese beiden ungarischen Wörter verdanken ihr Dasein zwei Fehlern im 1585 gedruckten Zehnsprachenwörterbuch des Calepinus. Aus dem alten ungarischen Wort söveg = Hut hatte der Setzer, der vermutlich ein langes ſ der Handschrift für ein f las, föveg gemacht, und dieser Druckfehlerteufelsbalg erhielt sich um so leichter am Leben, als sich ein Anklang an fö = Haupt ergab. Ebenso ist das ungarische Wort nemtö = Genius (das wie eine Metathese von mentö = Retter anmutet) nichts anderes als das durch einen Druckfehler abgewandelte nemzö = der Zeugende.

ZOLL

Zoll, die Längenmaßeinheit, und Zoll im Sinne von Abgabe haben sprachgeschichtlich nichts miteinander zu tun.

Die Längenmaßbezeichnung Zoll kann nur bis auf das mittelhochdeutsche zol = Klotz, Holzklötzchen, Knebel, walzenförmiges Stück sicher zurückverfolgt werden, die entferntere Vergangenheit des Wortes ist unklar. Als Längenmaßeinheit wird Zoll seit etwa 1500 gebraucht, zu welcher Zeit es die früheren Bezeichnungen „dume" (Daumen) und „eines fingers breit" zu ersetzen begann. (Auch bei anderen vormetrischen Längenmaßen gibt der menschliche Körper die Grundlage: z. B. ist „Elle", enthaltend auch in Ellenbogen, ursprünglich die Länge des Vorderarmes, „Klafter", von althochdeutsch klaftra = ausbreiten, umarmen, das Maß der ganz auseinandergestreckten Arme.)

Zoll = Abgabe kommt aus griechisch telos = Ziel, Ende, endgültige Zahlung, Abgabe, teloneion = Zollhaus, durch Vermittlung des Vulgärlateinischen. Die Römer hatten in Germanien Durchgangsstellen errichtet, wo man Abgaben (besonders in Tierfellen) entrichten mußte; diese Orte hießen im Vulgärlatein tolonia, daraus wurde althochdeutsch zol. In englisch und holländisch toll, dänisch told, schwedisch tull sowie in plattdeutsch toll ist der griechisch-römische Anlaut t noch erhalten.

Im Versailler Schloß befindet sich eine Marmorplastik, deren französische Inschrift erklärend besagt: „Die französische Armee überschreitet vor den Augen Ludwigs des Großen den Rhein bei Tholus." Der Rheinübergang Ludwigs XIV. bei „Tholus" wird auch von vielen anderen Kunstwerken verherrlicht, von Geschichtswerken geschildert. Auch der große Boileau besingt, wie sich „près de Tholus" des Rheines schäumende Fluten spalten. Vergeblich würde man aber auf einer Landkarte den Ort Tholus suchen. Der Rheinübergang der französischen Armee erfolgte 1672 im Süden Hollands unweit von Arnheim. Ein Wegweiser mit der holländischen Aufschrift Tolhuis (worunter nicht etwa Tollhaus, sondern Zollhaus zu verstehen ist) wurde von den Franzosen verkannt, und seither lebt in der französischen Geschichte der Rheinübergang bei Tholus fort.

REGISTER

Aar 11
abblitzen 68f.
Abeh, auf dem 329
Abenteuer 172
abgebrannt 16ff.
abgebrüht 20
abgefeimt 14, 20f.
Ablitzi 68
abrabatten sich 30
abspenstig 15
abstinken 365
absurd 351
Adalbert 11
Adel 11
Adele, Adelheid 11
Adler 11, 36
Adolf 11
Agnes, hagnos 214, 258
-aille 43f.
Alarm 246
albern 262
Al-bert, -brecht 11, 82
Albion, perfides 276
Alimente 98, 99
Almosen 22f.
Alois 11
Alte Liebe 333
Amboß 14
Amtsschimmel 312f.
Anastasie 70
anectodage 45
angebunden, kurz 148
Angel 23f.
Angstmann 137
Anke 14, 82
Anker 14, 23ff.
Antisemit 177
Apachen 28f.
Apfelsine 247
Apotheke 246
Arbeit 30f.
Arche 112f.
archi- 33, 112f.

-ard 57f.
Armbrust 172
Arrak 298
Arschkerbe 332
Arzenei 33
Arzt 14, 33ff., 112
Attentat, Attentäter 38f.
Attila 192
aufdröseln 47f.
Aufhebens 48f.
Aufklaricht 41
aufnehmen, es mit jmd. 49
ausbaden, etwas 50f.
ausgemergelt 51f.
austreiben 358, 364
auswendig 378
authentisch 52f.
Autobus 271f.
Azimut 391

Bachstelze 319
Bad ausgießen 50f.
Bagage 53ff.
Bagatelle 56ff.
Bakel 82
Balance 245
Balg 14
Balken, Balkon 53
Bankert 57ff.
Bärenhaut, -häuter 117
Bart, um des Kaisers 202f.
Bast 57, Bastard 57ff.
Batarde 60
Batzen 299
Beelzebub 358
Bein 93
Beispiel 15, 175
Belfried 183
Belial 359
berappen 299
Berchtesgaden 15
Berline 233
Bernstein 81

Bersaglieri 53
-bert, -brecht 82
Bertram 299
Beryll 53
bescheiden 62ff.
besessen 364
beurre 82ff.
Bezirk 53
Bibel 182
biderb 88
bigott 194
Bilanz 244f.
Bilde, im 65
Bischgotterlfahren 211
Biskuit 211f.
blank 67
blecken 67
bleich 14, 67
Bleuler 15
Blick, Blitz, blinken 66ff.
Blomeuser 300
Bluse 69
Bock 369
Bodega 246
Böhnhase 285
Böller 14
Bollwerk 53
bonheur 17
Bonze, Bonzo 71ff.
Bord 81
Bordell 265
Born 81
Borneo, er ist aus 76
borniert 75
Börse 53
böse Sieben 365f.
Botokuden 29
Boulevard 53
Brandbrief 16f.
brandeln 80f.
brausen 41
-brecht 82
brennen, brenzeln 80f.

Brett 81
Breve 245
Brief 245
Brillant, Brille 53
Britschke 232
Brosamen 173
Bruch 15
brüden, brüten 21
brûlé 17
Brunnen 81
Buenretiro 390f.
Bundschuh 70
Bursche 53
Bus 271
Butike 246
Büttel 53
Butter 82ff., auf dem Kopf 83ff., buttern 85f.

Cab, Cabriolet 235
Cakes 210
Caligula 90
Canaille 44, 204f.
canard 100, 102
cancan 103
Caprice 235
Carette 231
Carmagnole 70
causa 246
centaurium 352f.
Cercle 245
Chaise 231f.
Chaos 141
Chateaubriand 86
Chauffeur 175
Chiffre 246
chose 246
choucroute 175
Christ 225ff.
Cider 62
cimarron 286
Clown 201
comfort 154
contrôle 40
Cretin 225ff.

darben 88
Darsena 31f.

Dattel 179
Decke, unter einer 87
Delawaren 29
Dekret 65
Demiurg 359
Demut 14
derb 88f.
diable à quatre 367
diabolos 357
Dirne 265
diskos 13, 356
diskret 65
Dolman 192
Domino 89f.
Droschke 232f.
Dschiu-Dschitsu 75
ducken, duck 102, 103
dufte 216, 352
Dumdum 91f.
durchfallen 221
dürfen 88
Düttgen 300

Effendi 52f.
einfältig 262
Einöde 173
Eis 93, 94f., -bein 92ff., -vogel 94ff.
Elefant 98
Element 97f.
Elend 12
Elle 180, 392
Email 53
empor, empören 14
Engel-bert, -brecht 82
Ente 99ff.
entrüstet 50
-enzen 119f.
Equipage 231f.
Erhard 57
erquicken 206
Errungenschaft 108ff.
Erz 112ff.
Erzberger 114
Etappe 53
Etat 245
-etzen 67f.
Eule 168

Evangelium 135ff.
Exkrement 65

Falkaune 319
falsch wie Galgenholz 140
Falter 317
famillionär 39
fanatisch 114f.
faul 115ff., 281, -pelz 117f., -enzen 118
Fayence 253
Fechner 15
fechten 120
Federlesens 122ff.
Feim 14, 20
Feind 281
Feldscher 34
Felleisen 38, 172
Ferkenstecher 286
Fiaker 236f.
Fibel 41, 182
Flagellant 53
Flammeri 124
Flamoh 188
Flaum 245
Flegel 53
Flibustier 183
Flicker 34
flötengehen 125ff.
Folter 369
fordern 182
Forelle 179
Franzos 338, 341ff.
Frau 15
frech 205ff.
Frick 209
Friedhof 173
frieren 184
Frik-andeau, -assee 208
frohlocken 14, 174, 240
fromage 82
fromm 12
frönen 15, Fron-dienst, -leichnam 15
Fudikan 282
Fugger, fuggern, wie Fuggers Hund 127ff.
Fuß, auf großem 129

Gabel 131 ff.
Gala, galant 215
Galgen 133 ff., Galgenholz, falsch wie 140
Galgo 134 f.
Gallionszeitung 107
Gannef, Ganove 142
Garaus 387
Gas 140 ff.
Gasse, Gassenhauer, gassatim 327 ff.
gauche 385
Gaul 231
Gauner 142 ff.
Gaze 142, 147
Gazette 145 f.
Gebet, ins — nehmen 147 f.
geharnischt 50
Geisha 75
Geißwolle, streiten um die 203
gelbe Presse 198
gemein 263
Gemüt 150 ff.
Gemütlichkeit 153 f.
Gerhard 57
gerrymander 46
gerüstet 50
Gesicht wahren, verlieren 154 ff.
Gespenst 15
Gewand, -haus 378
Ghetto 157 f.
Gift 180, 264
Gilet 379 f.
glimpflich 14
Golgatha 139
gospel 13, 174
grec 144 f.
Greuelnachricht 107
Grisette 158 f.
Grubenhund 105
grünen Zweig, auf keinen kommen 134
Grünspan 174
Guillotine 160 ff.
Gum-pert, -precht 82

Habergeiß 176, 275
Hagel 194, 195
Hagestolz 163 ff.
Hahn 369
Halali 166 ff.
halkyonisch 96 f.
Hängematte 38, 168 ff.
Hanswurst 196
Harakiri 75
-hard 57 f.
Haubitze 272
Hebamme 38, 171
Hegel 195
Heide 201
Henker 137
Hep, hep 175 ff.
herausnehmen sich viel 131
Herodes 291
Hochstapler 177 f.
hochtrabend 150
hochträchtig 261
Hodler 15
Hoffart 14, 178 f.
hübsch 202
hudeln 288
Hugenotten 53
Humor 76, 239
Hunger 184 ff.
Hungertuch 44, 185
Hurenkind 60
hurtig 14
Husar 190 ff.
Hussaus 387

Idiot 227
Irokesen 29 f.
Ischias 93

Jacke 70
Janhagel 193 ff.
jänisch, jenisch 143
Jingo 198 f.
Journaille 39, 205
Jute 297

Kabeljau 82
Kabriolett 235

Kadett 166
Kaff, Kaffer 199 ff.
Kaisers Bart 202 f.
Kakhi 297
Kalesche 231
Kaliko 297
Kalpak 192
Kampfer 297
Kanaille 44, 204 f.
Kandidat 76
Kapri-olen, -zen 235
Karette 231
Karfiol 175
Karfreitag 14
Karmin 81
Karosse 231
Karren, Karch 230
Kartoffel 181
Kaschmir 14
Kaspar, Kasperle 147
Katzelmacher 177, 199
keck 205 ff.
Keks 210 ff.
Kern 82
keusch 212 ff.
Keusche 214
Keuschlamm 214
kiesen 15, 213
Kimono 75
Kirchspiel 174
Klafotten 215
Klafter 392
klauben, klieben 215
Klepper 264
klimpern 41
Klosett 265
Kluft 214 f.
Knoblauch 181
knorke 215 ff.
Knorr 218
Kobold 14
kochen 210
Köder 182
Kohldampf 185
Koks 210
Kolonne, Kolumne 179
komfortabel 154, 237
Kopeke 300

Korb geben 218 ff.
korksen 284
Korn 82
Korsar 191
Kotau 74
Krabate 223
Kran 369
Kranz 41
Krawatte 222 ff.
Kreide 227, Kreidling 226
Kremser 233
Kretin 225 ff.
Kringel 41
Krippe 81
Krise, Kritik 65
Kroaten 222
Kuhhaut, das geht auf keine 366
Kuli 73, 297
küren 184, 213
Kutsche 228 f.

Lach-ner, -mann 15, 33
lachsnen 33
Lady 38
Laffe 241
lahme Enten 102 f.
Lam-bert, -precht 82
Landauer 234
Landaulet 235
Lärm 246
Lasso 245
Latrinenparole 107
Latz 245
Laune 338 f.
lecken 240
legal 243 f.
Leinwand 378
Libelle 182
-ling 57, 315 f.
Lippe 240
locken 240
löcken, wider den Stachel 14, 174, 239 f.
Löffel 240 ff., über den — balbieren 243, löffeln 241, Löffelgarde 242
Lord 38

Lorette 159
loyal 243 f.
Luder 265
Lues 347
lügen, wie gedruckt, daß sich die Balken biegen usw. 106 f.
Luna, Lucina, lunatic 238
lützel 15
Luzifer 359

maddern 284
Mader 182, 187
maffick 199
Mähre 264
Majolika 253
malade 38, 251
malheur 175
Mandarin 73, 247
Mandarine 247 f.
Marder 182, 187
mariposa 318
Mark 51 f.
Marmelade 181
marod 248 ff.
marron 286
Marzipan 146
Maulbeere 171 f., 182
Maulwurf 171 f.
Mäuschen 255, 294
Mayonnaise 252
Mazagran 253
Mazurka 294
Meineid 14
Meltau 173
Mergel, mergeln 51 f.
mickrig 254
Mikado 75
Mirabelle 162
Mohikaner 29
Mond 239, 385
Mörtel 182, 378
Moschus 297
Mull 92
Mündel 14
Mungo 92
Muschel 255, 294
Muskat 297

Muskel 255, 294
Muskete 369
Musselin 254
Mussolini 254 f.

Nabob 298
Nachtigall 14
Nadir 391
Nadowessier 29
nähren 184
naiv 255 ff.
nein 36
nennen 179
Nest 36
Neunundneunziger 259 ff.
neutral 36
nicht, nie 36
nichtdestotrotz 43
niederträchtig 261 f.
Niveau 181
Nutte 264

ocke 266
O. K. 266 ff.
Ole 167
Omnibus 269 ff.
Opal 297
ordinär 263 f.
Ozon 142

Paaren, zu — treiben 148 f.
Pack 55 f., packeln 56
pagani 201
Pagode 73
papillon 317
Pappe, nicht aus 272
Pappenstiel 272 f.
Papphahn 300
Paprika 297
Park 53
Pathos, pathetisch 274 ff.
Patzer 283 f.
Pavillon 317
Pedell 53
Peitsche 14
Pelerine 37, 89
perfid 276 ff., perfides Albion 277 f.

Petschaft 99
Pfaffe 264
Pfeffer 297
Pferch 53
Pferd 37
Pflaume 183
Pfründe 53
Pfui 279ff.
Pfuscher 282f.
Pfütze 115
Pilatus 287ff.
Pilger 37, 182
Pirat 38
pirschen 53
Plumeau 245
Plunder, plündern 53f.
Polka 292f.
Polonäse 293
Pontius, von – zu Pilatus 288f.
Porzellan 294ff., -hosen 295, -fahrt 296
Premierentiger 371
Priester 13
Proviant 53
pudern 86
Punkt 53
Punsch 92
Pustel 281
pusten 280
Putsch 14
Pyjama 296

quacken, Quacksalber 36
queck, quick 206

Rabe 27, 298f.
Rad 37
raffiniert 20
Rappe, -n 27, 298f.
Rasse 300f.
real, reell 244
Rebhuhn 174
Redoute 391
Reis 297
Reitersalbe 174
Retirade, Retraite 389f.
Robert 82

Robot, -er 30
Römer 301f.
Rosenmontag 174
Roß 82
Rotten Row 336
Rowohlt 30
ruchlos 14
Ruprecht 82
rüsten, rüstig 50

sabotieren 287
sabralieren 249
Sackmann 16
Sand in die Augen 50
Sandwich, -männer, -inseln 303ff.
Sansculotte 70
sardonisches Lachen 305ff.
Sarg, Sarkophag 13, 308
Sarkasmus 308f.
Satin 73
Saum, -sattel 58
Schachtel 53
Schäfchen ins Trockene 309ff.
-schaft 110ff.
schamponieren 297
Scharlatan 35
Schatz 53
Scheibe 356
Scheide, Scheitel 62ff.
Schenkel 53
Schiboleth 311f.
schiker 62
Schilde, im – führen 50
Schimmel 312f.
Schimpf 313f.
Schinken 53
schlecht, schlicht 262
Schlips 210
Schmelz 53
Schmer 14, 15, 82
Schmetten 314f.
Schmetterling 314ff.
schnoffte 216
schnieke 216
schnorren, schnurren 252f., Schnorreros 43

schnuppe 216
Schnur, über die 149
schofel 319f.
Schuft 266, 320
Schurke 265
Schuster 87
Schwan, -engesang, mir schwant 320ff.
Schwanimus 44, 323
Sedan 235
Seehund 173
Seeschlange 104
Segen 246
sehren 13, 15
Seide 74
Sekret, -är 65
Selbmeister 286
selig 226
Senkel 14, 23
Sersche 74
Sieben 135, böse 365ff.
simple 263
Singrün 15, 173
Sintflut 15, 173
Sioux 29
Sirup 246
Sonne 385
Sorbett 246
Spanferkel 15
Spencer 330
Spennadel 15
Sperber 11, 36
Spieß umdrehen 49
Spießgeselle 264
Spitze bieten, abbrechen 49f.
Sprachhaus 291
Spund 53
Staat, Status 245
Staffel 53
Stange halten 49
Stapel 53
stapeln, Stapler 178
steil, steilen 323f.
Stich, im – lassen 324f.
stichhaltig 50
stier 312

399

Straße 326 ff.
streiten um des Kaisers
    Bart 202 f.
Strolch 336 f.
Stümper 283
Sudler 284
Sündflut 173
Suter, Sütterlin 37
Syphilis 345 ff.

Tafel aufheben 356
Taifun 73
Tal 24
Tank 348 ff.
Tatarennachricht 105 f.
taub 350 f.
tauchen, taufen 53
Tausend, -güldenkraut,
    -guldenschuß, -sassa,
    -künstler usw. 352 ff.
Tee 74
Teller 355 f.
Tepp 227
terisch 351
Teufel 357 ff.
Tiger 368 ff., tigern 374
Tisch 13, 356 f.
toben 351
toff 352
Tolpatsch 200
Tölpel 183, 200
Torpedo 360
Tracht, trächtig 261
travail 31
Trödler 336
tröseln 47
Troß, Trousseau 55
Trottel 227, 336
Trubel 82
Trüffel 181

Tschecherl, Tschoch 62
Tschick 188
Tulpe, Turban 246
turbulent 82
Turteltaube 82
Typhon 73

Uhl 168
Ulrich rufen 374 ff.
Unflat 15
unten durch sein 221
unversehrt 13, 15
urban 202

Vauxhall 376 f.
Vehikel 230
Veranda 297
verankern 23 ff.
verderben 376 f.
verkorksen 284
verlieren 184
verquicken 206
verwandt 378
veuve 138, 162 f.
vice- 383
vicomte 40
viel herausnehmen sich
    131
Voland 360
Vormund 14

wachsen 53
Waffe 49
Wagen 230
wagsal 377
Wand 378
Wanze 378 f.
Wappen 49
Waterloo 80
weiße Weste 380

welk, welken 384
Weste 379 f.
Wetterleuchten 14, 174,
    240
Wicht, -elmännchen 36
wimmern 41
Wimpel, Wimper 36
winden 378
Woche, -nbett 383 f.
Wohlfahrt 14, 178
Wolfram 299
Wolga 384
Wolke 384 f., aus den W.
    gefallen 385
wuchern 53
Wurst 284

yellow press 198

Zapfenstreich 386 ff.
Zechine 32, 147, 158
Zeiserlwagen 25
Zenith 391 f.
zermalmen 14
Zero 246
Zeughaus 32
Ziegenmelker 245
Ziffer 246
Zirkel 245
Zirkus 53
Zofe 15
Zoll 392 f.
Zucker 297
zügeln 148
Zürihegel 195
zwar 36
Zweig, grüner 134
Zwerchfell 15
Zwiebel 14
Zwilling 179

Reprint Publishing

Für Menschen, die auf Originale stehen.

Bei diesem Buch handelt es sich um einen Faksimile-Nachdruck der Originalausgabe. Unter einem Faksimile versteht man die mit einem Original in Größe und Ausführung genau übereinstimmende Nachbildung als fotografische oder gescannte Reproduktion.

Faksimile-Ausgaben eröffnen uns die Möglichkeit, in die Bibliothek der geschichtlichen, kulturellen und wissenschaftlichen Vergangenheit der Menschheit einzutreten und neu zu entdecken.

Die Bücher der Faksimile-Edition können Gebrauchsspuren, Anmerkungen, Marginalien und andere Randbemerkungen aufweisen sowie fehlerhafte Seiten, die im Originalband enthalten sind. Diese Spuren der Vergangenheit verweisen auf die historische Reise, die das Buch zurückgelegt hat.

ISBN 978-3-95940-013-8

Faksimile-Nachdruck der Originalausgabe
Copyright © 2015 Reprint Publishing
Alle Rechte vorbehalten.

www.reprintpublishing.com

www.ingramcontent.com/pod-product-compliance
Lightning Source LLC
Chambersburg PA
CBHW080419230426
43662CB00015B/2150